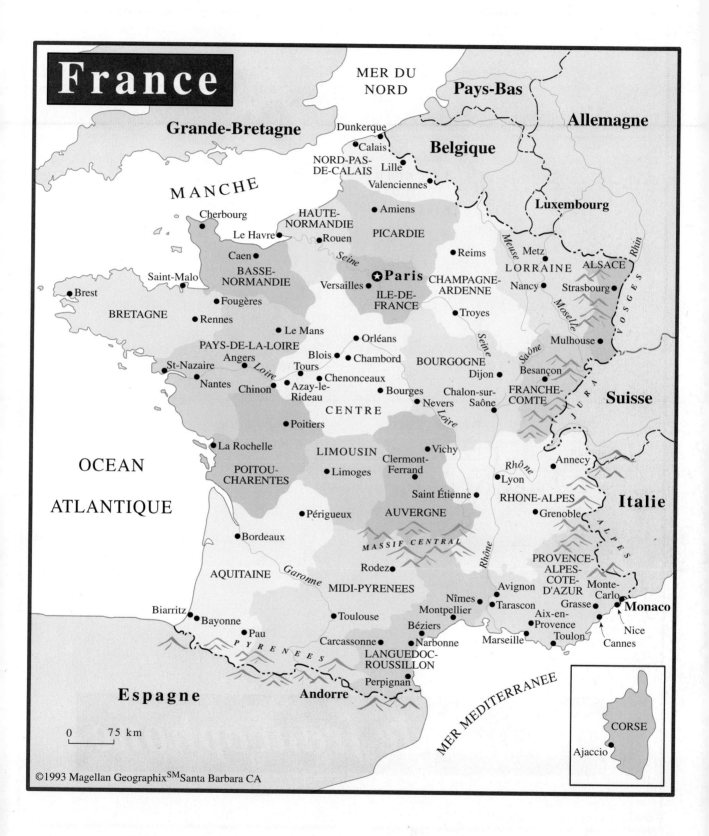

France

MER DU NORD

Pays-Bas

Grande-Bretagne

Allemagne

Dunkerque

Calais

Belgique

NORD-PAS-
DE-CALAIS

Lille

Luxembourg

MANCHE

Valenciennes

Amiens

Cherbourg

HAUTE-
NORMANDIE

PICARDIE

Le Havre

Rouen

Reims

Metz

LORRAINE

ALSACE

Caen

Seine

Nancy

Strasbourg

Saint-Malo

BASSE-
NORMANDIE

⊙Paris

Versailles

ILE-DE-
FRANCE

CHAMPAGNE-
ARDENNE

Mulhouse

Brest

BRETAGNE

Fougères

Troyes

Seine

Saône

Besançon

Rennes

Le Mans

Orléans

BOURGOGNE

PAYS-DE-LA-LOIRE

Angers

Blois

Chambord

Dijon

FRANCHE-
COMTE

Suisse

St-Nazaire

Loire

Tours

Chenonceaux

Nantes

Chinon

Azay-le-
Rideau

Bourges

Chalon-sur-
Saône

CENTRE

Nevers

Loire

Poitiers

LIMOUSIN

Vichy

Annecy

La Rochelle

Clermont-
Ferrand

Rhône

OCEAN

POITOU-
CHARENTES

Limoges

Lyon

ATLANTIQUE

Saint Étienne

RHONE-ALPES

Italie

Périgueux

AUVERGNE

Grenoble

Bordeaux

MASSIF CENTRAL

PROVENCE-
ALPES-
COTE-
D'AZUR

Garonne

Rodez

Rhône

AQUITAINE

MIDI-PYRENEES

Avignon

Monte-
Carlo

Biarritz

Nîmes

Tarascon

Grasse

Monaco

Bayonne

Toulouse

Montpellier

Aix-en-
Provence

Nice

Pau

PYRENEES

Carcassonne

Béziers

Narbonne

Marseille

Toulon

Cannes

LANGUEDOC-
ROUSSILLON

Espagne

Andorre

Perpignan

MER MEDITERRANEE

0   75 km

CORSE

Ajaccio

©1993 Magellan Geographix^SM Santa Barbara CA

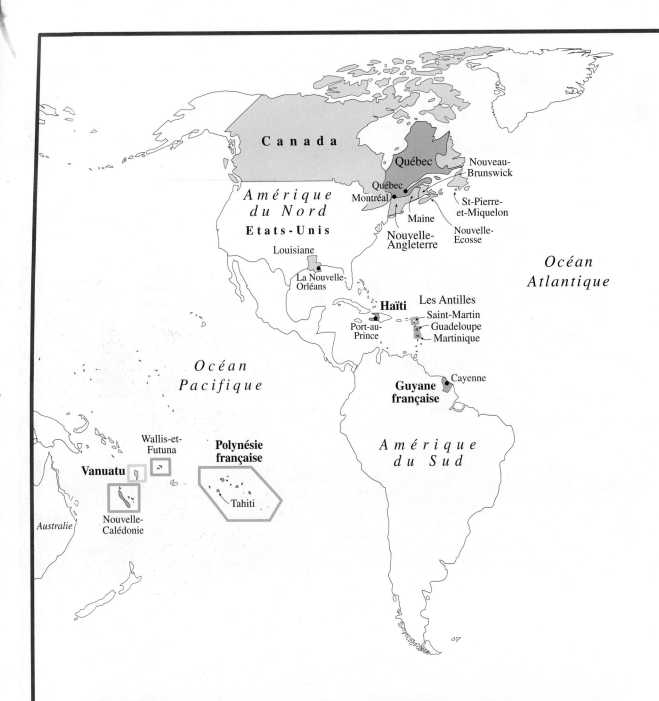

Canada

Québec

Nouveau-
Brunswick

Québec
Montréal

St-Pierre-
et-Miquelon

Amérique
du Nord

Maine

Nouvelle-
Ecosse

Etats-Unis

Nouvelle-
Angleterre

Louisiane

Océan
Atlantique

La Nouvelle-
Orléans

Les Antilles

Haïti

Saint-Martin
Guadeloupe
Martinique

Port-au-
Prince

Cayenne

Océan
Pacifique

Guyane
française

Amérique
du Sud

Wallis-et-
Futuna

Polynésie
française

Vanuatu

Tahiti

Australie

Nouvelle-
Calédonie

Le monde francophone

©1993 Magellan Geographix^{SM} Santa Barbara CA

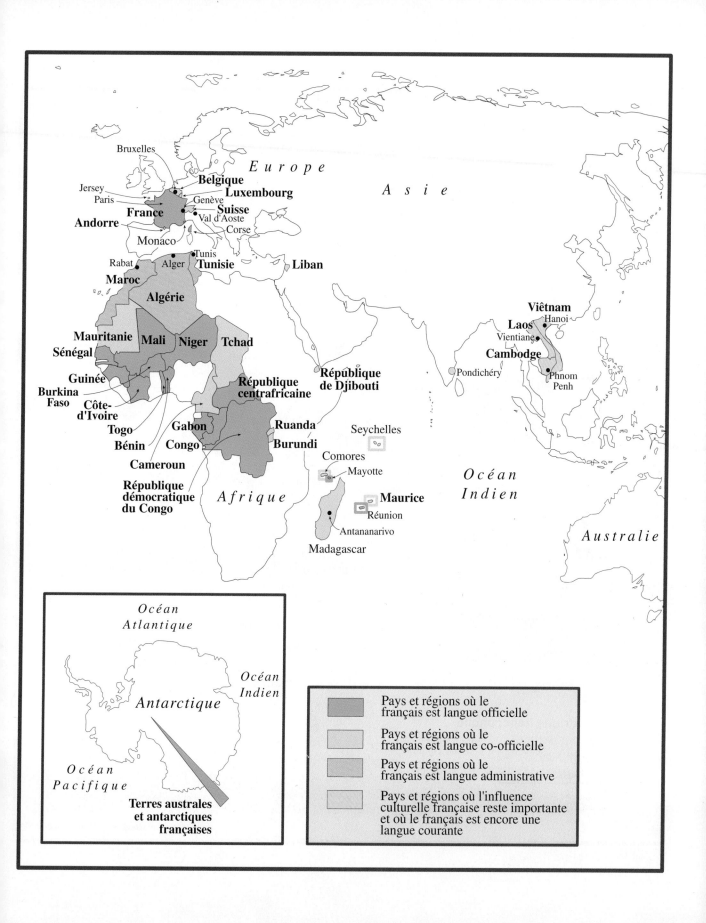

Bruxelles

Europe

Belgique
Luxembourg

Jersey
Paris
Genève
France Val d'Aoste **Suisse**
Corse

Andorre

Monaco

Tunis
Rabat Alger **Tunisie**
Maroc

Algérie

Asie

Liban

Mauritanie **Mali** **Niger** **Tchad**
Sénégal

Guinée

Burkina
Faso
Côte-
d'Ivoire

Togo

Bénin
Congo

Cameroun

République
démocratique
du Congo

Gabon

République
centrafricaine

République
de Djibouti

Afrique

Ruanda
Burundi

Seychelles

Comores
Mayotte

Maurice
Réunion

Antananarivo

Madagascar

Viêtnam
Hanoi
Laos
Vientiane
Cambodge
Phnom
Penh

Pondichéry

Océan
Indien

Australie

Océan
Atlantique

Océan
Indien

Antarctique

Océan
Pacifique

Terres australes
et antarctiques
françaises

Pays et régions où le
français est langue officielle

Pays et régions où le
français est langue co-officielle

Pays et régions où le
français est langue administrative

Pays et régions où l'influence
culturelle française reste importante
et où le français est encore une
langue courante

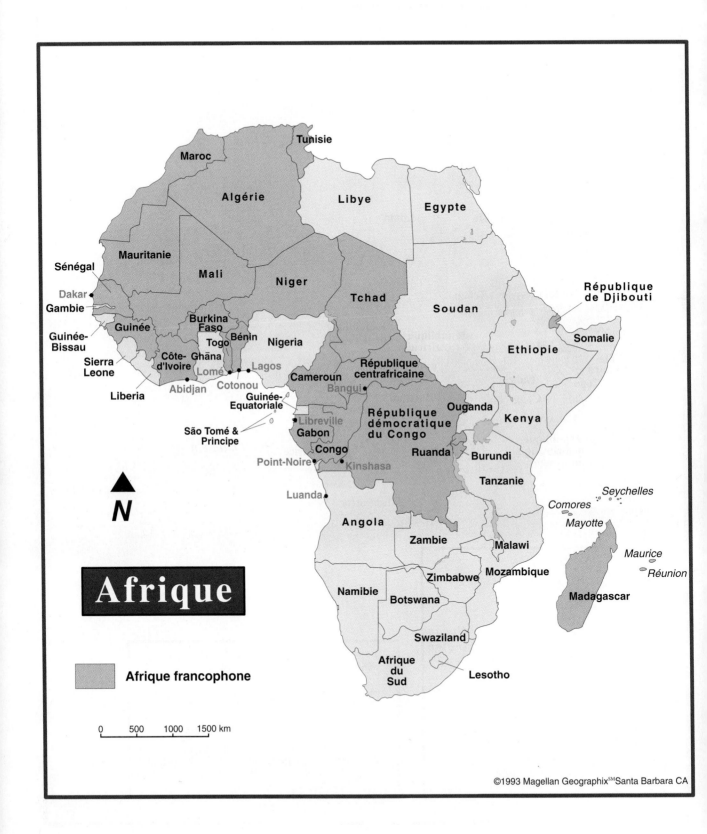

Tunisie

Maroc

Algérie

Libye

Egypte

Mauritanie

Sénégal

Dakar

Gambie

Guinée-
Bissau

Guinée

Sierra
Leone

Liberia

Mali

Niger

Tchad

Soudan

République
de Djibouti

Burkina
Faso

Togo

Bénin

Nigeria

Côte-
d'Ivoire

Ghāna

Lomé

Cotonou

Abidjan

Lagos

Cameroun

République
centrafricaine

Bangui

Somalie

Ethiopie

Guinée-
Equatoriale

São Tomé &
Principe

Libreville

Gabon

Congo

Point-Noire

Luanda

Angola

République
démocratique
du Congo

Kinshasa

Ruanda

Ouganda

Kenya

Burundi

Tanzanie

Zambie

Malawi

Mozambique

Zimbabwe

Namibie

Botswana

Swaziland

Afrique
du
Sud

Lesotho

Seychelles

Comores

Mayotte

Maurice

Réunion

Madagascar

N

Afrique

Afrique francophone

0   500   1000   1500 km

©1993 Magellan Geographix℠Santa Barbara CA

Allons-y!

Le français par étapes

Jeannette D. Bragger · **Donald B. Rice**
The Pennsylvania State University · Hamline University

Sixth Edition

THOMSON

HEINLE

Australia Canada Mexico Singapore Spain United Kingdom United States

Allons-y!
Sixth Edition
Bragger / Rice

Publisher: Janet Dracksdorf
Acquisitions Editor: Lara Semones
Senior Production Editor: Esther Marshall
Marketing Manager: Jill Garrett
Manufacturing Manager: Marcia Locke
Compositor/Project Management: Pre-Press Company, Inc.
Photo Researcher Manager: Sheri Blaney
Cover/Text Designer: Studio Montage
Printer: R.R. Donnelley

Copyright © 2004 Thomson Heinle. Thomson Heinle and the Thomson logo are trademarks used herein under license.

Printed in the United States of America.
1-4130-0190-4:
3 4 5 6 7 8 9 10 08 07 06 05
1-4130-1260-4:
3 4 5 6 7 8 9 10 08 07 06 05

For more information contact Thomson Heinle, 25 Thomson Place, Boston, Massachusetts 02210 USA, or you can visit our Internet site at http://www.thomson.com

All rights reserved. No part of this work covered by the copyright hereon may be reproduced or used in any form or by any means—graphic, electronic, or mechanical, including photocopying, recording, taping, Web distribution or information storage and retrieval systems without the written permission of the publisher.

For permission to use material from this text or product, submit a request online at http://www.thomsonrights.com

Any additional questions about permissions can be submitted by email to thomsonrights@thomson.com

Library of Congress Cataloging-in-Publication Data

Bragger, Jeannette D.
  Allons-y! : le français par étapes / Jeannette D. Bragger, Donald B. Rice -- 6th ed.
    p. cm.
    Includes index.
  ISBN 1-4130-0190-4 (student ed.) -- ISBN 0-8384-6024-0 (instructor's annotated ed.) -- ISBN 1-4130-1260-4 (Advantage Series)
  1. French language--Textbooks for foreign speakers--English. I. Rice, Donald II. Title.
  PC2129.E5B65 2003
  448.2'421--dc21   2003049998

Table of Contents

To the Student

*A*s you begin to use the French language, you will quickly discover that your interaction with French speakers or your classmates need not be postponed to some unspecified point in the future. It might help convince you of this to know that of the 80,000 words found in the French language, the average French person uses only about 800 words on a daily basis. *Therefore, the most important task ahead of you is not to* **accumulate** *as much knowledge as possible about French grammar and vocabulary, but to* **use** *what you do know as effectively and as creatively as you can.*

Communication in a foreign language means understanding what others say and transmitting your own messages in such a way as to avoid misunderstandings. As you learn to do this, you will make the kinds of errors that are necessary to language learning. Consequently, *errors should be seen by you as a positive step toward effective communication. They advance rather than hinder you in your efforts.*

ALLONS-Y! Le français par étapes, Sixth Edition, is an integrated learning system designed to provide beginning-level students with immediately useful language skills in French. It is composed of a mutually supporting network of learning components:

- Textbook/Text Audio CD
- Workbook/Lab Manual
- Quia online workbook/lab manual
- Cultural-based Video and DVD
- *Allons-y!* Website (http://allonsy.heinle.com)
- *Allons-y!* Multimedia CD-ROM
- *Système-D 4.0* Writing Assistant for French
- *Allons-y!* WebTutor Study Guide on WebCT
- *Allons-y!* WebTutor Study Guide on Blackboard

Together, these components provide multiple opportunities for listening to, speaking, reading, and writing French. They also open up the classroom to the sights and sounds of the French-speaking world.

Because we are convinced that creative use of language is possible from the outset, we have developed a program that allows for maximum interaction among you and fellow students and instructors, beginning with the preliminary lesson. Interaction is based on tasks to be accomplished and on effective linguistic functioning in the types of situations likely to be encountered in real life.

Acknowledgments

We would like to thank all the people at Heinle who worked closely with us on the Sixth Edition of *Allons-y!* and to express our gratitude and special thanks to Janet Dracksdorf, Lara Semones, Esther Marshall, Sheri Blaney. In addition we would like to thank all the freelancers involved with this Edition, and in particular: Nancy Bouzrara, Lara Mangiafico, Erin Arantowicz, Dan Ben-Dror, Sev Champeny, Pre-Press Company: in particular, Roberta Peach and Christopher Forestieri, Studio Montage, Deborah Elder, Brianne Goldman.

We would like to acknowledge the contributions of Hélène Gresso, who provided invaluable input to many parts of the manuscript, as well as those of the following colleagues who made excellent suggestions for revisions:

Thomas Blair, *City College of San Francisco*
Anna Bergstrom, *University of Delaware*
Nadine DiVito, *University of Chicago*
Elizabeth Dolly Weber, *University of Illinois-Chicago*
Hélène Germain-Simìes, *University of Kansas*
Stacey Katz, *Montclair State University*
Jeannette Ludwig, *SUNY-Buffalo*
Anne Lutkus, *University of Rochester*
Diane Fagin Adler, *North Carolina State University*
Fred Toner, *Ohio University*
Enrique Romaguera, *University of Dayton*
Hannah Zinni, *Slippery Rock University*
Will Thompson, *University of Memphis*
Smaragado Kokkinis, *Houston Community College*
Sharla Martin, *University of Texas-Arlington*
Corine Bourget, *University of Arizona*
Elizabeth Guthine, *University of California—Irvine*
Denise McKracken, *St. Charles Community College*
Hedwige Meyer, *University of Washington*
Kate Paesani, *Wayne State University*
Pamela Paine, *Auburn University*
David Uber, *Baylor University*

Finally, our special thanks, as always, go to Baiba and Mary, who continue to support and encourage us during the many hours spent in front of the computers. As for Alexander, whose arrival on the scene preceded that of the First Edition by only a few months, and his sister, Hilary, who appeared shortly after the Second Edition, they both show a lively interest in learning French and will be ready for our more advanced texts by the time they get to college.

J.D.B.
D.B.R.

Can you understand any of the signs on the stores in this typical French city? Which ones?

■ *Point de départ* Allons au café!

- ordering a drink in a café
- pronouncing the basic sounds of French
- writing French accent marks
- using your general knowledge to recognize different types of texts written in French

Text Audio CD Track 1-2

Point de départ

Allons au café!

Allons au café!: Let's go to the café!

Please / for

You're welcome

—**S'il vous plaît,** Monsieur...
—Un moment, Madame... Oui,
Madame, vous désirez?
—Un express, s'il vous plaît.

—Voilà... Un express **pour** Madame.
—Merci, Monsieur.
—**Je vous en prie,** Madame.

Les boissons chaudes

Culture: If you order simply **un café,** you will get **un express**—black, fairly strong coffee. If you want a cup of coffee with cream, order **un café crème. Un café au lait,** normally served at breakfast, contains roughly equal parts of coffee and steamed milk.

un café crème

un express   un café au lait

un thé nature

un thé citron   un thé au lait

La bière et le vin

une bière française

un demi   une bière
                 allemande

un kir

un verre   un verre
de rouge   de blanc

Les boissons froides non-alcoolisées

une limonade

un Vittel

une menthe à l'eau

un Coca

un Orangina

un Perrier

un lait fraise

un citron pressé

un diabolo citron

allemande   German
au lait   with milk
blanc   white (wine)
un citron pressé   lemonade; **une orange pressée**   freshly squeezed
   orange juice
un demi   draught beer
un diabolo citron   **limonade** mixed with lemon-flavored syrup;
   limonade may also be mixed with other flavors—**un diabolo menthe**
   (mint), **un diabolo fraise** (strawberry)
un kir   white wine with black currant liqueur
un lait fraise   milk with strawberry syrup
une limonade   sweet, carbonated lemon-flavored soft drink
une menthe à l'eau   water with mint syrup
nature   plain, unflavored
un Orangina   brand of carbonated orange-flavored soft drink
un Perrier   brand of carbonated mineral water
rouge   red (wine)
un thé citron   tea with lemon
un verre   glass
un Vittel   brand of non-carbonated mineral water

Vocabulary: Like **Coca,** the words **Orangina, Perrier,** and **Vittel** are registered trademarks and thus must be capitalized.

À vous! *(Exercices de vocabulaire)*

A. Order the suggested beverages.

Modèle: un café crème
   —*Vous désirez, Mademoiselle (Monsieur, Madame)?*
   —*Un café crème, s'il vous plaît.*

1. un Coca
2. un thé citron
3. un kir
4. une limonade
5. un Orangina
6. un thé nature
7. un express

8. un verre de rouge
9. une bière allemande
10. un demi
11. un citron pressé
12. un Perrier
13. un lait fraise
14. un verre de blanc

15. une orange pressée
16. une menthe à l'eau
17. une bière française
18. un thé au lait
19. un diabolo citron

B. Get the waiter's attention and order a drink of your choice.

> Modèle: —*S'il vous plaît, Monsieur (Madame).*
> —*Oui, Monsieur (Mademoiselle, Madame), vous désirez?*
> —*Un demi (un express, un diabolo fraise), s'il vous plaît.*

C. Play the role of waiter or customer in the following situation. The customer orders what he or she wishes to drink; the waiter brings the wrong beverage.

> Modèle: GARÇON: *Vous désirez?*
> CLIENTE: *Un thé au lait, s'il vous plaît.*
> GARÇON: *Voilà, Mademoiselle... un thé citron.*
> CLIENTE: *Non, Monsieur... un thé au lait.*
> GARÇON: *Ah, pardon, Mademoiselle, un thé au lait.*
> CLIENTE: *Merci, Monsieur.*
> GARÇON: *Je vous en prie, Mademoiselle.*

À faire chez vous
(To do at home): **CAHIER,**
Chapitre préliminaire

Branchés sur...

la France et sur la francophonie

France is located at the western tip of Europe, basically equidistant from the North Pole and the Equator. The southern-most point of France is at the same latitude as the city of Detroit; however, thanks to the Gulfstream, France enjoys a varied but generally moderate climate.

L'Hexagone: The French often refer to their country as l'Hexagone: its hexagonal form can be inscribed in a circle with a diameter of 1,000 kms. France's 5,500 kms of borders are almost equally divided between land (2,800 kms—Belgium, Luxembourg, Germany, Switzerland, Italy, and Spain) and water (2,700 kms—the Atlantic Ocean, the English Channel, and the Mediterranean Sea).

La topographie: France offers a large variety of terrains. In particular, the north and the west are characterized primarily by low plateaus, hills, and plains; the higher and more mountainous regions are found in the south and the southeast.

The principal mountain ranges include **les Vosges, le Jura, les Alpes** (the highest), **les Pyrénées,** and **le Massif Central.** The major rivers include **la Seine, la Loire** (the longest), **la Garonne, le Rhône,** and **le Rhin.**

Le monde francophone

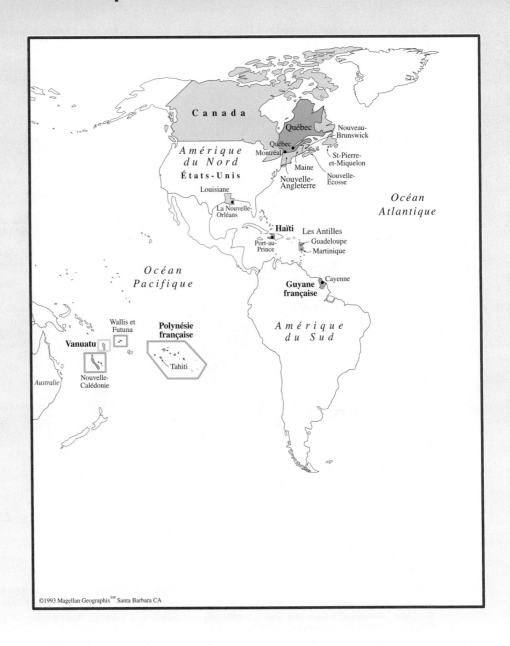

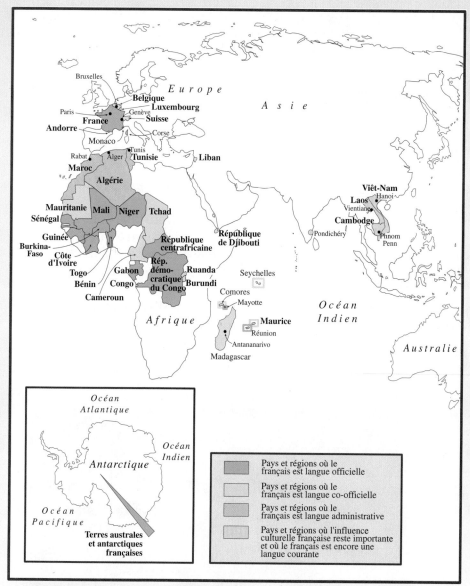

Pays et régions où le français est langue officielle

Pays et régions où le français est langue co-officielle

Pays et régions où le français est langue administrative

Pays et régions où l'influence culturelle française reste importante et où le français est encore une langue courante

La France d'Outre-mer

In addition to its location in western Europe, France also includes five overseas departments **(départements d'Outre-mer)**—Guadeloupe, Guyane, Martinique, Réunion, Saint-Pierre-et-Miquelon—and several overseas territories **(territoires d'Outre-Mer)**—la Nouvelle-Calédonie, la Polynésie française, les îles Wallis et Futuna, Mayotte, les Terres australes et antarctiques françaises. Can you find these departments and territories on the map?

Qu'est-ce que vous voyez?

Locate on the maps the various physical features mentioned on this page.

How would you expect that France's location and topography may have influenced its political and economic history?

La francophonie

Un espace linguistique
The terms **francophonie** and **francophone** are used to refer to the diverse countries and regions where French is spoken. This linguistic and cultural space extends well beyond the borders of France to include areas on all five continents.

Qu'est-ce que vous en pensez?

As you look at the various places of the world where French influence can be seen, are there any areas that surprise you? Why? How might you explain the presence of French there?

What are the four different categories of French-speaking regions shown on the map on p. 6-7 How might you explain the differences between the categories?

Plus de 200 millions de francophones

51 000 000	number of people in France for whom French is the first language
77 000 000	number of people in and outside of France for whom French is the first language
50 000 000	number of French speakers in the world for whom French is a second language

L'Organisation internationale de la Francophonie
In 1970, under the sponsorship of three African government leaders, the *Organisation internationale de la Francophonie* was founded. Its 50 members seek to cooperate in a variety of domains: language and culture, technology, economic development, justice and human rights. Every two years a Francophone "summit" is held in a Francophone country.

La francophonie: oui ou non?

One hundred years ago France had a large colonial empire, and French was the leading diplomatic and cultural language of the world. Today France's former colonies are for the most part independent countries, and English has replaced French as the *lingua franca* of the world. The idea of **francophonie,** curiously enough resisted at first by France but now encouraged, is part of an effort to maintain France's prestige and influence in the world. Not all **francophones,** however, support this notion: for some, the idea of **francophonie** offers the best hope for economic survival and cultural development in the former colonies; others see it as a distinguished form of colonialism.

Présence de la langue française

Numerous government and private organizations continue to work at spreading French culture around the world. In the French Embassies of many countries, *attachés culturels* oversee cultural institutes and French lycées. The Alliance Française, created to disseminate French language and culture, has 1,098 committees in 137 countries and 800 centers where students of all ages go to study French.

Qu'est-ce que vous en pensez?

What kind of a presence does French and France have in the area where you live?

Try to imagine yourself as living in a former French colony now an independent country. What reasons might you have for supporting the continued influence of France and its culture? What reasons might lead you to oppose the presence of French and France?

Lexique

At the end of each chapter you'll find the **Lexique,** a list of words and expressions in the chapter. Each list is divided into three parts. **Pour se débrouiller** (*To manage, to get along*)—expressions used to accomplish the communicative acts emphasized in the chapter; **Thèmes et contextes**—words related to the context of the chapter and organized into thematic groups; and **Vocabulaire général**—other nouns, verbs, adjectives, etc., presented in the chapter.

Pour se débrouiller (To manage, to get along)

**Pour s'adresser
à une personne**
(To address someone)

Madame Ma'am
Mademoiselle Miss
Monsieur Sir

**Pour commander une
boisson** (To order a drink)
S'il vous plaît... Please
Vous désirez? (What) would
you like (to drink)?

Pour être poli (To be polite)
Je vous en prie.
You're welcome.
Merci. Thank you.
Pardon. Excuse me.

Thèmes et contextes (Themes and Concepts)

Les boissons alcoolisées
(Alcoholic beverages)

une bière allemande
German beer
une bière française French beer
un demi draught beer
un kir white wine with black
currant liqueur
un verre de blanc
glass of white wine
un verre de rouge
glass of red wine

Les boissons chaudes
(Hot beverages)

un café coffee
un café au lait
coffee and hot milk

un café crème coffee with cream
un express espresso
un thé au lait tea with milk
un thé citron tea with lemon
un thé nature plain tea

**Les boissons froides non-
alcoolisées** (Cold, non-
alcoholic beverages)

un citron pressé lemonade
un Coca Coke
un diabolo citron limonade
mixed with lemon-flavored syrup
un diabolo fraise limonade
mixed with strawberry-flavored
syrup
un diabolo menthe limonade
mixed with mint-flavored syrup

un lait fraise
milk with strawberry syrup
une limonade sweet, carbonated
lemon-flavored soft drink
une menthe à l'eau
water with mint syrup
une orange pressée freshly
squeezed orange juice
un Perrier brand of carbonated
mineral water
un Vittel brand of non-
carbonated mineral water

Le café (The café)

Allons au café!
Let's go to the café!
un(e) client(e) customer
un garçon (de café) waiter

chapitre 1

Allons prendre quelque chose!

Mireille Loiseau
16 ans • Paris (Île-de-France)
étudiante de lycée • famille: père, mère, 1 frère (François)

- *Première étape* Commandons!

  - meeting and greeting people
  - getting something to eat and drink

- *Deuxième étape* Salut... Bonjour...

  - asking for and giving information about basic activities
  - hesitating in order to gain time to think

- *Troisième étape* Tu aimes les fast-foods?

  - reading a café and a fast-food menu
  - understanding a simple conversation on meeting someone for the first time

- *Point d'arrivée*

Première étape

Point de départ

Commandons!

Commandons!: Let's order!

Breakfast

Le petit déjeuner

un café au lait

un thé au lait

un croissant

un chocolat

Lunch

Le déjeuner

un sandwich **au pâté**

une omelette **au fromage**

un croque-monsieur

with pâté (meat spread) / with cheese / open-faced grilled ham and cheese sandwich

un sandwich **au jambon**

une omelette au jambon

un sandwich au fromage

with ham

une omelette **aux fines herbes**

un croque-madame

un sandwich **au poulet**

with mixed herbs / open-faced grilled ham and cheese with egg sandwich / with chicken

Une scène au café

ANTOINE: S'il vous plaît, Monsieur.

GARÇON: Oui. Vous désirez?

HÉLÈNE: Je **voudrais... euh...** un sandwich au jambon et un thé citron.

GARÇON: Et pour vous, Monsieur?

ANTOINE: **Voyons...** moi, **je vais prendre** une omelette aux fines herbes... et un thé citron **aussi.**

GARÇON: Parfait. **Tout de suite.**

would like / uh (hesitation)

Let's see (hesitation) / I'll have also (too)
Right away.

Auberge du Château
"Table des Blot"
1 Grande rue tél. 01 30 47 56 56

Table N°13 le 10/3	€	
4 frites	7	50
1 Tarte aux framboises	4	20
2 omelettes au fromage	8	00
3 salades composées	6	90
1 omelette HR	4	50
2 profiteroles	9	00
3 mousses chocolat	11	00
2 tartes pommes	6	50
3 cafés	5	00
2 thés	3	00
	65	60

ZOOM!

*I*n France, people of all ages and from all walks of life frequent **cafés**. They go there for breakfast or a light lunch, to chat with friends after school or work, or simply to spend an hour or two reading the newspaper or a book and watching people walk by. In the summertime, the tables on the sidewalk in front of the café (**la terrasse**) are full. In the winter, most of the activity moves inside.

Le savez-vous?
Approximately how many cafés are there in the city of Paris?
- **a.** 1,000
- **b.** 5,000
- **c.** 12,000

There are different kinds of cafés. In exclusive areas of the city, you'll find elegant cafés catering primarily to tourists. There you can eat an exotic ice cream dish or pay 7 euros for a Coke as you watch a constant parade of passersby. In the business centers of French cities, the cafés attract primarily workers and shoppers, who stop by for lunch or to relax a moment on their way home. Near some schools and universities, you may well find cybercafés filled with students (and adults) surfing the Internet. Finally, every town and city has its **cafés du coin** (*neighborhood cafés*) where you see a mixture of customers—factory workers talking about politics, retirees playing cards, teenagers trying their luck at pinball (**le flipper**) and other electronic games.

Qu'est-ce que vous en pensez?
Can you distinguish among the various types of **cafés** pictured here? What places are the equivalents of **cafés** in the United States?

Réponse ▼ ▼ ▼ b

À vous! *(Exercices de vocabulaire)*

A. Qu'est-ce que tu prends? *(What are you having?)* You and a friend are in a café. Using the words suggested, discuss what to have for lunch.

Reminder, Ex. A: In this and following exercises, if you have to pause, remember to use a filler expression (**euh, voyons**).

> **Modèle:** un sandwich au fromage / un sandwich au jambon
> —*Qu'est-ce que tu prends?*
> —*Euh... je voudrais un sandwich au fromage. Et toi?*
> —*Voyons... moi, je vais prendre un sandwich au jambon.*

1. un sandwich au jambon / un croque-monsieur
2. une omelette au fromage / un sandwich au fromage
3. un sandwich au pâté / une omelette aux fines herbes
4. un croque-monsieur / une omelette au jambon

B. Le petit déjeuner. Order the breakfast of your choice in a café.

> **Modèle:** —*Vous désirez?*
> —*Un café au lait et un croissant, s'il vous plaît.*

C. Le déjeuner. With a friend, order the lunch of your choice in a café. One of your classmates will play the role of the server.

> **Modèle:** —*Oui, Mademoiselle (Madame, Monsieur). Qu'est-ce que vous désirez?*
> —*Un sandwich au jambon et... euh... un express.*
> —*Et pour Monsieur (Mademoiselle, Madame)?*
> —*Je vais prendre une omelette au fromage et... voyons... un Perrier.*

Structure

L'article indéfini *(un, une, des)*

un garçon	**une** femme *(woman)*
un café	**une** bière
un citron	**une** orange

The English equivalents of the above nouns would be preceded by the indefinite article *a* (or *an*). In French, however, one must distinguish between the *masculine* indefinite article **un** and the *feminine* indefinite article **une**.

For an English speaker, there's nothing surprising about the fact that a waiter (**un garçon**) is masculine and a woman (**une femme**) is feminine. But it's much more startling to learn that a cup of coffee (**un café**) is masculine and a beer (**une bière**) is feminine, or that a lemon (**un citron**) is masculine while an orange (**une orange**) is feminine. All nouns in French have gender, even those that don't refer to people. Since there are no

1. *Un café*, s'il vous plaît. (un thé au lait / un Orangina / une limonade / un demi / une omelette au jambon / un croque-monsieur / une bière / un Coca / un kir / une menthe à l'eau / un diabolo citron)
2. Voilà, Mademoiselle... *un Perrier.* (un express / une orange pressée / un sandwich au pâté / un Vittel / un thé nature / un verre de blanc / une bière allemande / un croque-madame / une omelette aux fines herbes)
3. Pour moi, *des frites et un Coca.* (des croissants et un café au lait / une salade et des frites)

infallible rules for determining gender, it is best to associate each noun with the appropriate article from the very beginning. For example, remember **un café,** not just **café.**

Ordinarily, the **n** of **un** is not pronounced. However, when the word that follows **un** begins with a vowel or a silent **h,** the **n** is pronounced: **un‿Orangina, un‿homme** *(man),* but **un thé.** The **n** of **une** is always pronounced.

The plural form of the indefinite articles **un** and **une** is **des. Des** is the equivalent of the English word *some.*

Un café au lait, un chocolat et **des** croissants, s'il vous plaît.	A coffee with hot milk, a hot chocolate, and *(some)* croissants, please.
Moi, je voudrais une salade et **des** frites.	I'd like a salad and *(some)* French fries.

E. Moi, je voudrais... Et toi? Say that you would like one or some of the following items. Then ask another student about his/her choice; he/she'll respond with a drink or a food item not on the list.

Modèle: café
—*Moi, je voudrais un café. Et toi, (Peter)?*
—*Moi, je vais prendre un chocolat.*

1. thé citron	6. diabolo fraise	11. salade
2. Vittel	7. express	12. bière allemande
3. limonade	8. menthe à l'eau	13. omelette au fromage
4. kir	9. Coca	14. sandwich au jambon
5. frites	10. croissants	15. croque-monsieur

Culture: The basic distinction between **tu** and **vous** is one of informality versus formality. In general, **vous** is used in speaking to older people outside the family. **Tu** is used to speak to family members and close friends as well as to children and pets.

The use of **tu** and **vous** varies from situation to situation. In some groups (for example, among students or fellow workers), **tu** is used by everyone. In other cases (for example, in certain businesses and among people of older generations), **vous** is the rule. Unless the situation is absolutely clear, it's best to listen to the pronoun a native speaker uses when speaking to you before deciding to address that person with **tu.**

Structure

Le présent des verbes réguliers en *-er (1ère et 2e personnes)*

Je fume rarement.	I rarely *smoke.*
Tu travailles beaucoup.	*You work* a lot.
Nous parlons anglais.	*We speak* English.
Vous chantez bien.	*You sing* well.

Subject pronouns

English	*French*
I	**je**
you	**tu** (one person, known well)
we	**nous**
you	**vous** (one person, not known well, or two or more people)

1. Verbs consist of two parts: a *stem*, which carries the meaning, and an *ending*, which indicates the subject.
2. In English, verb endings seldom change (with the exception of the third-person singular in the present tense—*I read*, but *she reads*). In French, verb endings are very important, since each verb ending must agree in person and number with the subject.
3. Most French verbs are regular and belong to the first conjugation—that is, their infinitive (unconjugated form) ends in **-er**. The stem is found by dropping the **-er** from the infinitive:

Infinitive	Stem	Infinitive	Stem
travailler *(to work)*	**travaill-**	**habiter** *(to live)*	**habit-**
parler *(to speak)*	**parl-**	**étudier** *(to study)*	**étudi-**
voyager *(to travel)*	**voyag-**	**chanter** *(to sing)*	**chant-**
visiter *(to visit a place)*	**visit-**	**fumer** *(to smoke)*	**fum-**
manger *(to eat)*	**mang-**	**nager** *(to swim)*	**nag-**

4. To conjugate a regular **-er** verb, add the right endings to the stem:

Subject	Ending	Conjugated verb form		
je	**-e**	je parl**e**	je mang**e**	j'habit**e**
tu	**-es**	tu parl**es**	tu mang**es**	tu habit**es**
nous	**-ons**	nous parl**ons**	nous mang**eons**	nous habit**ons**
vous	**-ez**	vous parl**ez**	vous mang**ez**	vous habit**ez**

Grammar: Before a vowel or a vowel sound: **je → j'** (**j'habite**), and the **s** of **nous/vous** is pronounced (**nous_étudions, vous_habitez**).

Grammar: When an infinitive ends in **-ger,** add an **e** before the **-ons** ending in order to preserve the soft sound of the **g**. Examples: **nous mangeons, nous voyageons, nous nageons.**

Note grammaticale

Quelques adverbes

Here are some frequently used French adverbs. Adverbs modify verbs and are usually placed directly *after* the conjugated verb.

bien	well	**souvent**	often	**beaucoup**	a lot
mal	poorly	**rarement**	rarely	**un peu**	a little

Nous étudions **beaucoup**.　　We study *a lot*.
Tu chantes **bien**.　　You sing *well*.
Nous voyageons **souvent**.　　We travel *often*.

The adverbs **très** *(very)* and **assez** *(rather, enough)* can be used in combination with all of these adverbs except **beaucoup**. When they are used with **un peu, très** and **assez** take the place of **un**: **très peu, assez peu**:

Vous parlez **assez bien** le français.　　You speak French *fairly well*.
Je travaille **très peu**.　　I work *very little*.

F. Mise en train: Remplacez les sujets en italique et faites les changements nécessaires. *(Replace the italicized subjects and make the necessary changes.)*

1. *Je* parle anglais. (tu / nous / vous)
2. *Nous* travaillons beaucoup. (je / vous / tu)
3. *Tu* habites à Paris. (vous / nous / je)
4. *Vous* étudiez beaucoup. (nous / je / tu)
5. *Je* voyage rarement. (tu / vous / nous)

Application

G. On pose des questions aux nouveaux arrivés. *(The new arrivals are asked some questions.)* Patrick and Laura have just arrived at the home of the French family with whom they'll be spending the year. The children of the family start by asking Patrick about himself. Play the role of Patrick and answer the questions, using the expressions in parentheses.

> **Modèle:** Tu nages beaucoup? (non / très peu)
> *Non, je nage très peu.*

1. Tu parles français? (oui / un peu)
2. Tu étudies beaucoup? (non, mais [*but*] / assez [*enough*])
3. Tu chantes bien? (non, mais / assez bien)
4. Tu voyages souvent? (non / rarement)
5. Tu manges beaucoup? (non, mais / assez)
6. Tu travailles beaucoup? (non / très peu)

Then they ask Laura about her and her friends. Play the role of Laura and answer the questions, using the expressions in parentheses.

> **Modèle:** Vous chantez bien? (non / faux [*off-key*])
> *Non, nous chantons faux.*

7. Vous nagez? (oui / très souvent)
8. Vous voyagez rarement? (non / assez souvent)
9. Vous parlez anglais? (oui)
10. Vous étudiez beaucoup? (oui)
11. Vous travaillez? (oui / beaucoup)
12. Vous mangez beaucoup? (non, mais / assez)

H. On vous pose des questions. *(You're asked some questions.)* You're seated in a café with some French university students. They ask you questions—first, about yourself **(tu)**; then, about you and your friends **(vous)**. Answer their questions on the basis of your own experience.

1. Tu habites à Paris?
2. Tu étudies beaucoup?
3. Tu travailles?
4. Tu chantes bien?
5. Tu manges beaucoup?
6. Vous habitez à Paris?
7. Vous voyagez beaucoup?
8. Vous nagez?
9. Vous parlez français?
10. Vous visitez souvent New York?

Text Audio CD Track 1-4

▌Tuyau-prononciation
Les consonnes finales non-prononcées

As a general rule, final consonants in French are silent. Because speakers of English are accustomed to pronouncing most final consonants, you'll have to pay close attention to final consonants when speaking French:

ENGLISH:	part	uncles	mix	cup
FRENCH:	part	Georges	prix	coup

I. Read each word aloud, being careful *not* to pronounce the final consonant.

désirez / travailler / français / un thé au lait / Paris / bien / assez / garçon / beaucoup / vous / je voudrais / s'il vous plaît / tu parles / nous mangeons / Monsieur

Structure

Les formes interrogatives

—**Tu étudies** beaucoup?	—*Do you study* a lot?
—**Oui, j'étudie** beaucoup.	—*Yes, I study* a lot.
—**Est-ce que vous parlez** espagnol?	—*Do you speak* Spanish?
—**Non, nous ne parlons pas** espagnol.	—*No, we don't speak* Spanish.
—**Tu habites** à Lyon, n'est-ce pas?	—*You live* in Lyon, *don't you?*
—**Oui, j'habite** à Lyon.	—*Yes, I live* in Lyon.

Many questions can be answered by *yes* or *no*. There are three basic ways to ask such questions in French:

1. Make your voice rise at the end of a group of words:

   Vous habitez à Bordeaux?

2. Place the expression **est-ce que** before a group of words and make your voice rise at the end:

   Est-ce que tu voyages souvent?

3. Add the phrase **n'est-ce pas** to the end of a group of words and make your voice rise:

   Je chante bien, **n'est-ce pas?**

> **Grammar:** The phrase **n'est-ce pas?** is the equivalent of *don't you?, aren't you?, isn't that right?*, and assumes a *yes* answer.

   To answer a yes/no question negatively, place **ne** before and **pas** immediately after the conjugated verb:

Je **ne** parle **pas** espagnol.
Tu **ne** chantes **pas** très bien.
Nous **ne** mangeons **pas** assez.

If the verb begins with a vowel or a silent **h, ne** becomes **n'**:

Je **n'**étudie **pas** assez.
Nous **n'**habitons **pas** à Paris.

Application

J. Posez des questions. *(Ask questions.)* Now it's the turn of the American students (Patrick and Laura) to ask questions of their French "brothers" and "sisters." Using the expressions suggested below, play the roles of Patrick and Laura. Change the infinitive to agree with the subject and vary the question form you use. Begin by asking questions of all the young people.

> **Modèle:** vous / parler anglais
> *Vous parlez anglais?* or *Est-ce que vous parlez anglais?*

1. vous / travailler
2. vous / étudier beaucoup
3. vous / fumer
4. vous / chanter bien
5. vous / nager

Then ask questions of individuals.

> **Modèle:** Marie-Laure, tu / manger beaucoup
> *Marie-Laure, tu manges beaucoup?* or
> *Marie-Laure, est-ce que tu manges beaucoup?*

6. Éric, tu / parler anglais
7. Nicole, tu / voyager souvent
8. Martine, tu / habiter à Paris aussi
9. Didier, tu / manger bien
10. Véronique, tu / étudier beaucoup

K. Mireille et François. Mireille Loiseau tends to disagree a lot with her brother François. Whenever one of them answers a question affirmatively, the other contradicts the answer. Play the roles of Mireille and François in answering the following questions.

> **Modèle:** Mireille, tu chantes bien, n'est-ce pas?
> **MIREILLE:** *Oui, je chante très bien.*
> **FRANÇOIS:** *Mais non, tu ne chantes pas bien!*

1. François, tu parles allemand, n'est-ce pas?
2. Mireille, tu manges très peu, n'est-ce pas?
3. François, tu travailles beaucoup, n'est-ce pas?
4. Mireille, tu voyages souvent, n'est-ce pas?
5. François, tu fumes rarement, n'est-ce pas?
6. Mireille, tu étudies beaucoup, n'est-ce pas?

Débrouillons-nous!

L. Toi... Using the expressions given below and asking only yes/no questions, find out as much information as possible about one of your classmates. He/She will then ask for information about you.

> **Modèle:** habiter à Chicago
> —*Toi, tu habites à Chicago?* or *Est-ce que tu habites à Chicago, toi?*
> —*Non, je n'habite pas à Chicago. J'habite à...*

1. habiter à New York
2. parler anglais / espagnol / allemand *(German)*
3. étudier beaucoup
4. chanter bien
5. manger beaucoup
6. nager souvent
7. travailler
8. voyager beaucoup

M. Au café. Two students, who have just met in class, go to a café for lunch. They place their order and then ask each other questions to get acquainted.

À faire chez vous:
CAHIER, Chapitre 1,
1ère étape

Point de départ

Salut... Bonjour...

Text Audio CD Track 1-5

Hi / How are you doing? / So long
Good-bye / See you soon.

—**Salut,** Jean-Marc. **Comment ça va?**
—Ça va bien. Et toi, Martine, ça va?
—Oh, oui. Ça va.
—Martine Fortier, Suzanne Lecaze.
—Bonjour, Suzanne.
—Bonjour, Martine.

—**Allez, au revoir,** Jean-Marc.
—**Au revoir,** Martine. **À bientôt.**
—Au revoir, Suzanne.
—Au revoir, Martine.

How are you?

—Bonjour, Madame. **Comment allez-vous?**
—Très bien, Isabelle. Et toi?

—Au revoir, Madame.
—Au revoir, Isabelle. Au revoir, Monsieur.
—Au revoir, Madame.

I'm fine
I would like you to meet (to introduce you to)

—**Je vais bien** aussi, merci. Madame, **je voudrais vous présenter** Jean-Claude Merrien. Jean-Claude, Madame Duvalier.

Delighted (to meet you)

—**Enchanté,** Madame.
—Enchantée, Monsieur.

salutations: greetings

Les salutations	Les réponses
Bonjour.	Bonjour.
Salut.	Salut.
Comment ça va?	Ça va bien.
Ça va?	(Oui,) ça va.

not bad

Ça va bien?	(Oui,) **pas mal.**
Comment allez-vous?	Je vais très bien, merci. Et vous?

On prend congé

Au revoir.
Allez, au revoir.
Salut.
À tout à l'heure.
À bientôt.

Les présentations

Je te présente (Thierry).
(Thierry, Michel.)
Je voudrais vous présenter (Caroline
  Mercier).
Enchanté(e), Madame (Monsieur,
  Mademoiselle).
(Caroline Mercier, Jacques Merlot.)

On prend congé: Saying good-bye

See you in a while.

V i d é o : Questions de fond

1. Why is the family all together?
2. What drink does Xavier request?
3. What does Aude's mother hope for?

ZOOM!

*I*n France, custom requires that you shake hands when you greet people and when you take leave of them. This social rule is followed by men and women, young and old. If the two people are related or are very good friends, instead of shaking hands they often kiss each other on both cheeks. In formal situations, **Monsieur, Madame,** or **Mademoiselle** always accompanies **bonjour** and **au revoir.**

Qu'est-ce que vous en pensez?
How do Americans greet each other and say good-bye? When do they shake hands?

Le savez-vous?
French young people often use expressions from a foreign language when they take leave of someone. What do they say?
  a. Bye-bye
  b. Ciao!
  c. ¡Adiós!

À vous! *(Exercices de vocabulaire)*

A. Répondons! *(Let's answer!)* Complete the dialogues with an appropriate expression. In the first group of exchanges, you're speaking with people you know well or with fellow students.

> **Modèle:** (Martine) Salut, Georges.
> *Salut, Martine.*

1. (Pierre) Salut, Sandrine.
2. (Véronique) Comment ça va, Jean-Patrice?
3. (Éric) Ça va, Yvonne?
4. (Gérard) Salut, Chantal. Ça va bien?
5. (Marianne) Robert, Sylviane.
6. (Dominique) Allez, au revoir, Ça va bien?
7. (Francine) À bientôt, Caroline.

Réponse ▲ ▼ ▼ a, b

Now you're speaking with older people whom you do *not* know very well.

> **Modèle:** (M. Legard) Bonjour, Jeannette.
> *Bonjour, Monsieur.*

8. (Mme Michaud) Bonjour, Édouard.

9. (M. Dupont) Comment allez-vous, Étienne?

10. (Mme Maire) Madame Piquet, je voudrais vous présenter Annick et Vincent.

11. (M. Alviez) Au revoir, Mademoiselle.

12. (Mme Guérin) À bientôt, Philippe.

B. Faites des présentations. *(Make introductions.)*

1. Introduce another student to the instructor.
2. Introduce two students to each other.

C. Dans la rue.

You're walking down the street with a friend when you run into a second friend. Greet him/her and make introductions. The two people who have been introduced ask each other questions about where they live. Then your second friend says good-bye to you and your first friend.

Reprise: première étape

Reminder, Ex. D: The model is designed to show you a possible form for this conversation. It's not necessary to repeat it word for word.

D. Qu'est-ce que tu prends? *(What are you having?)*

Three friends order lunch in a café. Imitate their conversation, substituting your own food and drink choices. Rotate until everyone has played each role.

> **Modèle:**
> PIERRE: *Qu'est-ce que tu prends, Hélène?*
> HÉLÈNE: *Voyons... moi, je vais prendre une omelette au fromage et un demi.*
> PIERRE: *Et toi, Chantal?*
> CHANTAL: *Moi, je voudrais un croque-monsieur.*
> HÉLÈNE: *Et un demi?*
> CHANTAL: *Non, un Perrier. Et toi, Pierre, qu'est-ce que tu prends?*
> PIERRE: *Un sandwich au jambon et un Perrier.*

E. Posons des questions.

Use the following verbs and expressions to find out some personal information about other people in the class. Ask each question twice: first, of one fellow student; then, of a pair of students or of your instructor. The person(s) to whom you address each question will give you an answer.

> **Modèle:** fumer (beaucoup)
> *Henri, tu fumes? Tu fumes beaucoup?*
> *Et vous, Madame (Jacqueline et Sarah), vous fumez?*

1. habiter à *(city)*
2. travailler (beaucoup)
3. étudier (assez)
4. voyager (beaucoup)
5. nager (bien)
6. chanter (bien)
7. parler français (allemand, espagnol)
8. fumer (beaucoup)

Structure

Le présent des verbes réguliers en -er (3ᵉ personne)

Jacques? **Il voyage** beaucoup.
Hélène? **Elle parle** espagnol.
Paul et Philippe? **Ils chantent** bien.
Marie et Jeanne? **Elles** n'**étudient** pas beaucoup.
Claire et Vincent? **Ils visitent** Paris.

Subject pronouns

English	French
he	**il**
she	**elle**
they	**ils** (two or more males, group of males and females)
they	**elles** (two or more females)

To form the present tense of an **-er** verb in the third person, add the appropriate ending to the stem. Recall that the stem is found by dropping the **-er** ending from the infinitive (**étudier → étudi-**):

Subject	Ending	Conjugated verb form		
il	**-e**	il parl**e**	il mang**e**	il habit**e**
elle	**-e**	elle parl**e**	elle mang**e**	elle habit**e**
on	**-e**	on parl**e**	on mang**e**	on habit**e**
ils	**-ent**	ils parl**ent**	ils mang**ent**	ils habit**ent**
elles	**-ent**	elles parl**ent**	elles mang**ent**	elles habit**ent**

Remember to make a liaison between the **s** of **ils** or **elles** and a verb beginning with a vowel or a silent **h: ils‿étudient, elles‿habitent.**

Usage: In French, there's another third-person pronoun, **on.** It's used to refer to a *general, undefined* group of people. The English equivalent is *one* or *people* (in general). **On** is often the equivalent of *you* or *they* when these pronouns do not refer to anyone in particular: *You drink white wine with fish,* or *They say that Chicago is very windy.* **On** is also the equivalent of *we* in a situation like **On va au cinéma ce soir? Qu'est-ce qu'on mange ce soir?** Even though **on** usually refers to a number of people, from a grammatical point of view it is a singular pronoun, acting just like **il** or **elle: À Paris on parle français.**

Application

G. Un peu plus tard. *(A little later.)* Your new French friends ask you questions about some of the other American students in your group. Answer according to the suggestions in parentheses.

1. Est-ce que Robert habite à Chicago? (à Denver)
2. Est-ce qu'on parle français à Denver? (anglais)
3. Est-ce qu'on fume beaucoup à Denver? (très peu)
4. Est-ce que Nancy et Susan parlent allemand? (non)
5. Est-ce que Beverly travaille? (oui)
6. Est-ce que George et Bill voyagent souvent? (rarement)
7. Est-ce que Mark chante bien? (faux)
8. Est-ce que Carol mange beaucoup? (non, mais / assez)
9. Est-ce que Frank étudie souvent? (non)
10. Est-ce que Frank et Carol habitent à Denver? (Dallas)

F. Mise en train: Remplacez les sujets en italique et faites les changements nécessaires.

1. *Je* chante bien. (Marie / Jean et Yvette / Patrick / François et Jacques / tu / vous)
2. *Il* habite à Montréal. (elle / ils / elles / tu / vous / je)
3. *Hervé* travaille rarement. (Annick / Chantal et Geneviève / Pierre et Marc / on / je / vous)
4. *Elle* ne mange pas assez. (ils / il / nous / on / vous / je / elles)
5. *Georges et Sylvie* fument beaucoup. (vous / tu / elles / on / il / je / nous)

H. Est-ce que tu... ? First, answer the questions yourself, then ask two other students the same questions. Finally, report your findings to the class or to another group.

Questions

1. Est-ce que tu parles espagnol?
2. Est-ce que tu parles allemand?
3. Est-ce que tu travailles?
4. Est-ce que tu voyages beaucoup?
5. Est-ce que tu fumes?
6. Est-ce que tu manges beaucoup?
7. Est-ce que tu chantes bien?
8. Est-ce que tu habites à *(city)*?

Text Audio CD Track 1-6

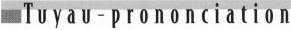

■ Tuyau-prononciation
Les consonnes finales prononcées

The major exceptions to the rule of unpronounced final consonants are **c, r, f,** and **l**. These four consonants are usually pronounced when they are the last letter of a word. It may be helpful to use the English word **CaReFuL** as a memory aid.

par**c**	bonjou**r**	acti**f**	ma**l**
chi**c**	au revoi**r**	che**f**	espagno**l**

This rule does *not* apply to the infinitives of **-er** verbs: **parler, chanter, voyager.**

I. Read each word aloud, being careful to pronounce the final consonant unless the word is an infinitive.

Marc / kir / bref / mal / étudier / bonjour / sec / espagnol / amour / Montréal / manger / Jean-Luc / il / tarif

J. Read each word aloud, being careful to decide whether or not the final consonant should be pronounced.

au revoir / bientôt / chocolat / professeur / mal / n'est-ce pas / souvent / nager / un Vittel / bar / café au lait / anglais / beaucoup / actif / salut

Structure

L'article défini (le, la, l', les)

J'aime **le** vin, mais je préfère **la** bière.	I like wine, but I prefer beer.
Elle n'aime pas beaucoup **l'**eau minérale et elle n'aime pas du tout **les** boissons gazeuses.	She doesn't like mineral water and she doesn't like carbonated drinks at all.

The French definite article has three singular forms and one plural form:

MASCULINE SINGULAR	le	**le** vin, **le** thé, **le** jambon
FEMININE SINGULAR	la	**la** bière, **la** limonade, **la** salade
MASCULINE OR FEMININE SINGULAR BEFORE A VOWEL OR A VOWEL SOUND	l'	**l'**eau minérale, **l'**Orangina
PLURAL (MASCULINE OR FEMININE)	les	**les** boissons gazeuses, **les** sandwiches

The definite article is often used to designate a noun in a general or collective sense. For example, **Michel n'aime pas la bière** means that Michel dislikes all kinds of beer; **Anne préfère les sandwiches** means that Anne prefers sandwiches as a type or kind of food. Notice that in English the noun is used *without* an article to express these ideas. The definite article is frequently used in French after the following expressions:

aimer	to like, to love
aimer beaucoup	to like a lot
adorer	to love, to really like
ne pas aimer	to dislike
ne pas aimer du tout	not to like at all, to dislike
préférer	to prefer
aimer mieux	to like better, to prefer

Grammar: The written forms of **préférer** change the accent on the second **e** from acute (**é**) to grave (**è**) when the ending is silent (**-e, -es, -ent**): **je préfère, tu préfères, il/elle/on préfère, ils/elles préfèrent.** When the ending is pronounced (**-ons, -ez**), the acute accent remains: **nous préférons, vous préférez.**

K. **Mise en train:** Replace the indefinite article with the appropriate definite article (**le, la, l', les**).

Modèles: un Coca   *le Coca*
         une limonade *la limonade*

1. un café 2. une eau minérale
3. une salade 4. un thé 5. des sandwiches 6. une bière 7. un lait 8. des omelettes 9. un Orangina 10. une limonade
11. un chocolat 12. des boissons alcoolisées

Application

L. Les goûts.
You learn that Mireille Loiseau and her friends have different tastes. In each category, you discover what the first person likes (**aimer, aimer beaucoup**), what the second person prefers (**aimer mieux, préférer**), and what the third person dislikes (**ne pas aimer, ne pas aimer du tout**).

Modèle: Éric (bière) / Mireille (vin) / Roger (boissons alcoolisées)
Éric aime (beaucoup) la bière, mais Mireille aime mieux (préfère) le vin. Roger n'aime pas (du tout) les boissons alcoolisées.

1. Mireille (thé) / Sylvie (café) / Geneviève (boissons chaudes)
2. Henri (fromage) / Didier (jambon) / Jean-Jacques (sandwiches)
3. Colette (Vittel) / Yvonne (Perrier) / Jeanne (eau minérale)
4. Robert (vin) / Marie (bière) / Christine (boissons alcoolisées)
5. Annick (limonade) / Jacques (Orangina) / Guy (boissons gazeuses)

Reminder, Ex. M: When offering or asking for something to eat or drink, use an indefinite article (**un, une, des**); when indicating your likes, dislikes, or preferences, use a definite article (**le, la l', les**).

M. Tu voudrais... ?
(Would you like . . . ?) Offer each of the following items of food and drink to at least two of your classmates. They'll accept or ask for something else, depending on their personal preferences.

Modèle: bière
—*Tu voudrais une bière?*
—*Ah, oui. J'aime beaucoup la bière.*
—*Toi aussi, tu voudrais une bière?*
—*Non, merci. Je n'aime pas la bière.* or *Je préfère le vin. Je voudrais un verre de rouge.*

1. un verre de vin
2. un Perrier
3. une omelette au fromage
4. un sandwich au pâté
5. un thé au lait

Débrouillons-nous!

N. Échange.
Ask questions of another student, who will answer you and find out similar information about you.

Modèle: —*Est-ce que tu habites à Richfield?*
—*Non, j'habite à Duluth. Et toi?*
—*Moi, j'habite à Denver.* or *Moi aussi, j'habite à Duluth.*

O. Une scène au café.
You and a friend are going to a café to have lunch. Just as you arrive, you see another friend. You greet each other, make introductions, sit down, and order. The three of you have a short conversation (including a discussion of your likes and dislikes in food and drink). Then the friend you met at the café leaves.

À faire chez vous:
**CAHIER, Chapitre 1,
2e étape**

Troisième étape

Point de départ

L'heure du déjeuner

Tu aimes les fast-foods?

Mireille, Angélique, Thierry et Julien **sont en ville.**

🎧

Text Audio CD Track 1-7

L'heure du déjeuner: Lunchtime

are downtown

MIREILLE:	On mange quelque chose?
ANGÉLIQUE:	Oui, **pourquoi pas? On va** au Quick ou à Aubépain?
THIERRY:	Allons au Quick. Moi, je voudrais manger un Giant et des frites.
ANGÉLIQUE:	**Bonne idée.** Je vais prendre un Big et un milkshake.
MIREILLE:	Non, non. Moi, je voudrais **manger** une salade.
JULIEN:	**Moi aussi. Alors,** toi et moi, on va à Aubépain. **D'accord?**
MIREILLE:	D'accord. À bientôt.

why not? / Should we go . . . ?

Good idea

eat

Me too. / So, Then / Okay?

Vocabulary: Un fast-food (singular) refers to a fast-food restaurant; **les fast-foods** (plural) refers to the type of food served there.

Au Quick

ANGÉLIQUE: Mademoiselle, un Big, une portion de frites et un milkshake au chocolat, s'il vous plaît.

THIERRY: Et pour moi, un Giant, une frites aussi et un Coca.

ANGÉLIQUE: **Tiens!** Voilà Jeanne.

THIERRY: Elle **est** américaine, n'est-ce pas?

ANGÉLIQUE: Non, non. Elle est canadienne. Elle est **de** Montréal. Elle chante très bien—en français et en anglais.

THIERRY: **C'est chouette, ça.**

Hey!

is

from

That's great (neat)!

À Aubépain

JULIEN: Qu'est-ce que tu prends?

MIREILLE: Une salade... une Capucine. Et toi?

JULIEN: Moi, je vais prendre une Églantine. Tu voudrais une boisson?

MIREILLE: Oui, un jus d'orange.

JULIEN: S'il vous plaît. Une Capucine, une Églantine et deux jus d'orange.

Now, using the menu, order food for yourself at Aubépain.

Aub☺pain	
ENTRÉES	**€**
La Quiche Provençale	2,00
Le Croque-Monsieur	2,50
PAINS DE MIE	
Le Saule	3,10
(Crevettes, Concombre)	
L'Épicéa	3,10
(Poulet au curry, Crudités)	
BAGUETTES	
Le Parisien	3,50
(Jambon au Torchon)	
Le Lyonnais	3,20
(Rosette de Lyon)	
Le Fermier	3,60
(Poulet, Crudités)	
SALADES	
Aubépine	3,60
(Crevettes, Œuf, Crudités)	
Capucine	3,20
(Jambon, Fromage, Crudités)	
Églantine	3,20
(Poulet, Raisins secs, Crudités)	
DESSERTS	
Le Croissant	0,70
Le Pain au Chocolat	0,80
Le Chausson aux Pommes	1,10
La Tarte aux Fruits Rouges	1,80
Le Fromage Blanc	1,65
BOISSONS	
Bière Française	1,50
Cidre brut	1,70
Jus d'Orange	1,65
Coca-Cola	1,75
Eaux Minérales	1,20

À vous! (Exercices de vocabulaire)

A. On va au Quick? Suggest to a friend that you go to the following places for a bite to eat. Your friend may either agree or suggest a different place.

Modèle: au Quick

—*On mange quelque chose?*

—*Oui, pourquoi pas?*

—*On va au Quick?*

—*D'accord.* or *Non, je n'aime pas beaucoup le Quick. Allons* (Let's go) *au Macdo.*

1. au Macdo   **3.** au Café Minet

2. au Burger King   **4.** au Love Burger

ZOOM!

*I*n 1920, France had more than 500,000 cafés. Today, there are fewer than 175,000. A major cause of this decline is the growth of the fast-food industry in France. Fast-food restaurants are becoming almost as popular in France as they are in the United States. The best known is McDonald's, sometimes called **Macdo** in French. The major French fast-food restaurant chain is called **Le Quick,** run by a supermarket corporation called **Casino.** In addition to soft drinks and milk shakes, many of these fast-food restaurants serve wine and/or beer.

Qu'est-ce que vous en pensez? Study the menu of the Quick restaurant on page 29. In what ways do French fast-food restaurants seem similar to their American counterparts? Do you notice any differences?

B. Un, deux, trois... First, using the following drawings, order food for yourself and a friend at a Quick fast-food restaurant.

> Modèle: *Deux cheeseburgers, deux frites, un Coca et un milkshake à la vanille, s'il vous plaît.*

▆ R e p r i s e : deuxième étape

C. Bonjour!... Salut!... Play the roles of the people in each of the following situations. Pay attention to the level of language—formal or informal.

> Modèle: Henri, Jean-Jacques *(greetings)*
> —*Salut, Jean-Jacques.*
> —*Salut, Henri. Ça va?*
> —*Oui, ça va. Et toi?*
> —*Oui, ça va bien.*

1. Henri, Jean-Jacques *(greetings)*
2. M. Ventoux, Chantal *(greetings)*
3. Claude, Angèle, Henri *(greetings, introductions)*
4. Martine, Annick, Mme Leroux *(greetings, introductions)*
5. Mme Didier, Gérard *(good-byes)*
6. Ahmed, Jean *(good-byes)*

D. Mon ami(e). *(My friend.)* Mention the name of one of your friends to some of your classmates. They'll ask you questions about this friend, using the following verbs: **habiter, parler, étudier, chanter, fumer, manger, voyager, travailler, aimer, préférer.**

> **Modèle:** mon amie Carole
> —*Est-ce qu'elle habite à Boston?*
> —*Non, elle habite à...*

Structure

Le présent du verbe irrégulier *être*

Sylvie **est** de New York.	Sylvie *is* from New York.
Ils ne **sont** pas ici. Ils **sont** à Québec.	They *aren't* here. They*'re* in Quebec City.
—Vous **êtes** américains?	—*Are* you American?
—Non, nous **sommes** canadiens.	—No, we*'re* Canadian.

Some French verbs do not follow the pattern of conjugation you have learned for regular **-er** verbs. They are called *irregular verbs* because they do not fit into a fixed category. One of the most frequently used irregular verbs is **être** *(to be)*:

être	
je **suis**	nous **sommes**
tu **es**	vous **êtes**
il, elle, on **est**	ils, elles **sont**

The interrogative and negative forms follow the same patterns as **-er** verbs:

—**Est-ce que** tu es française?
—Non, je **ne** suis **pas** française, je suis américaine.

E. Mise en train: Remplacez le sujet en italique et faites les changements nécessaires.

1. *Éric* est à Bordeaux. (je / Hélène et moi, nous / tu / elles)
2. *Monique* est de Paris. (Jean-Jacques / je / vous / ils / nous / tu)
3. Est-ce que *Matthieu* est au Macdo? (Nathalie / Monsieur et Madame Ledoux / vous / tu / on / nous)
4. *Yves et Mathilde* ne sont pas au café. (Jean-Luc / je / Denise / vous / elles / on / tu)

Application

F. Martine n'est pas là. Elle est à Nice. You notice that, just two days before a vacation break, many of your new friends are not around. When you ask Mireille where everybody is, she explains that they are in other cities. Reproduce Mireille's answers.

> **Modèle:** Renée / Strasbourg
> *Renée? Elle n'est pas là. Elle est à Strasbourg.*

1. Georges / Toulouse
2. Chantal et Marcel / Grenoble
3. Michèle et Jeanne / Cannes
4. Vincent / Orléans
5. Brigitte / Bordeaux
6. Jean-Pierre et Henri / Rennes

G. Ils ne sont pas de Paris. Even though many of your French friends live in Paris, they were not born there. When you ask them if they are from Paris, they tell you where they are originally from. Using the cities below, ask and answer questions according to the model.

Modèle: vous / Marseille
> —*Vous êtes de Paris?*
> —*Non, nous ne sommes pas de Paris. Nous sommes de Marseille.*

1. vous / Lyon
2. tu / Nice
3. Étienne et Dominique / Lille
4. vous / Rouen
5. Édouard / Limoges
6. tu / Dijon

Le savez-vous?
Paris is the largest city in France. What is the second largest?
  a. Marseille
  b. Lyon
  c. Bordeaux

Tuyau-prononciation
Les consonnes finales + e

Text Audio CD Track 1-8

If a word ends in a mute **e** (an **e** without an accent), the preceding consonant is pronounced. The mute **e,** as its name implies, remains silent:

chant**e**   femm**e**   fromag**e**   parl**e**   salad**e**   omelett**e**

H. Read each pair of words aloud, being careful not to pronounce the consonant at the end of the first word and making sure to pronounce the consonant before the final **e** of the second word.

français, française / allemand, allemande / italien, italienne / américain, américaine / Denis, Denise / François, Françoise

I. Say each word aloud, being careful to pronounce the consonant before a final **e** and not to pronounce a final consonant alone (with the exception of **c, r, f, l**).

Madame / bien / limonade / Rome / chocolat / Vittel / tu es / canadienne / jambon / pour / croissant / chose / voudrais / kir / chef

Réponse ▼ ▼ ▼ a

Structure

Les adjectifs de nationalité

Jacques est **français**.
Claire est **française**.

Bernard et Yves sont **canadiens**.
Yvette et Simone sont **canadiennes**.

In French, adjectives agree in *gender* (masculine or feminine) and *number* (singular or plural) with the person or thing to which they refer.

1. Some adjectives have identical masculine and feminine forms:

Il est **belge** *(Belgian)*.
Il est **russe** *(Russian)*.
Il est **suisse** *(Swiss)*.

Elle est **belge**.
Elle est **russe**.
Elle est **suisse**.

2. Many adjectives have a feminine form that consists of the masculine form + **-e**:

Il est **français**.
Il est **anglais**.
Il est **américain**.
Il est **mexicain**.
Il est **allemand**.
Il est **espagnol**.
Il est **japonais**.
Il est **chinois** *(Chinese)*.
Il est **sénégalais** *(Senegalese)*.

Elle est **française**.
Elle est **anglaise**.
Elle est **américaine**.
Elle est **mexicaine**.
Elle est **allemande**.
Elle est **espagnole**.
Elle est **japonaise**.
Elle est **chinoise**.
Elle est **sénégalaise**.

3. Finally, some adjectives have a feminine form that consists of the masculine form + **-ne**:

Il est **italien**.
Il est **canadien**.
Il est **égyptien**.

Elle est **italienne**.
Elle est **canadienne**.
Elle est **égyptienne**.

4. To form the plural of all these adjectives, simply add **-s** to the masculine or feminine singular form. If the singular form already ends in **-s**, the singular and the plural are the same.

Ils sont **allemands**.
Ils sont **français**.

Elles sont **chinoises**.
Elles sont **italiennes**.

Supplementary Vocabulary: Here are some additional adjectives of nationality. You're not expected to know all of these; pick out those that apply to you or that have some importance for you.

algérien(ne), argentin(e), autrichien(ne) *(Austrian),* **danois(e), grec(-que), indien(ne), iranien(ne), israélien(ne), libanais(e)** *(Lebanese),* **marocain(e), norvégien(ne), polonais(e)** *(Polish),* **suédois(e)** *(Swedish),* **tunisien(ne), turc(-que).** Ask your instructor for other nationalities you may want to say.

Application

J. Et Roger? Answer the questions according to the model. In the first six items, the first person is female and the second is male. In the last six items, the first person is male and the second female.

> **Modèle:** Jacqueline est française. Et Roger?
> *Il est français aussi.*

1. Janet est américaine. Et Stan?
2. Sophia est italienne. Et Vittorio?
3. Olga est russe. Et Boris?
4. Fatima est égyptienne. Et Ahmed?
5. Miko est japonaise. Et Yoshi?
6. Isabela est mexicaine. Et José?
7. Harold est anglais. Et Priscilla?
8. Maurice est canadien. Et Jeanne-Marie?
9. Gunther est allemand. Et Helga?
10. Tchen est chinois. Et Sun?
11. Alfred est suisse. Et Jeannette?
12. Yves est français. Et Mireille?

K. Les nationalités. You are with young people from all over the world. Find out their nationalities by making the indicated assumption and then correcting your mistake.

> **Modèle:** Marguerite—portugais / New York
> —*Est-ce que Marguerite est portugaise?*
> —*Mais non, elle est de New York.*
> —*Ah, bon. Elle est américaine.*
> —*C'est ça.* (That's it.) *Elle est américaine.*

1. Monique—suisse / Paris
2. Lin-Tao *(m.)*—japonais / Beijing
3. Francesca—mexicain / Rome
4. Jean-Pierre—belge / Québec
5. Verity—américain / Londres *(London)*
6. Fumiko et Junko *(f.)*—égyptien / Tokyo
7. Carlos et Pablo—espagnol / Guadalajara
8. Natasha et Svetlana *(f.)*—canadien / Moscou
9. Ebejerd *(m.)* et Heidi—suisse / Berlin
10. Gina et Sofia—vénézuélien / Madrid

Note grammaticale

Les noms de professions

Most nouns that refer to work or occupation follow the same pattern as adjectives of nationality.

1. Some nouns have identical masculine and feminine forms.

Il est **secrétaire**.	Elle est **secrétaire**.
Il est **médecin** (doctor).	Elle est **médecin**.
Il est **professeur**.	Elle est **professeur**.
Il est **ingénieur** (engineer).	Elle est **ingénieur**.

2. Some nouns have a feminine form that consists of the masculine form + **-e**:

Il est **avocat** (lawyer).	Elle est **avocate**.
Il est **étudiant** (college student).	Elle est **étudiante**.
Il est **assistant** (teaching assistant).	Elle est **assistante**.

3. Other nouns have a feminine form that consists of the masculine + **-ne**:

Il est **mécanicien** (mechanic).	Elle est **mécanicienne**.
Il est **pharmacien** (pharmacist).	Elle est **pharmacienne**.

4. Nouns of profession, like adjectives of nationality, form the plural by adding **-s** to the masculine or feminine singular:

Ils sont **avocats**.	Elles sont **professeurs**.
Ils sont **mécaniciens**.	Elles sont **étudiantes**.

Grammar: Notice that French, unlike English, does *not* require an indefinite article (**un, une, des**) when identifying someone's profession after the verb **être**. Thus, the equivalent of *I am a lawyer* is **Je suis avocat(e)**.

L. Voilà M. Chevalier. Il est avocat. You and a French friend are attending a function with his/her parents. Your friend points out various acquaintances of his/her parents and states their professions. Recreate the statements of your friend.

Modèles: M. Chevalier / avocat
Voilà M. Chevalier. Il est avocat.

M. et Mme Richard / pharmacien
Voilà M. et Mme Richard. Ils sont pharmaciens.

1. M. et Mme Aubert / médecin
2. Mme Forestier / professeur
3. Mme Longin / avocat
4. M. Cordier / cadre *(executive)*
5. M. Dumoulin / avocat
6. Nicole et Suzanne Martineau / étudiant
7. Patrick Desnoyers / étudiant

8. **Georges Denis** / secrétaire
9. **Mme Beaujour** / ingénieur
10. **Mlle Jacquier** / mécanicien
11. **M. Gautier** / mécanicien
12. **Catherine Raymond et Jeanne Duval** / assistant à l'université

M. Est-ce que tu voudrais être ingénieur? From the following list, choose several careers or jobs that you would like and several that you would not like.

> Modèle: *Je voudrais être architecte, mais je ne voudrais pas être avocate.*

architecte / **comptable** *(accountant)* / **dentiste** / **avocat(e)** / **journaliste** / **professeur** / **secrétaire** / **cadre** / **pharmacien(ne)** / **mécanicien(ne)** / **ingénieur** / **musicien(ne)** / **agriculteur(-trice)** *(farmer)* / **acteur (actrice)** / **astronaute** / **vendeur(-euse)** *(salesperson)* / **homme (femme) d'affaires** *(businessman, businesswoman)* / **fonctionnaire** *(civil servant)* / **commerçant(e)** *(small business owner)* / **instituteur(-trice)** *(grade-school teacher)* / **programmeur(-euse)**

Débrouillons-nous!

N. Échange. Posez les questions suivantes à un(e) camarade de classe, qui va vous répondre.

1. Quelle *(What)* est ta nationalité?
2. Tu es d'origine italienne (allemande, _____)?
3. Tu es professeur?
4. Tu habites à _____ , n'est-ce pas?
5. Tu es de _____ aussi?
6. Tu travailles?
7. Tu parles espagnol? allemand? chinois? russe?
8. Tu aimes les boissons alcoolisées? les boissons chaudes?
9. Tu voudrais être astronaute?
10. Qu'est-ce que tu voudrais être?

O. Au Quick. You and two friends decide to have lunch at a nearby Quick. You talk about what you will eat. Then one of you places the order. While eating, each of you notices an acquaintance from another country. You each point out this person to your friends and tell them something about him/her.

À faire chez vous:
CAHIER, Chapitre 1,
3ᵉ étape

Student Audio CD Tracks 1-5–1-11

Now that you've completed the first three **étapes** of **Chapitre 1**, listen to Tracks 1-5–1-11 of the Student Audio CD. See **CAHIER, Chapitre 1**, *Écoutons!*, for exercises that accompany this segment.

À faire chez vous:

Student Audio CD Tracks 1-12–1-15

CAHIER, Chapitre 1, *Rédigeons! / Travail de fin de chapitre* (including Student Audio CD Tracks 1-12–1-15)

Activités orales

Exprimons-nous!

When French speakers pause to think of what to say next, two conversation fillers they frequently use are **euh** and **voyons.**

Martine parle anglais et... **euh...** allemand, oui, allemand.
Martine speaks English and . . . *uh* . . . German, yes, German.

Voyons... moi, je voudrais une omelette au fromage et un demi.
Let's see . . . I'd like a cheese omelet and a draught beer.

A. Au café. You and a friend meet at a café for a drink **(un verre)** or for breakfast or lunch. After you greet each other, another friend arrives. Introduce him/her to your first friend. The two people who have just met try to get better acquainted by asking each other questions about their nationality, residence, work, languages, and the like. Don't forget to order something for the new arrival.

B. On mange quelque chose? While downtown on a Saturday afternoon, you and a friend run into one or more classmates. You are hungry. Therefore, you try to get people interested in going somewhere (café, fast-food restaurant) for something to eat. When you've decided, go to the place and order your food. (If you can't all agree, split into smaller groups, say good-bye, and go off to the place of your choice.)

Reminder, Ex. C: Don't try to translate your questions directly from English to French. Instead, use the French you've learned to find a way to get the needed information.

C. Une présentation. Question another student in order to introduce him/her to the class. Find out (1) his/her nationality, (2) where he/she is from, (3) where he/she lives now, (4) what languages he/she speaks, (5) whether he/she likes to sing, travel, swim, etc., and (6) what kinds of snack food and beverages he/she prefers. When you've finished, present the student to the class.

D. En attendant à l'aéroport. While waiting for a plane at an international airport, you and your friends take turns guessing the nationalities and professions of various people. After making your guesses, one of you goes up to each person and finds out the correct information. Use the cards provided by your instructor. The person holding a card plays the role of the person(s) pictured.

▄ R e p r i s e : troisième étape

E. Le déjeuner au Surf. You and two classmates go to the **Surf,** a small fast-food restaurant in Avignon. Discuss with your friends what you and they'll have to eat. Then go to the counter and order.

CAFETERIE - *ESPRESSO BAR*

Café Expresso / *Espresso*	0,99
Double Expresso / *Double coffee*	1,65
Décaféiné / *Decaffeinated coffee*	0,99
Café Crème / *Coffee with milk*	1,94
Café Ritazza Aromatisé / *Flavoured coffee*	**1,83**
Café Ritazza d'Origine / *Origin coffee*	**1,98**
Cappucino / *Cappuccino*	1,94
Maxi Crème	**2,29**
Maxi Cappucino	**2,29**
Chocolat / *Hot chocolate*	1,71
Grand Chocolat / *Large Hot chocolate*	2,10
Thé / *Tea*	1,71
Infusion	1,71
Lait / *Milk*	1,14

VIENNOISERIES - *FRENCH PASTRIES*

Croissant / *Croissant*	1,10
Pain au chocolat / *Chocolate croissant*	1,19
Pain aux raisins / *Baking raisin pastry*	1,19
Chausson aux pommes / *Baking apple pastry*	1,19
Danish Canelle / *Cinamon danish*	**1,31**
Tresse noix de Pecan / *Pecan & mapple plait*	**1,62**

FORMULE PETIT DÉJEUNER
Breakfast   **5,34 €**

1 viennoiserie + 1 boisson chaude + 1 jus d'orange frais 25cl

1 petit pain + beurre + confiture

French pastry + hot drink + fresh orange juice 25cl

roll + butter + jam

Salad Service Partner RCS B 394 968 473 • Prix nets.

Culture: French fast-food restaurants do not limit themselves to hamburgers and hot dogs. Many serve pizza or **quiches** [*f. pl.*] (cheese, milk, and eggs baked in a pastry shell and served in slices). The **Surf** also has grilled turkey on a stick **(une brochette de dinde).**

F. Des photos. While traveling in Europe, you met people from several different countries. Upon your return to France, you are showing photographs of these people to your French family. Using the information given below, give each person's profession, tell where he/she lives, and indicate his/her nationality. Remember to make all adjectives agree with the person to whom they refer.

Modèle: M. Cordero / professeur / Madrid
M. Cordero est professeur. Il habite à Madrid. Il est espagnol.

1. Michael Frye / avocat / Londres
2. Mme Sébastiani / médecin / Rome
3. Natasha Fedchenko / mécanicien / Moscou
4. Jean-Yves Péronnet / étudiant / Bordeaux
5. M. Dalbach / ingénieur / Munich
6. Janine Néel / cadre / Toulouse
7. Li Ping *(f.)* / dentiste / Shangaï
8. Susan Yaeger / professeur / Pittsburgh

Activité écrite

Le savez-vous?
What percentage of French people drink wine?
  a. less than 50%
  b. over 50%
  c. over 75%
  d. over 90%

G. Une conversation. You and your partner have written a conversation that takes place in a café or a fast-food restaurant. Exchange conversations and read your partner's in light of the following questions.

1. Is the conversation complete? (Does a third person join the conversation? Do they talk about and/or order food? Do they ask each other questions?)
2. Does the conversation make sense? (Is the food appropriate for the setting? Does each person get something to eat and/or drink? Do the responses fit the questions?)
3. Do the speakers make appropriate use of **tu** and **vous?**
4. Do verb endings match the subjects of the verb?
5. Do articles (**un, une, des**) match the nouns they accompany?
6. Are the words spelled correctly (including accent marks)?

Lecture

La Dauphine vous propose

*Here's a list of items served in a café called **La Dauphine**. Because you would rarely order more than two or three items to eat and drink, it's not really necessary to understand every item when you try to read the menu. What you can do, however, is to use the French you already know as well as your general knowledge to try to recognize or figure out as many items as you can. Study the menu below, then do the exercises that follow.*

Avant la lecture: If you go to France, do you always want to order **un hot dog** and **un Coca** or would you like to eat a variety of foods? If the latter, what strategies might you use to figure out unfamiliar words?

La Dauphine vous propose

Plats Chauds   €

CROQUE-MONSIEUR	3,50
CROQUE-MADAME	4,20
OMELETTE JAMBON OU FROMAGE	4,20
OMELETTE MIXTE	4,70
HOT DOG	3,50
FRANCFORT FRITES	5,00

Sandwiches

JAMBON OU GRUYÈRE OU PÂTÉ	2,10
AMÉRICAIN: crudités et jambon	5,00

Salades

SALADE NATURE	3,50
SALADE DE TOMATES	5,00
CAROTTES RÂPÉES	3,60
SALADE DE CONCOMBRES	5,00

Boissons

33 EXPORT	3,00	CAFÉ	1,30
33 RECORD	2,10	CRÈME	2,30
HEINEKEN	3,65	CHOCOLAT	2,90
KREICK BELLEVUE	7,60	THÉ LAIT OU	
COCA-COLA	2,90	CITRON	2,90
JUS DE FRUITS	2,90	THÉS AROMATISÉS	2,90
JUS PRESSÉS	4,25	CAFÉ VIENNOIS	4,70
EAUX MINÉRALES	3.00	CAPPUCCINO	2,10

Réponse ▲ ▲ ▲ a

H. Your traveling companions do *not* speak French at all. They tell you what they would like to eat or drink, and you tell them what they should order and how much it will cost.

1. I'm not very hungry, all I want is a cup of espresso.
2. I can't eat meat. I want something with cheese.
3. I'm really thirsty; I'd like a nice glass of lemonade.
4. Can I have a ham and cheese omelet?
5. Is it possible to get a plain lettuce salad?
6. All I want is a beer.

I. Devinez! *(Guess!)* You're more adventuresome than your friends, so you decide to try an item whose name you don't recognize. If you were to order each of the following, what do you think you would get?

1. un sandwich américain
2. une Kreick Bellevue
3. un crème
4. un francfort frites
5. une salade de concombres
6. des carottes râpées
7. un café viennois

Activité d'écoute

J. Portrait de Mireille Loiseau. Listen to Mireille Loiseau talk about herself, then answer the questions.

🎧
Text Audio CD Track 1-9

1. Mireille est parisienne. Est-elle originaire de Paris?
2. Est-ce qu'elle est étudiante à l'université?
3. Est-ce qu'elle aime les fast-foods?
4. Qu'est-ce qu'elle préfère?

Branchés sur...

la région parisienne

Mireille Loiseau

Je **suis née** à Strasbourg et j'ai encore de la famille en Alsace. Mais mes parents, mon frère François et moi, nous habitons à Paris depuis six ans. Nous aimons beaucoup **nous promener** dans la région parisienne.

Mes parents nous **amènent** souvent à Versailles, l'immense **palais** construit au 17e **siècle** pour le roi Louis XIV. Ils aiment visiter les magnifiques appartements et faire des promenades dans les **jardins**.

Moi, je préfère aller à Fontainebleau. Ce **château**, construit au 16e siècle pour le roi François 1er, a été une des résidences préférées de Napoléon 1er.

Et mon frère? Lui, il n'aime pas tellement les palais et les châteaux. Lui, il adore les parcs d'attraction dans la région, comme Euro Disneyland et le parc Astérix !

Nous aimons tous les trois aller à Chartres voir la célèbre cathédrale, un des **meilleurs** exemples de l'architecture gothique.

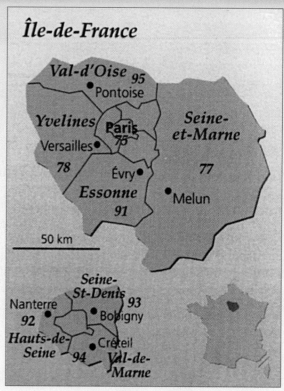

Île-de-France

La région parisienne, appelée aussi l'Île-de-France, est très grande. Elle compte 10,9 millions d'habitants (plus de 20% de la population du pays). Un **actif** sur six **y** travaille et la région **fournit** près de 25% de la valeur ajoutée nationale.

DICO

actif: working person
amènent: take
château: castle
fournit: provides, furnishes
jardins: gardens
meilleurs: best
nous promener: to take a walk
palais: palace
siècle: century
suis née: was born
valeur ajoutée nationale: gross national product
y: there

Qu'est-ce que vous en pensez?

Despite efforts at decentralization, Paris remains the political, commercial, cultural, and symbolic center of France. What city or cities in the United States play(s) the role of Paris in the lives and minds of the American people?

Lexique

Pour se débrouiller

Pour saluer (To greet)

Bonjour. Hello.
Salut. Hi.
Comment allez-vous?
How are you?
Comment ça va?
How are things going?
Ça va (bien)? Is everything OK
(going well)?

**Pour répondre à une
salutation** (To respond
to a greeting)

Bonjour. Hello.
Salut. Hi.
Je vais (très) bien.
I'm fine (very well).
Ça va (bien). Everything's OK
(going well).
Pas mal. Not bad.

Pour faire les présentations
(To make introductions)

Je vous présente... I'd like to
introduce you to . . . (Michel,
Suzanne; Suzanne, Michel)
Enchanté(e). Nice to meet you.

Pour prendre congé
(To say good-bye)

Au revoir. Good-bye.
Allez, au revoir. So long.
À bientôt. See you soon.
À tout à l'heure.
See you in a while.
Salut. Bye.

**Pour proposer quelque
chose à manger ou à boire**
(To suggest getting something
to eat or drink)

Tu prends quelque chose?
Do you want something?
Tu voudrais...?
Would you like . . . ?
Qu'est-ce que tu prends?
What are you having?
On mange quelque chose?
How about getting something
to eat?
On va au...? How about going
to . . . ?

Pour commander (To order)

Je vais prendre... I'm going to
have . . .
Je voudrais... I'd like . . .

Thèmes et contextes

Les fast-foods (Fast food)

un fast-food fast-food restaurant
un double large
un simple small
un milkshake au chocolat
chocolate shake ~ **à la vanille**
vanilla shake

Le petit déjeuner (Breakfast)

un croissant croissant

Le déjeuner (Lunch)

un croque-madame open-faced
grilled ham and cheese with egg
un croque-monsieur open-faced
grilled ham and cheese
des frites *(f.pl.)* French fries

une omelette aux fines herbes
mixed-herb omelet
au fromage cheese omelet
au jambon ham omelet
une (part de) pizza (slice of)
pizza
une quiche quiche
une salade salad
un sandwich au fromage
cheese sandwich ~ **au jambon**
ham sandwich ~ **au pâté** pâté
sandwich ~ **au poulet** chicken
sandwich

Les nationalités (Nationalities)

algérien(ne) Algerian
allemand(e) German

américain(e) American
anglais(e) English
argentin(e) Argentinean
autrichien(ne) Austrian
belge Belgian
canadien(ne) Canadian
chinois(e) Chinese
danois(e) Danish
égyptien(ne) Egyptian
espagnol(e) Spanish
français(e) French
grec(-que) Greek
indien(ne) Indian
iranien(ne) Iranian
israélien(ne) Israeli
italien(ne) Italian
japonais(e) Japanese

libanais(e) Lebanese
marocain(e) Moroccan
mexicain(e) Mexican
norvégien(ne) Norwegian
polonais(e) Polish
portugais(e) Portuguese
russe Russian
sénégalais(e) Senegalese
suédois(e) Swedish
suisse Swiss
tunisien(ne) Tunisian
turc(-que) Turkish
vénézuélien(ne) Venezuelan

Les professions (Professions)

un acteur (une actrice) actor
  (actress)
un(e) agriculteur(-trice) farmer

un(e) architecte architect
un(e) assistant(e) (teaching)
  assistant
un(e) astronaute astronaut
un(e) avocat(e) lawyer
un cadre executive
un(e) commerçant(e) shopkeeper
un(e) comptable accountant
un(e) dentiste dentist
un(e) fonctionnaire civil service
  worker
**un homme (une femme) d'af-
  faires** businessman(woman)
un ingénieur engineer
un(e) instituteur(-trice)
  elementary school teacher
un(e) journaliste journalist

un(e) mécanicien(ne) mechanic
un médecin doctor
un(e) musicien(ne) musician
un(e) pharmacien(ne)
  pharmacist
un professeur teacher, professor
un(e) programmeur(-se)
  computer programmer
un(e) secrétaire secretary
un(e) vendeur(-se) salesperson

Vocabulaire général

Verbes (Verbs)

chanter to sing
être to be
étudier to study
fumer to smoke
habiter to live
manger to eat
nager to swim

parler to speak
travailler to work
visiter to visit (a place)
voyager to travel

Adverbes (Adverbs)

assez rather, fairly
beaucoup a lot

bien well
mal poorly
un peu a little (bit)
rarement rarely
souvent often
très very

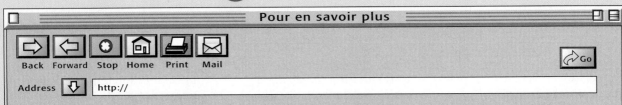
| Back | Forward | Stop | Home | Print | Mail | | Go |

Address http://

Pour en savoir plus

To learn/explore more about the cultural topics covered in the preliminary chapter and chapter 1, you can use the following key words in combination with geographical areas to search Internet resources. For example, if you want to know more about the French fast food chain *Quick,* you can search under *France Quick.* If you want to know more about cafés in Senegal, search under *Senegal cafés* (with or without the accent). And if you'd simply like to know more about a place (e.g., *Fontainebleau*), find the web sites for that place.

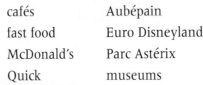

Geographical Areas

France

French regions
   (Alsace)

French cities
   (Paris, Fontainebleau, Versailles)

Francophone
   countries and regions

Francophone cities

Key Words

cafés	Aubépain
fast food	Euro Disneyland
McDonald's	Parc Astérix
Quick	museums

chapitre 2

Faisons connaissance!

Michel Kerguézec

17 ans • Locmariaquer (Bretagne)
étudiant de lycée • famille: père, mère, 1 sœur (Sophie)

- *Première étape*   C'est à toi, ça?
  - talking about possessions
  - having someone repeat what you have not heard or understood

- *Deuxième étape*   Chacun ses goûts
  - expressing likes and dislikes
  - reading a short descriptive text about people

- *Troisième étape*   Voici ma famille!
  - describing your family
  - understanding people talking about themselves and their families

- *Point d'arrivée*

Point de départ

C'est à toi, ça?

J'habite dans...

une maison

un appartement
un immeuble

une chambre
une résidence universitaire

apartment building / dormitory

To go into town, I have . . .

Pour aller en ville, j'ai...

une voiture (une auto)   une motocyclette
(une moto)   un vélomoteur
(une mobylette)   une bicyclette
(un vélo)

my

Dans **ma** chambre, il y a...

un poster
des plantes vertes *(f.pl.)*
un ordinateur
une lampe
un radioréveil
un bureau
une chaise
un lit

Questionnaire: Êtes-vous matérialiste?

Êtes-vous matérialiste?
Are you materialistic?

Est-ce que vous avez... ?
Do you have . . . ?

Est-ce que vous avez... ?

un baladeur
☐ oui ☐ non

un lecteur CD
☐ oui ☐ non

un poste-radio
(une radiocassette avec
lecteur CD)
☐ oui ☐ non

une cassette
☐ oui ☐ non

un compact disc
(un CD)
☐ oui   ☐ non

un téléviseur
☐ oui ☐ non

un magnétoscope
☐ oui ☐ non

une cassette vidéo
☐ oui ☐ non

Le savez-vous?
What percentage of French
households have computers?
a. 16%
b. 26%
c. 56%
d. 86%

un ordinateur
(avec CD-ROM)
☐ oui   ☐ non

une chaîne stéréo
☐ oui ☐ non

un caméscope
☐ oui ☐ non

un jeu vidéo
☐ oui ☐ non

une calculatrice
☐ oui ☐ non

un appareil photo
☐ oui ☐ non

un portable
☐ oui ☐ non

un lecteur DVD
☐ oui ☐ non

Combien de fois avez-vous répondu «oui»?

De 0 à 5   Vous n'êtes **pas du tout** matérialiste.
De 6 à 10   Vous êtes **assez** matérialiste.
De 11 à 15 Vous êtes **très** matérialiste.

Combien de fois... «oui»?
  How many times did
  you answer "yes"?
not at all
somewhat
very

Réponse ▼ ▼ ▼ b

À vous! *(Exercices de vocabulaire)*

A. Qu'est-ce que c'est? Answer according to the drawings.

Modèle: Qu'est-ce que c'est?

C'est un poster.

Ce sont des cassettes.

1.

2.

3.

4.

5.

6.

7.

8.

9.

10.

11.

12.

13.

14.

15.

16.

B. Christine, Bertrand, Antoinette et René. On the basis of the drawings, complete each person's description of where he/she lives.

1. Je m'appelle *(My name is)* Christine Devise. J'habite dans ____ . J'ai ____ et ____ , mais je n'ai pas de (d') ____ . Pour aller en ville, j'ai ____ .

2. Je m'appelle Bertrand Perreaux. J'habite dans ____ . J'ai ____ et ____ . Pour aller à l'université, j'ai ____ .

3. Je m'appelle Antoinette Salanches. Moi, j'habite dans ____ . Chez nous, il y a ____ , mais nous n'avons pas de (d') ____ . Pour aller au travail *(work)*, j'ai ____ .

4. Moi, je m'appelle René Poulain. J'habite dans ____ . Dans ma chambre il y a ____ et ____ et ____ , mais il n'y a pas de (d')____ . Pour m'amuser *(To have fun)*, j'ai ____ .

C. Pour aller en classe, j'ai..., mais je n'ai pas de... Indice what you have and what you don't have with you when you go to class.

Modèle: *Pour aller en classe, j'ai un sac à dos et des livres, mais je n'ai pas de bloc-notes.*

un sac à dos / un sac (à main) /
un portefeuille

un livre / un bloc-notes /
un carnet / un dictionnaire

un cahier / un crayon /
un stylo / une calculatrice

des ciseaux *(m.pl.)* /
des élastiques *(m.pl.)* /
des trombones *(m.pl.)* / une règle

Structure

Le présent du verbe irrégulier *avoir* et quelques expressions avec *avoir*

Michel Kerguézec a une Renault.	*Michel Kerguézec has* a Renault.
Et vous, est-ce que **vous avez** une voiture?	How about you? *Do you have* a car?
Non, **nous** n'**avons** pas de voiture.	No, *we d*on't *have* a car.
Ça ne fait rien. **Chantal et Mireille ont** une moto.	It doesn't matter. *Chantal and Mireille have* a motorcycle.

The verb **avoir** *(to have)* is irregular:

avoir *(to have)*	
j'**ai**	nous **avons**
tu **as**	vous **avez**
il, elle, on **a**	ils, elles **ont**

In a negative sentence, the indefinite articles **un, une,** and **des** change to **de** (**d'** before a vowel or a vowel sound). This often occurs with the verb **avoir:**

J'ai un portefeuille.	Je **n'**ai **pas de** portefeuille.
Bruno a un ordinateur.	Bruno **n'**a **pas d'**ordinateur.
Nous avons des posters.	Nous **n'**avons **pas de** posters.

Many common French expressions use the verb **avoir.** Among the most frequently used are:

avoir besoin de	to need
avoir faim	to be hungry
avoir soif	to be thirsty
J'ai besoin d'un stylo.	*I need* a pen.
Je n'ai pas faim, mais **j'ai** très soif.	*I'm not hungry,* but *I'm* very *thirsty.*

Grammar: Note that **avoir besoin** is followed by **de** (not **des**) when it precedes a *plural* noun: **Ils ont besoin de plantes vertes.**

Application

E. Non, mais j'ai… Each time you ask about someone's possessions, you learn that he/she does not have the object you mention, but something else instead.

Modèle: Philippe / ordinateur / calculatrice
—*Est-ce que Philippe a un ordinateur?*
—*Non, il n'a pas d'ordinateur, mais il a une calculatrice.*

1. Nathalie / motocyclette / vélo
2. tu / stylo / crayon
3. Monique et Didier / maison / appartement
4. vous / radioréveil / Walkman (baladeur)
5. tu / sac / portefeuille
6. Madeleine / plantes vertes / posters
7. vous / faim / soif
8. elle / besoin de / cassettes / compacts disques

D. Mise en train: Remplacez le sujet et faites les changements nécessaires.

1. *Luc* a soif, mais *il* n'a pas faim. (Chantal / je / nous / Irène et Claude / tu / vous)
2. Est-ce que *François* a une chaîne stéréo? (tu / Mireille Loiseau / Michèle et Francine / vous / Michel Kerguézec)
3. *Ils* n'ont pas d'ordinateur. (elle / tu / nous / je / elles / Éric)
4. *Nous* avons besoin d'un lit et de chaises. (je / vous / ils / tu / Nicole)

Note grammaticale

Il y a, voilà et voici

The expressions **il y a** and **voilà** are the equivalent of both *there is* and *there are* in English. **Il y a** is used to state that a person, place, or thing exists. It does not necessarily mean that the item in question can be seen from where you are standing. **Voilà** is used to point out the location of a person, place, or thing. It is usually intended to get someone to look in that direction.

Voici is the equivalent of the English *here is* or *here are*. It is used to point out the location of a person, place, or thing that is near the speaker.

Dans ma chambre **il y a** un lit, un bureau et des chaises.

In my room, *there are* a bed, a desk, and some chairs. (They exist.)

Voilà les chaises.

There are the chairs. (They are located away from me, the speaker. Look at them.)

Voici le bureau.

Here is the desk. (It is located near me, the speaker. Look at it!)

The negative of **il y a un (une, des)** is **il n'y a pas de**: **Il n'y a pas de** plantes vertes dans la chambre. **Il n'y a pas de** stylos ici *(here)*. **Voilà** and **voici** do not have a negative form.

F. La chambre de Michel. First say whether each item is or is not found in Michel Kerguézec's room.

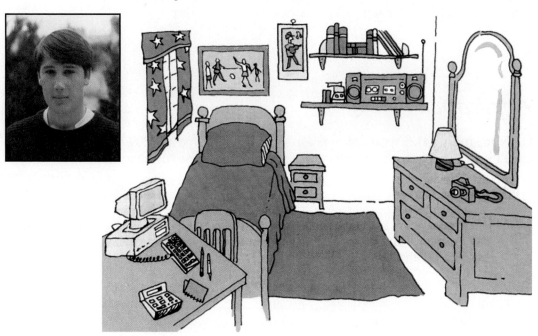

Reminder: Use an indefinite article (**un, une, des**) after **il y a**. Use a definite article (**le, la, l', les**) after **voilà** and **voici**.

Modèles: une lampe
Dans la chambre de Michel il y a une lampe.

des CD
Il n'y a pas de CD.

un lit / une chaise / un bureau / des cassettes / un ordinateur / des posters / un téléviseur / une chaîne stéréo / des livres / des crayons et des stylos / des plantes vertes / un radioréveil / un vélo / des cahiers / une calculatrice / un sac à dos / des élastiques et des trombones / une règle

Now point out to another student those items that are in the room.

> **Modèle:** *Voilà la lampe. (Voici la lampe.)*

G. Dans ta chambre est-ce qu'il y a... ? Find out from several classmates what they have and do not have in their rooms.

> **Modèle:** —*Dans ta chambre* (In your room) *est-ce qu'il y a des posters?*
> —*Comment?* (What did you say?)
> —*Tu as des posters dans ta chambre?*
> —*Oui, il y a des posters dans ma chambre* (in my room). or *Non, je n'ai pas de posters dans ma chambre.*

Structure

L'article défini (le, la, l', les) (suite)

Où est **la** lampe?   Where is *the* lamp?
Ce sont **les** clés **de** Pierre.   They're Pierre's keys.

You've already learned that the definite article **(le, la, l', les)** is used in French to designate a noun in a general or collective sense. In this case, it often has no English equivalent: **Tu aimes le fromage?** *(Do you like cheese?)* The definite article may also designate a noun in a specific sense. The question **Où est la lampe?** asks for the location of a particular lamp (one that has already been mentioned in the conversation). The phrase **les clés de Pierre** refers to the particular keys that belong to Pierre. Notice that the definite article can be used with **de** to indicate possession *(Pierre's keys)*.

Application

H. Ça, c'est... *(That's . . .)* When you and a friend stay after class one day, you notice that your other classmates have left behind several of their belongings. You show these objects to your friend, who identifies the owners.

Reminder: Remember to use **c'est** with a singular noun and **ce sont** with a plural noun.

> **Modèles:** —Voici un livre. (Béatrice)   —Voici des crayons. (Marc)
> —*Ça, c'est le livre de Béatrice.*   —*Ça, ce sont les crayons de Marc.*

1. Voici un cahier. (Vincent)
2. Voici une calculatrice. (Sylviane)
3. Voici un sac. (Anne-Marie)
4. Voici des cassettes. (Martine)
5. Voici des livres. (Jean-Pierre)
6. Voici des cahiers. (Yvonne)
7. Voici un stylo. (Michel)
8. Voici des clés. (Gérard)
9. Voici un sac à dos. (Mireille)
10. Voici une cassette. (Claude)
11. Voici une règle. (Cyril)
12. Voici un bloc-notes. (Chloé)
13. Voici un portable. (Henri)
14. Voici un lecteur DVD. (Martine)

I. Voilà les livres de... Point out objects belonging to other members of the class.

> **Modèles:** *Voilà les livres de Robert.*
> *Voilà la calculatrice de Marthe.*

Text Audio CD Track 1-11

▪Tuyau-prononciation
La combinaison *qu*

In English, the combination *qu*, except at the end of a word *(unique)*, is pronounced [kw]: *quote, quick, request.* In French, the combination **qu** is always pronounced [k]; the **u** is silent. Notice the difference between:

English	French
*Qu*ebec	**Qu**ébec
se*qu*ence	sé**qu**ence

J. Read each word aloud, being careful to pronounce the **qu** combination as [k].

est-ce que / croque-monsieur / qu'est-ce que / quelque chose / Jacqueline / Véronique / critique / Québec / disque / élastique

Structure

Les adjectifs possessifs (1ère et 2e personnes)

—Tu aimes **ton** ordinateur? —Do you like *your* computer?
—Oui, j'aime beaucoup **mon** ordinateur. —Yes, I like *my* computer a lot.

—Où est **ta** chambre? —Where is *your* room?
—Voilà **ma** chambre. —There's *my* room.

—Tu aimes **mes** amis? —Do you like *my* friends?
—Oh, oui. J'aime bien **tes** amis. —Oh, yeah. I like *your* friends.

—C'est **votre** maison? —Is that *your* house?
—Non, ce n'est pas **notre** maison. —No, it's not *our* house.

—Où sont **nos** clés? —Where are *our* keys?
—Voici **vos** clés. —Here are *your* keys.

Possessive adjectives in French agree with the noun they modify, *not* the possessor. Consequently, French has three forms for both *my* and "familiar" *your* and two forms for *our* and "formal or plural" *your.* The following chart summarizes the first- and second-person possessive adjectives.

Subject	Masculine singular	Feminine singular	Masc. and fem. plural	English equivalent
je	**mon**	**ma**	**mes**	*my*
tu	**ton**	**ta**	**tes**	*your*
nous	**notre**	**notre**	**nos**	*our*
vous	**votre**	**votre**	**vos**	*your*

Grammar: With a singular feminine noun beginning with a vowel or a vowel sound, the masculine form **mon** or **ton** is used to provide liaison:

une omelette
   mon_omelette
une amie
   mon_amie

The **s** of **mes, tes, nos,** and **vos** is silent, except before a vowel or a silent **h.** Then liaison takes place: **mes clés,** but **mes_amis.**

Application

L. Non, non, non! All of a sudden everyone seems confused about who certain things belong to. When a stranger tries to take your school things, you politely set him/her straight.

Modèle: Ah, voici mon crayon.
Je m'excuse. Ce n'est pas votre crayon, c'est mon crayon.

1. Ah, voici mon cahier.
2. Et ma calculatrice.
3. Et mes livres.
4. Et mes stylos.

Then your neighbors confuse their possessions with those belonging to your family.

Modèle: C'est notre voiture?
Non, ce n'est pas votre voiture, c'est notre voiture.

5. C'est notre téléviseur?
6. Ce sont nos chaises?
7. C'est notre magnétoscope?
8. Ce sont nos clés?

Finally, your friend thinks your possessions are his/hers.

Modèle: Eh bien, donne-moi *(give me)* ma clé.
Mais non, ce n'est pas ta clé, c'est ma clé.

9. Eh bien, donne-moi mon crayon.
10. Eh bien, donne-moi mes cahiers.
11. Eh bien, donne-moi ma cassette.
12. Eh bien, donne-moi mon sac à dos.

K. Mise en train: Remplacez le mot en italique et faites les changements nécessaires.

1. Voilà mon *bloc-notes.* (crayon / bureau / immeuble / baladeur / dictionnaire)
2. Voilà ma *règle.* (maison / chaîne stéréo / résidence)
3. Voilà mes *élastiques.* (plantes vertes / clés / amis)
4. Où est ta *résidence?* (maison / chambre / sac à dos / portefeuille / calculatrice)
5. Où sont tes *trombones?* (cassettes / posters / livres / amis)
6. Nous aimons notre *maison.* (voiture / ordinateur / posters / magnétoscope / amis / professeur)
7. Est-ce que vous avez vos *cahiers?* (voiture / calculatrice / stylo / clés / carnet / vélo)

M. Vous avez faim? Vous avez soif? When you ask some classmates whether they are hungry or thirsty, they respond by telling you what they would like to eat or drink. You get what they ask for and then distribute the items, using the appropriate possessive adjectives or definite articles + **de**.

BOISSONS: **un Coca, une limonade, une eau minérale, une bière, un verre de vin, un citron pressé**

CHOSES À MANGER: **un sandwich au _____ , une omelette au _____ , des frites, des croissants**

Modèle: —Vous avez soif?
—*Oui, je voudrais un Coca.*
—*Pour moi, une limonade.*
—*Et moi, je vais prendre une eau minérale.*
—*Voilà ton Coca.*
—*Merci.*
—*Marie, c'est ta limonade?*
—*Non, ça, c'est la limonade de Sarah. Moi, j'ai une eau minérale.*
—*Oh, pardon! Voilà ton eau minérale.*

Débrouillons-nous!

N. Échange. Posez les questions à un(e) autre étudiant(e), qui va vous répondre.

1. Est-ce que tu habites dans un appartement?
2. Qu'est-ce que tu as pour aller en ville? Une voiture? Un vélo?
3. Est-ce que tu étudies beaucoup? Est-ce que tu as un stylo? Des livres? Des cahiers? Un ordinateur? Une calculatrice?
4. Est-ce que tu as une chaîne stéréo? Un radioréveil? Un baladeur?
5. Dans ta chambre est-ce qu'il y a des livres? Des plantes vertes? Des posters? Un bureau? Un magnétoscope?
6. Tu as besoin d'un stylo? D'une calculatrice? De crayons? De trombones et d'élastiques?

O. Qu'est-ce qu'il y a dans ta chambre? *(What's in your room?)* You have an important paper to write and need a quiet place to work, but there's a party going on where you live. Therefore, you would like to borrow someone else's room or apartment. Ask your classmates questions in order to find the most comfortable and best equipped place to work.

À faire chez vous:
CAHIER, Chapitre 2,
1ère étape

Deuxième étape

Point de départ

Chacun ses goûts

Nous sommes **tous** différents. Nous n'avons pas les **mêmes goûts**.

🎧 Text Audio CD Track 1-12

Chacun ses goûts To each his (her) own
all / same tastes

Moi, je suis très **sportive**. J'adore le tennis. J'aime le basket et le **football aussi**.

Moi, je suis **plutôt** intellectuel. J'étudie les sciences et les mathématiques. J'aime aussi les **langues**.

Grammar: Because the person playing tennis is a girl, she says **je suis sportive**. If it were a boy, he would say **je suis sportif**. Adjectives must agree with the noun they refer to. Thus, most adjectives (unless they end in **-e**, like **artistique**) have two forms—for example, **intellectuel** and **intellectuelle**.

sports-minded / rather
soccer / also
languages

Moi, je suis artistique. J'adore la **peinture** et la sculpture. J'aime aussi la musique classique.

Moi, j'adore la nature. J'aime beaucoup le camping. J'aime aussi **faire du ski**.

painting
to go skiing

Moi, j'adore les animaux. J'ai un **chien**, deux **chats** et un **perroquet**.

Moi, je n'aime pas **regarder** la télévision. Je n'aime pas **écouter** la radio **non plus**. Je préfère les livres.

dog / to look at, watch
cats / parrot / to listen to / (not) either

À vous! *(Exercices de vocabulaire)*

Grammar: You may use an infinitive as well as a noun after verbs such as **aimer:** **J'aime regarder la télé.**

Vocabulary: You may also express varying degrees of liking and disliking. The following list goes from the strongest positive reaction to the strongest negative reaction—**j'adore / j'aime beaucoup / j'aime / j'aime bien / j'aime assez / j'aime un peu / je n'aime pas / je n'aime pas du tout / je déteste.**

A. Est-ce que vous aimez... ? Give your reactions to each item. If you agree with a positive reaction by the previous person, use the expression **aussi** *(also)*; if you agree with a negative reaction by the previous person, use the expression **non plus** *(either).*

> **Modèle:** —*Est-ce que vous aimez le tennis?*
> —*Oui, j'aime le tennis.* or *J'aime bien le tennis.* or *J'adore le tennis.* or *Je n'aime pas le tennis.*
> —*Et vous?*
> —*Moi aussi* (Me, too), *j'aime le tennis.* or *Je n'aime pas le tennis non plus.*

1. le cinéma
2. les maths
3. le camping
4. la musique classique
5. la politique
6. les sports
7. les chats
8. regarder la télé
9. nager
10. danser
11. travailler
12. voyager

B. Qu'est-ce que vous aimez mieux? Indicate your preferences. Use both the expression **aimer mieux** and the verb **préférer.**

> **Modèle:** le football ou le basket
> —*Moi, je préfère le football.* or *Moi, je préfère le basket.*
> —*J'aime mieux le football. Et toi?*

Vocabulary: In French, **le football** refers to soccer; football as played in the United States is called **le football américain.**

1. le football américain ou le base-ball
2. les chiens ou les chats
3. la peinture ou la sculpture
4. le cinéma ou le théâtre
5. la musique folklorique ou le rock
6. la musique classique ou le jazz
7. écouter la radio ou regarder la télé
8. chanter ou danser
9. étudier ou travailler
10. aller en ville ou rester *(to stay)* à la maison

C. Qu'est-ce que vous aimez le mieux? When asking someone to compare more than two items, you must add the article **le** to **aimer mieux—aimer le mieux.** However, in the answer, the **le** is not needed. No change is made with **préférer.** First, answer the questions yourself, then ask two of your classmates to choose from the sets of items.

> **Modèle:** la musique classique, le jazz ou le rock
> —*Qu'est-ce que tu aimes le mieux—la musique classique, le jazz ou le rock?*
> —*Moi, j'aime mieux le rock. Et toi?*
> —*Moi, je préfère la musique classique.*

1. le football, le football américain ou le basket
2. la peinture, la sculpture ou l'architecture
3. la musique, la danse ou le cinéma
4. la musique classique, le rap ou le rock
5. les chiens, les chats ou les perroquets
6. écouter la radio, regarder la télé ou aller au cinéma
7. parler, chanter ou danser
8. faire du tennis, faire du ski ou lire *(to read)*

D. Qu'est-ce qu'ils aiment faire? Give two or three sentences to support each of the following statements.

> **Modèle:** Jacques est sportif.
> *Il aime le football. Il aime aussi le basket. Il n'aime pas lire.*

1. Marie-Aude est intellectuelle.
2. Romain a des goûts artistiques.
3. Cyril adore la nature.
4. Michèle est très sportive.
5. Céline est très sérieuse.
6. Lionel est très énergique.
7. Christine adore la musique.
8. Moi, je...

Vidéo: Questions de fond

1. How long has the third couple known each other?
2. Which couple tells the most romantic story?
3. Compare American couples with those you see here.

Reprise: première étape

E. Ma famille et moi, nous... *(My family and I . . .)* Tell a classmate where you and your family live and what you own.

> **Modèle:** *Ma famille et moi, nous sommes de New York, mais nous habitons à Minneapolis dans une maison. Dans la maison il y a une chaîne stéréo, mais il n'y a pas d'ordinateur. Etc.*

F. C'est à qui, ça? *(Who does that belong to?)* Your instructor will point to objects and ask you who they belong to. He/She will then verify your answer.

> **Modèle:** —*C'est à qui, ça?*
> —*C'est le livre de Paul.*
> —*Paul, c'est votre livre?*
> —*Oui, c'est mon livre.* or *Non, c'est le livre de (Nancy).*

Les questions d'information *qui, où, que* et *pourquoi*

You've already learned how to ask questions that have *yes* or *no* as an answer. Frequently, however, you ask a question because you're looking for specific information:

—**Qui** regarde la télé?   —*Who* is watching TV?
—Claudine regarde la télé.   —Claudine is watching TV.

To find out *who* is doing something, use **qui.**

—**Où est-ce que** Claudine   —*Where* does Claudine live?
habite?
—Elle habite à Bordeaux.   —She lives in Bordeaux.

To find out *where* something or someone is located, use **où + est-ce que (qu').**

—**Où est** Bordeaux?   —*Where is* Bordeaux?
—Pardon?   —What did you say?
—**Où se trouve** la ville de   —*Where* is the city of Bordeaux
Bordeaux?   *located?*
—Bordeaux est au sud-ouest de   —Bordeaux is southwest of
Paris.   Paris.

When a question with **où** contains the verb **être** or the expression **se trouver, est-ce que** is not usually used.

—**Qu'est-ce qu'**elle regarde?   —*What* is she watching?
—Elle regarde un film.   —She's watching a movie.

To find out *what* someone wants or is doing, use **qu'est-ce que.**

—**Pourquoi est-ce qu'**elle ne   —*Why* isn't she watching the
regarde pas le match de foot?   soccer match?
—**Parce qu'**elle n'aime pas les   —*Because* she doesn't like sports.
sports.

To ask *why,* use **pourquoi + est-ce que (qu').** The answer to this question usually begins with **parce que (qu').**

Grammar: When **qui** is the subject of a sentence, the verb always takes the third-person singular form:—**Qui aime les sports?**—**Jean, Philippe et moi, nous aimons les sports.**

G. Mise en train: Remplacez les mots en italique et faites les changements nécessaires.

1. Qui *regarde la télé?* (écoute la radio / parle / mange / travaille / étudie le français)
2. Où est-ce que vous *habitez?* (travaillez / étudiez / aimez voyager / mangez)
3. Où est *Bordeaux?* (Toulouse / ta maison / mon crayon / mes clés / mes livres)
4. Qu'est-ce que tu *cherches?* (regardes / manges / écoutes / étudies)
5. Pourquoi est-ce qu'elle *n'étudie pas?* (ne travaille pas / regarde le match de foot / a besoin d'un ordinateur / n'a pas de CD)

H. Faisons connaissance de Michel Kerguézec. You've just met some friends of Michel Kerguézec. When they say something about Michel, you ask a follow-up question to keep the conversation going.

Modèle: Michel n'habite pas à Rennes. (où)
    —*Où est-ce qu'il habite?*

1. Il étudie beaucoup. (qu'est-ce que)
2. Il n'aime pas les mathématiques. (pourquoi)
3. Il travaille. (où)
4. Il mange beaucoup. (qu'est-ce que / aimer)
5. Il passe l'été *(spends the summer)* à Cassis. (où / Cassis)
6. Il a des chiens et des chats. (qu'est-ce que / aimer mieux)
7. Il y a des gens qui *(people who)* n'aiment pas Michel. (qui / pourquoi)

I. Faisons connaissance! Ask a classmate questions in order to get to know him/her better. In some cases, you can get the information with a yes/no question; other times, you will need to use a question word **(qui, où, qu'est-ce que, pourquoi).** Find out . . .

> Modèle: where he/she lives
> —*Où est-ce que tu habites?*
> —*J'habite à Clarksburg.*

1. whether he/she is originally from the city where he/she now lives
2. whether he/she works
3. where he/she works
4. why he/she works (or doesn't work) (Possible answer: **avoir besoin d'argent** [*money*].)
5. why he/she is studying French
6. whether he/she has a dog or a cat (Why or why not?)
7. what he/she likes more—music, sports or politics **(la politique)**
8. whether he/she likes to dance (What? Where?)

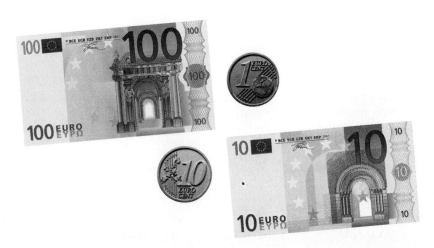

Tuyau-prononciation
La combinaison *ch*

Text Audio CD Track 1-13

In English, the combination *ch* is usually pronounced with the hard sounds [tch] or [k]: *chicken, reach; character, architect.* In French, the combination **ch** usually has a softer sound, much like the *sh* in the English word *sheep.* Notice the difference in the following pairs:

English	French
*ch*ief	**ch**ef
tou*ch*	tou**ch**e
ar*ch*itect	ar**ch**itecte

J. Read each word aloud, being careful to pronounce **ch** as [sh]:

chante / chose / Chantal / chinois / chien / chambre / machine / chat / chaîne / chercher / chef / chic

Prononciation: There are a few words in French, mainly of Greek origin, in which ch is pronounced with a hard sound [k]: **orchestre, écho, chrétien, Christian(e).**

Structure

Le présent du verbe irrégulier *faire* et quelques expressions avec *faire*

—Qu'est-ce qu'**on fait** aujourd'hui?

—Moi, **je fais** du tennis. Et vous?

—**Nous faisons** un tour à vélo.

—Jean-Louis aussi?

—Non, **il fait** ses devoirs.

—What *are we doing* today?

—*I'm playing* tennis. What about you?

—*We're going* for a bike ride.

—Jean-Louis too?

—No, *he's doing* his homework.

faire *(to do, to make)*	
je **fais**	nous **faisons**
tu **fais**	vous **faites**
il, elle, on **fait**	ils, elles **font**

The verb **faire** is used in idiomatic expressions where the English equivalent is not the basic meaning of the verb. The following are a few of these expressions. You will encounter additional expressions in future chapters:

faire un voyage	to take (go on) a trip
faire une promenade	to take (go for) a walk
faire connaissance	to meet, make the acquaintance of
faire du sport	to participate in sports
faire du ski	to go skiing
faire du tennis	to play tennis
faire un tour (à vélo, en voiture, à moto)	to go for a ride (on a bike, in a car, on a motorcycle)
Nous faisons une promenade.	*We are going for a walk.*
Tu fais du ski?	*Do you ski (go skiing)?*

Grammar: The verb **faire** is often used in questions. In such cases, the answer frequently involves a verb other than **faire**:

—**Qu'est-ce que tu fais?**

—**Je travaille.**

—**Qu'est-ce qu'ils aiment faire?**

—**Ils adorent voyager.**

Application

L. Qu'est-ce qu'on fait ce week-end? Michel Kerguézec calls up a friend to see what everyone is doing this weekend. The friend in turn asks the person(s) in question what he/she/they is/are doing. Play the role of Michel and use the suggested activities.

Modèle: Martine / travailler

    MICHEL: *Qu'est-ce que Martine fait ce week-end?*

    L'AMI(E): *Martine, qu'est-ce que tu fais ce week-end?*

    MARTINE: *Je travaille ce week-end.*

    MICHEL: *Comment? Qu'est-ce qu'elle fait?*

    L'AMI(E): *Elle travaille.*

1. Jean-Pierre / étudier
2. Maurice et Vincent / rester à la maison
3. Bernadette / faire du ski
4. Paul / faire du tennis
5. Gérard et Yvette / travailler
6. René / voyager

K. Mise en train: Remplacez le sujet et faites les changements nécessaires.

1. *Jean-Jacques* fait du ski dans les Alpes. (Béatrice / nous / les amis de Sylvie / je / vous / tu)
2. *Marie-Claire* ne fait pas de ski. (Stéphane / je / vous / mon ami / tu / nous / mes camarades de chambre)
3. Qu'est-ce qu'*il* fait? (tu / vous / les autres / on / nous / elle)

M. Qu'est-ce qu'on fait ce soir? Ask several people what they would like to do tonight. They'll answer using one of the possibilities listed below. In each case, tell whether their idea coincides with yours.

Modèle: VOUS: *Qu'est-ce qu'on fait ce soir?*
          ÉTUDIANT(E):   *Moi, je voudrais aller danser.*
          VOUS: *Moi aussi, je voudrais aller danser.* or *Moi, je voudrais faire une promenade.*

faire du tennis / faire une promenade / faire un tour en voiture (à vélo, à moto) / manger dans un restaurant / aller danser / aller nager / regarder la télé / écouter des cassettes / rester à la maison

Débrouillons-nous!

N. Échange. Posez les questions à un(e) autre étudiant(e), qui va vous répondre.

1. Est-ce que tu aimes la nature? La politique? Les sports?
2. Est-ce que tu aimes mieux le thé (le café) ou le lait?
3. Est-ce que tu as besoin d'une calculatrice? Pourquoi ou pourquoi pas?
4. Où est-ce que tu aimes passer l'été? Où est _____ ?
5. Qui aime mieux le football américain, toi ou _____ ?
6. Est-ce que tu fais du ski? Du tennis?
7. Qu'est-ce que tu aimes faire pendant *(during)* le week-end?

If you don't like either choice, you can say: **Je n'aime pas le thé, je n'aime pas le café non plus.**

O. Moi, je suis... Imagine that it's your first day in an international school where the common language is French. Go up to another student and introduce yourself. Say who you are, what you do, where you're from. Then try to give the other person an idea of what you like and dislike, giving examples (where appropriate) of what you own or don't own.

À faire chez vous:
**CAHIER, Chapitre 2,
2e étape**

Point de départ
Voici ma famille!

Text Audio CD Track 1-14

first name
last name / we are four
father / mother / sister /
    My sister's name is
grandfather / grandmother

Bonjour. Je m'appelle Michel Kerguézec. Michel, c'est mon **prénom.** Kergué-zec, c'est mon **nom de famille. Nous sommes quatre** dans ma famille. J'ai un **père,** une **mère** et une **sœur. Ma sœur s'appelle** Sophie. Elle a 19 ans. Nous habitons dans une maison à Locmariaquer (en Bretagne) avec mon **grand-père** et ma **grand-mère** paternels.

who, that / uncle
married / his wife
son / aunt / daughter
her husband

J'ai aussi de la famille **qui** n'habite pas en Bretagne. Voilà mon **oncle** Jacques. C'est le frère de mon père. Il est **marié. Sa femme** s'appelle Élise. Ils ont un **fils**—c'est mon cousin André. Il a 14 ans. Ma **tante** Élise a aussi une **fille,** Jacqueline, d'un premier mariage. Jacqueline est mariée. **Son mari** s'appelle René.

Mon grand-père habite à Rennes. Ma grand-mère maternelle **est décédée** en 2001. Mon père est d'une **famille nombreuse,** mais pas ma mère. Elle est **fille unique**—pas de sœurs, pas de **frères.**

Ma sœur Sophie est **assez grande.** Elle a les **cheveux bruns** et les **yeux bruns** aussi. Elle **ressemble à** mon père.

Mon cousin André est **assez petit.** Il a les cheveux **blonds** et les yeux bleus. Il porte des **lunettes.** Il ressemble **un peu** à mon grand-père maternel.

fairly tall / fairly short / passed away / brown hair / blond brown eyes
looks like / glasses
large family / a little

only child (female)
brothers

V i d é o : Questions de fond

1. What is Christine's mother's name and profession? And her father's?
2. Name two of Christine's other relatives and their professions.
3. What is Christine's profession?

À vous! *(Exercices de vocabulaire)*

A. Vous et votre famille. First, complete the following sentences with information about you and your family.

1. Je m'appelle...
2. Mon prénom, c'est...
3. Mon nom de famille, c'est...
4. Mon père s'appelle...
5. Ma mère s'appelle...
6. J'ai ____ frères. Il(s) s'appelle(nt)... (Je n'ai pas de frères.)
7. J'ai ____ sœur(s). Elle(s) s'appelle(nt)... (Je n'ai pas de sœurs.)
8. Mes grands-parents habitent (n'habitent pas) avec nous.
9. Moi, j'ai les cheveux ____ et les yeux ____ .
10. Je ressemble à ____ .

Vocabulary: Hair colors—**bruns, blonds, châtain** *(inv.) (light brown),* **roux** *(red),* **noirs** *(black),* **gris** *(gray);* eye colors—**bruns, bleus** *(blue),* **verts** *(green),* **noirs** *(black).*

Vocabulary: Some additional words that may prove useful in describing a particular family situation are: **un beau-père** *(stepfather, father-in-law),* **une belle-mère** *(stepmother, mother-in-law),* **un beau-frère** *(brother-in-law),* **une belle-sœur** *(sister-in-law),* **un demi-frère** *(stepbrother),* **un demie-sœur** *(stepsister).*
If one of your parents is deceased, you may say: **Mon père est mort. Ma mère est morte.** If your parents are divorced, you may say: **Mes parents sont divorcés.**

B. Du côté de votre mère... Du côté de votre père... *(On your mother's side . . . On your father's side . . .)* Answer the following questions about family members on both sides of your family.

1. Est-ce que votre mère est d'une petite famille ou d'une famille nombreuse *(a big family)*?
2. Est-ce que vous avez des oncles? Comment est-ce qu'ils s'appellent? Est-ce qu'ils sont mariés? Est-ce qu'ils ont des enfants? des fils? des filles?
3. Comment s'appellent vos cousins? Où est-ce qu'ils habitent?
4. Est-ce que vous avez des tantes aussi du côté de votre mère? Est-ce qu'elles travaillent? Elles sont avocates?
5. Et votre père, il est d'une famille nombreuse?
6. Est-ce que vous avez des tantes du côté de votre père? Est-ce qu'elles sont mariées? Est-ce qu'elles ont des enfants?
7. Comment s'appellent vos cousines du côté de votre père?
8. Est-ce que votre père a aussi des frères? Où est-ce qu'ils habitent? Est-ce qu'ils travaillent? Ils sont architectes?
9. De quelle couleur sont vos cheveux? Vos yeux?
10. À qui est-ce que vous ressemblez?

ZOOM!

La famille française

Le savez-vous?
Brittany (La Bretagne) is the _____ part of France.
a. northernmost
b. southernmost
c. easternmost
d. westernmost

*A*s in many countries, the family in France is in the process of changing. The average size of the family has diminished considerably: in 1968, almost 30% of French families had four or more children; today, only slightly over 10% do. In addition, whereas in the past it was common to find three generations (grandparents, parents, children) all living under the same roof, French families, like their American counterparts, have begun to become dispersed.

Nevertheless, the family continues to play an extremely important role in French culture. In the United States, job, friends, income, and neighborhood tend to define who a person is; in France, social and geographical origins, family background, and culture play a greater role in defining one's sense of identity. As a result, the French tend to make basic distinctions in their relationships with other peo-

ple. On the one hand, they have a strong sense of belonging to an "inner" circle of relatives and friends who provide their basic support group; they generally respect, are patient with, and help those inside this circle. On the other hand, they don't necessarily feel the same obligation towards people on the "outside." For example, the same person might be charming and helpful with family and close friends but seem indifferent and sometimes even rude with strangers.

Réponse ▼ ▲ ▼ d

Does the inner/outer distinction play a role in your experience? What factors might contribute to a difference between the French and the Americans concerning attitudes toward family and strangers? Might these differences contribute to the creation of stereotypes—for example, "the rude and unfriendly French person" and the "superficially friendly American"?

Note grammaticale

L'apparence

To describe hair and eyes in French, use the verb **avoir** and a definite article.

J'ai les cheveux roux.	*I have red hair.*
Mon grand-père a les cheveux gris.	*My grandfather has gray hair.*

To say that someone is short or tall, use the verb **être** and the adjectives **petit** and **grand.** If the person is female, add an **e.** If you are talking about more than one person, add an **s.**

Ma sœur est petite.	*My sister is short.*
Mes parents sont grands.	*My parents are tall.*

Application

C. Ma famille. Describe each member of your immediate family, telling whether he/she is short or tall and indicating the color of his/her hair and eyes. Also mention whether or not he/she wears glasses. Remember to include yourself!

> **Modèle:** *Mon père est très grand. Il n'a pas de cheveux. Il est chauve* (bald).
> *Il a les yeux bruns et il ne porte pas de lunettes.*

D. Faites connaissance! To get to know one of your classmates better, ask him/her a series of yes/no questions. Use the elements suggested below.

Reminder: Be sure to distinguish between nouns that require an indefinite article (**un, une, des**) and nouns that require a definite article (**le, la, l', les**). Remember that the negative of **un, une, des** is usually **de**; however, **le, la, l', les** do not change after a negated verb.

Modèles: avoir / voiture
—*Tu as une voiture?*
—*Oui, j'ai une voiture.* or *Non, je n'ai pas de voiture.*

aimer / sports
—*Tu aimes les sports?*
—*Oui, j'aime les sports.* or *Non, je n'aime pas les sports.*

1. habiter / dans / appartement
2. aimer / animaux
3. aimer mieux / chiens / ou / chats
4. avoir / chien (chat)
5. aimer / musique
6. avoir / chaîne stéréo
7. aimer le mieux / rock / funk / jazz / musique classique
8. faire / ski
9. aimer / étudier
10. faire / devoirs

E. Un nouvel ami. *(A new friend.)* A French exchange student whom you have just met is telling you about his family and his life in France. Each time he makes a statement, ask a follow-up question using **qui, où, qu'est-ce que,** or **pourquoi.**

Modèle: Nous sommes de Paris, mais nous n'habitons pas à Paris.
Où est-ce que vous habitez?

1. Nous habitons à Aix-en-Provence.
2. Mes parents travaillent à Aix.
3. Moi, je fais des études à l'université. J'étudie les mathématiques et les sciences.
4. Je n'étudie pas les langues.
5. J'aime mes profs et les autres étudiants, mais le week-end j'aime mieux être avec mes amis. Je fais beaucoup de choses avec mes amis.
6. Nous faisons du ski.
7. Je regarde très peu la télé.
8. Mais je connais quelqu'un qui *(know somebody who)* regarde beaucoup la télé.

Structure

Les nombres de 0 à 69

The French equivalent of the number *one* agrees with the noun it introduces: **un livre, une orange.** Zero and the numbers from two on always stay the same.

0	**zéro**	7	**sept**	14	**quatorze**
1	**un**	8	**huit**	15	**quinze**
2	**deux**	9	**neuf**	16	**seize**
3	**trois**	10	**dix**	17	**dix-sept**
4	**quatre**	11	**onze**	18	**dix-huit**
5	**cinq**	12	**douze**	19	**dix-neuf**
6	**six**	13	**treize**	20	**vingt**

The numbers from twenty-one through sixty-nine follow a regular pattern, 21, 31, 41, 51, and 61 all use **et;** other numbers use only a hyphen.

		30	**trente**	40	**quarante**
21	**vingt et un**	31	**trente et un**	41	**quarante et un**
22	**vingt-deux**	32	**trente-deux**	42	**quarante-deux**
23	**vingt-trois,** etc.	33	**trente-trois,** etc.	43	**quarante-trois,** etc.

50	**cinquante**	60	**soixante**
51	**cinquante et un**	61	**soixante et un**
52	**cinquante-deux**	62	**soixante-deux**
53	**cinquante-trois,** etc.	63	**soixante-trois,** etc.

When a number precedes a noun beginning with a vowel or a vowel sound, liaison occurs and the final consonant is pronounced: **cinq_étudiants, huit_appartements.** In liaison, **x** and **s** are pronounced **z: deux_appartements, trois_amis, dix_omelettes, vingt-six_ordinateurs.**

The **t** of **vingt** is not pronounced, except in liaison: **vingt livres,** but **vingt_étudiants.** However, in the numbers from 21 through 29, the **t** of **vingt** is always pronounced: **ving*t*-cinq.**

Application

F. Pour compter...

1. Comptez de 0 à 10, de 10 à 0, de 11 à 20, de 20 à 11, de 0 à 20, de 20 à 0.
2. Comptez de 21 jusqu'à 69, de 69 à 21.
3. Comptez de 10 jusqu'à 60 par 10.
4. Donnez les nombres impairs *(odd)* de 1 jusqu'à 69.
5. Donnez les nombres pairs *(even)* de 2 jusqu'à 68.
6. Lisez les numéros de téléphone suivants:
   01.45.31.47.54 / 01.55.62.17.41
   05.61.33.14.68 / 03.20.55.15.61
   01.30.29.12.66 / 03.21.57.44.13
   02.48.32.19.51 / 04.66.39.11.16.

G. Calculons! Do the following math problems.

Modèle: 2 + 2
>—*Combien font* (how much is) *deux et deux?*
>—*Deux et deux font quatre.*

1. 3 + 6	**5.** 8 + 12	**9.** 42 + 23	**13.** 27 + 39
2. 7 + 9	**6.** 10 + 30	**10.** 28 + 9	**14.** 24 + 27
3. 11 + 4	**7.** 25 + 35	**11.** 19 + 42	
4. 14 + 3	**8.** 16 + 18	**12.** 21 + 18	

Modèle: 3 × 20
>—*Combien font trois fois vingt?*
>—*Trois fois vingt font soixante.*

15. 2 × 15	**18.** 7 × 8	**21.** 3 × 7	**23.** 5 × 5
16. 4 × 9	**19.** 4 × 10	**22.** 2 × 24	**24.** 9 × 7
17. 3 × 19	**20.** 6 × 11		

H. Petits problèmes à résoudre rapidement. *(Short problems to be solved rapidly.)* Calculate the answers to these math problems given to elementary school students in France.

1. Meka va envoyer des cartes postales à sa famille. Il achète 10 cartes postales à 35 euro cents. Combien paye-t-il?
2. Magali achète 19 billets de loterie à 20 euro cents. Combien dépense-t-elle? *(does she spend)*
3. Un paquet de 6 bouteilles *(bottles)* de lait coûte 3 euros. Quel est le prix d'une bouteille?
4. Jeanne voudrait acheter une revue *(magazine)* de foot. Elle a 2,50 euros. Elle a besoin de 1,30 euro. Quel est le prix de la revue?
5. Au Quick, une portion de frites coûte 1,25 euro. Combien de portions Aurélie peut-elle acheter avec 6,25 euros?

Note grammaticale

Combien de...? / Quel âge avez-vous?

The expression **combien** is the equivalent of both *how much* and *how many.* When **combien** precedes a noun, it must be followed by **de.**

—**Combien de** frères avez-vous?
—J'ai trois frères.

—*How many* brothers do you have?
—I have three brothers.

—**Combien de** voitures est-ce qu'ils ont?
—Ils ont deux voitures.

—*How many* cars do they have?
—They have two cars.

To ask someone's age in French, use the verb **avoir** and the expression **quel âge:**

—**Quel âge as-tu?**	—*How old are you?*
—**J'ai dix-neuf ans.**	—*I'm 19.*
—**Quel âge a ton père?**	—*How old is your father?*
—**Il a quarante-sept ans.**	—*He's 47.*

When stating age, note that the word **ans** *(years)* must be included in French even though the word *years* may be omitted in English.

Grammar: Other ways to ask the question about age: **Quel âge tu as? Quel âge est-ce que tu as? Tu as quel âge?**

I. Toi et ta famille. Ask several of your classmates the following questions.

1. Quel âge as-tu?
2. Quel âge a ton père? et ta mère?
3. Combien de frères est-ce que tu as? Quel âge ont-ils (a-t-il)?
4. Combien de sœurs est-ce que tu as? Quel âge ont-elles (a-t-elle)?
5. Combien d'oncles et de tantes est-ce que tu as du côté de ton père (ta mère)?

Tuyau-prononciation
Les consonnes *c* et *g*

Text Audio CD Track 1-15

Depending on the sound that follows it, the French consonant **c** may represent the hard sound [k], as in the English word *car,* or the soft sound [s], as in the English word *nice.* Similarly, the consonant **g** may represent either the hard sound [g], as in *game,* or the soft sound [ʒ], as in *mirage.*

The hard sounds [k] and [g] occur before another consonant and before the vowels **a, o,** and **u:**

[k]: **c**lasse, **c**ar, **c**orps, é**c**u

[g]: **g**rand, **g**are, mé**g**ot, **g**uide

The soft sounds [s] and [ʒ] occur before the vowels **e, i,** and **y. C** is also soft when it has a cedilla **(ç):**

[s]: fa**c**e, ra**c**ine, Saint-**C**yr, fran**ç**ais

[ʒ]: â**g**e, ri**g**ide, **g**ymnase

J. Read each word aloud, being careful to give the appropriate hard or soft sound to the consonants **c** and **g.**

café / citron / croissant / ça / cahier / pièces / combien / Françoise / Orangina / goûts / rouge / fromage / portugais / belge / langue / Roger / égyptienne

Les adjectifs possessifs (3ᵉ personne)

—C'est le vélo de Bénédicte?　　　—Is it Bénédicte's bike?
—Oui, c'est **son** vélo.　　　　　—Yes, it's *her* bike.

—Où est la chambre de Matthieu?　—Where is Matthieu's room?
—**Sa** chambre est là-bas.　　　　—*His* room is over there.

—Tu aimes les amis de ta sœur?　　—Do you like your sister's friends?
—Oui, en général, j'aime **ses** amis.　—Yes, generally I like *her* friends.

—Où sont les cassettes de Jeanne　—Where are Jeanne and Monique's
　et de Monique?　　　　　　　　　cassettes?
—Voici **leurs** cassettes.　　　　—Here are *their* cassettes.

The third-person singular forms of the possessive adjectives are **son, sa,** and **ses.** Like the first- and second-person possessive adjectives (**mon, ta, notre, votre,** etc.), these adjectives agree in gender with the noun they modify, *not* with the person who possesses the noun. The third-person plural of the possessive adjective has only two forms: **leur** (with singular nouns) and **leurs** (with plural nouns).

Grammar: Because a possessive adjective agrees with the noun it modifies and *not* with the possessor, the gender of a possessor in the third person must be determined from the context, not from the adjective:
son père *(his father* or *her father)*
son vélo *(her bike* or *his bike)*
sa mère *(his mother* or *her mother)*
sa chambre *(her room* or *his room)*
ses amis *(her friends* or *his friends)*

Grammar: When a feminine noun begins with a vowel or a vowel sound, the masculine form (**son**) is used: **son‿auto, son‿amie.**

The **s** of **ses** and **leurs** is silent, except before a noun beginning with a vowel or a vowel sound. Then liaison takes place: **leurs‿avocats.**

Subject	Masculine singular	Feminine singular	Masc. and fem. plural	English equivalent
je	**mon**	**ma**	**mes**	*my*
tu	**ton**	**ta**	**tes**	*your*
il, elle, on	**son**	**sa**	**ses**	*his, her*
nous	**notre**	**notre**	**nos**	*our*
vous	**votre**	**votre**	**vos**	*your*
ils, elles	**leur**	**leur**	**leurs**	*their*

K. Mise en train: Remplacez les mots en italique et faites les changements nécessaires.

1. Voilà son *stylo*. (cahier / appartement / amie / vélo)
2. Où est sa *chambre?* (maison / calculatrice / clé / télévision)
3. Ce sont ses *clés?* (cassettes / cahiers / amis / stylos)
4. Où est leur *ordinateur?* (caméscope / voiture / appartement / maison)
5. Voici leurs *livres.* (clés / amies / crayons / trombones / compacts disques)
6. Voici son *crayon.* (maison / appartement / ami / amie / cassettes / amis / chaîne stéréo / cahier)
7. Voilà leur *maison.* (chambre / voiture / clés / amis / ordinateur / appartement / livres)

Application

L. C'est la chambre d'Anne-Marie, n'est-ce pas? You're showing a friend around a residence hall. As you point out different places, people, and objects, he/she tries to identify them. You confirm the identification, using the appropriate possessive adjective (**son, sa, ses, leur, leurs**).

Modèle: chambre / Anne-Marie
　　　　—*Voici une chambre.*
　　　　—*C'est la chambre d'Anne-Marie, n'est-ce pas?*
　　　　—*Oui, c'est sa chambre.*

1. chambre / Robert
2. chambre / Guy et Jacques
3. clés / Éric
4. clés / Annick et Pascale
5. amie / Claire
6. amie / Jean-Luc
7. amis / Yvonne
8. bureau / Roger
9. bureau / Nicole

M. À qui est (sont)... ? *(Whose . . . ?)* Find out to whom the following objects belong.

Dominique

M. Allard

M. et Mme Lehmann

Modèles: la chaîne stéréo
      —*À qui est la chaîne stéréo?*
      —*C'est la chaîne stéréo de Dominique.*
      —*Ah, bon. C'est sa chaîne stéréo.*

      les cassettes
      —*À qui sont les cassettes?*
      —*Ce sont les cassettes de Dominique.*
      —*Ah, bon. Ce sont ses cassettes.*

1. le cahier
2. la voiture
3. les chiens
4. le vélo
5. les livres
6. l'appareil photo *(camera)*
7. la maison
8. les clés
9. la chambre

Débrouillons-nous!

N. Échange. Posez les questions suivantes à un(e) autre étudiant(e), qui va vous répondre.

1. Vous êtes combien dans ta famille?
2. Comment s'appelle ton père? Et ta mère?
3. Est-ce qu'ils travaillent tous les deux *(both)?* Où? Qu'est-ce qu'ils font?
4. Combien de sœurs est-ce que tu as? Quel âge ont-elles? Est-ce que tu as aussi des frères? Quel âge ont-ils?
5. Est-ce qu'ils (elles) sont étudiant(e)s aussi?
6. Où est-ce que tes grands-parents habitent—dans une maison? dans un appartement?
7. Quel est le prénom de ton (ta) meilleur(e) *(best)* ami(e)?
8. Quel âge a-t-il (elle)?
9. Où est-ce qu'il (elle) habite?
10. Est-ce que ses parents travaillent aussi?
11. Combien de frères et de sœurs est-ce qu'il (elle) a?
12. Est-ce qu'ils (elles) sont marié(e)s?

O. Ta famille. Find out as much as you can about another student's family. Begin by getting information about the size and composition of the family. Then choose one member of the family (mother, father, brother, sister, or grand-parent, etc.) and ask more detailed questions.

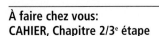

À faire chez vous:
CAHIER, Chapitre 2/3ᵉ étape

Student Audio CD Tracks 1-16–1-22

Now that you've completed the first three **étapes** of **Chapitre 2,** do Tracks 1-16–1-22 of the STUDENT AUDIO CD. See **CAHIER, Chapitre 2, *Écoutons!,*** for exercises that accompany this segment.

Point d'arrivée

Activités orales

Exprimons-nous!

When French speakers do not hear or understand what someone says, they use expressions such as **Comment? Pardon? Quoi? Hein?** to ask for repetition. The latter two expressions are informal.

—Ils n'aiment pas le vin.
—**Comment? (Pardon?)**
—M. et Mme Verlay, ils n'aiment pas le vin.

—They don't like wine.
—*Excuse me. What did you say?*
—M. and Mme Verlay don't like wine.

—Tu veux une boisson?
—**Hein? (Quoi?)**
—Est-ce que tu voudrais une boisson?

—Do you want something to drink?
—*Huh? What'd you say?*
—Would you like something to drink?

A. Faisons connaissance! Get to know another student by trying to discover the indicated information. He/She will ask the same things about you. Find out his/her name; where he/she is from; where he/she lives now; the size and makeup of his/her family; his/her interests (sports, politics, etc.); his/her possessions; his/her likes and dislikes (activities).

B. Je suis... Present yourself to the class. Give as much information as you can (within the limits of the French you have learned) about your family, your interests, your activities, and your possessions.

C. Le déjeuner en ville. *(Lunch in town.)* You go to a café or a fast-food restaurant for lunch with a student you have just met. When you arrive, you see a friend. Along with two other members of the class, play the roles of the students in this situation. During the conversation, make introductions, order lunch, and find out as much as possible about each other.

D. L'arbre généalogique. *(Family tree.)* Construct your family tree and explain to the class (or to a small group of students) the relationships between you and the other family members. (Bring in a family picture, if possible.) For each person mentioned, give several pieces of information.

E. Contrastes. Imagine that you and another student are very different: you come from different families (one large, one small) and you have different possessions and interests. Invent the personal details of your lives and present them to the class in the form of a dialogue of opposites.

À faire chez vous:

Student Audio CD Track 1-23

CAHIER, Chapitre 2, *Rédigeons! / Travail de fin de chapitre* (including Student Audio CD Track 1-23)

Le savez-vous?
Mémé et Pépé are terms often used by French children when talking to or about their _____ .
  a. mother and father
  b. grandmother and grandfather
  c. brother and sister
  d. uncle and aunt

Réponse ▲ ▲ ▲ b

F. Qui a le plus grand nombre de... ? *(Who has the most . . . ?)* Go around the class asking other students how many brothers, sisters, aunts, uncles, and cousins they have. Based on your findings, your instructor will try to determine **qui a le plus grand nombre de frères, de sœurs,** etc.

G. Qui est-ce? *(Who is it?)* Give a short description of someone in your class. The others will try to guess who it is. Include in your description size, color of hair and eyes, and whether or not the person wears glasses. If no one guesses, add another detail (something the person has, something you know about the size of the person's family, what he/she likes to do, etc.).

Activité écrite

H. Un autoportrait. Exchange the self-portraits that you did as homework with a classmate. As you review each other's work, answer the following questions:

1. Does the self-portrait include something on each of the following topics: name, age, physical description, living situation, family, leisure time activities?
2. Does each verb agree with its subject?
3. Does each noun have an appropriate definite or indefinite article (masculine or feminine, singular or plural)?

Lecture

Mon identité

The ability to read in French develops more rapidly than the skills of speaking, listening, and writing. One reason is the large number of cognates (similar words) shared by French and English. Use the many cognates in the following paragraphs to get the general idea without consulting the definitions that follow.

Je suis présidente d'une grande[1] entreprise. J'ai une grande maison, quatre téléviseurs couleur et trois voitures. Mon mari et moi, nous voyageons beaucoup. Nous avons un chalet en Suisse et un appartement à Paris. Mes enfants[2] sont dans une école[3] privée et chacun[4] a une chaîne stéréo, une grande quantité de disques compacts et de vidéos et une voiture. Ma vie[5] est très intéressante; je n'ai pas de problèmes.

Je suis étudiante. Je travaille comme serveuse[6] et j'habite dans une petite chambre en ville. J'aime les sports, surtout[7] le tennis. J'adore la musique classique. Je n'ai pas de disques compacts, mais j'écoute[8] souvent la radio. J'étudie les langues, la littérature et la linguistique parce que ce sont des sujets fascinants. J'aime ma vie; je n'ai pas de problèmes.

Je suis père de famille. J'ai deux enfants: un fils et une fille. Nous n'avons qu'une[9] petite maison, mais elle est confortable. Ma femme et moi, nous faisons beaucoup de choses[10] avec[11] nos enfants. Nous aimons le camping et les sports. Ma femme fait du ski; moi, j'aime mieux le football. Nous célébrons les jours de fête[12] en famille—oncles, tantes, cousins, cousines et grands-parents, nous dînons ensemble.[13] Ma vie est très agéable; je n'ai pas de problèmes.

Je suis à la retraite.[14] Ma femme est morte en 1990. J'habite avec mon fils Michel à Rennes. Il est marié. Sa femme s'appelle Renée. Ils ont deux filles. Je ne travaille pas. J'aime beaucoup la nature et je fais souvent des promenades. Le soir[15] je mange avec la famille et après le dîner je regarde la télévision. Ma vie est assez agréable; je n'ai pas de problèmes.

Je suis professeur de psychiatrie. Je travaille dans une clinique à Bordeaux. J'ai un mari très sympathique.[16] Nous aimons aller[17] au théâtre et au cinéma. Nous avons beaucoup d'amis et nous aimons discuter ensemble. Nous parlons des crises d'identité, du matérialisme, des goûts, de la famille, des influences sociales sur la personnalité. Au travail, je passe mon temps[18] à analyser les personnes «qui n'ont pas de problèmes».

---

1. large 2. children 3. school 4. each one 5. life 6. waitress 7. especially 8. listen (to)
9. only a 10. things 11. with 12. holidays 13. together 14. retired 15. in the evening
16. nice (friendly) 17. to go 18. spend my time

Compréhension

I. Les mots apparentés. *(Cognates.)* What do you think each of the following cognates means?

la présidente / couleur / voyager / privé(e) / la quantité / intéressant(e) / le problème / la linguistique / fascinant / confortable / dîner / agréable / la nature / la psychiatrie / la clinique / l'identité / le matérialisme / l'influence / social(e) / la personnalité / analyser

J. Vrai ou faux? Reread the **Lecture** using the definitions at the end. Then decide which statements are true *(vrai)* and which are false *(faux)*. Support your answers.

1. La présidente d'entreprise

   a. Je suis matérialiste.
   b. J'ai une grande maison à Paris.
   c. Je suis riche.
   d. Je passe les vacances avec mes enfants.

2. L'étudiante

   a. Je travaille dans un restaurant.
   b. J'adore le tennis.
   c. J'habite dans un appartement.
   d. Je fais des sciences.
   e. J'ai une chaîne stéréo et beaucoup de cassettes.

3. Le père de famille

   a. J'ai cinq enfants.
   b. J'ai trois filles.
   c. Je n'aime pas le camping.
   d. Je fais du sport, surtout du ski.
   e. Je passe les jours de fête en famille.

4. L'homme à la retraite

   a. J'habite avec la famille de mon fils à Rennes.
   b. Je fais souvent des promenades avec ma femme.
   c. Je prends le déjeuner dans un restaurant fast-food avec mes amis.
   d. Le soir je suis à la maison.

5. Le professeur de psychiatrie

   a. J'aime bien mon mari.
   b. J'aime les films.
   c. J'aime mieux les idées que les actions.
   d. J'adore les discussions.
   e. J'analyse les problèmes des présidentes d'entreprise, des étudiantes, des pères de famille et des retraités.

Activité d'écoute

K. Portrait de Michel Kerguézec. Listen to Michel's monologue, then answer the questions.

1. Lequel est un nom breton—Michel ou Kerguézec?
2. Qui parle breton dans la famille de Michel?
3. Où se trouve Locmariaquer?
4. De quelle couleur sont les yeux de Michel? ses cheveux?
5. Qu'est-ce qu'il aime faire?
6. Qu'est-ce qu'il a dans sa chambre?

BUFFET FROID

ASSIETTE DE JAMBON DE PARIS *(Parisian ham plate)*	5,00 €
ASSIETTE DE PÂTÉ DE CAMPAGNE *(Country pate plate)*	3,60 €
ASSIETTE DE RILLETTES *(Minced potted pork plate)*	3,60 €
POULET FROID, SALADE *(Cold chicken and lettuce salad)*	6,50 €
ŒUF DUR mayonnaise *(Hard boiled egg with mayonnaise)*	3,45 €

ASSIETTE DE CHARCUTERIE ...... 7,25 €
(Pâté, jambon de Paris, rillettes, saucisson sec et à l'ail) (Pork cold cuts plate)

BUFFET CHAUD

CROQUE-MONSIEUR .... 4,30 €
(Grilled ham and cheese sandwich)

CROQUE-MADAME .... 5,10 €
(Grilled ham and cheese with fried egg sandwich)

SUPER CROQUE *(Croque-Madame* ... 6,70 €
avec salade verte et tomate) (Grilled ham and cheese with fried egg sandwich, green salad with tomato)

HOT-DOG *(2 saucisses)* .... 4,50 €
(Hot dog with two sausages)

SAUCISSES CHAUDES *(Two hot sausages)* . 3,75 €

QUICHE *(Quiche)*	4,20 €
PIZZA *(Pizza)*	4,20 €

SOUPES

Oignons gratinée *(Onions soup)*	4,65 €
Tomates *(Tomato soup)*	4,35 €

ŒUFS ET OMELETTES *(2 œufs)*

OMELETTE JAMBON *(Ham omelet)*	3,70 €
OMELETTE FROMAGE *(Cheese omelet)*	3,70 €
OMELETTE MIXTE *(Jambon, fromage) (Ham and cheese omelet)*	4,70 €
OMELETTE PARMENTIER *(Potatoes omelet)*	3,70 €
OMELETTE "SORBONNE" *(Pommes de terre, jambon, fromage) (Potatoes, ham and cheese omelet)*	5,45 €

ŒUFS AU PLAT NATURE .... 3,10 €
(Fried eggs)

ŒUFS AU PLAT JAMBON .... 3,70 €
(Fried eggs with ham)

OMELETTE NATURE .... 3,10 €
(Plain omelet)

PLATS CHAUDS

POULET FRITES .... 6,50 € *(Chicken with French fried potatoes)*		STEAK FRITES .... 6,90 € *(Steak with French fried potatoes)*	
FRANCFORT FRITES .... 6,10 € *(Frankfurter sausages with French fried potatoes)*		ASSIETTE DE FRITES .... 2,80 € *(French fried potatoes plate)*	

Branchés sur...

la Bretagne

Michel Kerguézec

Comme l'indique mon nom (Kerguézec), je suis de **Bretagne**. Mes parents, ma sœur et moi, nous parlons français, mais mes grands-parents, ils parlent aussi breton.

Une maison de campagne bretonne.

Moi, j'adore les crêpes. C'est une des spécialités de notre région. On peut en manger dans les restaurants, mais on peut aussi en acheter aux vendeurs dans la rue.

Ma sœur et moi, nous aimons visiter Carnac, où on trouve un grand nombre de monuments préhistoriques qui datent de 4670 à 2000 **av. J.-C.** Ces gigantesques **pierres**—menhirs (pierres verticales) et dolmens (tables de Pierre)—avaient sans doute une signification religieuse.

Dinan, Bretagne, France

La **pêche** est une des principales activités économiques de Bretagne. J'ai un oncle qui est **pêcheur** et qui habite à Saint-Malo.

Proverbes bretons

Seul vui seul vuioc'h
Plus il y en a, plus il en faut.
(The more one has, the more one desires.)

Bili war ziribin
Ne zastumont ket a vezhin.
Pierre qui roule ne ramasse pas d'algues.
(A rolling stone gathers no moss.)

DICO

Bretagne: Brittany
av. J-C: B.C.
pierres: stones
pêche: fishing
pêcheurs: fishermen
fiers: proud

Le breton est une langue celtique qu'on parle en Bretagne. Nous sommes très **fiers** de notre héritage celtique. On estime qu'il y a encore 250 000 personnes qui parlent breton.

Qu'est-ce que vous en pensez?

Name five aspects of Britanny that you would mention if someone asked you to characterize this region of France.

Are there any regions in the United States where the people cling to their own language and customs? If so, where? If not, why do you think there are none?

Lexique

Pour indiquer ses goûts et ses préférences (To indicate your likes and preferences)

adorer to love
aimer assez to like fairly well
aimer bien to like
aimer beaucoup to like a lot
aimer mieux to prefer
aimer le mieux to like the best
détester to hate
ne pas aimer (du tout) to not like (at all)
préférer to prefer

Pour se présenter (To introduce yourself)

je m'appelle... my name is . . .
je suis... I am . . .

Pour se renseigner (To get information)

comment s'appelle... what's . . . name
où where
combien de how much / how many

pourquoi why
qu'est-ce que what
qui who

Pour faire répéter (To get someone to repeat)

Comment? What?
Hein? Huh?
Pardon? Excuse me?
Quoi? What?

Pour décrire une personne (To describe a person)

avoir... ans to be . . . years old
avoir les cheveux blonds to have blond hair; ~ **châtain** light brown; ~ **gris** gray; ~ **noirs** black, dark; ~ **roux** red
avoir les yeux bleus to have blue eyes; ~ **bruns** brown; ~ **verts** green
être chauve to be bald
porter des lunettes to wear glasses

Pour demander et indiquer l'âge (To ask and give age)

Quel âge avez-vous (as-tu)? How old are you?
J'ai... ans. I'm . . . years old.

Pour établir la possession (To establish to whom something belongs)

À qui est... ? To whom does . . . belong?
C'est à qui? Whose is this?
C'est le (la, l', les) de... It's . . . 's
C'est (Ce sont) son (sa, ses)... This is (These are) his (her) . . .

Pour identifier le possesseur (To identify the owner)

À qui est (sont)... ? To whom does (do) . . . belong?
C'est ton (votre)... ? Is this your . . . ?
C'est à qui, ça? Whose is this (that)?

Les habitations (Places to live)

un appartement apartment
une chambre bedroom
un immeuble apartment building
une maison house
une résidence (universitaire) dormitory, residence hall

Les matériaux scolaires (School supplies)

un bloc-notes pad of paper

un cahier notebook
une calculatrice calculator
un carnet small notepad
des ciseaux *(m.pl.)* scissors
un crayon pencil
un élastique rubber band
un livre book
un sac à dos backpack
un stylo pen
un trombone paper clip

Les moyens de transport (Means of transportation)

une auto car
une bicyclette bicycle
une mobylette moped
une moto(cyclette) motorcycle
un vélo bike
un vélomoteur motorbike
une voiture car

Les possessions

un appareil photo camera
un bureau desk

un caméscope camcorder
une cassette cassette
une chaîne stéréo stereo
une chaise chair
un chat cat
un chien dog
une clé key
un dictionnaire dictionary
un disque compact (un compact disc) (un CD) CD
une lampe lamp
un lecteur CD CD player
un lit bed
un magnétoscope VCR
un ordinateur computer
une plante verte green plant
un portable mobile phone
un poster poster
un radioréveil radio with alarm clock
un téléviseur TV set
un baladeur Walkman

Les goûts et les préférences (Likes and preferences)

l'art *(m.)* art
le camping camping

le cinéma movies
les langues *(f.pl.)* languages
la littérature literature
les mathématiques *(f.pl.)* mathematics
la musique music
la nature nature
la politique politics
les sciences *(f.pl.)* science
la sculpture sculpture
les sports *(m.pl.)* sports
la télévision TV
le tennis tennis
le théâtre theatre

Les activités (Activities)

faire du ski to go skiing
faire du sport to do sports
faire du tennis to play tennis
faire une promenade to take a walk
faire un tour en voiture to go for a ride in a car; ~ **à vélo** to go for a bike ride; ~ **à pied** to go for a walk
faire un voyage to take a trip

La famille (Family)

un beau-frère brother-in-law
un beau-père stepfather, father-in-law
une belle-mère stepmother, mother-in-law
une belle-sœur sister-in-law
un(e) cousin(e) cousin
un demi-frère stepbrother
une demie-sœur stepsister
une femme wife
une fille daughter
un fils son
un frère brother
une grand-mère grandmother
un grand-père grandfather
un mari husband
une mère mother
un oncle uncle
un père father
une sœur sister
une tante aunt

Vocabulaire général

Verbes (Verbs)

avoir to have; ~ **besoin de** to need; ~ **faim** to be hungry; ~ **soif** to be thirsty
chercher to look for
écouter to listen to
faire to do, to make
regarder to look at, watch
rester to remain, stay

Couleurs (cheveux) (Colors [hair])

blonds blond
bruns light brown
châtain *(inv.)* light brown
gris gray
noirs black
roux red

Couleurs (yeux) (Colors [eyes])

bleus blue
bruns brown
verts green
noirs black

Paris à travers les âges

300 av. J.-C.:
Une **tribu de Gaulois,** les Parisii, s'installent dans les **îles** de la Seine. On appelle une des îles Lutèce (c'est aujourd'hui l'île de la Cité).

52 av. J.-C.: Les Romains et Jules César transforment Lutèce en colonie romaine.

| −300 | −200 | −100 | 0 | 500 | 1000 | 1500 |

DICO

cité: walled city
comprend: includes
crée: creates
îles: islands
marchande: commercial
nouvelle enceinte: new walls
places: squares, plazas
premier urbaniste: first city planner
tribu de Gaulois: tribe of Gauls

1500: Paris a 200 000 habitants. Elle **comprend** trois villes: la **cité**, la ville **marchande** et l'université.

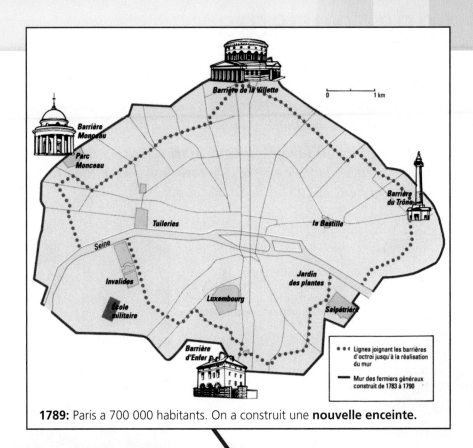

1789: Paris a 700 000 habitants. On a construit une **nouvelle enceinte.**

1600   1700   1800   1900   2000

Qu'est-ce que vous en pensez?

If you were to give an historical outline of your town or city, how far back in time would it go and what stages of development would it include?

1870: Paris a 1 700 000 habitants. Le baron Haussmann, **le premier urbaniste, crée** des **places** et des boulevards.

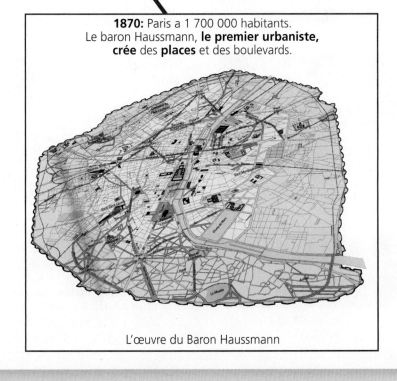

L'œuvre du Baron Haussmann

87

Paris, Ville des touristes

La France est historiquement un pays très centralisé. Et son centre, c'est Paris. La capitale, aujourd'hui une ville de plus de 2 300 000 d'habitants, a un passé très long et très varié.

Vous voulez visiter Paris? Bon, d'abord **il faut savoir** que Paris est **traversée** par un **fleuve**, la Seine, qui divise la ville en deux parties—la **Rive** gauche et la Rive droite. **Au milieu de** la Seine **se trouvent** deux petites **îles**—l'île de la Cité et l'île Saint-Louis.

La Tour Eiffel **a été construite** pour l'Exposition universelle de 1889. Elle mesure 320 mètres **de haut** et a 746 **marches**. Vous **pouvez monter** au 3e étage **d'où la vue peut porter jusqu'à** 67 km *(43 miles)*.

La Conciergerie est une **ancienne** prison où **ont été enfermés pendant** la Révolution la reine Marie-Antoinette et le révolutionnaire Robespierre. De là les prisonniers **ont été amenés** sur la place de la Concorde où **les attendait** la guillotine.

Si vous aimez la science et la technologie, allez au *parc de la Villette*. C'est là qu'on trouve la Cité des Sciences et de l'Industrie, le plus grand musée scientifique et technique d'Europe.

Vous **avez entendu parler de** Napoléon, n'est-ce pas? Général et empereur, il est **enterré** dans *l'hôtel des Invalides,* ancienne **maison de retraite** pour les soldats **blessés**.

L'*Arc de Triomphe* a été construit pour commémorer les victoires de Napoléon. C'est là que se trouve le **tombeau** du **soldat inconnu** français. Et c'est **sous** cet arc qu'est passé le général de Gaulle à la tête des forces françaises et américaines **lors de** la Libération de Paris en 1944 (Deuxième Guerre mondiale).

Si vous êtes **fatigué(e)**, allez au *Jardin du Luxembourg*. C'est un grand parc où vous **pouvez vous reposer** et regarder les enfants jouer avec des petits **bateaux à voile**.

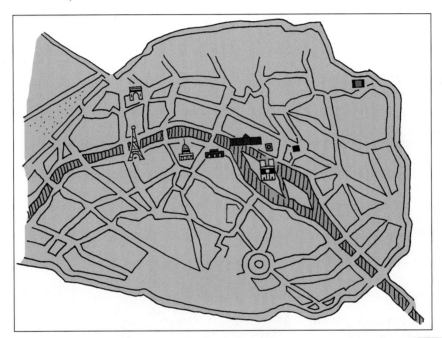

DICO

il faut savoir: you need to know
traversée: crossed
fleuve: river
rive: bank
au milieu de: in the middle of
se trouvent: are located
îles: islands
ancienne: former
ont été enfermés: were locked up
pendant: during
ont été amenés: were taken
les attendait: was waiting for them
a été construite: was built
de haut: high
marches: steps
pouvez monter: can climb

d'où la vue peut porter jusqu'à: from where you can see up to
avez entendu parler de: have heard of
enterré: buried
maison de retraite: retirement home
blessés: wounded
tombeau: tomb
soldat inconnu: unknown soldier
sous: under
lors de: at the time of
fatigué: tired
pouvez vous reposer: can rest
bateaux à voile: sailboats

Qu'est-ce que vous en pensez?

If you and your friends were to visit Paris, what sites and monuments would you most likely want to see? Why?

Paris, Ville des arts et des artistes

*C'est **vers la fin** du XIXe siècle que Paris connaît sa grande vogue internationale artistique. Ce sont d'abord les peintres impressionnistes (Monet, Renoir, Pissarro) qui **viennent** à Paris chercher des sujets. Ensuite, au début du XXe siècle, Picasso et Braque **se rencontrent** à Montmartre et le cubisme **est né**. **Plus tard** c'est au quartier de Montparnasse que **se retrouvent** peintres (Chagall, Léger), sculpteurs (Modigliani), compositeurs (Stravinsky, Satie) et poètes (Breton, Cocteau).*

Allez **voir** ce **bel** exemple de l'architecture gothique, *la cathédrale de Notre-Dame*. Située dans l'île de la Cité, c'est aussi le décor du célèbre **roman** de Victor Hugo, *Notre-Dame de Paris* (en anglais, *The Hunchback of Notre-Dame*).

Le Louvre est **le plus grand musée** du monde occidental. On y trouve des œuvres d'art datant de l'antiquité jusqu'au milieu du XIXe siècle. **Chaque année** des millions de visiteurs viennent voir *la Joconde* (en anglais, *Mona Lisa*) et les autres chefs-d'œuvre artistiques. Est-ce que vous aimez la nouvelle pyramide **en verre** qui fait contraste avec le style classique du **bâtiment principal?**

Le centre Pompidou (appelé aussi *Beaubourg*) est un bon exemple de l'architecture moderne. On y trouve un musée d'art moderne avec des tableaux de Picasso, de Braque, de Miró. Qu'est-ce que vous pensez de cette architecture?

DICO
vers la fin: towards the end
viennent: come
chercher: to look for
se rencontrent: run into each other
est né: is born
plus tard: later
se retrouvent: meet
voir: to see
bel: beautiful
roman: novel
colline: hill
funiculaire: cable car
ne manquez pas: don't miss
beaux vitraux: beautiful stained-glass windows
le plus grand musée: the largest museum
chaque année: each year
en verre: glass
bâtiment principal: main building
n'oubliez pas: don't forget
tableaux: paintings

N'oubliez pas de visiter *le musée d'Orsay*. C'est là qu'on expose les **tableaux** des peintres impressionnistes comme Monet et Renoir.

La basilique du Sacré-Cœur domine Paris du haut d'une grande **colline**. Cette église est un exemple du style romano-byzantin. Si vous ne voulez pas monter ses nombreuses marches, il y a un **funiculaire**.

Ne manquez pas *la Sainte-Chapelle,* une merveille de l'architecture gothique. Elle est célèbre pour ses **beaux vitraux.**

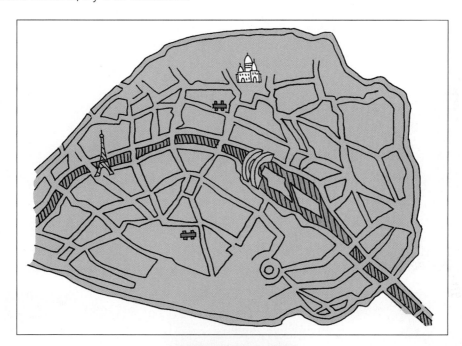

Paul Gauguin, *Arearea*

F. Léger, *Les Constructeurs,* 1950

Qu'est-ce que vous en pensez?

In the last decades of the nineteenth century and the first half of the twentieth, Paris served as an international center for artists and also as a source of inspiration for their paintings. Are there any American cities that play (or have played) such a role? Why (not)?

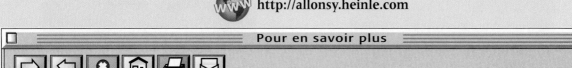
Pour en savoir plus

To learn/explore more about the cultural topics covered in Chapter 2 and the Dossier-Découvertes, you can use the following key words in combination with geographical areas to search Internet resources. For example, if you want to know more about leisure activities in France, you can search under *France leisure*. If you want to know more about family life in Cameroun, search under *Cameroun family*. And if you'd simply like to know more about a place (e.g., *Bretagne, Carnac*), find the web sites for that place.

Geographical Areas

France

French regions
(Bretagne)

French cities
(Locmariaquer, Locronan,
Aix-en-Provence, etc.)

Francophone
countries and regions

Francophone cities

Key Words

transportation	family
cars, mopeds	euro
leisure	Paris history
sports	Paris + monument
television	Paris + museum
technology	

chapitre **3**

Renseignons-nous!

Véronique Béziers
22 ans • Tarascon (Provence)
vendeuse • famille: père, mère, 1 sœur (Danielle)

■ *Première étape*   Faisons connaissance de la ville!

- reading a tourist brochure
- understanding discussions of plans and activities

■ *Deuxième étape*   Où se trouve… ?

- identifying and locating places in a city
- asking for and giving directions
- indicating possession

■ *Troisième étape*   Rendez-vous à 10 heures

- giving orders and suggesting activities
- telling time
- making plans

■ *Point d'arrivée*

93

Première étape

Point de départ
Faisons connaissance de la ville!

une rue

une cathédrale

une bibliothèque

un bureau de tabac

un hôtel de ville

un commissariat de police

un bureau de poste

une gare

un stade

un musée

un cinéma

une école primaire

un jardin public / un parc

Dans une ville il y a souvent aussi...

un aéroport *(airport)*	un restaurant
un collège *(middle school)*	un théâtre
une église *(church)*	une piscine *(swimming pool)*
une mosquée *(mosque)*	une librairie *(bookstore)*
une synagogue	une pharmacie *(drugstore)*
un lycée *(high school)*	une banque *(bank)*
une université	un hôtel

V i d é o : Questions de fond

1. What does the woman teach the young man?
2. Where does the young man's trip start? Where will it end?

À vous! *(Exercices de vocabulaire)*

A. Qu'est-ce que c'est? Identify each place or building.

Modèle: *C'est une cathédrale.*

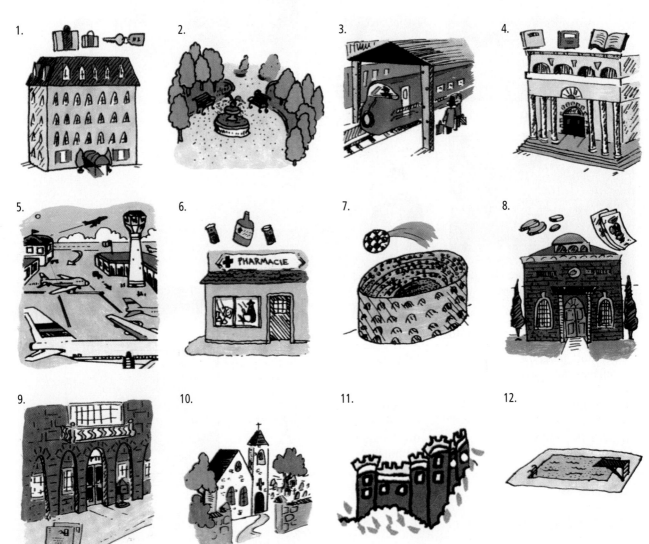

ZOOM!

*I*n the center of French cities, the basic street pattern has changed very little since the Middle Ages, when towns grew up around a castle **(un château)** or a church with houses crowded around in narrow winding streets within defensive walls. Although the walls have come down and the towns have expanded, you still find a central square **(une place)** with its **château** or church.

Qu'est-ce que vous en pensez?

Compare the layout of the town or city where you live with that of a typical French town or city. What differences do you notice? How might you explain these differences?

B. Est-ce qu'il y a un(e) _____ dans le quartier? *(Is there a _____ in the neighborhood?)* Ask a passerby if the following places are in the area. The passerby will answer yes and name the street where each can be found.

> **Modèle:** restaurant / dans la rue Clémenceau
> —*Pardon, Madame (Monsieur). Est-ce qu'il y a un restaurant dans le quartier?*
> —*Oui. Il y a un restaurant dans la rue Clémenceau.*

1. parc / dans la rue Bellevue
2. théâtre / dans l'avenue Jean Mermoz
3. synagogue / dans la rue d'Orléans
4. musée / dans l'avenue de la Libération
5. pharmacie / dans l'avenue Aristide Briand
6. cinéma / dans la rue Mazarin
7. église / dans la rue de Strasbourg
8. piscine / dans la rue Jean-Jacques Rousseau

9. fast-food / dans l'avenue de Paris
10. bureau de tabac / dans la rue Vauban
11. hôtel / dans la rue de la Montagne
12. école / dans l'avenue du Maréchal Joffre
13. mosquée / dans la rue d'Endoume
14. commissariat de police / dans l'avenue de Toulon
15. lycée / dans la rue de Rome

C. Il est là. *(It's there.)* You are looking at a map of the town where you're staying in France. A stranger comes up and asks you where certain buildings and places are located. Using **il est** or **elle est** and the word **là,** indicate the various locations on the map.

> **Modèle:** la gare
> —*Où est la gare?*
> —*La gare? Elle est là.*

1. la cathédrale
2. le bureau de poste
3. l'université
4. l'hôpital
5. le parc
6. la pharmacie
7. l'aéroport
8. le commissariat de police
9. le stade
10. l'hôtel de ville
11. la bibliothèque
12. le musée

Structure

Le verbe irrégulier *aller*

Comment **vas-tu?**	How *are you?*
Marie va souvent à Paris.	*Marie often goes to Paris.*
Ils ne vont pas à Nice.	*They are not going to Nice.*

The verb **aller** (*to go* and, in some expressions dealing with health, *to be*) is irregular:

aller *(to go)*	
je **vais**	nous **allons**
tu **vas**	vous **allez**
il, elle, on **va**	ils, elles **vont**

Application

D. Mise en train: Remplacez le sujet en italique et faites les changements nécessaires.

1. *Henri* va à Londres. (je / nous / M. et Mme Duplessis / Chantal)
2. Est-ce que *Jeanne* va en ville? (tu / Éric / vous / Paul et son frère)
3. *Ils* ne vont pas à la bibliothèque. (Michèle / je / nous / on)

E. À la gare. You're at the railroad station with a group of friends who are all leaving to visit cathedrals in different French cities. Each time you ask if someone is going to a certain cathedral town, you find out that you're wrong. Ask and answer questions following the model.

> **Modèle:** Alex / à Paris (à Rouen)
> —*Alex va à Paris?*
> —*Mais non, il ne va pas à Paris, il va à Rouen.*

1. Thérèse / à Strasbourg (à Bourges)
2. tu / à Poitiers (à Chartres)
3. Jean-Paul et François / à Marseille (à Albi)
4. vous / à Angers (à Reims)
5. Michel / à Metz (à Lyon)

Note grammaticale

Quelques adverbes

The following adverbs are often used with **aller:**

toujours *(always)*
souvent *(often)*
rarement *(rarely)*

de temps en temps *(from time to time)*
quelquefois *(sometimes)*
ne... jamais *(never)*

De temps en temps and **quelquefois** commonly begin or end the sentence. The shorter adverbs directly follow the verb. **Ne... jamais** is a negative expression. **Ne** precedes the verb and **jamais** follows it, just as with **ne... pas.**

De temps en temps nous allons en ville.	*From time to time* we go into town.
Il va **souvent** à la gare.	He *often* goes to the train station.
Je **ne** vais **jamais** à la bibliothèque.	I *never* go to the library.

F. Une enquête. *(A survey.)* Ask three other students the questions below and take note of their answers. The students do not need to answer with complete sentences.

> **Modèle:** Est-ce que tu vas souvent à l'aéroport?
> —*Rarement.*
> —*De temps en temps.*
> —*Jamais.*

1. Est-ce que tu vas souvent à la bibliothèque?
2. Est-ce que tu vas souvent à la piscine?
3. Est-ce que tu vas souvent à la gare?
4. Est-ce que tu vas souvent à la pharmacie?

When a negative answer using **jamais** contains no verb, it is used without **ne:**
—**Tu vas souvent à la bibliothèque?**
—**Jamais** *(Never).*

G. Les résultats. *(The results.)* Now report your findings from Exercise F to other members of your class. This time use complete sentences.

> **Modèle:** *De temps en temps Éric va à la bibliothèque. Janine va rarement à la bibliothèque et Martine va très souvent à la bibliothèque.*

Structure

La préposition à et l'article défini

Nous sommes **à la** piscine.
Mon frère travaille **à l'**aéroport.
Nous allons **au** cinéma ensemble.
Elle parle **aux** médecins.

We're *at the* swimming pool.
My brother works *at the* airport.
We're going *to the* movies together.
She's talking *to the* doctors.

When followed by **la** or **l'**, the preposition **à** *(to, at, in)* does not change. However, **à** followed by **le** contracts to form **au**, and **à** followed by **les** contracts to form **aux**:

à + la → **à la**   **à la** maison
à + l' → **à l'**   **à l'**église
à + le → **au**   **au** café
à + les → **aux**   **aux** professeurs

The **x** of **aux** is silent, except when it precedes a vowel or a vowel sound. Then, in liaison, it is pronounced as a **z: aux‿étudiants.**

H. Mise en train. Remplacez les mots en italique et faites les changements nécessaires.

1. Il va à la *cathédrale*. (maison / bibliothèque / gare / piscine)
2. Elles sont à l'*hôpital*. (université / église / aéroport / hôtel de ville)
3. Est-ce que tu vas au *café?* (restaurant / musée / bureau de poste / fast-food)
4. Je parle aux *professeurs*. (médecins / avocats / ingénieurs)

I. Mise en train: Remplacez les mots en italique et faites les changements nécessaires.

1. Ma sœur travaille au *musée*. (bureau de poste / hôtel / gare / théâtre)
2. Nous allons souvent au *café*. (église / parc / hôtel de ville / gare / piscine)
3. Est-ce que nous sommes déjà au *restaurant?* (cathédrale / hôpital / musée / bureau de poste / stade)
4. Il parle au *garçon*. (professeur / avocat / étudiants / médecins)

Application

J. Tu vas au musée, toi? A group of young people join you in front of a map of the town where you are staying. Find out where each one is headed, being careful to use the appropriate form of **à** + the definite article.

> **Modèle:** musée / hôpital
> —*Tu vas au musée, toi?*
> —*Non, je vais à l'hôpital.*

1. église / cathédrale
2. librairie / piscine
3. gare / aéroport
4. théâtre / cinéma
5. bureau de poste / parc
6. café / pharmacie
7. banque / restaurant
8. hôtel de ville / commissariat de police

K. D'abord... ensuite... *(First . . . then . . .)* You and your friends are discussing your plans. Using the verb **aller** and the appropriate form of **à** + the definite article, find out where each person is headed.

> **Modèle:** Anne-Marie (piscine / bibliothèque)
> —*Anne-Marie, où est-ce que tu vas?*
> —*D'abord, je vais à la piscine et ensuite je vais à la bibliothèque.*

1. Élisabeth (banque / théâtre)
2. Pierre et Sylvie (librairie / cinéma)
3. Monique (bureau de poste / pharmacie)
4. Jean-Jacques (hôtel / gare)
5. Simone (musée / parc)
6. Henri et Alain (bureau de tabac / stade)

L. Après les cours, nous jouons... *(After classes, we play . . .)* What sports and games do you and your friends play? How about you and your family? Choose games from the following list to complete the sentences. Notice that the verb **jouer** (to play) is followed by **à** before the name of a sport or game. Be sure to make the appropriate contraction.

le basket	**le volley**	**les échecs** *(m.pl.) (chess)*
le foot	**le base-ball**	**le flipper** *(pinball)*
le football américain	**le tennis**	**les jeux vidéo**

Modèle: Mes amis et moi, nous jouons...
— *Mes amis et moi, nous jouons au basket.*

1. Mes amis et moi, nous aimons jouer...
2. Quelquefois nous jouons...
3. Nous jouons rarement...
4. Nous ne jouons jamais...
5. Ma famille et moi, nous jouons...
6. Nous ne jouons jamais...

Supplementary vocabulary: Additional games that can be used with **jouer à** include **le golf, le hockey (sur glace,** *on ice)*, **les cartes** *(cards)*, **les dames** *(checkers)*, **le Monopoly, le Scrabble.**

Tuyau-prononciation
La combinaison *gn*

Text Audio CD Track 1-18

In French, the combination **gn** is pronounced as [ɲ]—much like the *ny* in the English word *canyon:* **gagner, ligne.**

M. Read each word aloud, being careful to pronounce the **gn** combination as [ɲ].

espagnol / renseignons-nous / magnifique / magnétique / signe / Agnès / Champagne / montagne / champignon

Le savez-vous?
When the French use the term **le foot,** what are they referring to?
a. a part of the body
b. American football
c. soccer

Structure

Le futur immédiat

Qu'est-ce que **vous allez faire** ce soir?	What *are you going to do* tonight?
Moi, **je vais aller** au concert.	*I'm going to go* to the concert.
Georges et moi, nous allons faire un tour en voiture.	*Georges and I are going to go* for a ride.
Mathilde ne va pas quitter la maison.	*Mathilde isn't going to leave* the house.

To express a future action, especially one that will occur in the not-too-distant future, use a present tense form of **aller** and an infinitive. This structure is the equivalent of the English phrase *going to* + verb.

Note that in the negative **ne... pas** is placed around the conjugated form of **aller: Mathilde** *ne va pas* **quitter la maison.**

Réponse ▲ ▲ ▲ c

N. **Mise en train:** Remplacez le sujet en italique et faites les changements nécessaires.

1. *Suzanne* va faire une promenade ce soir. (Jean-Paul / nous / je / les Mauclair / tu / vous)
2. *Marc* ne va pas quitter la maison. (Annick / je / mes amis / vous / tu / nous)
3. Est-ce que *Nicolas* va aller en ville? (tu / Georges et sa sœur / vous / on / Paulette / nous)

Application

O. Qu'est-ce qu'on va faire ce soir? You find out from some of your friends what they're going to do tonight.

> **Modèle:** Charles, qu'est-ce que tu vas faire ce soir? (aller au cinéma)
> *Je vais aller au cinéma (ce soir).*

1. Marcelle, qu'est-ce que tu vas faire ce soir? (travailler)
2. Et Jean-Pierre, qu'est-ce qu'il va faire? (aller au théâtre)
3. Et Michèle et son amie? (étudier)
4. Sylvie, qu'est-ce que tu vas faire ce soir? (regarder la télé)
5. Et Gérard, qu'est-ce qu'il va faire? (aller en ville)
6. Et Jacques et Isabelle? (rester à la maison)
7. Et vous deux? (faire un tour à vélo)

P. Et toi, qu'est-ce tu vas faire? Now find out from several of your class-mates what they're going to do tonight **(ce soir),** tomorrow night **(demain soir),** and over the weekend **(pendant le week-end).** Then report your find-ings to the class.

Débrouillons-nous!

Q. Échange. Ask another student the following questions. He/She will re-spond on the basis of his/her knowledge and personal situation.

1. Est-ce qu'il y a un aéroport dans notre ville? Une gare? Un hôpital? Un bureau de poste? Une cathédrale? Un stade? Une piscine? Un musée?
2. Est-ce que tu vas souvent au cinéma? À l'église ou à la synagogue? À l'hôtel de ville? À la bibliothèque? Au fast-food? Au théâtre? À la banque?
3. Est-ce que tu vas regarder la télé ce soir? Écouter la radio? Rester à la maison (dans ta chambre)? Étudier? Aller en ville? Parler au professeur?

R. Dans la rue. While heading for a place in town (your choice), you bump into a friend. Greet your friend, find out how he/she is and where he/she is go-ing. If you are going to the same place, suggest that you go there together **(On y va ensemble?).** He/She will agree **(Oui. Allons-y!).** If not, find out what he/she is going to do tomorrow night **(demain soir).** Either suggest that you do it together or tell what different plans you have. Then say good-bye and con-tinue on your way.

À faire chez vous:
CAHIER, Chapitre 3,
1ᵉʳᵉ étape

Deuxième étape

Point de départ

Où se trouve... ?

Véronique Béziers habite à Tarascon, dans le **sud** de la France. À Tarascon il y a un **château fort** qui date du XVe **siècle.** Regardez le **plan** de la ville.

🎧 Text Audio CD Track 1-19

Où se trouve... ?: Where is . . . located, found?
south
fortified castle / century / map (of city)

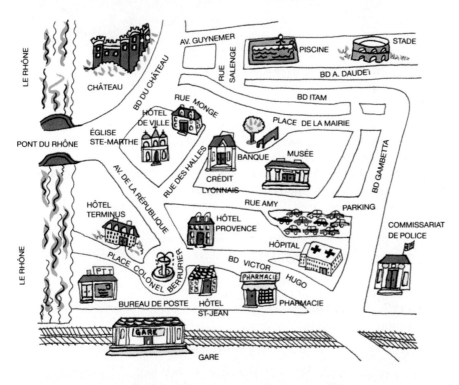

Le château fort est **près de** l'église. Est-il près de ou **loin de** la gare? Il est loin de la gare.

near / far from

Le boulevard du Château est **devant** le château. Le Rhône passe-t-il devant ou **derrière** le château? Il passe derrière le château.

in front of
behind

Qu'est-ce qu'il y a **entre** l'hôtel Terminus et l'hôtel de Provence? La place Colonel Berrurier.

between

Qu'est-ce qui se trouve **au coin de** la rue Monge et de la rue des Halles? L'hôtel de ville de Tarascon.

on the corner of

Le commissariat de police est **en face de** quel bâtiment? Il est en face de l'hôpital.

across from

Qu'est-ce qu'il y a **à côté de** l'hôtel Saint-Jean? Il y a une pharmacie.

next to

Qu'est-ce qu'il y a **au bout de** l'avenue de la République? Il y a un **pont.**

at the end of / bridge

Le grand parking est-il **dans** l'avenue Guynemer ou **sur** le boulevard Gambetta? Il est sur le boulevard Gambetta.

on

passerby / asks for information

Véronique visite le château de Tarascon avec des amis. Un **passant demande des renseignements.**

—S'il vous plaît, Mademoiselle. Est-ce qu'il y a une banque près d'ici?
—Oui, Monsieur. Dans la rue des Halles.
—La rue des Halles? Où se trouve la rue des Halles?

cross / straight ahead
until / turn right
on your left

—Bon, vous **traversez** le boulevard du Château et vous allez **tout droit** dans la rue Monge. Continuez **jusqu'à** la rue des Halles et **tournez à droite.** Il y a une banque en face de l'hôtel de ville, **sur votre gauche.**
—Merci bien, Mademoiselle.
—Je vous en prie, Monsieur.

À vous! *(Exercices de vocabulaire)*

A. La ville de Tarascon. When someone asks you about Tarascon, you first answer using the suggested expressions.

> **Modèle:** Où est le château? (près de l'église Sainte-Marthe)
> *Il est près de l'église Sainte-Marthe.*

B. Mise en train: Remplacez les mots en italique.

1. Traversez *la rue.* (la place / le boulevard / l'avenue)
2. Vous tournez à droite *dans l'avenue Mitterand.* (dans la rue Sainte-Catherine / sur le boulevard des Italiens / sur la place Notre-Dame)
3. Vous continuez tout droit *jusqu'à la rue Jean-Baptiste.* (jusqu'à la place de la Révolution / jusqu'à l'avenue Clémenceau / jusqu'au boulevard Garibaldi)
4. Allez tout droit *jusqu'à l'avenue de la gare.* (jusqu'au coin / jusqu'au bout de la rue Balzac / jusqu'à la cathédrale)
5. Tournez à gauche *dans la rue Sainte-Anne.* (dans l'avenue de la Marine / sur le boulevard Masséna / sur la place Stanislas)

1. Où est l'hôtel Saint-Jean? (à côté de la pharmacie)
2. Où est la banque? (en face de l'hôtel de ville)
3. Où est le château? (loin de la gare)
4. Où est le bureau de poste? (près de l'hôtel Terminus)
5. Où est le pont? (au bout de l'avenue de la République)
6. Où est le boulevard du Château? (entre le château et l'église Sainte-Marthe)

Now correct the erroneous statements that you hear about Tarascon by looking at the map on page 103 and using the appropriate expressions to locate each place.

> **Modèle:** Le château est près de la gare?
> *Mais non, il est (assez) loin de la gare.*

7. La pharmacie est à côté de l'hôtel Terminus?
8. Le stade est près de la gare?
9. Le stade est en face de l'hôpital?
10. Le Rhône passe devant le château?
11. L'hôtel de ville est au bout de l'avenue Guynemer?
12. La rue Amy est entre le boulevard Gambetta et le boulevard Victor Hugo?

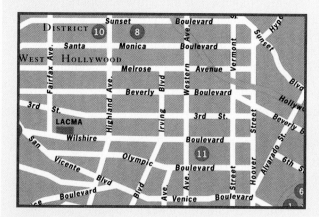
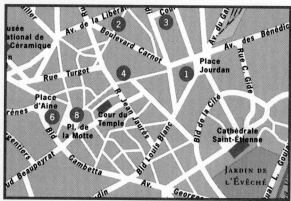

Many American cities are laid out in fairly regular patterns: streets often meet at right angles, run north and south or east and west, and have numbers (Second Avenue, Seventeenth Street). In French cities, streets rarely form regular patterns and they are usually given the name of a landmark **(le boulevard du Château)**, a famous person **(le boulevard Victor Hugo)**, or a historical reference **(l'avenue de la République)**.

Americans often express distance in terms of city blocks and compass points: "Go three blocks east and turn left." The French indicate the cross street on which to turn: **Vous allez jusqu'à la rue Monge et vous tournez à gauche.**

Qu'est-ce que vous en pensez?

What is the origin of the street names in your town or neighborhood? Is it possible to direct people around the area where you live using blocks and compass points?

C. Pardon, Monsieur/Madame. You're standing in front of the château in Tarascon. Explain to a passerby how to get to the following places.

> **Modèle:** l'hôtel de ville
> —*Pardon, Monsieur (Madame). L'hôtel de ville, s'il vous plaît?*
> —*Vous traversez le boulevard du Château. Vous continuez dans la rue Monge jusqu'à la rue des Halles. L'hôtel de ville est au coin de la rue Monge et de la rue des Halles, sur votre droite.*

1. le stade
2. le commissariat de police
3. le bureau de poste
4. l'hôtel Saint-Jean
5. le Crédit Lyonnais (la banque)
6. le boulevard Victor Hugo

Vocabulary: Notice that French uses the preposition **sur** to talk about a square or a boulevard (**sur la place, sur le boulevard**) and the preposition **dans** to talk about streets and avenues (**dans la rue, dans l'avenue**).

D. Les parents de vos amis. While talking with some of your new friends, you've learned about their parents. Tell about their work and their leisure activities.

> **Modèle:** le père de Janine (l'hôtel Terminus / les livres / bibliothèque)
> *Le père de Janine travaille à l'hôtel Terminus. Il aime beaucoup les livres; il va souvent à la bibliothèque.*

1. le père de Mireille (gare / les films / cinéma)
2. la mère de Michel (aéroport / la nature / parc)
3. le père de Véronique (bureau de poste / l'art / musée)
4. la mère de Jean-Alex (hôpital / la littérature / librairie)
5. le père de Jacqueline (bureau de tabac / voyager / aéroport)
6. la mère de Philippe (université / chanter / théâtre)
7. le père de Denise (banque / l'art gothique / cathédrale)
8. la mère de Marielle (hôtel de ville / manger / restaurant)

E. Questions. Your instructor will play the role of an exchange student who has just arrived at your university. Answer his/her questions, paying close attention to the time frame.

1. Est-ce que vous étudiez beaucoup? Est-ce que vous allez étudier ce soir?
2. D'habitude, qu'est-ce que vous faites le soir *(in the evening)*? Qu'est-ce que vous allez faire ce soir?
3. Où est-ce que vous allez dîner ce soir—à l'université, au restaurant ou à la maison? Où est-ce que vous dînez d'habitude *(usually)*?
4. Est-ce que vous étudiez le français? Le russe? Le chinois? Est-ce que vous allez étudier une autre langue?
5. Est-ce que vous faites souvent des promenades? Est-ce que vous allez faire une promenade pendant le week-end?

Reminder: You must listen carefully to distinguish between general questions that require the present tense and questions about a future time that call for **aller** + infinitive.

Structure

La préposition *de* et l'article défini

Elle arrive **de la** gare.	She's arriving *from the* station.
Quelle est l'adresse **de l'**hôtel?	What's the address *of the* hotel?
Voilà la voiture **du** professeur.	There's the teacher*'s* car.
Nous parlons **des** étudiants.	We're talking *about the* students.

When followed by **la** or **l'**, the preposition **de** *(of, about, from)* doesn't change. However, **de** followed by **le** contracts to form **du,** and **de** followed by **les** contracts to form **des:**

de + la → **de la**	**de la** pharmacie
de + l' → **de l'**	**de l'**hôtel
de + le → **du**	**du** musée
de + les → **des**	**des** étudiants

The **s** of **des** is silent, except when it precedes a vowel or a vowel sound. Then, in liaison, it is pronounced as a **z: des‿églises.**

De **et les prépositions de lieu**

Many of the prepositions of place presented in the **Point de départ** of this **étape** are followed by **de**:

près de *(near)*   **à côté de** *(next to)*
loin de *(far from)*   **au bout de** *(at the end of)*
en face de *(across from)*   **au coin de** *(at the corner of)*

This **de** follows the usual rules for contraction:

La voiture est en face **de la** maison.

Tu habites à côté **de l'**hôtel?

Nous sommes près **du** musée.

Le parc est au bout **du** boulevard.

Application

H. La ville. Using the drawing below, answer the questions that a stranger might ask you about the city. Be as precise as possible.

Modèle: Pardon, Monsieur. Le théâtre, s'il vous plaît?
—*Le théâtre? Il est dans l'avenue de la République, en face de l'hôtel.*

1. Pardon, Madame. Le restaurant, s'il vous plaît?
2. Pardon, Monsieur. Où se trouve l'église, s'il vous plaît?
3. Pardon, Mademoiselle. Où est la pharmacie?
4. S'il vous plaît, le musée?
5. La banque, s'il vous plaît?
6. Où est le bureau de poste, s'il vous plaît?
7. Est-ce qu'il y a un bureau de tabac près d'ici?
8. Pardon, Monsieur. L'hôtel, il est près de l'aéroport?

Le savez-vous?
The Loire is the _____ of the major French rivers.
  a. busiest
  b. longest
  c. shortest
  d. most dangerous

F. Mise en train: Remplacez les mots en italique et faites les changements nécessaires.

1. Quel est le nom du *restaurant?* (banque / hôtel / librairie / musée)
2. Où est l'entrée *(entrance)* du *lycée?* (parc / bibliothèque / bureau de poste / église / gare)
3. Est-ce que tu as l'adresse de l'*avocat?* (hôtel / restaurant / bureau de tabac / librairie / professeur / pharmacie)
4. Non, elle ne parle pas du *professeur.* (médecin / avocats / ingénieurs / assistante / professeurs)

G. Mise en train: Remplacez les mots en italique et faites les changements nécessaires.

1. La banque est *près* de la gare. (à côté / en face / loin)
2. Nous habitons *en face* de l'avenue Leclerc. (près / au bout / loin)
3. Est-ce que la pharmacie est *loin* du restaurant? (en face / près / à côté)
4. L'hôtel est près de la *cathédrale.* (université / musée / parc / gare)
5. Le café est en face de l'*église.* (théâtre / boulangerie / bureau de poste / hôtel de ville / commissariat de police)

Grammar: Remember that some of the place prepositions are not followed by **de: devant, derrière, entre, dans, sur.** Example: **devant l'église.**

I. Moi, je joue du... What musical instruments do you, your friends, and your relatives play? Choose instruments from the list below and talk about the people mentioned. Notice that the verb **jouer** is followed by **de** before a musical instrument. (The preposition **à** is used only with games.) Be sure to make the appropriate contraction.

Modèle: *Je joue du saxophone.*

Supplementary Vocabulary: Additional musical instruments that can be used with **jouer de** include **le hautbois** *(oboe),* **le violoncelle** *(cello),* **le tuba,** **l'harmonica** *(m.),* **l'orgue** *(m.),* **l'alto** *(m.) (viola),* **le basson** *(bassoon),* **la contrebasse** *(bass).*

le piano   la flûte   la trompette
le violon   le saxophone   la batterie *(drums)*
la guitare   la clarinette   le trombone

1. vous
2. votre père
3. votre mère
4. vos frères et vos sœurs
5. votre ami
6. votre amie

Text Audio CD Track 1-20

▌Tuyau-prononciation
La consonne s

Depending on the sounds that surround it, the letter **s** may represent the sound [s], as in the English word *rinse,* or the sound [z], as in the English word *rise.*

    The consonant **s** represents the sound [s] when it is the first letter in a word or when it is followed by a second **s** or by another consonant: **sœur, masse, disque.**

    The consonant **s** represents the sound [z] in liaison: **allons‿y,** and when it occurs between two pronounced vowels or when it is followed by a mute **e: visage, rose.**

J. First, read each pair of words aloud, being careful to distinguish between the [s] of the first word and the [z] of the second.

    dessert, désert / poisson, poison / coussin, cousin / russe, ruse

Now read each word aloud, being careful to distinguish between [s] and [z].

    désirez / souvent / croissant / Mademoiselle / brésilien / suisse / classique / église / maison / professeur / musée / passer / ensuite

Structure

L'impératif

Écoute!	*Listen!*
Faites attention!	*Be* careful! (*Pay* attention!)
Allons en ville ensemble!	*Let's go* downtown together!

Imperative or command forms of verbs are used to give orders, directions, and suggestions. The three forms of the imperative—**tu** (familiar), **vous** (formal or plural), and **nous** (plural, including yourself)—are based on the present tense. The subject pronoun is omitted and the verb is used alone. In written French, the **s** of the **tu** form is dropped for regular **-er** verbs and for **aller:**

Present tense	Imperative	Present tense	Imperative
tu travailles	**Travaille!**	tu vas	**Vas-y!**
vous travaillez	**Travaillez!**	vous allez	**Allez-y!**
nous travaillons	**Travaillons!**	nous allons	**Allons-y!**

To form the negative imperative, place **ne** before the verb and **pas** after it:

Ne parlez pas anglais!	*Don't speak* English!
Ne mange pas!	*Don't eat!*

Grammar: The verbs **avoir** and **être** have irregular imperative forms: **avoir: aie! ayez! ayons!; être: sois! soyez! soyons!** These forms are used relatively infrequently.

The imperative of **aller** is usually used with an object **(Va à l'école!).** Note that the familiar expression *go* (Go ahead!) is **Vas-y!**—the **-s** is added to **va** to facilitate pronunciation.

Application

L. Dites à... *(Tell . . .)* Use the appropriate command forms to get the following people to do what you want.

Dites à votre petit frère... d'écouter. *Écoute!*

1. de ne pas regarder la télé.
2. d'aller à l'école.
3. de faire attention.
4. d'être sage.

Dites à vos amis... de chanter. *Chantez!*

5. de regarder.
6. de ne pas écouter.
7. de faire attention.
8. d'aller au commissariat de police.

Proposez à vos amis... de danser. *Dansons!*

9. d'aller au cinéma.
10. de faire une promenade.
11. de ne pas avoir peur *(to be afraid).*
12. de ne pas rester à la maison.

K. Mise en train: Give the three imperative forms of the following verbs.

Modèle: regarder *Regarde!*
  Regardez!
  Regardons!

1. chanter
2. ne pas parler anglais
3. aller au bureau de poste
4. avoir de la patience
5. être sage (be good, said to a child)

M. Allez-y! *(Go on and do it!)* Using the suggested verbs, tell one or two of your classmates to do something. They are obliged to obey you!

VERBES: **regarder, écouter, chanter, danser, parler, aller, faire ses devoirs, chercher**

Modèles: *Alex et Kevin, chantez!*
Ann, parle à Stacy!
Éric, dansons!

Débrouillons-nous!

N. Échange. Answer the questions, referring to the city or town where your school is located.

1. Est-ce que tu vas à l'aéroport de temps en temps? Est-ce qu'il est près de la ville? Près de l'université?
2. Est-ce que tu vas souvent au cinéma? Est-ce qu'il y a un cinéma près de l'université? Qu'est-ce qu'il y a en face du cinéma?
3. Est-ce qu'il y a un restaurant près de l'université? Quel est le nom du restaurant? Est-ce que tu dînes au restaurant de temps en temps?
4. Est-ce qu'il y a un hôtel près de l'université? Quel est le nom de l'hôtel? Qu'est-ce qu'il y a à côté de l'hôtel?
5. Comment est-ce qu'on va de ____ à ____ ? *(Choose places on campus or in town; get directions.)*

O. Je vous en prie. A group of French-speaking visitors is on your campus. Each person wants to see a different place—either on campus or in town. Help these visitors by giving them directions on how to get where they want to go.

À faire chez vous:
CAHIER, Chapitre 3,
2ᵉ étape

Point de départ

Rendez-vous à 10 heures

Tous les ans, à Tarascon, il y a un festival, les Fêtes de la Tarasque. Véronique Béziers et ses amis regardent une **affiche** annonçant le festival de **cette année.**

Every year / flowers
poster / this year

FÊTES DE LA TARASQUE
Tarascon

samedi 27 juin

Saturday

10h30	**Défilé:** la Grande Cavalcade (bd Victor Hugo, bd Gambetta, bd Itam)	Parade
11h–12h	Danses folkloriques (place de la Mairie)	
12h–14h	**Dégustation:** spécialités de la région **(au bord du Rhône)**	(Food) tasting / on the banks of
13h–15h	Concert de rock: Louis Bertgani et «les Visiteurs» (place de la Mairie)	
14h–18h	Sports: tennis, judo, volley-ball (stade municipal)	
16h–18h	Exposition de peintures (cloître des Cordeliers)	
19h–21h	Concert d'**orgue** (église Sainte-Marthe)	organ
19h–21h	Dégustation: spécialités de la région (au bord du Rhône)	
21h30	Spectacle **son et lumière** (devant le château)	sound and light
22h30	**Feux d'artifice** (au bord du Rhône)	Fireworks
23h	**Bal** populaire (devant le château)	Dance

plans

So

see

OK / Good idea!

First / then

do we meet

what time

it's settled

Text Audio CD Track 1-21

Culture: In France, many public events are listed in official time—that is, using a 24-hour clock rather than the 12-hour clock used to express time in conversation. For times after 12 noon, subtract 12 from the official time. Example: **14h** = 2:00 P.M. You will learn more about official time in Chapter 11.

Véronique et ses amis font des **projets.**

VÉRONIQUE:	**Alors,** qu'est-ce qu'on fait?
JEAN-LOUP:	Allons **voir** le défilé!
CÉCILE:	**D'accord. Bonne idée!**
PATRICIA:	Oui. Pourquoi pas?
DAVID:	Mais moi, je voudrais faire du tennis.
VÉRONIQUE:	Pas de problème! **D'abord,** on va voir le défilé et **ensuite** on va au stade faire du tennis. Ça va?
LES AUTRES:	Oui, ça va.
CÉCILE:	Où est-ce qu'**on se retrouve?**
DAVID:	Et **à quelle heure?**
VÉRONIQUE:	Sur le boulevard Gambetta, devant le parking, à 10 heures. D'accord?
LES AUTRES:	D'accord.
PATRICIA:	Alors, **c'est décidé.** Rendez-vous à 10 heures devant le parking sur le boulevard Gambetta.

À vous! *(Exercices de vocabulaire)*

A. Où? À quelle heure? You're staying in Tarascon at the time of the festival. You run into a group of American tourists who do not speak French and are confused by the schedule of events. Answer their questions.

Modèle: Where are the fireworks? And when?
On the banks of the Rhone river. They start at 10:30 P.M.

1. Where are the folk dances? What time?
2. When does the parade start? What route will it take?
3. If we get hungry, is there food to eat? Where? When?
4. My husband and I love classical music. Are there any concerts? When? Where?
5. Our children hate classical music. Is there anything for them? When? Where?
6. What time does the dancing begin?
7. My children would like to watch some sporting events. Where can they go? All day?
8. We heard there was an historical pageant with music and lights. What time does that start? Where do we go to see it?

Emblème de Tarascon, la Tarasque est un monstre imaginaire dont la représentation est promenée dans les rues pendant les fêtes de la Tarasque.

B. Qu'est-ce qu'on fait? You and your friend are planning to attend the **Fêtes de la Tarasque** in Tarascon. Ask your friend what he/she wants to do at the festival. In the first part of the exercise, when your friend suggests an activity, you indicate your agreement by saying: **D'accord. Bonne idée!** or **Oui, pourquoi pas?**

> **Modèle:** aller voir le défilé
> —*Alors, qu'est-ce qu'on fait?*
> —*Allons voir le défilé!*
> —*D'accord. Bonne idée!* or *Oui, pourquoi pas?*
> —*Bon. C'est décidé. On va voir le défilé.*

1. écouter le concert de rock
2. manger des spécialités de la région
3. aller au bal populaire
4. aller voir le spectacle son et lumière
5. regarder le tennis
6. aller voir les feux d'artifice

In the second part of the exercise, when you propose an activity, your friend has a different idea. Settle the disagreement by suggesting that first **(d'abord)** you do one activity and then **(ensuite)** you do the other.

> **Modèle:** aller voir les danses folkloriques / écouter le concert de jazz
> —*Alors, qu'est-ce qu'on fait?*
> —*Allons voir les danses folkloriques!*
> —*Mais moi, je voudrais aller au concert de jazz.*
> —*D'abord, on va voir les danses folkloriques et ensuite on va au concert de jazz. D'accord?*
> —*Bon. D'accord.*

7. aller voir le défilé / manger des spécialités de la région
8. aller au concert de rock / regarder le judo
9. regarder le tennis / aller au concert d'orgue
10. manger des spécialités de la région / aller voir le spectacle son et lumière
11. aller voir les feux d'artifice / aller au bal populaire

C. À quelle heure est-ce qu'on se retrouve? Et où? You and your classmate have decided where to go. Now you need to arrange a time and place to meet.

> **Modèle:** 10h / devant le parking sur le boulevard Gambetta
> —*À quelle heure est-ce qu'on se retrouve?*
> —*À 10 heures.*
> —*Et où?*
> —*Devant le parking sur le boulevard Gambetta.*
> —*D'accord. Rendez-vous à 10 heures devant le parking sur le boulevard Gambetta.*

1. 11h / sur la place de la Mairie
2. 3h / au stade
3. 4h / à l'église Sainte-Marthe
4. 9h / devant le château
5. 10h / derrière le château
6. 2h / au musée des Beaux-Arts

Reprise : deuxième étape

D. S'il vous plaît... ? You're at the place de la Libération when some tourists stop you and ask how to get to certain places. Using the map on p. 115, give them as precise directions as possible.

Modèle: le lycée Camus
—*Le lycée Camus, s'il vous plaît.*
—*Le lycée Camus? Il est dans la rue Notre-Dame, en face de la bibliothèque municipale.*
—*C'est loin d'ici?*
—*Non, non. Vous traversez la place de la Libération et vous continuez sur le boulevard Victor Hugo jusqu'à la rue Notre-Dame. Tournez à gauche et le lycée est sur votre gauche.*

1. la gare
2. le restaurant Chez Jeanne
3. l'hôtel Nelson
4. l'hôtel de ville

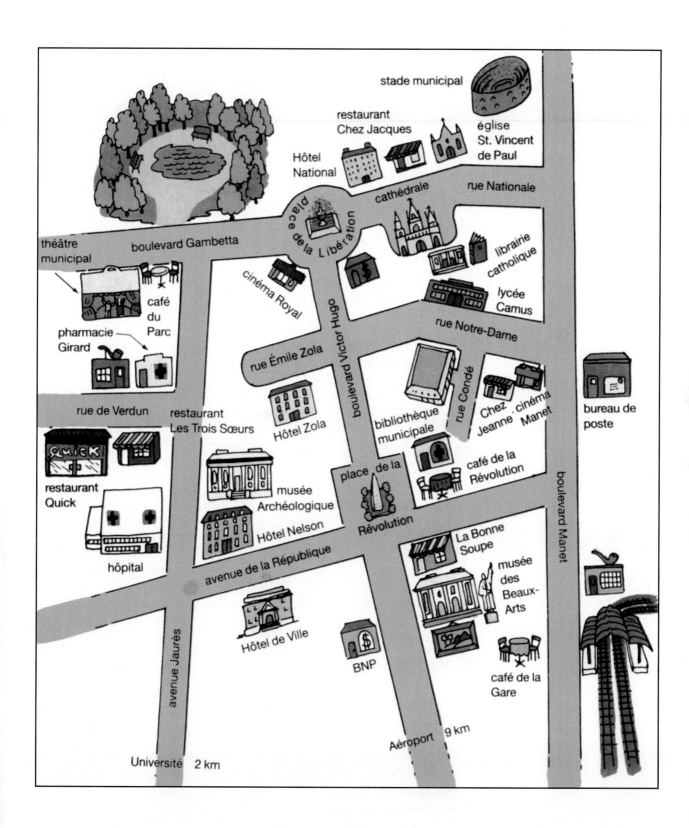

Now you're standing in front of the St. Vincent de Paul Church. Continue using the map on page 115 to help tourists find where they want to go.

Modèle: un bureau de poste
—*Excusez-moi, Monsieur (Madame). Est-ce qu'il y a un bureau de poste près d'ici?*
—*Oui. Il y a un bureau de poste sur le boulevard Manet.*
—*Le boulevard Manet? C'est à gauche ou à droite?*
—*Vous allez à gauche et vous continuez jusqu'au bout de la rue Nationale. Là, vous tournez à droite et vous continuez tout droit. Le bureau de poste est en face du cinéma Manet.*

5. une pharmacie   **7.** une banque
6. un café   **8.** un fast-food

E. Un petit exercice. Guide one of your classmate through the following exercise, using the imperative and the map on page 115.

1. regarder le plan de la ville
2. chercher le musée
3. faire attention (Il y a deux musées: vous préférez l'art moderne.)
4. expliquer où se trouve le musée
5. aller au tableau *(chalkboard)*
6. faire une peinture ou une statue
7. retourner à sa place

Structure

Le présent du verbe irrégulier *prendre*

Je prends le petit déjeuner.	*I eat (have) breakfast.*
Tu ne prends pas ton temps.	*You're not taking your time.*
Elle prend le métro.	*She takes the subway.*
Nous prenons un café.	*We're having a cup of coffee.*
Prenez la rue Monge.	*Take Monge Street.*
Ils prennent un billet.	*They're buying a ticket.*

The irregular verb **prendre** has several equivalents: *to take; to have* or *to eat* or *to drink* when talking about meals, food, or beverages; and *to buy* when referring to tickets.

prendre *(to take; to have, to eat, to drink [when talking about food])*	
je **prends**	nous **prenons**
tu **prends**	vous **prenez**
il, elle, on **prend**	ils, elles **prennent**

Two other verbs conjugated like **prendre** are **apprendre** *(to learn)* and **comprendre** *(to understand)*.

Elle apprend l'italien.	*She's learning Italian.*
Je ne comprends pas.	*I don't understand.*

Application

G. Dis-moi! *(Tell me!)* While traveling together on the bus in Paris, you find out some things about Mireille Loiseau and her friends.

Modèle: Dis-moi! Est-ce que tu prends souvent l'autobus? (de temps en temps)
Je prends l'autobus de temps en temps.

1. Dis-moi! Est-ce que Stéphane prend souvent l'autobus? (rarement)
   a. Et tes parents? (assez souvent)
   b. Et ta sœur? (ne... jamais)
2. Dis-moi! Qu'est-ce que Martine prend pour aller à l'université? (le métro)
   a. Et toi et ton frère? (l'autobus)
   b. Et Jean-Jacques? (le métro)
   c. Et tes professeurs? (le métro aussi)
3. Dis-moi! Quelle route est-ce que Didier prend pour rentrer à la maison? (la rue du Bac)
   a. Et toi? (l'avenue de l'Armée)
   b. Et tes parents? (le boulevard de l'Ouest)
   c. Et Geneviève? (la rue Champollion)
4. Dis-moi! Est-ce que Jean-Luc apprend l'anglais? (l'italien)
   a. Et Michèle? (l'espagnol)
   b. Et vous deux? (le russe)
   c. Et les autres? (le chinois)

H. La ronde des questions. Posez quatre questions (**tu, vous, il/elle, ils/elles**) aux autres membres de votre groupe.

1. prendre le petit déjeuner d'habitude   2. apprendre l'espagnol   3. bien comprendre les hommes *(men)* ou les femmes *(women)*   4. prendre souvent l'autobus

■ Tuyau–prononciation
La consonne *t*

The **t** in French is usually pronounced like the *t* in the English word *stay:* **hôtel, Vittel, hôpital.** The **th** combination in French is also pronounced [t]. Compare:

English	French
*th*eater	**th**éâtre
Ca*th*olic	ca**th**olique

When the combination **ti** occurs in the middle of a word, there is no hard-and-fast rule for pronunciation: the **t** may be pronounced [t] or [s]. In general, if an English cognate of the word has a [t] sound, its French counterpart has a [t] sound also. If an English cognate has a [sh] or a [s] sound, its French counterpart is usually pronounced [s].

English	French
pi*t*y	pi*t*ié
na*t*ion	na*t*ion
democra*c*y	démocra*t*ie

F. Mise en train: Remplacez les sujets et faites les changements nécessaires.

1. *Marie-Hélène* prend son déjeuner à midi. (Jacques / tu / nous / vous / Hervé et son cousin / je)
2. *Gérard* ne prend pas le métro d'habitude. (je / nous / Chantal / Michèle et ses amis / tu)
3. Est-ce que *vous* apprenez l'italien? (nous / tu / Jean-Pierre / M. et Mme Beauchamp / Jacqueline)
4. *Émilie* ne comprend pas la question. (tu / nous / les étudiants / je / vous / Vincent)

Le savez-vous?
Why would someone go to a **syndicat d'initiative?**
a. to get tourist information
b. to obtain a business loan
c. to ask for protection

Text Audio CD Track 1-22

Réponse ▲ ▲ ▲ a

I. Read each word aloud, being sure to pronounce **th** as [t] and to distinguish between [t] and [s] when necessary.

thé / tes / tabac / national / menthe / étudiant / cathédrale / partie / habiter / question / bibliothèque / omelette / à côté / Athènes / aristocratie / mythe

Structure

Quelle heure est-il?

Il est une heure.

Il est deux heures.

Il est deux heures dix.

Il est deux heures et quart.

Il est deux heures et demie.

Il est trois heures moins vingt.

Il est trois heures moins le quart.

Il est midi.

Il est minuit et demi.

Grammar: The word **heure** is feminine; consequently, the word **demie** ends in **-e** in times such as **deux heures et demie** and **trois heures et demie**. The words **midi** and **minuit** are masculine; consequently, no **-e** is added to **demi**: **midi et demi, minuit et demi.**

To distinguish between A.M. and P.M., use the expression **du matin** *(in the morning)*, **de l'après-midi** *(in the afternoon)*, or **du soir** *(in the evening)*.

9:12 A.M.   neuf heures douze **du matin**
2:30 P.M.   deux heures et demie **de l'après-midi**
8:40 P.M.   neuf heures moins vingt **du soir**

Application

J. Give the time for every three minutes between **9h** and **10h**.

K. Quelle heure est-il? Find out the time from a classmate. Tell whether it is morning **(du matin)**, afternoon **(de l'après-midi)**, or evening **(du soir).**

> **Modèle:** 2:20 P.M.
> —*Quelle heure est-il? (Vous avez l'heure? Tu as l'heure?)*
> —*Il est deux heures vingt de l'après-midi.*

1. 8:20 A.M.	**6.** 4:15 P.M.
2. 10:25 A.M.	**7.** 12:00 A.M.
3. 10:55 P.M.	**8.** 1:30 A.M.
4. 3:10 P.M.	**9.** 11:45 A.M.
5. 7:45 P.M.	**10.** 6:35 A.M.

Note grammaticale

Quelques expressions pour parler de l'heure

To ask someone *what time* something happens, use **À quelle heure... ?** The response to this question requires either the preposition **à** (if you give an exact time) or the preposition **vers** (if you give an approximate time):

—**À quelle heure** est-ce qu'on mange?
—*At what time* do *we eat?*

—**À 6h15.**
—*At 6:15.*

—**Vers 6h.**
—*(At) around 6 o'clock.*

To ask someone *when* something occurs, use **quand**. To indicate that something happens *between* two times, use either **entre ____ et ____** or **de ____ (jusqu')à ____** :

—**Quand** est-ce que tu fais ton français?
—*When* do you do your French (homework)?

—**Entre 8h et 9h.**
—*Between 8 and 9.*

—**Quand** est-ce que ta mère travaille?
—*When* does your mother work?

—Elle travaille **de 4h (jusqu')à minuit.**
—*She works* from 4 until midnight.

L. Au festival de Tarascon. You want to find out when you and your friends will do certain things the day of the festival. Answer the questions, using the information provided.

> **Modèle:** Quand est-ce qu'on va à l'exposition de peinture? (vers 3h)
> *On va à l'exposition vers 3h.*

1. À quelle heure est-ce qu'on va au défilé? (vers 10h)
2. À quelle heure commence le concert de rock? (à 1h)
3. Quand est-ce qu'on mange? (entre 12h et 2h)
4. Quand est-ce qu'il y a du judo? (de 2h jusqu'à 6h)
5. À quelle heure est-ce qu'on va au spectacle son et lumière? (vers 9h)
6. À quelle heure commencent les feux d'artifice? (à 10h30)
7. À quelle heure est-ce qu'il y a des danses folkloriques? (entre 11h et 12h)
8. À quelle heure est-ce que le bal commence? (vers 11h)

Débrouillons-nous!

M. Échange. Posez des questions à un(e) camarade de classe, qui va vous répondre.

1. Est-ce que tu prends l'autobus pour aller à l'université? Pour aller en ville?
2. Est-ce que tu apprends le russe? Quelle autre langue est-ce que tu voudrais apprendre?
3. Est-ce que tu comprends toujours tes parents? Est-ce que tes parents comprennent bien les jeunes *(young people)?*
4. En semaine *(during the week)*, où es-tu d'habitude à 9h du matin? À midi? À 5h de l'après-midi? À 8h du soir?
5. Pendant le week-end, où es-tu d'habitude à 11h du matin? À 2h de l'après-midi? À 9h du soir?

N. Qu'est-ce qu'on fait? Make plans with one or more of your classmates to do something. Agree on an activity. Then arrange a time and place to meet. If necessary, give directions on how to get to the meeting place.

ACTIVITÉS: **aller au cinéma, aller à un concert, faire une promenade, regarder une vidéo, écouter des disques, faire du tennis**

À faire chez vous:
CAHIER, Chapitre 3,
3ᵉ étape

Student Audio CD Tracks 1-24–1-38

Now that you've completed the first three **étapes** of **Chapitre 3**, listen to Tracks 1-24–1-38 of the STUDENT AUDIO CD. See **CAHIER, Chapitre 3,** *Écoutons!,* for exercises that accompany this segment.

Point d'arrivée

Activités orales

Exprimons-nous!

When stopping a stranger to ask for directions or other information, French speakers use expressions such as **pardon, s'il vous plaît, excusez-moi,** and **pourriez-vous me dire:**

S'il vous plaît, la rue du Pirou?

Would you please direct me to the rue du Pirou?

Pardon, Madame. **Pourriez-vous me dire** où se trouve la rue Sully?

Pardon me, Ma'am. *Could you tell me* where the rue Sully is located?

Excusez-moi, Monsieur. **Pourriez-vous me dire** s'il y a une pharmacie près d'ici?

Excuse me, Sir. *Could you tell me* if there is a drugstore near here?

À faire chez vous:

Student Audio CD Tracks 1-39–1-42

CAHIER, Chapitre 3, *Rédigeons! / Travail de fin de chapitre* (including STUDENT AUDIO CD, Tracks 1-39–1-42)

A. Renseignons-nous! *(Let's get some information!)* You've been living in the town on page 115 for several months. A stranger (who does not speak English) stops you in the street and asks for directions. Help the stranger find the desired destination.

You're at the:
- railroad station
- Hotel Nelson
- cathedral
- archeological museum

The stranger is looking for:
- the Hotel Zola
- the Catholic bookstore
- a restaurant (near the hospital)
- a bank

B. Mon ami(e). Make a presentation to the class about a friend. Include such information as name, where he/she lives in relation to you, family, possessions, interests, likes, and dislikes.

C. À Bamako. You and an Austrian student (whom you've just met) are newly arrived in Mali. You're having lunch at the café on avenue Van Vollenhoven (see map on p. 122). After ordering, you talk about your families, your interests, etc. Then you look at the map and help each other decide the best way to get to the places you wish to go to. Your destination is the Cinéma Soudak; your friend is looking for a bank.

D. Au festival de Tarascon. You and one or more of your classmates are in Tarascon for the festival. Using the poster on page 111 and the map on page 103, plan your activities for the day. You will probably want to do some things together. However, each person should have one activity that he/she will do alone. You can then make plans to meet again later in the day.

E. Pourriez-vous me dire... ? *(Could you tell me . . . ?)* You're at the American Embassy in the African city of Bamako, the capital of Mali. Find out where certain places are located and get directions on how to go there.

Among the places you might be looking for are: **une pharmacie, un bureau de tabac, un bureau de poste, le commissariat de police, une boulangerie** *(bakery),* **un café, un restaurant, une banque, un hôtel, l'hôpital.**

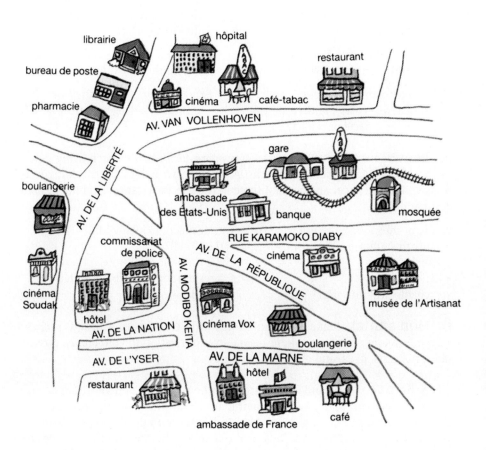

F. Quelle heure est-il? Answer according to the cues.

Modèle: 2h30
—*Quelle heure est-il?*
—*Il est deux heures et demie.*

1. 7h25	**5.** 8h10	**9.** 8h33
2. 11h52	**6.** 1h45	**10.** 9h16
3. 10h15	**7.** 4h40	**11.** 0h05
4. 3h30	**8.** 12h05	**12.** 4h20

Activité écrite

G. Votre région. Read the tourist brochure that your partner has created (Workbook, page 95), then answer the following questions.

1. Does the brochure have a title? Does it include a short general description? a list of attractions? a map? Does it suggest activities?
2. Do the nouns have the appropriate articles? Do the verbs agree with their subjects?

Lecture

Visitez Fougères!

Read the following tourist brochure published by the tourist office of Fougères, a city in eastern Brittany. Use the many cognates to do Exercise A without looking at the definitions that follow the brochure.

Avant la lecture: What features of your town or city would you want to put in a brochure aimed at attracting tourists?

FOUGÈRES

"Nulle part en France le voyageur ne rencontre de contraste aussi grandiose ... La Bretagne est là dans sa fleur"

Balzac.

FOUGÈRES Ville d'Art
Citadelle du Duché de Bretagne

Visitée et chantée par les grands écrivains de l'époque romantique, FOUGÈRES offre aux touristes, aux historiens, aux peintres, avec le souvenir vivant de son passé et de son site incomparable, le spectacle de ses monuments d'architecture militaire avec son château et ses fortifications urbaines, de foi médiévale avec ses magnifiques églises.

Riche de son passé, FOUGÈRES est de nos jours un centre industriel et agricole très important.

écrivains: writers / **foi:** faith / **de nos jours:** nowadays

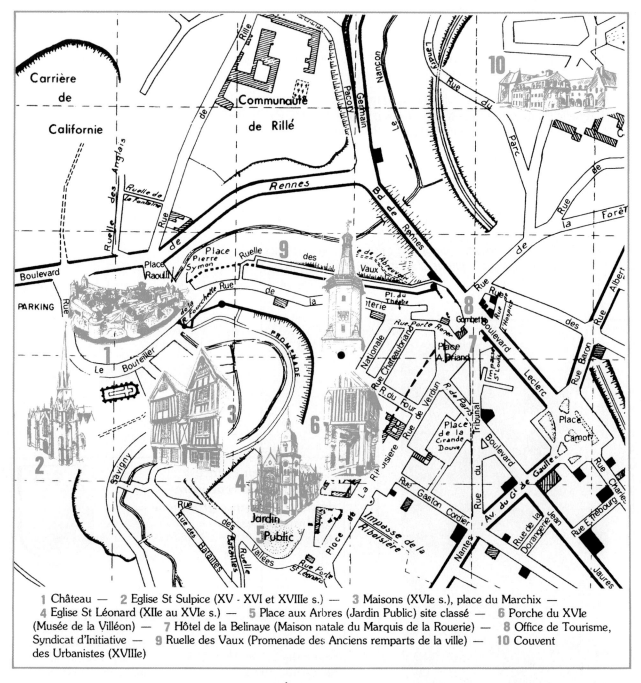

1 Château — 2 Eglise St Sulpice (XV - XVI et XVIIIe s.) — 3 Maisons (XVIe s.), place du Marchix — 4 Eglise St Léonard (XIIe au XVIe s.) — 5 Place aux Arbres (Jardin Public) site classé — 6 Porche du XVIe (Musée de la Villéon) — 7 Hôtel de la Belinaye (Maison natale du Marquis de la Rouerie) — 8 Office de Tourisme, Syndicat d'Initiative — 9 Ruelle des Vaux (Promenade des Anciens remparts de la ville) — 10 Couvent des Urbanistes (XVIIIe)

Compréhension

H. La brochure. After your first reading of the brochure, list as many facts about the city of Fougères as you can. Then read the brochure again, this time consulting the definitions at the end, and add to your list any attractions or ideas that you missed.

I. Le plan de la ville. Study the map of Fougères and pick out five sites you would like to visit.

Activité d'écoute

Text Audio CD Track 1-23

J. Portrait de Véronique Béziers. Listen to Véronique's monologue, then answer the questions.

1. Où se trouve Tarascon?
2. Est-ce que Véronique habite dans une maison?
3. Est-ce qu'elle habite près du château?
4. Qui habite avec Véronique?
5. Est-ce qu'elle participe souvent aux fêtes de la Tarasque?
6. Qu'est-ce qu'elle va faire cette année?

Le château à Tarascon

Branchés sur...

la Provence

Véronique Béziers

La ville de Tarascon, où j'habite, n'est pas loin d'Avignon, une ville sur le Rhône qui est célèbre par son pont (vous connaissez la chanson, n'est-ce pas?) et par le palais des Papes.

Sur le pont d'Avignon

Sur le pont d'Avignon
L'on y danse, l'on y danse
Sur le pont d'Avignon
L'on y danse tout en rond.
> Les beaux messieurs font comme ça *(bow)*
> Les belles dames font comme ça *(curtsy)*
> Les musiciens font comme ça *(play violin)*
> Les couturières font comme ça *(use scissors)*
> Les militaires font comme ça *(salute)*

Mon père adore l'histoire et il y a beaucoup de ruines romaines en Provence. Nous visitons souvent les arènes de Nîmes.

Nous habitons près du Pont du Gard, un aqueduc romain. Mon père, ma mère et ma sœur aiment faire la promenade sur le pont. Pas moi! J'ai le vertige!

DICO

fana de: crazy about
Papes: popes
parfum: perfume
se rend: goes
au mois de mai: in May
vertige: dizziness

Ma sœur et moi, nous préférons visiter la Camargue, où on trouve encore des «gardians», qui ressemblent un peu à vos «cowboys».

Mon père est fana de cinéma. Tous les ans, au mois de mai, il se rend à Cannes pour le célèbre festival des films.

Ma mère, ma sœur et moi, nous prenons plaisir à nous promener dans les environs de Grasse, le centre de l'industrie du parfum.

Et nous aimons tous manger de la bouillabaisse, une soupe de poisson, spécialité de la région, dans un restaurant du vieux port de Marseille.

Qu'est-ce que vous en pensez?

Provence is one of the favored regions in France for tourists, both French and foreign. Why do you think this is so?

Tarascon, like many places in France, has its own annual festival. Do small towns and cities in the United States have their own popular festivals? Is this widespread or is it more typical of certain regions?

Lexique

Pour demander un renseignement
(To ask for information)

Pardon... Excuse me . . .

S'il vous plaît... (Can you help me) please . . .

Excusez-moi... Excuse me . . .

Pourriez-vous me dire... ? Could you tell me . . . ?

Où est (se trouve)... Where is . . . (located)?

Est-ce qu'il y a un(e)... près d'ici (dans le quartier)? Is there a . . . near here (in the neighborhood)?

Pour situer un endroit (To indicate where a place is located)

à côté de next to

au bord de on the banks of

au bout de at the end of

au coin de on the corner of

derrière behind

devant in front of

en face de across from

entre between

loin de far from

près de near (to)

Pour expliquer comment aller quelque part (To explain how to get somewhere)

tourner à droite (à gauche) to turn right (left)

dans l'avenue on the avenue

dans la rue on the street

sur le boulevard on the boulevard

sur la place on the square

continuer tout droit to keep going straight

jusqu'à as far as

traverser to cross

Pour organiser une activité (To organize an activity)

Qu'est-ce qu'on va faire? What are we going to do?

Je voudrais voir... I'd like to see . . .

Allons... Let's go . . .

Faisons... Let's do . . .

On y va ensemble? Should we all go together?

D'accord. Bonne idée. OK. Good idea.

Oui. Pourquoi pas? Yes. Why not?

Oui. Allons-y! Yes. Let's go!

Pour fixer un rendez-vous (To make plans to meet)

À quelle heure est-ce qu'on se retrouve? What time are we going to meet?

Où est-ce qu'on se retrouve? Where are we going to meet?

On se retrouve à... We'll meet at . . .

Rendez-vous à... (We'll) meet at . . .

Pour demander et donner l'heure (To ask for and give the time)

Quelle heure est-il? What time is it?

Il est une heure. It's one o'clock.

  une heure et quart. quarter after one (one fifteen).

  une heure et demie. half-past one (one thirty).

  deux heures moins le quart. quarter of two (one forty-five).

  midi. noon.

  minuit. midnight.

À quelle heure? At what time?

à (vers)... heures at (at about) . . . o'clock.

Quand? When?

entre... h et... h between . . . and . . .

de... h à... h from . . . to (till) . . .

Les bâtiments et les lieux publics (Buildings and public places)

un aéroport airport
une bibliothèque library
un bureau de poste post office
une cathédrale cathedral
un château castle
un collège middle school
un commissariat de police police headquarters
une école primaire elementary school
une église church
une gare train station
un hôpital hospital
un hôtel de ville city hall
un jardin public park
un lycée high school
une mosquée mosque
un musée museum
un parc park
un parking parking lot
une piscine swimming pool
un pont bridge
un stade stadium
une synagogue synagogue
une université university

Les bâtiments commerciaux (Commercial buildings)

une banque bank
une boulangerie bakery
un bureau de tabac tobacco store
un cinéma movies
une épicerie grocery store
un hôtel hotel
une pharmacie pharmacy, drugstore
un restaurant restaurant
un théâtre theatre

Les jeux (Games)

le base-ball baseball
le basket basketball
le flipper pin-ball
le foot(ball) soccer
le football américain football
les jeux vidéo (m.) video games
le tennis tennis
le volley volleyball

Les instruments de musique (Musical instruments)

l'alto (m.) viola
le basson bassoon
la batterie drums
la clarinette clarinet
la contrebasse bass
la flûte flute
la guitare guitar
le hautbois oboe
l'orgue (m.) organ
le piano piano
le saxophone saxophone
le trombone trombone
la trompette trumpet
le tuba tuba
le violon violin
le violoncelle cello

Un festival (Festival)

un bal dance
un concert d'orgue organ concert
un concert de rock rock concert
les danses folkloriques (f.pl.) folk dances
les feux (m.pl.) **d'artifice** fireworks
déguster to taste
une spécialité de la région regional specialty
un spectacle son et lumière sound and light show

Verbes

aller to go
apprendre to learn
comprendre to understand
jouer (à)(de) to play
prendre to take
voir to see

Adverbes

d'abord first
de temps en temps from time to time
ensuite then, next
là-bas over there

ne... jamais never
quelquefois sometimes
rarement rarely
souvent often
toujours always

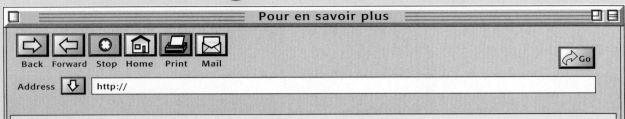

Back | Forward | Stop | Home | Print | Mail

Go

Address http://

Pour en savoir plus

To learn/explore more about the cultural topics covered in Chapter 3, you can use the following key words in combination with geographical areas to search Internet resources. For example, if you want to know more general information about cities in France, you can search under *France cities*. If you want to know more about Bamako, search under *Bamako city plan*. And if you'd simply like to know more about a place (e.g., *Provence, Tarascon*), find the web sites for that place.

In this chapter, you've seen many proper nouns (people and events) as street names. Any of these proper nouns can serve as the departure for research. For example, a common name for a street is *Victor Hugo*. Find out more about this famous 19th-century writer, whose work inspired the Broadway musical *Les Misérables*. Other people and events used to name public places/streets are: Square Louis XIII, lycée Camus, boulevard Gambetta, rue de Verdun, rue Émile Zola, cinéma Manet, avenue Jaurès, place de la Révolution (French Revolution), place de la Libération (Liberation of France during World War II), avenue de la Marne, rue Karamoko Diaby (Bamako), avenue Modibo Keita (Bamako), Palais des Papes.

Geographical Areas

France
French regions (Provence, Camargue)
French cities (Paris, Tarascon, Avignon, Cannes, Fougères, Nîmes, Grasse, Marseille)
Francophone countries and regions (Mali)
Francophone cities (Bamako)

Key Words

city map
Paris metro
festivals
Cannes film festival
stadium (e.g., Roland Garros)
gothic cathedral (Paris, Rouen, Bourges, Chartres, Albi, Reims, Lyon, Poitiers, Strasbourg, Marseille, Angers, Metz)
perfume (city of Grasse)

chapitre 4

Allons en ville!

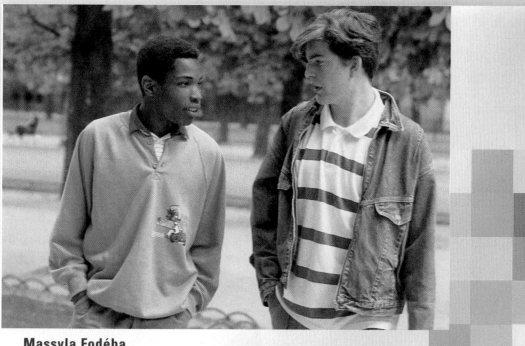

Massyla Fodéba
19 ans • Dakar, Sénégal
étudiant, école d'ingénieurs •
famille: père, mère, deux frères, trois sœurs

■ *Première étape* Vous allez en ville?
- making plans to do various activities in town
- understanding conversations about making plans

■ *Deuxième étape* Prenons le métro!
- using the Paris subway
- talking about future plans

■ *Troisième étape* Je veux prendre un taxi!
- talking about various means of urban transportation
- reading short informational texts about transportation

■ *Point d'arrivée*

Point de départ

Vous allez en ville?

🎧 **Text Audio CD Track 1-26**

today
to meet (arranged in advance)

—Tu vas en ville **aujourd'hui?**
—Oui, je vais **retrouver** des amis. Nous avons rendez-vous à 2h.
—Tu prends l'autobus?

subway

—Non, je vais prendre le **métro.**

feel like

—Tu **as envie d'**aller au cinéma ce soir?
—Ah, oui. Bonne idée. On prend le métro?
—Non. Prenons l'autobus.

—Je **dois** aller en ville aujourd'hui pour **faire des courses (achats).** Tu voudrais m'accompagner?

—Oui. Moi aussi, j'ai besoin d'**acheter** quelque chose. On y va **à pied?**

—Non. J'ai la voiture de ma sœur.

must, have to
to go shopping

to buy
on foot

—Je vais en ville **faire une course.** Je dois aller au bureau de poste.

—Moi aussi, j'**ai une course à faire.**

—C'est parfait. On y va **ensemble** et ensuite on **fait du lèche-vitrines.**

Grammar: With the verb **aller,** it's usually necessary to specify where one is going—that is, you can't use the verb all by itself (as is done in English). When the place is not indicated, the pronoun **y** (there) is used: **Allons-y! On y va? Tu voudrais y aller aussi? Claude y va à pied.**

to do [run] an errand
have an errand to do [run]
together / go window shopping

Vidéo : Questions de fond

1. Why did Sebastian arrive late?
2. What are the two suggested activities for tonight?
3. What do they finally settle on?

À vous! *(Exercices de vocabulaire)*

Grammar: In the verb **acheter**, **è** replaces **e** in forms where the ending following the **t** is not pronounced: **j'achète, tu achètes, il / elle / on achète, ils / elles achètent.** But: **nous achetons, vous achetez.**

A. Je dois..., mais j'ai envie de... In each case, say what you have to do **(je dois)** and what you feel like doing **(j'ai envie de).**

Modèle: aller au bureau de poste / retrouver mes amis
Je dois aller au bureau de poste, mais j'ai envie de retrouver mes amis.

1. aller à la banque / faire du lèche-vitrines
2. acheter quelque chose pour ma mère / aller au cinéma
3. faire des courses / retrouver mes amis
4. faire des courses pour mon père / retrouver mes amis au café
5. prendre l'autobus / prendre le métro
6. rester à la maison avec ma petite sœur / aller chez mon ami Jean-Pierre
7. y aller à pied / prendre la voiture de mes parents
8. faire mes devoirs / aller voir l'exposition de peintures au musée

B. Pourquoi (Comment) est-ce qu'ils vont en ville? Based on the drawings, say why and how each student is going downtown.

Modèle: *Elle va en ville pour retrouver une amie.* or
Elle va retrouver une amie (en ville).
Elle prend l'autobus.

1. Chantal

2. Vincent

3. Michèle

4. Monique

5. Liliane

6. Marc et Christian

C. Tu voudrais aller en ville? You're going downtown and you invite a friend to come along. When you explain your reason for going, he/she agrees and suggests a way of getting there. You have a different idea, which your friend accepts.

Modèle: aller au bureau de poste / métro / à pied
—*Tu voudrais aller en ville avec moi?*
—*Pour quoi faire?*
—*Je dois (je vais) aller au bureau de poste.*
—*D'accord. On prend le métro?*
—*Non, non. Allons à pied!*
—*D'accord. On y va à pied.*

1. faire des courses / autobus / voiture
2. aller au cinéma / voiture / métro
3. faire du lèche-vitrines / vélo / à pied
4. faire une course / à pied / autobus
5. voir une exposition au musée / métro / vélo
6. prendre quelque chose au café / autobus / à pied

> **Reminder:** The first-person plural imperative form may be used to make a suggestion: **Prenons l'autobus!** *(Let's take the bus!)* **Allons à pied!** *(Let's walk!)* Notice that in this case you don't use **y** with **aller**.

Structure

Les jours de la semaine

—**Quel jour sommes-nous aujourd'hui?**
—**Nous sommes mercredi.**

—*What day is (it) today?*

—*It's Wednesday.*

Mardi je vais au théâtre.

Tuesday I'm going to the theater.

In French, the days of the week are:

lundi *(Monday)*
mardi *(Tuesday)*
mercredi *(Wednesday)*
jeudi *(Thursday)*

vendredi *(Friday)*
samedi *(Saturday)*
dimanche *(Sunday)*

The days of the week are not usually accompanied by either an article or a preposition. Thus, **jeudi** is the equivalent of *on Thursday* as well as just *Thursday*. To indicate a repeated occurrence, the French use the definite article **le.** Thus, **le dimanche** is the equivalent of *on Sundays* or *every Sunday.*

J'ai rendez-vous avec M. Didier **jeudi.**	I have a meeting with Mr. Didier *(on) Thursday.*
Le dimanche, ma famille et moi aimons faire une promenade après le dîner.	*On Sundays,* my family and I like to take a walk after dinner.

Application

D. Quel jour sommes-nous? *(What day is it?)* Your friend is forgetful and never knows what day it is. Answer his/her questions, using the day following the day mentioned in the question.

> Modèle: lundi
> —*Nous sommes lundi aujourd'hui?*
> —*Non, nous sommes mardi aujourd'hui.*

1. jeudi   **2.** samedi   **3.** mercredi   **4.** dimanche   **5.** vendredi   **6.** mardi

E. Ah, il arrive jeudi. Some students from France are coming to visit your university. They've been visiting different U.S. cities and will arrive on different days. Using the calendar below, tell on what day of the week each student will arrive.

JANVIER

L	M	M	J	V	S	D
1	2	3	4	5	6	7
8	9	10	11	12	13	14
15	16	17	18	19	20	21
22	23	24	25	26	27	28
29	30	31				

> Modèle: Jean-Michel Tilorier va arriver le 18.
> *Ah, il arrive jeudi.*

1. Renée Musigny va arriver le 15.
2. Maurice Alard et Olivier Basset vont arriver le 17.
3. Bruno Monteil va arriver le 21.
4. Marie et Jeanne Cottet vont arriver le 20.
5. Henri Vergnaud va arriver le 16.
6. Tous les autres *(all the others)* vont arriver le 19.

F. Quels jours? *(What days?)* The French exchange students, having arrived on your campus, are curious to know about life in the United States. Answer their questions about when you and your family do certain things.

> **Modèle:** Quel jour est-ce que tu vas au cinéma?
> *D'habitude, je vais au cinéma le vendredi ou le samedi.*

1. Quels jours est-ce que tu as cours?
2. Quels jours est-ce qu'il n'y a pas de cours à ton université?
3. Tu travailles? Quel(s) jour(s)?
4. Quel(s) jour(s) est-ce qu'on fait les courses chez toi?
5. Quel(s) jour(s) est-ce que tes parents sont à la maison?
6. Quel(s) jour(s) est-ce qu'on mange un grand *(large)* dîner chez toi?

Vocabulary: Students in France often use the expression **avoir cours** without the indefinite article **(un, des): Tu as cours cet après-midi?** *(Do you have class this afternoon?)* **Je n'ai pas cours aujourd'hui.**

■Tuyau-prononciation
Les consonnes finales *m* et *n*

Like most final consonants in French, **m** and **n** are not pronounced at the end of a word. However, the presence of **m** or **n** frequently signals that the vowel preceding the **m** or **n** is nasalized—that is, that air passes through the nose as well as the mouth during pronunciation. Depending on which vowel precedes the final **m** or **n,** three different nasal sounds are possible:

[ã]	[ɛ̃]	[ɔ̃]
-am (champ)	**-aim** (faim)	**-om** (nom)
-an (tant)	**-ain** (saint)	**-on** (sont)
-em (temps)	**-ien** (bien)	
-en (gens)	**-éen** (européen)	
	-um (parfum)	
	-un (un)	

G. Read each word aloud, being careful to nasalize the vowel without pronouncing the final consonant(s).

citron / allemand / Jean / appartement / boisson / vin / Verdun / demain / blanc / canadien / souvent / jambon / combien / nous avons / prend / vingt

Text Audio CD Track 1-27

Le savez-vous?
Senegal is found at the _____ top of Africa.
a. northern
b. southern
c. eastern
d. western

Réponse ▲ ▲ ▲ d

Structure

Le présent du verbe irrégulier *vouloir*

Tu veux un Coca?	*Do you want a Coke?*
Elle ne veut pas de café.	*She doesn't want any coffee.*
Ils veulent aller chez Marie.	*They want to go to Marie's.*
Est-ce que vous voulez faire une promenade?	*Do you want to take a walk?*

The verb **vouloir** is used to indicate something one wants to have or do.

vouloir *(to want)*	
je **veux**	nous **voulons**
tu **veux**	vous **voulez**
il, elle, on **veut**	ils, elles **veulent**

Quelques expressions avec *vouloir*

You're already familiar with **je voudrais** and **tu voudrais**. The **nous** and **vous** forms of this polite expression can be used to offer or request something.

Vous voudriez y aller aussi?	*Would you like to go too?*
Nous voudrions parler à Yves.	*We'd like to talk to Yves.*

The idiomatic expression **vouloir bien** is an informal way of saying *OK, gladly, with pleasure:*

—**Tu veux** faire un tour à vélo?	—*Do you want to take a bike ride?*
—Oui, **je veux bien.**	—Yes, *I'd like to.*

Application

H. Mise en train: Remplacez les sujets en italique et faites les changements nécessaires.

1. *Je* veux habiter à Paris. (nous / mes sœurs / Jacques / tu)
2. Est-ce que *Michel* veut aller en ville? (tu / Martine / vos parents / vous)
3. *Anne-Marie* ne veut pas de frites. (je / les autres / nous / Michel / on)

I. Ils veulent tous faire autre chose. *(They all want to do something else.)* Your brother/sister asks if you're going to the movies with your friends or relatives. Explain that they all seem to have other plans.

Modèle: Suzanne / aller au concert
   —*Est-ce que tu vas au cinéma avec Suzanne?*
   —*Non, elle veut aller au concert.*

1. Alain / faire du ski
2. mes parents / dîner au restaurant
3. Geneviève / aller à la bibliothèque
4. nos cousins / faire un tour en voiture
5. Denise / faire des achats / courses
6. Jean et Catherine / regarder la télé

J. Des invitations. Invite a friend to go somewhere or to do something with you. When your friend accepts, suggest a way of getting there. Use the appropriate forms of **vouloir** and **vouloir bien.**

> **Modèle:** aller en ville / autobus
> —*Tu veux aller en ville?*
> —*Oui, je veux bien.*
> —*Prenons l'autobus.*
> —*D'accord. C'est une bonne idée.*

1. aller au cinéma / métro
2. faire un tour en voiture / ma voiture
3. dîner en ville / autobus
4. visiter la cathédrale / à pied
5. faire des courses en ville / nos vélos

Now invite some people you know less well to do something or go somewhere. When they accept, suggest a day. This time, instead of **vouloir bien** (which is appropriate for more informal situations), use **avec plaisir.**

> **Modèle:** aller au théâtre / samedi
> —*Est-ce que vous voudriez aller au théâtre?*
> —*Oui, avec plaisir.*
> —*Samedi, c'est possible?*
> —*Oui, samedi, c'est très bien.*

6. aller au concert / jeudi
7. dîner chez nous / mardi
8. faire une promenade avec nous / dimanche
9. aller voir l'exposition au musée / samedi

Débrouillons-nous!

K. Échange. Posez les questions suivantes à un(e) autre étudiant(e), qui va vous répondre.

1. Où est-ce que tu voudrais aller un jour *(someday)*?
2. Quelle autre langue est-ce que tu voudrais apprendre un jour?
3. Qu'est-ce que tu vas faire ce soir? Est-ce que tu as envie de ____? (Non? Qu'est-ce que tu voudrais faire?)
4. Quels jours est-ce que tu n'as pas de cours?
5. Qu'est-ce que tu fais le samedi? Le dimanche?
6. Quel jour de la semaine est-ce que tu préfères? Pourquoi?

L. Tu voudrais y aller? Invite a classmate to do something with you. When you get an affirmative response, arrange a day and a time and agree on a means of transportation.

À faire chez vous:
CAHIER, Chapitre 4,
1ère étape

Deuxième étape

Point de départ

Prenons le métro!

À Paris, rien de plus facile que le métro pour fixer un rendez-vous. Les stations sont faciles à repérer et les directions bien indiquées.

MÉTRO MODE D'EMPLOI

to use
almost all / world

trip / without
to spot, locate

Pour circuler dans le métro de Paris, il faut apprendre à **se servir d'**un plan. Voici une méthode qui pourrait s'appliquer à **presque tous** les métros du **monde**.

- Pour un **trajet** simple **sans** changement:
  1. Je **repère** la station où je suis.
  2. Je cherche la station où je veux aller.
  3. Ces stations sont sur une ligne du métro. Quel est le numéro (Quelle est la couleur) de cette ligne?

follow / finger
written / to choose

  4. Je **suis** cette ligne avec mon **doigt** jusqu'au bout. Quelle destination finale est **écrite** au bout de la ligne? Cette indication va me permettre de **choisir** la direction à prendre dans la station.

- Voici un exemple pratique sur le plan de métro à la page 141:
  Je suis à Charles de Gaulle–Étoile. Je vais à la Bastille. Si je continue jusqu'au bout de la ligne, ma destination finale est Château de Vincennes.

let's try

Et maintenant que vous avez tout compris, **essayons** un trajet un peu plus compliqué avec un changement de ligne: une correspondance. Par exemple, je suis à Bastille, je veux aller à Montparnasse–Bienvenüe. Je repère la ligne 1 (jaune) qui passe à Bastille. Je repère la ligne 4 **(mauve)** qui passe à Montparnasse. Je re-

violet
cross each other

garde où ces deux lignes **se croisent**: c'est la station Châtelet. Je prends donc la ligne 1 (jaune) direction La Défense. Je descends à Châtelet. Puis je prends la ligne 4 (mauve) direction Porte d'Orléans. Je descends à Montparnasse.

Et maintenant, à vous de jouer

Comment va-t-on de Louvre à Gare de Lyon? De Saint-Michel à Gare du Nord?

can / hill

De Châtelet à la station Anvers (d'où on **peut** aller visiter la jolie **butte** de Montmartre)? Quel est le numéro (Quelle est la couleur) de la ligne qui va de Notre-Dame à l'aéroport de Roissy–Charles de Gaulle? Amusez-vous à imaginer d'autres trajets. Demandez à vos amis de chercher avec vous. Quand vous **vien-**

come (will come)
will be

drez à Paris, vous **serez** un vrai *«pro»* du métro!

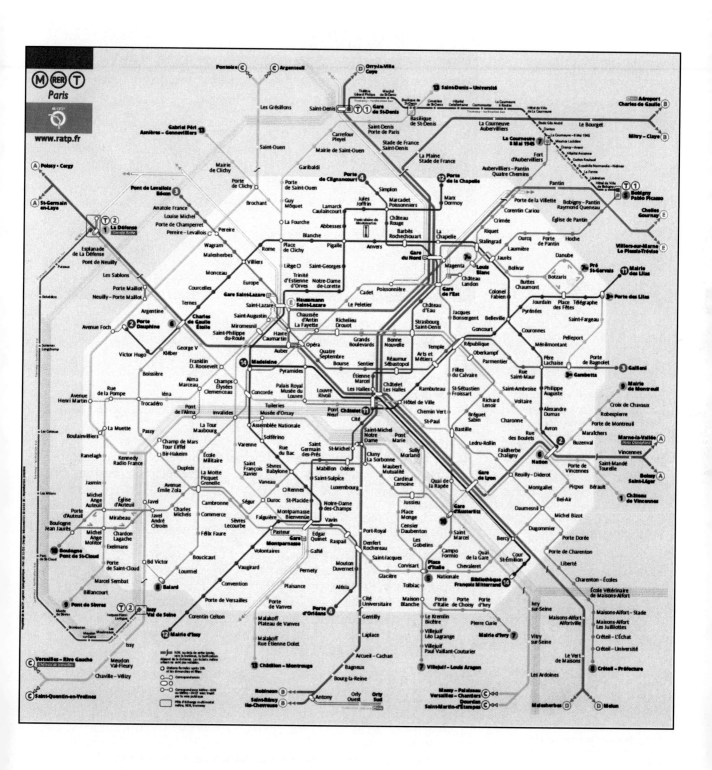

Prenons le métro!

Massyla Fodéba et son ami belge, Stéphane, vont prendre le métro pour aller au musée Rodin. Massyla habite près de la place d'Italie, où il y a une station de métro. Les deux garçons regardent un plan de métro.

MASSYLA:	Bon. Nous sommes là, place d'Italie.
STÉPHANE:	Où est le musée Rodin?
MASSYLA:	Il est près de la station Invalides. Là. Alors, nous prenons la direction Charles de Gaulle–Étoile.
STÉPHANE:	C'est direct?
MASSYLA:	Non, **il faut prendre une correspondance.** Nous changeons à La Motte-Picquet, direction Créteil. Et nous **descendons** à la station Invalides.
STÉPHANE:	Bon. Allons-y!

Massyla et Stéphane entrent dans la station et vont **au guichet.**

STÉPHANE:	Je prends un billet?
MASSYLA:	Non, tu prends **un carnet** de dix. C'est **moins cher.**
STÉPHANE:	Et toi, tu ne prends pas de billet?
MASSYLA:	Non, j'ai **une Carte orange.** C'est bon un mois entier dans le métro ou dans l'autobus.
STÉPHANE:	C'est bien, ça. *(Au guichet)* Madame, un carnet s'il vous plaît.
L'EMPLOYÉE:	7 euros, Monsieur.

Grammar: Descendre is a regular **-re** verb, a category that you will not meet formally until Chapter 11. For the moment, learn the following verb forms: **je descends, tu descends, nous descendons, vous descendez.**

it is necessary to change trains
get off

to the ticket window

book (of tickets) / less expensive

one-month metro pass

Maps showing the locations of the various monuments in Paris appear on pp. 86–91 (Dossier-Découvertes «Paris»).

Vidéo: Questions de fond

1. Where's Xavier now? Where does he want to go? How will he get there?
2. What's the difference between **la Carte orange** and a single ticket?

ZOOM!

Métro tickets can be bought singly (**un billet**) or in a pack of ten (**un carnet de dix**). You can also buy special tickets: unlimited one-, two-, three-, or five-day travel (**Paris Visite**); unlimited travel for one week or one month (**Carte orange**); and unlimited travel for one year (**Carte intégrale**). These tickets can be used on buses as well as on the subway.

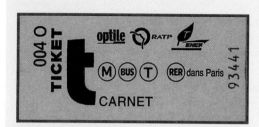

Le savez-vous?
The Paris **métro** has a worldwide reputation. Many people do not know, however, that there's more than one subway system in France. What other cities have a métro?
a. Toulouse
b. Marseille
c. Lyon
d. Lille

Qu'est-ce que vous en pensez?

What American cities have subway systems? What other means of public transportation are available in American cities?

À vous! *(Exercices de vocabulaire)*

A. Au guichet. Buy the indicated metro tickets.

> **Modèle:** a book of ten tickets
> *Un carnet de dix, s'il vous plaît.*

1. one ticket
2. a ticket that allows you unlimited travel for a single day
3. a ticket that allows you unlimited travel for one year
4. a ticket that allows you unlimited travel for three days
5. a ticket that allows you to travel for a month
6. a ticket that allows you to travel for a week

Réponse ▼ ▼ ▼ a, b, c, d

B. Prenons le métro! Following the models and using the metro map on page 141, explain how to use the subway. The number-letter combinations (shown in parentheses after the name of each station) correspond to the grid coordinates on the map and will help you locate the stations.

Modèles: Alain / Saint-Lazare (D4) → Bastille (F5)
Alain, tu prends la direction Mairie d'Issy, tu changes à Concorde, direction Château de Vincennes et tu descends à Bastille.

M. Genois / Montparnasse-Bienvenüe (D6) → Opéra (D4)
M. Genois, vous prenez la direction Porte de Clignancourt, vous changez à Châtelet, direction La Courneuve et vous descendez à Opéra.

1. Jacqueline / Charles de Gaulle–Étoile (B4) → Raspail (D6)
2. Albert / gare du Nord (E3) → gare de Lyon (F6)
3. Mme Fantout / Louvre (D5) → Trocadéro (B5)
4. Isabelle et Jean-Luc / Odéon (D5) → place de Clichy (D3)

C. Prenons le métro! *(suite)* Explain to each person how to take the subway. Specify the kind of ticket to buy. Consult the metro map on page 141. (Map coordinates are in parentheses.)

Modèle: *Tu vas (vous allez) à la station Monceau, tu prends (vous prenez) un carnet de dix, tu prends la direction..., etc.*

1. Olga, your German friend, is in Paris for four or five days. Her hotel is near the Odéon station (D5). She wants to go to the church near the Madeleine station (C4).
2. Mr. and Mrs. Van D'Elden, Dutch friends of your family, are spending three weeks in Paris. Their hotel is near the Palais-Royal station (D5). Their first day in the city they want to go to a store near the Montparnasse–Bienvenüe station (D6).
3. A stranger passing through Paris is trying to get from the airline terminal at Porte Maillot (B3) to the gare du Nord (E3).

D. D'habitude,... Some members of your family follow a regular routine. On a certain day of the week, they always go downtown. Based on the drawings, tell why they go downtown and how they go.

Modèle: votre mère
Le lundi, ma mère va en ville pour faire des courses. or *Le lundi, ma mère fait des courses en ville. Elle y va à pied.*

1. votre grand-père

2. votre cousin

3. votre sœur

4. votre tante et votre oncle

5. vos cousines

E. Demande aux autres... *(Ask the others . . .)* Tell the person next to you to ask the other members of your group the following questions. After asking each group member individually, the questioner will report back to you.

1. Demande aux autres s'ils veulent aller à la bibliothèque.
   Est-ce que tu veux aller à la bibliothèque? Et toi... ?
2. Demande aux autres ce qu'ils veulent acheter.
   Qu'est-ce que... ?
3. Demande aux autres la ville qu'ils veulent visiter un jour.
   Quelle ville... ?
4. Demande aux autres ce qu'ils veulent faire samedi.
   Qu'est-ce que... ?

Structure

Les adverbes désignant le présent et le futur

Ma mère travaille **aujourd' hui.**	My mother is working *today.*
Demain elle ne va pas travailler.	*Tomorrow* she's not going to work.
Où est-ce qu'ils sont **maintenant?**	Where are they *now?*
Lundi matin je vais aller à mon cours de maths.	*Monday morning*, I'm going to my math class.
Elles vont arriver **la semaine prochaine.**	They're going to get here *next week.*

You have already learned a few adverbs that express present or future time. Here is a list of these and other expressions:

maintenant *(now)*
aujourd'hui *(today)*
ce matin *(this morning)*
cet après-midi *(this afternoon)*
ce soir *(tonight)*
cette semaine *(this week)*
cette année *(this year)*
bientôt *(in a little while, soon)*
demain *(tomorrow)*

demain matin *(tomorrow morning)*
demain après-midi *(tomorrow afternoon)*
demain soir *(tomorrow evening)*
la semaine prochaine *(next week)*
l'année prochaine *(next year)*

In addition, **matin, après-midi, soir,** and **prochain** can be combined with the days of the week: **lundi matin, samedi après-midi, dimanche soir, mardi prochain.** Time expressions are usually placed at the very beginning or end of a sentence.

Application

G. Pas ce soir.
When you're at home, your mother is always asking about your and other people's activities; however, she usually gets them all confused. Correct her statements, using the information given.

Modèle: Jean et toi, vous allez au cinéma ce soir? (demain soir)
Pas ce soir. Nous allons au cinéma demain soir.

1. Jean et toi, vous allez en ville mercredi soir? (mercredi après-midi)
2. Ton père va faire les courses demain matin? (samedi matin)
3. Marcel va faire du ski cette semaine? (la semaine prochaine)
4. Ton frère apprend l'espagnol cette année? (l'année prochaine)
5. Marie et toi, vous allez au cinéma ce soir? (vendredi soir)
6. Ta sœur va prendre la voiture cet après-midi? (dimanche après-midi)
7. Tes grands-parents vont arriver aujourd'hui? (jeudi prochain)
8. Est-ce que tu vas faire tes devoirs maintenant? (ce soir)

H. L'emploi du temps des Verdun.
(The Verduns' schedule.) Use the calendar to answer questions about the Verdun family's activities during the month of February.

Modèle: Quand est-ce que Mme Verdun va aller au musée?
Jeudi.

LUNDI	MARDI	MERCREDI	JEUDI	VENDREDI	SAMEDI	DIMANCHE
1	2	3	4	5 Restaurant	6	7 église
8	9	10	11	12 Restaurant	13	14 église
15 M. et Mme. en ville théâtre (soir)	16 M. jouer au tennis	17 M. travail (soir)	18 Mme. Musée	19 Mme. travail (matin) restaurant	20 Mme. (cours de russe (après-midi)	21 église
22 Cathédrale	23 Les Michaud	24 Les Michaud	25 Les Michaud	26 Restaurant Les Michaud	27	28 église

1. Quel soir est-ce que M. Verdun va travailler?
2. Quand est-ce que les Verdun vont visiter la cathédrale?
3. Quand est-ce que les Verdun dînent au restaurant?
4. Quand est-ce qu'ils vont avoir la visite des Michaud?
5. Quand est-ce que M. Verdun va jouer au tennis?
6. Quel matin est-ce que Mme Verdun va travailler?

F. Mise en train: Remplacez les mots en italique et faites les changements nécessaires.

1. Où est-ce que tu vas *aujourd'hui?* (maintenant / cet après-midi / vendredi soir / cette semaine)
2. *Cet après-midi* je vais aller au cinéma. (Ce soir / Aujourd'hui / Samedi matin / Jeudi après-midi / Demain)
3. Elles vont être à Paris *mercredi prochain.* (cette année / la semaine prochaine / bientôt / l'année prochaine / vendredi prochain)

■Tuyau-prononciation
Les consonnes *m* et *n* au milieu d'un mot

When **m** or **n** is followed by a consonant other than **m** or **n,** the preceding vowel is nasalized and the **m** or **n** is not pronounced: **chanter, impossible, monde.** When **m** or **n** is followed by another **m** or **n,** and when **m** or **n** falls between two vowels, the **m** or **n** is pronounced and the preceding vowel is *not* nasalized: **dommage, ami, imiter.**

I. Read each word aloud, being careful to distinguish between **m** or **n** followed by a consonant, **m** or **n** between vowels, and **m** or **n** in combination with another **m** or **n.**

Londres / camping / banque / sandwich / japonais / oncle / cinéma / immédiatement / limonade / tante / Orangina / caméra / nombres / omelette / changer / sciences / inutile

Structure

Les expressions *espérer* et *avoir l'intention de*

J'espère acheter une Renault l'année prochaine.

I hope to buy a Renault next year.

J'ai l'intention de demander de l'argent à mon père.

I intend to ask my father for some money.

You've already learned two ways to talk about future actions: what you *want* to do **(vouloir)** and what you*'re going* to do **(aller).** You can make the exact state of your plans more specific by telling what you *hope* to do **(espérer)** or what you *intend* to do **(avoir l'intention de).** In all four expressions, the action verb is in the infinitive form.

In the following examples, note how the different meanings of these expressions progress from the least certain to the most certain:

vouloir + infinitive

Je voudrais aller en France.
I'd like to go to France.

espérer + infinitive

J'espère aller en France.
I hope to go to France.

avoir l'intention de + infinitive

J'ai l'intention d'aller en France.
I intend to go to France.

aller + infinitive

Je vais aller en France.
I'm going to go to France.

These expressions can also be used in the negative:

Je n'ai pas l'intention d'aller en France.

I don't intend to go to France.

Grammar: In the verb **espérer, è** replaces **é** in forms where the ending following the **r** is not pronounced: **j'espère, tu espères, il / elle / on espère, ils / elles espèrent.** But: **nous espérons, vous espérez.**

Application

K. Un jour.
Tell how each person feels about doing the following activities someday.

Modèle: voyager en Europe (votre père / vos amis / vous)
Mon père ne veut pas voyager en Europe.
Mes amis espèrent voyager en Europe un jour.
Moi, j'ai l'intention de voyager en Europe l'année prochaine.

1. aller à Paris (votre mère / vos frères [sœurs, amis] / vous)
2. voyager en Asie (votre amie / vos parents / vous)
3. être président(e) (vous et vos amis / votre père / votre sœur [frère, ami])
4. avoir une Mercédès (votre père / vos amis / vous)

L. Tu voudrais habiter en Europe un jour?
Ask your classmates how they feel about doing the following things at the times indicated. Then tell them how you feel.

Modèle: habiter en Europe un jour
—*Tu voudrais habiter en Europe un jour?*
—*Ah, oui. J'aimerais habiter à Paris ou à Londres.*
—*Moi, j'espère habiter à Madrid.*
—*Moi, je n'ai pas envie d'habiter à Madrid.*

1. habiter en Europe un jour
2. faire un long voyage l'année prochaine
3. aller au cinéma vendredi soir
4. avoir une famille un jour
5. aller au match de ____ samedi après-midi
6. dîner au restaurant la semaine prochaine

Débrouillons-nous!

M. Échange.
Posez les questions suivantes à un(e) autre étudiant(e), qui va vous répondre.

1. Est-ce que tu espères être à l'université l'année prochaine?
2. Est-ce que tu as l'intention de continuer à étudier le français?
3. Est-ce que tu voudrais apprendre une autre langue?
4. Qu'est-ce que tu as l'intention de faire ce soir?
5. Qu'est-ce que tu vas faire samedi après-midi?
6. Qu'est-ce que tu veux faire dimanche?
7. Qu'est-ce que tu as l'intention de faire la semaine prochaine?
8. Qu'est-ce que tu espères être un jour?

N. Il faut prendre quelle direction?
You're staying in Paris at a hotel near the place de l'Odéon (D5). You need to go to the American Express office near the Opéra (D4). You've recently arrived in Paris and don't understand the subway system yet, so you ask the desk clerk for help. When he/she explains how to get there, you repeat the instructions to make sure you've understood. (Another student will play the role of the desk clerk.)

J. Mise en train: Remplacez le verbe en italique et faites les changements nécessaires.

1. Je *veux* aller en France. (vais / espère / n'ai pas l'intention de / voudrais)
2. Nous *allons* faire un voyage. (voudrions / avons l'intention de / espérons / voulons)
3. Est-ce que tes parents *vont* voyager en Afrique? (espèrent / ont l'intention de / veulent)

À faire chez vous:
CAHIER, Chapitre 4, 2ᵉ étape

Troisième étape

Point de départ

Je veux prendre un taxi!

La sœur de Mireille Loiseau, Andrée, et son amie Gabrielle ont des billets pour le concert de rock à Paris. Elles quittent la maison de Gabrielle pour aller au concert.

ANDRÉE:	Alors, on prend l'autobus?
GABRIELLE:	Mais non. On n'a pas **le temps.** Il est **déjà** 8h40. Le concert commence dans vingt minutes. **Il faut** prendre un taxi.
ANDRÉE:	Bon. D'accord. Ah, voilà un taxi! Taxi! Taxi!
LE CHAUFFEUR:	Mesdemoiselles? Où est-ce que vous allez?

time / already
you must

Elles **montent dans** le taxi.

get in

GABRIELLE:	Au **Zénith**, s'il vous plaît. **Il faut combien de temps pour y aller?**
LE CHAUFFEUR:	Vingt minutes... vingt-cinq au maximum.
GABRIELLE:	Eh, bien. **Dépêchez-vous!** Nous sommes **pressées.**

Paris auditorium where many rock concerts are held / How long does it take to go (get) there?

Hurry up! / in a hurry

Elles arrivent au Zénith. Gabrielle descend. C'est Andrée qui va payer.

ANDRÉE:	**Je vous dois combien,** Monsieur?
LE CHAUFFEUR:	9 euros, Mademoiselle.
ANDRÉE:	Voilà **un billet de 10. Gardez la monnaie,** Monsieur.
LE CHAUFFEUR:	Merci, Mademoiselle. Au revoir.

How much do I owe you?

a 10 euro bill / Keep the change

ZOOM!

From the time of the French Revolution until January 2002, the main unit of currency in France was the **franc** (adopted in 1795). However, with the creation of a common monetary system in Europe, the **franc** has been replaced by the **euro**. Here are some examples of **l'argent européen:**

The money consists of both coins (**pièces de monnaie**) and bills (**billets**). They are available in the following denominations:

une pièce d'un euro cent
    de deux euro cents
    de cinq euro cents
    de dix euro cents
    de vingt euro cents
    de cinquante euro cents
    d'un euro
    de deux euros

un billet de cinq euros
    de dix euros
    de vingt euros
    de cinquante euros
    de cent euros
    de deux cents euros
    de cinq cents euros

When you give prices, you write **22€50** or **22,50€**; you say: **vingt-deux euros cinquante.**

Qu'est-ce que vous avez compris?

Indicate the value of each of these groups of money.

1.

2.

3.

4.

Qu'est-ce que vous en pensez?

Imagine the effect of suddenly replacing U.S. dollars with another form of currency. What changes would occur? What problems might arise? How do you think people would feel about such a change?

À vous! *(Exercices de vocabulaire)*

A. Il faut combien de temps pour y aller? As you make plans with a friend, discuss how long it will take to get to your destination. The answer will depend on the means of transportation you choose.

Modèle: au parc / en autobus (10 minutes) / à pied (30 ou 35 minutes)
—*Il faut combien de temps pour aller au parc?*
—*Pour y aller en autobus, il faut dix minutes.*
—*Et pour y aller à pied?*
—*À pied? Il faut trente ou trente-cinq minutes.*

1. à la bibliothèque / à pied (25 minutes) / à vélo (10 minutes)
2. à la cathédrale / en métro (20 minutes) / en autobus (25 ou 30 minutes)
3. à l'aéroport / en taxi (45 minutes) / en métro (30 ou 35 minutes)
4. à la gare / en voiture (20 minutes) / en autobus (20 ou 25 minutes)
5. en ville / à pied (35 minutes) / en autobus (15 minutes)

> **Vocabulary:** In French the preposition **en** is used in **en voiture, en autobus, en métro,** and **en taxi,** but **à** is used in **à pied** and **à vélo.**

B. Je vous dois combien? Ask the taxi driver how much you owe and give him/her the money (bills in the denominations of 5€, 10€, or 20€. Then either tell him/her to keep the change **(Gardez la monnaie)** or take the change and give a tip **(Et voilà pour vous).**

Modèle: 5,40€
—*Je vous dois combien?*
—*Cinq euros quarante, Monsieur (Madame).*
—*Voilà un billet de dix... Et voilà pour vous.*
—*Merci, Monsieur (Madame). Au revoir.*

1. 2,70€ **2.** 6,30€ **3.** 4€ **4.** 8,50€ **5.** 7,25€

C. Ils sont très actifs! Michel Kerguézec, his sister Sophie, and his parents lead very busy lives. Based on their activity calendar, tell what will be happening on each day shown. Give your answers from Michel's point of view (that is, Michel = **je**) and use **aller** plus an infinitive to tell what's going to happen. Today is May 10.

Modèle: *Ce soir mes parents vont dîner au restaurant.*
Demain je vais manger au Quick.

D. Pourquoi est-ce qu'ils font ça? Using the cues provided, suggest the reasons for people's actions. Use an appropriate form of **aller, vouloir, espérer,** or **avoir l'intention de** plus an infinitive in each answer.

Modèle: Pierre va rester à la maison. (faire ses devoirs)
Il va rester à la maison parce qu'il veut (a l'intention de) faire ses devoirs.

1. Isabelle fait ses devoirs vendredi soir. (faire du ski samedi)
2. Claude et Michèle apprennent l'anglais. (aller à New York l'année prochaine)
3. Louis va à la librairie. (acheter un livre intéressant)
4. Frédérique étudie les sciences. (être médecin un jour)
5. Juliette va en ville ce soir. (retrouver des amis)
6. Gérard travaille beaucoup. (acheter une moto)

Structure

Le présent des verbes pronominaux

Je me lève de bonne heure.	*I get up early.*
Ma petite amie Chantal se lève de bonne heure aussi.	*My girlfriend Chantal gets up early too.*
Nous nous téléphonons tous les samedis et tous les dimanches.	*We call each other every Saturday and Sunday.*
Mais **nous ne nous parlons pas** en semaine.	But *we don't talk to each other during the week.*
Ton petit ami et toi, **est-ce que vous vous téléphonez** souvent?	*You and your boyfriend, do you call each other often?*

Pronominal verbs are verbs that require a pronoun in addition to the subject. Pronominal verbs may have two different meanings. They may express:

1. An action that reflects back on the subject (reflexive):

Je me lève.	*I get up. (Literally, I get myself up.)*
Elle se renseigne.	*She gets information. (Literally, she informs herself.)*

2. An action in which two or more subjects interact (reciprocal):

Nous nous téléphonons.	*We call each other.*
Elles se retrouvent au café.	*They meet (each other) at the café.*

In either case, the subject (noun or pronoun) is accompanied by its corresponding reflexive or reciprocal pronoun **(me, te, se, nous, vous).** This pronoun usually comes directly before the verb:

se lever *(to get up)*	
je **me lève**	nous **nous levons**
tu **te lèves**	vous **vous levez**
il, elle, on **se lève**	ils, elles **se lèvent**

To ask a question with a pronominal verb, use intonation, **est-ce que,** or an interrogative expression + **est-ce que:**

Vous vous amusez?
Est-ce qu'ils se retrouvent souvent en ville?
Pourquoi est-ce que tu ne t'amuses pas?

To make a negative statement with a pronominal verb, put **ne** in front of the reflexive or reciprocal pronoun and **pas** immediately after the verb:

Je **ne** me lève **pas** de bonne heure.
Nous **ne** nous parlons **jamais.**

Grammar: Tout, tous, toutes + le, la, l', les = *every;* tous les jours = *every day;* toutes les semaines = *every week.*

Grammar: The verb **se lever** requires an **è** instead of an **e** whenever the vowel following the **v** is not pronounced: **je me lève, tu te lèves, il / elle / on se lève, ils / elles se lèvent,** but **nous nous levons, vous vous levez.**

Here's a list of some frequently used pronominal verbs:

se lever	*to get up*
se coucher	*to go to bed*
se renseigner	*to find out*
s'amuser	*to have a good time*
se promener	*to take a walk*
se reposer	*to rest*
se préparer (pour/à)	*to get ready (to)*
se dépêcher	*to hurry*
se téléphoner	*to call each other*
se parler	*to speak (talk) to each other*
se retrouver	*to meet (each other) (by prearrangement)*

If a verb begins with a vowel or vowel sound, the pronouns **me, te,** and **se** become **m', t',** and **s': je m'amuse, tu t'amuses, il / elle / on s'amuse.** The **s** of **nous** and **vous** (normally silent) is pronounced in liaison with a vowel or vowel sound: **nous nous‿amusons, vous vous‿amusez.**

E. Mise en train: Remplacez le sujet en italique et faites les changements nécessaires.

1. *Je* me repose. (Jeanne / nous / vous / les autres / tu)
2. *Ils* se téléphonent souvent. (vous / mes sœurs / on / nous / nos cousins)
3. Est-ce que *tu* t'amuses bien? (vous / elles / Patrick / on)
4. *Elle* ne se dépêche jamais. (nous / je / tu / vous / mes parents)

Application

F. Le dimanche. Véronique Béziers explains what she does on Sundays. Use the cues to create her explanation. Be careful: Not all of the verbs are pronominal.

> **Modèle:** d'habitude / s'amuser bien / le dimanche
> *D'habitude, je m'amuse bien le dimanche.*

1. se lever / vers 10h
2. prendre / un café et des croissants
3. téléphoner à / mon amie Patricia
4. (nous) se parler au téléphone / pendant une heure
5. déjeuner *(to have lunch)* / avec ma famille
6. quelquefois / (Patricia et moi) se retrouver en ville / pour aller voir un film
7. quelquefois / (nous) se promener au jardin public
8. le soir / se préparer pour la semaine
9. se coucher / vers 10h30 ou 11h
10. le dimanche, c'est le jour où / ne pas se dépêcher

Note grammaticale

Le futur immédiat des verbes pronominaux

Ma sœur et moi, nous allons nous retrouver en ville.	*My sister and I are going to meet downtown.*
Tu vas t'acheter quelque chose?	*Are you going to buy yourself something?* (*Are you going to buy something for yourself?*)
Oui, **je voudrais m'acheter** un jean.	Yes, *I would like to buy myself* some jeans.
Ensuite, **on va se balader** un peu.	*Afterwards, we're going to take a little stroll.*

The immediate future of a pronominal verb is formed in the same way as the immediate future of any other verb—that is, with **aller** and an infinitive. The reflexive or reciprocal pronoun that accompanies the verb agrees with the subject of **aller** and is placed immediately before the infinitive.

The negative of the immediate future is formed by putting **ne... pas** around the conjugated form of **aller**:

Je **ne** vais **pas** me coucher de bonne heure.

The same rules for agreement and placement apply to pronominal verbs preceded by other conjugated verbs such as **vouloir** and **espérer**:

Moi, **je veux me reposer** un peu.
Nous espérons nous amuser pendant le voyage.

H. Samedi prochain.
Next Saturday is a special day. Consequently, Véronique Béziers is not planning to follow her usual weekend routine. Using the cues, describe what she normally does on Saturday morning and then tell how next Saturday is going to be different.

Modèle: rester à la maison / se balader avec des amis à la campagne
Normalement je reste à la maison le samedi. Mais samedi prochain je vais me balader avec des amis à la campagne.

1. ne pas se lever de bonne heure / se lever à 7h30
2. ne pas se dépêcher / se dépêcher
3. (mon amie Cécile et moi) se téléphoner / ne pas se parler au téléphone
4. rester à la maison / (Cécile et moi) se retrouver en ville
5. ne pas faire d'achats / s'acheter quelque chose
6. se reposer un peu / ne pas se reposer
7. se coucher de bonne heure / se coucher vers minuit
8. ne pas s'amuser / s'amuser

I. Et toi?
You and a classmate are comparing your daily routines. Using the suggested verbs to tell what you usually do and don't do, tell what your daily lives have in common and how they are different. VERBES: **se lever, se coucher, prendre le petit déjeuner, déjeuner, dîner, se reposer, se promener, faire du sport, (se) téléphoner.**

Modèle: — *Moi, je me lève vers 7h30 en semaine. Et toi?*
— *Moi aussi. Mais le samedi je me lève vers 9h.*
— *Moi, le samedi, je ne me lève jamais avant 11h.*

G. Mise en train: Remplacez le sujet en italique et faites les changements nécessaires.

1. *Je* vais me reposer. (nous / Marc / tu / mes parents / on / vous)
2. Est-ce que *tu* vas t'acheter quelque chose? (elle / Marc / tes parents / vous / nous / on)
3. *Ils* ne veulent pas se dépêcher. (elle / nous / je / tu / on / les autres)

Text Audio CD Track 1-31

■Tuyau-prononciation
Les consonnes *m* et *n* suivies de la voyelle *e*

The presence of a mute **e** at the end of a word causes the preceding consonant, which in many cases would be silent, to be pronounced. In the case of **m** and **n,** pronouncing the consonant denasalizes the preceding vowel:

Sim**on**	améric**ain**	**un**	**an**
Sim**one**	améric**aine**	**une**	**âne**

J.   Read each pair of words aloud, being careful to pronounce the **m** or **n** in the first word and keep the **m** or **n** silent in the second.

américaine, américain / mexicaine, mexicain / cousine, cousin / prochaine, prochain / Christiane, Christian / une, un / Jeanne, Jean

K. Now read each word aloud, distinguishing between words in which the final consonant is silent (nasal vowel) and those in which it is pronounced.

Madame / marine / vin / direction / fume / chaîne / garçon / machine / Rome / Lyon / crème / italien

Structure

Reminder: The final **s** of the **tu** form is dropped in the imperative form of -**er** verbs: **Tu te lèves. Lève-toi! Ne te lève pas!**

L'impératif des verbes pronominaux

Dépêche-toi!	*Hurry up!*
Ne vous levez pas!	*Don't get up!*

The command forms of pronominal verbs follow the same pattern as the other command forms you've learned—that is, the subject pronoun is simply dropped. In an affirmative command, the reflexive or reciprocal pronoun is placed *after* the verb. When written, this pronoun is attached to the verb with a hyphen. Notice that, for ease of pronunciation, **te** becomes **toi** when it follows the verb. In a negative command, the reflexive or reciprocal pronoun remains *before* the verb.

   Here are some common expressions involving the imperative of pronominal verbs:

Dépêche-toi! Dépêchez-vous!	*Hurry up!*
Amuse-toi bien! Amusez-vous bien!	*Have a good time!*
Lève-toi! Levez-vous!	*Get up! Stand up!*
Assieds-toi! Asseyez-vous!	*Sit down!*
Calme-toi! Calmez-vous!	*Take it easy!*
Ne te dépêche pas! Ne vous dépêchez pas!	*Don't hurry!*
Ne te lève pas! Ne vous levez pas!	*Don't get up!*
Ne t'inquiète pas! Ne vous inquiétez pas!	*Don't worry!*
Ne t'énerve pas! Ne vous énervez pas!	*Don't get upset!*

Application

L. Give the **vous** form of the following imperatives.

1. Dépêche-toi!
2. Amuse-toi bien!
3. Ne t'inquiète pas!
4. Ne t'énerve pas!
5. Assieds-toi!
6. Calme-toi!

Now give the **tu** form of the following imperatives.

7. Levez-vous!
8. Calmez-vous!
9. Ne vous dépêchez-pas!
10. Ne vous inquiétez-pas!
11. Amusez-vous bien!
12. Asseyez-vous!

M. Dialogues à compléter.

Complete each dialogue with an appropriate expression using the imperative (affirmative or negative) of a pronominal verb.

Modèle: —André! André! *Lève-toi! (Dépêche-toi!)*
—Comment? Qu'est-ce qu'il y a?
—Il est déjà 8h. Tu as cours dans vingt minutes.

1. —Tu vas en ville ce soir?
   —Je vais au cinéma avec Anne-Marie.
   —C'est formidable! ____
2. —Oh, là là! Qu'est-ce que je vais faire? Où est mon sac à dos? Où sont mes livres? J'ai un examen ce matin et je ne trouve pas mon sac à dos.
   —____ Jacques et moi, nous allons chercher ton sac à dos.
3. —____ Jean-Jacques! Il est déjà 19h30!
   —Et alors?
   —Bien, le film commence à 20h. ____
4. —Bonjour, Monsieur. Est-ce que vous avez le temps de parler avec moi?
   —Certainement, Mademoiselle. ____
5. —Où est Chantal? Il est 16h. Elle devait *(was supposed to)* être là à 15h30.
   —____ Elle va arriver dans un instant.

Débrouillons-nous!

N. Échange. Posez des questions à un(e) camarade de classe, qui va vous répondre.

1. À quelle heure est-ce que tu te lèves d'habitude en semaine? Et le week-end?
2. À quelle heure est-ce que tu vas te lever demain matin? Pourquoi?
3. Est-ce que tu te dépêches pour aller à ton premier *(first)* cours? Pourquoi (pas)?
4. Est-ce que tu te reposes pendant la journée *(during the day)?* Quand?
5. Est-ce que tes parents et toi, vous vous téléphonez souvent?
6. Où est-ce que tes amis et toi, vous vous retrouvez d'habitude?
7. Est-ce que tu t'énerves facilement *(easily)?*
8. Est-ce que tu t'amuses quand tu es avec ta famille?

À faire chez vous:
CAHIER, Chapitre 4,
3e étape

Student Audio CD Tracks 2-2–2-9

Now that you've completed the first three **étapes** of **Chapitre 4**, listen to the STUDENT CD, Tracks 2-2–2-9. See **CAHIER, Chapitre 4,** *Écoutons!*, for exercises that accompany this segment.

O. Il faut prendre un taxi. You're in Paris with your friends, who don't speak French. They want to go from their hotel (the Paris Sheraton) to Notre-Dame cathedral. They don't like the subway, so they ask you to go with them in a taxi. Flag down a taxi and tell the driver where you want to go. Then ask if it's nearby and how long the trip will take. Remember to pay for the ride when you reach your destination and ask for a receipt. (A classmate will play the role of the driver.)

Point d'arrivée

Activités orales

Exprimons-nous!

In French, to suggest an activity to someone, you can use expressions such as **Tu voudrais? Tu veux? Tu as le temps de?**

Tu voudrais aller en ville?
Tu veux aller voir un film?
Tu as le temps de faire du lèche-vitrines?

To accept a suggestion	To refuse a suggestion
Bien sûr. Pourquoi pas?	**Je ne veux pas.**
Oui. C'est une bonne idée.	**Je dois** travailler.
Oui. Je veux bien.	Non, **je n'ai pas le temps.**

À faire chez vous:

Student Audio CD Tracks 2-10–2-15

CAHIER, Chapitre 4, *Rédigeons!* / *Travail de fin de chapitre* (including STUDENT CD, Chapitre 4, Tracks 2-10–2-15)

A. Une visite-éclair à Paris. *(A lightning-fast visit to Paris.)* You and a friend have only a few hours between planes in Paris. Discuss how you will manage to see the following sights. Use such expressions as **Nous allons à la station... Nous prenons la direction... Nous changeons à... Nous descendons à... Ensuite nous allons...** Begin and end your tour at the gare du Nord (F3), which has trains connecting with the airport. To answer, refer to the metro map on page 141.

1. la cathédrale de Notre-Dame (métro: Cité → E5)
2. l'arc de Triomphe (métro: Charles de Gaulle-Étoile → B4)
3. la tour Eiffel (métro: Trocadéro → B5)
4. Montmartre (métro: place de Clichy → D3)

B. Au café. Your Brazilian friend, who speaks no English, has joined you in Paris. You're in a café on the rue Dauphine. Greet your friend and order a drink. Discuss your families, activities, etc. Then, at the nearest subway station (St.-Germain-des-Prés [D5]), explain how to buy a ticket and how to take the subway to the place d'Italie (E7).

C. Allons en ville! You and a friend are making plans to do something downtown over the weekend. Decide what you want to do, when you want to do it, and how you will get there. Then try to persuade two other friends to join you.

D. Mes projets. *(My plans.)* Discuss your future plans with some friends. Talk about next year **(l'année prochaine)** and the years following **(dans deux ans, dans cinq ans, dans dix ans,** etc.). Suggestions: Consider what you definitely intend to do **(J'ai l'intention de chercher un travail),** what you'd like to do **(Je voudrais voyager),** and what you hope to do **(J'espère avoir une famille).**

E. Combien? You and your friends are going over how much money you paid for certain things. Each time you say the price, your friend asks for confirmation, so you repeat more clearly.

Modèle: 12,50€
—*Douze cinquante.*
—*Combien?*
—*Douze euros cinquante.*

1. 3,25€   **5.** 47,30€
2. 16,40€   **6.** 13,60€
3. 51,65€   **7.** 26,50€
4. 39,15€   **8.** 65,45€

F. Échange. Posez les questions à un(e) camarade de classe, qui va vous répondre.

1. À quelle heure est-ce qu'on se lève chez toi d'habitude? Qui se lève le premier (la première)? Qui se lève le dernier (la dernière)? En semaine? Le week-end?

2. Qui se couche le premier chez toi? À quelle heure? Et le dernier?

3. Quand est-ce que tu te dépêches? (Je me dépêche pour...)

4. Quand est-ce que tu t'amuses?

5. Est-ce que tu t'énerves souvent? Quand?

6. Est-ce que tu aimes te promener? Quand? Où? Comment? (à pied? en voiture, à vélo)

7. Tes parents et toi, vous vous parlez souvent?

8. Tes amis et toi, vous vous retrouvez souvent après les cours?

Activité écrite

G. Une lettre à un(e) ami(e). Exchange letters with a classmate. As you review each other's work, answer the following questions:

1. Does the letter have a greeting at the beginning and a closing at the end?
2. Does the letter include the following topics: plans for next week, an invitation, discussion of transportation and of activities, a telephone number and times to call?
3. Does each verb agree with its subject?

Lecture

«Plan et horaires»

One of the principal means of getting around many French cities is by bus. Use your reading skills to read a schedule from the bus system in Toulouse, a city of some 400,000 inhabitants located in southwestern France.

Avant la lecture: You've just arrived in Toulouse and don't know anyone. You'd like to take the bus to explore the city. What kinds of information would you need to know about taking a bus to go from where you're staying to downtown?

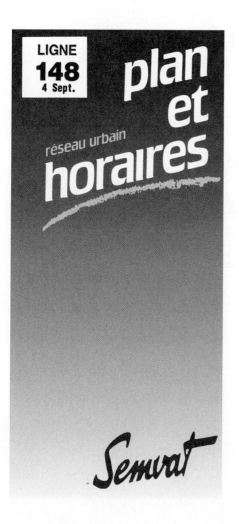

POINTS DE VENTE SEMVAT
_ TICKETS BUS et VIGNETTES _

Jours et heures d'ouverture

Lundi au samedi inclus

Matabiau	5 h 45 - 19 h 15
Jeanne d'Arc	6 h 00 - 19 h 20
Capitole	6 h 15 - 19 h 45
Esquirol	6 h 00 - 19 h 30
Gare du Mirail (semaine)	6 h 25 - 19 h 55
Gare du Mirail (samedi)	{ 8 h 20 - 12 h 50 / 16 h 00 - 18 h 05
Leclerc	{ 9 h 35 - 13 h 00 / 15 h 45 - 19 h 05
Cours Dillon	{ 8 h 50 - 12 h 10 / 15 h 05 - 18 h 25
Fonteyre	{ 9 h 10 - 12 h 30 / 14 h 45 - 18 h 05

Lundi, mercredi, vendredi

Sept-Deniers	{ 9 h 25 - 13 h 00 / 15 h 35 - 18 h 45

Mardi, jeudi, samedi

Empalot	{ 9 h 55 - 13 h 00 / 15 h 10 - 18 h 45
Purpan	{ 8 h 35 - 11 h 35 / 15 h 00 - 18 h 45

bus **05|61|41|70|70** information

Semvat

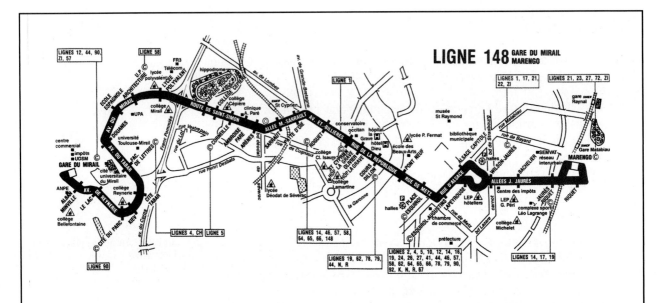

PREMIERS ET DERNIERS DÉPARTS
FRÉQUENCES.

PREMIERS ET DERNIERS DEPARTS
FREQUENCES.

148		LUNDI A VENDREDI		SAMEDI		LUNDI A VENDREDI VACANCES SCOLAIRES		DIMANCHES ET JOURS FERIES	
		PREMIERS DEPARTS	DERNIERS DEPARTS	PREMIERS DEPARTS	DERNIERS DEPARTS	PREMIERS DEPARTS	DERNIERS DEPARTS	PREMIERS DEPARTS	DERNIERS DEPARTS
	Marengo vers Gare du Mirail	6.05 - 6.30	20.40 - 21.00	6.05 - 6.30	20.30 - 21.00	6.05 - 6.30	20.30 - 21.00	6.50 - 7.25	20.35 - 21.00
	Gare du Mirail vers Marengo	5.30 - 5.50	20.05 - 20.25	5.30 - 5.50	19.55 - 20.25	5.30 - 5.50	19.55 - 20.25	6.15 - 6.50	20.00 - 20.25
	Fréquence moyenne de passage	7 mn		9 à 12 mn		9 à 12 mn		16 à 30 mn	
	Les dimanches et jours fériés, le terminus Marengo est reporté à Matabiau.								

H. Renseignez-vous! *(Find out some information!)*

1. The physical context and layout (or format) of a text can help you understand what you're reading. For example, the sizes of typefaces, the location of words and phrases, and the use of columns or drawings can all provide clues about the information available. Rapidly skim the brochure, then tell what *types* of information are provided on each page: a) cover; b) back page; c) inside, upper; d) inside, lower.

2. You're staying in a hotel on the **rue d'Alsace** near the **boulevard de Strasbourg.** Scan the brochure to find the answers to the following questions.
   a. Is this a schedule for the whole bus system or for a single bus line? How can you tell?
   b. What is the most convenient place for you to buy bus tickets?
   c. How often do buses run during the week? On Sunday?
   d. On your first Saturday in Toulouse, you decide to go to the **centre commercial** near the Gare du Mirail. At what time should you be at the bus stop to avoid missing the last bus back to your hotel?

Activité d'écoute

I. Portrait de Massyla Fodéba. Listen to Massyla's monologue, then answer the questions.

Text Audio CD Track 1-32

1. Est-ce que Massyla est originaire de Dakar?
2. Est-ce qu'il y habite maintenant *(now)*?
3. Où est-ce qu'il a fait ses études de lycée?
4. Où est-ce qu'il fait ses études universitaires?
5. À Dakar, qu'est-ce qu'il prend comme moyen de transport? Et à Paris?
6. Qu'est-ce qu'il aime faire?
7. Est-ce qu'il voudrait travailler au Sénégal un jour?

Branchés sur...

le Sénégal

Massyla Fodéba

J'habite actuellement Paris, mais j'ai habité à Dakar jusqu'à l'âge de 17 ans. L'histoire de la région du Sénégal date du 9ᵉ siècle (le royaume de Tekrour). C'est au milieu du 17ᵉ siècle que les Français ont fondé la ville de Saint-Louis et occupé l'île de Gorée. Dakar, fondée en 1857, est aujourd'hui une grande ville moderne de plus d'un million et demi d'habitants.

C'est de l'île de Gorée, en face de Dakar, que sont partis au Nouveau Monde des milliers d'esclaves destinés à travailler dans les champs de canne à sucre et de coton.

Mes frères, mes sœurs et moi, nous aimons beaucoup visiter le parc national du Niokol-Koba, où on peut voir des lions, des panthères, des éléphants et beaucoup d'autres animaux en liberté.

Mais le Sénégal est un pays de contrastes. Près de Ziguinchor en Basse-Casamance (c'est là qu'est née ma mère), le transport en commun le plus pratique, c'est la pirogue.

Ma famille et moi, nous sommes musulmans *(Moslems)* comme 80% des Sénégalais. Dans toutes les villes il y a des mosquées comme la célèbre mosquée de Touba.

Qu'est-ce que vous en pensez?

The African poet Léopold Senghor was the president of Senegal; the Caribbean poet Aimé Césaire serves as a representative from Martinique to the French Assembly. French presidents, such as De Gaulle and Mitterand, were also writers. Do we find a similar interplay between politics and the arts in the United States? Why (not)?

Lexique

Pour organiser une sortie
(To organize going out)

On prend l'autobus / le métro / un taxi / sa voiture / son vélo. We'll take the bus / the subway / a taxi / his (her) car / his (her) bike.

On y va à pied. We'll walk.

Il faut combien de temps pour y aller en autobus? / en métro? / à pied? / en taxi? / en voiture? / à vélo? How long does it take to go there by bus? / by subway? / on foot? / by taxi? / by car? / by bike?

Quand est-ce qu'on y va? When are we going to go?

aujourd'hui today
ce matin this morning
cet après-midi this afternoon
ce soir tonight, this evening
demain tomorrow
demain matin tomorrow morning
demain après-midi tomorrow afternoon
demain soir tomorrow night, tomorrow evening
cette semaine this week
la semaine prochaine next week
cette année this year
l'année prochaine next year

Qu'est-ce qu'on va faire? What are we going to do?

avoir rendez-vous avec to meet

avoir une course à faire to have an errand to run (do)
faire des achats to go shopping
faire du lèche-vitrines to go window-shopping
faire une course to run (do) an errand
n'avoir rien à faire to have nothing to do
retrouver quelqu'un to meet someone (by plan)

Pour parler de ses projets
(To talk about your plans)

aller + *infinitif* to be going to + *verb*
avoir envie de + *infinitif* to feel like + *verb*
avoir l'intention de + *infinitif* to intend to + *verb*
espérer + *infinitif* to hope to + *verb*
vouloir + *infinitif* to want to + *verb*

Pour demander le jour qu'il est (To ask what day it is)

C'est aujourd'hui... Today is . . .
Quel jour est-ce aujourd'hui? What day is today?
Quel jour sommes-nous? What day is today?

Pour faire, accepter ou refuser une proposition
(To suggest something to do, to accept, or refuse)

Tu veux (tu voudrais)... ? Do you (would you) want (like) to . . . ?
Vous voulez (vous voudriez)... ? Do you (would you) want (like) to . . .
Mais oui. Certainly.
Bien sûr. Certainly.
Avec plaisir. With pleasure.
C'est une bonne idée. That's a good idea.
Pourquoi pas? Why not?
Je veux bien. Sure.

C'est impossible. It's impossible.
Je ne peux pas. I can't.
Je dois + *infinitif* I have to + *verb*

Pour se débrouiller dans le métro
(To get around in the subway)

changer to change
descendre to get off
prendre to take
Quelle direction? What direction?

Pour payer (To pay)

C'est combien? How much is it?
Je vous dois combien? How much do I owe you?
Voilà pour vous. That's for you.
Gardez (la monnaie). Keep the change.

Thèmes et contextes

Le métro (The subway)

un billet ticket
une bouche de métro subway entrance
un carnet de dix a book of ten (tickets)
une carte intégrale one-year pass
une Carte orange monthly commuter pass
une correspondance connection
le guichet ticket window
les heures (f.pl.) **de pointe** rush hours

Paris Visite Visit Paris (one-, two-, three-, or five-day pass)
un plan de métro subway map
une station de métro subway station

L'argent (m.) (Money)

un billet bill
un euro euro
un franc franc
une pièce de monnaie coin

Les jours (m.) **de la semaine** (Days of the week)

lundi Monday
mardi Tuesday
mercredi Wednesday
jeudi Thursday
vendredi Friday
samedi Saturday
dimanche Sunday

Vocabulaire général

Verbes

(s')acheter to buy (for oneself)
s'amuser to have a good time
apprendre to learn
arriver to arrive
se balader to walk around, stroll
se coucher to go to bed
se dépêcher to hurry

descendre to go down, to get off (transportation), to stay (at a place)
s'énerver to get upset
entrer (dans) to go in, enter
s'inquiéter to worry
se lever to get up
monter (dans) to go up, to get on
se parler to speak to yourself, to each other

se préparer to get ready
se promener to go for a walk
quitter to leave
se renseigner to get information
se reposer to rest
(se) retrouver to meet (each other) (by plan)
se téléphoner to call each other on the phone
vouloir to want

Dossier-Découvertes

La France

La France à travers les âges

Voici six personnages historiques dont les actions ont marqué de façon dramatique l'histoire de la France.

CHARLEMAGNE

JEANNE D'ARC

LOUIS XIV

Petit-fils de Charles Martel (qui a **battu** les Arabes à la bataille de Poitiers en 732), fils de Pépin le Bref (fondateur de la dynastie carolingienne), Charlemagne réunifie la Gaule, agrandit le territoire en combattant en Allemagne, en Espagne et en Italie et se fait nommer par le **pape** empereur d'Occident en 800. Il fait **bâtir** des églises et des monastères, fait créer des écoles près des églises et des monastères et préside à une véritable renaissance littéraire et artistique.

En pleine guerre de Cent Ans, le nord de la France est occupé par les Anglais. Une jeune fille de 17 ans (**bergère lorraine** selon les uns, fille d'un propriétaire **champenois** selon les autres) entend la voix de l'archange Gabriel, qui lui commande d'aller trouver le **dauphin** et de le faire sacrer roi. Elle rejoint le dauphin à Chinon, fait **lever le siège** d'Orléans et puis fait **sacrer** le roi Charles VII dans la cathédrale à Reims. Condamnée comme **sorcière** par les autorités religieuses, elle est **brûlée** à Rouen en 1431.

Symbole de la monarchie absolue, Louis XIV règne en France de 1661 à 1714. Il fait déplacer le centre du gouvernement de Paris à Versailles où, dans un immense palais avec des jardins à la française, il se fait entourer des nobles du royaume. Sous « le roi soleil » le classicisme **rayonne,** surtout en littérature avec de grands écrivains tels que Corneille, Racine, Molière et La Fontaine.

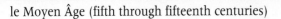

le Moyen Âge (fifth through fifteenth centuries)   la Renaissance

DICO

bâtir: to build
battre (battu): to beat
bergère: shepard girl
brûlee: burned
champenois: from the
province of Champagne
côtés: sides

dauphin: heir apparent
to the throne
impôt: tax
instruction: education
lever le siège: to lift the
siege
lois: laws

lorraine: from the province
of Lorraine
rayonne: shines
pape: pope
sacrer: to crown
sorcière: witch

ROBESPIERRE

Maximilien de Robespierre, fils d'une famille noble, devient un des chefs de la Révolution. Grand défenseur de l'idée d'une république, Robespierre réclame le suffrage universel, l'**instruction** gratuite et obligatoire et l'**impôt** sur le revenu. Mais il joue aussi un rôle central dans le Comité du salut public, qui condamne des milliers de gens à être exécutés à la guillotine. Devenu symbole de la Terreur, Robespierre lui-même meurt à la guillotine à l'âge de 35 ans.

NAPOLEON

Général, puis Premier Consul, puis Empereur des Français, Napoléon Bonaparte étend la domination française sur le continent européen pendant plus de 15 ans. En même temps, il réorganise l'administration du pays, crée un système d'éducation universelle, fait rassembler l'ensemble des **lois** dans le Code civil et institue l'ordre national de la Légion d'Honneur. Vaincu à Waterloo par le général anglais Wellington, Napoléon finit ses jours en exil sur les îles d'Elbe et de Sainte-Hélène.

DE GAULLE

En 1940, la France est occupée par les Allemands, avec qui le gouvernement du maréchal Pétain collabore. De Londres, le général de Gaulle lance un appel à la Résistance. Il organise en exil les Forces Françaises Libres et reprend le combat aux **côtés** des Alliés. En août 1944, il entre à Paris et descend triomphalement les Champs-Elysées. Après avoir présidé au gouvernement provisoire, il se retire de la politique jusqu'en 1958 (à l'époque de la guerre d'Algérie) lorsqu'il devient le premier président de la Ve République.

le XVIIe siècle   le XVIIIe siècle   le XIXe siècle   le XXe siècle

Le Grand puzzle de la France

La France est **découpée en** 22 grands morceaux, les régions (autrefois appelées les «provinces»), et en 96 petits morceaux, les départements.

Je suis basque.

22 régions

Il y a 22 régions en France, et **chacune regroupe** plusieurs départements. De nombreux Français disent: «je suis breton, je suis basque, je suis corse», **selon** leur région d'origine. Autrefois, **on appartenait** d'abord à sa province: on parlait la langue de sa province, on observait des coutumes différentes d'une province à l'autre. Aujourd'hui, ces différences sont moins importantes mais elles existent toujours: dans le Nord ou en Lorraine, on ne **vit** pas exactement de la même **façon** qu'en Provence ou dans les Alpes.

Je suis provençale.

Je suis auvergnat.

Avant 1982, toutes les grandes décisions se faisaient à Paris. Depuis cette date, les régions sont devenues beaucoup plus autonomes. Chacune de ces régions peut décider **seule** de construire une route ou de rénover un lycée. La région est présidée par un **conseil régional.** Son président va souvent à Paris pour participer aux décisions prises par le pays. **Il veille à ce que** l'on n'oublie pas les intérêts de sa région: par exemple, il demande que le **TGV** s'arrête dans ses grandes villes.

Des chiffres et des régions

- **La plus grande:** Midi-Pyrénées: 45 350 km²
- **La plus petite:** l'Alsace: 8 300 km²
- **La plus peuplée:** l'Île-de-France: 10 500 000 habitants (1/5 de la population française!)
- **La moins peuplée:** la Corse: 240 000 habitants

96 départements et 4 DOM

Les départements sont des petits **bouts** de territoire découpés comme un puzzle. Il y en a 96 plus 4 avec les DOM. À la tête de chaque département se trouve un **préfet** nommé par le gouvernement et un conseil général **élu** par les habitants.

DICO

découpée en: cut into	**façon:** way	**bouts:** pieces	**sent le besoin:** feels obligated
chacune: each one	**seule:** alone, by itself	**préfet:** prefect (government official)	**renaissance:** recurring, revival
regroupe: includes	**conseil régional:** regional council	**élu:** elected	**on compte:** there are
selon: according to	**Il veille à ce que:** He watches out that	**imposée:** enforced	**proche:** close to
on appartenait: one belonged to	**le TGV (Train à grande vitesse):**	**roi:** king	**orientale:** eastern
vit: lives	high-speed train	**Dès lors:** Since (then)	**occidentale:** western

Les langues de France

En 1539, le français devient l'idiome national, la langue officielle **imposée** *par le* **roi** *de France François Ier à tous les habitants de France.* **Dès lors,** *chacun—écrivains, poètes, politiciens, etc.—* **sent le besoin** *de fortifier et enrichir cette langue. Mais, à partir de 1970, avec la création des Régions, il y a une* **renaissance** *de l'intérêt des Français pour leur langue d'origine. C'est ainsi que dans les lycées, par exemple, les élèves peuvent choisir une langue régionale comme langue étrangère.*

Qu'est-ce que vous en pensez?

Do the French still have a tendency to identify with their province (region)? What makes you think so?

Nous sommes alsaciens.

Nous sommes franc-comtois.

Je suis bretonne.

Nous sommes normandes.

Les langues régionales

Aujourd'hui, **on compte** *sept langues régionales en France:*

1. *l'occitan: plus de 8 millions de Français le comprennent ou le parlent. C'est une langue romane, très* **proche** *du latin, parlée dans le sud de la France—de la Gironde aux Hautes Alpes.*
2. *l'alsacien et le lorrain: plus de 1,5 million de Français le comprennent ou le parlent. C'est un dialecte de l'allemand.*
3. *le breton: plus de 1 million de Français le comprennent ou le parlent. C'est une langue celtique d'origine gauloise—les Bretons se sont installés en Gaule au Ve siècle.*
4. *le corse: plus de 200 000 Français le comprennent ou le parlent. C'est un dialecte de l'italien,* donc d'origine latine. Il est parlé en Corse par la majorité des habitants de l'île.
5. *le catalan: plus de 200 000 Français le comprennent ou le parlent. C'est un dialecte proche du latin. Il est parlé dans la partie* **orientale** *des Pyrénées.*
6. *le basque: plus de 100 000 Français le comprennent ou le parlent. Il est parlé dans la partie* **occidentale** *des Pyrénées, en France et en Espagne.*
7. *le flamand: plus de 100 000 Français le comprennent ou le parlent. C'est un dialecte du néerlandais, apparenté à l'allemand et à l'anglais.*

173

La mosaïque France

La France a *de tout temps* été une **terre d'accueil**. Un Français sur six a un parent ou un grand-parent d'origine étrangère. **Actuellement**, la crise économique rend plus difficile l'intégration des **nouveaux venus**.

Qu'est-ce qu'un immigré?

*Les immigrés sont des personnes nées **hors de France**, étrangères ou **ayant acquis** la nationalité française pendant leur vie. La France compte 4,13 millions d'immigrés en 1990, soit 7,4% de la population totale.*

Sur 100 arrivés en 1994:

15 demandent l'asile politique,

60 viennent retrouver leur famille,

25 ont un travail permanent.

Un brassage de population ancien

*Depuis le XIXᵉ siècle, la France fait appel à des travailleurs étrangers. À partir de 1890, Belges et Italiens viennent travailler dans l'agriculture et l'industrie. Après la Première Guerre mondiale, le pays **manque de bras**; des Polonais, des Russes et des Espagnols s'installent en France. Entre 1950 et 1973, la France recrute massivement des étrangers pour l'industrie. Depuis le début de la crise économique, en 1974, les frontières sont fermées et l'immigration presque arrêtée.*

Une mosaïque de traditions

*La majorité des enfants d'immigrés deviennent français mais **restent liés à leur groupe d'origine**. Africains comme Antillais **se disent** «blacks», les Maghrébins «beurs». Beaucoup oublient la langue de leur famille mais **demeurent** attachés aux traditions religieuses, musicales ou gastronomiques.*

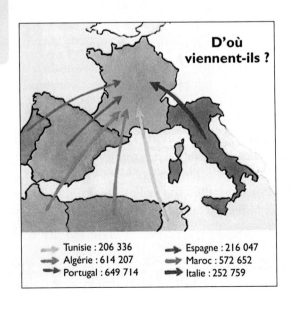

D'où viennent-ils ?

Tunisie : 206 336
Algérie : 614 207
Portugal : 649 714
Espagne : 216 047
Maroc : 572 652
Italie : 252 759

DICO

de tout temps: always
terre d'accueil: host country
Actuellement: Currently
nouveaux venus: new arrivals
hors de: outside of
ayant acquis: having acquired
brassage: mixing

manque de bras: lacks workers
restent liés à: remain connected to
se disent: call themselves
demeurent: remain
rejoints par: joined by
arrivants: arrivals
frappés par: struck by

le chômage: unemployment
la pauvreté: poverty
familles nombreuses: large families
cités délabrées: delapidated
   housing projects
vivant: living
devenir: become

Horizons multiples

*Les Européens du Sud (Italie, Espagne, Portugal) se sont installés dans les années 1950 et 1960. Les Maghrébins (Algériens, Marocains, Tunisiens), arrivés dix ans plus tard, ont ensuite été **rejoints par** leurs familles. Les **arrivants** les plus récents viennent d'Afrique noire, d'Asie et d'Europe de l'Est.*

Des conditions de vie difficiles

*De nombreux migrants sont aujourd'hui **frappés par le chômage** et **la pauvreté**. Vivant en **familles nombreuses**, souvent dans des **cités délabrées**, ils sont les premières victimes de la crise économique.*

Comment devient-on français?

*Avant 18 ans, il faut être né en France d'un parent français. Les jeunes nés en France de parents étrangers ou **vivant** en France depuis plus de cinq ans peuvent, entre 16 et 21 ans, **devenir** français, s'ils le demandent.*

Qu'est-ce que vous en pensez?

In your opinion, is this a balanced view of immigrants in France? What are the negative and positive aspects of immigration that are represented in this reading? Do we have the same kinds of mixed relationship with certain immigrant groups in the United States? Can you give some examples?

Ils sont devenus des gloires françaises

Marie Curie (1867–1934), née en Pologne, prix Nobel de physique

Marc Chagall (1887–1985), né en Russie, peintre

Yves Montand (1921–1991), né en Italie, chanteur et acteur

Yannick Noah, né en 1960 au Cameroun, joueur de tennis

MC Solaar, né en 1969 au Sénégal, chanteur

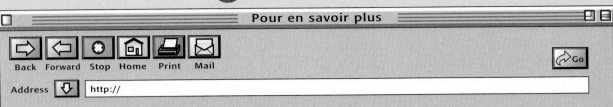

Pour en savoir plus

Address http://

Pour en savoir plus

To learn/explore more about the cultural topics covered in Chapter 4 and the *Dossier-Découvertes,* you can use the following key words in combination with geographical areas to search Internet resources. For example, if you want to know more about the names and history of the Paris subway stations, you can search under *Paris métro (subway).* Then you can get more details about some of the individual *métro* stations mentioned in Chapter 4 (e.g., *Montparnasse, Bastille, Châtelet, La Défense, Montmartre, Trocadéro*). And if you want to learn more about a place (e.g., *Toulouse, Marseille, Dakar*) find the web sites for that place.

Geographical Areas

France

French regions (Auvergne, Savoie, etc.)

French cities (Paris, Toulouse, Marseille, etc.)

Francophone countries and regions (e.g., Senegal)

Francophone cities (e.g., Dakar)

Key Words

subway

Rodin museum

French cars:
  Peugeot
  Renault
  Citroën

Euro

wines

food

regional specialties

immigration

geography

Leopold Senghor

History:
  Charlemagne
  Jeanne d'Arc
  Robespierre
  Napoleon
  Charles De Gaulle

Famous people:
  Marie Curie
  Marc Chagall
  Yves Montand
  Yannick Noah
  MC Solaar

chapitre **5**

Amusons-nous!

Claire Maurant
24 ans • Strasbourg (Alsace), France
comptable • famille: père, mère, deux frères, une sœur

- *Première étape* Quel temps fait-il?
  - talking about the weather
  - talking about events in the past

- *Deuxième étape* Tu veux voir le nouveau film au Gaumont les Halles?
  - talking about events in the past
  - reading informational materials about leisure-time activities

- *Troisième étape* On pourrait faire une excursion!
  - understanding conversations about leisure-time activities
  - organizing leisure-time activities

- *Point d'arrivée*

Première étape

Point de départ

Quel temps fait-il?

Quel temps fait-il?: What's the weather like?
company

En semaine Claire Maurant travaille comme comptable dans une **société** textile à Strasbourg. Mais le week-end elle aime s'amuser avec ses amis. C'est samedi après-midi. Claire et ses amis sont **en train de** faire des **projets.**

in the process of / plans

> **CLAIRE:** Bon. Qu'est-ce qu'on va faire?
> **ANDRÉ:** Moi, je voudrais bien jouer au tennis. J'ai besoin de faire un peu d'exercice.
> **THIERRY:** Moi aussi. Mais **il ne fait pas très beau.**
> **CLAUDETTE:** Et la **météo** annonce de la **pluie** pour **toute la journée.**
> **CLAIRE:** Et qu'est-ce qu'**elle prévoit** pour demain?
> **CLAUDETTE:** Oh, il va **faire du soleil** demain.
> **THIERRY:** Eh bien, on va faire du sport demain. Et ce soir **on pourrait** aller au cinéma. **Vous avez vu** le film de Luc Besson et de Gérard Pirès, *Taxi?*
> **CLAIRE:** Oui, **je l'ai vu** à Paris avec ma cousine.
> **ANDRÉ:** Bon, alors, on va voir un autre film ou on va trouver autre chose à faire.

it's not very nice out

weather report / rain / the whole day / does it predict

to be sunny

we could

Have you seen

I saw it

Quel temps fait-il?

Il fait du soleil.
Il fait beau.
Il fait chaud.

Il y a un orage.
Il fait mauvais.

Il pleut.

Il fait bon.
Pas trop froid, pas trop chaud.

Il neige.
Il fait froid.

Il y a des nuages.
Le temps est nuageux.

Il fait du vent. (Il y a du vent.)
Il fait frais.

Il fait du brouillard.

Il y a du verglas.

ZOOM!

Temperatures in France and other European countries are given on the Celsius (centigrade) scale. Here is a comparison of Celsius temperatures and their Fahrenheit equivalents:

C:	30°	25°	20°	15°	10°	5°	0°	−5°
F:	86°	77°	68°	59°	50°	41°	32°	23°

To convert from Celsius to Fahrenheit, divide by 5, multiply by 9, and add 32. To convert from Fahrenheit to Celsius, subtract 32, multiply by 5, and divide by 9. To give a temperature, a French person would say, **La température est de cinq degrés** or **Il fait cinq degrés dehors** *(outside).*

Qu'est-ce que vous avez appris?

What's today's temperature in both Fahrenheit and Centigrade? In Centigrade, what's the typical temperature in winter in your area? What about in the summer? What's the hottest it might get in the summer? On the Centigrade scale, what's your preferred temperature?

DICO

Comment parler du temps qu'il fait

le climat climate
la météo, le temps weather
Quel temps fait-il? What's the weather like?
le vent wind
Le climat peut être
   sec (dry) ou **humide** (humid).
   doux (mild) ou **frais/frisquet** (cool).
la saison season
Il y a quatre saisons:
   l'hiver (*m.*) winter
   le printemps spring
   l'été (*m.*) summer
   l'automne (*m.*) fall
Il fait beau (mauvais, froid, chaud, bon).
   It's beautiful (bad, cold, hot, nice).

La mer (The ocean) peut être **froide** (cold)
   ou même **glaciale** (freezing cold). Mais
   en été, elle est souvent **tiède** (warm)
   ou **bonne** (very warm).
un orage storm (on land)
une tempête storm (over the ocean)
Il neige. It's snowing.
Il pleut. It's raining.
Il fait du soleil. It's sunny.
Il fait du vent. It's windy.
Il y a du brouillard. It's foggy.
**Il y a des nuages. / Le ciel est couvert. /
Le temps est nuageux.** It's cloudy.

À vous! *(Exercices de vocabulaire)*

A. Quel temps fait-il? Give a complete description of the weather conditions in each of the drawings.

> **Modèle:** person sitting on the beach (wearing sunglasses, on a towel, under an umbrella)
> *Il fait chaud. / Il fait du soleil. / Il fait très beau.*

1.

2.

3.

4.

5.

6.

B. Est-ce qu'il fait beau aujourd'hui? You're traveling around the United States with your friend's family. Each time you call home, your parents want to know what the weather is like. Answer their questions negatively. Then give the indicated weather condition.

> **Modèle:** Est-ce qu'il fait beau aujourd'hui? (mauvais)
> *Non, il ne fait pas beau (aujourd'hui). Il fait mauvais.*

1. Est-ce qu'il fait chaud aujourd'hui? (froid)
2. Est-ce qu'il pleut aujourd'hui? (il neige)
3. Est-ce que le ciel est couvert? (du soleil)
4. Est-ce qu'il y a un orage? (beau)
5. Est-ce qu'il fait frais? (très froid)
6. Est-ce qu'il fait chaud? (du vent)
7. Est-ce qu'il fait du soleil? (nuageux)
8. Est-ce qu'il fait froid? (assez chaud)

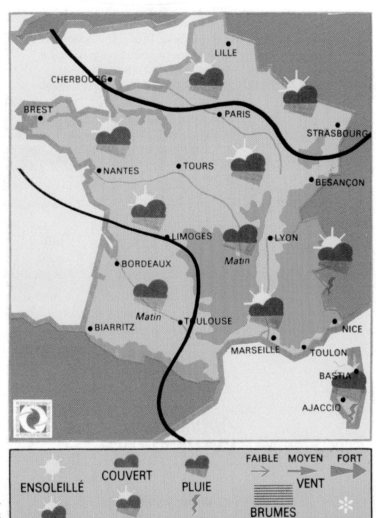

Qu'est-ce que vous en pensez? Quel temps est-ce qu'on prévoit pour les différentes villes de France?

C. Quel temps est-ce qu'il va faire le 16 février?

Below is a list of predicted temperatures for various French and European cities. The first number is the high during the day and the second number is the low during the night. Based on the high temperature, say whether it will be warm (**Il va faire bon**), cool (**Il va faire frais, frisquet**), cold (**Il va faire froid**), or very cold (**Il va faire très froid**) on February 16.

> **Modèle:** Bordeaux
> *Il va faire frais. Le maximum va être de 14 degrés.*

Grammar: To talk about what the weather is going to be in the near future, use **aller** + an infinitive: **Il va faire froid. Le ciel va être nuageux. Il va neiger.** The infinitive of **il pleut** is **pleuvoir.** The immediate future of **il y a** is **il va y avoir: Il va y avoir du verglas.**

Mardi 16 février

TEMPÉRATURES (le premier chiffre indique le maximum enregistré dans la journée du 16 février, le second le minimum dans la nuit du 16 au 17 février):

Ajaccio, 14 et 5 degrés; **Biarritz**, 20 et 11; **Bordeaux**, 14 et 7; **Bréhat**, 7 et 4; **Brest**, 7 et 4; **Cannes**, 14 et 7; **Cherbourg**, 5 et 2; **Clermont-Ferrand**, 12 et 4; **Dijon**, 2 et 0; **Dinard**, 8 et 2; **Embrum**, 8 et −1; **Grenoble-St-Geoirs**, 11 et 1; **Grenoble-St-M.-H.**, 11 et 2; **La Rochelle**, 12 et 5; **Lille**, 2 et −4; **Limoges**, 10 et 5; **Lorient**, 6 et 5; **Lyon**, 8 et 2; **Marseille-Marignane**, 12 et 8; **Nancy**, 1 et −5; **Nantes**, 10 et 4; **Nice**, 13 et 7; **Paris-Montsouris**, 6 et 1; **Paris-Orly**, 7 et 0; **Pau**, 17 et 7; **Perpignan**, 15 et 4; **Rennes**, 6 et 3; **Rouen**, 6 et 2; **Saint-Étienne**, 10 et 3; **Strasbourg**, 0 et −6; **Toulouse**, 15 et 2; **Tours**, 6 et 3.

TEMPÉRATURES RELEVÉES À L'ÉTRANGER: **Alger**, 21 et 11; **Genève**, 4 et 0; **Lisbonne**, 15 et 9; **Londres**, 2 et 0; **Madrid**, 14 et 3; **Rome**, 12 et 1; **Stockholm**, −6 et −16.

Structure

Les mois de l'année

janvier	avril	juillet	octobre
février	mai	août	novembre
mars	juin	septembre	décembre

All the months of the year are masculine and are used without articles. They are not capitalized. To express the idea of *in* a month, use **en** or **au mois de (d')**:

En janvier, il neige beaucoup.　　*In January,* it snows a lot.
Il fait chaud **au mois d'août.**　　It's hot *in August.*

Application

D. Quel temps fait-il chez vous?

For each month, describe what the weather is like in your area.

> **Modèle:** septembre
> *En septembre (Au mois de septembre), il fait frais et il y a du vent.*

1. janvier	**3.** mars	**5.** mai	**7.** décembre
2. juillet	**4.** novembre	**6.** août	**8.** juin

E. Je suis né(e) au mois de... *(I was born in . . .)* Tell your classmates what month you were born in and what the weather is usually like.

> **Modèle:** *Je suis né(e) au mois de juillet. Il fait toujours* (always) *très chaud en juillet.*

Note grammaticale

La date

Nous sommes le combien aujourd'hui?
Quelle date sommes-nous? } *What's today's date?*
Quelle est la date aujourd'hui?

Nous sommes le 5 avril.
Aujourd'hui, c'est le 5 avril. } *Today is April 5.*
C'est aujourd'hui le 5 avril.

To express the date in French, use the definite article **le**, a cardinal number **(trente, dix, cinq)**, and the name of the month. The one exception is the first of the month, expressed by **le premier:**

C'est **le premier février.** It's *February first.*

Culture: In French, dates are abbreviated as follows: **16/03/03,** meaning **le 16 mars 2003.** In other words, in French, the day and month are not reversed as they are in English (*3/16/03*).

F. C'est quelle date? Give the following English dates in French.

> **Modèle:** 3/23
> 23/03—*le vingt-trois mars*

1. 1/8	**3.** 10/1	**5.** 7/4	**7.** 5/31	**9.** today
2. 8/15	**4.** 9/16	**6.** 7/14	**8.** 6/12	

Note grammaticale

Les saisons de l'année

le printemps   l'été

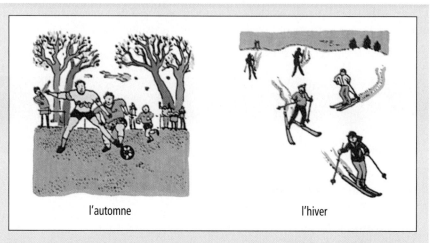

l'automne   l'hiver

All the nouns for the seasons are masculine. To express the idea of *in* a particular season, use **en** with **hiver, automne,** and **été,** and **au** with **printemps.**

En automne on joue au football.	Soccer is played *in the fall.*
En hiver il fait froid.	It's cold *in the winter.*
Il pleut beaucoup **au printemps.**	It rains a lot *in the spring.*
On va à la plage **en été.**	People go to the beach *in the summer.*

Application

G. Chez vous. Explain what the weather is like during the various seasons in the region where you live.

> **Modèle:** Quel temps fait-il chez vous en hiver?
> *Chez nous, en hiver, il neige et il fait très froid.*

1. Quel temps fait-il chez vous en hiver?
2. Et en automne?
3. En été?
4. Et au printemps?

H. Des questions, encore des questions, toujours des questions!
You're working with small children who are always curious about something. Answer their questions.

1. Combien de saisons est-ce qu'il y a dans une année?
2. Quels sont les mois de l'été?
3. En quelle saison est-ce qu'on fait du ski?
4. En quelle saison est-ce qu'on va à la plage?
5. En quelles saisons est-ce qu'on joue au football? Au basket?
6. En quelle saison est-ce qu'on célèbre Thanksgiving? Pâques *(Easter)*?
7. Quelle est la date aujourd'hui?
8. Quelle est la date du premier jour de vacances?

Tuyau-prononciation
Les voyelles *a* et *i*

In French, the letters **a** and **i,** when not combined with another vowel or with the consonants **m** or **n,** are pronounced as follows:

- The French *a* sound is between the *a* sounds in the English words *fat* and *father*. It's pronounced with the mouth rounded.
- The French *i* sound is similar to the *i* sound in the English word *machine*. It's pronounced with the lips spread wide, as in a smile.

Read each word aloud, being careful to open your mouth to pronounce **a** and to spread your lips (smile!) when saying **i.**

la / Ça va? / gare / papa / ici / livre / dîne / ville / Paris / mari / Italie / pharmacie / capitale / politique / rive / île / divisé / habiter / film / tennis

Le savez-vous?
Le Mistral is a very cold and dry wind that brings unusually cold weather to
a. the south Atlantic region of France
b. the Paris region
c. the Mediterranean region
d. the north of France

Structure

Le passé composé avec *avoir*

Samedi dernier **il a fait** très beau.	Last Saturday *the weather was* beautiful.
J'ai travaillé dans le jardin et **mes parents ont joué** au golf.	*I worked* in the garden and *my parents played* golf.
Dimanche **il a plu** et **nous avons visité** le Louvre.	Sunday *it rained* and *we visited* the Louvre.
Qu'est-ce que **vous avez fait** pendant le week-end?	What *did you do* over the weekend?

In French, to talk about actions that were carried out in the past, you use the past tense called the **passé composé** (*compound past*). This tense is called "compound" because it is made up of two parts: a helping verb, which agrees with the subject, and a past participle. For most French verbs, the helping verb is **avoir.**

helping verb **(avoir)**	past participle
↓	↓
Nous **avons**	**visité** Paris

Thus, the **passé composé** of the verb **visiter** is as follows:

visiter	
j'ai **visité**	nous **avons visité**
tu **as visité**	vous **avez visité**
il, elle, on **a visité**	ils, elles **ont visité**

Réponse ▲ ▲ ▲ c

The key to using the **passé composé** is learning the past participles. The past participle of an **-er** verb sounds exactly like the infinitive; however, the final written syllable ends in **-é**:

Infinitive	Past participle
chanter	chant**é**
étudier	étudi**é**
manger	mang**é**
parler	parl**é**

The past participles of irregular verbs often do not follow the same pattern. Among the verbs you have already learned, the following verbs have irregular past participles:

Infinitive	Past participle
avoir	**eu**
faire	**fait**
pleuvoir	**plu**
prendre	**pris**
vouloir	**voulu**

To form the negative of the **passé composé,** simply insert **ne** and **pas** around the helping verb. Remember that **ne** becomes **n'** before a vowel.

Ils **n'**ont **pas** trouvé le musée.   They did*n't* find the museum.

I. Mise en train: Remplacez les participes passés en italique et faites les changements nécessaires.

1. Est-ce que tu as *voyagé?* (travailler / écouter la radio / visiter Paris / prendre l'autobus)
2. J'ai *trouvé* le livre. (acheter / commencer / aimer / regarder)
3. Hier soir nous avons beaucoup *dansé.* (parler / manger / étudier / travailler)
4. Elles n'ont pas *chanté.* (manger / faire le voyage / apprendre les verbes / quitter la maison)

J. Mise en train: Remplacez le sujet en italique et faites les changements nécessaires.

1. *J'*ai regardé la télé. (nous / elle / tu / ils / vous / je / on)
2. *Paul* a déjà visité Paris, n'est-ce pas? (Chantal / tu / vous / elles / nous / je)
3. *Elles* n'ont pas fait les devoirs? (tu / nous / il / je / vous / Anne)
4. Quand est-ce que *tu* as quitté la maison? (vous / elles / il / nous / on)

Application

K. Oui et non. You spent the evening at a friend's house. The next day your other friends want to know all about it. Tell them what you did and did not do.

Modèles: Est-ce que tu as parlé à Simone? Et à Francine?
J'ai parlé à Simone, mais je n'ai pas parlé à Francine.

Est-ce que vous avez dansé? (étudier)
Nous avons dansé, mais nous n'avons pas étudié.

1. Est-ce que vous avez téléphoné à Paul? Et à Marie?
2. Est-ce que vous avez écouté la radio? (danser)
3. Est-ce que tu as mangé un sandwich? Et des fruits?
4. Est-ce que tu as regardé la télé? (étudier)
5. Est-ce que tu as parlé aux parents de Simone? Et à sa sœur?
6. Est-ce que vous avez fait une promenade? (prendre la voiture)

L. Pourquoi est-ce que vous êtes en retard? *(Why are you late?)* You and your friend arrive late at a party. Use the drawings and the verbs to explain what happened.

     Modèle: *Nous avons quitté la maison à 8h15...*

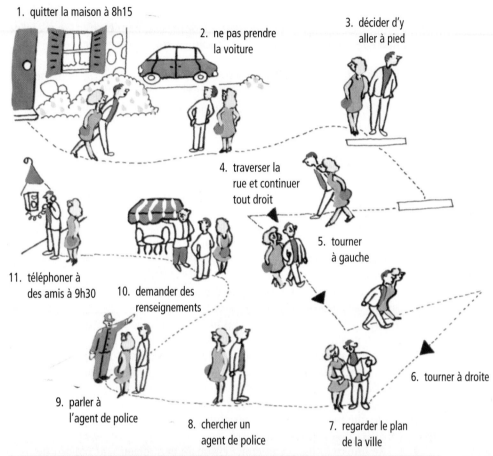

1. quitter la maison à 8h15
2. ne pas prendre la voiture
3. décider d'y aller à pied
4. traverser la rue et continuer tout droit
5. tourner à gauche
6. tourner à droite
7. regarder le plan de la ville
8. chercher un agent de police
9. parler à l'agent de police
10. demander des renseignements
11. téléphoner à des amis à 9h30

Déjeuner du matin (Poème de Jacques Prévert)

Il a mis[1] le café
Dans la tasse[2]
Il a mis le lait
Dans la tasse de café
Il a mis le sucre
Dans le café au lait
Avec la petite cuillère[3]
Il a tourné
Il a bu le café au lait
Et il a reposé[4] la tasse
Sans[5] me parler

Il a allumé[6]
Une cigarette
Il a fait des ronds
Avec la fumée[7]
Il a mis les cendres[8]
Dans le cendrier[9]
Sans me parler
Sans me regarder
Il s'est levé
Il a mis
Son chapeau[10] sur sa tête

Il a mis
Son manteau de pluie[11]
Parce qu'il pleuvait[12]
Et il est parti
Sous[13] la pluie
Sans une parole[14]
Sans me regarder
Et moi j'ai pris
Ma tête dans ma main
Et j'ai pleuré[15]

Jacques Prévert, *Paroles* © 1949, Éditions Gallimard

Avant la lecture:
What do you eat for breakfast?
Where do you eat breakfast and with whom?
What associations do you make with the breakfast meal?
Name as many things or feelings as you can that you associate with breakfast.

---

1. put 2. cup 3. spoon 4. put down again 5. without 6. lit 7. smoke 8. ashes 9. ashtray
10. hat 11. raincoat 12. was raining 13. in 14. word 15. cried

M. Qu'est-ce qui s'est passé? *(What happened?)* Using the expressions suggested here, summarize the "events" of the poem.

> **Modèle:** prendre le petit déjeuner
> *On a pris le petit déjeuner. Il...*

prendre du café au lait / fumer / se parler (conjugated with **être**) / se regarder (conjugated with **être**) / partir (*to leave,* conjugated with **être**) / pleurer

N. Qui? Pourquoi? In English, discuss with your classmates the story behind this breakfast. Who are these two people? Where are they? What has happened? What is happening? Why? Does more than one explanation make sense?

Débrouillons-nous!

O. Échange. Posez les questions suivantes à un(e) camarade de classe, qui va vous répondre.

1. Est-ce que tu aimes mieux la neige ou la pluie? Qu'est-ce que tu fais quand il neige? Quand il pleut?
2. Est-ce que tu supportes mieux *(better tolerate)* le froid ou la chaleur? Qu'est-ce que tu aimes faire quand il fait froid? Quand il fait chaud?
3. Quelle saison est-ce que tu préfères? Pourquoi?
4. Quelle est la date de ton anniversaire *(birthday)*? Quel temps fait-il en général le mois de ton anniversaire?
5. Est-ce que tu as étudié hier soir? Tu as fait tes devoirs de français?
6. Est-ce que tu as quitté la maison (ta chambre) de bonne heure ce matin? Tu as pris l'autobus pour aller à l'université?
7. Est-ce que tu as déjà visité Paris? Rome? Québec?
8. Est-ce que tu as téléphoné à tes amis récemment? Tes amis et toi, vous vous téléphonez souvent?
9. Est-ce que tu as mangé quelque chose au petit déjeuner? Est-ce que tu prends le petit déjeuner d'habitude?

P. Mon week-end. It's Monday morning and you and your friend are discussing what you did (or did not do) over the weekend. Begin by reminding each other of Saturday's and Sunday's weather. Then use some of the following verbs to tell about your activities.

VERBES: **travailler, regarder la télé (une vidéo), parler à, se parler... téléphoner à, danser, manger, visiter, prendre (l'autobus) pour..., écouter la radio, faire une promenade (un tour)**

À faire chez vous:
CAHIER, Chapitre 5,
1ère étape

Deuxième étape

Point de départ

Tu veux voir le nouveau film au Gaumont les Halles?

Text Audio CD Track 1-36

Il y a trois semaines Claire Maurant **est allée** à Paris pour voir sa cousine Mireille Loiseau. Un jour les deux jeunes femmes **ont eu** la conversation suivante avec Jean-Francis, le frère de Mireille.

ago / went

had

MIREILLE:	Alors, qu'est-ce qu'on fait ce soir?
CLAIRE:	Pourquoi pas nous **balader** un peu?
JEAN-FRANCIS:	Non, ce n'est pas très intéressant, ça.
CLAIRE:	Eh, bien, qu'est-ce que tu veux faire, toi?
JEAN-FRANCIS:	On pourrait **louer** une vidéo.
CLAIRE:	Non. Moi, j'ai envie de **sortir.**
MIREILLE:	J'ai une idée. Allons voir le nouveau film au Gaumont les Halles.
CLAIRE:	J'espère que ce n'est pas un film **d'épouvante. J'ai horreur** de ça.
MIREILLE:	Non, non, non. C'est une comédie dramatique **polonaise** qui s'appelle *La Double Vie de Véronique.*
JEAN-FRANCIS:	**Ça passe** à quelle heure?
MIREILLE:	Voyons! Je vais regarder dans le **journal.** C'est à 20h.
JEAN-FRANCIS:	Écoute! Moi, j'ai une course à faire. On se retrouve devant le Gaumont les Halles à19h45. D'accord?
MIREILLE:	À huit heures moins le quart devant le Gaumont les Halles. D'accord, Claire?
CLAIRE:	Oui. D'accord.

go for a little walk

to rent

to go out

horror / I hate

Polish

It's showing

newspaper

Le savez-vous?

The **cinéastes** (filmmakers) François Truffaut, Jean-Luc Godard, and Alain Resnais gained great popularity in the 1960s and 1970s. They were often linked together by a group name, which was

a. *La Nouvelle Vague* (**The New Wave**)
b. *Les Surréalistes* (**The Surrealists**)
c. *Les Coléreux* (**The Angry Young Men**)

Afin d'en faciliter la lecture, voici une liste des abréviations qui accompagnent les renseignements concernant les salles.

○ Films interdits aux moins de 18 ans.
□ Films interdits aux moins de 16 ans.
△ Films interdits aux moins de 12 ans.
◆ Recommandés aux très jeunes.
(H) Salles accessibles aux handicapés physiques. Les numéros attribués aux salles multiples ne constituent qu'un repère pour la lecture des programmes, mais ne correspondent pas nécessairement à l'ordre donné par les exploitants.
DÉSIGNATION DES CARTES EN USAGE:
CB : Carte bleue Visa acceptée.
CP : Carte Pathé (50 euros - 10 entrées) Possibilité de réservation.

C UGC : Cartes UGC «Privilège» I et II (20 euros - 4 entrées) ou 28 euros (2 personnes - 6 entrées). Rens.: 01 47 47 12 34
TR : Tarif réduit appliqué aux catégories indiquées, sauf le vendredi soir, samedi, dimanche, fêtes et veilles de fêtes.
CF : Carte fidélité de la salle.
CV : Carte Vermeil.
FN : Familles nombreuses.
MI : Militaires appelés.
ET : Étudiants.
CH : Chômeurs.

Réponse ▲ ▲ ▲ a

Culture: Foreign films in France are shown both in the original language with subtitles (**version originale**) or dubbed in French (**version française**). The **Césars** are the French Academy Awards.

Grammar: In official time, the hour is treated as 60-minute whole. **14h15 = quatorze heures quinze, 17h30 = dix-sept heures trente, 22h45 = vingt-deux heures quarante-cinq.** Expressions such as **et quart, moins le quart,** and **et demi(e)** are not used.

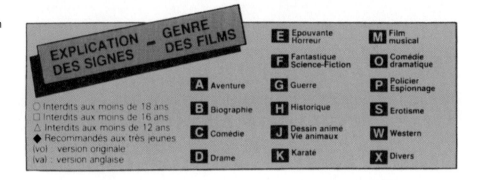

EXPLICATION DES SIGNES — GENRE DES FILMS

○ Interdits aux moins de 18 ans
□ Interdits aux moins de 16 ans
△ Interdits aux moins de 12 ans
◆ Recommandés aux très jeunes
(vo) : version originale
(va) : version anglaise

E Epouvante Horreur
F Fantastique Science-Fiction
A Aventure
B Biographie
C Comédie
D Drame
G Guerre
H Historique
J Dessin animé Vie animaux
K Karaté
M Film musical
O Comédie dramatique
P Policier Espionnage
S Erotisme
W Western
X Divers

C *Harry dans tous ses états.* (Deconstructing Harry.) 1h35. Américain. Réalisation et scénario: Woody Allen. Avec: Woody Allen, Robin Williams, Demi Moore, Elisabeth Shue, Billy Crystal. Un écrivain qui a «usé trois femmes et six pays» fait, dans ses romans, le récit à peine déguisé de ses aventures. Woody Allen mélange plusieurs intrigues, saute du présent au passé et du réel à l'imaginaire. (vo)

D *Welcome to Sarajevo.* 1h40. Anglais, Réalisation et scénario: Michael Haneke. Avec: S. Dillane, W. Harrelson, M. Tomei. Un journaliste de la télé britannique découvre à Sarajevo un orphelinat pris sous les bombes. Il ne se contente plus de témoigner et décide d'adopter une adolescente d'une troublante dignité. Film qui mêle fiction et documents d'archives. (vo)

H *Mémoires d'immigrés.* 2h40. Français. Réalisation: Yamina Benguigui. Ils ont tous la même étiquette: «immigrés maghrébins». Venus en France en rêvant de retourner chez eux, ils ont campé des années près de leurs valises avant de se résigner à l'expatriation définitive. Yamina Benguigui leur donne la parole et leur rend une identité. Superbe documentaire où les témoignages douloureux, dignes, jamais complaisants, redessinent le destin d'une communauté. Remarquable!

C *Western.* 2h15. Français. Réalisation: Manuel Poirier. Avec: Sergio Lopez, Sacha Bourdo. Paco, vendeur, et Nino, vagabond venu (comment?) de Russie, se rencontrent en Bretagne. Ensemble ils traversent la province, font des rencontres, connaissent des femmes. En artisan généreux, Manuel Poirier réussit un Road Movie où l'amitié et l'amour de la vie servent de super carburant. Cow Boys pacifiques, Sergio Lopez et Sacha Bourdo y forment un duo formidable. Un film excellent.

H *Dieu n'existe pas.* 1h30. Hongrois. Réalisation et scénario: Andras Jeles. Avec: Cora Fisher, Eva Lang, Peter Halasz. Hongrie, 1943. Eva, jeune fille juive de 13 ans, observe impuissante les événements qui conduisent sa famille à un sort tragique. Elle les écrit dans un journal intime. Cette Anne Frank hongroise émeut autant par sa justesse que par ses silences. (vf)

C *Un grand cri d'amour.* 1h30. Français. Réalisation: Josiane Balasko. Avec: Josiane Balasko, Richard Berry. Ancien couple mythique à la Burton/Taylor, les deux «has-been» Hugo Martial et Gigi Ortega sont obligés de refaire équipe au théâtre, quinze ans après leur séparation. Une agréable comédie mais ceux qui ont aimé la pièce risquent d'être déçus.

C *Michael Kael contre la World News Company.* 1h35. Français. Réalisation: Christophe Smith. Avec: Bruno Délépine, Marine Melterne. Comment Bill Clinton va faire un troisième mandat grâce au journaliste le plus mauvais de la planète.

Cela ne fait pas de «Michael Kael» un grand film, mais cette parodie des médias n'est pas éloignée de la vérité. Les amateurs de franche rigolade seront sans doute déçus, mais les autres verront dans le film une analyse réussie du monde des médias.

O *Broken Silence.* 1h46. Suisse. De Wolfgang Panzer. Avec: Martin Huber, Ameenah Kaplan. Fried était un moine qui avait fait vœu de silence... jusqu'à ce qu'il quitte la cellule de son monastère pour un grand voyage en Indonésie. 25 ans sans parler ni voir personne! Le choc est rude. Il rencontre Ashaela, une jeune Américaine noire d'une vingtaine d'années, pour qui Dieu ne veut rien dire. C'est un chemin l'un vers l'autre qu'ils vont parcourir. *Broken Silence* est une œuvre rare, à découvrir.

D *L'Arche du désert.* 1h30. Algérie. De Mohamed Chouikh. Avec: Myriam Aoufflen, Massaouda Adami. Majnun et Layla sont Roméo et Juliette dans le désert du Sahara. Mohamed Chouikh met en scène une histoire d'amour contrariée aux confins de l'Algérie, pour nous parler du racisme, de la vanité des hommes et du poids des coutumes. Superbe et intelligente composition visuelle, parfois un peu difficile à appréhender.

H *Amistad.* 2h35. États-Unis. Avec: Matthew McConaughey, Djimon Hounsou. Alors que la tempête s'abat sur un navire espagnol chargé d'esclaves, l'Amistad, les prisonniers parviennent à se défaire de leurs chaînes et à se rendre maîtres du navire, passant par les armes leurs bourreaux. Quelques jours plus tard, le navire est arraisonné au large des côtes du Connecticut et les Africains, inculpés de meurtre, sont jetés en prison. Une grande reconstitution historique. Un film nécessaire. (vo)

O *La Cité des anges.* (City of Angels.) États-Unis. Réalisation: Brad Silberling. Avec: Meg Ryan, Nicholas Cage. Maggie, jeune cardiologue perd un patient sur une table opération. C'est alors qu'intervient Seth, ange des temps modernes chargé d'emmener les défunts vers leur dernière demeure. Mais voilà qu'il tombe de plus en plus amoureux de Maggie... Le film de Brad Silberling est un drame passionnel à regarder au second degré. Âmes trop sensibles, n'oubliez pas vos mouchoirs! (vf)

A *Le bossu.* France. Réalisation: Philippe de Broca. Avec: Daniel Auteuil, Marie Gillain, Fabrice Lucchini. Grand divertissement labellisé qualité française, *Le bossu* est un remake. Un bon remake. L'histoire est parfaite pour un film de cinéma, avec des personnages perfides ou valeureux... et même amoureux! Bref, du grand spectacle.

D *Titanic.* 3h15. États-Unis. Réalisation: James Cameron. Avec: Leonardo Di Caprio, Kate Winslet. 3 dimensions dans ce film de James Cameron: l'histoire d'amour, l'histoire tout court et la métaphore. À trop faire confiance dans la

meilleure des technologies, l'Homme s'est retrouvé face à une mini-apocalypse. Et cette réflexion pourrait très bien se retransposer de nos jours avec la Génétique ou l'Informatique. Perfectionniste, l'œuvre est divertissante, tragique, belle. Une qualité de haut calibre avec des séquences totalement étourdissantes et vertigineuses. Un grand spectacle accessible à tous. (vo)

D *Soleil trompeur.* 2h32. Russie. Réalisation: Nikita Mikhalkov. Avec: Oleg Menchikov, Nadia Mikhalkov, Ingeborga Dapkounaite. En 1936, un homme travaillant pour la police de Staline réapparaît soudainement dans la vie d'une femme qu'il n'avait pas revue depuis dix ans. Un très beau film sur les sentiments et la liberté dans le cadre de la dictature stalinienne. (vo)

O *Les roseaux sauvages.* 1h50. France. Réalisation: André Téchiné. Avec: Élodie Bouchez, Gaël Morel, Stéphane Rideau. En 1962, l'arrivée dans ce lycée du sud-ouest de la France, d'une jeune Pied Noir pro-OAS conduit des adolescents à aller jusqu'au bout de leurs sentiments. César du Meilleur Film.

J *Les nouvelles aventures de Wallace et Gromit.* 1h13. Anglais. Réalisation: Peter Lord, David Sproxton, Boris Kossmehl, Sam Fell, Nick Park. Film d'animation. Nouvelles aventures des célèbres héros en pâte à modeler. Imagination et drôlerie. Oscar du Court-Métrage. (vo)

C *Ridicule.* 1h42. France. Réalisation: Patrick Leconte. Avec: Fanny Ardant, Charles Berling, Judith Godrèche, Jean Rochefort. Un gentilhomme de province va à Versailles en 1780 pour évoquer l'assainissement de ses marais auprès du roi. Il rencontre une marquise, une jolie jeune femme, et doit rivaliser d'esprit avec les courtisans. César du Meilleur Film.

O *Y aura-t-il de la neige pour Noël?* 1h30. France. Réalisation: Sandrine Veysset. Avec: Dominique Reymond, Daniel Duval, Jessica Martinez. L'amour de leur mère, la liberté, la campagne: les sept enfants en oublieraient la vie rude et complexe, l'absence de leur père. Un jour, pourtant, il revient et le bel univers devient chaos. Prix Luis Delluc, César de la Meilleure Première Œuvre.

F *Le Cinquième élément.* 2h. France. Réalisation: Luc Besson. Avec: Bruce Willis, Ian Holm, Milla Jovovitch. Au 22e siècle, un héros tente de découvrir «le cinquième élément» afin de sauver l'univers.

O *J'ai horreur de l'amour.* 2h14. France. Réalisation: Laurence Ferreira Barbosa. Avec: Jeanne Balibar, Jean Quentin Chatelain, Laurent Lucas. Annie, jeune docteur, essaie de convaincre un de ses patients atteint du SIDA de se faire soigner, alors qu'elle est poursuivie par un acteur paranoïaque.

À vous! *(Exercices de vocabulaire)*

A. Renseignons-nous!
Each week in Paris you can purchase entertainment guides at newsstands **(kiosques).** Answer the questions about the following excerpt from one of these guides, *L'Officiel des spectacles.*

○ *DOUBLE VIE DE VÉRONIQUE (LA).* —Norvégien-polonais, coul. (90). Comédie dramatique, de Krzysztof Kieslowski. Deux jeunes filles en tous points semblables, l'une est polonaise, l'autre française. Elles ne se connaissent pas et cependant un lien surnaturel semble les unir. Prix d'interprétation Cannes 1991. Avec Irène Jacob, Halina Gryglaszewska, Kalina Jedrusik, Aleksander Bardini, Wladyslaw Kowalski. **Gaumont les Halles 1er** (vo), **Gaumont Opéra 2e** (vo), **Saint-André-des-Arts 6e** (vo), **Pagode 7e** (vo) **Gaumont Ambassade 8e** (vo), **Bastille 11e** (vo), **Gaumont Alésia 14e** (vo), **Gaumont Parnasse 14e** (vo).

GAUMONT LES HALLES, rue du Forum, Pte Rambuteau (Niveau - 3), Mº Châtelet-Les Halles, 40 26 12 12. (H). Pl. 6, 50€. CB. TR. 5€ : lun + ET, CV et FN du dim 20h au ven 18h et - 18 ans (dim 20h au mar 18h). TU. 4€: de 11h à 12h45.

1) Séances 11h40, 13h45, 15h50, 17h55, 20h, 22h05. Film 20 mn après.
LA DOUBLE VIE DE VÉRONIQUE (vo)

2) Séances: 11h10, 13h45, 16h20, 18h55, 21h30. Film 15 mn après.
△ *LES ANGES DE LA NUIT* (vo) (Dolby stéréo)

3) Séances: 11h10, 13h45, 16h20, 18h55, 21h30. Film 15 mn après.
JUNGLE FEVER (vo)

4) Séances 11h20, 13h45, 15h30, 17h35, 19h40, 21h45. Film 25 mn après.
TOTO LE HÉROS

5) Séances: 11h30, 14h, 16h30, 19h, 21h30. Film 25 mn après.
□ *LE SILENCE DES AGNEAUX* (vo)

6) Séances: 11h40, 14h10, 16h40, 19h10, 21h40. Film 25 mn après.
CE CHER INTRUS (vo)

1. What kind of film is *La Double Vie de Véronique?* When was it made? Who directed it? How many movie theaters is it playing at?
2. One place where *La Double Vie de Véronique* is being shown is the **Gaumont les Halles.** Where is this movie house located? Where do you get off the subway when you go there?
3. You are meeting a friend, who is not free until after 8:30 P.M. Which show will you attend?
4. There are usually short subjects before the main feature. At what time will *La Double Vie de Véronique* start?
5. How much will it cost to see the film? Does everyone pay the same price?

B. Qu'est-ce qu'on va voir?
First, read the film descriptions on page 190. Then, answer the questions.

1. Which countries are represented?
2. Which films are being shown in English with subtitles?
3. Which of the films deal with issues you're interested in?
4. Which of these films have you heard of or seen?
5. Which films would you rather not see? Why not?
6. Which films would you like to see?

Now, using the information in the **Point de départ,** recommend films to your friends. They'll tell you what kinds of films they like and will ask you questions about the film you propose. Depending on your answer, they'll either accept or reject your choice. If they reject it, propose another film and go through the same process.

Modèle: —*Moi, j'adore les comédies dramatiques.*
—*On pourrait aller voir* Y aura-t-il de la neige pour Noël?
—*Quel est le sujet du film?*
—*C'est l'histoire d'une famille avec sept enfants. Ils habitent à la campagne.*
—*C'est un film français?*
—*Oui.*
—*Qui est le réalisateur (director)?*
—*C'est une réalisatrice: Sandrine Veysset.*
—*Bon, d'accord. Pourquoi pas?*

C. Rendez-vous au cinéma. Invite a friend to go to the movies with you. Then make the arrangements about where and when to meet.

> **Modèle:** *Amistad* / devant le cinéma / 18h15
> —*Est-ce que tu veux voir* Amistad?
> —*Oui, pourquoi pas? On dit (People say) que c'est un très bon film.*
> *À quelle heure est-ce que tu veux y aller?*
> —*Il y a une séance à 18h15.*
> —*Très bien. On se retrouve devant le cinéma vers 18h (6h)?*

1. *J'ai horreur de l'amour* / à la station de métro Vavin / 21h40
2. *Y aura-t-il de la neige pour Noël?* / au café Le Royal / 17h45
3. *L'Arche du désert* / à la station de métro Saint-Sulpice / 18h50
4. *Soleil trompeur* / devant le cinéma / 14h

■ R e p r i s e : première étape

D. Quel temps est-ce qu'il a fait hier? Match the headlines with the descriptions of yesterday's weather.

1. Il a fait du vent.   4. Il a fait chaud.   6. Il a plu.
2. Il a fait du brouillard. 5. Il a neigé.   7. Le temps a été nuageux.
3. Il y a eu un orage.

inondées: flooded

fermé: closed

bateau à voile: sailboat

transpirer: to sweat /
  se réjouir: to be delighted

depuis: for

Joie chez les agriculteurs

Trois maisons inondées!

Aéroport fermé

Accident de bateau à voile

35°! La France transpire!

Les skieurs se réjouissent!

Pas de soleil depuis 15 jours

E. Un séjour à Paris. *(A stay in Paris.)* Here's a paragraph from a letter you wrote to a friend last year explaining your plans for a visit to Paris. Now that you've returned from your trip, you want to tell your friend that you fulfilled your plans. Redo the paragraph by changing italicized verbs to the **passé composé.** Start your story with: **L'année dernière, j'ai visité Paris.** *(Last year I visited Paris.)*

L'année prochaine je *vais visiter* Paris. Avant de quitter les États-Unis, mes parents et moi, nous *allons étudier* le plan de la ville et mon père *va acheter* les billets d'avion. Je *vais* aussi *chercher* des renseignements sur Paris à la bibliothèque de mon université et sur Internet. Ma famille et moi, nous *allons quitter* New York le 25 juin et nous *allons traverser* l'Atlantique en avion. À Paris nous *allons commencer* notre visite par l'avenue des Champs-Élysées. Moi, je *vais visiter* le quartier des étudiants (le Quartier latin). Le soir, mon père et ma mère *vont visiter* Saint-Germain-des-Prés, et moi je *vais regarder* la télévision française. Nous *allons* aussi *manger* beaucoup de choses délicieuses. Nous *allons* beaucoup *aimer* Paris.

F. Et vous? Répondez aux questions.

1. Est-ce que vous étudiez beaucoup? Est-ce que vous avez étudié hier soir? Est-ce que vous allez étudier ce soir?
2. D'habitude, est-ce que vous dînez à l'université, au restaurant ou à la maison? Où est-ce que vous avez dîné hier soir? Où est-ce que vous allez dîner ce soir?
3. Est-ce que vous aimez voyager? Est-ce que vous avez fait un voyage récemment? Est-ce que vous allez faire un voyage l'année prochaine?
4. Est-ce que vous prenez le petit déjeuner d'habitude? Est-ce que vous avez pris le petit déjeuner ce matin? Est-ce que vous allez prendre le petit déjeuner dimanche matin?

Structure

Les adverbes et les prépositions désignant le passé

La semaine dernière j'ai visité Montmartre.	*Last week* I visited Montmartre.
Nous avons déjeuné ensemble **hier.**	We had lunch *yesterday*.

The following time expressions are used to talk about an action or a condition in the past.

hier *yesterday*
hier matin (après-midi, soir) *yesterday morning (afternoon, evening)*
mercredi (samedi) dernier *last Wednesday (Saturday)*
le week-end dernier *last weekend*
la semaine dernière *last week*
le mois dernier *last month*
l'année dernière *last year*

Vocabulary: There are two French equivalents for *year.* L'année *(f.)* is used with an adjective (l'année prochaine); l'an *(m.)* is used with a number (un an, trois ans). The same difference applies to le jour and la journée.

The following expressions will enable you to express for how long you did something and how long ago something happened.

pendant une heure (deux jours, six ans)   *for an hour (two days, six years)*

il y a une heure (deux mois, cinq ans)   *an hour (two months, five years) ago*

Notice that time expressions are usually placed either at the beginning or at the end of the sentence.

G. Mise en train: Remplacez les mots en italique et faites les changements nécessaires.

1. *Hier,* nous avons eu un accident. (la semaine dernière / jeudi dernier / hier soir / l'année dernière)
2. Qu'est-ce que tu as fait *samedi dernier?* (hier après-midi / le mois dernier / la semaine dernière / il y a huit jours)
3. Ils ont été à Paris *la semaine dernière.* (il y a trois ans / le mois dernier / pendant deux semaines / il y a quinze jours)

Grammar: The verbs **avoir** and **être** have irregular past participles: **avoir** = **eu**, **être** = **été**.

Application

H. Mais non! Claire Maurant often contradicts what her brothers and sisters try to tell her parents. Use the expressions in parentheses to play the role of Claire.

Modèles: Gérard a habité à Paris pendant deux ans. (un an)
Mais non! Il a habité à Paris pendant un an.

Claire va visiter la cathédrale demain. (hier)
Mais non! J'ai visité la cathédrale hier.

1. Hervé a été à Paris il y a quatre jours. (trois semaines)
2. Françoise va parler à ses parents cette semaine. (la semaine dernière)
3. Nous avons travaillé pendant cinq heures. (trois heures)
4. M. et Mme Beaulieu vont acheter une maison. (l'année dernière)
5. Nos cousins vont visiter le musée demain. (mardi dernier)
6. Claire va travailler ce soir. (hier soir)
7. Ses copines ont téléphoné hier. (il y a huit jours)
8. Les Leroux ont acheté leur voiture la semaine dernière. (le mois dernier)

I. Pourquoi? Parce que... For each of the questions, invent a reason that includes a past time expression.

Modèle: —Pourquoi est-ce que vous n'allez pas visiter la cathédrale?
—*Parce que nous avons visité la cathédrale hier (la semaine dernière, il y a trois jours, etc.).*

1. Pourquoi est-ce que tu n'as pas acheté de chocolat?
2. Pourquoi est-ce qu'ils ne vont pas à la bibliothèque?
3. Pourquoi est-ce que vous n'allez pas visiter le musée?
4. Pourquoi est-ce que tu ne prends pas de déjeuner?
5. Pourquoi est-ce qu'elle ne téléphone pas à ses parents?
6. Pourquoi est-ce que vous n'allez pas voir *Amistad*?

Tuyau-prononciation
La voyelle *u*

In French, the letter **u,** when not followed by another vowel or by the consonants **m** or **n** at the end of a word or before another consonant, is always pronounced in the same fashion. To learn to make the sound represented by the letter **u,** first pronounce the letter **i** (remember to spread your lips in a smile). Then, keeping the interior of your mouth in the same tense position, move your lips forward as if to whistle. There is no equivalent sound in English.

J. Read each word aloud, being careful to pronounce the **u** sound with your lips positioned as far forward as possible.

une / tu / fume / autobus / bureau / portugais / salut / vue / russe / musique / musée / sur / architecture / d'habitude

Structure

Le passé composé avec *être*

Je suis sorti hier soir.
I went out last night.

Nous sommes allés au concert et ensuite à un café.
We went to the concert and then to a café.

Vous êtes restés longtemps au café?
Did you stay at the café a long time.

Non, **nous sommes rentrés** vers 11h30.
No, *we got home* about 11:30.

To talk about past events, you have already learned to use the **passé composé** with the auxiliary verb **avoir.** In addition, some verbs use **être** as their auxiliary verb in the **passé composé.** The past participles of many of these verbs are formed in the regular manner (that is, **-er** becomes **-é**). Note, however, that the past participles of **descendre** and **sortir** are **descendu** and **sorti.** Here are some verbs conjugated with **être:**

Infinitive	Past participle
aller	**allé**
arriver	**arrivé**
descendre	**descendu**
entrer	**entré**
monter	**monté**
rentrer *(to go home, to come home)*	**rentré**
rester *(to remain, to stay)*	**resté**
retourner	**retourné**
sortir	**sorti**

The past participle of a verb conjugated with **être** acts like an adjective. This means that it agrees in gender (masculine or feminine) and in number (singular or plural) with the subject of the verb. Notice the various possibilities in the first and second persons:

je **suis allé** / je **suis allée**
tu **es allé** / tu **es allée**
nous **sommes allés** / nous **sommes allées**
vous **êtes allé** / vous **êtes allée** / vous **êtes allés** / vous **êtes allées**

In the third person, each past participle has only one possible form:

il **est allé**   ils **sont allés**
elle **est allée**   elles **sont allées**

K. Mise en train: Remplacez le sujet en italique et faites les changements nécessaires.

1. *Hervé* est allé au cinéma. (Jeanne / je / nous / les autres / vous / tu)
2. *Yvonne* n'est pas sortie. (Marc / Sylvie et Alain / nous / je / tu / vous)
3. Est-ce que *vous* êtes descendus à Châtelet? (Monique / vos amis / elles / tu / Éric)

Application

L. Oui ou non? You're part of a student group on a tour of Paris. All of the students have dispersed, leaving you the only one to answer the group leader's questions. Answer **oui** or **non** according to the cues in parentheses.

1. Est-ce que Nicole et Marie-Claire sont sorties? (oui)
2. Est-ce que Madeleine est allée à la tour Eiffel? (non / au Louvre)
3. Est-ce que Didier est resté dans sa chambre? (oui)
4. Est-ce que Bénédicte est déjà rentrée? (non / pas encore [*not yet*])
5. Est-ce que Philippe et sa sœur sont arrivés? (oui)
6. Est-ce qu'Anne et Chantal sont montées dans leur chambre? (non)
7. Est-ce que Sylvie est allée au théâtre? (oui)
8. Est-ce que tu es allé(e) au Quartier latin? (non)

M. Les cousins. Each time that Claire Maurant asks her cousins, Mireille and Jean-Francis Loiseau, a question, they say that the activities were already carried out.

Modèle: Est-ce que vous voulez aller à la piscine aujourd'hui? (hier)
Non, nous sommes allés à la piscine hier.

1. Mireille, tu veux aller à Montmartre ce soir? (hier soir)
2. Est-ce que tes parents vont rentrer de leur voyage demain? (mardi dernier)
3. Est-ce que nos cousins suisses vont arriver demain? (il y a trois jours)
4. Est-ce que vous voulez aller au théâtre cette semaine? (la semaine dernière)
5. Jean-Francis, tu veux sortir ce soir? (tous les soirs la semaine dernière)
6. Mireille, est-ce que ton ami américain Jim va bientôt retourner à New York? (déjà)
7. Est-ce que nous allons au Louvre cet après-midi? (déjà / trois fois cette semaine)
8. Est-ce que votre père va bientôt rentrer? (il y a une heure)

N. La journée de Claire. Use the verbs to tell what Claire Maurant did last Wednesday. Be careful to distinguish verbs conjugated with **être** from those conjugated with **avoir**.

Modèles: quitter la maison
Elle a quitté la maison.

aller au bureau de tabac
Elle est allée au bureau de tabac.

1. aller à la station de métro
2. prendre le métro
3. descendre à l'île de la Cité
4. visiter le Palais de Justice
5. rester au musée jusqu'à deux heures et demie
6. rentrer à la maison
7. monter dans sa chambre
8. téléphoner à une amie
9. retrouver l'amie près du Grand Rex
10. aller voir *La Mouche* (The Fly)

Débrouillons-nous!

O. Mon week-end. Using the verbs you've already learned, describe to another student what you did during a memorable weekend. (If you prefer, you may describe the weekend of a friend or a family member). Use verbs conjugated with **avoir** and verbs conjugated with **être**.

Reminder: The following verbs you know are conjugated with **être: aller, descendre, entrer, monter, rentrer, rester, retourner, sortir.**

P. Allons au cinéma! Make arrangements with another student to go to the movies. Discuss the kind of film you would like to see, choose a film, and arrange where and when you'll meet.

À faire chez vous:
**CAHIER, Chapitre 5,
2ᵉ étape**

Troisième étape

Point de départ

On pourrait faire une excursion!

On pourrait: we could

split up / Some (of them)...
the others... / singer /
they all met (again)

Samedi soir Claire et ses amis **se sont séparés. Les uns** sont allés écouter du jazz, **les autres** sont allés voir un **chansonnier** à un café-théâtre. Puis **ils se sont retrouvés** dimanche matin pour refaire des projets.

play a game of tennis

to win
*reconstructed castle on a mountain peak
about 50 km southwest of Strasbourg*

crazy / difficult

go for a hike
mountain range

CLAIRE: Il fait un temps splendide aujourd'hui! Qu'est-ce qu'on va faire?

ANDRÉ: Vous voulez jouer au golf? Je peux téléphoner pour réserver.

THIERRY: Ou, si vous préférez, pourquoi ne pas **faire une partie de tennis?**

CLAUDETTE: Non, non, non. Vous autres garçons, vous voulez toujours **gagner.** Moi, je veux m'amuser.

CLAIRE: Écoutez! J'ai une idée. On va faire une excursion... au **Haut-Koenigsbourg.**

CLAUDETTE: Voilà. Une jolie petite promenade à vélo.

THIERRY: Mais vous êtes **folles**! À vélo! C'est loin. C'est très **difficile.**

CLAIRE: Eh bien, si vous voulez, on prend la voiture, on apporte un pique-nique, on visite le château, puis on **fait une randonnée** dans les **Vosges.**

ANDRÉ: Ah! Super! Allons-y!

Qu'est-ce que vous faites comme sport?

MOHAMMED (MOMO), 20 ans

Deux fois par semaine, je retrouve mes amis à la piscine municipale. J'adore nager. J'aime aussi le basket, le foot... j'aime tous les sports, quoi.

REIKO, 19 ans

Je suis membre d'un club de patinage et on s'entraîne trois fois par semaine. Je fais partie de l'équipe interscolaire de patinage. Je fais aussi de la danse moderne. Je pense que le patinage et la danse vont très bien ensemble.

FRÉDÉRIC, 18 ans

Moi, mon passe-temps préféré, c'est la voile. J'adore tous les sports nautiques. J'aime faire du surf, du ski nautique, de la planche à voile et même du kayak. Ma famille et moi nous passons toutes nos vacances au bord de la mer.

MÉLANIE, 12 ans

Je joue au foot presque tous les jours. On peut dire que je suis folle de foot. Un jour je veux faire partie d'une équipe et je veux jouer professionnellement. J'ai des albums avec mes joueurs préférés et je les regarde aussi à la télévision. Le foot, c'est hyper-chouette!

faire du ski nautique

jouer au golf

faire de l'alpinisme

faire une randonnée

jouer au frisbee

faire du surf de neige (du snowboarding)

faire du roller(blade)

faire du cheval (faire de l'équitation)

V i d é o : Questions de fond

1. Nommez quatre activités qu'on peut pratiquer au Club Med.
2. Quelle est l'activité la plus pratiquée au Club Med?
3. Qui choisit les activités pour les clients?

DICO

Dire comment on passe son temps libre

Je m'amuse à... I have fun (I like) . . .
Je passe mon temps à... I spend my time . . .
Quand j'ai du temps libre, je... When I have free time, I . . .
Mon passe-temps préféré, c'est... My favorite leisure-time
   activity is . . .

Pour parler des sports

aller à la chasse (faire de la chasse)   to go hunting
aller à la pêche (faire de la pêche)   to go fishing
être membre d'une équipe (interscolaire)   to be part of an
   (intercollegiate) team
faire de l'aérobic
faire de l'athlétisme   track and field
faire de la boxe
faire de la danse
faire de la gymnastique
faire de la luge
faire de la planche à roulettes   skateboarding
faire de la plongée sous-marine   scuba diving
faire de la voile   to sail
faire du base-ball (jouer au base-ball)
faire du basket (jouer au basket)
faire du canoë (du kayak)
faire du cyclisme
faire du foot (jouer au foot)   to play soccer
faire du football américain (jouer au football américain)
   to play football
faire du hockey (faire du hockey sur glace)
faire du jogging
faire du judo
faire du karaté
faire du ping-pong (jouer au ping-pong)
faire du saut à l'élastique   bungee jumping
faire du ski (alpin)   downhill skiing
faire du ski de fond   cross-country skiing
faire du sport   to be involved in sports
faire du squash (jouer au squash)
faire du tennis (jouer au tennis)
faire du volley-ball (jouer au volley-ball)
jouer à   to play + *sport (game)*

Le savez-vous?
Which of the following is the most
popular participant sport in France?
a. bicyling
b. aerobics
c. skiing
d. swimmimg

Réponse ▲ ▼ ▼ c

ZOOM!

Le jeu de boules (La pétanque)

Le jeu de boules or **la pétanque** is very popular in France. It's played on flat, often sandy, ground. One of the players throws the small wooden ball (**le cochonnet**) a distance from the players. The game then consists of each player throwing metal balls (**les boules**) toward the **cochonnet** with the goal of coming as close to the wooden ball as possible. The person or team with the balls closest to the wooden ball wins the game.

Une partie de boules

À vous! (Exercices de vocabulaire)

A. Plus ou moins? Make comparisons using the list of sports and the following adjectives: **dangereux(-se) / ennuyeux(-se) / difficile / facile / intéressant(e) / amusant(e).**

> **Modèles:** *Le saut à l'élastique est plus dangereux que le basket.*
> *La pêche est plus ennuyeuse que le roller.*

B. Vous et les sports. Give your personal reactions to or experiences with each of the activities mentioned.

> **Modèle:** faire de l'aérobic
> *Je fais de l'aérobic presque tous les jours.* or
> *Je voudrais bien faire de l'aérobic, mais je n'ai pas le temps.* or
> *J'ai fait de l'aérobic ce matin.* or
> *Je n'ai jamais fait d'aérobic.* or
> *Quand j'ai du temps libre, je fais de l'aérobic.*

1. faire du jogging
2. nager
3. aller à la pêche
4. faire de la danse
5. faire de la plongée sous-marine
6. faire des randonnées
7. faire du ski (alpin, de fond)
8. faire de la planche à voile
9. jouer au basket
10. faire de la planche à roulettes
11. faire de l'athlétisme
12. faire du surf de neige
13. faire du saut à l'élastique
14. jouer aux boules
15. faire du roller(blade)
16. jouer au squash
17. faire du tennis
18. jouer au foot
19. faire du cheval
20. jouer au basket

C. Alors, qu'est-ce qu'on va faire? Make plans with your group based on the weather conditions given. Each one of you should come up with at least one sports type activity. Then the others say how they feel about the possibilities. Then finally decide on the activity, the time, and the place.

1. Il fait très chaud et humide.
2. Il a neigé hier soir.
3. Il fait beau.
4. Il fait frais.

R e p r i s e : deuxième étape

D. Je suis allé(e) en ville hier après-midi. Using the verbs in the drawing describe what the people did yesterday.

Modèle: je
J'ai quitté l'hôtel à 12h30, je suis allé(e)...

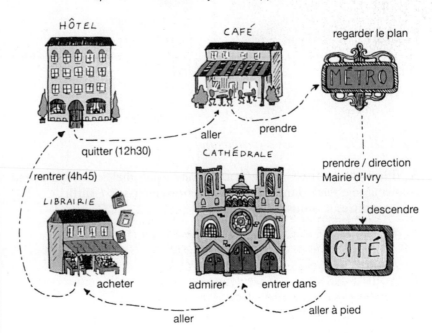

1. je
2. Jean-Jacques
3. ma sœur et moi, nous
4. mes amis

E. Le calendrier de Massyla Fodéba. Look at Massyla Fodéba's calendar for last week and answer the questions about his activities. Today is Monday the fifteenth.

Modèle: Quand est-ce que Massyla a déjeuné avec sa famille?
Il a déjeuné avec sa famille hier.

Lundi	8	chez le dentiste
Mardi	9	cinéma avec Raoul
Mercredi	10	
Jeudi	11	bibliothèque (3h-7h)
Vendredi	12	rendez-vous avec le professeur Arnault
Samedi	13	dîner chez les Piéron
Dimanche	14	déjeuner en famille
		cinéma avec Maryse

1. Quand est-ce qu'il est allé à la bibliothèque?
2. Pendant combien de temps est-ce qu'il est resté à la bibliothèque?
3. Quand est-ce qu'il a dîné avec les Piéron?
4. Quand est-ce qu'il a eu rendez-vous avec son professeur? (il y a ____ jours)
5. Combien de fois *(times)* est-ce qu'il est allé au cinéma la semaine dernière?
6. Quand est-ce qu'il est allé au cinéma avec Maryse?
7. Quand est-ce qu'il est allé chez le dentiste?

Tuyau-prononciation
Les combinaisons *ai* et *au*

Text Audio CD Track 1-39

The combinations **ai** and **au** are pronounced as single vowel sounds in French. The letters **ai** sound like the *e* in the English word *melt*. The combination **au** is pronounced like the *o* in the English word *hope*.

F. Read each word aloud, being careful to pronounce the **ai** combination as a single sound.

j'aime / française / anglais / frais / je vais / maître / semaine / il fait

G. Now read each word aloud, being careful to pronounce the **au** combination as a single sound.

au / aussi / auto / autobus / de Gaulle / gauche / aujourd'hui / haut

Le passé composé des verbes pronominaux

Je me suis trompée.	*I made a mistake. (I was mistaken.)*
Hélène ne s'est pas disputée avec son frère.	*Hélène didn't have a fight (an argument) with her brother.*
Ils se sont parlé au téléphone hier soir et tout va bien.	*They spoke (to each other) on the phone last night and everything is OK.*

In the **passé composé,** *all* pronominal verbs are conjugated with the auxiliary verb **être.** The reflexive or reciprocal pronoun is placed directly in front of the auxiliary verb:

se tromper	
je **me suis trompé(e)**	nous **nous sommes trompés(es)**
tu **t'es trompé(e)**	vous **vous êtes trompé(e)(s)(es)**
il, on **s'est trompé**	ils **se sont trompés**
elle **s'est trompée**	elles **se sont trompées**

The past participle usually agrees in gender and number with the reflexive or reciprocal pronoun (which stands for the subject).

To form the negative, place **ne... pas** around the auxiliary verb:

Je **ne** me suis **pas** bien amusé hier soir.
Elles **ne** se sont **pas** disputées.

Application

H. Mise en train: Remplacez le sujet en italique et faites les changements nécessaires.

1. *Je* me suis bien amusé hier soir. (Marie / nous / les garçons / vous / tu / on)
2. *Elle* ne s'est pas trompée. (tu / les autres / je / vous / Henri / nous)
3. *Ils* se sont disputés? (vous / elles / les autres / Jeanne et ses parents)

I. Pourquoi (pas)? Say that if the following people are or are not doing something, it's because of what they have previously done, as indicated in parentheses.

> Modèle: Ton frère est toujours au lit? (se coucher à 1h du matin)
> *C'est parce qu'il s'est couché à 1h du matin.*

1. Tu te couches déjà? (se coucher à minuit hier soir)
2. Martine et Charles ne se parlent pas? (se disputer la semaine dernière)
3. Tu ne téléphones pas à Robert ce matin? (se parler hier)
4. Tes frères ne veulent pas aller au festival? (ne pas s'amuser l'année dernière)
5. Tu as envie d'aller danser ce soir? Tu n'es pas fatigué(e)? (se reposer cet après-midi)
6. Comment! Jean-Pierre n'est pas à Lyon? Il est à Grenoble! (se tromper de train)
7. Tu veux te reposer un peu? (se lever de très bonne heure ce matin)
8. Comment! Anne-Marie aime faire du jogging? (s'acheter un Walkman)

J. Ils se sont bien amusés. Using the verbs suggested, recount the day that Michel Kerguézec spent with his friend François. Fill in appropriate details, such as times, food, etc.

> **Modèle:** s'amuser bien
> *Michel et son ami François se sont bien amusés (vendredi dernier). Michel...*

1. se lever
2. téléphoner à
3. se parler pendant
4. inviter _____ à aller
5. se retrouver
6. décider de
7. se tromper de jour
   (*to go on the wrong day*)
8. décider de
9. aller
10. retourner chez
11. jouer aux cartes
12. rentrer
13. manger
14. se coucher

Now recount the day's activities from Michel's point of view.

> **Modèle:** *François et moi, nous nous sommes bien amusés (vendredi dernier). Je...*

Débrouillons-nous!

K. Échange. Compare what you did yesterday with another student's activities. Use both pronominal and nonpronominal verbs.

> **Modèle:** —*Hier matin je me suis levé(e) à 7h. Et toi?*
> —*Moi, je suis resté(e) au lit jusqu'à 9h. Etc.*

L. Et s'il pleut? Et s'il fait super beau? With two or three classmates, plan some outdoor activities for the coming weekend. In your discussion, consider various weather possibilities. Work out as many details as you can.

À faire chez vous:
CAHIER, Chapitre 5,
3ᵉ étape

Student Audio CD Tracks 2-16–2-23
Now that you've completed the first three **étapes** of **Chapitre 5**, listen to the STUDENT CD, Tracks 2-16–2-23. See **CAHIER, Chapitre 5,** *Écoutons!*, for exercises that accompany this segment.

Point d'arrivée

À faire chez vous:

**Student Audio CD Tracks 2-24–2-25
CAHIER, Chapitre 5, *Rédigeons!***
Travail de fin de chapitre (including
STUDENT AUDIO CD, Tracks 2-24–2-25)

Activités orales

Exprimons-nous!

The following expressions are useful for recounting a sequence of activities:

d'abord (premièrement)
ensuite (puis)
enfin

D'abord, j'ai fait des courses: je suis allé(e) au bureau de poste, j'ai acheté un livre pour mon cours d'histoire et je suis allé(e) chercher de l'argent à la banque. **Ensuite**, je me suis promené dans le parc, **puis** j'ai pris quelque chose à boire au café. **Enfin**, je suis rentré(e) à la maison.

A. Ma journée. Describe your activities, from the time you got up to the time you went to bed, on a recent school day or on a day when you didn't have any classes.

B. Au café. You and some friends meet downtown in a café. Greet each other, order something to drink and eat, and then use the movie descriptions on page 190 to decide which film you would all like to see.

C. Un week-end. Tell your classmates about one of your favorite weekends. If possible, bring in photos and describe your activities and those of your friends (or family members).

D. Faire le pont. *(To have a long weekend.)* You and your friends have a three-day weekend, which the French call **un pont** (literally *a bridge*). You want to get the most out of the weekend, so you make a very detailed schedule of activities, both outdoor and indoor. Make sure you come up with alternatives in case of bad weather. Your plans should include all the details (e.g., time, place, food, etc.).

E. Il y a quelques semaines. *(A few weeks ago)* Claire Maurant describes one of the days she spent in Paris with her cousins Mireille and Jean-Francis Loiseau. Use the **passé composé** to recreate her sentences, making sure to distinguish between pronominal and nonpronominal verbs.

> Modèle: Jean-Francis et Mireille / se lever à 7h
> *Ce jour-là (that day) Jean-Francis et Mireille se sont levés à 7h.*

1. je / se lever à 7h30
2. je / prendre une douche *(shower)*
3. Jean-Francis / faire du jogging
4. Mireille et moi / faire du yoga
5. Jean-Francis et Mireille / se préparer pour aller au travail
6. nous / déjeuner ensemble
7. ils / se dépêcher pour prendre leur autobus
8. je / rester chez eux *(at their house)* jusqu'à 10h
9. je / faire des courses
10. je / s'acheter un nouveau maillot de bain *(bathing suit)*
11. Mireille et moi / se retrouver à 12h30 pour déjeuner
12. Jean-Francis / aller chercher sa fiancée Jocelyne à la gare
13. Jean-Francis et Jocelyne / s'embrasser
14. ils / rentrer chez Jean-Francis
15. Mireille et moi / retrouver les deux amoureux vers 6h
16. nous / dîner ensemble au restaurant
17. Mireille et moi / s'amuser à écouter des disques compacts
18. Jean-Francis et Jocelyne / se parler
19. je / se coucher vers 23h
20. les autres / ne pas se coucher avant minuit

F. Un jour de pluie... un jour de neige... un jour de soleil... Tell your classmate(s) about a particularly enjoyable day you remember (or imagine). Choose a day in which you participated in one or more outdoor activities. In your description, include the weather and your routine activities as well as sports.

> Modèle: *Il a fait très froid ce jour-là et il a neigé. Je me suis levé(e)...*

Activité écrite

G. Mon journal. Evaluate the diary entry that one of your classmates wrote in the *Cahier de travaux pratiques* («Rédigeons!») using the following guidelines.

1. **Contenu:** Did the diary entry cover at least two days that were very different? Does the entry include enough detail (weather, activities)?

2. **Langue et grammaire:** Read the diary entries for language accuracy. Pay particular attention to the following: spelling, correct writing of dates and times, use of the **passé composé** with appropriate agreements.

Lecture

Deux Jeunes Sportifs

Avant la lecture:
Quels sont vos sports préférés?
À votre avis, quels sont les sports les plus
  dangereux? les moins dangereux?
Est-ce que vous participez à un sport
  considéré «dangereux»? Lequel?
À votre avis, pourquoi est-ce que
  certaines personnes aiment les sports
  dangereux?

Vincent

Salut! Je m'appelle Vincent. J'ai 20 ans. Mon passe-temps préféré, c'est le sport. Je fais du ski nautique et de la planche à voile. Quelquefois, je fais aussi du ski. Mon sport idéal, c'est le snowboarding. Je voudrais essayer[1] le snowboarding parce que c'est plus rapide et plus excitant que le ski. J'adore la neige. Je n'ai pas peur de faire du snowboarding. Mais c'est un sport assez dangereux à cause de la vitesse[2] et des risques de chutes.[3] Je voudrais faire du snowboarding au Canada. Au Canada, il y a beaucoup de montagnes et de grands espaces. Je voudrais en faire avec mes copains. C'est plus amusant parce que quand on tombe,[4] ça fait rire[5] les copains!

Le snowboarding en France

Le snowboarding (surf de neige) est né en 1960 aux États-Unis. Il arrive en France à la fin des années 70. Le snowboarding est basé sur le surf et le skate-board. C'est un sport très populaire en France. Plus de 90 000 Français pratiquent le snowboarding. La France a beaucoup de grandes stations de ski idéales pour le snowboarding.

Est-ce que vous aimez faire du ski?
OUI   NON

Est-ce que vous voudriez faire du snowboarding?
OUI   NON

Est-ce qu'il y a beaucoup de stations de ski dans votre pays?
OUI   NON

Ketty

Je m'appelle Ketty. J'ai dix-huit ans. J'aime beaucoup le sport. Je fais du jogging et de la course d'endurance régulièrement. Pour moi, faire du sport, c'est important pour le physique et le mental. Mon sport idéal, c'est le saut à l'élastique. C'est un sport dangereux, mais c'est très excitant. J'aime le risque. Le saut à l'élastique donne des sensations très fortes.

Bien sûr, j'ai un peu peur, mais j'aime bien les choses effrayantes.[6] Par exemple, j'adore les films d'horreur ou de suspense. Mon endroit[7] idéal pour faire du saut à l'élastique, c'est l'Australie. C'est un sport très populaire en Australie. Il y a beaucoup d'endroits très beaux où on peut faire du saut à l'élastique.

Le saut à l'élastique

Le saut à l'élastique est introduit en France en 1986. On peut sauter d'un pont, d'un monument, d'une grue,[8] etc. Le saut est de 30 à 150 mètres. Le sport est interdit en 1989 après un accident mortel. Mais il est de nouveau autorisé quelques mois plus tard. En France, entre 80 000 et 100 000 personnes font du saut à l'élastique chaque année.

Et vous, est-ce que vous voulez faire du saut à l'élastique?

OUI   NON

Est-ce que vous aimez les choses qui font peur?

OUI   NON

Est-ce que vous aimez les films d'horreur?

OUI   NON

1. to try   2. speed   3. falls   4. you fall   5. laugh   6. scary   7. place   8. crane (machine)

Les 24 Heures du Mans

C'est une course automobile. Elle dure vingt-quatre heures. Elle a lieu chaque année en juin au Mans (à l'ouest de Paris). Elle commence un samedi après-midi et elle finit le dimanche suivant à seize heures. Chaque voiture a deux ou trois pilotes.

Le Tour de France

C'est une course[9] cycliste internationale. Elle a lieu en été (juin/juillet). Elle dure environ un mois. Elle est divisée en étapes. La longueur de la course est d'environ quatre mille kilomètres.

Les championnats de Roland Garros

Les internationaux de France de tennis ont lieu tous les ans au stade Roland Garros, à Paris. Ils durent deux semaines (la dernière semaine de mai et la première semaine de juin). Le stade a trente-deux courts de tennis. Il y a plus de huit cents matchs pendant les internationaux. Pendant les championnats, il y a cent quatre-vingts ramasseurs de balles.[10] Ces jeunes ont entre douze et dix-sept ans. Ils sont tous membres de clubs de tennis.

▶ Le sport, c'est l'activité préférée des quatorze à dix-neuf ans. Six jeunes sur dix font du sport régulièrement.

▶ Un jeune sur deux joue au football, fait du jogging ou de la gymnastique de façon régulière.

▶ Trois jeunes sur dix sont membres d'un club sportif.

▶ Un Français sur trois pratique régulièrement un sport d'équipe. 28% des jeunes pratiquent un sport individuel comme l'athlétisme, le judo, la natation, le tennis ou le ski.

▶ Les sports les plus pratiqués sont le football, la natation, le jogging, la gymnastique, le cyclisme et le tennis. Parmi les quinze à dix-neuf ans, sept Français sur dix ont des articles de sport[11] à la maison.

▶ Quatre jeunes sur dix vont au stade pour voir un match environ une fois par mois. Trois jeunes sur quatre vont à un match avec des copains ou copines.

---

9. race   10. ball kids (at tennis matches)   11. sports equipment

H. Qu'est-ce que vous avez appris? Answer the questions based on what you read.

1. What do you know about French young people and sports?
2. Which sports are Vincent and Ketty interested in?
3. What attitudes do Vincent and Ketty have in common?
4. What do you know about snowboarding and bungee jumping in France?
5. What are three major sporting events in France? What do you know about them?

I. Et chez vous? Make comparisons between what you know about the French and sports and what you might know or guess about the United States.

1. By comparison to the French, which sports do you think are the most popular among young people in the United States. Are they the same ones as the ones popular in France? If there's a difference, can you find some explanation for the difference?
2. Are you into sports or exercise activities? Which ones? Are you more of a spectator than a participant? Which spectator sports do you prefer? Do you tend to prefer individual or team sports?

Activité d'écoute

J. Portrait de Claire Maurant. Listen to Claire's monologue. Then answer the questions.

Text Audio CD Track 1-40

1. Où habite Claire?
2. Avec qui est-ce qu'elle habite?
3. Quelle est sa profession?
4. Pour qui est-ce qu'elle travaille?
5. Quels sports est-ce qu'elle préfère?
6. Qu'est-ce qu'elle a fait il y a quelques week-ends?

Branchés sur...

ALSACE

l'Alsace

L'Alsace (à l'est de la France, sur le Rhin, près de l'Allemagne) compte 1 650 000 habitants. C'est une région très pittoresque, célèbre pour ses nids de cigognes *(stork nests)*, son architecture, ses vins blancs (le Riesling et le Gewürtztraminer), sa bière et ses spécialités culinaires.

Claire Maurant

Je suis née à Strasbourg et ma famille et moi, nous habitons ici depuis des générations. Mes grands-parents et mes parents parlent alsacien, mais moi, mes frères et ma sœur, nous parlons seulement français et nous comprenons un peu l'alsacien. Et nous, les jeunes, nous continuons à apprécier les traditions de notre région.

Les Alsaciens portent des costumes traditionnels qui représentent leur région. On les porte rarement, seulement pour des fêtes... ou pour les touristes!

Sur les quais du canal, à Colmar, on voit des maisons typiques de la région (des piliers de bois dans les murs). Autrefois, on appelait Colmar «la petite Venise» à cause de ce quartier de canaux.

Timeline

Objet de dispute entre pays voisins, l'Alsace a souvent changé d'identité:

1681–1871:	française
1871–1919:	allemande
1919–1940:	française
1940–1944:	allemande
1944– :	française

Aujourd'hui, l'Alsace est le symbole de la reconstruction européenne.

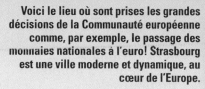

Voici le lieu où sont prises les grandes décisions de la Communauté européenne comme, par exemple, le passage des monnaies nationales à l'euro! Strasbourg est une ville moderne et dynamique, au cœur de l'Europe.

L'Alsace a été pendant longtemps un lieu de conflits. Donc, on y trouve de nombreuses forteresses. Voici le château de Haut-Koenigsbourg, construit en 1114 par un roi germanique, brûlé au 17e siècle, et reconstruit au début du 20e siècle. De ses tours on peut contempler le magnifique paysage alsacien.

Voici notre spécialité régionale, la choucroute avec des saucisses, d'autres viandes et des pommes de terre. Un bon vin blanc ou une bière alsacienne est parfait avec ce repas délicieux.

La vendange en Alsace

Qu'est-ce que vous en pensez?

If you were to make an inventory of the culinary specialties of your region, what would you include? What other traditions (and places) does your region have that would be particularly interesting to visitors (e.g., traditional dress, linguistic particularities, historical landmarks, local customs, etc.)? Why do you think that the things that define your regional identity would be interesting for visitors?

Lexique

Pour se débrouiller

Pour parler du temps qu'il fait

le climat   climate
la météo, le temps   weather
Quel temps fait-il?
   What's the weather like?
Il fait du vent.   It's windy.
Il fait du brouillard.   It's foggy.
Il fait du soleil.   It's sunny.
Il fait froid.   It's cold.
Il fait chaud.   It's hot.
Il fait beau.   It's nice / beautiful.
Il fait mauvais.   It's bad (the weather is bad).
Il fait frais / frisquet.   It's cool.
Il fait bon.   It's nice.
Il fait lourd.   It's muggy.
Il fait doux.   The temperatures are mild.
Il y a un orage.   There's a storm (on land).
Il y a une tempête.   There's a storm (over the ocean).
Il neige.   It's snowing.
Il pleut.   It's raining.
Le ciel est couvert.   It's cloudy.
La température est de... degrés.
   It's . . . degrees out.
Il fait... degrés dehors.
   It's . . . degrees outside.
Un climat sec (humide).
   A dry (humid/wet) climate.

Pour exprimer ses préférences à propos du temps

J'aime (Je n'aime pas) la pluie (la neige).   I like (I don't like) rain (snow).
Je supporte bien (mal, mieux) le froid (la chaleur).   I take cold (heat) well (badly, better).

Pour demander et donner la date

Nous sommes le combien aujourd'hui? / Quelle date sommes-nous? / Quelle est la date aujourd' hui?
   What's the date today?
Quelle est la date de _____ ?
   What's the date of _____ ?
Nous sommes le 5 avril.
   It's the fifth of April (April fifth).
Aujourd'hui, c'est le 5 avril. / C'est aujourd'hui le 5 avril.
   Today's the fifth of April (April fifth).
Je suis né(e) le 17 décembre.
   I was born on December 17.
Je suis né(e) au mois de décembre.   I was born in December.

Pour énumérer une suite d'actions

d'abord   first
ensuite   then
puis   then
enfin   finally

Pour situer des actions dans le passé

lundi (mardi, etc.) dernier
   last Monday (Tuesday, etc.)
lundi (mardi, etc.) après-midi
   (on) Monday (Tuesday, etc.) afternoon.
le mois dernier   last month
l'année dernière   last year
le lendemain   the next (following) day

Pour dire comment on passe son temps libre

Je m'amuse à...   I have fun (I like) . . .
Je passe mon temps à...
   I spend my time . . .
Quand j'ai du temps libre, je...
   When I have free time, I . . .
Mon passe-temps préféré, c'est...   My favorite leisure-time activity is . . .

Thèmes et contextes

Les mois de l'année

janvier   January
février   February
mars   March
avril   April

mai   May
juin   June
juillet   July
août   August

septembre   September
octobre   October
novembre   November
décembre   December

Les saisons de l'année

le printemps (au printemps)
spring (in the spring)
l'été *(m.)* **(en été)** summer (in
the summer)
l'automne *(m.)* **(en automne)**
fall (in the fall)
l'hiver *(m.)* **(en hiver)** winter
(in the winter)

Les films

une comédie comedy
un drame psychologique drama
un film d'épouvante (d'horreur)
horror (film)
un film de science-fiction
science fiction (film)
un film fantastique fantasy
un film policier detective

Les activités sportives

aller à la chasse to go hunting
aller à la pêche to go fishing
se baigner to go swimming
**être membre d'une équipe
(interscolaire)** to be part of a
team (intercollegiate)

faire de l'aérobic to do aerobics
de l'athlétisme track and field
de la boxe boxing
de la danse dance
de la gymnastique gymnastics
de la luge sledding
de la natation swimming
de la planche à roulettes
skateboarding
de la planche à voile
windsurfing
de la plongée sous-marine
scuba diving
de la voile sailing
des randonnées *(f.)* hiking
**du base-ball (jouer au base-
ball)** baseball (to play baseball)
du basket (jouer au basket)
basketball
du canoë (du kayak)
canoeing
du cyclisme cycling
du football (jouer au foot)
soccer
**du football américain (jouer
au football américain)**
football

du golf
du hockey
du jogging
du judo
du karaté
du patinage skating
du roller(blade)
du saut à l'élastique
bungee jumping
du ski (alpin) downhill
skiing
du ski de fond cross-country
skiing
du ski nautique water
skiing
du sport to be involved
in sports
du squash (jouer au squash)
du surf surfing
**du surf de neige (du snow-
boarding)**
du tennis
**du volley-ball (jouer au
volley-ball)** volleyball
jouer à to play + sport
nager to swim

Vocabulaire général

avoir horreur de to hate
(something)
se disputer to have a fight,
get into an argument

gagner to win
sortir to go out
se tromper to make a mistake,
to be mistaken

Back Forward Stop Home Print Mail   Go

Address ⬇ http://

Pour en savoir plus

To learn/explore more about the cultural topics covered in Chapter 5, you can use the following key words in combination with geographical areas to search Internet resources. For example, if you want to know more about immigration in France, you can search under *France immigration.* If you want to learn more about a place (e.g., *Alsace, Strasbourg, Colmar*), find the web sites for that place.

<u>Geographical Areas</u>	<u>Key Words</u>	
France	Tour de France	film directors
French regions (e.g., Alsace)	French Open (Roland Garros– tennis)	*Pariscope* *L'Officiel des spectacles*
French cities (e.g., Paris, Strasbourg, Colmar)	Le Mans (car race)	Jacques Prévert
Francophone countries and regions	European Union sports	climate Haut- Koenigsbourg (castle)
Francophone cities	pétanque films	

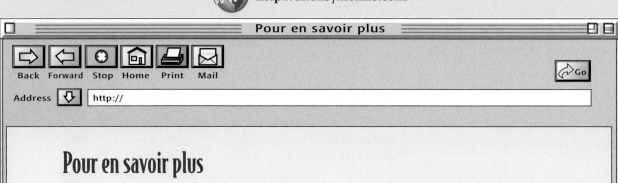

chapitre 6

Allons faire les courses!

Madame Thibaudet

Bordeaux (région bordelaise, côte sud-ouest)

à la retraite • famille: mari, enfants, deux petits-enfants

- *Première étape* Chez les commerçants du quartier
  - asking for information and making purchases in stores
  - understanding information presented by salespeople

- *Deuxième étape* On fait les courses
  - using a variety of expressions to say what you want to buy
  - expressing quantities

- *Troisième étape* Au centre commercial
  - reading ads about a variety of products
  - choosing the right store when making a purchase

- *Point d'arrivée*

Point de départ

Chez les commerçants du quartier

Boulangerie-Pâtisserie

Madame Thibaudet est à la boulangerie-pâtisserie.

C'est une boulangerie. Le boulanger (La boulangère), un artisan reconnu officiellement, fait du pain et des viennoiseries (pâtisseries) tous les jours. Il y a des boulangeries dans chaque quartier de la ville. Les boulangeries sont ouvertes vers 7h du matin jusqu'à midi ou une heure, puis en fin d'après-midi, à partir de la sortie des écoles (16h ou 16h30).

Culture: Since the conversion to the European currency (euro and euro cents) in January 2002, prices in France still tend to be listed in both **francs** (the old French currency) and in **euros** to get people used to the new money. In order for you to determine the approximate cost of things in Europe, keep in mind that 1 euro is equal to approximately 1 U.S. dollar. The easiest (although not the most accurate) way to make the euro/U.S. dollar conversation is simply 1 euro to 1 U.S. dollar. If you want to be more exact, consult a bank or the Web for current exchange rates.

Voici une baguette et un gros pain (qu'on appelle aussi bâtard): ce sont les pains les plus souvent achetés en France. Ils ne sont pas sucrés et ils ont une croûte *(crust)* croquante. On trouve aussi d'autres variétés de pain: une couronne *(crown)*, un pain fantaisie qui a une forme amusante, un pain de campagne *(round loaf)*, un pain aux raisins (secs), un pain aux noix *(nut)*, du pain viennois (avec du lait et des œufs).

Souvent les boulangeries sont aussi des pâtisseries, surtout dans les petites villes. Les pâtisseries vendent des gâteaux et des tartes. Dans chaque ville, il y a une pâtisserie très renommée *(famous)* pour ses spécialités—des gâteaux qui sont l'invention du pâtissier et qu'on ne trouve nulle part ailleurs.

Vocabulary: The word **pâtisserie** may refer to either a pastry shop or the pastries made and sold there.

Supplemental Vocabulary, Pâtisserie: un **baba au rhum** *(rum pastry)*, un **gâteau aux amandes** *(almond cake)*, un **gâteau moka**, des **petits fours** *(small pastries of all flavors)*, une **tarte aux cerises** *(cherry pie)*.

un millefeuille · une religieuse · une tarte aux abricots · une tartelette au citron · une tarte aux pommes · un éclair · un gâteau au chocolat · une tarte aux fraises

Dans la vitrine *(window)* d'une pâtisserie on trouve toutes sortes de bonnes choses: un gâteau au chocolat, une tarte aux pommes, une tarte aux abricots, des tartelettes au citron meringuées, des millefeuilles, des choux à la crème *(cream puffs)*, des religieuses (choux à la crème), des éclairs. On les emporte dans un petit carton entouré d'un ruban. Quel régal *(what a feast)* pour le déjeuner du dimanche!

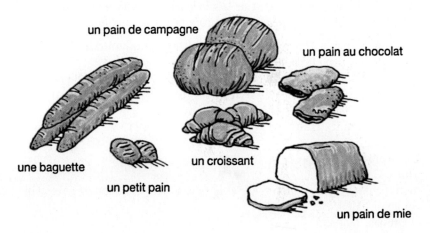

un pain de campagne · un pain au chocolat · une baguette · un croissant · un petit pain · un pain de mie

Charcuterie

Quand on veut acheter du jambon *(ham)*, des charcuteries *(cold cuts)* ou des plats préparés, on va à la charcuterie—au Moyen Âge, le charcutier était l'homme qui vendait la viande cuite *(cooked meat)*.

Vocabulary: Note that **saucisson** means *salami* and **saucisse** means *sausage*.

À la charcuterie, on peut acheter des saucisses *(sausages)*, du pâté *(liver spread)*, du saucisson *(salami)*, des rillettes *(goose meat spread)*, des tranches *(slices)* de jambon. Pour acheter du jambon, on indique le nombre de tranches ou de personnes qui vont manger.

On peut aussi y acheter des plats *(dishes)* tout préparés: par exemple, de la daube *(beef stew)*, des œufs mimosa *(double-cooked stuffed eggs)*, des friands *(crispy crust filled with cheese, spinach, or ground meat)*, de la salade de concombres ou de tomates, de la salade de thon. La charcuterie est un peu comme un *deli* aux États-Unis.

—Bonjour, Madame Thibaudet. Comment allez-vous aujourd'hui?
—Bonjour, Madame Fernand. Ça va pas mal, et vous?
—Assez bien, merci. Qu'est-ce que vous désirez aujourd'hui?

I need / enough
—D'abord, **il me faut** du pâté—**assez** pour trois personnes.
—Très bien. Voilà. Et avec ça?

Give me / slices
—**Donnez-moi** six **tranches** de jambon. Ce jambon-ci.
—Et avec ça?

I'll take
—**Je prends** aussi une douzaine de tranches de saucisson. Des tranches très
thin
fines. C'est tout.
—Bon. Le pâté, 2€; le jambon, 4€; et le saucisson, 3€. Ça fait 9€. Merci bien et au revoir, Madame.
—Au revoir, Madame.

Qu'est-ce que vous en pensez?

Where and how often do you buy bread? Contrast the bread you usually eat with French bread. Which other products do you find in your home bakery? Compare and contrast with a French bakery.

Compare and contrast the type of foods found in the neighborhood **charcuterie** to what you might find in a deli. Which foods are the same? Different? Which foods would you like to try? Why?

À vous! *(Exercices de vocabulaire)*

A. C'est combien? You play the role of a shopkeeper and one of your class-mates plays a customer. Tell how much he/she has to pay for each item in the drawings.

Modèle: —*Une baguette, s'il vous plaît.*
—*Une baguette? Ça fait 0,70 euro.*

B. Il me faut... *(I need . . .)* Use the cues to tell the shopkeeper what you need.

> **Modèle:** 1 livre / salade de concombres
> *Il me faut une livre de salade de concombres.*

1. 1 livre / salade de tomates
2. 4 tranches / jambon
3. 10 tranches / saucisson
4. 6 saucisses
5. 1 livre / salade de thon
6. 3 tranches / pâté

Vocabulary, Ex. B: France uses the metric system of weights and measures. The basic unit of weight is the kilogram **(un kilo)** which equals one thousand grams **(un gramme)**. Half a kilogram **(un demi-kilo)** is also called **une livre** *(a pound)*. However, because a kilogram is approximately 2.2 American pounds, a French **livre** is a little more than an American pound.

C. Chez les petits commerçants. Use the cues to role-play making purchases with one of your classmates. One of you is the customer, the other is the shopkeeper.

Modèles: 1 pain de campagne / 60 euro cents
—*Vous désirez?*
—*Je voudrais un pain de campagne. C'est combien?*
—*Un pain de campagne, c'est soixante euro cents.*

1 livre / salade de thon / 2 euros 25
—*Vous désirez?*
—*Je voudrais une livre de salade de thon. C'est combien?*
—*La salade de thon, c'est deux euros vingt-cinq la livre.*

1. 3 millefeuilles /
   1 euro 25 la pièce
2. 1 baguette /
   70 euro cents
3. 1 gâteau au chocolat /
   8 euros
4. 5 éclairs / 80 euro cents
   la pièce
5. 1 tarte aux abricots /
   11 euros
6. 1 livre / jambon /
   3 euros 75 la livre
7. 1 livre / salade de tomates /
   1 euro 25 la livre
8. 3 saucisses / 75 euro cents
   la saucisse

Structure

Les adjectifs démonstratifs (ce, cet, cette, ces)

Je vais prendre **ce** pain de campagne.

I'll take *this* round loaf of bread.

Et aussi **cette** baguette et **ces** croissants.

And also *this* bread and *these* croissants.

The demonstrative adjective is used to point out specific things. It has three singular forms that are equivalent to the English words *this* or *that*:

ce	masculine singular before a pronounced consonant **(ce livre)**
cet	masculine singular before a vowel or vowel sound **(cet hôtel)**
cette	feminine singular **(cette maison)**

The demonstrative adjective has only one plural form, which is equivalent to the English words *these* or *those*:

ces plural **(ces fraises, ces fruits)**

The **s** of **ces** is silent, except before a vowel or a vowel sound **(ces amis, ces hôtels)**.

Application

D. Replace the definite article with the demonstrative adjective.

Modèle: la tartelette au citron
cette tartelette au citron

1. le pâté
2. les petits pains
3. l'hôtel
4. les saucisses
5. la baguette
6. le gâteau
7. l'étudiante
8. la tarte
9. l'étudiant
10. les croissants
11. le jambon
12. l'appareil photo
13. l'église
14. les éclairs
15. le pain de campagne

E. C'est combien? Ask the price of each item. Use the demonstrative adjective in your question.

Modèle: pain de campagne
C'est combien, ce pain de campagne?

À la boulangerie-pâtisserie

1. baguette
2. pain de campagne
3. éclairs
4. croissants
5. gâteau

À la charcuterie

6. saucisses
7. salade de thon
8. jambon
9. saucisson
10. pâté

À la Fnac

11. magazine
12. disques compacts
13. radiocassette
14. magnétoscope
15. chaîne stéréo

Le savez-vous?

In France, the crusty French bread is eaten

a. only at breakfast
b. only at lunch as part of sandwiches
c. only at dinner
d. with every meal

Note grammaticale

Les adjectifs démonstratifs (suite)

Sometimes it may be important to distinguish between *this* and *that* or between *these* and *those*. When you have a lot of choices and want to be precise about the object or people you're referring to, use the demonstrative adjective with the noun and add **-ci** *(this, these)* or **-là** *(that, those)* to the noun:

Donnez-moi **ces** tartes-**ci.**   Give me *these* pies *(over here)*.
Et je prends **ce** pain-**là.**   And I'll take *that* bread *(over there)*.

Remember to use **-ci** and **-là** only if the distinction is necessary to make the meaning clear for someone else.

Réponse ▼ ▲ ▼ d

Culture: The chain of French stores called **Fnac** specializes in audio, video, and reading materials. The **Fnac** is a discount store that is particularly popular among young people, who spend entire afternoons browsing through the huge selection. The **Fnac** is located in Paris, Mulhouse, Marseille, Strasbourg, Grenoble, Toulouse, Bordeaux, and Nice.

Text Audio CD Track 1-44

Structure: When **combien de** and a noun are followed by the **passé composé,** the past participle must agree in gender and number with the noun: **Combien de disques compacts est-ce que tu as achetés?**

Grammar: The expression **un peu** can be used only with noncount nouns (nouns that are always singular). To express *a few* with a plural noun, French uses **quelques: un peu de thé,** but **quelques pommes.**

F. À la Fnac. You're shopping at the **Fnac** with a friend. Because there are so many things to choose from, you always have to explain which object you're referring to. Use **-ci** or **-là** in your answer, depending on the cue in parentheses.

Modèle: Quels livres est-ce que tu vas acheter? *(those)*
Ces livres-là.

1. Quelle calculatrice est-ce que tu préfères? *(this one)*
2. Quel magazine est-ce que tu vas acheter? *(that one)*
3. Quels compacts disques est-ce que tu préfères? *(those)*
4. Quels livres est-ce que tu aimes mieux? *(these)*
5. Quel magnétoscope est-ce que tu vas acheter? *(this one)*
6. Quelle télévision est-ce que tu aimerais acheter? *(that one)*

▪ Tuyau-prononciation
La voyelle é

The letter **é** (as in the word **été**) is pronounced like the vowel sound in the English word *fail;* however, the French vowel is not a diphthong. In other words, it's a single, steady sound, whereas the English vowel tends to slide from one sound to another.

G. Read each word aloud, being careful to pronounce **é** with enough tension to avoid a diphthong.

thé / café / église / métro / éclair / cathédrale / été / écouté / désiré / allé / hésité / acheté / étudié / stéréo / Hervé / téléphoné / préféré / pâté / Québec / université / aéroport / lycée / télévisé

Structure

Les expressions de quantité

Combien de disques compacts est-ce que tu as?	*How many* compact discs do you have?
Combien de jambon est-ce que tu as acheté?	*How much* ham did you buy?
Combien d'argent est-ce que tu as?	*How much* money do you have?

To ask *how much* or *how many* of something someone has, use **combien de.** A variety of expressions, either specific or general, may be used to answer. Note that all the expressions listed below are followed by **de,** regardless of the gender and number of the noun they modify.

General quantities

J'ai **beaucoup de** disques compacts, mais j'ai **très peu de** cassettes.	I have *a lot* of compact discs but I have *very few* cassettes.

beaucoup de	a lot of, a great deal of, many, much
ne... pas beaucoup de	not many, not much
un peu de	a little, a little bit of
très peu de	very little, very few

Specific quantities

J'ai acheté **un morceau de** pâté et six **tranches de** jambon.	I bought *a piece of* pâté and six *slices of* ham.

un kilo de	a kilogram of
un demi-kilo de	a half-kilogram of
une livre de	a pound (French) of
50 grammes de	50 grams of
un litre de	a liter of
une bouteille de	a bottle of
une douzaine de	a dozen
un morceau de	a piece of
un bout de	a piece of
une tranche de	a slice of

Expressions of sufficiency

Je **n'**ai **pas assez d'**argent pour acheter un vélo.	I *don't* have *enough* money to buy a bike.

trop de	too much, too many
assez de	enough
ne... pas assez	not enough

Vocabulary: The basic unit of measurement for liquids in the metric system is the liter **(un litre)**, which is roughly equivalent to one quart.

Grammar: Note that the preposition **pour** followed by an infinitive is used to say what one has (or does not have) enough for: **J'ai assez d'argent pour acheter une voiture.**

Application

I. Use the cues to answer the salesperson.

> **Modèle:** Qu'est-ce que je peux faire pour vous? (1 kilo, abricots / 1 livre, salade de tomates)
> *Il me faut* (I need) *un kilo d'abricots et une livre de salade de tomates.*

1. Qu'est-ce que je peux faire pour vous? (1 litre, vin rouge / 8 tranches, saucisson)
2. Qu'est-ce qu'il vous faut? (1 bouteille, Perrier / 2 kilos, pommes)
3. Qu'est-ce que je vous donne? (50 grammes, pâté / 1 morceau, saucisson)
4. Qu'est-ce que vous désirez? (une douzaine, abricots / 1 livre, salade de thon)
5. Qu'est-ce qu'il vous faut? (un bout, pâté / 1 livre, jambon)

H. Mise en train: Remplacez les mots en italique par les expressions entre parenthèses.

1. J'ai *trop de* patience. (assez de / trop de / pas assez de)
2. Il a *trop d'*argent. (assez de / pas assez de / trop de)
3. Elles ont *assez de* pâtisseries. (trop de / pas assez de / assez de)
4. Nous avons *trop de* jambon. (pas assez de / assez de / trop de)

Ajoutez les expressions entre parenthèses à chaque phrase et faites les changements nécessaires.

> **Modèle:** Georges a de la limonade. (beaucoup)
> *Georges a beaucoup de limonade.*

5. Nous avons des amis. (pas beaucoup / très peu / beaucoup)
6. Elles ont des disques. (beaucoup / très peu / pas beaucoup)
7. Mon oncle a de la patience. (pas beaucoup / beaucoup / très peu)

J. Questions d'argent. First, describe each person's financial situation, using the expressions **beaucoup, pas beaucoup, un peu,** and **très peu.**

Monique: 10€   **Sylvie:** 1 000€   **Edgar:** 2€   **Jean-Paul:** 7€

Modèle: Est-ce que Monique a de l'argent?
Oui, mais elle n'a pas beaucoup d'argent.

1. Est-ce qu'Edgar a de l'argent?   3. Et Monique?
2. Et Sylvie?   4. Et Jean-Paul?

Now decide if each person has enough or not enough money to buy the things indicated. Use the expressions **assez de** and **pas assez de.**

Modèle: Une calculatrice coûte 10 euros. (Monique)
Monique a assez d'argent pour acheter une calculatrice.

5. Un ordinateur coûte 2 000 euros. (Sylvie)
6. Un ticket de métro coûte 1 euro. (Monique)
7. Un petit pain coûte 40 euro cents. (Edgar)
8. Un vélo coûte 180 euros. (Sylvie)
9. Un walkman coûte 21 euros. (Jean-Paul)
10. Un CD coûte 6 euros. (Jean-Paul)
11. Un Coca coûte 3 euros. (Edgar)
12. Une tarte aux pommes coûte 7 euros 85. (Monique)

Débrouillons-nous!

K. Échange. Posez les questions suivantes à un(e) autre étudiant(e), qui va vous répondre.

1. Est-ce que tu vas souvent à la boulangerie? Est-ce que tu aimes les croissants? Est-ce que tu as mangé des croissants récemment? Est-ce que tu aimes le pain français?
2. Est-ce que tu aimes les pâtisseries? Lesquelles (*Which ones)* est-ce que tu préfères? Est-ce que tu manges souvent des desserts? Quel dessert est-ce que tu préfères? Qu'est-ce que tu prends avec ton dessert? Une tasse (*A cup*) de café? Une tasse de thé? Un Coca?
3. Est-ce que tu aimes le jambon? Qu'est-ce que tu préfères, la salade de thon ou la salade de concombres? Est-ce que tu aimes le saucisson? Est-ce que tu aimes le pâté?

Reminder, Ex. L: Remember to use **Madame** or **Monsieur** when you greet someone or say good-bye.

L. Un dîner. You and your friends are organizing a dinner for your parents. You're in charge of buying some prepared foods and the dessert. First, you go to the **charcuterie** and then to the **boulangerie-pâtisserie.** Let the shopkeepers know what you need (**il me faut..., je prends..., donnez-moi...**). Two different classmates will play the roles of the shopkeepers.

À faire chez vous:
CAHIER, Chapitre 6,
1ère étape

Deuxième étape

Point de départ

On fait les courses

Madame Thibaudet, comme la plupart des Français, fait ses courses dans différents endroits: au supermarché (qu'on appelle aussi «la grande surface»), au
marché en plein air ou à l'épicerie du quartier.

LES LÉGUMES *(m.)*

des asperges *(f.)*
des champignons *(m.)*
des choux *(m.)*
des concombres *(m.)*
des courgettes *(f.)*
des haricots verts *(m.)*
des oignons *(m.)*
des petits pois *(m.)*
des pommes de terre *(f.)*
des radis *(m.)*
de la salade
des tomates *(f.)*

LES FRUITS *(m.)*

des abricots *(m.)*
des bananes *(f.)*
des cerises *(f.)*
des citrons *(m.)*
des fraises *(f.)*
des framboises *(f.)*
des melons *(m.)*
des oranges *(f.)*
des pêches *(f.)*
des poires *(f.)*
des pommes *(f.)*

Au marché, on trouve des
légumes, du fromage, des
poissons *(fish)*, des spécialités locales, des olives, du
miel *(honey)* et des fleurs.

V i d é o : Questions de fond

Nommez trois légumes que les sœurs ont achetés pour leur fête.

Bien sûr, Madame Thibaudet va aussi au supermarché... en général le samedi matin.

LES PRODUITS LAITIERS

du beurre *butter*
du brie
du camembert
de la crème
du fromage blanc
du gruyère
du lait
des petits suisses
du yaourt

LES VIANDES

du biftek
du gigot *leg of lamb*
du poulet *chicken*
du rosbif
du rôti de porc *pork roast*

LES CONSERVES *(f.)*

de la choucroute *sauerkraut*
de la confiture *jam*
des sardines *(f.)*
de la sauce tomate
de la soupe
du thon

LES PRODUITS SURGELÉS

des pommes frites *(f.)* *French fries*
du poulet
du poisson *fish*
de la glace *ice cream*
de la pizza

AUTRES PRODUITS *(m.)*

de la farine *flour*
de l'huile *(f.)* *oil*
du ketchup
de la mayonnaise
de la moutarde
des œufs *(m.)* *eggs*
des pâtes *(f.)* *pasta*
du poivre *pepper*
du riz *rice*
du sel
du sucre
du vinaigre

On trouve des supermarchés au centre-ville et à la périphérie des villes. On peut y aller en voiture ou en bus. Pour prendre un chariot *(shopping cart)* il faut mettre une pièce de un euro. Quand les courses sont finies, vous recevrez la pièce si vous rangez *(put back, return)* le chariot.

On trouve de tout au supermarché! Des conserves *(canned goods)*, des produits surgelés *(frozen foods)*, des produits préparés, du poisson, de la viande, des produits laitiers (yaourts, fromages, desserts lactés...).

ZOOM!

*O*nce or twice a week, French towns hold open-air markets (**le marché**). Many people prefer buying their produce there because it's fresher and less expensive than in stores. These markets also have the specialties (such as different types of mushrooms, herbs, apples, etc.) that are grown in the region. You place your purchases in a basket (**un panier**) or in a netbag (**un filet**).

In France, one can buy fruits, vegetables, and staple food products in a variety of places. There is, of course, the supermarket (**le supermarché**), which is becoming more and more popular as the pace of life increases and more and more women have jobs away from the home. The supermarket has become the most convenient way to shop for many French people, who rely increasingly on frozen and canned foods. Just like their American counterparts, French supermarkets provide bakery counters, extensive delicatessen sections, and sometimes seafood counters. French people usually go to the supermarket once a week. Unlike American grocery stores, French supermarkets also sell a large variety of books, CDs, toys, wines, jewelry, etc. Supermarkets are often found near a group of smaller stores (**une galerie marchande**), like a **boulangerie**, a **pharmacie**, a **bureau de poste**, a **bureau de tabac**. For everyday purchases, many people go to their local neighborhood shops, such as **l'épicerie** (general store) or the specialty shops like **la boulangerie-pâtisserie, la charcuterie, la boucherie** (butcher shop).

Qu'est-ce que vous en pensez?

What are the differences between French and American supermarkets? What do you think these differences reveal about each society's ways of shopping and consuming goods? Do you think there is a difference between the shopping habits of older and younger Americans (types of stores, etc.)? Between cities and rural areas? How do you think such differences would manifest themselves in France?

À vous! *(Exercices de vocabulaire)*

A. Qu'est-ce que c'est? Identify the following foods.

Modèle: *C'est une banane. Ce sont des fraises.*

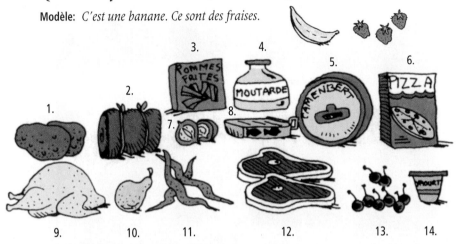

B. Dans le filet de Mme Thibaudet. Calculate the cost of the items in Mme Thibaudet's shopping bag.

Modèle: 2 kilos de tomates / 1 euro le kilo
Deux kilos de tomates à un euro le kilo, ça fait deux euros.

1. 2 kilos de pommes / 1 euro 60 le kilo
2. 3 bottes *(bunches)* de radis / 60 euro cents la botte
3. 1 kilo d'abricots / 2 euros 60 le kilo
4. 1 livre de petits pois / 3 euros le kilo
5. 3 bifteks (1 livre) / 8 euros 40 le kilo
6. 1 livre de champignons / 2 euros 90 le kilo
7. 2 kilos d'oranges / 1 euro 40 le kilo
8. 1 rôti de bœuf (1 kilo) / 4 euros 60 le kilo

C. Dans le chariot d'Adeline Thibaudet. Madame Thibaudet's daughter is at the supermarket while her mother is at the open-air market. What did Adeline buy?

Modèle: *Elle a acheté une pizza.*

D. Qu'est-ce qu'Adeline a oublié? When Adeline gets home, she realizes she forgot to buy certain things. She'll have to run next door to the **épicerie.** Look at the drawings and name the things she still has to buy.

Modèle: *Elle a oublié la mayonnaise.*

Le savez-vous?
France did not have supermarkets until
  a. the 1950s
  b. the 1960s
  c. the 1970s
  d. the 1980s

Reprise: première étape

E. À la charcuterie. Ask the shopkeeper how much each of the following items costs.

Modèle: —*Combien coûtent ces saucisses-ci?*
        —*Elles coûtent sept euros cinquante-cinq le kilo.*

Réponse ▼ ▼ ▼ e

F. Des achats. *(Purchases.)* Use the cues to role-play scenes in a store.

Modèle: 3kg / pommes / beaucoup / 1 euro 60 le kilo
—*Je voudrais trois kilos de pommes.*
—*Oui, nous avons beaucoup de pommes.*
—*C'est combien?*
—*À un euro soixante le kilo, ça fait quatre euros quatre-vingts.*

1. 2 kg / abricots / beaucoup / 2 euros 60 le kilo
2. 1 livre / fraises / beaucoup / 2 euros 70 le kilo
3. 2 kg / concombres / beaucoup / 1 euro 14 le kilo
4. 3 bouteilles / Perrier / beaucoup / 83 euro cents la bouteille
5. 1 livre / jambon / beaucoup / 6 euros 80 le kilo
6. 1 livre / salade de tomates / beaucoup / 2 euros 90 le kilo

Structure

Le partitif

Quand je vais à la charcuterie, j'achète toujours

du pâté	*(some)* pâté
de la salade de thon	*(some)* tuna salad
des saucisses	*(some)* sausages

—Est-ce que vous avez **du** jambon?
—Oui, et nous avons **des** saucisses aussi.

So far, you've learned two types of articles: the definite articles **le, la, l', les,** which mean *the* in English, and the indefinite articles **un, une, des,** which mean *a(n)* or *some*. A third type of article, the partitive article, expresses a certain amount or quantity, not the whole, of something. In English this idea is expressed either with the word *some* (I bought *some* vegetables) or without a modifier (I bought milk and cheese). The partitive article has three singular forms and one plural form:

Le partitif		
	Masculine	**du**
SINGULAR	Feminine	**de la**
	Masculine or feminine before a vowel or a silent **h**	**de l'**
PLURAL	Masculine or feminine	**des**

The partitive articles **du, de la, de l', des** become **de** or **d'** after a negative expression, regardless of the gender and number of the noun. In English, the negative partitive is expressed with the word *any* (I don't have *any* money) or without a modifier (*I'm not buying ice cream*):

—Tu prends **du** café?
—Non, je **ne** prends **pas de** café.

—Are you having *(any)* coffee?
—No, I'm *not* having *(any)* coffee.

Reminder: The **s** of **des** is silent, except in liaison.

Reminder: You should consistently pronounce **pas de** as **pad** regardless of the gender and number of the noun that follows.

—Vous avez **de la** mayonnaise?	—Do you have *any* mayonnaise?
—Non, nous **n'**avons **pas de** mayonnaise.	—Non, we do*n't* have *(any)* mayonnaise.
—Tu as acheté **des** sardines?	—Did you buy *(any)* sardines?
—Non, je **n'**ai **pas** acheté **de** sardines.	—No, I did*n't* buy *(any)* sardines.

Reminder: The definite articles **le, la, l', les,** don't change after a negative expression.

Application

I. Merci, pas de... Each time someone offers you something, you refuse politely. Remember that the partitive and indefinite articles become **de** after the negative.

Modèle: Du pain?   *Merci, pas de pain.*

1. De la moutarde?
2. Du Perrier?
3. Des croissants?
4. De la soupe?
5. Des oranges?
6. De la limonade?
7. Du café?
8. Des pâtisseries?

J. Engage in short conversations based on the models.

Modèle: prendre / limonade / non / ne pas aimer
—*Tu prends de la limonade?*
—*Non, je ne prends pas de limonade.*
—*Pourquoi pas?*
—*Parce que je n'aime pas la limonade.*

1. prendre / pâté / non / ne pas aimer
2. vouloir / café / non / ne pas aimer du tout
3. aller acheter / jambon / non / détester
4. aller manger / soupe / non / ne pas aimer
5. prendre / eau minérale / non / ne pas aimer du tout

Modèle: café / express
—*Vous désirez du café?*
—*Oui, je voudrais un express.*

6. thé / thé citron
7. fruits / banane, orange
8. pâtisserie / religieuse, millefeuille
9. pain / baguette, pain de campagne
10. café / café au lait

Modèle: pain / baguette, pain de campagne
—*Vous aimez le pain?*
—*Oui, j'aime beaucoup le pain.*
—*Est-ce que vous avez acheté du pain hier?*
—*Oui, j'ai acheté une baguette et un pain de campagne.*

11. pâtisseries / tarte aux pommes, gâteau au chocolat
12. salade / salade de tomates, salade de concombres
13. eau minérale / bouteille de Vittel, bouteille de Perrier
14. pain / pain au chocolat, petit pain
15. viande / rôti de porc, gigot

G. Mise en train: Remplacez l'article défini par l'article partitif.

Modèle: le pain   *du pain*

1. la salade
2. le pâté
3. les croissants
4. la limonade
5. la pâtisserie
6. le thé
7. les tartelettes
8. la crème
9. le lait
10. le café
11. l'eau minérale
12. les petits pains

H. Mise en train: Remplacez les mots en italique et faites les changements nécessaires.

1. Marie-Jeanne achète du *pâté.* (jambon / saucisson / salade de thon / saucisses)
2. Je vais prendre du *thé.* (Coca / eau minérale / limonade / café)
3. Elle a acheté des *tartelettes.* (croissants / baguettes / religieuses / éclairs)

Reminder, Exs. I and J: Change the partitive articles to **de** after a negative (**pas de**), but don't change the definite articles (**pas le**).

Reminder, Ex. J: Note the difference between **du café** *(some coffee)* and **un express** *(an espresso).*

Reminder: Note the differences between **le pain** *(bread in general),* **du pain** *(some bread),* and **un pain** *(a loaf of bread).*

Tuyau-prononciation
Les voyelles è et ê

The letters **è** as in **mère** and **ê** as in **fête** are pronounced like the *e* in the English words *bed* and *belt*.

K. Read each word aloud, being careful to pronounce **è** and **ê** in the same way.

mère / frère / père / crème / achète / scène / bibliothèque / tête / êtes / fête

Structure

Les nombres de 70 à 1 000 000

Les nombres de 70 à 100

70	soixante-dix	86	quatre-vingt-six
71	soixante et onze	87	quatre-vingt-sept
72	soixante-douze	88	quatre-vingt-huit
73	soixante-treize	89	quatre-vingt-neuf
74	soixante-quatorze	90	quatre-vingt-dix
75	soixante-quinze	91	quatre-vingt-onze
76	soixante-seize	92	quatre-vingt-douze
77	soixante-dix-sept	93	quatre-vingt-treize
78	soixante-dix-huit	94	quatre-vingt-quatorze
79	soixante-dix-neuf	95	quatre-vingt-quinze
80	quatre-vingts	96	quatre-vingt-seize
81	quatre-vingt-un	97	quatre-vingt-dix-sept
82	quatre-vingt-deux	98	quatre-vingt-dix-huit
83	quatre-vingt-trois	99	quatre-vingt-dix-neuf
84	quatre-vingt-quatre	100	cent
85	quatre-vingt-cinq		

The **t** of **vingt** in **quatre-vingts, quatre-vingt-un,** etc. and the **t** of **cent** are not pronounced. **Quatre-vingts** is written with an **s** only when it is *not* followed by another number: **quatre-vingts euros.**

The two most important functions associated with numbers are understanding them and expressing them orally. Unless you write checks, it is unusual that numbers are spelled out.

Les nombres de 100 à 1 000 000

100	**cent**	200	**deux cents**
101	**cent un**	201	**deux cent un**
102	**cent deux**	202	**deux cent deux**
1 000	**mille**	2 000	**deux mille**
1 001	**mille un**	2 500	**deux mille cinq cents**
1 002	**mille deux**	2 550	**deux mille cinq cent cinquante**
1 000 000	**un million**	2 000 000	**deux millions**

Deux cents, trois cents, etc. are written with an **s** only when they are *not* followed by another number. **Mille** is invariable; it never takes an **s.** The commas used in English to write numbers in the thousands and millions are either omitted or replaced by a period: 3,560 = **3 560** or **3.560.** To express percentages, the French use a comma: 3.3 = **3,3 (trois virgule trois).**

Grammar: When followed by a noun, **un million** is treated as an expression of quantity and therefore requires **de**: **un million de téléspectateurs, six millions d'euros.**

Application

L. Do the following number exercises.

1. Count from 60 to 100.
2. Give the odd numbers from 1 to 99.
3. Give the even numbers from 0 to 100.
4. Count from 0 to 100 by tens.
5. Read the following phone numbers:
   01 46 23 39 57
   01 64 83 92 42
   02 98 66 54 32
   05 34 52 76 97
   03 87 91 71 95

M. Les statistiques. Read the following statistics for various French cities.

	Habitants	Cinémas	Théâtres	Musées
PARIS	2 184 597	515	61	85
LYON	427 038	128	33	21
MARSEILLE	893 726	185	37	24
LILLE	189 374	120	9	7
BORDEAUX	276 213	163	14	9
TOULOUSE	368 945	167	17	13

Modèle: *Paris a 2 184 597 habitants, 515 cinémas, 61 théâtres et 85 musées.*

N. **Faisons des calculs!** *(Let's do some math!)* Do the following math problems.

Modèles: $200 + 300 =$
Deux cents et trois cents font cinq cents.

$200 \div 50 =$
Deux cents divisé par cinquante font quatre.

$25 \times 3 =$
Vingt-cinq multiplié par trois font soixante-quinze.

$30 - 15 =$
Trente moins quinze font quinze.

1. $5\,000 - 3\,000 =$ **4.** $600 \div 3 =$ **7.** $450 \div 5 =$
2. $225 \times 4 =$ **5.** $608 - 16 =$ **8.** $950 + 250 =$
3. $90 + 60 =$ **6.** $155 \times 6 =$ **9.** $1\,000 \div 20 =$

O. **Le Mali.** Mali is a French-speaking country in northwest Africa. Its capital city is Bamako. Read aloud the following facts about Mali.

1. La superficie *(area)* du Mali est de 1 240 km.
2. La population du Mali est de 8 730 000 habitants.
3. La distance entre la capitale Bamako et les villes suivantes est de:

BAMAKO	→	ALGER	2 878 km
BAMAKO	→	ROME	3 793 km
BAMAKO	→	GENÈVE	3 971 km
BAMAKO	→	PARIS	4 169 km
BAMAKO	→	LONDRES	4 378 km
BAMAKO	→	FRANCFORT	4 430 km
BAMAKO	→	STOCKHOLM	5 653 km
BAMAKO	→	NEW YORK	7 065 km

Débrouillons-nous!

P. Combien ont-elles payé?

Madame Thibaudet and her daughter Adeline did the shopping to prepare the family Sunday meal. Figure out what each of them paid by reading the descriptions out loud and doing the math as you go along. One of you should read and do the calculations while the other person should write it all down. Change roles for the second item.

Modèle: *Douze œufs à 20 euro cents la pièce* (a piece), *cela fait deux euros quarante cents.*
Une salade à 2 euros; ça fait quatre euros quarante cents.
etc.

1. Madame Thibaudet va au marché. Chez la marchande de fruits et légumes, elle achète douze œufs à 20 euro cents la pièce, une salade à 2 euros, une livre de pêches à 2 euros 80 cents le kilo, deux melons à 3 euros 20 cents la pièce, une livre de poivrons verts à 1 euro 75 cents, une livre de poires à 1 euro 10 cents le kilo, un kilo de tomates à 3 euros et une livre d'aubergines à 3 euros 10 cents.

2. Sa fille Adeline paie ses achats au supermarché. Elle a acheté une barquette de merguez (saucisses) à 4 euros 50 cents, un camembert à deux euros 20 cents , 250 g de Bleu à 7 euros 70 cents, 200 g de jambon à 13 euros 60 le kilo, 16 pots de yaourt aux fruits à 3 euros 20 le kilo (un pot = 125 grammes), cinq paquets de biscuits à 80 cents le paquet, trois conserves de thon à 1 euro 30 cents la boîte, trois bouteilles de vin rosé à 3 euros 90 cents la bouteille, quatre bouteilles de jus de fruits à 2 euros 50 cents la bouteille, deux bouteilles de sirop de menthe à 2 euros 50 cents la bouteille.

Q. Un pique-nique.

You and your friends are planning a picnic. You have to decide what you want to buy, and you don't always agree. For each suggestion one of you makes, a second person agrees, but a third person disagrees.

Modèle: jambon
—*Est-ce que nous allons acheter du jambon?*
—*Ah, oui. J'adore le jambon.*
—*Non, je ne veux pas de jambon. Je déteste le jambon.*

1. pâté
2. saucisson
3. eau minérale
4. salade de concombres
5. Coca
6. croissants
7. saucisses
8. poulet
9. tartelettes au citron
10. pâtisseries
11. bananes
12. salade de thon

R. Au supermarché.

Three of your friends are about to spend the weekend at your house. Since they're *your* guests, your family expects you to do the food shopping for everyone. Make your shopping list and then go to various stores to make your purchases. Your classmates will play the roles of the shopkeepers.

À faire chez vous:
CAHIER, Chapitre 6,
2e étape

Point de départ

Au centre commercial

attracts
brings together
toys / department stores

meeting place

Le centre commercial **attire** des gens de tous les âges et de tous les intérêts. Il **réunit** une grande variété de magasins et de boutiques: des magasins de vêtements, des magasins de **jouets,** des magasins de sport et même des **grands magasins.** En France, comme aux États-Unis, le centre commercial est devenu un **lieu de rencontre** pour les adolescents aussi bien que pour les adultes.

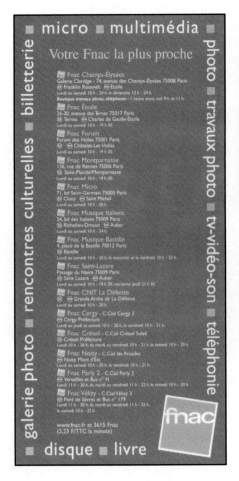

Adeline Thibaudet et sa meilleure amie se retrouvent à la Fnac, un grand magasin de CD, de livres, de cassettes vidéo, de matériel électronique et de logiciels *(software)*. Adeline achète un guide touristique pour ses vacances et un livre de poche *(paperback)* parce que tous les livres coûtent 5% moins cher à la Fnac.

Vidéo: Questions de fond

Avec quelle fréquence est-ce que les Français vont au centre commercial? Comment leurs réponses diffèrent-elles de celles que vous donneraient des Américains de votre région?

un centre commercial
(shopping center) parisien

une caisse *(cash register)*

un magasin de vêtements

une bijouterie

un magasin de sports

une parfumerie

une librairie-papeterie

un magasin de matériel
électronique

un fast-food

un magasin de musique

À vous! *(Exercices de vocabulaire)*

A. Où est-ce qu'on peut acheter... ?
Explain in which store you buy the following items.

> **Modèle:** —Où est-ce qu'on peut acheter des CD?
> —*On peut acheter des CD à la Fnac.*

Où est-ce qu'on peut acheter...

1. un tee-shirt
2. un bracelet
3. ballon de foot
4. un ordinateur
5. du parfum
6. un cahier
7. une cassette
8. un sandwich au fromage

Reminder, Ex. A: Be sure to include some of the vocabulary for objects from earlier chapters, particularly from Chapter 2, where you talked about things in a room.

B. Est-ce que vous acceptez les chèques?
You go to a variety of stores (small and large) to make purchases. Select one method of payment (see the **Zoom!** on page 240) and ask the cashier if you can use it. The cashier responds in the negative and gives the alternative methods of payment. You may have to go to an automatic teller machine if you don't have cash.

ZOOM!
On paie comment?

In France, you can pay in cash (**en liquide, en espèces**); with a check (**par chèque**) or with a debit/credit card (**par carte bleue, par carte de crédit**) if your purchase amounts to at least 15€. Most checking accounts come with a debit card that you can use at no extra cost at any ATM (**distributeur de billets**).
You have to use your PIN number (**code confidentiel**).

■ R e p r i s e : deuxième étape

C. Mon petit déjeuner. Ask one of your classmates what he/she eats for breakfast. Follow the model.

> Modèle: —Est-ce que tu prends du café?
> —Non , je ne prends pas de café. Je préfère le thé. or Oui, je prends du café.

Le petit déjeuner

le pain	le café	les œufs (*eggs*)
le pain au chocolat	le thé	le bacon
le croissant	le lait	le jambon
la confiture	le jus d'orange	les saucisses
le beurre		
le toast (le pain grillé)		
les céréales		

Grammar: Note that dates can be stated in one of two ways: 1993 = **mil neuf cent quatre-vingt-treize** or **dix-neuf cent quatre-vingt-treize.** As shown in this example, with date, **mille** changes to **mil.**

D. En quelle année? Read the year of each event.

1. 1776   la Révolution américaine
2. 1789   la Révolution française
3. 1492   Christophe Colomb en Amérique
4. 1945   la fin de la Seconde Guerre mondiale
5. 1815   la fin de l'empire de Napoléon
6. 1963   l'assassinat du président Kennedy
7. 2002   les élections présidentielles en France
8. 1889   la construction de la tour Eiffel

Structure

Le présent et le passé composé du verbe irrégulier *devoir*

Tu dois 5 euros à ta sœur.	*You owe* your sister 5 euros.
Nous devons rentrer ce soir.	*We have to* go home tonight.
Ils ont dû aller en ville.	*They had to* go into town.
Je dois retrouver Jean au café.	*I'm supposed to* meet John at the café.
Il n'est pas là? **Il doit** être malade ou **il a dû** oublier.	He isn't there? *He must* be sick or *he must have* forgotten.

The verb **devoir** is irregular in the present tense and has an irregular past participle:

devoir	
je **dois**	nous **devons**
tu **dois**	vous **devez**
il, elle, on **doit**	ils, elles **doivent**

PAST PARTICIPLE: **dû** (avoir)

The present and **passé composé** of **devoir** have several meanings, depending on the context of the sentence.

The verb **devoir** in the present tense may have two meanings:

1. owing (money or objects)
2. obligation (*I'm supposed to . . . , I have to . . .*).

The verb **devoir** in the **passé composé** may also have two meanings:

1. obligation or necessity (*I had* to call my family);
2. probability or speculation (*I must have* left the keys in the car).

Application

F. D'abord... Each time someone is going to do something, you say that something else has to be done first. Use the present tense of **devoir** and the cues in parentheses.

> **Modèle:** Je vais aller au cinéma. (faire tes devoirs)
> *D'abord tu dois faire tes devoirs.*

1. Ils vont regarder la télévision. (aller à l'épicerie)
2. Simone va aller au centre commercial. (manger quelque chose)
3. Je vais aller au café. (aller à la charcuterie)
4. Nous allons faire une promenade. (faire vos devoirs)
5. Jacques va faire du ski. (parler à son père)
6. Je vais écouter mes disques. (aller chercher ton frère)

E. Mise en train: Remplacez les sujets en italique et faites les changements nécessaires.

1. *Elle* doit beaucoup d'argent. (tu / Jacques / je / nous / vous / ils)
2. *Il* a dû aller en ville. (Marcelle / tu / ils / vous / je / nous)
3. *Nous* devons rentrer demain. (elles / ma sœur / Jules / je / tu)

ZOOM!
le centre commercial français

Young people meet in the Fnac or in other popular stores on Saturday afternoons. However, "hanging out at the mall" is not a custom in France (as it still is in some parts of the United States). In a French mall there is no "food court" that is arranged in a series of stands. Instead there are usually some fast-food restaurants, cafés, and maybe a cafeteria like "Flunch," and popular clothing stores include Camaieu, Pimkie, Kookaï, and Étam.

G. Mes obligations. Explain to one of your classmates what you had to do last week and what you have to do next week. Use the **passé composé** of **devoir** to express the past and the present tense of **devoir** to express the future. SUGGESTED THINGS TO DO: **faire mes devoirs, travailler, téléphoner à, aller, parler à, acheter, apprendre, faire les courses.**

> Modèle: *La semaine dernière j'ai dû aller chez le dentiste.*
> *La semaine prochaine je dois travailler au supermarché.*

Text Audio CD Track 1-46

Reminder, Tuyau-Pronunciation:
As a rule, French syllables end in a vowel: **vé-lo, bou-che-rie.** Two consonants next to each other in the middle of a word usually split into different syllables: **char-cu-te-rie.**

■Tuyau-prononciation
La voyelle *e*

The letter **e** without a written accent may represent three different sounds in French:

[e] the sound also represented by **é** (acute accent)
[ɛ] the sound also represented by **è** (grave accent)
[ə] the sound in the word **le**

At the end of a word, the letter **e** is pronounced [e] when it is followed by a silent consonant (**chanter, les**). It is pronounced [ɛ] when it is followed by a consonant in the same syllable (**elle, personne**). The letter **e** is pronounced [ə] at the end of a syllable in the middle of a word (**petit, cerise**). It is also pronounced [ə] in certain two-letter words (**le, ne, me**). Remember that **e** without an accent is usually silent at the end of a word.

H. Read each word aloud, being careful to distinguish among the three sounds of **e**.

[e] des / mes / aller / il est / assez / manger / avez
[ε] baguette / verre / appelle / hôtel / asperges / express
[ə] de / le petit / demain / pamplemousse / retour / demande

I. Read the following words aloud. Each contains at least two different pronunciations of the letter **e**.

regarder / mercredi / chercher / elle est / se promener / traversez / demander / papeterie / bracelet / quatre-vingt-sept

Le savez-vous?
Mammouth is a
  a. fast-food chain specializing in meats
  b. wholesale food outlet
  c. supermarket chain
  d. stationery store

Structure

L'adjectif interrogatif *quel*

—**Quelles** pâtisseries est-ce que tu vas acheter?
—Des éclairs et des religieuses.

—*What (which) pastries are you going to buy?*

The adjectives **quel, quelle, quels, quelles** *(which, what)* are used to ask someone to identify something **(Quel livre? Le livre de français.** *Which book? The French book.).* Because **quel** is an adjective, it must agree in gender and number with the noun it modifies. All forms are pronounced the same, regardless of their spelling.

Quel may be used with both things and people, and it usually occurs in two types of questions:

1. Immediately before a noun (**quel** + noun):

Quelle pâtisserie?	*What (which) pastry?*
Quel livre est-ce que tu cherches?	*What (which) book are you looking for?*
Quels sports est-ce que tu aimes?	*What (which) sports do you like?*
Quelles jeunes filles est-ce que tu as invitées?	*What (which) girls did you invite?*

2. Separated from the noun by the verb **être** (**quel** + **être** + noun):

Quelle est votre adresse?	*What's your address?*
Quels sont tes CD préférés?	*What are your favorite CDs?*

Grammar: When **quel** and the noun are followed by the **passé composé**, the past participle must agree in gender and number with the noun: **Quels CD as-tu achetés?**

J. Mise en train: Use **quel** to form a question with each noun. Then spell the form of **quel** that you used. Remember that each written form must agree in gender and number with the noun it modifies.

Modèle: livre   *Quel livre? (Q-U-E-L)*

1. chien
2. magasin
3. appartement
4. portefeuilles
5. voiture
6. chambre
7. peintures
8. langue
9. vélo
10. filles
11. cahiers
12. chaîne stéréo
13. musique
14. appareil photo
15. garçons

Réponse ▼ ▲ ▼ c

Application

K. Qu'est-ce que tu cherches? Your friend has misplaced a lot of things. For each lost item, ask a question with **quel** to get more information.

> **Modèle:** Je cherche mon stylo.
> *Quel stylo?*

1. Je cherche ma clé.
2. Je cherche mon cahier.
3. Je cherche mes livres.
4. Je cherche les cassettes.
5. Je cherche mon DVD.
6. Je cherche une adresse.
7. Je cherche les posters.
8. Je cherche les plantes.

L. Des renseignements. Ask one of your classmates questions with **quel** to get the required information. Use either **quel** + noun or **quel** + **être** + noun.

> **Modèles:** son nom
> *Quel est ton nom?*
>
> les sports qu'il/elle préfère
> *Quels sports est-ce que tu préfères?*

1. son cahier
2. sa saison préférée
3. son adresse
4. son numéro de téléphone
5. les cours qu'il/elle prend
6. la musique qu'il/elle préfère
7. les devoirs pour demain
8. son professeur préféré

Débrouillons-nous!

Reminder, Ex. M: Remember to use verbs like **aimer**, **aimer mieux**, and **préférer** in your questions.

M. Échange. Posez les questions suivantes à un(e) autre étudiant(e), qui va vous répondre.

1. which music he/she likes
2. what his/her address is
3. what his/her telephone number is
4. what drink (**une boisson**) he/she prefers
5. what day of the week he/she likes best
6. what season he/she prefers
7. which class (**un cours**) he/she likes best
8. which professor he/she likes best

Reminder, Ex. N: Remember to use store names as you explain what you are going to do.

N. Au centre commercial. You and your friends are going to the mall. When everyone gets there, each person tells what he/she is going to do. Then decide to meet again at a certain time so you can all go for pizza.

À faire chez vous:
CAHIER, Chapitre 6, 3ᵉ étape

Text Audio CD Tracks 2-26–2-31
Now that you've completed the first three **étapes** of **Chapitre 6**, do Segment 2 of the STUDENT AUDIO CD. See **CAHIER, Chapitre 6**, *Écoutons!*, for exercises that accompany this segment.

Point d'arrivée

Activités orales

Exprimons-nous!

Student Audio CD Tracks 2-32–2-35
CAHIER, Chapitre 6, _Rédigeons!_
Travail de fin de chapitre (including STUDENT AUDIO CD, Chapitre 6, Segment 3)

When you're in a store in a French-speaking country, it's very important to know how to ask for what you need or want and to find out how much something costs.

Pour indiquer ce que vous désirez dans un magasin

Donnez-moi deux bifteks, s'il vous plaît.
Il me faut une livre de beurre et un litre de lait.
Est-ce que vous avez (avez-vous) des CD de Céline Dion?
Je voudrais dix tranches de jambon.
J'ai besoin de rosbif. Assez pour quatre personnes.
Je prends un kilo de pommes de terre et deux concombres.

Pour demander le prix de quelque chose

C'est combien?   **Je vous dois combien? (Combien**
Ça coûte combien?   **est-ce que je vous dois?)**
Ça fait combien?

A. Faisons un pique-nique.
You're going on a picnic and one of your friends is going to do the shopping for it. Explain to him or her where to go and what to buy.

Reminder, Ex. A: Use the expressions **d'abord** or **premièrement** _(first)_, **puis** or **ensuite** _(then)_, and **enfin** or **finalement** when you enumerate the tasks.

> **Modèle:** _D'abord tu vas à la boulangerie. Tu vas acheter une baguette et un pain de campagne. Ensuite tu vas aller..._

B. Bien sûr, Mme Thibaudet.
Mme Thibaudet is feeling a bit under the weather and you've agreed to do the weekly shopping for her. Using the list below, go to the appropriate stores and make your purchases. She's given you 50 euros. Is it enough?

rôti de bœuf (pour 4 personnes)	**Vittel (2 bouteilles)**
pommes de terre (1 kilo)	**poulet (1)**
salade de concombres (1 livre)	**éclairs (2)**
tomates (1 livre)	**brie (250 grammes)**
baguettes (2)	**saucisson (16 tranches)**
tarte (ou gâteau) (1)	**jambon (4 tranches)**

C. Est-ce que vous avez oublié... ?
When you come back from your shopping trip in Exercise B, Mme Thibaudet questions you about what you bought and what you forgot. You may have to explain that you didn't have enough money for everything.

D. À l'épicerie. You're in an **épicerie** buying food for a dinner you're making for your friends. Using a variety of expressions, explain what you need and what you want. Also ask how much the various items cost and how much you owe for everything. Be sure to use polite expressions of greeting, thanking, and leave-taking.

E. À la Fnac. You're at the Fnac in Toulouse buying a birthday present for your best friend. Explain what your friend likes to do in his/her leisure time and what his interests are. Ask about the latest CDs and music videos. Finally, make a selection, find out if you can pay for the item by check, thank the salesperson, and say good-bye.

Reprise : troisième étape

F. Au centre commercial. Find out what your friends bought at the mall. Use the forms of **quel** in your questions.

> **Modèle:** CD / Luc Plamondon
> —*Qu'est-ce que tu as acheté?*
> —*J'ai acheté un CD.*
> —*Quel CD?*
> —*Le dernier CD de Plamondon.*

1. vidéo / Céline Dion
2. cassette / Spice Girls
3. CD / Lara Fabian
4. poster / Johnny Holiday
5. CD / du spectacle Starmania
6. cassette / Janet Jackson
7. vidéo / R.E.M.
8. CD / Dave Matthews Band

G. Échange. Posez les questions suivantes à un(e) autre étudiant(e), qui va vous répondre.

1. Qu'est-ce que tu dois faire ce soir?
2. Quelles sont tes responsabilités à la maison? Qu'est-ce que tu dois faire?
3. Est-ce que tu dois beaucoup étudier pour ce cours?
4. Est-ce que tu dois de l'argent à quelqu'un? À qui? Pourquoi?
5. Qu'est-ce que tu as dû faire le week-end dernier?
6. Qu'est-ce que tu as dû faire pour réussir *(pass)* au dernier examen de français?

Activité écrite

H. Un dîner pour deux. Evaluate the paragraph about shopping that one of your classmates wrote in the *Cahier de travaux pratiques* («Rédigeons!») using the following guidelines.

1. **Contenu:** Are all the food items bought in the correct stores (e.g., is the bread bought at the **boulangerie)?** Are all of the main courses of the meal included in the shopping trip? Is something missing?
2. **Langue et grammaire:** Read the paragraph for language accuracy. Pay particular attention to the choice of vocabulary, the correct use of the partitive, gender of nouns, and spelling.
3. **Résultat final:** After you've made all of your corrections, read the paragraph again. Does the shopping list make sense? Is this going to be a good meal? Is it logical in that it includes a balanced set of foods? For example, are there too many desserts? What should be deleted or included?

Lecture

Des produits alimentaires

Avant la lecture

1. Come up with as many expressions as possible (in English) that use food vocabulary.
2. What do you usually have in your refrigerator?
3. In your opinion, what constitutes a healthy diet?
4. Do you think you eat healthy foods? Why, why not?

2,96 €
GRATUITE

Tablette de chocolat Crunch
Le lot de 3 x 100 g
+ 1 tablette gratuite - 400 g.
Prix au kilo 7,40 €.

~~1,36 €~~ **1,29 €**
Café doux
Le paquet de 250 g.
Prix au kilo 5,16 €.

DES EXPRESSIONS AMUSANTES

Aller planter les choux.
To retire. (Literally: To go plant cabbage.)

C'est la fin des haricots.
It's over; nothing more can be done.

Prendre de la brioche.
To put on weight.

Raconter des salades.
To spin yarns. To tell stories.

Si on avait toujours des cerises et des raisins, on pourrait se passer de médecin.
An apple a day keeps the doctor away. (Literally: If you always had cherries and grapes, you could do without a doctor.)

Ça ne vaut pas un radis.
It's worthless.

C'est du gâteau.
It's a snap. It's a piece of cake.

Il va recevoir des tomates.
He'll have a hostile reception.

La moutarde me monta au nez.
I lost my temper.

L'appétit vient en mangeant.
The more you have, the more you want.

Tout baigne dans l'huile.
Everything's okay. Things are looking up.

Comme un cheveu sur la soupe.
It has nothing to do with anything; it's totally extraneous and inappropriate.

C'est une grosse légume.
He's/She's a big shot (a bigwig).

Trop de cuisiniers gâtent la sauce.
Too many cooks spoil the broth.

Qu'y a-t-il dans le frigo?

1 Le lait
2 **Les légumes**
3 La tomate
4 Le poivron
5 L'oignon
6 La carotte
7 **Les fruits**
8 La pomme
9 La poire
10 La fraise
11 L'abricot
12 La viande
13 Le poisson
14 Le beurre
15 Le fromage
16 Les œufs
17 Le jambon
18 Le saucisson
19 Le pain
20 La glace

La Baguette

La guerre de la baguette n'aura pas lieu. Face à la concurrence déloyale des grandes surfaces qui vendaient leurs baguettes à 0,25€ seulement (mais qui, pour les vendre si bon marché utilisaient des pâtes surgelées), les boulangers français s'étaient mobilisés et avaient plusieurs fois manifesté leur mécontentement à Paris. Le problème a été réglé à l'avantage des boulangers: dorénavant l'appelation 'boulanger' sera réservée aux artisans qui assurent sur le lieu de vente toutes les phases de la fabrication du pain. Les autres, supermarchés, hypermarchés, points de vente, etc. pourront vendre leur pain... mais ils devront changer le nom de leur boutique ou de leur rayon.

À table

Vos menus sont-ils équilibrés? Pour le savoir, faites vite notre petit test alimentaire.

1. Vous commencez votre journée par des céréales:
- tous les jours ☐ **+ 3**
- 3 ou 4 fois par semaine ☐ **+ 2**
- rarement ☐ **0**

2. Vous mangez des pâtes ou du riz:
- tous les jours ☐ **+ 3**
- 3 ou 4 fois par semaine ☐ **+ 2**
- rarement ☐ **0**

3. Vous mangez des fruits:
- tous les jours ☐ **+ 4**
- 3 ou 4 fois par semaine ☐ **+ 3**
- rarement ☐ **0**

4. Vous mangez des légumes verts:
- tous les jours ☐ **+ 6**
- 3 ou 4 fois par semaine ☐ **+ 3**
- une fois par semaine ☐ **0**
- jamais ☐ **− 4**

5. Vous mangez de la viande rouge (biftecks):
- tous les jours ☐ **− 4**
- 3 ou 4 fois par semaine ☐ **0**

6. Vous mangez du poulet:
- tous les jours ☐ **+ 3**
- 3 ou 4 fois par semaine ☐ **+ 2**
- rarement ☐ **0**

7. Vous mangez du poisson:
- tous les jours ☐ **+ 3**
- 3 ou 4 fois par semaine ☐ **+ 2**
- rarement ☐ **0**

8. Vous buvez tous les jours un ou plusieurs verres
- de lait écrémé ☐ **+ 3**
- entier ☐ **− 3**

9. Vous mangez des hamburgers:
- plus de 4 fois par semaine ☐ **− 3**
- de 1 à 3 fois par semaine ☐ **0**
- une fois par semaine ☐ **+ 3**

10. Entre les repas, vous grignotez (gâteaux secs, chips):
- toujours ☐ **− 3**
- de temps en temps ☐ **0**
- rarement ☐ **+ 3**

Plus de 25 points
Bravo! Vous avez de saines et bonnes habitudes alimentaires. Continuez comme ça et vous serez toujours en forme.

De 10 à 25 points
Quelques petites entorses ça et là, mais votre alimentation est correcte dans l'ensemble.

Moins de 10 points
Trop de viande rouge, trop de sucre, pas assez de légumes verts!... Mais nous ne vous apprenons rien, n'est-ce pas?

À vous! *(Exercices de compréhension)*

I. Un petit test. Do the test **«À table!»** Then create your own survey (in English) with which you're trying to find out what students in your university prefer to eat. For homework, give your survey to at least ten students you know. Then summarize the results in French and bring them to class.

J. Des expressions. Compare the list of food expressions that you came up with during the **Avant la lecture** exercise.

1. Compare them to the list of French expressions. Are there similar expressions? Which ones are different?
2. What's the relationship between food and the ideas suggested in the expressions?
3. In what contexts would you use the English expressions? The French expressions?

K. Une publicité. Prepare an advertisement to encourage Americans to eat French bread. Use the information in this chapter, including the article on **«La baguette.»**

Activité d'écoute

L. Portrait de Madame Thibaudet. Listen to Madame Thibaudet's monologue. Then answer the questions.

Text Audio CD Track 1-47

1. Dans quelle ville habite Madame Thibaudet?
2. Est-ce qu'elle aime sa vie?
3. Pourquoi est-ce qu'elle a beaucoup de temps libre?
4. Avec qui est-ce qu'elle passe beaucoup de son temps?
5. Pourquoi est-ce que son mari n'est pas souvent à la maison?
6. Qu'est-ce qu'ils aiment faire, Monsieur et Madame Thibaudet?
7. Où est-ce que Madame Thibaudet passe une grande partie de son temps?
8. Quand et chez qui est-ce qu'elle fait ses courses?
9. Qu'est-ce qu'elle achète tous les matins?

V i d é o : Vocabulaire

Scène 1: LES COURSES
les courgettes   *zucchini*
une laitue   *lettuce*
les champignons   *mushrooms*

Scène 2: AU CENTRE COMMERCIAL
mes courses d'alimentation
   my food shopping
des cadeaux   *gifts*

des fringues = des vêtements
   (familier)
(la) consommation   *consumption*
des lunettes   *glasses*
un magasin de bijoux
   jewelry store
la nourriture   *food*
sert (servir)   *to serve*
l'entretien   *the upkeep*

Branchés sur...

Madame Thibaudet

Mon mari et moi, nous sommes tous les deux nés ici à Bordeaux et c'est ici que nous avons élevé nos enfants. Nous sommes des négociants de vin mais aujourd'hui, ce sont nos enfants qui s'occupent du commerce. Bien sûr, ils continuent à nous consulter et ils dépendent beaucoup de notre expérience.

Bordeaux

PROFIL

Situation: dans le sud-ouest de la France, sur la Gironde (estuaire de la Garonne)

Départment: Gironde (33)

Province: Aquitaine

Population: 218 948

Agglomération: 753 931 habitants

Importance: un des grands ports de France

Industrie: métallurgie, mécanique, alimentation, aéronautique

Agriculture: vin (4ᵉ rang national pour la production), blé, tabac, lait. Bordeaux est connu dans le monde entier pour ses vins, qui parfois se vendent à plus de 200€ la bouteille. Moins chers (à partir de 4€), les crus *(types)* Appellation d'Origine Contrôlée *(Quality label)* sont excellents aussi et sont appréciés avec un bon repas. Les vins de Bordeaux sont souvent rouges; les bouteilles sont de verre sombre *(dark glass)*, avec une forme particulière: corps solide, goulot *(neck)* court. Les bouteilles de vins d'autres régions ont d'autres formes et d'autres couleurs de verre. Le raisin pousse *(grows)* dans des vignobles *(vineyards)* et on le ramasse en septembre, pour les vendanges (un travail populaire pour les étudiants).

Vignobles dans la campagne près de Bordeaux.

Ma famille et moi nous allons à Saint-Émilion en automne, pour voir les vendanges. Nous nous promenons dans le village, nous mangeons des bouchons (des gâteaux typiques). Nous achetons du vin dans les châteaux—le Saint-Émilion est l'un des meilleurs vins de la région de Bordeaux!

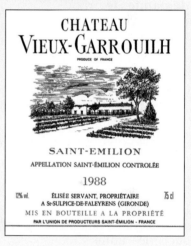

Au printemps et en été, nous allons dans le petit village de Talmont, l'un des plus beaux de France. Ses rues sont remplies de fleurs! Il y a une église romane qui domine l'estuaire de la Gironde, avec un petit cimetière où l'on voit les tombes des pêcheurs *(fishermen)* qui sont morts en mer au XIXe siècle.

CHATEAU
VIEUX-GARROUILH
PRODUCE OF FRANCE

SAINT-EMILION
APPELLATION SAINT-ÉMILION CONTROLÉE
1988
12% vol.   75 cl
ÉLISÉE SERVANT, PROPRIÉTAIRE
A St-SULPICE-DE-FALEYRENS (GIRONDE)
MIS EN BOUTEILLE A LA PROPRIÉTÉ
PAR L'UNION DE PRODUCTEURS SAINT-ÉMILION - FRANCE

Non loin de Bordeaux se trouve le Bassin d'Arcachon et ses fameuses huîtres *(oysters).*
Les huîtres sont délicieuses avec juste un peu de citron! Nous y passons chaque fois que nous sommes en vacances, quand nous allons dans notre maison dans les Landes.

Qu'est-ce que vous en pensez?

Which state is the major wine producer in the United States? What do you know about it? What other U.S. states are known for their wine production?

Lexique

Pour se débrouiller

Pour indiquer ce que vous désirez dans un magasin

Donnez-moi... Would you give me . . .
Est-ce que vous avez... ? (Avez-vous... ?) Do you have . . . ?
Il me faut... I need . . .
J'ai besoin de... I need . . .
Je voudrais... I would like . . .
Je prends... (Je vais prendre...) I'll take . . .

Pour demander le prix de quelque chose

Ça coûte combien? How much does it cost?

Ça fait combien? How much is it?
C'est combien? How much is it?
Je vous dois combien? (Combien est-ce que je vous dois?) How much do I owe you?

Pour indiquer la quantité

assez de (pas assez de) enough (not enough)
beaucoup de a lot of
une boîte de a box (can) of
une botte de a bunch of
un bout de a piece of

une bouteille de a bottle of
un demi-kilo de a half kilo of
une douzaine de a dozen
____ grammes de ____ grams of
un kilo de a kilo of
un litre de a liter of
une livre de a pound of (French pound)
un morceau de a piece of
une tasse de a cup of
une tranche de a slice of
trop de too much of

Thèmes et contextes

Les magasins et les petits commerçants

une bijouterie jewelry store
une boulangerie—un(e) boulanger(-ère) bakery—baker
une boucherie—un(e) boucher(-ère) butcher shop—butcher
une charcuterie—un(e) charcutier(-ère) deli—pork butcher
un centre commercial mall
une épicerie—un(e) épicier(-ère) small grocery store—grocer
un grand magasin department store
un magasin de jouets toy store
un magasin de sport sporting goods store
un marché en plein air open air market
une papeterie stationery store

une parfumerie perfume store
une pâtisserie—un(e) pâtissier(-ère) pastry store—pastry chef
un supermarché supermarket

La boulangerie-pâtisserie

une baguette long, crusty French bread
un croissant croissant
un éclair éclair
un gâteau (au chocolat) (chocolate) cake
un millefeuille multilayered thin wafers with vanilla cream
des œufs / une poule en chocolat chocolate eggs and chicken for Easter
un pain de mie white bread
un pain au chocolat square chocolate croissant
un pain de campagne round country loaf

une pâtisserie pastry
un petit pain roll
une religieuse round éclairs with chocolate or coffee filling and icing
une tarte (aux pommes, aux fraises, aux abricots) (apple, strawberry, apricot) pie
une tarte au citron meringuée lemon tart (pie) with meringue
une tartelette (au citron) small (lemon) tart

La charcuterie

la daube beef stew
un friand pastry filled with meat or vegetables
le jambon ham
un œuf mimosa double-cooked stuffed egg
le pâté liver spread
des rillettes meat spread
un rôti de porc cuit cold cooked pork roast

une salade (de tomates, de concombres, de thon) (tomato, cucumber, tuna) salad
une saucisse sausage
un saucisson salami

La boucherie

un biftek steak
le bœuf beef
le canard duck
le gigot leg of lamb
le mouton mutton
le porc pork
le poulet chicken
un rôti (de porc, de bœuf) (pork, beef) roast
la viande meat

L'argent (m.)

une caisse cash register
une carte bleue debit card
une carte de crédit credit card
un chèque check
le code confidentiel PIN
un distributeur automatique de billets ATM
en espèces cash

La musique

un baladeur, un walkman walkman
une cassette vierge blank tape
une chaîne stereo
une chanson song
un chanteur, une chanteuse singer
un disque record (LP or CD)
un disque compact, un compact disque, un CD (prononcez «cédé») CD
un groupe (de rock, de rap) (rock, rap) band
un lecteur de CD CD player
une radiocassette radio tape player
une vidéo video
un vidéoclip music video

Un magasin de jouets

un ballon ball
des billes (f.pl.) marbles
un camion truck
une gameboy [prononcez g'embo] Game Boy
un jeu de société board game
un jeu vidéo video game
un jouet toy
une poupée doll
un robot robot

Un magasin de sport

un appareil de gymnastique exercise machine
un ballon (de foot) ball (soccer ball)
une raquette (une balle) de tennis tennis racket(ball)
un vélo bike
un VTT (Vélo Tout Terrain) mountain bike

Le petit déjeuner

le bacon bacon
les céréales (f.pl.) cereal
la confiture jam
un chocolat hot chocolate
le jus d'orange orange juice
le lait milk
les œufs (m.pl.) eggs
une tartine slice of baguette with butter and jam
le toast (le pain grillé) toast

Les légumes (m.pl.)

une asperge asparagus
une carotte carrot
un champignon mushroom
un chou cabbage
la choucroute sauerkraut
un concombre cucumber
une courgette zucchini
les haricots verts (m.pl.) green beans
un oignon onion

des petits-pois (m.pl.) peas
une pomme de terre potato
un radis radish
une salade salad (lettuce)
une tomate tomato

Les fruits (m.pl.)

un abricot apricot
une banane banana
une cerise cherry
un citron lemon
une fraise strawberry
une framboise raspberry
un melon cantaloupe
une orange orange
une pêche peach
une poire pear
une pomme apple

Les produits laitiers (m.pl.)

le beurre butter
la crème cream
le fromage cheese (brie, camembert, gruyère)
le fromage blanc creamy type of whipped yogurt
le yaourt yogurt

Les produits surgelés (m.pl.)

la glace ice cream
la pizza pizza
le poisson fish
les pommes frites (f.pl.) French fries

Autres produits alimentaires

la farine flour
l'huile (f.) oil
le ketchup ketchup
la mayonnaise mayonnaise
la moutarde mustard
les œufs (m.pl.) eggs
les pâtes (f.pl.) pasta
le poivre pepper
le riz rice
le sel salt
le sucre sugar

Vocabulaire général

Verbes

accepter to accept
acheter to buy

chercher to look for
devoir to have to
faire les (des) courses to go shopping

louer to rent
penser to think
rêver to dream

Une Région: La Franche-Comté

Carte d'identité de la Franche-Comté

- **Situation:** dans l'est de la France
- **Départements:** Haute-Saône (229 700 habitants), Doubs (495 900 habitants), Jura (252 700 habitants), le Territoire de Belfort (137 500 habitants)
- **Population:** 1 115 800 habitants (1996)
- **Superficie:** 16 202 km² (3% du territoire national)
- **Climat:** humide et froid dans les montagnes; tempéré dans les plaines
- **Sites touristiques:** Forêt de La Joux (la plus importante forêt de sapins [pines] de France) et d'autres forêts; le Lion de Belfort (monument); Notre-Dame du Haut (chapelle construite en 1955 par l'architecte Le Corbusier); vallées et plateaux pittoresques; musées; villages
- **Activités principales:** L'exploitation de la forêt; l'**élevage** et l'industrie **laitière,** l'agriculture **(blé, maïs),** le **vignoble,** l'industrie électrique, l'automobile (Peugeot) et l'**horlogerie.**

Des randonnées en Franche-Comté

AQUARIUM TROPICAL
CLUB BELFORTAIN D'AQUARIOPHILIE

Cité des Associations, avenue de la Laurencie 90000 Belfort—Tél.: 03 84 28 88 14

Ouvert du mardi au samedi de 15h à 19h.

Le monde étrange et merveilleux des poissons de tous les océans.

MUSÉE DE LA MINE

33, place le la Mairie 70250 Ronchamp— Tél.: 03 84 20 70 50

Ouvert de **Pâques** à la fin mai et de septembre à la **Toussaint,** tous les jours, sauf mardi, de 10h à 12h et de 14h à 18h.

On y découvre la vie très **dure** que les **mineurs menaient** au fond de leurs **puits noirs.** Des tableaux retracent le métier de ces hommes; des vêtements et divers objets symbolisent leurs coutumes, leurs fêtes, leur folklore.

MUSÉE DE L'AVENTURE PEUGEOT

Carrefour de l'Europe 25600 Sochaux— Tél.: 03 81 94 48 21

Ouvert tous les jours de l'année de 10h à 18h.

Installé à proximité des usines Peugeot, le musée regroupe les véhicules, les cycles et autres produits de la marque.

Soixante-dix véhicules Peugeot de 1889 à nos jours sont présentés dans le décor et sur le **sol** correspondant à leur époque...

Source: Quid, Robert Laffont, 1999

DOUBS	25
HAUTE-SAÔNE	70
JURA	39
TERRITOIRE-DE-BELFORT	90

0   25 km

LA CITADELLE

25000 Besançon—Tél.: 03 81 82 16 22

Ouverte de la fin mars au 30 septembre de 9h à 18h; du 1er octobre au 30 mars de 9h 45 à 16h 45. Citadelle fermée le 1er janvier et le 25 décembre. Les musées sont fermés le mardi. Site naturel, le mont était déjà à l'époque gallo-romaine entouré d'une muraille et renfermait un temple. En 1668, les Espagnols commencèrent à élever la citadelle et en 1674, Vauban poursuivit et améliora les travaux.

La citadelle aujourd'hui abrite **trois musées (le musée de la Résistance et de la Déportation, le musée populaire comtois, le musée d'Histoire naturelle), un aquarium et un parc zoologique.**

FROMAGERIE-MUSÉE

25620 Trepot—Tél.: 03 81 86 71 06

Ouvert chaque dimanche de juin et tous les jours du 1er juillet au 15 septembre de 1h à 18h.

En Franche-Comté, une fromagerie est communément appelée *fruitière:* les paysans qui isolément ne produisaient pas une quantité de lait suffisante pour permettre la fabrication d'une **meule** de comté s'associaient et formaient cette maison commune.

La présentation du matériel permet de suivre la fabrication du fromage et la projection d'un montage audiovisuel complète la visite.

Le comté est un fromage qui a 1000 ans! Et pour faire du bon comté, il y a quelques règles impératives:

*Il faut: du **lait cru**; des **vaches** de race Montbéliard et des vaches nourries seulement d'**herbe** et de **foin**; un **fromager** qui ne compte pas son temps et trois mois minimum d'**affinage**.*

Notre-Dame du Haut est la chapelle de Ronchamp construite en 1955 par l'architecte Le Corbusier: C'est un endroit qui attire beaucoup de touristes.

> «*C'est la can—la cancoillotte*
> *Le **mets** de notre pays*
> *Son odeur **nous ravigote***
> *Son aspect ragaillardit*
> *Ça vous colle les **quenottes***
> *Chaque **Comtois vous dira***
> *Rien au monde ne **décol'ra***
> *La Can-coi-llo-te*»
>
> Chanson populaire de Jean Javey

Les «gastronomes» se régaleront de *rostis*, ces pommes de terre au **lard** gratiné, et ils goûteront à la *cancoillotte*, au moins pour le plaisir de prononcer ce drôle de nom.

DICO

élevage: animal breeding
laitière: dairy
blé: wheat
maïs: corn
vignoble: vineyard
horlogerie: watch making
randonnées: here, excursions
Pâques: Easter
Toussaint: All Saints Day
dure: difficult
mineurs: miners
menaient: led
puits noirs: black pits (mine shafts)
sol: ground
meule: wheel (cheese)
lait cru: raw milk
vaches: cows
herbe: grass
foin: hay
fromager: cheese maker
affinage: maturing (cheese)
mets: dish
nous ravigote: cheers us up
quenottes: teeth (children's language)
Comtois: person from Franche-Comté
vous dira: will tell you
décol'ra (décollera): will unglue
lard: bacon

Qu'est-ce que vous en pensez?

If you were telling one of your friends about Franche-Comté, what are some of the key things (both general and detail) that you would tell him or her? What would a brochure of your region include? What aspects of your area tend to be pictured in tourist brochures?

Un village: Calmoutier

Entre Vesoul et Lure, les villages qui se situent de chaque côté[1] de la route nationale 19 réservent de belles surprises.

*Dix kilomètres après Vesoul, sur la RN 19, on peut tourner sur **Calmoutier** (D100). C'est une petite vallée bordée de pentes[2] abruptes qui aboutissent[3] à des plateaux.*

Carte d'identité de

- **Département:**
- **Arrondissement:**
- **Canton:**
- **Origine du nom:**

- **Superficie totale:**

- **Superficie des bois:**

- **Population:**

Une maison moderne
à Calmoutier

L'église de
Calmoutier

Intérieur de l'église
de Calmoutier

La maison dite «le château»
à Calmoutier

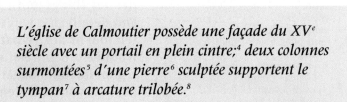

L'église de Calmoutier possède une façade du XVe siècle avec un portail en plein cintre;[4] deux colonnes surmontées[5] d'une pierre[6] sculptée supportent le tympan[7] à arcature trilobée.[8]

Calmoutier

Haute-Saône
Vesoul
Noroy-le-Bourg
1049:
Calomonasterium
1466: Calmoutier
1 404 hectares
  (3,468 acres)
410 hectares
  (1,013 acres)
219 habitants (2002)

Le lavoir à
Calmoutier

La chapelle qui domine
le village

Le lavoir[15] à arcades date du XVIIIe siècle.

Au nord-ouest, une petite chapelle du XIXe siècle domine une immense carrière;[16] de style néogothique, elle a été élevée après l'épidémie de choléra de 1854.

Jean-Christophe Demanrd, Le guide de la Haute-Saône
(La Manufacture, 1991)

Calmoutier, au Moyen Âge,[9] était le centre d'une communauté de prêtres[10] ou de chanoines[11] qui desservaient les paroisses environnantes.[12] Au sud de l'église, on peut re-marquer les restes d'un couvent;[13] dans le village une belle série de maisons du XVIe au XVIIIe siècles témoigne[14] d'un passé riche.

Qu'est-ce que vous en pensez?

The photos of Calmoutier represent every kind of building in the village. What observations can you make based on these photos? For example, what kind of village is it? What kinds of things does the village not have? What does that tell you about how the villagers manage their lives and their needs?

---

1. side 2. slopes 3. lead to 4. portal with a semicircular arch
5. topped 6. stone 7. a recessed space 8. with a three-leafed blind arcade
9. Middle Ages 10. priests 11. canons 12. neighboring 13. convent
14. testifies 15. public washhouse 16. stone quarry

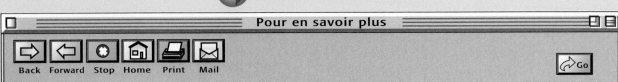
| Back | Forward | Stop | Home | Print | Mail | | Go |

Address ⬇ http://

Pour en savoir plus

To learn/explore more about the cultural topics covered in Chapter 6 and the *Dossier-Découvertes,* you can use the following key words in combination with geographical areas to search Internet resources. For example, if you want to know more about French cuisine, you can search under *France cuisine.* If you want to know more about foods and special dishes in Mali, search under *Mali cuisine.* And if you'd simply like to know more about a place (e.g., *Arcachon*), find the web sites for that place.

Geographical Areas

France

French regions
(Franche-Comté)

French cities
(Paris, Bordeaux, Arcachon)

Francophone
countries and regions (Mali)

Francophone cities

Key Words

bread

cheese

pastries

cuisine

regional dishes

supermarkets

population

fnac

For books,
CDs, etc.:
Amazon.fr

clothing (stores)

wine / vineyards:
Bordeaux
Saint-Émilion

Ronchamp

villages

chapitre 7

Parlons des études!

Jean Hébert
22 ans • Lyon (Rhône-Alpes)
étudiant en 2ème année de DEUG d'anglais • en visite d'études aux États-Unis
• futur métier: professeur

- *Première étape*   L'université
  - describing objects
  - reading texts and documents about French education

- *Deuxième étape*   Les profs et les étudiants
  - describing people
  - comparing objects and people

- *Troisième étape*   Les cours
  - talking about your university and your studies
  - understanding conversations about academic life

- *Point d'arrivée*

Text Audio CD Track 1-52

Point de départ

L'université

Jean Hébert arrive de Lyon pour faire des études dans une université aux États-Unis. En parlant avec deux étudiantes, Barbara et Susan, il est surpris d'apprendre qu'il y a des différences importantes **parmi** les universités américaines. Barbara et Susan comparent les campus où elles font leurs études. Barbara est étudiante dans une grande université **d'état,** son amie Susan étudie dans une petite université dans la même région.

among

state

Barbara

Moi, je suis étudiante dans une université d'état.

Susan

Et moi, je fais mes études dans une petite université privée.

Mon université est située au centre d'une grande ville. Beaucoup d'étudiants habitent en ville—chez eux ou dans des appartements.

Mon université se trouve dans un petit village pas trop loin d'une grande ville. **La plupart des** étudiants habitent sur le campus dans des **résidences universitaires.**

Most of the

residence halls (dorms)

Vidéo : Questions de fond

1. Nommez quatre spécialisations des étudiants français à la Sorbonne.
2. Comparez-les à celles de votre propre université.

Sur le campus il y a un centre d'étudiants, un stade, deux grandes piscines, une grande librairie, un musée d'art, une salle de concert et un nombre limité de résidences. Mon campus est comme une petite ville, et il y a même un hôtel.

Mon université **comprend** la **faculté** des sciences et des lettres, la faculté de **droit**, l'école des sciences agricoles, **chacune** avec ses propres bâtiments. Chez nous, on peut préparer un **diplôme** «undergraduate» ou un diplôme avancé (la **maîtrise** ou le doctorat).

Mon campus a beaucoup d'espaces verts, une bibliothèque, une piscine et quelques résidences universitaires.

À mon université **il n'y a que** la faculté des sciences et des lettres. Toutes les salles de classes et tous les **bureaux** des profs se trouvent dans des bâtiments au centre du campus. Tous les étudiants préparent un diplôme «undergraduate» qui se fait en quatre ans.

there is only

offices
includes / school

law
each one

degree
master's degree

Nos classes sont très grandes. D'habitude, le professeur fait un **cours magistral** dans un amphi-théâtre. Ensuite nous nous divisons en petits groupes de **travaux dirigés** pour discuter avec les assistants. Il y a un grand nombre d'étudiants qui **sèchent** leurs cours. Mais nos classes de langues et d'anglais sont petites et il faut toujours être là.

Nos classes sont généralement petites. Nous avons l'occasion de poser des questions au professeur. La plupart des étudiants **assistent à** leurs cours. Nous passons plusieurs **partiels** et nous avons beaucoup d'**interroga-tions écrites.**

lecture course
attend
discussion section / mid-term exams
quizzes

cut

go back to school / first day
of classes

in the middle

Notre année scolaire est divisée en trimestres. Nous **rentrons** début septembre. Nous passons des partiels **au milieu** du trimestre et des examens à la fin de chaque trimestre. L'année se termine début juin.

Notre année est divisée en semestres. La **rentrée** est au début du mois de septembre. L'année se termine fin mai ou début juin.

À vous! *(Exercices de vocabulaire)*

A. Mon université. Complétez les phrases suivantes avec des renseignements sur votre situation personnelle.

1. Je fais mes études à _____ .
2. C'est une _____ université _____ .
3. Elle est située _____ .
4. La plupart des étudiants habitent _____ .
5. L'université comprend _____ faculté(s): _____ .
6. Sur mon campus, il y a _____ .
7. Moi, je prépare un diplôme de _____ .
8. Un jour je voudrais préparer _____ de _____ . *Ou:* Je n'ai pas l'intention de _____ .
9. En général, les classes sont _____ .
10. L'année scolaire est divisée en _____ .
11. La rentrée des classes est _____ .
12. Nous passons des _____ et des examens _____ .
13. L'année se termine _____ .
14. Dans ma région il y a _____ grande(s) université(s) et _____ petite(s) université(s) privée(s).

B. Une autre université. Refaites l'exercice A en donnant des renseignements sur l'université où va l'un(e) de vos ami(e)s ou un membre de votre famille.

Modèle: *Mon ami(e) _____ fait ses études à _____ . C'est une université _____ .*

ZOOM!

FACULTE DE DROIT JEAN MONNET

*I*n France, education is nationalized and therefore all schools, including most private schools and universities, follow the curriculum set by the National Ministry of Education (**Ministère de l'Éducation Nationale**). This ensures that all students in a given grade get the same education (similar materials, same requirements, etc.).

The educational system in France is very different from the one in the United States. Most 3-year-old children go to free day-long schools (**la maternelle**), which function like pre-schools. From first grade on, the system is very rigorous. There are almost no social or athletic activities, no dances, nor any non-college preparatory courses as students move through the system. There are also no graduation ceremonies! Students who don't do well in a particular year have to repeat that year.

Days usually start at 8 A.M. and finish at 5:00 or 6:00 P.M. Students rarely have part-time jobs and there are very few after-school activities. About two-thirds of all students are allowed to go on with their studies past the 10th grade (**la troisième**). Students in the 11th, 12th, and 13th grades are in a **lycée** where they prepare for the **baccalauréat** degree. To get **«le bac,»** students have to take a competitive national exam. This exam always includes philosophy, two foreign languages, calculus, history, and a set of specialty areas such as comparative literature or physics. About one quarter of all the **bac** candidates fail the exams (**échouer**). They can repeat their last year of school (**la Terminale**) and try the exams again. The ones who pass are allowed to enter the university of their choice.

Since the educational system is run by the government, all education, including university, is free. However, students must pay for all materials (including books) and disadvantaged students can receive a small governmental stipend (**une bourse**) starting with 10th grade and as long as they maintain good grades.

Qu'est-ce que vous en pensez?

What are the advantages and disadvantages of a nationalized educational system? Which system would you personally prefer, the decentralized system of the U.S. or France's centralized system? Give reasons for your preference. What values does French society seem to promote if you consider the structure of the educational system? What values does the U.S. system promote? What are the consequences for young people in the two cultures?

L'accord des adjectifs

You've already learned some adjectives of nationality and profession, and you've seen a number of adjectives in your readings. Adjectives provide information about the nouns they modify. For example, they help to distinguish between two similar objects:

ugly / beautiful (pretty)
old

Ce bâtiment est grand.
Ce bâtiment est **laid.**
Ce bâtiment est moderne.

Ce bâtiment est petit.
Ce bâtiment est **beau (joli).**
Ce bâtiment est **vieux.**

Vocabulary: Note that **conférence** is a false cognate that means *lecture,* not *conference.*

easy
good

Cette conférence est intéressante.
Cette conférence est **facile.**
Cette conférence est **bonne.**

Cette conférence est **ennuyeuse**.
Cette conférence est difficile.
Cette conférence est **mauvaise**.

boring

bad

Quelles sont les couleurs de votre université?

Les couleurs de Penn State
sont bleu foncé et blanc.

Les couleurs de l'Université
de Minnesota sont
jaune et rouge.

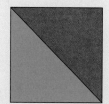

Les couleurs de l'Université
de Miami (Floride) sont
orange et vert.

Les couleurs de l'Université
de Ohio State sont
rouge et gris.

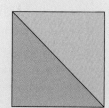

Les couleurs de l'Université
de Colorado sont
argent et doré.

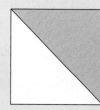

Les couleurs de l'Université
de North Carolina sont
bleu clair et blanc.

Les couleurs de l'Université
de Williams sont
violet et doré.

Les couleurs de l'Université
de Brown sont
marron et rouge.

Modèle: gris *grise*

1. facile
2. suisse
3. français
4. petit
5. vert
6. premier
7. délicieux
8. dernier
9. blanc
10. ambitieux
11. vieux
12. italien
13. mauvais
14. intellectuel
15. ennuyeux
16. discret
17. actif
18. grand

Ensuite, donnez la forme masculine
de chaque adjectif.

Modèle: verte *vert*

19. intéressante
20. française
21. blanche
22. première
23. mauvaise
24. ennuyeuse
25. belle
26. vieille
27. italienne
28. délicieuse
29. légère *(light)*
30. bonne
31. naïve
32. violette

Vocabulary, Ex. D, No. 1: Use the
adjective **neuf (neuve)** when *new*
means *brand new*. Use the adjective
nouveau when new means *changed,
no longer the same.*

Adjective agreement

In French, adjectives must agree in gender with the nouns they modify.
Therefore, if the noun is feminine, the adjective is also feminine. And if the
noun is masculine, the adjective is also masculine.

Feminine forms of adjectives

1. The feminine form of most adjectives is created by adding **-e** to the
   masculine form. Note that when this happens, the last consonant is
   pronounced:

   Le musée est **grand.**   La bibliothèque est **grande.**

2. If the masculine form of an adjective ends in **-e,** the feminine form
   stays the same:

   Le cours est **difficile.**   La leçon est **difficile.**

3. Some adjectives undergo special changes:

-er	changes to	**-ère**	**cher → chère**
-x	changes to	**-se**	**ennuyeux → ennuyeuse**
-et	changes to	**-ette**	**violet → violette**
-et	changes to	**-ète**	**secret → secrète**
-n	changes to	**-nne**	**bon → bonne**
-el	changes to	**-elle**	**sensationnel → sensationnelle**
-f	changes to	**-ve**	**sportif → sportive**

4. Adjectives of color that come from names of objects usually don't
   change in the feminine:

   Voilà un sac **marron.**   Voici une table **marron.**
   Voilà un livre **orange.**   Voici une auto **orange.**

5. Certain adjective forms are irregular and must be learned separately:

   Le campus est **beau.**   La ville est **belle.**
   Le quartier est **vieux.**   La maison est **vieille.**
   Le bâtiment est **blanc.**   La salle de classe est **blanche.**

Application

D. Des comparaisons. Avec un(e) camarade de classe comparez où vous
habitez et ce que vous possédez. N'oubliez pas d'accorder l'adjectif avec le nom!

Modèle: Mon appartement est petit. (maison)
Ma maison est petite aussi.

1. Ma maison est neuve. (appartement)
2. Mon vélo est vieux. (voiture)
3. Ma vidéo est intéressante. (livre)
4. Ma chaîne stéreo est chère. (ordinateur)

5. Mon sac à dos est marron. (valise [*suitcase*])
6. Mon vélomoteur est japonais. (voiture)
7. Mon appartement est grand. (chambre)
8. Mon appartement est blanc. (maison)

E. Quelles sont les couleurs de la francophonie? Donnez les couleurs des drapeaux de quelques pays/régions francophones. Suivez le modèle.

Modèle:

la France (français)

Le drapeau français est bleu, blanc et rouge.

1.

le Maroc (marocain)

2.

Haïti (haïtien)

3.

le Sénégal (sénégalais)

4.

la Louisiane (louisianais)

5.

la Côte-d'Ivoire (ivoirien)

6.

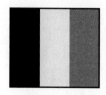

la Suisse (suisse)

7.

la Belgique (belge)

8.

le Burkina Faso (burkinabé)

9.

l'Algérie (algérien)

10.

le Québec (québécois)

11.

le République démocratique du Congo (congolais)

12.

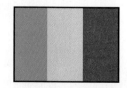

le Mali (malien)

F. Comment est... ? Quels adjectifs décrivent le mieux chaque image?

grand / beau / difficile / moderne / ennuyeux / intéressant / facile / laid / bon / mauvais / joli / vieux / sensationnel / compliqué / français / extraordinaire / fantastique / amusant / chouette / long

1. Comment est ce tableau?

2. Comment est cette ville?

3. Comment est ce cours?

4. Comment est ce livre?

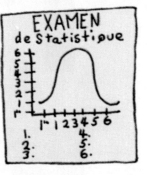

5. Comment est cet examen?

6. Comment est cette voiture?

Note grammaticale

Le pluriel des adjectifs

In addition to agreeing in gender, adjectives must agree in number with the nouns they modify. That means that if a noun is singular, the adjective must be singular. And if the noun is plural, the adjective must be plural.

1. The plural form of most adjectives is created by adding **-s** to the singular form. Note that there is no pronunciation change from singular to plural:

   Le stylo est **bleu.**   Les stylos sont **bleus.**
   La classe est **ennuyeuse.**   Les classes sont **ennuyeuses.**

2. If the masculine singular form of an adjective ends in **-s** or **-x,** the masculine plural form remains the same. Again, there is no change in pronunciation:

   Ce film est **mauvais.**   Ces films sont **mauvais.**
   Ce livre est **vieux.**   Ces livres sont **vieux.**

3. If the singular form of an adjective ends in **-eau,** the plural form adds **-x.** Again, there is no change in pronunciation:

   Ce livre est **beau.**   Ces livres sont **beaux.**

Grammar: Marron and **orange** don't change form in the plural: **des cheveux marron, des crayons orange.**

G. Donnez la forme plurielle de chaque adjectif; expliquez si vous ajoutez un **-s,** un **-x** ou rien du tout.

1. petit
2. laide
3. ennuyeuse
4. dernier
5. mauvais
6. gris
7. vieille
8. brun
9. intéressant
10. beau
11. bon
12. blanche
13. vieux
14. grand
15. orange

Le savez-vous?
The strongly centralized nature of the French educational system dates from
a. the Middle Ages
b. the reign of Louis XIV
c. the time of Napoleon
d. the end of World War II

H. Ma maison est... Décrivez chaque objet et puis posez une question à un(e) autre étudiant(e). Suivez le modèle.

Modèles: ma maison
—*Ma maison est grande, et ta maison?*
—*Ma maison est grande aussi.* or *Ma maison n'est pas grande. Elle est petite.*

1. ma maison (mon appartement)   2. ma chambre   3. mes livres
4. mon vélo   5. mon auto   6. mes vidéos   7. ma ville   8. mon cours d'anglais (de mathématiques, de littérature, de français, etc.)   9. mes CD
10. mes cassettes du cours de français   11. mes vêtements d'aujourd'hui

Réponse ▼ ▼ ▼ c

Text Audio CD Track 1-53

Tuyau-prononciation
La voyelle *o*

The letter **o** represents two different sounds in French: [ɔ], which is similar to the vowel sound in the English word *lost,* and [o], which is similar to the vowel sound in the English word *go* (without a diphthong). The sound [o] is used when **o** is the last sound of a word **(métro, gigot),** before **s** plus a vowel **(rose),** and when the letter **o** has a circumflex **(hôtel).** In other cases, the letter **o** is pronounced [ɔ].

I. Lisez chaque mot à haute voix. Attention: Prononcez bien le [ɔ] dans le premier mot et le [o] dans le deuxième mot.

notre, nos / votre, vos / télephoner, métro / sport, hôte / orage, chose / octobre, prose / soleil, exposé

J. Lisez chaque mot à haute voix, en faisant la distinction entre [ɔ] et [o].

pomme / rôti / promenade / chocolat / kilo / trop / roquefort / gigot / Sorbonne / opéra / haricots / photo / monotone / chose / bonne

Structure

La place des adjectifs

J'ai acheté un vélomoteur **neuf.**
C'est un film **japonais.**
J'ai trouvé des livres **intéressants** à la bibliothèque.

In French, unlike in English, an adjective is usually placed *after* the noun it modifies. However, the following adjectives are exceptions because they are normally placed *before* the noun they modify: **grand, petit, vieux, jeune, bon, mauvais, nouveau, long, beau, joli, autre:**

Elle habite dans un **petit** appartement.
Nous avons eu une **mauvaise** journée.
J'ai rencontré des **jeunes** filles du Maroc.

When two adjectives modify the same noun, each adjective occupies its normal position, either before or after the noun:

J'ai acheté une **jolie petite** maison.
Nous avons visité une **belle** cathédrale **gothique.**
C'est une voiture **beige** et **marron.**

Application

K. Nous ne sommes jamais d'accord. *(We never agree.)* Vos amis et vous n'êtes jamais d'accord. Contredites chaque exemple avec un adjectif au sens opposé.

> **Modèle:** C'est un petit appartement.
> *Au contraire! C'est un grand appartement.*

1. C'est une voiture neuve.
2. C'est un grand musée.
3. C'est un exercice difficile.
4. C'est une belle maison.
5. Ce sont des livres intéressants.
6. Ce sont des vieilles églises.
7. Ce sont des mauvaises idées.
8. C'est un voyage ennuyeux.
9. C'est un bon restaurant.
10. Ce sont des bons ordinateurs.
11. C'est un beau tableau.
12. C'est un nouveau CD.
13. C'est un acteur nul *(lousy).*
14. C'est une émission intéressante.
15. C'est une fête bien organisée.

L. Quelle sorte de ____ avez-vous? *(What kind of ____ do you have?)* Choisissez deux adjectifs pour répondre à chaque question.

allemand / américain / anglais / beau / blanc / chinois / difficile / facile / français / grand / gris / italien / japonais / jaune / joli / laid / long / moderne / nouveau / petit / rouge / vert / vieux

> **Modèle:** Quelle sorte de maison avez-vous?
> *Nous avons une petite maison blanche.*

1. Quelle sorte de maison avez-vous?
2. Quelle sorte d'auto avez-vous (voulez-vous avoir)?
3. Quelle sorte de restaurant préférez-vous?
4. Quelles sortes d'ami(e)s est-ce que vous avez?
5. Quelles sortes de devoirs faites-vous pour le cours de français?
6. Quelle sorte de voyages avez-vous faits?
7. Quelle sorte de vélo avez-vous?
8. Quelles sortes d'examens avez-vous dans le cours de français?

M. Je donne mes Césars personnels. (1) Notez la liste des films que vous avez vus cette année. (2) Comparez votre liste à celle de vos camarades de classe. Êtes-vous d'accord? Pas d'accord? (3) Donnez les qualités de votre «meilleur acteur», de votre «meilleure actrice» et les défauts de votre «film le plus nul».

Le meilleur acteur est
Dans le film
Réalisé par

La meilleure actrice est
Dans le film
Réalisé par

Les trois meilleurs films de l'année sont

Le film le plus nul de l'année est

N. J'ai vu un film. Choisissez l'un de ces films et décrivez-le avec autant de détails que possible. Vos camarades de classe vous poseront des questions.

SUGGESTED ADJECTIVES: **bon, mauvais, beau, laid, intéressant, sensationnel, fantastique, long, historique, émouvant** *(moving)*, **chouette, ennuyeux, amusant, triste** *(sad)*.

> **Modèle:** *Hier soir j'ai vu un très beau film. Il s'appelle* Napoléon. *C'est un film historique. Il est très émouvant, mais un peu triste. C'est aussi un film très long. J'ai beaucoup appris. C'est un film intéressant.*

Débrouillons-nous!

O. Échange. Posez les questions suivantes à un(e) autre étudiant(e), qui va vous répondre.

1. Est-ce que ta famille habite dans une maison? De quelle couleur est la maison? C'est une grande maison? (Est-ce que ta famille habite dans un appartement? Est-ce que l'appartement est grand? C'est un joli appartement?)
2. Est-ce que tu as une auto? De quelle couleur est ton auto? C'est une auto neuve? C'est une auto américaine? (Est-ce que tu as un vélo? De quelle couleur est ton vélo? C'est un vélo neuf? C'est un vélo américain?)
3. Est-ce qu'il y a des restaurants près du campus? Comment sont-ils?
4. Depuis combien de temps fais-tu des études dans cette université?
5. Pourquoi est-ce que tu as choisi *(did you choose)* cette université?
6. Comment sont tes cours?
7. D'habitude, est-ce que tu assistes à tous tes cours?
8. Combien de fois as-tu séché *(skipped)* ton cours de français?

Suggestion, Ex. P: Besides talking about the campus itself, you may talk about the surrounding area and things to do in your town. Remember to use some expressions of quantity, such as **assez de, beaucoup de, pas trop de,** etc.

P. Mon université. You're talking to some French friends of your parents. They're planning to send their son (daughter) to college in the United States for a couple of years. Describe your university in the most positive terms to persuade them that it's an excellent place to pursue one's studies.

À faire chez vous:
CAHIER, Chapitre 7, 1ère étape

Deuxième étape

Point de départ

Les profs et les étudiants

Text Audio CD Track 1-54

Dans ses discussions avec les profs et les étudiants, Jean Hébert découvre que les universités américaines se composent de gens qui ont des personnalités et des goûts très variés.

Portraits de deux profs

Le professeur Santerre

Le professeur Merlot

Note that you say:
Elle a les cheveux longs,
but **Elle a de longs cheveux.**

Voici le professeur Santerre.
Il est **d'un certain âge.**
Il a une moustache et une barbe.
Il a les cheveux courts et gris et les yeux bleus. Il est **costaud** mais il n'est pas **gros.**

Voici le Professeur Merlot.
Elle est assez jeune.
Elle porte des **lunettes,** elle a les cheveux longs, les yeux bruns et elle est grande et **mince.**

- middle-aged
- glasses

- heavyset / thin (slender)
- fat

Le professeur Santerre est très énergique. Il adore **enseigner** et il est très à l'aise avec ses étudiants. Il fait des recherches pour ses cours, mais il **publie** très rarement. Pour lui, l'important c'est les étudiants **débutants** de niveau «undergraduate».

Le professeur Merlot est intellectuelle et un peu timide. Elle préfère la **recherche** à l'**enseignement.** Elle adore passer son temps à la bibliothèque ou à la maison devant son ordinateur. Elle a déjà publié **plusieurs** articles et un livre. Pour elle l'important, c'est la recherche et son travail avec les étudiants de niveau maîtrise ou doctorat.

- to teach
- research
- teaching
- publishes

- beginning level / several

- tough

Il n'est pas **vache** et il est très vivant et inventif. Ses cours ne sont jamais ennuyeux!

Elle est **exigeante** et perfectionniste. Elle a un sens de l'humour très développé et souvent contagieux. On apprend beaucoup dans ses cours et on s'y amuse souvent.

- strict, demanding

Vidéo: Questions de fond

Nommez deux avantages et deux inconvénients de la vie d'un(e) étudiant(e) à la Sorbonne.

rather	M. Santerre est idéaliste.	Mlle Merlot est **plutôt** réaliste.
	Il est patient.	Elle est impatiente.
	Il est généreux.	Elle est généreuse aussi.
	Il est actif.	Elle est ambitieuse.
	Il est indépendant.	Elle est indépendante aussi.
looks (seems)	Il est jovial.	Elle **a l'air** un peu triste.
single	Il est marié.	Elle est **célibataire.**
	Il est heureux.	Elle est satisfaite de ce qu'elle a accompli.

Portrait de deux étudiants

David Kazemaier

Marie Simmons

is only	David est jeune. Il **n'a que** 18 ans. Il est grand et costaud. Il a les cheveux blonds et les yeux verts. Il	Marie est un peu plus âgée. Elle est petite et svelte. Elle a les cheveux noirs et les yeux bruns. Elle est un
tanned	est très **bronzé.**	peu pâle.
	David est optimiste.	Marie est quelquefois pessimiste.
lazy	Il est un peu **paresseux.**	Elle est très active.
dishonest	Il est honnête.	Elle n'est pas **malhonnête.**
	Il est un peu naïf.	Elle est très réaliste.
sometimes	Il est **parfois** indiscret.	Elle est toujours discrète.
	Il n'est pas marié.	Elle est divorcée et mère de deux
in a good mood	Il est presque toujours **de bonne humeur.**	enfants. Elle est un peu nerveuse et quelquefois elle est de **mauvaise humeur.**
in a bad mood	David est un très bon étudiant, mais il n'est pas toujours très sérieux.	Marie est contente de continuer ses études. C'est une excellente étudiante.
	Il s'amuse tous les vendredi soirs avec sa fraternité parce qu'il aime	
She's not afraid	s'amuser. Il est très actif dans des clubs. Parfois il ne prépare pas ses	**Elle n'a pas peur** d'exprimer ses opinions. C'est une femme respectée
meeting / to whom people listen	cours, surtout s'il a une **réunion.** Il est amusant et fait souvent rire ses	et **écoutée.** Elle est capable de travailler pendant des heures pour une
essay, paper	copains. Mais il travaille très dur avant les examens parce qu'il est	**dissertation** car elle est très disciplinée et organisée. Ses enfants sont
proud	ambitieux.	très **fiers** d'elle.

ZOOM!

*I*n 1971, France passed a law that created a system of continuing education for adults who, for whatever reason, were not able to complete their education when they were younger. This system is called la **formation permanente** and is designed to diminish the educational inequalities that exist in France. Since 1971, millions of French people have taken advantage of continuing education programs to advance their jobs. Adults are now able to take **bac** equivalency exams in order to attend the university. In France, social status, pay, and job advancement are very closely tied to educational degrees. A second chance to go to college is therefore very important. However, compared to the U.S., there are very few returning adult students at universities. Instead, most of them are in vocational programs that develop specific skills and prepare for specific jobs.

Qu'est-ce que vous en pensez?

Does your university have many returning adult students? Are there any in your class? If so, ask them why they came back to school and what their goals are. How does continuing education work at your university? Who are the people who take continuing education courses? What are their reasons (goals)?

À vous! (Exercices de vocabulaire)

A. Mme Rimadier et Marc Oursin. Répondez aux questions en vous appuyant sur les dessins.

Voici Madame Rimadier.

1. Comment est-elle? Est-elle petite? Est-ce qu'elle a les cheveux courts? Est-elle mince? Est-ce qu'elle est âgée ou plutôt jeune?
2. Combien d'enfants a-t-elle? Est-ce qu'ils sont jeunes? Quel âge ont-ils probablement?
3. Que fait Mme Rimadier dans sa vie professionnelle? Est-ce un bon ou un mauvais professeur? Est-ce qu'elle est enthousiaste ou ennuyeuse? Est-ce qu'elle aime enseigner?
4. Est-ce qu'elle fait aussi des recherches? Où est-ce qu'elle va pour faire ses recherches? Est-ce qu'elle est intellectuelle? Est-elle paresseuse?
5. Qu'est-ce qu'elle fait pour s'amuser? Est-ce qu'elle est sportive?
6. Est-ce qu'elle travaille beaucoup? Est-ce que vous pensez qu'elle est ambitieuse? Est-ce qu'elle a l'air satisfaite de sa vie?

Voici Marc Oursin.

7. Comment est-il? Faites sa description physique.
8. Est-ce qu'il s'amuse beaucoup aves ses amis? Est-ce qu'il est paresseux? Est-ce qu'il est sportif? Qu'est-ce qu'il aime faire?
9. Est-ce qu'il est travailleur? Est-il studieux? Est-ce qu'il est intellectuel?
10. Est-il optimiste ou pessimiste? Est-ce qu'il est ambitieux?
11. En général, est-ce qu'il a l'air content?

Vocabulary, Ex. B: Note that **belle** and **jolie** are used to say that a woman is beautiful (pretty) and **beau** is used to say that a man is handsome.

B. Deux portraits. Décrivez les deux personnes. Décrivez d'abord leur physique et puis leur personnalité. Votre camarade vous demandera deux précisions sur ces personnes.

1. un(e) prof
2. un(e) étudiant(e)

▌Reprise: première étape

C. Visitons le palais et le jardin du Luxembourg! Vous êtes le guide pour des amis. Utilisez les éléments donnés pour leur montrer le jardin et le palais du Luxembourg. Vous pouvez aussi ajouter d'autres éléments à votre description.

Modèle: parc / immense
C'est un parc immense. or *C'est un très grand parc.*
or *Nous sommes ici dans un parc immense.*

Le jardin du Luxembourg
1. parc / intéressant
2. touristes *(m.)* / américain
3. théâtre de marionnettes / joli / petit
4. allées *(paths [f.])* / serpentin
5. statue *(f.)* de Delacroix / beau

Le palais du Luxembourg
6. porte / monumental
7. terrasse *(f.)* / beau
8. bibliothèque / vieux
9. peintures de Rubens / beau
10. deux patios *(m.)* / élégant

D. Des monuments. Utilisez deux adjectifs de la liste suggérée pour décrire les monuments parisiens suivants.

SUGGESTIONS: **petit, grand, moderne, vieux, intéressant, laid, beau, joli, affreux, sensationnel, fantastique**

Modèle: la Conciergerie
Elle est vieille et très grande.

1. l'arc de Triomphe

2. la tour Eiffel

3. Notre-Dame
   de Paris

4. la tour Montparnasse

5. le musée du Louvre

6. l'obélisque de Louksor

Structure

Les adjectifs (suite)

Irregularities occur in two situations involving descriptive adjectives.

1. **Beau, nouveau, vieux**

   J'adore cet appartement. Il est très **beau.**
   Oui, tu as raison. C'est un **bel** appartement.

When the adjectives **beau, nouveau,** and **vieux** are used before a masculine singular noun beginning with a vowel or a vowel sound, each has a special form that allows liaison with the noun:

un **bel** hôtel   un **nouvel** ami   un **vieil** appartement

Summary of adjective forms: beau, nouveau, vieux			
MASCULINE SINGULAR	beau	nouveau	vieux
MASCULINE SINGULAR before a vowel sound	bel	nouvel	vieil
MASCULINE PLURAL	beaux	nouveaux	vieux
FEMININE SINGULAR	belle	nouvelle	vieille
FEMININE PLURAL	belles	nouvelles	vieilles

2. **Adjectives used with parts of the body**

   —Les yeux de ma mère **sont bleus.**
   —Comment?
   —Ma mère **a** les yeux **bleus** et les cheveux **blonds.**

When describing parts of the body, you can use the verb **être** with an adjective or commonly the verb **avoir** with the definite article preceding the part of the body and the descriptive adjective.

Le savez-vous?
Les grandes écoles is a term used to designate
a. the French university as a whole
b. the five largest French universities
c. several prestigious professional schools
d. high schools as opposed to elementary schools

Application

E. Ajoutez les adjectifs et faites tous les changements nécessaires.

Modèles: C'est une maison. (beau)   Ce sont des arbres. (beau)
C'est une belle maison.   *Ce sont de beaux arbres.*

1. C'est un livre. (beau)
2. Ce sont des maisons. (beau)
3. C'est un arbre. (beau)
4. C'est une église. (beau)
5. C'est un ami. (nouveau)
6. C'est une amie. (nouveau)
7. Ce sont des livres. (nouveau)
8. C'est un musée. (vieux)
9. C'est un hôtel. (vieux)
10. C'est une maison. (vieux)
11. Ce sont des églises. (vieux)
12. C'est un appareil photo. (vieux)

Réponse ▼ ▲ ▼ c

F. Deux portraits. Décrivez François et Zoé en utilisant le verbe **avoir** et un adjectif.

> **Modèle:** cheveux frisés *(curly)*
> *Elle a les cheveux frisés.*

François
1. cheveux bruns
2. yeux bruns
3. cheveux très courts

Zoé
4. cheveux blonds
5. yeux bleus
6. cheveux longs

G. Ma famille et mes amis. Parlez à vos camarades de classe des personnes ci-dessous. Donnez leur âge, décrivez leur physique et parlez de leur personnalité.

actif / ambitieux / beau / costaud / courageux / cruel / discret / dynamique / égoïste / énergique / frivole / généreux / grand / heureux / honnête / idéaliste / impatient / indépendant / indiscret / intelligent / jeune / joli / malhonnête / mince / naïf / optimiste / paresseux / patient / pessimiste / petit / réaliste / sérieux / sincère / sportif / svelte / triste / vieux

1. votre frère ou votre père
2. votre sœur ou votre mère
3. votre ami(e)
4. votre professeur (il ou elle)

Supplementary vocabulary: agressif (-ive), amusant, compétent, consciencieux, conservateur(-trice), curieux, drôle, gentil, imprudent, impulsif, libéral, nerveux, obstiné, prudent, réservé, sage, spontané, superstitieux(-se), travailleur(-se)

Text Audio CD Track 1-55

Tuyau-prononciation
La combinaison *ou*

The combination **ou** in French is usually pronounced [u], as in the English word *boot* (without a diphthong): **nous, tourner.** However, when the **ou** combination is followed by a vowel sound, it is pronounced [w], as in the English word *will:* **oui.**

H. Read each word aloud, being careful to distinguish between [u] and [w].

rouge / beaucoup / oui / poulet / couvert / ouest / jouer / tour / cousin / silhouette / Louvre / août / souvent / pirouette / moutarde

Structure

Le comparatif

In English, comparisons are made either by using a comparison word *(more, less, as)* or by adding the suffix *-er* to an adjective. In French, you must always use a comparison word.

Comparison of adjectives and adverbs

Elle est **plus grande que** son frère.

She's *taller than* her brother.

Il est **aussi sérieux que** sa sœur.

He's *as serious as* his sister.

Ils travaillent **moins rapidement que** leurs amis.

They work *less rapidly than* their friends.

The expressions **plus** *(more)*, **aussi** *(as)*, and **moins** *(less)* are used to make comparisons with adjectives and adverbs. They are followed by **que** *(than, as)*.

Comparison of nouns

Nous avons **plus d'argent que** Paul.

We have *more money than* Paul.

J'ai **autant d'énergie que** lui.

I have *as much energy as* he (does).

Elle a **moins de tact que** moi.

She has *less tact than* I (do).

The expressions **plus de** *(more)*, **autant de** *(as much)*, and **moins de** *(less)* are used to make comparisons with nouns and are also followed by **que.** If you want to use a pronoun rather than a noun in your comparison, use stress pronouns **moi, toi, lui, elle, nous, vous, eux** *(they, masculine)*, **elles.**

> **Reminder:** In French, most adverbs are formed by adding the suffix **-ment** to the feminine form of an adjective: **lente** → **lentement**, **sérieuse** → **sérieusement**.

Application

I. Ajoutez les mots entre parenthèses et faites tous les changements nécessaires.

Modèle: Philippe est jeune. (plus, son frère).
Philippe est plus jeune que son frère.

1. Francine est intelligente. (plus, sa sœur / aussi, son père / moins, son amie)
2. Henri parle rapidement. (aussi, toi / moins, Jeanne / plus, moi)
3. Nous avons beaucoup de CD. (plus, Philippe / autant, eux / moins, vous)
4. Elles font beaucoup de progrès. (autant, Marie / plus, moi / moins, toi)

Vocabulary, Ex. J: (1) The word **élève** applies to elementary- and secondary-school students. The word **étudiant(e)** refers to a college student. (2) **Un examen de classement** is an exam that ranks students in a class.

J. Les élèves du lycée Voltaire. Faites les comparaisons.

Nom de l'élève	Examen de classement	Heures de préparation
Sylvie	1ère	20
Louis	5e	15
Yves	19e	30
Simone	35e	15
Gilbert	60e	10

Modèle: (intelligent) Yves et Simone
Yves est plus intelligent que Simone.

1. (intelligent) Sylvie et Yves / Louis et Simone / Gilbert et Louis / Simone et Sylvie / Gilbert et Sylvie

Modèle: (faire des devoirs) Yves et Gilbert
Yves fait plus de devoirs que Gilbert.

2. (faire des devoirs) Yves et Simone / Louis et Simone / Gilbert et Sylvie / Louis et Gilbert / Gilbert et Yves

K. Géographie humaine: Les régions. Comparez les régions suivantes en fonction de leur superficie et de leur population.

Régions	Superficie (km²)	Population (millions)	Densité (hab./km²)
Afrique	30 310 000	720	23,7
Amérique	42 000 000	774	18,4
Asie	44 000 000	3 600	81,8
Europe	10 500 000	715	68,1
Océanie	9 000 000	32	31,1
Canada	9 975 000	30	30,1

Modèles: (grand) l'Europe et l'Asie
L'Europe est moins grande que l'Asie.

(habitants) l'Océanie et le Canada
L'Océanie a plus d'habitants que le Canada.

(habitants par km²) le Canada et l'Océanie
Le Canada a moins d'habitants au kilomètre carré que l'Océanie.

1. (grand) l'Amérique et l'Océanie / le Canada et l'Afrique / l'Asie et l'Europe / l'Asie et l'Amérique / l'Océanie et l'Europe

2. (habitants) l'Asie et le Canada / l'Europe et l'Amérique / l'Afrique et l'Amérique / l'Europe et l'Océanie

3. (habitants par km²) l'Europe et l'Asie / l'Amérique et l'Afrique / l'Océanie et le Canada / l'Amérique et le Canada

Note grammaticale

Les comparatifs *meilleur* et *mieux*

Mes notes sont **meilleures que** les notes de mon frère.	My grades are *better than* my brother's grades.
Il parle **mieux que** moi.	He speaks *better than* I (do).

The adjective **bon** and the adverb **bien** have irregular comparative forms: **bon(ne)(s) → meilleur(e)(s), bien → mieux.** The English equivalent of **meilleur** and **mieux** is *better.* Be sure to distinguish between the adjective **meilleur,** which modifies a noun and agrees with it in gender and number, and the adverb **mieux,** which modifies a verb and is invariable. Notice that the comparative forms of **bon** and **bien** are regular when you want to indicate equality or inferiority:

Elle chante **aussi bien que** sa sœur.
Ces oranges-ci sont **moins bonnes que** ces oranges-là.

L. Ajoutez les mots entre parenthèses en faisant tous les changements nécessaires.

1. Mes notes sont bonnes. (moins, tes notes / meilleur, les notes de Pierre / aussi, les notes de Micheline)
2. Marguerite chante bien. (mieux, moi / moins, Félicité / aussi, toi)

M. Bon et bien. Répondez aux questions en suivant les modèles. Distinguez entre «bon» et «bien», «meilleur» et «mieux».

Modèles: Quelle sorte d'étudiant est Georges? Comparez-le à Claire.
Georges est un bon étudiant. C'est un meilleur étudiant que Claire.

Comment Gérard chante-t-il? Comparez-le à Philippe.
Gérard chante bien. Il chante mieux que Philippe.

1. Quelle sorte d'étudiante est Valérie? Comparez-la à Denis.
2. Comment Annick chante-t-elle? Comparez-la à Mireille.
3. Comment Vincent parle-t-il? Comparez-le à Jean-Yves.
4. Quelle sorte d'assistante est Christiane? Comparez-la à Luce.
5. Quelle sorte de professeur est Antoine? Comparez-le à Robert.
6. Comment marche la Renault Clio? Comparez-la à la Peugeot.

N. Comparez ces élèves!

Nom de l'élève	Note en maths	Note en littérature
Sylvie	11/20	14/20
Louis	16/20	8/20
Yves	10/20	9/20
Simone	6/20	11/20
Gilbert	7/20	4/20

Culture, Ex. N: In France, course exams and papers are graded on a 20-point system. 12 means "good," and you get honors with a grade of 14! The approximate equivalents to U.S. grades is as follows: 8/20 = D, 10/20 = C, 12/20 = B, 15/20 = A. Grades of 16 or higher are reserved for about the top 2% of all students in a school. It is difficult to get 16 or higher.

Modèle: (bon en littérature) Sylvie et Louis
Sylvie est meilleure en littérature que Louis.

1. (bon en littérature) Simone et Gilbert / Louis et Yves / Simone et Louis / Gilbert et Sylvie.
2. (bons en maths) Simone et Gilbert / Louis et Sylvie / Yves et Sylvie / Sylvie et Simone
3. (travailler bien en littérature) Yves et Gilbert / Simone et Sylvie / Simone et Louis / Sylvie et Yves
4. (travailler bien en maths) Gilbert et Simone / Yves et Gilbert / Louis et Sylvie / Yves et Sylvie / Sylvie et Gilbert

O. Quel est le meilleur vin? Faites les comparaisons entre ces vins français en utilisant les mots et expressions suivants: **cher, vieux, jeune, moins bon, meilleur, un peu plus (moins).** Le nombre de € (euro[s]) indique le prix en termes généraux.

Modèle: *Le Côte du Rhône 1989 est moins cher que le Saint-Émilion 1981, mais il est beaucoup moins bon.*

Nom du vin	Année	Qualité	Prix
Côte du Rhône	1989	★★★	€€
Château Margaux	1985	★★★★	€€€€
Corbières Rouge	1994	★★	€
Provence Rosé	1996	★★	€€
Riesling	1993	★★★	€€
Saint-Émilion	1981	★★★★★	€€€
Côte de Bourg	1992	★★★	€€
Cahors Noir	1995	★★★	€€€

Débrouillons-nous!

P. Vous et... Comparez-vous à votre frère ou votre sœur, à votre mère, à votre père, à vos amis. Rappelez-vous que les adjectifs s'accordent en genre et en nombre avec les noms qu'ils modifient.

1. être agé(e)
2. être intelligent(e)
3. avoir des ami(e)s
4. avoir du temps libre
5. travailler sérieusement
6. bien jouer au tennis
7. bien chanter
8. être optimiste
9. être un(e) bon(ne) étudiante
10. être ambitieux(-se)
11. dépenser de l'argent
12. avoir de l'imagination

Q. Deux professeurs. Discutez de vos professeurs avec vos camarades de classe. Comparez deux professeurs que vous avez eus pour un cours. Comparez leur physique, leur personnalité et leur façon d'enseigner *(way of teaching)*.

À faire chez vous:
CAHIER, Chapitre 7,
2ᵉ étape

Point de départ

Les cours

🎧 Text Audio CD Track 1-56

Je suis étudiante en lettres. Je prépare une **licence** de philosophie avec une spécialisation en langues étrangères. J'ai cinq cours: Littérature française du 19ème siècle, Civilisation française contemporaine, Éthique, Logique (un cours **vachement** dur!) et Introduction à la sociologie pour les **cours de culture générale**. J'ai un **emploi du temps** très **chargé:** le lundi, le mercredi et le vendredi matin, j'ai **socio,** et l'après-midi j'ai Civilisation. Le mardi et le jeudi j'ai Logique et Littérature. Et le mardi soir, j'ai aussi mon cours d'Éthique, trois heures sans pause! Et il y a beaucoup de dissertations **à rendre.** Heureusement, si on **bûche** on ne **rate** pas ses examens et on peut même avoir de bonnes notes!

BA

very *(slang)*

general education course
schedule / busy
abbreviation for **sociologie**

to turn in / to cram, to work hard
(slang) / to fail

	Lundi	Mardi	Mercredi	Jeudi	Vendredi
9h10–10h		Logique		Logique	
11h–11h50	Socio		Socio		Socio
1h30–2h20		Littérature		Littérature	
3h05–3h55	Civilisation		Civilisation		Civilisation
6h–9h		Éthique			

Je suis en sciences naturelles parce que je veux être médecin. Je finis ma deuxième année et je **suis** quatre cours: Biologie cellulaire I, Biochimie II, **Analyse** et Algèbre avancées et Français... pour le plaisir de faire autre chose que des sciences! J'ai deux heures de **T.P.** (Travaux pratiques) **presque** tous les après-midi, donc mes cours sont en général le matin entre 9h et midi. J'ai beaucoup d'**expériences** à analyser au **labo.** L'atmosphère est très compétitive. Il faut tout le temps **bosser.**

(suivre + cours) = to take courses
calculus

lab
almost

experiments
lab
to study, to work (slang)

	Lundi	Mardi	Mercredi	Jeudi	Vendredi
9h10–10h	Biochimie		Biochimie		Biochimie
9h10–10h30		Conversation Française		Conversation Française	
11h15–12h15	Analyse		Analyse		Analyse
11h15–12h45					
1–3	TP Biochimie		TP Biochimie		
2–4		TP Biologie		TP Biologie	

DICO

Les disciplines et les matières

Les sciences humaines (f.pl.)
l'anthropologie (f.)
l'histoire (f.)
la linguistique
la psychologie
les sciences économiques (f.pl.)
les sciences politiques
la sociologie

Les sciences naturelles
la biologie
la botanique
la géologie

Les sciences exactes
l'analyse   calculus
l'astronomie (f.)
la chimie
l'informatique (f.)   computer science
les mathématiques (f.pl.)
la physique   physics

Les études professionelles (f.pl.)
le commerce
la comptabilité   accounting
le droit
la gestion   management
le journalisme
le marketing
la médecine

Les beaux-arts (m.pl.)
l'art dramatique (m.)
le dessin   drawing
la musique
la peinture
la sculpture

Les lettres (f.pl.)
les langues modernes (f.pl.)
les langues mortes   classical languages
la littérature
la philosophie

ZOOM!

L'enseignement supérieur en France

Since the bac covers the equivalent of general education in U.S. universities, French students begin college with a major for which they've already prepared during their last years of secondary school. After two or three years of college, they receive the **DEUG (Diplôme d'Études Générales)**. Then they can take courses for a **licence** (an additional year after the DEUG), for a **maîtrise** *(master's degree)*, or for a **Diplôme Professionnel** at an Institute of Applied Studies. Both the **maîtrise** and the **diplôme professionnel** require an additional 2½ years after the DEUG. These are the degrees most commonly obtained by French students who go beyond their **bac**. A small number continue to the various doctoral level degrees.

All universities are public and tuition-free. Students may receive financial aid for their housing. All students receive discounts for meals, public transportation, movie theaters, concerts, etc. Disadvantaged students may also receive a small living stipend **(une bourse)**. Many French universities are poorly funded and overcrowded, with often more students than seats in classrooms. Most of the courses are based on lectures and the contact between students and professors is very infrequent. 60% of the students fail their exams and have to take them again.

Qu'est-ce que vous en pensez?

In your opinion, what are the advantages and disadvantages of the French system of higher education as compared to the system in the U.S.? Can you speculate about the causes for the underfunding and overcrowding of French universities?

À vous! *(Exercices de vocabulaire)*

A. Il est étudiant? En quoi? En vous basant sur les cours que ces étudiants suivent, dites quelle est leur (their) spécialisation.

> **Modèle:** Matthieu / sociologie, sciences économiques, psychologie
> *Matthieu? Il est en sciences humaines.*

1. Jeannette / physique, chimie, maths
2. Hervé / philosophie, allemand, littérature anglaise
3. Mireille / sculpture, peinture, dessin
4. Jean-Jacques / anatomie, physiologie, psychologie
5. Hélène / anthropologie, sciences politiques, sciences économiques
6. Alain / biologie, génétique, botanique
7. Anne-Marie / comptabilité, gestion
8. Marc / informatique, mathématiques, analyse

Le savez-vous?
French students visiting the United States will probably be surprised by all *but one* of the following:
a. intercollegiate athletics
b. residence halls
c. fraternities and sororities
d. small private colleges located in small towns

Vocabulary: To state your major, use the verb **faire** or the expressions **être en...**, **faire des études de... : Je fais du français. Je suis en sciences politiques. Je fais des études de droit.**

Réponse ▼ ▲ ▲ ▼ b

B. Qu'est-ce que vous étudiez? Répondez aux questions suivantes selon votre propre situation académique.

1. Vous êtes étudiant(e) en quoi?
2. Combien de cours avez-vous ce semestre (trimestre)?
3. Est-ce que votre emploi du temps est très chargé? Pourquoi (pas)?
4. À quelle heure avez-vous votre cours de français?
5. Combien de fois par semaine avez-vous votre cours de français?
6. Quels jours avez-vous votre cours de français?
7. Avez-vous des travaux pratiques pour le cours de français?
8. Quels autres cours suivez-vous?
9. Est-ce que vous avez réussi à votre dernier examen de français ou est-ce que vous l'avez raté?
10. Est-ce que vous avez eu une bonne note? Une assez bonne note? Une note moyenne *(average)*? Une mauvaise note?

R e p r i s e : deuxième étape

C. Les ouvriers de l'atelier Michelin. Comparez les ouvriers de l'usine *(factory)* Michelin.

Nom de l'ouvrier	Âge	Minutes pour faire le travail	Qualité du travail	Salaire (par mois)
Jean-Loup	22	15 min.	excellent	1 295€
Mireille	21	18 min.	bien	1 000€
Albert	40	18 min.	bien	1 445€
Thierry	55	20 min.	assez bien	1 295€
Jacqueline	18	25 min.	assez bien	1 080€

Modèle: (être âgé) Jacqueline et Albert
Jacqueline est moins âgée qu'Albert.

1. (être âgé) Jean-Loup et Mireille / Albert et Thierry / Mireille et Jacqueline
2. (travailler rapidement) Jean-Loup et Thierry / Jacqueline et Thierry / Mireille et Albert
3. (le travail / être bon) Jean-Loup et Albert / Thierry et Mireille / Albert et Jacqueline
4. (travailler bien) Mireille et Albert / Thierry et Jean-Loup / Mireille et Thierry
5. (gagner de l'argent) Albert et Jacqueline / Thierry et Jean-Loup / Mireille et Thierry

D. Des comparaisons. Comparez et contrastez votre université à une autre université que vous connaissez bien. Parlez des différences et des similarités entre les deux campus, les profs, les étudiants, etc.

Structure

Les verbes réguliers en *-ir*

—**Je réussis** toujours à mes examens. Et toi?

—Moi aussi. **J'ai réussi** à mon examen de français hier.

—*I always* pass my exams. What about you?

—Me too. *I passed* my French exam yesterday.

Here is the way to form the present tense of regular **-ir** verbs:

finir *(to finish)*	
je fin**is**	nous fin**issons**
tu fin**is**	vous fin**issez**
il, elle, on fin**it**	ils, elles fin**issent**

PAST PARTICIPLE: **fini** (avoir)

Some other **-ir** verbs that follow this pattern are:

choisir	to choose
grossir	to gain weight
maigrir	to lose weight
obéir (à + noun)	to obey (someone or something)
réfléchir (à + noun)	to think, to reflect (about something)
réussir (à un examen)	to succeed (to pass an exam)

Vocabulary: **Réussir à** *(to succeed)* in the context of exams means *to pass:* **J'ai réussi à l'examen.** The equivalent of *to take an exam* is **passer un examen.**

F. Questions. Utilisez chaque phrase pour poser quatre questions **(tu, vous, il/elle, ils/elles)**

1. réussir au dernier examen
2. finir les devoirs
3. réfléchir assez
4. obéir toujours à _____ parents
5. maigrir
6. obéir au professeur

G. Les deux dernières années. Vous rencontrez un(e) ami(e) que vous n'avez pas vu(e) depuis deux ans. Racontez ce que vous avez fait pendant les deux dernières années. Utilisez des verbes en **-ir** comme **réussir, maigrir, grossir, choisir, finir,** etc.

Modèle: —*Tiens! Bonjour, comment ça va?*
—*Ça va bien, et toi?*
—*Ça va. Dis-moi, qu'est-ce que tu as fait pendant les deux dernières années?*
—*Je suis allé(e) en Californie avec mes parents.*
—*Moi, j'ai réussi à mes examens et je commence mes études à l'université en septembre.*

E. Mise en train: Remplacez le sujet en italique et faites les changements nécessaires.

1. *Elle* ne réfléchit pas assez. (je / elles / tu / ils / nous / il / vous)
2. *Tu* grossis. (vous / elle / je / nous / ils / elles)
3. *Ils* finissent toujours leurs devoirs. (tu / nous / elles / vous / je)
4. *J'*ai réussi à l'examen. (nous / vous / il / elles / tu)
5. Est-ce que *tu* as fini l'exercice? (vous / elles / il / elle / ils)

Tuyau-prononciation

La combinaison *oi*

The combination **oi** in French is pronounced [wa], as in the English word *watt:* **moi, boîte.** The one exception is the word **oignon,** in which **oi** is pronounced [ɔ], like **o** in the French word **octobre.**

H. Lisez chaque mot en prononçant bien le son **oi.**

toi / avoir / mois / trois / froid / étoile / Antoine / noir / poires / loi / droit / froid / Blois / roi / obligatoire / choisir

Structure

L'interrogation—l'inversion

Quel temps **fait-il?**	*What's* the weather like.
Va-t-il pleuvoir?	*Is it going* to rain?
Voulez-vous aller au parc?	*Do you want* to go to the park?

In addition to using the question forms you've already learned (intonation, **est-ce que, n'est-ce pas**), it is possible to ask a question by inverting the subject and the verb. Note that very often we do the same thing in English. (*They are* going out tonight. *Are they* going out tonight?)

In French, inversion is most commonly seen in writing. It is therefore most important for you to recognize it when you read. In everyday conversation, either intonation or **est-ce que** are the preferred interrogative forms.

When you write an inverted verb and subject, connect the two words with a hyphen:

voulez-vous?   **vas-tu?**   **ont-ils?**

When a conjugated verb ends in a vowel and you want to invert it with **il, elle,** or **on,** place a **-t-** between the two words. This makes pronunciation easier:

Que cherche-**t**-elle?	But: *Que cherchent-elles?*
Où va-**t**-il?	But: *Où vont-ils?*

In the **passé composé,** inversion takes place with the auxiliary verb (**avoir** or **être**) and the subject:

As-tu fini tes devoirs?   **Es-tu allé(e)** au cinéma?

When the conjugated verb is followed by an infinitive, the inversion involves only the conjugated verb and the subject:

Aimes-tu aller au cinéma?   **Veut-il** aller avec nous?

Grammar, Inversion: Avoid inversion with the pronoun **je.** Use **est-ce que** or intonation instead: **Est-ce que j'ai assez de temps? J'ai assez de temps?**

Application

I. Comment? Votre grand-père n'entend pas bien! Chaque fois que vous lui demandez quelque chose, il vous demande de le répéter. La deuxième fois, utilisez **est-ce que** pour poser la question.

Modèle: —*As-tu un Walkman?*
—*Comment?*
—*Est-ce que tu as un Walkman?*

1. As-tu une chaîne stéreo?
2. Prenez-vous souvent le métro?
3. Avez-vous acheté un gâteau?
4. As-tu pris l'autobus?
5. Est-elle française?
6. Où habites-tu?
7. Pourquoi vont-ils en ville?
8. Quel temps fait-il?
9. Ont-elles réussi à l'examen?

J. Questionnaire. Utilisez l'inversion pour poser des questions.

Modèle: Demandez à un(e) autre étudiant(e) s'il (si elle) est américain(e).
Es-tu américain(e)?

Demandez à un(e) autre étudiant(e)...
1. s'il (si elle) parle espagnol.
2. s'il (si elle) a une télévision dans sa chambre.
3. s'il (si elle) aime faire du ski.
4. s'il (si elle) a fait un voyage l'année dernière.
5. où il (elle) est allé(e).
6. s'ils (ses parents) ont beaucoup d'amis.
7. quand ils (ses parents) vont visiter Paris.
8. s'ils (ses parents) aiment jouer au tennis.

Note grammaticale

L'inversion (suite)

Although inversion is less frequently used in spoken French than are other interrogative forms, some questions are routinely asked with inversion (fixed expressions) and some verbs (particularly short ones) are commonly inverted when they appear in a question.

Fixed expressions

Comment allez-vous? Comment vas-tu?
Comment vous appelez-vous?
  Comment t'appelles-tu?

Quel temps fait-il?
Quel jour sommes-nous?
Quelle heure est-il?

Verbs often used with inversion

avoir	As-tu une voiture?
être	Est-elle française?
aller	Vont-ils en France cet été?
vouloir	Veux-tu aller au cinéma?

K. Et toi? Posez des questions avec l'inversion en utilisant les renseignements entre parenthèses.

> **Modèle:** Je m'appelle Barbara. (s'appeler)
> *Et toi, comment t'appelles-tu?*

1. Moi, j'ai la voiture ce soir. (vouloir aller en ville)
2. Je vais aller à la plage ce week-end. (rester à la maison)
3. Je m'appelle Georges. (s'appeler)
4. Je vais très bien. (aller)
5. Je suis française. (être américain)
6. J'ai beaucoup de CD. (avoir des DVD)
7. Je vais aller au centre commercial. (vouloir m'accompagner)
8. Je vais à Madrid cet été. (où / aller cet été)
9. C'est le 22 septembre. (être quelle date aujourd'hui)
10. Il est 3h. (être quelle heure)

Débrouillons-nous!

L. Échange. Posez des questions à vos camarades de classe en utilisant les éléments suivants. Utilisez l'inversion quand cela convient *(is appropriate)*.

Demandez...
1. le nombre de cours qu'il (elle) a.
2. quels cours il (elle) a.
3. le cours qu'il (elle) préfère.
4. combien de jours par semaine a lieu le cours de ____ .
5. sa spécialisation.
6. comment il (elle) a choisi ses cours.
7. s'il (si elle) a plus de devoirs que ses amis.
8. s'il (si elle) est un(e) meilleur(e) étudiant(e) que ses amis.
9. s'il (si elle) lit plus rapidement que ses amis.
10. s'il (si elle) comprend mieux le français que ses amis.
11. s'il (si elle) obéit toujours à ses professeurs.

M. Mon emploi du temps. A French person of college age is visiting your family. He/She asks you about your school week. After you explain about your major, your courses, and your schedule, your French visitor will ask you to compare your courses: Is history more interesting, more difficult than math? Is your English literature professor better, more demanding **(exigeant)** than your chemistry professor? Etc.

Reminder, Ex. M: The person asking the questions should remember to use inversion if it is appropriate.

À faire chez vous:

Student Audio CD Tracks 3-2–3-8

Now that you've completed the first three **étapes** of **Chapitre 7**, do Segment 2 of the STUDENT CD. See **CAHIER, Chapitre 7,** *Écoutons!,* for exercises that accompany this segment.

Point d'arrivée

Activités orales

Exprimons-nous!

When you're asked to react to something, it's very important to respond appropriately. Use the following expressions to show your enthusiasm for or negative reaction to something.

Pour montrer son enthousiasme

Formidable!	Fantastic!
Sensationnel! (C'est sensass!)	
C'est épatant!	That's great!
C'est vachement bien!	That's great
Quelle bonne nouvelle!	Good news!
C'est chouette!	
C'est super!	

Pour réagir de façon négative

C'est affreux!	That's terrible!
C'est barbant!	It's boring! (It's a drag!)
C'est rasant!	It's boring! (It's a drag!)
Ça, c'est malheureux!	That's unfortunate!
C'est pas marrant ça!	That's not fun! *(ironic)*
C'est dommage!	That's too bad!

A. Mon université. On vous a demandé de présenter votre université à une audience française. Parlez de votre université et de votre vie d'étudiant(e).

B. L'université en France. Préparez une série de questions que vous voudriez poser à un(e) étudiant(e) français(e).

C. Visitons le campus! Un(e) ami(e) et vous faites visiter votre campus à des étudiants de pays francophones. Discutez de ce que vous allez leur montrer et puis faites la visite. Deux autres étudiants de la classe joueront le rôle des étudiants francophones.

D. Mon frère (Ma sœur) et moi. Faites une comparaison entre un membre de votre famille et vous. Utilisez autant d'adjectifs que possible. Votre description doit comprendre *(include)* les traits physiques et personnels.

E. Un(e) nouvel(le) ami(e). Vous venez de rencontrer une nouvelle personne à l'université. Parlez de cette personne à l'un(e) de vos camarades de classe.

F. Un album de famille. Montrez des photos de votre famille à vos camarades. Parlez de chaque personne. Vos camarades vous poseront des questions.

À faire chez vous:

Student Audio CD Track 3-9
CAHIER, Chapitre 7, *Rédigeons!*
Travail de fin de chapitre
(including STUDENT CD, Track 3-9)

G. Une interview. Vous travaillez pour le journal de l'université. Votre camarade joue le rôle d'un professeur français en visite. Posez-lui des questions pour découvrir le maximum sur lui/elle. N'oubliez pas d'utiliser l'inversion quand cela convient.

H. Des cadeaux d'anniversaire. Décrivez quelques objets que vous avez achetés pour l'anniversaire de vos amis ou de membres de votre famille. Votre camarade vous demandera des précisions. Ensuite, changez de rôles.

■Reprise

I. Parlons des cours! Parlez de vos cours à un(e) camarade de classe. Dites-lui quels cours vous suivez, ceux que vous avez suivis le trimestre dernier, ceux que vous voulez suivre et ceux que vous ne voulez pas suivre. Votre camarade vous demandera des précisions. Ensuite, vous lui poserez des questions à votre tour.

J. Quand? Expliquez quand ou pourquoi vous faites les choses suivantes.

Modèle: —Quand est-ce que tu maigris?
—*Je maigris quand je suis au régime.* ou *Je maigris quand j'ai mes examens de fin de semestre.*

1. Quand est-ce que tu réussis à tes examens?
2. Quand est-ce que tu grossis?
3. Quand est-ce que tu maigris?
4. Quand est-ce que tu ne réussis pas à un examen?

K. Comment? Je ne t'ai pas entendu. Quelqu'un joue sa chaîne stéréo très fort et votre copain a des difficultés à vous entendre. Répétez vos questions en utilisant l'inversion. Votre camarade vous répondra.

Modèle: Où est-ce que tu vas?
—*Comment? Je ne t'ai pas entendu.*
—*Où vas-tu?*

1. Quel temps est-ce qu'il fait?
2. Comment est-ce que tu t'appelles?
3. Est-ce que tu veux aller à la piscine demain?
4. Est-ce que tu as acheté ce CD?
5. Est-ce qu'ils ont pris le métro?
6. Est-ce qu'elle va au cinéma avec nous?
7. Où est-ce que vous allez?
8. Est-ce que tu as un lecteur DVD?

Activité écrite

L. Faisons de la publicité. Évaluez la publicité que votre camarade de classe a écrite dans le *Cahier de travaux pratiques* («Rédigeons!») selon les critères suivants.

1. **Contenu:** Est-ce que les informations nécessaires sont présentées dans la publicité (endroit, taille *(size)*, type d'université, programmes, logements, vie des étudiants, etc.)?

2. **Langue et grammaire:** Vérifiez tous les éléments de vocabulaire et de grammaire. Faites surtout attention à l'accord et à la place des adjectifs.

3. **Résultat final:** Décidez maintenant si la publicité est assez convaincante *(convincing)* pour persuader des jeunes français et francophones de faire leurs études dans votre université. Est-ce que la publicité est bien organisée? Est-ce qu'elle est attrayante? Est-ce que le contenu est intéressant? Qu'est-ce qui manque?

Lecture

Demain la faculté

*The following text is taken from the magazine **Phosphore,** which is intended primarily for secondary-school students. In this article, secondary students talk about what they imagine college life to be and college students talk about what their experience is. As you read the text, pay particular attention to the differences in attitude between the **lycée** and the university students.*

Avant la lecture: Quelles sont les différences entre votre vie à l'école secondaire et votre vie à l'université? Parlez des responsabilités, des cours, des profs, des loisirs, des amis, etc.

Vous l'avez décroché,[1] ce bac qui tourne à l'idée fixe. Les études supérieures s'ouvrent[2] à vous, une nouvelle vie commence. Troquer[3] le statut d'élève contre celui d'étudiant, c'est autre chose que de passer de l'école au collège[4] ou du collège au lycée. Vous allez quitter (un peu) l'adolescence pour entrer (un peu) dans l'âge adulte. Certains changeront de ville, beaucoup s'éloigneront[5] du toit familial. Ce sera le début de l'indépendance. Elle fait rêver[6] cette première année de fac, vous l'attendez depuis si longtemps! Tiendra-t-elle toutes ses promesses? C'est une autre affaire. Écoutez ce que racontent les lycéens et les étudiants et jugez vous-même.

Les lycéens rêvent

«Il n'y aura plus de contraintes.[7] Plus d'appel,[8] plus de profs autoritaires, plus d'emploi du temps imposé. C'est cette liberté qui me motive. Liberté de choisir ses matières, d'aller et venir quand on veut. Moi qui n'aime pas être forcée, je serai comblée.»[9] (Sabine A.)

«À la fac, on cumule les avantages du lycée et de la vie active. D'un côté on est en autonome, responsable de soi-même, plus libre qu'au lycée. De l'autre, on garde ses copains et on ne se préoccupe pas encore de payer les impôts[10] et autres problèmes de ce genre.» (Denis D.)

«Je suis pressée de me spécialiser, de concentrer mes efforts sur ce que j'aime.» (Natalie A.)

«Je crois que ce sera plus sympa. Mais il faudra être plus actif. Au lycée, on est toujours dans la même classe, les liens[11] se nouent[12] tout naturellement en deux ou trois semaines. À la fac, si je n'aborde[13] pas les autres étudiants je resterai seule toute l'année. Je n'ai pas envie d'être une étudiante anonyme dans un amphi.»[14] (Sylvie B.)

«Les profs ont des centaines d'étudiants sous les yeux. Ils ne peuvent pas s'occuper de tout le monde. C'est ça qui m'inquiète. J'ai besoin de la pression du prof pour travailler...» (Patrice C.)

Les étudiants en parlent

«Ma première année de médecine, je suis allée deux fois au cinéma et une fois en boîte,[15] c'est tout. Heureusement, les choses s'arrangent par la suite. En deuxième année, tu travailles encore beaucoup, mais c'est plus relax. Et en troisième année, tu as un peu de temps pour toi.» (Nathalie, médecine)

«Je suis arrivé dans un hall immense. Pas un seul plan des lieux.[16] Où trouver l'amphi BR02? Dans la tour de vingt étages? Dans une des quatre ailes[17] du bâtiment? Un vrai rébus!...»[18] (Julien, DEUG sciences-éco)

«Je ne m'y habitue pas. On perd[19] un temps fou. En première année, on commence par un "semestre d'orientation". Ça signifie qu'on a des cours dans tous les sens[20] et qu'on ne fait à peu près rien. L'année commence effectivement en février, et se termine en mai. Ça ne fait pas lourd.» (Cécile, 2e année de DEUG lettres)

«La première semaine, on se sent toujours un peu seul,[21] mais ça vient vite. À la fac, c'est plus cool, donc les langues[22] se délient[23] plus vite.» (Bertrand, DEUG lettres modernes)

«Je suis arrivée dans un amphi de 600 places. Dès le deuxième jour, j'ai compris que pour un cours qui commençait à 8h30, il me fallait arriver à 7h30 si je voulais trouver de la place. Il y avait des gens assis[24] partout, même dans les escaliers.[25] Cette année-là, je n'ai connu personne à la fac. Il y a un concours[26] à la fin de l'année, et tout le monde voit dans son voisin un concurrent[27] possible...» (Florence, 2e année de médecine)

«Les DEUG première année ne sont jamais très bien vus.[28] Les enseignants[29] ne commencent vraiment à s'intéresser aux étudiants qu'à partir de la licence. Nous n'avons jamais de professeurs, ce sont les assistants qui doivent se faire[30] les premières années. Les rapports sont plutôt distants.» (Véronique, DEUG sciences-éco)

«D'un côté, le prof sur son estrade.[31] De l'autre, les étudiants massés dans les gradins.[32] La structure d'un amphi, ça explique tout. Au milieu, c'est le ravin.»[33] (Nicolas, DEUG droit)

---

1. got   2. open up   3. to exchange   4. intermediate school between elementary and secondary school
5. will go away   6. dream   7. constraints   8. roll-taking   9. have everything I wish for   10. taxes
11. ties   12. *here:* form   13. approach   14. short for **amphithéâtre,** a lecture hall   15. nightclub
16. building map   17. wings   18. puzzle   19. wastes   20. in every kind of subject   21. alone
22. tongues   23. loosen   24. sitting   25. stairs   26. competitive exam   27. competitor   28. seen
29. teachers   30. take on   31. rostrum   32. stepped row of seats   33. ravine (a hole)

À vous! *(Exercices de compréhension)*

M. Que disent les élèves et les étudiants? Answer the questions, using the information contained in the reading.

1. What are some of the major advantages that secondary school students mention about going to college?
2. What do the college students say about being in college?
3. In general, what is the difference in attitude between the statements made by the secondary school students and the college students?
4. Do some of the college students' complaints sound familiar? What are some of the similarities and differences that you see between the French college experience and your own experience?
5. What was your attitude about college before you started your first year? What is your attitude about college now?

Activité d'écoute

Text Audio CD Track 1-58

N. Portrait de Jean Hébert. Écoutez le monologue de Jean Hébert et répondez aux questions.

1. Que fait Jean comme études?
2. Dans quelle université?
3. Combien d'années est-ce qu'il a fait pour faire la première année du DEUG?
4. Comment était sa vie pendant sa première année?
5. Comment est sa vie maintenant?
6. Quel diplôme est-ce qu'il a l'intention d'obtenir après le DEUG?
7. Qu'est-ce qui l'aide avec ses cours?
8. Quelle profession veut-il exercer?

Branchés sur...

Lyon

Jean Hébert

Bonjour! Je suis étudiant ici à Lyon. Quand j'ai un peu de temps libre, j'aime bien me promener dans les vieux quartiers, aller aux musées et aux concerts et retrouver mes copains au café. Lyon, c'est une ville fantastique. Il y a de tout ici et, surtout, on y mange bien! Je vous présente donc quelques aspects de ma ville.

PROFIL

Situation: dans le sud-est de la France, au confluent du Rhône et de la Saône

Départment: Rhône (69)

Population: 445 452 habitants (3ᵉ ville de France par sa population)

Agglomération: 1 167 080 habitants

Importance: carrefour *(crossroads)* et centre commercial, centre de recherche sur le cancer

Gastronomie: La région lyonnaise compte le plus grand nombre de cuisiniers (plusieurs centaines) de toutes les régions françaises. Il y a trois catégories de restaurants: «les grands restaurants» tenus par des chefs célèbres comme Paul Bocuse, «les restaurants classiques» qui servent des plats traditionnels et «les bouchons» qui offrent des spécialités régionales.

Notre-Dame de Fourvière, Lyon

Timeline

27 av. J.C.: capitale Lyonnaise

IIᵉ siècle: christianisé *Lugdunum*, capitale de la Gaule romaine

1193: commune indépendante

1307: Lyon devient française

XVIᵉ siècle: introduction de l'industrie de la soie *(silk)*

Bienvenue sur la Presqu'île, sur la Place Bellecour! Au milieu, vous pouvez voir une statue de Louis XIV sur son cheval. Pratique pour se donner rendez-vous! Il y a aussi l'office du tourisme.

C'est le Vieux Lyon, le quartier médiéval. Mon quartier! On y trouve la cathédrale Saint Jean, des *traboules* (un mot du dialecte lyonnais qui veut dire des «passages couverts») et beaucoup de *bouchons* (des bistros et restaurants avec des plats typiques de la région). L'un de ces plats s'appelle «cervelle de canut»— *weaver's brain*—parce que Lyon était autrefois la capitale des *canuts*. En fait, ce plat est une sorte de fromage! J'adore habiter à Lyon parce que c'est la capitale gastronomique de la France.

Qu'est-ce que vous en pensez?

How is history still present in the city of Lyon? From what you learned about Lyon, what can you say about French people's relationship to the past? How does this attitude compare to how history is viewed in the United States?

Is there such a thing as a gastronomic capital of the United States? Why (not)?

Lyon était autrefois la capitale de la Gaule, avant que Paris ne soit capitale de la France. L'évêque de Lyon est d'ailleurs appelé «Primat des Gaules» et il est chef de l'Église catholique de France. On peut visiter le Grand Théâtre, un amphithéâtre construit par les Romains en 15 avant J.C. Il peut encore accueillir 10 000 personnes.

Lexique

Pour se débrouiller

Pour donner les traits physiques d'une personne

Il/Elle a les yeux bleus, verts, bruns. S/he has blue / green / brown eyes.

Il/Elle a les cheveux blonds, roux, bruns, gris, noirs, blancs. S/he has blond / red / brown / grey / black / white hair.

Il/Elle a les cheveux longs, courts, frisés. S/he has long / short / curly hair.

Il/Elle est grand(e), petit (e), mince, svelte. S/he is tall / short / thin / thin.

Il est beau. He's handsome.

Elle est belle, jolie. She's beautiful / pretty.

Il a une barbe, une moustache. He has a beard, a mustache.

Pour faire des comparaisons

aussi... que as . . . as

autant... de que as much (many) . . . as

meilleur(e)(s)... que better than . . . (adjective)

mieux... que better than . . . (adverb)

moins (de)... que less (fewer) . . . than

plus (de)... que more . . . than

Pour parler des programmes

avoir une spécialisation en to major in

être étudiant(e) en to be a student in

faire des études de to study (college level)

(les) beaux-arts *(m.pl)* fine arts

le droit law

les lettres *(f.pl.)* humanities

(la) médecine medecine

(les) sciences exactes *(f.pl.)* hard sciences

(les) sciences humaines *(f.pl.)* social sciences

(les) sciences naturelles *(f.pl.)* natural sciences

préparer / obtenir un diplôme to get a degree

    une licence a B.A.

    une maîtrise a Master's (degree)

    un doctorat a Ph.D. / doctorate (degree)

Pour parler des cours

s'inscrire à un cours to register for a class

prendre (suivre) un cours to take a class

assister à un cours to attend a class

sécher un cours to skip a class

un emploi du temps schedule

une faculté college within a university

la rentrée (des classes) beginning of the semester

une conférence lecture

un cours magistral lecture course

un amphi (un amphithéâtre) lecture hall

une bourse scholarship, stipend

les travaux pratiques (TP) lab

les travaux dirigés (TD) discussion section

rendre (un devoir) to turn in (an assignment)

les devoirs *(m.pl.)* homework

une dissertation essay, research paper

Pour parler des examens

passer un examen to take an exam

réussir à un examen to pass an exam

rater (échouer à) un examen to fail an exam

une note grade

Pour montrer son enthousiasme

Formidable! Fantastic! / Great!

Quelle bonne nouvelle! Great news!

Sensationnel! Sensational! / Terrific!

C'est sensass! *(fam.)* That's terrific!

C'est super! That's great!

C'est épatant! That's amazing!

C'est chouette! That's great!

C'est vachement bien! That's terrific!

Pour réagir de façon négative

C'est affreux! That's horrible!

C'est barbant! What a drag! / How boring!

C'est rasant! What a drag! / How boring!

Ça, c'est malheureux! That's unfortunate!

C'est pas marrant, ça! That's really no fun!

C'est dommage! That's too bad!

Thèmes et contextes

Les cours *(m.pl.)* **(les matières** *[f.pl.]*)** Courses / Subject matter

l'analyse *(f.)* calculus

l'anthropologie *(f.)* anthropology

l'art dramatique *(m.)* drama

l'astronomie *(f.)* astronomy

la **biologie** biology
la **botanique** botany
la **chimie** chemistry
la **comptabilité** accounting
le **dessin** drawing
la **géologie** geology
la **gestion** management
l'**histoire** *(f.)* history
l'**informatique** *(f.)* computer science
le **journalisme** journalism

les **langues modernes** *(f.pl)* modern languages
les **langues mortes** *(f.pl.)* classical languages
la **linguistique** linguistics
la **littérature** literature
le **marketing** marketing
les **mathématiques** *(f.pl.)* mathematics
la **musique** music
la **peinture** painting

la **philosophie** philosophy
la **physique** physics
la **psychologie** psychology
les **sciences économiques** *(f.pl.)* economics
les **sciences politiques** *(f.pl.)* political science
la **sculpture** sculpture
la **sociologie** sociology

Vocabulaire général

Verbes

choisir to choose
finir to finish
grossir to gain weight
maigrir to lose weight
marcher to walk
obéir (à) to obey
publier to publish
réfléchir (à) to think (about)
réussir (à) to succeed

Adjectifs

actif(-ve) active
ambitieux(-se) ambitious
beau, bel, belle beautiful, handsome
blanc(he) white
bleu(e) blue
blond(e) blond
bon(ne) good
brun(e) brown
célibataire single
chargé(e) busy
chouette cool
content(e) happy
court(e) short
cruel(le) cruel
délicieux(-se) delicious
difficile difficult

discret(-ète) discreet
ennuyeux(-se) boring
exigeant(e) strict, demanding
facile easy
frivole frivolous
généreux(-se) generous
grand(e) big
gris(e) gray
gros(se) big
heureux(-se) happy
honnête honest
idéaliste idealistic
impatient(e) impatient
indépendant(e) independent
indiscret(-ète) indiscreet
intellectuel(le) intellectual
intéressant(e) interesting
jaune yellow
jeune young
joli(e) pretty
laid(e) ugly
long (longue) long
malhonnête dishonest
marié(e) married
marron brown
mauvais(e) bad
mince thin
moche ugly
moderne modern

naïf(-ve) naive
neuf(-ve) new
noir(e) black
nouveau, nouvel, nouvelle new
occupé(e) busy
optimiste optimistic
orange orange
paresseux(-se) lazy
pessimiste pessimistic
petit(e) little, small, short
premier(-ère) first
privé(e) private
réaliste realistic
rose pink
rouge red (thing)
roux (rousse) red (hair)
scolaire school related
secret(-ète) secret
sensationnel(le) wonderful
sérieux(-se) serious
sportif(-ve) athletic
timide shy
triste sad
universitaire *(adj.)* college related
vert(e) green
vieux, vieil, vieille old
violet(te) purple

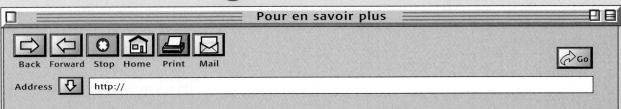
Pour en savoir plus

Pour en savoir plus

To learn/explore more about the cultural topics covered in Chapter 7, you can use the following key words in combination with geographical areas to search Internet resources. For example, if you want to know more about the French educational system, you can search under *France education*. And if you want to know more about study abroad in a francophone country or region, look under the specific geographical location and *study abroad programs*. And if you'd simply like to know more about a place (e.g., *Lyon*), find the web sites for that place.

Geographical Area

France

French regions

French cities
   (Paris, Lyon)

Francophone
   countries and
   regions

Francophone
   cities

education

diplomas

universities

grandes écoles

Sorbonne

study abroad

secondary
   schools

formation
   permanente

Key Words

flags

Lyon:
   restaurants
   Paul Bocuse
   gastronomy
   cuisine

Paris sights:
   Jardin du
      Luxembourg
   Palais du
      Luxembourg

Conciergerie

Arc de Triomphe

Tour Eiffel

Notre-Dame de Paris

Tour Montparnasse

Obélisque de Louksor

Champs-Élysées

History:
   Gaule
   Louis XIV

chapitre 8

Soignons-nous!

M. Ahmed Abdiba
né à Fès (Maroc) • *vit à Nantes (ouest de la France)*
• *parle français et arabe* • *profession: pharmacien*

■ *Première étape* Ça va? Ça ne va pas?

- referring to habitual actions in the past
- telling what you can and cannot do

■ *Deuxième étape* À la pharmacie

- understanding conversations about health and physical fitness
- reading documents and texts dealing with health and physical fitness

■ *Troisième étape* Pour être en bonne forme...

- talking about your own and other people's health and physical fitness
- telling what you do and do not know how to do

■ *Point d'arrivée*

Point de départ

Ça va? Ça ne va pas?

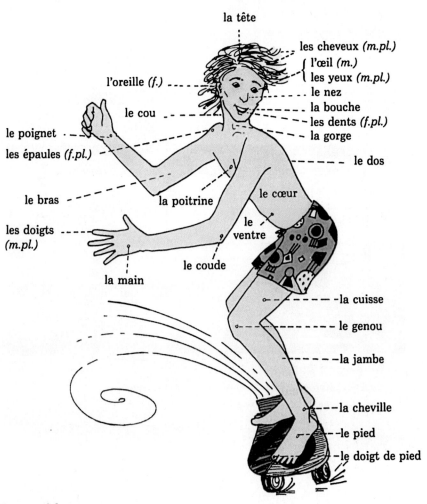

la tête
les cheveux *(m.pl.)*
l'œil *(m.)*
les yeux *(m.pl.)*
le nez
la bouche
les dents *(f.pl.)*
la gorge
l'oreille *(f.)*
le cou
le poignet
les épaules *(f.pl.)*
le dos
le bras
la poitrine
le cœur
le ventre
les doigts *(m.pl.)*
le coude
la cuisse
la main
le genou
la jambe
la cheville
le pied
le doigt de pied

Des accidents

cast

J'ai eu un accident de voiture. Je me suis cassé la jambe. On m'a mis la jambe dans le **plâtre.**

Vidéo : Questions de fond

1. Où est-ce que Ludgi a mal?
2. Est-ce qu'elle a de la fièvre?
3. Qu'est-ce que le médecin prescrit pour Ludgi?

Pas de chance! J'adore le jogging, mais je me suis foulé la **cheville**.

No luck! / ankle

Aïe! Je me suis coupé le doigt avec le couteau!

C'est pas possible! Je suis tombée et je me suis fait mal au dos.

Le savez-vous?
Children have their own language to describe things that are important to them. Which of the following expressions do French children use when talking about minor hurts and injuries?
  a. faire dodo
  b. avoir un bobo
  c. vouloir un bisou
  d. none of the above

Je n'ai pas fait attention et je me suis brûlé la main. Qu'est-ce que ça fait mal!

Réponse ▼ ▲ ▼ b

Des maladies

Pas de volley aujord'hui? Tu n'as pas bonne mine. Est-ce que tu as de la fièvre?

Tous mes amis s'amusent, mais moi, je dois rester au lit.
J'ai la rougeole et je ne peux pas jouer au foot.

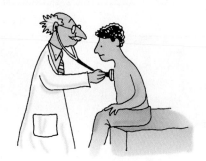

What lousy weather!
to have trouble (doing something)

Quel sale temps! Et moi, j'ai peut-être une bronchite. Je tousse constamment
et de temps en temps j'**ai du mal à** respirer.

We should have

Pauvre Papa! Il est comme ça depuis une heure. Il a le mal de l'air. **On aurait dû** prendre le train.

DICO

Comment parler des accidents

Qu'est-ce qui s'est passé?   What happened?
Qu'est-ce qui t'est (vous est) arrivé?   What happened to you?
Qu'est-ce qui lui est arrivé?   What happened to him/her?
  J'ai eu un accident.   I had an accident.
  Je suis tombé(e).   I fell.
  Il s'est cassé la jambe.   He broke his leg.
  Elle s'est fait mal au dos.   She hurt her back.

  se casser le bras / la jambe / le nez   to break one's arm / leg / nose
  se fouler la cheville   to sprain one's ankle
  se faire mal au dos   to hurt one's back
  être blessé(e) au pied   to have injured (hurt) one's foot
  se couper le doigt   to cut one's finger
  se brûler la main   to burn one's hand

Comment parler de son état physique

Qu'est-ce qui ne va pas?   What's the matter?
Qu'est-ce qu'il y a?   What's the matter?
Qu'est-ce que tu as?   What's the matter (wrong) with you?
Tu n'as pas bonne mine.   You don't look good.
Tu as l'air malade.   You look sick.

Je ne me sens pas très bien.   I don't feel very well.
Je ne suis pas en forme.   I'm not feeling great.
Je suis malade.   I'm sick.
Je me sens un peu faible.   I feel a little weak.
~ un peu fatigué(e)   a bit tired.
Je suis mal fichu(e). *(fam.)*   I feel lousy.

Les maladies

une grippe   flu
un rhume   cold
le rhume des foins   hay fever
la migraine   migraine headache
le mal de mer   sea sickness
le mal de l'air   air sickness
une bronchite   bronchitis
une sinusite   sinus infection
la rougeole   measles

la rubéole   German measles
les oreillons *(m.)*   mumps
la varicelle   chicken pox
la variole   smallpox
une pneumonie   pneumonia
une crise d'appendicite   appendicitis attack
une angine   tonsillitis
une streptococcie   strep infection (strep throat)

L'astronome italien Galilée (Galileo) a perfectionné le thermomètre en 1592.

*L*e médecin anglais Edward Jenner a réalisé la première vaccination contre la variole en 1797.

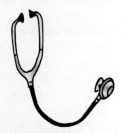

*L*e médecin français René Laennec a inventé le stéthoscope en 1805.

*L*e médecin anglais Sir Alexander Fleming a découvert la pénicilline en 1928.

*L*a première greffe d'organe *(organ transplant)* date de 1954. Une équipe sous la direction du docteur américain Joseph Murray a transplanté un rein *(kidney)*. En 1966, le médecin sud-africain Christian Barnard a tenté la première greffe du cœur.

À vous! *(Exercices de vocabulaire)*

A. J'ai mal partout. *(I hurt everywhere.)* Utilisez les éléments suggérés pour indiquer où vous avez mal.

> **Modèle:** la tête
> *J'ai mal à la tête.*

1. la jambe	8. l'épaule
2. le bras	9. la cheville
3. le dos	10. les oreilles
4. le ventre	11. le poignet
5. les pieds	12. le cœur
6. le cou	13. les dents
7. le genou	14. la gorge

Vocabulary: The expression **avoir mal au cœur** *(to feel nauseated)* refers to the stomach, not to the heart.

B. Des blessures. *(Injuries.)* On utilise souvent l'expression **se blesser à** *(to injure)* et les verbes **se casser** *(to break)*, **se fouler** *(to sprain)*, **se faire mal à** *(to hurt)* avec les parties du corps pour décrire les résultats d'un accident. Utilisez les expressions données pour indiquer ce qui est arrivé aux personnes suivantes.

> **Modèle:** Nadia et Mme Bernard se sont blessées (à)... le bras
> *Nadia et Mme Bernard se sont blessées au bras.*

1. Elles se sont blessées (à)...
   a. la jambe
   b. la tête
   c. le dos

2. Je me suis cassé...
   a. le bras
   b. la jambe
   c. le pied
   d. le nez
   e. une dent

3. Ma sœur s'est foulé...
   a. la cheville
   b. le pied
   c. le poignet

4. Je me suis fait mal (à)...
   a. le genou
   b. le dos
   c. l'épaule
   d. la main
   e. la poitrine
   f. le doigt
   g. le cou

C. Et toi? Posez les questions suivantes à un(e) camarade de classe.

1. Est-ce que tu t'es jamais *(ever)* foulé la cheville? (Dans quelles circonstances?)
2. Est-ce que tu as jamais eu les oreillons? (Quand?)
3. Est-ce que tu as jamais eu une crise d'appendicite? (Quand?)
4. Est-ce que tu t'es jamais cassé la jambe ou le bras? (Dans quelles circonstances?)
5. Est-ce que tu as jamais été opéré(e) à l'hôpital? (Quand?)
6. Est-ce que tu as des allergies? À quoi est-ce que tu es allergique? (aux animaux? aux plantes? aux produits laitiers? aux œufs? à la poussière *[dust]*?)
7. Est-ce que tu souffres de migraines?
8. Est-ce que tu as souvent un rhume ou la grippe?
9. Est-ce que tu as jamais eu le mal de mer (le mal de l'air)?

D. Dis donc! Tu n'as pas bonne mine aujourd'hui! Parlez à un(e) camarade de classe au sujet de sa santé *(health)*. Suivez les modèles en variant les expressions que vous utilisez.

Modèles: —*Ça va?*
—*Non, ça ne va pas. Je ne me sens pas très bien.*
—*Qu'est-ce qui ne va pas? (Qu'est-ce qu'il y a?)*
—*J'ai mal (à la tête, au ventre, etc.).*

—*Dis donc! Tu n'as pas bonne mine aujourd'hui!*
—*C'est vrai. J'ai un peu mal (au dos, aux dents, etc.).*

—*Mon (Ma) pauvre! Tu devrais rentrer.*
—*Tu as peut-être raison. Je vais rentrer tout de suite.*

Structure

L'imparfait

Comment est-ce que **tu t'amusais** quand **tu étais** petite?	What *did you do for fun* when *you were* little?
Je jouais avec mes copains.	*I played* with my buddies.
Nous avions un petit lapin et **nous** le **promenions** dans le quartier.	*We had* a little rabbit and *we used to walk* him around the neighborhood.

You've already learned to express actions in the past using the **passé composé.** Now you will learn a second past tense, the imperfect **(l'imparfait),** which will allow you to describe what you *used to do.*

To form the imperfect, begin with the **nous** form of the present tense, drop the **-ons** ending, and add the endings **-ais, -ais, -ait, -ions, -iez, -aient.** This rule applies to all French verbs except **être,** which has the irregular stem **ét-** (the endings remain the same, however).

		L'imparfait		
Infinitive	parler	finir	faire	être
	nous	nous	nous	
Stem	parlo̷n̷s̷	finisso̷n̷s̷	faiso̷n̷s̷	ét-
je	parlais	finissais	faisais	étais
tu	parlais	finissais	faisais	étais
il, elle, on	parlait	finissait	faisait	était
nous	parlions	finissions	faisions	étions
vous	parliez	finissiez	faisiez	étiez
ils, elles	parlaient	finissaient	faisaient	étaient

L'imparfait et les actions habituelles

Tous les étés **nous allions** au bord de la mer.	Every summer *we used to go (would go)* to the seashore.
Je restais quelquefois au lit jusqu'à midi, mais **mon père se levait** toujours avant 7h.	Sometimes *I stayed (would stay)* in bed until noon, but *my father* always *got up* before 7 o'clock.

The imperfect tense is used to describe what happened over and over again in the past. Certain adverbs and expressions often accompany the imperfect tense. They reinforce the idea of habitual actions, of things that *used to be done (would be done)* repeatedly. Among these adverbs and expressions are:

autrefois	in the past
d'habitude	usually
fréquemment	frequently
quelquefois	sometimes
souvent	often
toujours	always
tous les jours	every day
une fois par jour	once a day
une fois par semaine	once a week
le lundi, le mardi...	Mondays, Tuesdays, . . .
le matin, l'après-midi, le soir	mornings, afternoons, evenings

Application

F. Pendant que nos parents étaient en Italie... L'année dernière les parents de Jean Hébert ont passé deux mois en Italie. Utilisez les suggestions et l'imparfait pour décrire la vie de Jean et de sa sœur pendant l'absence de leurs parents.

> **Modèle:** en général / ma sœur et moi / s'occuper de tout *(to take care of everything)*
> *En général, ma sœur et moi, nous nous occupions de tout.*

1. tous les matins / nous / se réveiller *(to wake up)* de bonne heure
2. quelquefois / elle / rester au lit pendant une heure ou deux
3. d'habitude / je / se lever tout de suite
4. je / prendre une douche / toujours
5. le matin / je / ranger *(to put in order)* la maison
6. ma sœur / faire des courses
7. nous / déjeuner ensemble / fréquemment
8. l'après-midi / nous / se séparer
9. elle / retrouver ses amies / au stade
10. je / aller en ville
11. le vendredi soir / ma sœur et ses amies / dîner en ville
12. le samedi soir / je / sortir avec mes copains

E. Mise en train: Remplacez les sujets en italique et faites les changements nécessaires.

1. *Elle* aimait danser. (nous / tu / vous / ils / je)
2. *Je* ne faisais pas attention en classe. (nous / tu / elles / vous / il)
3. *Ils* se promenaient à pied. (elle / nous / tu / je / vous / on)
4. Est-ce que *tu* avais de l'argent? (vous / elle / ils / on)
5. *Il* était très fatigué. (je / nous / elles / vous / on / tu)

G. Quand tu avais sept ans... Utilisez les expressions suggérées pour demander à un(e) camarade de classe ce qu'il (elle) faisait quand il (elle) avait sept ans.

Modèle: aimer aller à l'école
—*Est-ce que tu aimais aller à l'école?*
—*Oui, j'aimais aller à l'école.* ou *Non, je préférais jouer avec mes amis.*

1. habiter ici
2. se disputer avec ses frères et sœurs
3. aller à l'école
4. aimer rester à la maison
5. être paresseux(-se)
6. jouer souvent avec ses copains
7. se lever de bonne heure
8. se coucher tard
9. manger beaucoup

Text Audio CD Track 2-2

Tuyau-prononciation: In a few words, the **l** in the **il** combinations is silent: **gentil, fils.**

▰ Tuyau-prononciation
La consonne *l*

The letter **l** in French represents either the consonant sound [l], as in the English word *lake,* or the semiconsonant sound [j], as in the English word *you.* In general, a single **l** is pronounced [l]—**la, Italie, hôtel.** At the end of a word, the combination **il** is pronounced [il] when preceded by a consonant—**avril**—and [j] when preceded by a vowel—**travail.**

H. Read each word aloud, being careful to pronounce the **l** in the first list [l], and the **il** in the second list [j].

[l]: les, librairie, quel, ciel, joli, parle, avril
[j]: travail, ail, détail, vieil, appareil, réveil

Structure

Le verbe irrégulier *pouvoir*

—Est-ce que **tu peux** m'aider?
—Non, **je ne peux pas.**
—Tu ne m'as pas aidé mardi non plus.
—Non, **je ne pouvais pas.** Je n'avais pas la voiture.

—*Can you* help me?
—No, *I can't.*
—You didn't help me Tuesday either.
—No, *I couldn't.* I didn't have the car.

pouvoir *(to be able to; may)*	
je **peux**	nous **pouvons**
tu **peux**	vous **pouvez**
il, elle, on **peut**	ils, elles **peuvent**
PAST PARTICIPLE: **pu** (avoir)	IMPERFECT STEM: **pouv-**

The verb **pouvoir** is usually followed by an infinitive. It is the equivalent of both *can (to be able)* and *may (to have permission to),* depending on the context.

J'ai du temps libre ce soir; **je peux** faire la cuisine.

I have some free time tonight; *I can (am able to)* do the cooking.

Ma mère dit que **mon frère peut** aller au cinéma.

My mother says that *my brother may (has permission to)* go to the movies.

Grammar: In the **passé composé**, the verb **pouvoir** is the equivalent of *to succeed in.* It is often used in the negative to explain why you were unable to do something: **Après avoir téléphoné plusieurs fois, j'ai pu parler au directeur.** *After telephoning several times, I succeeded in talking to the director.* **Ils n'ont pas pu aller au cinéma avec nous; leur fils était malade.** *They weren't able to go to the movies with us; their son was sick.*

I. Mise en train: Remplacez les sujets en italique et faites les changements nécessaires.

1. *Nous* pouvons jouer au tennis demain? (je / elles / tu / il / vous)
2. *Je* ne peux pas rester. (nous / elle / tu / vous / ils)
3. *Elle* voulait les accompagner, mais *elle* ne pouvait pas. (je / ils / nous / on / vous)

Application

J. Qui va m'aider? Vous avez besoin d'aide, mais chaque fois que vous trouvez quelqu'un, vous apprenez qu'il (elle) ne peut pas vous aider. Utilisez le verbe **pouvoir** et les expressions suggérées pour faire des petites conversations.

Modèle: tu / avoir trop de devoirs
—*Est-ce que tu peux m'aider?*
—*Non, je ne peux pas.*
—*Tu ne peux pas? Pourquoi pas?*
—*J'ai trop de devoirs.*

1. tu / aller au ciné-club ce soir
2. tes parents / sortir ce soir
3. ta sœur / avoir mal au dos
4. ton cousin / vouloir se coucher de bonne heure
5. vous / ne pas avoir le temps

K. Des explications. Quelqu'un vous rappelle *(reminds you)* que vous et vos amis n'avez pas fait certaines choses. Utilisez le passé composé de **pouvoir** et les expressions suggérées pour expliquer pourquoi vous ne les avez pas faites.

Modèle: Tu n'as pas téléphoné à Jacques. (trouver son numéro de téléphone)
C'est que je n'ai pas pu trouver son numéro de téléphone.

1. Tu n'as pas aidé Michèle hier après-midi. (finir mon travail)
2. Alain n'a pas réussi à l'examen de chimie. (finir la dernière partie)
3. Chantal et toi, vous n'êtes pas allées à la soirée chez Dominique? (trouver son appartement)
4. Éric et son cousin ne sont pas allés au concert samedi soir. (avoir des billets)
5. Tu n'as pas acheté de cadeau pour ton frère. (aller au magasin de jouets)

L. Des excuses. Il y a un(e) étudiant(e) dans votre université que vous essayez d'éviter *(to avoid)* le plus possible. Mais il (elle) vous demande constamment de faire quelque chose avec lui (elle). Utilisez le verbe **pouvoir** et des expressions de votre choix pour inventer vos excuses.

> **Modèle:** Allons au théâtre.
> *Je ne peux pas (aller au théâtre). Je n'ai pas d'argent.* ou *Je ne peux pas sortir ce soir. J'ai mal à la tête.*

1. Faisons du jogging.
2. Allons au cinéma ce soir.
3. Voici les crêpes que j'ai préparées. Tu veux les goûter?
4. Regardons quelque chose à la télé.
5. Allons en ville faire du lèche-vitrines.
6. Allons au centre commercial.

Débrouillons-nous!

M. Quand tu avais dix ans... Posez des questions à un(e) camarade de classe pour vous renseigner au sujet de ce qu'il (elle) faisait quand il (elle) avait dix ans. Ne vous limitez pas aux expressions suggérées.

> **Modèle:** où / habiter
> —*Où est-ce que tu habitais quand tu avais dix ans?*
> —*J'habitais à Grand Forks.*
> —*Ta famille avait une grande maison?*
> —*Non, à cette époque-là* (at that time) *nous habitions dans un appartement.*

1. où / habiter
2. avec qui / jouer
3. qu'est-ce que / aimer manger
4. à quelle heure / se lever / se coucher
5. tes parents / travailler
6. aller à l'école
7. tes grands-parents / être vivants
8. être heureux(-se)

N. Une enquête. Faites une enquête pour trouver combien d'étudiants:

____ n'ont jamais *(never)* eu une maladie contagieuse (la rougeole, la rubéole, la varicelle, les oreillons).
____ se sont cassé la jambe, le bras ou un doigt.
____ ont eu une crise d'appendicite.
____ ont jamais *(ever)* eu le mal de mer.
____ ont jamais eu le mal de l'air.
____ sont allergiques (aux plantes, aux animaux, à certains aliments *[foods]*)
____ se sont jamais foulé la cheville.
____ ont jamais eu un accident de voiture.

À faire chez vous:
CAHIER, Chapitre 8, 1ère étape

Deuxième étape

Point de départ

À la pharmacie

Madame Thibaudet parle avec sa petite fille Cécile.

MME THIBAUDET:	Mais dis donc, ma petite Cécile. Qu'est-ce qu'il y a? Tu as le nez tout rouge.	
CÉCILE:	J'sais pas. J'ai le nez **qui coule** et j'ai mal à la gorge.	runny
MME THIBAUDET:	Tu as sans doute un **rhume.**	cold
CÉCILE:	Non, non. Je ne suis pas enrhumée. J'ai peut-être une allergie.	
MME THIBAUDET:	Ah! Dans ce cas-là, tu **devrais** aller à la pharmacie.	should

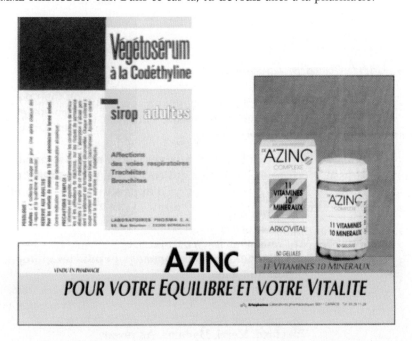

Zoom!: When you buy medicine in France, the pharmacist will often ask if you would like it in the form of a pill (**un cachet** or **un comprimé**), a capsule (**une gélule**), and in some instances a suppository (**un suppositoire**).

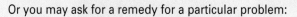

When you go to a pharmacy, you may ask for something to heal a particular part of the body, for example:
J'ai besoin de quelque chose **pour la gorge (pour le nez, pour les yeux, pour l'estomac)**.

Or you may ask for a remedy for a particular problem:

J'ai besoin de quelque chose **contre** *(against)* **la toux (contre le rhume des foins, contre la migraine, contre la grippe, contre le mal de mer ou le mal de l'air)**.

Or you may ask for a certain type of medicine:

J'ai besoin d'**un tube d'aspirines (de gouttes** [*drops*] **pour le nez ou pour les yeux, de pastilles** [*lozenges*] **pour la gorge, d'antihistaminiques)**.

Cécile va à la pharmacie.

LA PHARMACIENNE: Bonjour Mademoiselle. Vous désirez?

what   CÉCILE: J'ai besoin de quelque chose, mais je ne sais pas de **quoi.** J'ai le nez qui coule et j'ai un peu mal à la gorge. Mais je ne tousse pas et je n'ai pas de fièvre.

LA PHARMACIENNE: Ah, vous avez les yeux tout rouges. Vous avez peut-être

for a long time   une allergie? Vous êtes comme ça **depuis longtemps?**

CÉCILE: Depuis huit jours.

hay fever   LA PHARMACIENNE: Bien, voilà. Vous avez sans doute **le rhume des foins.** Je vais vous donner des antihistaminiques. Si la gorge vous

lozenges   fait mal, vous pouvez prendre ces **pastilles.**

CÉCILE: Très bien. Merci, Madame. Au revoir.

À vous! *(Exercices de vocabulaire)*

A. Qu'est-ce que vous avez? Voici des expressions qu'on emploie pour parler des maux *(ailments)* physiques normaux. Choisissez les symptômes qui correspondent à chaque situation.

SYMPTÔMES: **J'ai mal à la tête (à la gorge, aux yeux, au dos, à l'estomac, au cœur). Je tousse. J'éternue. J'ai le nez qui coule. J'ai le nez bouché. Je n'ai pas d'appétit. J'ai le vertige** *(I'm dizzy)*. **J'ai pris un coup de soleil** *(I got sunburned)*. **J'ai du mal à dormir** *(I can't sleep)*.

1. Vous avez un rhume.
2. Vous avez trop mangé.
3. Vous avez la grippe.
4. Vous êtes en vacances au bord de la mer.
5. Vous avez un examen très important et vous êtes nerveux(-se).

B. À la pharmacie. Expliquez au (à la) pharmacien(ne) que vous avez les symptômes qui normalement accompagnent les problèmes médicaux suivants. Il (Elle) vous recommandera les médicaments donnés entre parenthèses.

> **Modèle:** une indigestion (pastilles pour l'estomac)
> —*Bonjour, Monsieur (Madame). Je peux vous aider?*
> —*Oui, je ne me sens pas très bien. J'ai mal à l'estomac et un peu mal au cœur.*
> —*Ah. Vous avez peut-être une petite indigestion. Je vais vous donner des pastilles pour l'estomac.*
> —*Merci, Monsieur (Madame).*

1. un rhume (gouttes pour le nez, sirop contre la toux)
2. une grippe (aspirine, pastilles pour la gorge)
3. le rhume des foins (antihistaminiques, gouttes pour les yeux)

Reprise: première étape

C. Il va avoir… Vos amis ont tendance à exagérer un peu—c'est-à-dire qu'ils ne se limitent pas. Indiquez où ils vont avoir mal à cause de leur manque *(lack)* de prudence.

> **Modèle:** Michel parle sans arrêt *(nonstop)*.
> *Il va avoir mal à la gorge.*

1. Éric mange beaucoup de bonbons.
2. Anne-Marie regarde la télé pendant des heures et des heures.
3. Sylvie ne porte jamais de chaussures *(shoes)*.
4. Alain et son frère écoutent leur Walkman seize heures par jour.
5. Je me brosse les dents très rarement.
6. Jean-Pierre veut soulever *(lift)* trois grosses boîtes.
7. Mes amis et moi, nous faisons du jogging dans la rue.
8. Jacqueline joue de la guitare pendant des heures sans arrêt.

Le savez-vous?
In Paris there are several places called **Le Drug Store**. Which of the following items would you expect to find there?
a. toys
b. records
c. medicine
d. all of the above

D. L'enfance de M. Kerguézec. Le père de Michel Kerguézec se rappelle sa vie quand il était garçon. Reproduisez ses phrases en mettant les verbes à l'imparfait.

> **Modèle:** Nous habitons à Nantes.
> *Nous habitions à Nantes.*

1. Mon père travaille dans la réfrigération.
2. Ma mère s'occupe de la maison.
3. Nous sommes trois enfants.
4. Ma sœur a dix-huit ans.
5. Elle fait des études à l'université.
6. Mon frère et moi, nous allons au lycée.
7. Nous passons l'été à Noirmoutier.
8. Mes parents louent *(rent)* une maison tout près de la mer.
9. Ma sœur aime nager.
10. Moi, je joue au volley sur la plage.
11. Mon père et mon frère pêchent des crabes.
12. Nous nous amusons bien l'été à Noirmoutier et l'hiver à Nantes.

Réponse ▼ ▼ ▼ d

ZOOM!

The French often consult their local pharmacist when they're not feeling well. If the pharmacist considers the illness to be serious, he or she will advise the customer to see a doctor. In case of a cold, flu, or minor accident, the pharmacist will recommend over-the-counter medicine and will do some first aid. Every city and town in France has at least one pharmacy that remains open all night. All other pharmacies have signs on their doors indicating which pharmacy has long hours.

Pharmacies also post signs to let you know the phone number for the **médecin de nuit,** the doctor who is on duty for the night or the weekend and who will come to your house in case of an emergency.

By law, drugs cannot be sold in supermarkets in France. Even over-the-counter remedies have to be bought in a pharmacy. The prices of all medicines are government regulated and therefore cost the same no matter where you buy them. Pharmacies are very easy to spot in France: they're identified by a big neon green cross that shines at all hours.

Qu'est-ce que vous en pensez:
In what ways (if any) do French pharmacies differ from the pharmacies you know?

E. André ne peut pas... Chaque fois que votre camarade de classe mentionne ce qu'il (elle) espère faire ce week-end, vous expliquez pourquoi c'est impossible. Utilisez le verbe **pouvoir** et inspirez-vous des images.

Modèle: jouer au football avec André
—*Ce week-end j'espère (je vais) jouer au football avec André.*
—*Mais il ne peut pas (jouer au football); il s'est fait mal au genou.*

1. jouer au tennis avec Micheline

2. faire du jogging avec Thierry

3. jouer au golf avec Lucien et sa sœur

4. faire une promenade avec Anne-Marie

5. aller nager avec Henri

Structure

L'imparfait (suite)

Pendant que **nous parlions,**   While *we were talking, she was looking*
  elle regardait le journal.   at the newspaper.
Elle avait les yeux bleus.   *She had* blue eyes. (Her eyes *were* blue.)
Je la **trouvais** jolie.   *I found* her (*thought* she was) pretty.

In addition to expressing habitual past actions, the imperfect tense is used to tell about several other situations in the past:

1. To indicate that simultaneous actions *were going on:*

   Pendant que **nous parlions,**   While *we were talking, she was*
   elle regardait la télé.   *watching* TV.

2. To describe physical attributes:

   Il avait les cheveux blonds.   *He had* blond hair.

3. To express attitudes and beliefs:

   Je les **trouvais** très gentils.   *I thought* they were very nice.

4. To express age:

   Elle avait cinquante ans.   *She was* fifty years old.

5. To describe states of health:

   Je ne me sentais pas très bien.   *I didn't feel* very well.

6. To set the background or context for a story:

   Il était neuf heures. **J'étais** en visite à Berlin. **C'était** la fin de l'hiver et **il faisait** toujours très froid. **Nous étions** trois dans un petit restaurant.   *It was* 9 o'clock. *I was* visiting Berlin. *It was* the end of winter and *it was* still very cold. *There were* three of us in a small restaurant.

Grammar: The story itself will be told mainly in the **passé composé: Soudain une vieille femme a ouvert la porte et a crié...** *(Suddenly an old lady opened the door and shouted . . .)*

F. La soirée de Claire. Claire Maurant et ses amies ont organisé une soirée. Tous les invités, à l'exception d'André, sont arrivés chez Claire vers 9h. Utilisez l'imparfait et les expressions suggérées pour décrire ce que faisaient les invités quand André est finalement arrivé.

> **Modèle:** Cécile / chanter   *Cécile chantait.*

1. Sacha / écouter la stéréo
2. Michèle / parler avec Yvette
3. Georges et Véronique / danser
4. Claire / chercher des boissons
5. Jacques et Henri / manger
6. Jérôme / regarder la télé
7. M. Maurant / prendre des photos
8. Tout le monde / s'amuser bien

G. Quand ils étaient jeunes... Pensez à des photos qui montrent quelques membres de votre famille quand ils (elles) étaient jeunes, puis décrivez-les à un(e) camarade de classe.

> **Modèle:** votre père
> *Quand mon père était jeune, il avait les cheveux blonds et il ne portait pas de lunettes. Il était très beau. Il aimait jouer au base-ball et au football américain.*

1. votre père (votre oncle)
2. votre mère (votre tante)
3. votre grand-père (votre grand-mère)

H. Hier soir à 8h... Vous vous préparez à raconter une histoire au sujet de quelque chose qui est arrivé *(that happened to you)* ou que vous avez fait. Établissez le contexte en expliquant où vous étiez et ce que vous faisiez au moment où l'incident s'est produit *(occurred)*. Pour la première situation, on vous propose quelques questions pour vous guider. Pour les autres situations, c'est à vous d'imaginer les détails.

1. Hier soir à 8h—Où étiez-vous? Que faisiez-vous? Quel temps faisait-il? Vous vous sentiez bien? Est-ce que vous étiez seul(e) *(alone)* ou avec d'autres personnes? Que faisaient-elles?
2. Ce matin à _____ .
3. Samedi dernier à 10h (du matin ou du soir).
4. Le jour où la fusée Columbia a explosé.
5. Choisissez un moment important de votre vie.

Text Audio CD Track 2-4

Tuyau-prononciation
La combinaison *il*

When preceded by a vowel other than **i,** the combination **ll** is pronounced [l]: **elle, football, folle.** When the combination **ill** is at the beginning of a word, the **ll** is also pronounced [l]: **illusion.** However, when the combination **ill** follows a consonant, it may be pronounced either [l] or [j]. In the words **mille, ville, tranquille,** and their derivatives, the **ll** is pronounced [l]. In all other words, the **ll** of **ill** following a consonant is pronounced [j]: **fille, famille.**

I. Read each word aloud, being careful to distinguish between the [l] sound and the [j] sound.

elle / mille / fille / ville / famille / Deauville / tranquille / Bastille / intellectuelle / village / illustration / grille / Chantilly / vallée / million / illégitime / tranquillité / guillotine / millionnaire / folle / tranquillement / cédille

Structure

Le verbe irrégulier *devoir* (suite)

Ils devaient beaucoup d'argent à leurs parents.

They owed their parents a lot of money.

Elle devait me retrouver à 7h. J'ai attendu jusqu'à 7h30, mais elle n'est pas venue.

She was supposed to meet me at 7 o'clock. I waited until 7:30, but she didn't come.

You've already learned that the verb **devoir** has several meanings, depending on the context of the sentence. In the *present*, it may express:

1. the idea of owing something (money or objects);
2. the notion of obligation *(supposed to . . .);*
3. the idea of probability *(must be . . .).*

In the **passé composé,** it may indicate:

1. the notion of necessity *(had to . . .);*
2. the idea of probability *(must have . . .).*

The *imperfect* expresses meanings similar to two of those of the present:

1. the idea of owing something (money or objects);
2. the notion of obligation *(was supposed to . . .).*

The exercises that follow include all three tenses of **devoir.**

Application

K. Une soirée au théâtre. Faites des phrases en utilisant le passé composé ou l'imparfait de **devoir** et les expressions données.

> 1. Vos amis ont organisé une soirée au théâtre, mais plusieurs personnes n'y sont pas allées parce qu'elles avaient d'autres *obligations.* Les personnes suivantes n'ont pas pu participer à la soirée.

Modèle: Paul / travailler   *Paul a dû travailler.*

a. Anne-Marie / aider sa mère
b. Hervé et sa sœur / aller à Bordeaux
c. je / soigner mon rhume
d. Michel / s'occuper de ses petits frères

J. Mise en train: Remplacez les sujets en italique et faites les changements nécessaires.

1. *Il* a dû aller en ville pour voir quelqu'un. (tu / les autres / Jacqueline / je / nous / vous)
2. *Chantal* n'est pas là? *Elle* a dû oublier. (Henri / vos parents / Marcelle / les Raymond)
3. *Ils* devaient partir lundi. (je / vous / les autres / on / tu / nous)
4. *Elle* doit être malade. (tu / les autres / Jacques / je / vous / nous)

2. D'autres personnes n'ont pas donné d'explications. Par conséquent, les organisateurs ont proposé des explications *probables*.

Modèle: Catherine / oublier   *Catherine a dû oublier.*

a. Jean / être occupé
b. la cousine de Victor / manquer *(to miss)* son train
c. Édouard et son frère / avoir un accident

3. Enfin, l'absence de certaines personnes était très gênante *(bothersome)* parce qu'elles avaient accepté certaines *responsabilités*.

Modèle: Édouard / organiser une réception après le spectacle
Édouard devait organiser une réception après le spectacle.

a. Marie-Claude / apporter des boissons pour la réception
b. Jean et Claire / amener *(to bring)* les gens qui n'avaient pas de voiture
c. Et toi, tu / remercier *(to thank)* les acteurs

L. Traduisons! Donnez l'équivalent en français.

1. She has to go home. She is supposed to go home. She was supposed to go home.
2. They have to go to the library. They probably went to the library.
3. He had to leave. He was supposed to leave.
4. We have to stay here. We are supposed to stay here. We had to stay here.

Débrouillons-nous!

M. Échange. Posez les questions suivantes à un(e) étudiant(e), qui va vous répondre.

1. À quelle heure est-ce que tu t'es levé(e) ce matin pour aller à ton premier cours? Est-ce que tu dois te lever à ____ heures tous les matins?
2. Qu'est-ce que nous devions faire pour le cours de français aujourd'hui?
3. Combien de temps as-tu dû étudier pour faire ces devoirs?
4. Pourquoi ____ n'est-il (elle) pas en classe aujourd'hui? Pourquoi est-ce que ____ n'était pas en classe lundi dernier?
5. Comment est-ce que tu devais aider tes parents quand tu étais petit(e)? Est-ce que tu devais faire ton lit? Ranger ta chambre? Aider ta mère à préparer les repas? Faire la vaisselle *(Do the dishes)?* Est-ce que tu le faisais toujours?

N. À la pharmacie. What would you say to a pharmacist in the following situations? A classmate will take the role of the pharmacist.

1. You spent six hours on the beach yesterday and can hardly move today.
2. You've been invited to get out on a sailboat, but you think you're going to be seasick.
3. You feel like you're getting sick; your throat is sore and your head hurts.
4. You were out partying very late last night and your stomach feels terrible.
5. You walked all over Paris last night and now your feet hurt.
6. You think that your traveling companion has got the flu.

À faire chez vous:
CAHIER, Chapitre 8,
2ᵉ étape

Point de départ

Pour être en bonne forme...

Bonjour! Je m'appelle Annick. J'adore les sports et je fais de l'exercice régulièrement. Dans ma famille, nous sommes tous fanas de forme physique.

Mon père fait de l'exercice tous les soirs après le travail. À la maison, il a aménagé une salle d'exercices où il a un vélo d'appartement et un monte-escalier.

Ma mère adore faire du jogging. En toute saison elle fait ses cinq kilomètres par jour le long de la rivière.

Mon frère aîné Damien et ma sœur aînée Marina vont deux fois par semaine au centre sportif. Lui, il fait de la musculation. Et elle fait de l'aérobic.

Mon frère cadet Olivier fait de la natation. Il se lève tous les matins à 6h pour faire 20 ou 30 longueurs de piscine avant d'aller à l'école.

Mes grands-parents sont trop âgés pour faire du sport. Mais tous les jours ils font de la marche à pied à la campagne.

Et ma petite sœur Sonia, qui n'a que cinq ans, s'amuse à faire des cabrioles quand elle joue au parc. On va peut-être l'inscrire à un cours de gymnastique l'année prochaine.

DICO

Pour parler d'exercices physiques

faire des pompes to do pushups
faire des tractions to do pullups or pushups
faire de la marche à pied to go walking

faire des cabrioles to do somersaults
faire de la musculation to do weightlifting
faire des redressements assis to do situps

L'équipement

un vélo d'appartement exercise bike
un rameur rowing machine
un monte-escalier step machine

un tapis de course treadmill
une presse weight machine

ZOOM!

*T*he French express height and weight in terms of meters and kilograms. **Un mètre** is the equivalent of 3.281 feet. Conversely, one foot equals 0.305 meters, and one inch equals 2.539 centimeters. **Un kilo** equals 2.2 pounds. Thus, to describe a person who is 5'10" and weighs 160 pounds, a French person would say, **Il (elle) fait un mètre soixante-quinze et pèse soixante-treize kilos.** The following chart shows some approximate equivalents:

Height		Weight	
5'0"	1,50 m	100 lbs.	45 kilos
5'5"	1,63 m	120 lbs.	55 kilos
5'10"	1,75 m	140 lbs.	64 kilos
6'0"	1,80 m	160 lbs.	73 kilos
6'2"	1,83 m	180 lbs.	82 kilos
6'6"	1,95 m	200 lbs.	93 kilos

Americans often think of French people as being quite small. It is true that, on average, French men and women are shorter and weigh less than American men and women, with the average French male measuring 1,72 meters and 75 kilos and the average French female measuring 1,60 meters and 60 kilos. Nevertheless, do not be surprised to find people of all sizes in France.

Le savez-vous?
Proportionally, France has more _____ than any other country in the world.
a. cosmetic surgeons
b. psychiatrists
c. dieticians
d. physical fitness instructors

À vous! *(Exercices de vocabulaire)*

A. Pourquoi? L'apparence et la taille *(size)* physique peuvent changer pour plusieurs raisons. En utilisant les expressions suggérées et en vous inspirant des dessins (page 328), dites pourquoi les personnes indiquées sont comme elles sont.

EXPRESSIONS: **grandir, grossir, rester petit, garder sa ligne** *(to keep one's weight down)*, **maigrir, manger trop, ne pas manger assez, faire de la gym, être malade, faire de la musculation, faire de l'aérobic, être enceinte** *(pregnant)*.

Françoise

Modèle: *Françoise maigrit parce qu'elle est malade. Peut-être qu'elle ne mange pas assez.*

Réponse ▲ ▲ ▲ b

1. Nicolas

2. Suzanne

3. Mme Rinaldi

4. M. Lécuyer

5. Jeanne

6. Nicole

B. Vous et votre famille. Faites une description des membres de votre famille. Insistez sur leur taille physique, leurs activités et les changements qui se sont produits.

Modèle: *Mon frère Michel est très grand et très fort. Il mange bien et il fait du sport. Il a beaucoup grandi récemment. Maintenant, il fait un mètre quatre-vingt-dix et il pèse quatre-vingt-huit kilos.*

C. Vous mangez bien? Ce qu'on mange a beaucoup d'importance pour la santé et pour l'état physique. En suivant le tableau d'aliments (page 329), analy-sez ce que vous avez mangé hier. Vos camarades de classe indiqueront ensuite si vous avez bien mangé ou pas.

Modèle: *Dans le premier groupe, j'ai mangé du fromage pour le petit déjeuner et j'ai pris du lait avec le dîner. Dans le deuxième groupe,...*

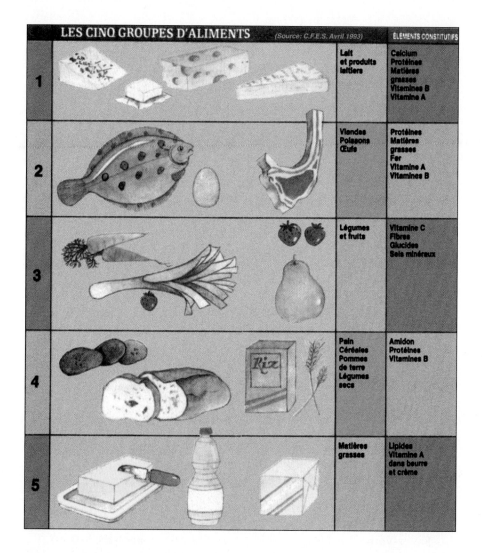

LES CINQ GROUPES D'ALIMENTS	(Source: C.F.E.S. Avril 1993)		ÉLÉMENTS CONSTITUTIFS
1		Lait et produits laitiers	Calcium Protéines Matières grasses Vitamines B Vitamine A
2		Viandes Poissons Œufs	Protéines Matières grasses Fer Vitamine A Vitamines B
3		Légumes et fruits	Vitamine C Fibres Glucides Sels minéraux
4		Pain Céréales Pommes de terre Légumes secs	Amidon Protéines Vitamines B
5		Matières grasses	Lipides Vitamine A dans beurre et crème

R e p r i s e : deuxième étape

D. Des plaintes. *(Complaints.)* Vous jouez le rôle du (de la) pharmacien(ne). En utilisant **prendre, aller** ou le verbe donné ainsi que les expressions entre parenthèses, faites des recommandations à vos clients.

Modèle: J'ai mal à la tête. (cachets d'aspirine)
Prenez deux cachets d'aspirine.

1. J'ai le nez bouché. (antihistaminiques)
2. J'ai une grippe. (cachets d'aspirine)
3. Je tousse. (sirop)
4. J'ai mal à la gorge. (pastilles)
5. Je suis toujours fatigué. (se reposer)
6. J'ai de la fièvre. (cachets d'aspirine)
7. J'ai mal au ventre. (thé)
8. J'ai mal partout. (chez le médecin)

E. Des reproches... des excuses... Quand on vous fait un reproche, vous pouvez vous défendre en expliquant que vous étiez obligé(e) de faire autre chose. Imitez le modèle en utilisant le temps convenable de **devoir** et les expressions données.

Modèle: écrire à tes grands-parents / faire mes devoirs
—*Tu devais écrire à tes grands-parents.*
—*Oui, je sais* (I know), *mais j'ai dû faire mes devoirs.*

1. préparer le dîner / parler avec mon professeur
2. faire ton lit / partir de bonne heure ce matin
3. téléphoner à ton ami(e) / aider ma sœur
4. te coucher de bonne heure hier soir / préparer un examen

Quand on fait un reproche à une autre personne, vous pouvez défendre cette personne en donnant une explication probable de ses actions.

Modèle: Jacqueline / être là avant 7h / avoir un accident
—*Jacqueline devait être là avant 7h.*
—*Oui, je sais, elle a dû avoir un accident.*

5. Marc / arriver avant nous / prendre l'autobus
6. ton père / retrouver ta mère au restaurant / travailler tard
7. les autres / aller au cinéma avec nous / changer de projets
8. Françoise / se lever avant 6h / se coucher très tard

Structure

Le verbe irrégulier *savoir*

—**Savez-vous** où habite Isabelle?
—Non, **je ne sais pas.**
—**Henri sait** son adresse, mais il n'est pas là ce matin.

—*Do you know* where Isabelle lives?
—No, *I don't know.*
—*Henri knows* her address, but he's not here this morning.

savoir (to know)	
je **sais**	nous **savons**
tu **sais**	vous **savez**
il, elle, on **sait**	ils, elles **savent**

The verb **savoir** is used to express the following ideas:

1. **Savoir** + infinitive = *to know how (to do something)*:

   Il sait jouer du piano.   *He knows how to play* the piano.

2. **Savoir que** + clause (subject and verb) = *to know that . . . :*

   Nous savons qu'ils habitent à Lyon.   *We know that they live* in Lyon.

Grammar: In the **passé composé**, **savoir** has a special meaning, *to find out:* **J'ai su les résultats de l'examen hier.** *I found out the exam results yesterday.*

3. **Savoir** + language = *to know (how to speak) a language:*

Ils savent l'espagnol.   *They know Spanish.*

4. **Savoir** + factual information = *to know (something):*

Vous savez la réponse à la première question?   *Do you know the answer to the first question?*

Note that **savoir** is also used as a filler in conversation:

Oh, **vous savez (tu sais),** ce n'est pas grave.   *Oh, you know, it isn't very serious.*

G. Qui sait? Demandez à plusieurs camarades de classe s'ils savent les renseignements suivants.

> **Modèle:** où habite le professeur
> —*Peter, tu sais où habite le professeur?*
> —*Oui, je sais où elle habite. Elle a un appartement près du campus.* ou
> *Non, je ne sais pas.*
> (—*Tu ne sais pas? Je vais demander à Jack.*)

1. où habite le président de l'université
2. pourquoi ____ n'est pas là aujourd'hui
3. le titre du nouveau CD de ____
4. la date de l'anniversaire de ____
5. le film qui passe au cinéma ____ ce week-end
6. le numéro de téléphone de ____

H. On ne peut pas parce qu'on ne sait pas... En utilisant les verbes **pouvoir** et **savoir** et les suggestions entre parenthèses, expliquez pourquoi il est impossible de faire ce que proposent vos amis. D'abord, ils veulent parler à une amie qui a déménagé *(moved)*.

> **Modèle:** Téléphonons à Christina. (son nouveau numéro de téléphone)
> *Nous ne pouvons pas téléphoner à Christina. Nous ne savons pas son nouveau numéro de téléphone.*

1. Eh bien, demande à son père. Il habite ici. (son prénom)
2. Mais c'est facile. Demandons à sa cousine, Marisela. (son nom de famille)
3. Alors, tu dois téléphoner à ses grands-parents à Madrid. J'ai leur numéro. Le voici. (l'espagnol)

Vos amis et vous renoncez donc à l'idée de parler à Christina. Maintenant vous voulez avoir des billets pour une pièce de théâtre qui a beaucoup de succès.

4. Réservons des billets. (les dates)
5. Pas de problème. Tu téléphones pour demander. (le nom du théâtre)
6. Regardons dans le journal. (le titre de la pièce)
7. Michèle doit le savoir. Demande-lui de nous réserver des places. (le prix des billets)

F. Mise en train: Remplacez les sujets en italique et faites les changements nécessaires.

1. *Nous* savons bien jouer au tennis. (je / vous / elles / il / tu)
2. *Vous* savez leur numéro de téléphone? (tu / elle / ils / il / nous)
3. *On* ne sait pas pourquoi il est en retard. (nous / je / elle / elles / tu)
4. *Elle* ne savait pas quel musée était fermé. (il / nous / on / je / ils)

I. Tu sais jouer au golf? Demandez à un(e) camarade de classe s'il (si elle) sait faire les choses suivantes. Posez-lui la même question au sujet des membres de sa famille.

> **Modèle:** jouer au golf
> —*Hélène, tu sais jouer au golf?*
> —*Non, je ne sais pas jouer au golf.*
> —*Et ta sœur?* Etc.

1. jouer au tennis
2. nager
3. faire de la planche à voile
4. faire du patinage
5. jouer au bridge
6. parler une langue étrangère

Text Audio CD Track 2-5

Tuyau-prononciation
La combinaison *ill* après une voyelle

When the combination **ill** follows a vowel sound, it is always pronounced [j]. The **i** does *not* represent a separate sound. To pronounce the combination **aille,** produce only two sounds, [a] + [j]. The same is true for **ouille** [uj] and **eille** [ej].

J. Read each word aloud. Limit the vowel + **ill** combination to two sounds.

travailler / bataille / Versailles / braille / Marseille / bouteille / vieille / mouiller / fouiller / brouillard

Structure

Les expressions *depuis quand, depuis combien de temps* et *depuis*

—**Depuis quand** est-ce que tu fais du jogging?

—*How long (since when, since what point in time) have you been going jogging?*

—Je fais du jogging **depuis** l'âge de 25 ans.

—*I've been jogging since I was 25 years old.*

—**Depuis combien de temps** est-ce que tu fais du yoga?

—*How long (for how much time) have you been doing yoga?*

—Je fais du yoga **depuis** deux ans.

—*I've been doing yoga for two years.*

Depuis quand and **depuis combien de temps** are used to ask questions about something that started in the past and is *continuing in the present:*

Question	Answer
depuis quand?	**depuis** *(since)* + a specific point in time
depuis combien de temps?	**depuis** *(for)* + a length of time

Note that any form of **depuis** is usually accompanied by the *present tense,* since the activity is still going on. The verb is the equivalent of the English *has (have) been (do)ing.* However, in the negative, since the activity stopped some time ago, you may use the **passé composé** to explain that you have *not* done something *since* a specific time or *for* a certain amount of time:

Je n'ai pas parlé à Jacques **depuis** début mars.

I haven't spoken to Jacques *since* the beginning of March.

Je n'ai pas fait de jogging **depuis** trois jours.

I haven't been jogging for three days.

Application

K. Mme Beaune chez le médecin. La tante de Mireille Loiseau, Mme Beaune, est malade depuis quelques jours. Elle va donc chez le docteur Lahbabi. Son infirmière *(nurse)* pose quelques questions à Mme Beaune. Utilisez les suggestions entre parenthèses pour reproduire ses réponses.

> **Modèle:** Depuis quand habitez-vous à Paris? (1982)
> *J'habite à Paris depuis 1982.*

1. Ah, bon. Vous habitez donc à Paris depuis dix-huit ans? (non / ___ ans)
2. Depuis combien de temps travaillez-vous chez Peugeot? (dix ans)
3. Depuis quand consultez-vous le docteur Lahbabi? (1997)
4. Depuis combien de temps est-ce que vous n'êtes pas allée chez le médecin? (six mois)
5. Depuis combien de temps êtes-vous enrhumée? (trois ou quatre jours)
6. Et vous avez de la fièvre? Oui? Depuis quand? (hier)
7. Qu'est-ce que vous prenez? Des antihistaminiques? Depuis combien de temps? (deux jours)
8. Vous dormez bien? Non? Depuis combien de temps est-ce que vous avez du mal à vous endormir? (deux jours)
9. Vous avez de l'appétit? Non? Depuis quand est-ce que vous n'avez pas mangé? (avant-hier [*the day before yesterday*])

L. Un(e) camarade malade. Quand votre camarade de classe indique qu'il (elle) ne se sent pas très bien, vous essayez de vous renseigner sur son état physique. Utilisez les suggestions entre parenthèses pour lui poser des questions.

> Modèle: Oh là là. Ça ne va pas du tout. (depuis combien de temps / se sentir mal)
> *Depuis combien de temps est-ce que tu te sens mal?*

1. Depuis plusieurs jours. Oh, la tête! (depuis quand / avoir mal à la tête)
2. Depuis lundi. Et la gorge! (depuis combien de temps / avoir mal à la gorge)
3. Depuis deux jours. C'est peut-être que je suis fatigué(e). (depuis combien de temps / dormir mal)
4. Depuis trois semaines. Mais j'ai commencé à me coucher de bonne heure. (depuis quand / se coucher avant minuit)
5. Depuis hier soir. Oh! J'ai envie de vomir. (depuis combien de temps / avoir mal au cœur)
6. Depuis quelques heures. J'ai faim, mais je ne peux pas manger. (depuis quand / ne pas manger)
7. Depuis hier. Je vais peut-être aller chez le médecin. (Bonne idée!)

M. Traduisons! Donnez l'équivalent français des phrases suivantes.

1. I have been feeling poorly for several weeks. I've had a fever since last Monday.
2. My friend has had a cold for a month. She has been coughing for days.
3. My parents have had sore throats since the beginning of **(le début)** the week.
4. How long has your stomach been hurting?
5. Since when have you been feeling nauseous?
6. I haven't eaten well for a month.

Débrouillons-nous!

N. Échange. Posez les questions suivantes à un(e) étudiant(e), qui va vous répondre.

1. Où est-ce que ta famille habite? Depuis combien de temps?
2. Où est-ce que ton père (ta mère) travaille? Depuis quand?
3. Depuis quand est-ce que tu étudies le français? Depuis combien de temps es-tu à l'université?
4. As-tu un rhume? Depuis combien de temps es-tu enrhumé(e) (n'as-tu pas eu de rhume)?
5. Sais-tu nager? Quel âge avais-tu quand tu as appris à nager?
6. Sais-tu jouer du piano? D'un autre instrument de musique?
7. Sais-tu une langue étrangère autre que le français?
8. Est-ce que tu sais la date du prochain examen dans ce cours?

O. Est-ce qu'on est en bonne santé? Survey some of your classmates about the eating habits and physical condition of their friends and/or family members. Then, without naming names, report to the class your general conclusions about the health of the people you know.

À faire chez vous:
CAHIER, Chapitre 8, 3ᵉ étape

Student Audio CD Tracks 3-10–3-15
Now that you've completed the first three **étapes** of **Chapitre 8**, do Segment 2 of the STUDENT AUDIO CD. See **CAHIER, Chapitre 8, *Écoutons!*,** for exercises that accompany this segment.

Point d'arrivée

Activités orales

Exprimons-nous!

To inquire about someone's health in French (in addition to using expressions with **aller**), you may ask:

Comment vous sentez-vous? (**Comment est-ce que tu te sens?**)	How do you feel?

To say that you are well, use expressions such as:

Je me sens (très) bien.	I feel (very) well.
Je suis en forme.	I feel great.

To say that you are not well, use expressions such as:

Je ne me sens pas bien.	I'm not feeling well.
Je suis souffrant(e).	I'm feeling poorly.

When someone says that he or she is not feeling well, you may seek clarification by asking:

Qu'est-ce qui ne va pas?	What's wrong?
Qu'est-ce qu'il y a?	What's the matter?
Qu'est-ce que vous avez (tu as)?	What's the matter with you?

A. J'ai eu un accident. Think of a time when you accidently got hurt. Imagine that it occurred just recently. When a classmate calls you on the phone, tell him/her about your injury and explain, as well as you can, the circumstances of the accident. (When did it happen? Where? What were you doing? With whom? What happened to you?

B. Un(e) ami(e) vous aide. Feeling sick, you call a friend, describe your symptoms, and ask him or her to go to the pharmacy. Your friend does so and describes your symptoms to the pharmacist, who makes a recommendation. Your friend returns and explains the medicine and the pharmacist's recommendation(s).

C. Je ne suis pas en forme. All the members of your group compete to see who is in the worst physical condition. Group members gather their information in a series of one-on-one discussions—that is, two students meet and talk about their health. When they've finished their conversation, each chats with another student, and so on.

À faire chez vous:

Student Audio CD Tracks 3-16–3-17
CAHIER, Chapitre 8, *Rédigeons!*
Travail de fin de chapitre (including STUDENT AUDIO CD, Tracks 3-16–3-17)

D. Ça va? Ça ne va pas? Your class is divided into two types of people—those who are never sick and those who always think they are sick. If you meet a person from the first group, try to persuade him/her that something is really wrong (that is, that he/she doesn't look well, etc.). If you meet a member of the second group, try to persuade him/her that nothing is wrong (that is, that he/she looks great, etc.).

■ R e p r i s e : troisième étape

E. Est-ce qu'ils ont beaucoup changé? En regardant les dessins, indiquez si les personnes ont changé au cours des années *(over the years)*, puis suggérez une explication pour les changements ou pour l'absence de changement.

EXPRESSIONS: **grandir, maigrir, grossir, vieillir, ne pas changer, garder sa ligne, manger beaucoup (très peu, trop, moins), se nourrir bien (mal), être au régime, être malade, être enceinte, faire du sport, s'entraîner à**

Mme Brieuc

Modèle: Mme Brieuc
Mme Brieuc n'a pas changé et elle n'a pas vieilli. Elle se nourrit bien et elle fait du jogging.

1. Roger Gaillard

2. Chantal Ferréol

3. M. Audouard

4. Mme Durand

5. M. Coulon

F. **On se retrouve.** Vince Cosimini n'a pas vu sa famille française depuis quelques années. Quand sa sœur française lui rend visite aux États-Unis, ils parlent de ce qu'il y a de neuf dans sa vie. Vous allez jouer avec un(e) camarade de classe les rôles de Vince et de sa sœur française. Utilisez les expressions **depuis combien de temps, depuis quand** et **depuis.**

> Modèle: Nous habitons maintenant à Nogent. / Nous nous sommes installés à Nogent en 1994.
> —*Nous habitons maintenant à Nogent.*
> —*Depuis combien de temps est-ce que vous habitez à Nogent?*
> —*Nous nous sommes installés à Nogent en 1994.*
> —*Ah, vous habitez à Nogent depuis (huit) ans.*

1. Je suis à l'université. / J'ai commencé mes études en 1998.
2. Je fais de l'aérobic. / J'ai commencé il y a quatre ans.
3. Je parle espagnol. / J'ai commencé à étudier l'espagnol en 1995.
4. Nous avons un chien. / Nous l'avons acheté l'année dernière.
5. Mon père travaille pour Peugeot maintenant. / Il a commencé en 1996.
6. J'ai un petit ami. / J'ai fait sa connaissance en septembre.

Activité écrite

G. Quand j'étais petit(e)... Évaluez le paragraphe que votre camarade de classe a écrit dans le *Cahier de travaux pratiques* («Rédigeons!») selon les critères suivants.

1. **Contenu:** Est-ce que le paragraphe contient assez de détails? Est-ce qu'il commence avec une phrase d'introduction et une phrase de conclusion?
2. **Langue et grammaire:** Vérifiez bien tous les éléments de vocabulaire (phrases qui décrivent les maladies) et de grammaire. Faites surtout attention à l'emploi de l'imparfait.

Lecture

Une consultation gratuite

*This text, from the play **Knock** by Jules Romain, is longer than the other readings you have done. Don't try to translate every word; work on capturing the general tone and movement of this scene from a famous French comedy of the early twentieth century.*

Text Audio CD Track 2-6

Avant la lecture: What might be considered unethical behavior by a doctor?

Le docteur Knock est nouvellement arrivé à la commune (le petit village) de Saint-Maurice. Son prédécesseur était vieux et n'avait pas beaucoup de travail. Le docteur Knock est beaucoup plus ambitieux. Il commence par annoncer des consultations gratuites.[1]

KNOCK:	C'est vous qui êtes la première, Madame? *(Il fait entrer la dame en noir et referme la porte.)* Vous êtes bien du canton?[2]
LA DAME EN NOIR:	Je suis de la commune.
KNOCK:	De Saint-Maurice même?
LA DAME:	J'habite la grande ferme[3] qui est sur la route de Luchère.
KNOCK:	Elle vous appartient?[4]
LA DAME:	Oui, à mon mari et à moi.
KNOCK:	Si vous l'exploitez vous-même, vous devez avoir beaucoup de travail?
LA DAME:	Pensez, Monsieur! Dix-huit vaches,[5] bœufs, deux taureaux,[6] six chèvres,[7] une bonne douzaine de cochons,[8] sans compter la basse-cour.[9]
KNOCK:	Je vous plains.[10] Il ne doit guère vous rester de temps pour vous soigner.
LA DAME:	Oh! non.
KNOCK:	Et pourtant vous souffrez.
LA DAME:	Ce n'est pas le mot. J'ai plutôt de la fatigue.
KNOCK:	Oui, vous appelez ça de la fatigue. *(Il s'approche d'elle.)* Tirez la langue.[11] Vous ne devez pas avoir beaucoup d'appétit.
LA DAME:	Non.
KNOCK:	Vous êtes constipée.

---

1. free 2. district 3. farm 4. belongs 5. cows 6. bulls 7. goats 8. pigs 9. not counting the poultry yard 10. I feel sorry for you 11. Stick out your tongue

LA DAME: Oui, assez.

KNOCK: *(Il l'ausculte.)*[12] Baissez la tête. Respirez.[13] Toussez. Vous n'êtes jamais tombée d'une échelle,[14] étant petite?

LA DAME: Je ne me souviens pas.[15]

KNOCK: *(Il lui palpe*[16] *le dos, lui presse brusquement les reins.*[17]*)* Vous n'avez pas mal ici le soir en vous couchant?

LA DAME: Oui, des fois.

KNOCK: Essayez de vous rappeler. Ça devait être une grande échelle.

LA DAME: Ça se peut bien.[18]

KNOCK: C'était une échelle d'environ trois mètres cinquante, posée contre un mur. Vous êtes tombée à la renverse. C'est la fesse[19] gauche, heureusement. Vous vous rendez compte de votre état?[20]

LA DAME: Non.

KNOCK: Tant mieux.[21] Vous avez envie de guérir,[22] ou vous n'avez pas envie.

LA DAME: J'ai envie.

KNOCK: Ce sera long et très coûteux. On ne guérit pas en cinq minutes un mal qui traîne[23] depuis quarante ans.

LA DAME: Depuis quarante ans?

KNOCK: Oui, depuis que vous êtes tombée de votre échelle.

LA DAME: Et combien que ça me coûterait?

KNOCK: Qu'est-ce que valent les veaux actuellement?[24]

LA DAME: Ça dépend... quatre ou cinq cents francs.

KNOCK: Et les cochons gras?[25]

LA DAME: Plus de mille francs.

KNOCK: Ça vous coûtera à peu près deux cochons et deux veaux... Mais ce que je puis vous proposer, c'est de vous mettre en observation. Ça ne vous coûtera presque rien. Au bout de quelques jours vous vous rendrez compte[26] par vous-même de votre état, et vous vous déciderez... Bien. Vous allez rentrer chez vous. Vous êtes venue en voiture?[27]

LA DAME: Non, à pied.

KNOCK: Il faut trouver une voiture. Vous vous coucherez en arrivant. Une chambre où vous serez[28] seule, autant que[29] possible. Faites fermer les volets et les rideaux.[30] Aucune[31] alimentation solide pendant une semaine. Un verre d'eau de Vichy toutes les deux heures et, à la rigueur,[32] une moitié de biscuit. À la fin de la semaine, si vos forces et votre gaieté sont revenues,[33] c'est que le mal est moins sérieux qu'on ne pouvait croire. Si, au contraire, vous éprouvez une faiblesse[34] générale, nous commencerons le traitement. C'est convenu?[35]

LA DAME: *(soupirant*[36]*)* Comme vous voudrez.[37]

Jules Romains, *Knock*

---

12. listens to her heart and lungs 13. Breathe 14. ladder 15. I don't remember 16. feels
17. kidneys 18. That's possible 19. buttock 20. Are you aware of your condition 21. So much the
better 22. Do you really want to be cured? 23. has been dragging on 24. How much are calves
worth these days? 25. fat 26. will realize 27. Did you come by car? 28. will be 29. as much as
30. Have the shutters and blinds closed 31. No 32. if worse comes to worst 33. have come back
34. feel a weakness 35. Agreed? 36. sighing 37. As you wish.

Appréciation

H. Discuss the following questions with your classmates.

1. What is Knock's objective in this consultation? What is his strategy for attaining his goal?
2. How does the woman react to the doctor? In your opinion, which of her symptoms are real and which are imagined?
3. What do you think of Knock's "prescription" for the woman? What do you imagine the result will be?

Activité d'écoute

Text Audio CD Track 2-7

I. Portrait de Monsieur Ahmed Abdiba. Écoutez le monologue de Monsieur Abdiba et répondez aux questions.

1. Où est né Monsieur Abdiba?
2. Où se trouve Fès et pourquoi est-ce que la ville est bien connue?
3. Combien de langues parle Monsieur Abdiba? Quelle langue parlait-il à la maison? Quelle langue est-ce qu'il a apprise au lycée?
4. À quel âge est-il allé en France?
5. Pourquoi est-ce qu'il est allé en France?
6. Quelle est sa profession maintenant?
7. Dans quelle ville est-ce qu'il travaille?
8. Est-ce qu'il veut rester en France? Qu'est-ce qu'il veut faire dans l'avenir?

le Maroc

M. Ahmed Abdiba

Le Maroc reste un partenaire de la France pour des raisons linguistiques, culturelles et économiques. Par exemple, dans ma famille nous parlions arabe, mais à l'école les cours étaient en français. C'est pour ça que le Maroc est un pays francophone. Certains étudiants marocains viennent en France pour leurs études universitaires. La France donne parfois des bourses *(scholarships)* aux meilleurs. Il y a aussi beaucoup de travailleurs immigrés marocains qui vont en France pour gagner leur vie.

PROFIL

Superficie: 710 850 km²

Population: 29 114 497 habitants

Nom des habitants: Marocains

Capitale: Rabat

Villes importantes: Casablanca, Marrakech, Safi, Agadir, Tanger, Fès

Langue officielle: arabe

Autres langues: berbère, français, hassania, espagnol

Religion: musulmans (95,95%)

Climat: sec du côté méditerranéen, étés tempérés et hivers doux du côté atlantique, très sec dans les régions présaharienne et saharienne

Économie: agriculture, tourisme, artisanat

Histoire: d'abord sous l'influence des Espagnols et des Portugais, ensuite colonie française; proclame son indépendance en 1956

Gouvernement: monarchie constitutionnelle

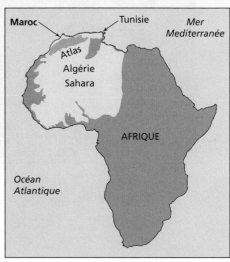

Le Maroc est situé à l'extrémité nord-ouest de l'Afrique, sur l'océan Atlantique et la mer Méditerranée. Le Rif et L'Atlas sont des montagnes entre la Méditerrannée et le Sahara. Le point culminant de l'Atlas est le djéhel Toubkar. Le Sahara est un désert où il fait très sec et très chaud. Avec l'Algérie et la Tunisie, le Maroc fait partie de ce qu'on appelle le Maghreb.

La ville de Marrakech date du Moyen Âge *(Middle Ages)*. Elle est particulièrement belle, avec des remparts et des quartiers anciens. Elle est entourée de palmeraies.

Toutes les villes du Maroc ont un *souk*, un marché couvert avec des petites rues où l'on peut acheter des fruits, des légumes, des objets de toutes sortes, des épices... On doit marchander *(bargain)* pour avoir un bon prix.

La religion officielle du Maroc est l'Islam. Le roi du Maroc est un descendant du prophète Mahommet. Fès est un centre religieux musulman très important. Sa mosquée est la plus grande du Maghreb. Un rayon laser *(laser beam)* indique où est la Mecque. À Fès on trouve aussi la plus importante *médina* (quartier musulman, par opposition au quartier européen) d'Afrique du Nord.

Timeline

1664–1912: Fès est la capitale du Maroc

1907: premier débarquement de troupes françaises au Maroc

1912: Le traité de Fès fait du Maroc un protectorat français. La capitale est transférée à Rabat.

1956: proclamation de l'indépendance du Maroc

Qu'est-ce que vous en pensez?

À votre avis, qu'est-ce qui est difficile pour un Marocain qui va vivre, travailler ou étudier en France? Pour essayer de le deviner, comparez et contrastez ce que vous savez sur la France et sur le Maroc (religions, climats, etc.). Comment la France est-elle toujours présente au Maroc? Pourquoi dit-on que le Maroc fait partie de la francophonie? Trouvez-vous des points communs et des différences entre le Maroc et le Sénégal (Chapitre 4) en ce qui concerne les rapports avec la France?

Lexique

Pour se débrouiller

Pour parler de sa santé

Tu (n')as (pas) bonne mine aujourd'hui! You (don't) look good today.

Qu'est-ce que tu as (vous avez)? What's wrong?

Qu'est-ce qu'il y a? What's wrong?

avoir mal à to have a __ ache

avoir un accident to have an accident

se blesser à to get hurt

se casser to break

être blessé(e) à to be hurt

être en bonne santé to be in good health

être enceinte to be pregnant

être en forme to be in good shape

être malade to be sick

se faire mal à to hurt + part of body

se fouler to sprain

se sentir bien (mal) to feel good (bad)

Pour décrire ses symptômes *(m.pl)*

avoir des allergies *(f.pl.)* to have allergies

avoir du mal à dormir to have trouble sleeping

avoir le mal de l'air to be air-sick

avoir le mal de mer to be sea-sick

avoir le rhume des foins to have hay fever

avoir le vertige to be dizzy

avoir la grippe to have the flu

avoir des courbatures *(f.pl.)* to have sore muscles

avoir de la fièvre to have a fever

avoir mal à to have a __ ache

avoir un rhume, être enrhumé(e) to have a cold

avoir le nez qui coule to have a runny nose

avoir le nez bouché to have a stuffy nose

éternuer to sneeze

tousser to cough

digérer mal to have digestive problems

prendre un coup de soleil to get sunburned

Pour se procurer des médicaments

J'ai besoin de... I need . . .

J'ai besoin de quelque chose pour *(partie du corps)* I need something for (body part)

J'ai besoin de quelque chose contre *(maladie, symptôme)* I need something for (illness, symptom)

Pour faire des excuses

devoir to have to

ne pas pouvoir to not be able to

Pour parler de sa taille et de son poids

être au régime to be on a diet

faire un mètre ____ to be ____ tall

garder sa ligne to keep one's weight down

grandir to grow (to grow up)

grossir to gain weight

maigrir to lose weight

peser ____ kilos to weigh____ kilos

Pour parler de la durée

depuis since

depuis combien de temps? for how long?

depuis quand? since when?

Thèmes et contextes

Les activités *(f.pl.)* physiques

faire de la gym to do physical activity/sports

faire de la musculation to lift weights

Le corps

la bouche mouth

le bras arm

les cheveux *(m.pl.)* hair

la cheville ankle

le cœur heart

le cou neck

le coude elbow

les dents *(f.pl.)* teeth

les doigts *(m.pl.)* fingers

les doigts de pied toes

le dos   back
les épaules *(f.pl.)*   shoulders
l'estomac *(m.)*   stomach
le genou   knee
la gorge   throat
la jambe   leg
la main   hand
le nez   nose
l'oreille *(f.)*   ear
le pied   foot
le poignet   wrist
la poitrine   chest
la tête   head
le ventre   stomach

le visage   face
les yeux *(m.pl.)* l'œil *(m.)*
   eyes, eye

Les médicaments *(m.pl.)*

les antihistaminiques *(f.pl.)*
   antihistamines
l'aspirine *(f.)*   aspirin
un cachet   caplet
un comprimé   pill
une gélule   gelcap
des gouttes *(f.pl.)* pour le nez
   nose drops; ~ pour les yeux
   eye drops

des pastilles *(f.pl.)* pour la gorge
   throat lozenges
un suppositoire   suppository

Les aliments *(m.pl.)*

les céréales *(f.pl.)*   grains, cereals
les matières grasses *(f.pl.)*   fat
les poissons *(m.pl.)*   fish
les produits laitiers *(m.pl)*
   dairy products
les protéines *(f.pl.)*   proteins
les vitamines *(f.pl.)*   vitamins

Vocabulaire général

Verbes

améliorer   to improve
amener   to bring
faire la vaisselle   to do the dishes

jouer un tour à   to trick
manquer   to miss
s'occuper de   to take care of
pouvoir   to be able to

ranger   to clean up
reconnaître   to recognize
remercier   to thank
savoir   to know

Dossier-Découvertes

La France et ses colonies

La colonisation est une des actions majeures de l'histoire du monde. Cette action d'influence et d'autorité, existant déjà sous l'Antiquité, consiste pour un pays, le colonisateur, à occuper et à exploiter de nouveaux territoires en les plaçant sous sa dépendance politique et économique. **Hors** d'Europe, le seul exemple de colonisation vraiment important et systématique est, mis à part celui du Japon contemporain, celui de la Chine. C'est d'Europe, cependant, que partent à partir du XVe siècle les plus gigantesques entreprises de colonisation.

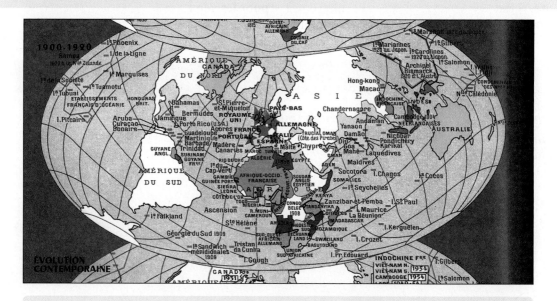

En 1930, l'empire colonial français occupait une superficie de plus de 12 millions de **kilomètres carrés** avec une population de près de 70 millions—68 millions d'habitants **indigènes** et 1,5 million d'habitants européens.

La France participe à ce phénomène pendant quatre siècles; délicatement d'abord, avant de devenir dès la fin du XIXe siècle la deuxième puissance colonisatrice derrière l'Angleterre. En France, le **renouveau** colonial commence en 1830 avec la prise d'Alger. L'expansion se poursuit, assez modestement sous la monarchie de juillet, très dynamique sous le second Empire et la IIIe République, en particulier en Afrique. La colonisation française présente cependant un certain nombre de particularités: il s'agit **en premier lieu** d'un projet civilisateur. Mais les colonisateurs se sentent porteurs d'une mission d'évangélisation chrétienne. C'est ainsi qu'au début du XXe siècle, plus de 60% des **prêtres** catholiques envoyés de par le monde dans les colonies sont français. Bien entendu, il y a aussi l'exploitation des territoires **dominés** et les intérêts diplomatiques et commerciaux, et enfin, le prestige de la France de manifester sa **puissance** sur la scène internationale.

DICO

hors: outside
kilomètres carrés: square kms
indigènes: indigenous, native
renouveau: revival
en premier lieu: in the first place
prêtres: priests
dominés: ruled
puissance: power

La décolonisation

1763	La France perd le Canada.
1803	La France vend la Louisiane aux États-Unis.
1941–1946	Indépendance de la Syrie et du Liban.
1949	Indépendance du Viêt-nam.
1949–1950	Indépendance du Cambodge et du Laos.
1956	Indépendance du Maroc, de la Tunisie et du Togo.
1958	Indépendance de la Guinée.
1960	Indépendance des états africains et de Madagascar.
1962	Indépendance de l'Algérie.

Qu'est-ce que vous en pensez?

Why did France colonize so many regions of the world by the end of the 19th century? What do you think is meant by the idea that French colonization was a *projet civilisateur*?

les jeunes Francophones

Tu parles français, que représente pour toi la francophonie?

*Dans le magazine **Planète jeunes**, des jeunes francophones donnent leur avis sur ce que c'est que la francophonie.*

BÉNIN

*Il faudrait **promouvoir** nos **propres** langues.*

«Je trouve bizarre que les Africains défendent une langue qui n'est pas **la leur**: le français.

Je pense qu'il faudrait laisser le français aux Français et **songer à notre tour** à promouvoir nos propres langues.

Tous les **enseignements dispensés** à l'école, depuis le primaire jusqu'à l'université sont en français. **Je ne me réjouis pas de cela** car je connais des **cadres** qui interdisent à leurs enfants de parler leur langue maternelle. Je pense que parler français **ne fera jamais de nous** des Français.»

Babatoundé Afouda, Cotonou

MALI

*La francophonie nous permet de nous **rapprocher** les uns des autres et d'échanger nos cultures.*

«Pour moi, la francophonie, c'est l'ensemble des pays qui ont été colonisés par la France, où l'on parle français.

La francophonie est très importante, elle nous permet à nous les Africains de nous rapprocher les uns des autres, et d'échanger nos cultures.

... D'autre part, nos cultures commencent à **disparaître** avec la modernisation. Il faut bien que les pays francophones exposent aussi ce problème... »

Abdoul Wahab Traoré, Bamako

SÉNÉGAL

*Le francophonie permet de promouvoir et **pérenniser** le français.*

«La francophonie est très importante pour nous, car elle représente d'abord notre langue officielle et ensuite parce qu'elle permet de promouvoir et de pérenniser le français qui est une langue internationale de dialogue et d'échanges économiques et politiques.

Contrairement à nos langues locales, elle nous permet **d'être entendu**, conseillé et dirigé dans le monde. Cependant elle gagnerait **davantage** si elle décentralisait ses mouvements et si elle **s'étendait** aux régions et autres ensembles anglophones ou germaniques... »

Hamidou Diallo, Dakar

CAMEROUN

*Les pays doivent en profiter sans **toutefois s'éloigner** de leurs origines.*

«La francophonie est un ensemble de peuples ayant en commun l'usage du français. Pour beaucoup d'entre eux, le français est une seconde langue qui facilite les contacts et leur assure une **ouverture** au monde. La francophonie renforce et développe la coopération entre ses divers États membres.

... Cependant, on se demande si la francophonie **n'entraînera pas** le **déracinement** des peuples des divers pays qui la constituent, même si d'un côté elle est pour la promotion des langues originelles, pour leur **renfort** et leur continuité.»

Carole, N'Kongsamba

CÔTE D'IVOIRE

*La francophonie mérite d'être **soutenue**.*

«*La francophonie est une institution qui mérite d'être soutenue. Et tous ceux qui œuvrent pour son évolution méritent d'être encouragés. Le français est une langue qui doit toujours rester la langue officielle d'enseignement, de culture et de communication dans plusieurs États à travers le monde et principalement en Afrique.*»

Mamadou, Daloa

La réponse de *Planète Jeunes*

*Kidi Bebey, la **rédactrice en chef** du magazine **Planète jeunes,** ajoute son commentaire à ce que disent les jeunes Africains.*

*Vos lettres montrent bien que **vous vous sentez concernés** par la francophonie. La langue française aide à communiquer de manière plus large avec d'autres pays que celui où **vous vivez**. Et vous avez bien compris qu'elle peut ouvrir un véritable espace commun à des peuples aussi différents que les Français, les Suisses, les Belges, les Canadiens, les peuples d'Afrique noire ou du Nord et bien d'autres dans le monde. En français, tous ces peuples peuvent faire avancer leurs problèmes économiques, politiques, sociaux, pour améliorer leur vie **en faisant** des échanges si possible. C'est pourquoi la francophonie ne doit pas être considérée comme l'affaire des seuls **gouvernants** et spécialistes...*

*Vous sentez bien aussi que la langue française sera définitivement un «plus» **si elle vient s'ajouter** à ce que vous **portez** déjà **en vous**: ce que vous avez hérité de vos parents. Votre propre culture et votre propre langue. Il est important de bien maîtriser sa langue maternelle pour se construire des bases solides. Mais parler plusieurs langues, c'est toujours se donner la possibilité de s'ouvrir aux autres et de s'enrichir.*

Kidi Bebey

DICO

promouvoir: promote
propres: own
la leur: theirs
songer à notre tour à:
  think ourselves about
enseignements: teaching
dispensés: delivered
Je ne me réjouis pas de cela:
  I'm not overjoyed by that
cadres: executives
ne fera jamais de nous: will
  never make us
rapprocher: bring closer
disparaître: disappear
pérenniser: perpetuate
d'être entendu: to be understood
davantage: more
s'étendait: reached out
toutefois: however

s'éloigner de: to move away from
ayant: having
ouverture: opening
n'entraînera pas:
  will not bring about
déracinement: uprooting
renfort: reinforcement
soutenue: supported
ceux: those
œuvrent: work
rédactrice en chef: editor-in-chief
vous vous sentez: you feel
concernés: worried
vous vivez: you live
en faisant: by making
gouvernants: those who govern
si elle vient s'ajouter: if it's added
portez en vous: carry with you

Qu'est-ce que vous en pensez?

According to the young people from Africa, what are some of the advantages of *la francophonie*? What are the negative aspects?

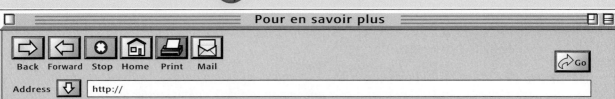
Pour en savoir plus

To learn/explore more about the cultural topics covered in Chapter 8 and the *Dossier-Découvertes,* you can use the following key words in combination with geographical areas to search Internet resources. For example, if you want to know more about health issues in Morocco, you can search under *Morocco health.* If you want to know more about physical fitness in France, search under *France physical fitness.* And if you'd simply like to learn more about a place (e.g., *Nantes*), find the web sites for that place.

Geographical Areas

France

French regions

French cities (e.g., Paris, Nantes)

Francophone countries and regions
(e.g., Morocco)

Francophone cities
(e.g., Rabat, Fès, Casablanca)

Key Words

health	René Laennec
physical fitness	Sir Alexander Fleming
accidents (road)	Christian Bernard
accidents (household)	Jules Romain
illnesses	Atlas mountains
allergies	Sahara
Galileo	colonization
Edward Jenner	geography: francophone countries

chapitre 9

Faisons des études à l'étranger!

Peter Robidoux
19 ans • Baton Rouge, Louisiane • étudiant en français
beaucoup d'amis francophones • en voyage d'études en France

- *Première étape*   **Un programme d'études à Strasbourg**
  - reading documents and texts dealing with study abroad and lodging
  - understanding conversations about study abroad and lodging

- *Deuxième étape*   **Quelques jours à l'hôtel**
  - getting and paying for a hotel room
  - telling time using the 24-hour clock

- *Troisième étape*   **Chez les Baptizet**
  - describing the layout of a house
  - narrating in past time

- *Point d'arrivée*

Première étape

Point de départ

Un programme d'études à Strasbourg

STRASBOURG, VILLE UNIVERSITAIRE

Capitale de l'Europe - Capitale de l'Alsace

Située aux limites des mondes latin et germanique, l'Alsace s'est enrichie de multiples courants historiques et culturels. Strasbourg, capitale alsacienne, symbole de réconciliation, sera choisie en 1949 pour abriter les institutions européennes.

Lieu d'implantation du Conseil de l'Europe, de la Cour Européenne des Droits de l'Homme, du Centre Européen de la Jeunesse et lieu de réunion du Parlement Européen, Strasbourg est aujourd'hui un centre universitaire, culturel, scientifique et politique de premier plan.

Les trois universités, l'Université Louis Pasteur spécialisée dans les domaines scientifique et médical, l'Université Robert Schumann spécialisée dans les domaines juridique, politique, social et technologique et l'Université des Sciences Humaines pour les filières langue, lettres, histoire, arts, philosophie, sport, théologie font de Strasbourg le deuxième centre de recherche de France.

Carrefour de l'Europe ouvert aux échanges internationaux, Strasbourg a une longue tradition d'accueil de nombreux étudiants étrangers.

Fondé au lendemain de la première guerre mondiale, l'Institut International d'Études Françaises est un lieu où des adultes venus d'horizons très différents se rencontrent et communiquent de manière à transcender les différences nationales, culturelles et sociales.

Directeur :
François WIOLAND

Directeur-Adjoint :
Corinne WEBER

ACTIVITÉS CULTURELLES ET LOISIRS

Un programme **LOISIRS-CULTURE** est proposé par l'Institut pour tous les étudiants de l'IIEF (inscriptions sur place) :

- visites guidées des monuments historiques et des musées de la ville,

- visite du Conseil de l'Europe, du Conseil des Droits de l'Homme et du Parlement Européen,

- excursions en Alsace,

- séances de cinéma,

- soirées alsaciennes,

- soirées, cercles de conversation, rencontres avec des étudiants français, journées d'accueil dans une famille française, organisés en collaboration avec l'Alliance Française de Strasbourg et les Amitiés Européennes.

PROGRAMME D'ENSEIGNEMENT UNIVERSITAIRE

ANNUEL   Mi-octobre / fin mai
SEMESTRIEL   Semestre I = 15/10 / 15/01
             Semestre II = 15/01 / 30/05

**L'Institut propose
un programme :**
• **de langue française,**
• **de culture et
civilisation françaises.**

LANGUE FRANÇAISE

Les étudiants sont intégrés
dans de petits groupes
de niveau linguistique
homogène.

• niveau 1 (débutants)

Vous n'avez aucune connaissance de la langue française et
vous désirez acquérir les bases
de la communication orale et
écrite de la vie quotidienne.

15 heures hebdomadaires :
cours de langue pour débutants complets, prononciation
française (laboratoire de
langue), initiation à la
civilisation française.

• niveau 2

Vos connaissances de la
langue française sont insuffi-
santes. Vous souhaitez améliorer vos compétences de communication.

15 heures hebdomadaires :
cours de langue, prononciation française (laboratoire de
langue), initiation à la civilisation française.

• niveaux 3 - 4

Votre pratique de la langue
est encore incertaine. Vous
souhaitez pouvoir vous
exprimer à l'oral comme
à l'écrit à l'aide de phrases
complexes bien organisées et
grammaticalement correctes.

15 heures hebdomadaires
minimum : cours de langue,
prononciation française (laboratoire de langue), plusieurs
ateliers/options en fonction
du diplôme préparé.

• niveaux 5 - 6

Vous souhaitez enrichir votre
lexique et votre syntaxe pour
manier la langue avec plus
d'aisance et mieux nuancer
votre pensée (débats, compte-
rendus, entraînement à la dissertation française).

15 heures hebdomadaires
minimum : cours de langue,
prononciation française (laboratoire de langue), plusieurs
ateliers/options en fonction
du diplôme préparé.

CULTURE ET CIVILISATION FRANÇAISES : ATELIERS ET OPTIONS

Le programme de langue est
complété par un choix d'ate-
liers/options de culture et
civilisation françaises, qui
varie en fonction du niveau
d'apprentissage et/ou du
diplôme préparé.

• Ateliers et options à l'IIEF

Allemand : traduction
Analyse de la presse
Anglais : traduction
Civilisation française
Culture alsacienne
Dissertation littéraire
Écriture créative
Français de spécialité
Géopolitique du monde
contemporain
Histoire de l'art
Histoire du monde
contemporain
Idées et mentalités françaises
Introduction à la littérature
Institutions Européennes
Institutions Politiques
Littérature
Médias
Phonétique
Pratique théâtrale
Pratiques de l'écrit
Pratiques de l'oral
Prononciation française
(laboratoire de langue)

Les inscriptions aux
ateliers/options sont
semestrielles.

CARTE «CULTURE USHS»

(AVEC LE CONCOURS DU PÔLE UNIVERSITAIRE EUROPÉEN DE STRASBOURG)

Délivrée gratuitement en même temps que la carte d'étudiant, elle permet d'obtenir des réductions dans les cinémas, à l'opéra, aux concerts, au théâtre et dans les musées de Strasbourg.

AMICALE DES ÉTUDIANTS DE L'IIEF

L'Amicale des étudiants de l'IIEF propose à ses membres des soirées, des conférences, des visites et excursions culturelles, contacts avec des étudiants français, ainsi que la possibilité d'utiliser un matériel informatique mis à leur disposition : initiation, traitement de texte, entraînement linguistique.

BIBLIOTHÈQUE ET DOCUMENTATION

L'Institut met à votre disposition une bibliothèque où vous pourrez consulter et emprunter des ouvrages de lecture, ainsi que la documentation nécessaire à votre travail.

SPORT

Le **SIUAPS** (Service Inter-Universitaire des Activités Physiques, Sportives et de Plein-Air des Universités de Strasbourg) offre aux étudiants titulaires d'une carte d'étudiant la possibilité de pratiquer une quarantaine de disciplines sportives.

ADMISSION ET INSCRIPTION

ADMISSION A L'IIEF

Les étudiants doivent être âgés de 18 ans au minimum, et être en possession :

- d'un diplôme donnant accès à l'enseignement supérieur dans leur pays d'origine pour les étudiants préparant le Diplôme d'Études Françaises (2ᵉ degré) et le Diplôme Supérieur d'Études Françaises (3ᵉ degré).

- d'un diplôme de fin d'études secondaires pour les étudiants préparant le Certificat Pratique de Langue Française (1ᵉʳ degré).

Pour suivre des cours dans d'autres UFR de l'Université des Sciences Humaines, les étudiants sont tenus de faire une demande d'admission préalable. Pour plus de renseignements, adressez-vous auprès des services culturels des Ambassades de France à l'étranger.

COMMENT S'INSCRIRE ?

Les inscriptions peuvent se faire par courrier ou adressé au secrétariat de l'IIEF ou sur place.

Vous trouverez en annexe un bulletin d'inscription. Envoyez-le complété et accompagné des pièces suivantes :

- une photocopie du diplôme donnant **accès à l'enseignement supérieur** dans le pays d'origine ou, à défaut, du diplôme de fin d'études secondaires*,

- une photocopie d'un certificat de naissance ou d'une fiche d'état-civil*,

- un chèque d'acompte de 350€ libellé à l'ordre de Madame l'Agent Comptable de l'USHS (non remboursable),

- trois photographies d'identité avec le nom au verso,

- trois coupons-réponse internationaux (pour recevoir votre attestation d'inscription).

* Ces documents devront être accompagnés de leur traduction en français par les autorités compétentes, sauf s'ils sont rédigés en allemand, en anglais ou en espagnol. Tout document doit être certifié conforme à l'original par les autorités compétentes.

Dès réception de ces documents, si votre demande d'inscription à l'IIEF est acceptée, une attestation confirmant votre inscription vous sera adressée dans les meilleurs délais, qui vous permettra d'obtenir un visa pour études (pour les ressortissants hors CEE) auprès de l'Ambassade de France de votre pays d'origine.

CONDITIONS DE PAIEMENT

Les frais de scolarité sont à verser dans leur totalité dès votre arrivée à l'Institut. Ils ne peuvent faire l'objet d'aucun remboursement.

Sont acceptés pour le paiement : chèques bancaires, chèques de voyage, Euro-chèques libellés en euros, numéraire sur place.

Les chèques bancaires en euros domiciliés à l'étranger ou les Eurochèques sont soumis à une taxe d'encaissement de 5 euros.

À vous! *(Exercices de compréhension)*

A. À l'Institut international d'études françaises de Strasbourg.
According to what you see and read in the IIEF brochure, give as many reasons as possible why a foreign student might want to go to this Institute. Describe the location, the teaching staff, the environment, the criteria for admission, the extracurricular activities, and anything else you think someone might find interesting.

B. Le bulletin d'inscription.
Vous travaillez à l'IIEF de Strasbourg et vous interviewez un(e) étudiant(e) des États-Unis (votre camarade de classe) qui veut s'inscrire dans votre programme. Posez des questions qui vous permettront de remplir *(fill out)* une grande partie du bulletin d'inscription.

Le savez-vous?
What percentage of French people between the ages of 15 and 34 have thought about working or studying in another country?
a. 38%
b. 49%
c. 55%
d. 76%

Joindre 2 photos d'identité

ETAT-CIVIL

Mme ☐   Mlle ☐   Mr ☐

Nom
Prénom
Date de naissance .... j └──┘ m └──┘ a └──┘
Lieu de naissance
Nationalité
Adresse

Pays
Préciser si nécessaire l'adresse où doit être adressé le courrier :

Tél   Fax
Personne à contacter d'urgence
Adresse

Tél

COURS CHOISI

AVEZ-VOUS DÉJÀ SUIVI DES COURS À L'INSTITUT DE STRASBOURG ?
Oui ☐   Non ☐   Si oui quelle année
Individuellement ☐
En groupe (préciser) ☐
QUEL COURS CHOISISSEZ-VOUS ?
DATES : Début des cours :
Fin des cours :
• COURS NORMAL (débutant à avancé) ☐
• COURS DE SPÉCIALITÉ : ☐
Préciser :
Automne (Octobre) ☐
Hiver (Janvier) ☐
Printemps (Avril) ☐
Stage pour professeurs étrangers
Janvier ☐ Juillet ☐ Août ☐
Français des Affaires ...... Juillet ☐ Août ☐ Sept ☐
Français du Secrétariat ...... Juillet ☐ Août ☐ Sept ☐
Français du Tourisme ...... Juillet ☐ Août ☐ Sept ☐
Cours d'Etudes Supérieures Juillet ☐ Août ☐ Sept ☐
• AUTRES COURS : ☐
Option ☐ Laquelle ?
Perfectionnement ☐ Période ?

RENSEIGNEMENTS PÉDAGOGIQUES

ENSEIGNEMENT SUIVI :
SECONDAIRE .... ☐
Diplôme obtenu .... Oui ☐   Non ☐
POST-SECONDAIRE (universités, écoles supérieures...) ☐
Diplôme obtenu .... Oui ☐   Non ☐

PROFESSION :
Adresse entreprise

...............................Tél. travail

NOMBRE D'ANNÉES D'ÉTUDE DE FRANÇAIS :

VOTRE NIVEAU ACTUEL :
Débutant .... ☐ 1
Faux débutant .... ☐ 2
Intermédiaire .... ☐ 3
Avancé .... ☐ 4

HÉBERGEMENT

DEVONS-NOUS VOUS RÉSERVER UN HÉBERGEMENT ? .... Oui ☐   Non ☐
Si non précisez l'adresse de votre hébergement
SÉJOUR EN FAMILLE : .... ☐   HÉBERGEMENT INDÉPENDANT .... ☐
• Petite famille (4 étudiants étrangers maximum)
- Chambre avec petit déjeuner .... ☐   PRÉCISER
- Demi-pension .... ☐   • Résidence-service Hameau St Michel .... ☐
- Pension complète .... ☐   • Chambre indépendante .... ☐
                                                        • Studio .... ☐
• Grande famille (plus de 4 étudiants étrangers)   • Appartement (nbre de pièces : ......) .... ☐
- Chambre avec petit déjeuner .... ☐   • Cité universitaire .... ☐
- Demi-pension .... ☐   • Cité Internationale .... ☐
- Pension complète .... ☐

PRÉCISEZ SI VOUS SOUHAITEZ :
• Chambre individuelle .... ☐
• Chambre à partager .... ☐

AUREZ-VOUS À STRASBOURG UN MOYEN DE LOCOMOTION ? Oui ☐ Non ☐   ALLERGIES (PRÉCISER)
Si oui lequel ?

                                                                    AUTRES REMARQUES
ETES-VOUS FUMEUR ? .... Oui ☐ Non ☐

Réponse ▼ ▲ ▲ ▼ b

ZOOM!

*T*here are many programs in French-speaking countries that enable foreign students to study French, to learn about special fields of interest (business, engineering, art, music, media, etc.), and to gain a better understanding of the culture of the country.

Most American colleges and universities have education abroad programs, and it is usually recommended that every student study abroad while still in college. Students may also take advantage of the many schools and institutes that are independent of American institutions, such as the **IIEF de Strasbourg,** which offers programs during the year as well as in the summer.

To find out more about study in French-speaking countries, visit the appropriate office at your university, consult the University Web site, or talk to the faculty in your French department.

Universities in French-speaking countries have created a variety of programs that accommodate students at all levels of language proficiency. Whether you're a beginning, intermediate, or advanced language student, whatever your field, you'll find a program of interest to you.

Structure

Le superlatif

Thérèse est **l'étudiante la plus avancée de** la classe.

Thèrese is *the most advanced student in* the class.

Elle a **les meilleures notes de** tous les étudiants.

She has *the best grades of* all the students.

Elle travaille **le plus sérieusement de** tous les étudiants.

She works *the most seriously of* all the students.

Mais elle a **le plus de temps libre de** tous ses amis.

But she has *the most free time of* all her friends.

C'est elle qui parle **le mieux** le français.

She's the one who speaks French *the best.*

In French, the superlative forms are the same as the comparative forms **plus, moins, meilleur,** and **mieux,** except that the definite article **le, la,** or **les** is added.

In the case of adjectives, the article agrees with the noun: **l'étudiante la plus avancée.** In the case of nouns, the superlative form acts like an expression of quantity **(le plus de temps libre).** Notice that the French equivalent of *in* or *of* after a superlative is **de.**

If an adjective follows the noun it qualifies, the superlative form repeats the definite article: **la maison la plus solide, le livre le plus ennuyeux, les étudiants les moins travailleurs.** If an adjective comes before the noun, only one definite article is required: **la plus jolie maison, le plus gros livre, les moins bons étudiants.** Reminder: The following adjectives are placed before the noun: **grand, vieux, bon, long, beau, autre, petit, nouveau, mauvais, joli, jeune.**

Application

D. Les élèves du lycée Voltaire. En utilisant les expressions données, faites les comparaisons indiquées.

Nom de l'élève	Examen de classement	Heures de préparation	Note en maths	Note en littérature
Sylvie	3e	20	11/20	14/20
Louis	5e	15	16/20	8/20
Yves	13e	30	10/20	9/20
Simone	23e	15	6/20	11/20
Gilbert	34e	10	7/20	4/20

Modèle: Sylvie / intelligent
Sylvie est l'élève la plus intelligente.

1. Gilbert / intelligent
2. Gilbert / étudier sérieusement
3. Sylvie / bon en littérature
4. Yves / étudier sérieusement
5. Louis / bon en mathématiques

E. Les ouvriers de l'atelier Michelin. En utilisant les expressions données, faites les comparaisons indiquées.

Nom de l'ouvrier	Âge	Nombre de minutes pour faire une pièce	Qualité du travail	Salaire (par mois)
Jean-Loup	22	15 minutes	excellent	1 248€
Mireille	21	18 minutes	bien	951€
Albert	40	18 minutes	bien	1 385€
Thierry	55	20 minutes	assez bien	1 248€
Jacqueline	18	25 minutes	assez bien	1 042€

Modèle: Thierry / âgé
Thierry est l'ouvrier le plus âgé.

1. Jacqueline / âgé
2. Jean-Loup / travailler
3. le travail de Jean-Loup / bon
4. Mireille / gagner de l'argent
5. Jacqueline / jeune
6. Jacqueline / travailler rapidement
7. Albert / gagner de l'argent

C. Mise en train: Remplacez les mots en italique et faites les changements nécessaires.

1. *Georges* est l'étudiant le plus sérieux de la classe. (Suzanne / Alain et Robert / Martine et Christiane)
2. Hervé est l'étudiant le *plus optimiste* de la classe. (plus sportif / moins sérieux / plus jeune / meilleur / moins honnête)
3. Voilà la *plus belle* maison de la ville. (plus jolie / plus grande / plus chère / moins intéressante / plus petite)
4. Nathalie *parle le plus rapidement* de tous les étudiants. (étudie le plus sérieusement / chante le mieux / travaille le plus / joue le mieux)

Culture, Ex. D: In France, secondary schools tend to be named after famous people rather than after the town in which they're located (as is often true in the United States). Voltaire (1694–1778) was a French philosopher of the Enlightenment who is best known for *Zadig, Micromégas,* and *Candide,* and his philosophical essays and poems. He was particularly well received by the anti-clerical bourgeoisie, who used some of his ideas to inspire the French Revolution.

Text Audio CD Track 2-9

Reminder, Pronunciation: To determine when the mute **e** should be dropped, be sure to count consonant *sounds*—not their written symbols. Thus, **ch** is one sound and the **e** in **acheter** should be dropped.

▪Tuyau-prononciation
Le *e* caduc et la loi des trois consonnes

In Chapter 6 you saw that the French vowel **e** (without a written accent) may represent three different sounds:

[e]	l**e**s, parl**e**r	**e** + silent consonant at the end of a word
[ɛ]	**e**lle, p**e**rsonne	**e** + pronounced consonant in the same syllable
[ə]	l**e**, p**e**tit	**e** in two-letter words and at the end of a syllable

    An unaccented **e** that occurs at the end of a syllable in the middle of a word **(petit)** has a special feature. The vowel is called le **e caduc** (the *falling* or *dropped* **e**) or le **e instable** (the *unstable* **e**) because there are certain cases when it is not pronounced at all.

    As a general rule, the **e** is not pronounced so long as dropping it does not result in three consecutive consonant sounds. Thus, in **samedi**, dropping the **e** leaves only two consonants together: **md**. However, if the second **e** of **vendredi** were dropped, the combination **drd** would remain, which is difficult to pronounce. This general rule is called **la loi des trois consonnes** (*the three-consonant rule*).

F.   Read each word aloud, dropping the e when indicated and retaining it when it is underlined.

sam~~e~~di / mercr<u>e</u>di / om~~e~~lette / méd~~e~~cin / ach~~e~~ter / appart<u>e</u>ment / bouch~~e~~rie / tart<u>e</u>lette / boulang~~e~~rie / entreprise / sérieus~~e~~ment

Text Audio CD Track 2-10

Échange
L'arrivée en France

En route pour Paris dans un avion Air France, Peter Robidoux fait la connaissance de deux Français—M. et Mme Maurel. Peter **a un peu peur** parce que c'est son premier voyage en France... et aussi son premier **vol en avion.** Mais les Maurel lui expliquent ce qu'il faut faire à l'aéroport: aller au **contrôle des passeports,** récupérer à la **livraison des bagages les valises** qu'on a **enregistrées,** passer à **la douane.** Enfin, Peter et ses deux compagnons quittent l'avion.

is a little afraid
plane trip
passport checkpoint
baggage claim / suitcases / checked
customs

M. MAUREL:	Bon. Voilà le contrôle des passeports. Vous allez par ici. Nous devons passer par là. Alors, on va vous dire au revoir. Bon séjour en France!
PETER:	**Merci mille fois.** Vous avez été très gentils.
MME MAUREL:	**Il n'y a pas de quoi.** Au revoir, Monsieur.
PETER:	Oh, **zut alors!**
MME MAUREL:	Qu'est-ce qu'il y a?
PETER:	**J'ai laissé** mon sac de voyage dans l'avion. Qu'est-ce que je vais faire?
M. MAUREL:	**Ne vous inquiétez pas,** Monsieur. Voilà un agent d'Air France. Vous pouvez lui expliquer ce qui s'est passé.
PETER:	Pardon, Monsieur. **J'ai oublié** mon sac de voyage dans l'avion.

Thanks a million.
You're welcome.
darn

I've left

Don't worry.

forgot

L'EMPLOYÉ: Dans quel avion, Monsieur? Quel est le numéro du vol?

PETER: Le vol 060. En provenance de New York.

L'EMPLOYÉ: Et votre sac, comment est-il?

PETER: C'est un petit sac, en **tissu.** Il est bleu et rouge. Il y a une **étiquette** avec mon nom marqué **dessus**—Peter Robidoux. Robidoux: R-O-B-I-D-O-U-X.

cloth
luggage tag / on it

L'EMPLOYÉ: **Attendez** ici. Je vais le chercher.

wait

PETER: Merci bien, Monsieur.

À vous! *(Exercices de vocabulaire)*

G. L'arrivée à l'aéroport.
Vous expliquez à un(e) ami(e) ce qu'il faut faire quand on arrive à l'aéroport Charles-de-Gaulle. Utilisez les expressions suivantes, mais en rétablissant l'ordre convenable. Employez les expressions **d'abord, ensuite, puis** et **enfin.**

Ex. G: Before beginning your explanation, put all the items into chronological order. When you're done, your classmates will also give an explanation.

Modèle: *D'abord, tu vas quitter l'avion, puis tu...*

passer à la douane / montrer ton passeport et ton visa / quitter l'avion / prendre le bus Air France pour aller à Paris / aller à la porte 36 / aller à la livraison des bagages / aller au contrôle des passeports / récupérer les valises enregistrées

H. Vous avez perdu quelque chose?
Expliquez à l'employé(e) que vous avez perdu les bagages illustrés dans les dessins. Puis répondez aux questions de l'employé(e) au sujet de ces bagages. Votre camarade de classe va jouer le rôle de l'employé(e) en s'inspirant des questions suggérées ci-dessous.

Vocabulary, Ex. H: To tell what the bag is made of, use any of the following: **en cuir** *(out of leather)*, **en tissu** *(out of cloth)*, **en plastique** *(out of plastic).*

Questions de l'employé(e): Qu'est-ce que vous avez perdu? Dans quel avion? (Sur quel vol?) De quelle couleur est-il (elle)? En quelle matière est-il (elle)? Est-ce qu'il (elle) a des signes distinctifs? Qu'est-ce qu'il (elle) contient?

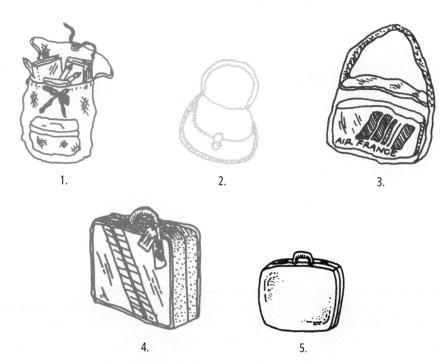

1.　　　　2.　　　　3.

4.　　　　5.

Structure

L'heure officielle

La pièce commence à **21h.**	The play begins at *9:00 P.M.*
Nous sommes arrivés à **20h45.**	We arrived at *8:45 P.M.*

You've already learned the conversational method of telling time **(l'heure en langage courant)** in French. But in airports and railroad stations, on radio and TV, and at concerts and movies, the French use official time **(l'heure officielle)**, which is based on the 24-hour clock. Note that military time in English is also expressed in official time. The basic differences between conversational and official times in French are:

Conversational time	*Official time*
Is based on a 12-hour clock	Is based on a 24-hour clock (0 = midnight; 12 = noon)
Divides the hour into two 30-minute segments (after and before the hour)	Treats the hour as a 60-minute whole (that is, only moves forward)
Uses **et quart, et demi(e), moins le quart, minuit, midi**	Uses cardinal numbers only **(quinze, trente, quarante-cinq, zéro heure, douze heures)**

The easiest way to switch from official time to conversational time is to subtract twelve from the hour of official time (unless the hour is already less than twelve):

Conversational time		Official time
9h45	dix heures moins le quart (du matin)	neuf heures quarante-cinq
12h30	midi et demi	douze heures trente
14h50	trois heures moins dix de l'après-midi	quatorze heures cinquante
23h15	onze heures et quart du soir	vingt-trois heures quinze
0h05	minuit cinq	zéro heure cinq

Exs. I, J, K: All of these exercises require you to convert from official time to conversational time. Americans tend to think in conversational time and need to practice such conversions for quick comprehension. For a quick review of conversational time, see Chapter 3, pp. 118–119.

Application

J. Horaires. *(Timetables.)* Niamey est la capitale du Niger, en Afrique. Chaque semaine, l'U.T.A. **(Union des Transports Aériens)** et Air Afrique ont quatre vols de Paris à Niamey et quatre vols de Niamey à Paris. Regardez les horaires et indiquez d'abord l'heure officielle du départ et de l'arrivée de chaque vol, et ensuite indiquez l'heure en langage courant.

I. Mise en train: Changez de l'heure officielle à l'heure en langage courant.

Modèle: 15h

trois heures de l'après-midi

1. 13h		6. 15h30
2. 9h		7. 14h25
3. 22h		8. 13h28
4. 12h		9. 19h30
5. 3h15		10. 17h55

Paris-Niamey—départ de Charles-de-Gaulle			
	Vols	**Départs**	**Arrivées**
Mardi	U.T.A 831	08h15	14h50
Jeudi	Air Afrique 29	20h30	03h10
Samedi	Air Afrique 37	10h45	17h20
Dimanche	U.T.A. 867	21h15	03h25

Niamey-Paris—arrivée à Charles-de-Gaulle			
Lundi	U.T.A. 868	13h25	19h55
Mercredi	U.T.A. 832	0h10	6h55
Vendredi	Air Afrique 30	12h40	19h10
Dimanche	Air Afrique 38	0h15	6h20

K. Utilisez l'heure en langage courant pour expliquer vos réponses aux questions suivantes.

1. Il faut deux heures pour voyager de Paris à Nice en avion. Vous désirez arriver à Nice à 9h du soir. Est-ce que vous allez prendre l'avion de 15h, de 17h, de 19h, ou de 21h?

2. Vous désirez aller au cinéma, mais il faut rentrer avant 6h du soir. Les séances *(the showings)* commencent à 13h, à 16h, à 19h, ou à 22h. À quelle heure commence votre séance?

3. À la télévision il y a souvent un film à 22h30. D'habitude vous dormez *(sleep)* de 10h du soir jusqu'à 6h du matin. Est-ce que vous pouvez regarder le film?

4. Vous allez à la gare chercher vos parents. Leur train arrive de Genève à 17h30. Vous arrivez à la gare à 4h30 de l'après-midi. Êtes-vous à l'heure?

5. Vous avez invité un(e) ami(e) au concert. Le concert commence à 21h. Il faut une demi-heure pour aller de son appartement au concert. À quelle heure allez-vous chercher votre ami(e)?

Débrouillons-nous!

L. Échange. Posez les questions à votre camarade de classe qui va, à son tour, vous poser les mêmes questions.

1. Comment est ton (ta) meilleur(e) ami(e)? Décris-le(la).
2. À ton avis, qui est le (la) meilleur(e) chanteur(-euse) aujourd'hui?
3. Quel(le) chanteur(-euse) est-ce que tu aimes le moins?
4. Avec qui est-ce que tu sors le plus souvent?
5. À ton avis, quel(le) étudiant(e) travaille le plus dans cette classe?
6. Quelles parties de nos leçons de français est-ce que tu aimes le plus?

M. Un bulletin d'inscription. Vous allez remplir un bulletin d'inscription pour un programme au Québec. Dans ce bulletin, on vous demande d'écrire un paragraphe sur vous-même: qui vous êtes, pourquoi vous voulez participer au programme, etc. Faites votre description pour votre camarade de classe. Il (Elle) va vous poser des questions pour obtenir des renseignements supplémentaires.

À faire chez vous:
CAHIER, Chapitre 9, 1ère étape

Reminder, Point de départ: The functions and vocabulary for getting a hotel room in France are generally the same for any French-speaking country. The *Guide Michelin* is published for a variety of countries.

Point de départ

Quelques jours à l'hôtel

Hôtel Chaplain ★★

11bis, RUE JULES-CHAPLAIN
75006 PARIS

☎ **01 43 26 47 64**
Télex : **203191 F**
Fax : **01 40 51 79 75**

Métro : VAVIN - N.-D. DES CHAMPS
RER : PORT ROYAL

Bain - Douche - W.C. - Téléphone direct - Télévision dans toutes les chambres

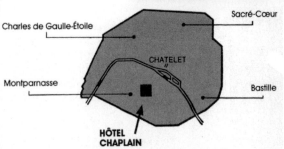

Charles de Gaulle-Étoile · Sacré-Cœur
CHATELET
Montparnasse · Bastille
HÔTEL CHAPLAIN

PRIX DES CHAMBRES	
Douche + WC	**85 euros**
Bain + WC	**85 euros**
Twin Bain + WC	91 euros
Triple Douche + WC	100 euros
Triple Bain + WC	106 euros
Télévision couleur et téléphone direct dans toutes les chambres	
Petit déjeuner	**6 euros**

Une chambre à l'hôtel Chaplain

Si vous m'emportez par mégarde, jetez-moi dans une boîte à lettres. Merci. *(If you take me with you by mistake, please drop me in a mail box. Thanks.)*

LE GUIDE MICHELIN

CATÉGORIES

🏰	Grand luxe et tradition	✗✗✗✗✗
🏯	Grand confort	✗✗✗✗
🏛	Très confortable	✗✗✗
🏠	De bon confort	✗✗
🏚	Assez confortable	✗
⚐	Simple mais convenable	
M	Dans sa catégorie, hôtel d'équipement moderne	
sans rest.	L'hôtel n'a pas de restaurant	
avec ch.	Le restaurant possède des chambres	

30 ch	Nombre de chambres
🛗	Ascenseur
▤	Air conditionné
TV	Télévision dans la chambre
⬥	Établissement en partie réservé aux non-fumeurs
☏	Téléphone dans la chambre relié par standard
☎	Téléphone dans la chambre, direct avec l'extérieur
♿	Chambres accessibles aux handicapés physiques
⛱	Repas servis au jardin ou en terrasse
🏋	Salle de remise en forme
⛲ ▦	Piscine : de plein air ou couverte
🏖 🌿	Plage aménagée – Jardin de repos
⚒	Tennis à l'hôtel
🏛 25 à 150	Salles de conférences : capacité des salles
🚗	Garage dans l'hôtel (généralement payant)
Ⓟ	Parking réservé à la clientèle
🐕	Accès interdit aux chiens (dans tout ou partie de l'établissement)
Fax	Transmission de documents par télécopie
mai-oct.	Période d'ouverture, communiquée par l'hôtelier
sais.	Ouverture probable en saison mais dates non précisées. En l'absence de mention, l'établissement est ouvert toute l'année.

Le gouvernement français **classe** les hôtels en cinq catégories: classifies

- **Hôtels de grand luxe**—des **salles de bains** et des **W.-C.** dans toutes les **chambres.**   bathrooms / toilets / (bed)rooms
- **Hôtels**** (quatre étoiles)**—hôtels de première classe; **la plupart des** chambres avec salle de bains et W.-C. **privés**   most / private
- **Hôtels*** (trois étoiles)**—très confortables; un grand nombre de chambres ont une salle de bains; **ascenseur,** téléphone   elevator

average / at least
sink / phone booth

says

Hotel listings here and on pages 365 and 375 are from the Michelin Red Guide FRANCE 2002, Pneu Michelin, Services de Tourisme

© Michelin *Guide Rouge France* (2002).

open

- **Hôtels** (deux étoiles)**—confortables; 30 pour cent des chambres avec salle de bains
- **Hôtels* (une étoile)**—bonne qualité, confort **moyen; au moins** dix chambres avec **lavabo; cabine téléphonique**

Si vous voyagez en France, il est très utile d'avoir un *Guide Michelin* rouge (guide des hôtels et des restaurants). Ce guide utilise un système un peu différent du classement officiel français. Voici ce que **dit** le *Guide Michelin* pour l'hôtel Bel Ami St-Germain-des-Prés à Paris:

Bel Ami St-Germain-des-Prés Ⓜ sans rest, 7 r. St-Benoit (6ᵉ) ✆ 01 42 61 53 53, *contact@hotel-bel-ami.com*, Fax 01 49 27 09 33 – 🛗 📺 ✆ ⅄. 🆎 ⓪ ⅌ 🎴   J 13
🛏 16 – **115 ch** 270/420.
◆ Bel immeuble du 19ᵉ s. voisin des cafés de Flore et des Deux Magots. Aménagement résolument contemporain à tendance "zen" et équipements high-tech : design et très "in".

L'hôtel Bel Ami St-Germain-des-Prés est un hôtel confortable. Il n'y a pas de restaurant. Il est situé dans la rue St-Benoît dans le sixième arrondissement. Le numéro de téléphone est le 01 42 61 53 53. Il y a un ascenseur. Il y a un téléphone dans la chambre, **direct** avec l'extérieur. Le petit déjeuner coûte 16 euros. Il y a 115 chambres. Une chambre coûte entre 270 euros et 420 euros.

In addition to the hotels classified in the *Guide Michelin*, France has many small inns **(des auberges, des pensions)** that resemble bed-and-breakfast establishments in the United States. These inns are frequently less expensive and tend to have a great deal of charm. The service is not as extensive as in larger hotels, but it is often more personalized.

If you arrive in a French city without a hotel reservation, you may make use of the welcome service **(Accueil de France).** An office of the **Accueil de France** is usually located in major train stations and airports.

When you're staying in a hotel that has several floors, it's useful to know that floors are counted differently in France than in the United States. In French, the word **étage** is used for floors above the ground level. The term for *ground floor* is **le rez-de-chaussée** (literally *the level of the pavement*). Consequently, each **étage** is one floor higher than its designation would suggest in English:

American hotel	French hotel
4th floor	3ᵉ **étage**
3rd floor	2ᵉ **étage**
2nd floor	1ᵉʳ **étage**
1st floor	**le rez-de-chaussée**

To say that a room is on a certain floor, use **au: au deuxième étage.**

À vous! *(Exercices de vocabulaire)*

A. Quelle sorte d'hôtel?
According to each symbol, tell what kind of hotel is referred to or what kind of convenience is offered.

Modèle: **

It's a two-star hotel. It's comfortable and some of the rooms have their own bathrooms.

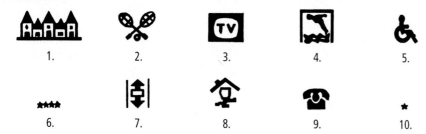

1.   2.   3.   4.   5.

6.   7.   8.   9.   10.

B. Les hôtels de Besançon.
Some of your friends are planning to visit Besançon, a city in the eastern part of France. Because they don't speak French, they ask for your help in finding a hotel. Read the following excerpt from the *Guide Michelin*. Then answer their questions.

1. Which is the largest hotel in Besançon?
2. Which is the most expensive? What justifies the high prices?
3. Can you get a nonsmoking room at the Hôtel Mercure Parc Micaud? At the Hôtel Ibis Centre?
4. Which hotels have elevators?
5. Which hotels have restaurants?
6. Which hotel is the least expensive?
7. Which hotels have access for the disabled?
8. How much extra does breakfast cost at the Hôtel Mercure?

Le savez-vous?

French hotels that have names such as Balzac, Stendhal, Molière, Rabelais, etc., are all named after famous

a. French scientists
b. French writers
c. French politicians
d. French movie stars

Réponse ▼▼▼ b

C. Ma famille et mes amis. Utilisez des expressions comparatives et superlatives pour parler des membres de votre famille.

> **Modèle:** *Ma grand-mère est plus âgée que mon grand-père. Elle a 80 ans. Ma grand-mère est la personne la plus âgée de la famille. Mon frère Paul joue le mieux au tennis. Il joue beaucoup mieux que moi. Un jour, je veux jouer aussi bien que lui.* Etc.

Quelques suggestions de comparaison: âge (âgé, jeune, vieux), jouer bien, parler bien le français, aller souvent au cinéma, être bon en maths, être bon en science, être bon en histoire, taille (grand, petit), travailler sérieusement, manger, être intelligent, être sportif, aimer bien, etc.

D. À quelle heure passent les films? Vous êtes à Paris avec des amis. Vous regardez *Pariscope* pour décider quel film vous allez voir. Puisque vos amis ont des difficultés à comprendre les renseignements, vous répondez à leurs questions en utilisant l'heure de conversation.

> **Modèle:** —À quelle heure passe *À vendre*?
> —À quatre heures moins le quart de l'après-midi et à huit heures moins cinq du soir.

À quelle heure passe...

1. *Le petit monde des Borrowers?*
2. *Le radeau de la Méduse?*
3. *L'homme au masque de fer?*
4. *Le silence et Taxi service?*
5. *Scream 2?*
6. *Meurtre parfait?*
7. *Le masque de Zorro?*
8. *Good Will Hunting?*
9. *Bienvenue à Gattaca?*
10. *Il faut sauver le soldat Ryan?*

La souris v.f. Film: 15h40.
The full monty v.o. Film: 17h30.
Will Hunting v.o. Film: 19h15.
Shooting fish v.o. Film: 19h55.
Scream 2 v.o. int-12 ans Film: 21h50.
L'homme au masque de fer v.f. Film: Mer, Sam, Dim 17h30.
Flubber v.f. Film: Jeu, Sam, Lun, Mar 13h50
Harry dans tous ses états v.o Film: Jeu, Ven, Lun, Mar 17h30.

29 LUCERNAIRE FORUM
53, rue Notre-Dame-des-champs. Mᵒ Notre Dame-des-chaps et Vavin, 01.45.44.57.34. Pl 7€. TR Mer, Lun: 5€; Etud, CV (sf Ven soir, Sam, Dim, fêtes, veilles de fête): 5€.

La classe de neige int-12ans. Film: 14h, 20h20.
Le radeau de la Méduse Film: Mer 17h55.
Fresa y chocolate v.o. Film: Jeu 17h55.
La danse du vent v.o. Film: Ven 17h55.
Tykho moon Film: Lun 17h55.
La rivière v.o. Film: Mar 17h55.
Les ailes de la colombe v.o. Film: 14h.
Henry Fool v.o. Film: 15h45, 19h30.
Bienvenue à Gattaca v.o. Film: 15h50, 21h05.
Dark city v.o. Film: Sam 17h55.

31 MK2 HAUTEFEUILLE
7, rue Hautefeuille. Mᵒ St-Michel. Rens: 08.36.68.14.07 (0,70€/mn); Résa: 01.40.30.30.31

et # 491. Pl 8€. TR Etud (tlj), Chô, Mil, FaN, Cv, -18 ans (du Lun au Jeu et Ven jsq 18h30): 6€; -12 ans: 5€; Gpes sur résa: 4€. CA 27€, 5 pl. CB.

My name is Joe v.o. Dolby SR.
Séances: 14h20, 16h20, 18h20, 20h20, 22h20, Film 10 mn après.
Lulu on the bridge v.o. Dolby SR.
Séances: 14h15, 16h15, 18h15, 20h15, 22h15. Film 10 mn après.
Conte d'automne Dolby SR.
Séances: 13h20, 15h30, 17h40, 19h50, 22h. Film 10 mn après.

32 MK2 ODEON
113, bd St-Germain, Mᵒ Odéon. Rens: 08.36.68.14.07 (0,70€/mn); Résa: 01.40.30.30.31 et # 492. Pl 8€. TR Etud (tlj), Chô, Mil, FaN, Cv, -18 ans (Mer, Jeu, Lun, Mar et Ven de 13 à 18h30): 6€; -12 ans: 5€, Séance av 12h: 4,50€; CA 27€, 5 pl. CB.

Le masque de Zorro v.o. Dolby SR.
Séances: 11h20 (film, Mer, Sam, Dim). 13h50, 16h30, 19h10, 21h50; Sam séance suppl. à 0h30. (film). Film 10 mn après.
Il faut sauver le soldat Ryan v.o. Dolby SR.
Séances: 15h, 18h10, 21h20. Film 10 mn après.
Meurtre parfait v.o. Dolby SR.
Séances: 13h45, 16h, 18h10, 20h20, 22h30; Sam séance suppl. à 0h35. (Film). Film 10 mn après.
La vie rêvée des anges Dolby SR.

Séances: 13h40, 15h50, 18h, 20h10, 22h20. Film 10 mn après.
Le petit monde des Borrowers v.f. Dolby SR.
Film: 11h30 (Mer, Sam, Dim). 13h20
Eraserhead v.o. int-16 ans. Dolby SR. Film: Sam: 0h40.
100% Coen v.o.: **Miller's crossing** int-12 ans. Mer, Sam, Dim 11h25. **Arizona junior** Mer Sam, Dim 11h50.

33 MK2 PARNASSE
11, rue Jules Chaplain. Mᵒ Vavin. Rens: 08.36.68.14.07 (0,70€/mn); Résa: 01.40.30.30.31 et # 494. Pl 7€. TR Etud (tlj), Chô, Mil, FaN, Cv, -18 ans (Mer, Jeu, Lun, Mar et Ven de 13 à 18h30): 5,80€; -12 ans: 5€; Gpes sur résa: 4€; CA 27€, 5 pl. CB.

Terminus paradis v.o. et **Camille** (court-métrage de F. Gobert).
Séances: 13h45, 15h50, 17h55, 20h, 22h05. Film 5 mn après. (Ven, Pl: 4€)
Le silence v.o. et **Taxi service** (court métrage de E Khalifé et A. Monnier).
Séances: 18h. Film 10 mn après.
Séances: 13h45 (sf Mer, Sam, Dim), 22h05.
La flèche bleue v.f. (Festival MK2 Junior)
Séances: Mer, Sam, Dim 13h45. Film 10 mn après.
A vendre int-12 ans.
Séances: 15h45, 19h55.

Structure

Les nombres ordinaux

le premier, la première	le (la) onzième
le (la) deuxième	le (la) douzième
le (la) troisième	le (la) treizième
le (la) quatrième	le (la) quatorzième
le (la) cinquième	le (la) quinzième
le (la) sixième	le (la) seizième
le (la) septième	le (la) dix-septième
le (la) huitième	le (la) dix-huitième
le (la) neuvième	le (la) dix-neuvième
le (la) dixième	le (la) vingtième

Ordinal numbers (such as *first, second, third*) are used to order or rank items in a series. Notice the following special cases:

1. For *the first* use **le premier** or **la première,** and for *the last* use **le dernier** or **la dernière.** All other ordinal numbers are formed by adding **-ième** to the cardinal number (**six + -ième = sixième**).
2. When the cardinal number ends in **e**, drop the **e** before adding **-ième**: **quatre → quatr → quatrième.**
3. Add **u** to **cinq** before adding the ordinal ending: **cinquième.**
4. Change the **f** of **neuf** to **v** before adding the ordinal ending: **neuvième.**

The abbreviated forms of the ordinal numbers are:

1er	premier	2e	deuxième	21e	vingt et unième
1ère	première	3e	troisième	45e	quarante-cinquième

Application

E. Lisez à haute voix.

1. le 1er avril
2. le 19e siècle
3. la 5e avenue
4. le 20e siècle
5. la 1ère fois *(time)*
6. la 2e année
7. le 17e siècle
8. la 42e rue
9. le 8e jour
10. le 3e hôtel

F. C'est à quel étage? Vous êtes dans un hôtel à Bruxelles avec un groupe d'étudiants. C'est à vous de distribuer la clé de la chambre à chaque étudiant(e) et de lui indiquer à quel étage se trouve sa chambre. Regardez les clés pour savoir à quels étages se trouvent les chambres.

Reminder, Ordinal numbers: In spoken English, ordinal numbers are also used in dates *(December 6th)* and for kings *(Henry the Fourth).* In spoken French, with the exception of **premier (le premier janvier, François Premier)**, cardinal numbers are used both for dates **(le six décembre)** and for royalty **(Élisabeth II [deux]).**

Modèle: *Ta chambre se trouve au troisième étage.*

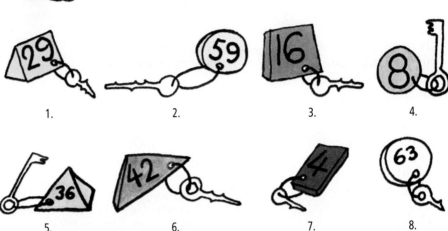

1.   2.   3.   4.

5.   6.   7.   8.

Reminder, Ex. G, No. 2: In France, the first day of the week is Monday, rather than Sunday.

G. Répondez aux questions suivantes.

1. Quel est le premier mois de l'année? Le troisième? Le huitième? Le dernier?
2. Quel est le premier jour de la semaine? Le quatrième? Le dernier?
3. À quelle heure est votre premier cours? Votre deuxième cours? Votre troisième cours?

Text Audio CD Track 2-11

▮ T u y a u - p r o n o n c i a t i o n
Le e caduc et les groupes figés

The **loi des trois consonnes** is a descriptive guideline, not a hard and fast rule. There are many special cases involving the deletion or retention of the **e caduc.** Among these are the following, which you may have already noticed:

est-c¢ que   qu'est-c¢ que   parc¢ que   je n¢   je m¢   pas d¢

Each of these word combinations represents a **groupe figé** *(fixed group)* that is always pronounced in the same manner no matter what sound follows.

H. Read each group of words aloud, taking care not to pronounce the **e** when indicated.

je m¢ couch¢   qu'est-c¢ que vous voulez
je m¢ dépêch¢   pas d¢ pain
je n¢ vais pas   pas d¢ légum¢s
où est-c¢ qu'il va   pas d¢ problèm¢
parc¢ que je n¢ travaill¢ pas   je n¢ suis pas

Échange

Vous avez réservé?

Text Audio CD Track 2-12

Peter Robidoux et son ami Mike arrivent à l'hôtel Balzac à Tours. Ils vont à la **réception.** C'est Peter qui parle avec l'employé.

front desk

PETER:	Bonjour, Monsieur. Vous avez une chambre pour deux personnes?
L'EMPLOYÉ:	Vous avez réservé?
PETER:	Oui, oui. Nous avons téléphoné. Sous le nom de Robidoux.
L'EMPLOYÉ:	Ah, oui. J'ai une chambre pour deux personnes sans salle de bains.
PETER:	C'est une chambre à 30€, n'est-ce pas?
L'EMPLOYÉ:	C'est exact.
PETER:	Est-ce que le petit déjeuner est **compris?**
L'EMPLOYÉ:	Non, monsieur. Vous payez un supplément de 5€ par personne.
PETER:	D'accord.
L'EMPLOYÉ:	Voilà votre clé. Vous êtes dans la chambre 38. C'est au troisième étage. L'ascenseur est derrière vous, à gauche.
PETER:	**Je vous remercie,** Monsieur.
L'EMPLOYÉ:	**De rien,** Monsieur.

included

Thank you
You're welcome

À vous! *(Exercices de vocabulaire)*

I. Vous désirez une chambre? Utilisez les renseignements donnés pour dire quelle sorte de chambre vous voulez.

Ex. I: You and your classmate should change roles in the middle of the exercise.

Modèle: deux personnes / 30–40€ (35€ sans salle de bains)
—*Bonjour, Monsieur (Madame). Vous avez une chambre pour deux personnes, entre 30 et 40 euros?*
—*J'ai une chambre sans salle de bains pour 35 euros.*
—*Très bien.* ou *Nous préférons une chambre avec salle de bains.*

1. deux personnes / 25–35€ (40€ sans salle de bains)
2. trois personnes / 45–55€ (50€ avec salle de bains)
3. une personne / 25–30€ (28€ avec salle de bains)
4. une personne / 20–30€ (25€ sans salle de bains)

HÔTEL**
CHAPLAIN

11 bis, RUE JULES CHAPLAIN
75006 PARIS
☎ 01 43 26 47 64
TÉLEX 203 191
Quartier Montparnasse
Métro : Vavin - Notre-Dame des Champs

Structure

Les verbes irréguliers *sortir* et *partir*

—**Mon frère sort** avec Françoise.	—*My brother goes out* with Françoise.
—Quand est-ce qu'**ils sont sortis** ensemble la première fois?	—When did *they go out* together for the first time?
—**Vous partez** en vacances aujourd'hui?	—*Are you leaving* on vacation today?
—Oui, **Maman et Papa sont partis** hier.	—Yes, *Mom and Dad left* yesterday.
—**Jean et moi, nous allons partir** cet après-midi.	—*John and I are going to leave* this afternoon.

The verbs **sortir** *(to go out, to leave)*, and **partir** *(to leave)* are irregular.

sortir	partir
je **sors**	je **pars**
tu **sors**	tu **pars**
il, elle, on **sort**	il, elle, on **part**
nous **sortons**	nous **partons**
vous **sortez**	vous **partez**
ils, elles **sortent**	ils, elles **partent**
PAST PARTICIPLE: **sorti** (être)	PAST PARTICIPLE: **parti** (être)

Note that **partir pour** means *to leave for* a place and **partir de** means *to leave from* a place:

Je **vais partir pour** Paris.	I'm *going to leave for* Paris.
Elle **est partie de** New York pour aller à Paris.	She *left from* New York to go to Paris.

J. Mise en train: Remplacez les mots en italique et faites tous les changements nécessaires.

1. *Françoise* sort avec ses amis. (Henri / je / nous / M. et Mme Carle / vous / Gilbert / tu)
2. *Roger* n'est pas sorti hier soir. (Valentine / tu / mes frères / nous / Jean-Pierre / vous / je)
3. *Martine* part pour Madrid. (Éric / mes amis / tu / nous / je / vous / Jacqueline)
4. *Alfred* est parti il y a quinze minutes. (Chantal / nous / les autres / je / Thierry)

Application

K. Répondez aux questions.

1. Est-ce que vos amis et vous sortez souvent le soir?
2. Est-ce que les membres de votre famille sortent souvent le samedi soir?
3. Est-ce que vous êtes sorti(e) avec vos amis hier soir?
4. Est-ce que votre ami(e) est sorti(e) hier soir?
5. À quelle heure est-ce que vous partez au cours le matin?
6. De quelles villes américaines part-on d'habitude pour aller à Paris?
7. Quand est-ce que vous et vos amis allez partir en vacances?

Note grammaticale

Les verbes qui signifient «to leave»

French has three different verbs that mean *to leave:* **sortir, partir,** and **quitter.**

1. The verb **quitter** (conjugated with **avoir** in the **passé composé**) always has a direct object—that is, you must specify the place or person you're leaving:

   Elle **quitte l'hôtel.**   J'**ai quitté mes amis** à 10h.

2. The verbs **sortir** and **partir** (both conjugated with **être** in the **passé composé)** are used either alone or with a preposition:

   Je **sors.**   Nous **partons.**
   Elle **est sortie du** restaurant.   Ils **sont partis pour** Paris.

3. The meanings of **sortir** and **partir** can be easily remembered by associating them with their opposites. **Entrer dans** is the opposite of **sortir de:**

   Elle **est entrée dans**   Elle **est sortie de** l'ascenseur.
      l'ascenseur.

   Arriver de is the opposite of **partir pour:**

   Nous **arrivons de** Paris.   Nous **partons pour** Paris.

4. The verb **sortir,** sometimes accompanied by the preposition **avec,** is used to express the idea of *to go out socially (on a date, with friends):*

   Elle **va sortir** ce soir.   Nous **sortons** souvent **avec** Élise
                                         et Joseph.

L. À quelle heure? Utilisez les renseignements donnés pour poser des questions à votre camarade de classe. Il (Elle) va inventer des réponses. Attention au temps des verbes.

> **Modèle:** vous / partir pour Chicago
> —*À quelle heure est-ce que vous partez pour Chicago?*
> —*Nous partons pour Chicago à midi.*

1. tu / quitter la maison le matin
2. elles / sortir hier soir
3. vous / partir pour Miami
4. tes parents / sortir le samedi soir
5. tu / quitter le restaurant hier
6. ils / partir de New York demain
7. elle / sortir de sa classe
8. vous / quitter la bibliothèque

M. Des questions. Posez quatre questions aux étudiants de votre groupe en utilisant **tu, vous, il/elle** et **ils/elles**.

1. sortir souvent le vendredi soir
2. sortir hier soir
3. à quelle heure / partir pour le premier cours
4. à quelle heure / quitter la maison ce matin
5. quand / partir en vacances

Débrouillons-nous!

N. Où se trouve... ? Vous êtes à Paris avec un(e) ami(e). Quand votre ami(e) vous demande dans quel **arrondissement** *(neighborhood)* se trouvent les endroits indiqués, vous utilisez le nombre ordinal donné.

> **Modèle:** la Villette (19ᵉ)
> —*Où se trouve la Villette?*
> —*La Villette se trouve dans le dix-neuvième arrondissement.*

1. Montmartre (18ᵉ)
2. le Panthéon (5ᵉ)
3. l'arc de Triomphe (8ᵉ)
4. le Quartier latin (5ᵉ)
5. le boulevard Masséna (13ᵉ)
6. les Invalides (7ᵉ)
7. l'avenue Émile Zola (15ᵉ)
8. la gare de l'Est (10ᵉ)

O. Échange. Posez les questions suivantes à un(e) camarade de classe. Il (Elle) va répondre et vous poser ensuite les mêmes questions.

1. Quand tu voyages avec ta famille, est-ce que vous descendez à l'hôtel ou est-ce que vous allez chez des amis?
2. Est-ce que ta famille préfère payer en espèces ou avec une carte de crédit?
3. Est-ce que tu es sorti(e) hier soir? Où es-tu allé(e)?
4. Quand est-ce que tu vas partir en vacances? Où vas-tu aller?
5. À quelle heure pars-tu pour tes cours le matin?

P. Oui, j'ai réservé. You arrive at a hotel where you've made a reservation. Go to the front desk and talk to the employee.

1. Find out if he/she has a room for two people.
2. Say that you reserved a room and give your name.
3. Confirm that the room costs 59 euros.
4. Ask if breakfast is included.
5. Thank the employee.

À faire chez vous:
CAHIER, Chapitre 9,
2ᵉ étape

Troisième étape

Point de départ

Chez les Baptizet

🎧 **Text Audio CD Track 2-13**

Pronunciation: The **p** in the last name **Baptizet** is not pronounced.

La famille française de Peter Robidoux

Peter Robidoux **vient d'arriver** à Strasbourg pour commencer ses études. Il **a de la chance** parce qu'il va passer l'année chez les Baptizet, une famille française qui **accueille** régulièrement des étudiants étrangers.

has just arrived
is lucky
welcomes

La maison des Baptizet est très confortable. Au rez-de-chaussée, il y a une grande **cuisine,** une **salle à manger,** une **salle de séjour** très spacieuse, une **chambre à coucher** (la chambre de M. et Mme Baptizet) et un **cabinet de toilette.** Au premier étage, il y a une salle de bains et trois chambres. Ce sont les chambres des enfants et de Peter. Il y a aussi un **sous-sol** avec une **cave à vin.** Au sous-sol, les Baptizet ont mis la **machine à laver** et le **séchoir.**

kitchen / dining room / living room / bedroom / half bath

basement / wine storage room
washing machine / clothes dryer

V i d é o : Questions de fond

1. Est-ce que les Français mesurent leur appartement en pieds carrés? Sinon, en quoi?
2. Quand la cuisine a-t-elle été rénovée la dernière fois?
3. Pourquoi le couple hésite-t-il?

le premier étage
la chambre à coucher
la chambre à coucher
la salle de bains
la chambre à coucher

le rez-de-chaussée
la cuisine
la salle à manger
la salle de séjour
le cabinet de toilette
la chambre à coucher

le sous-sol
la cave
la machine à laver
le séchoir

À vous! *(Exercices de vocabulaire)*

A. Comment est la maison des Baptizet? Faites une description de la maison des Baptizet. Quelles pièces *(rooms)* est-ce qu'il y a? À quel étage est-ce qu'elles sont? Où se trouvent les chambres des enfants et la chambre des parents? Qu'est-ce qu'il y a dans la cave?

B. Comment est votre maison (votre appartement)? Maintenant, décrivez votre maison ou appartement ou, si vous voulez, la maison de vos parents ou de vos amis. Combien de pièces et d'étages est-ce qu'il y a? Quelles pièces est-ce qu'il y a? Etc.

Reprise: deuxième étape

C. Dans quel hôtel est-ce que nous allons descendre? Regardez les hôtels du *Guide Michelin* pour la ville de Tours. Choisissez un des hôtels et créez la conversation à la réception. Un(e) camarade de classe va jouer le rôle de l'employé(e) de l'hôtel.

Univers, 5 bd Heurteloup ✆ 02 47 05 37 12, *hotel-univers-sa@wanadoo.fr, Fax 02 47 61 51 80* – 20 à 120. AE GB JCB. rest CZ u
Touraine *(fermé dim. de nov. à mars)* **Repas** 23/27 – 14 – **77 ch** 146/159, 8 appart.
◆ Fleuron de la grande galerie : les superbes fresques représentant les visiteurs célèbres de l'hôtel depuis 1846. Chambres cossues, suites et appartements luxueux.

Mercure Centre M sans rest, 29 r. E. Vaillant ✆ 02 47 60 40 60, *H3475@accor-hotels.com, Fax 02 47 64 74 81* – 20. AE GB DZ m
10 – **92 ch** 80/104.
◆ Proche de la gare, immeuble récent disposant de chambres propices au repos : espace, bonne insonorisation, atmosphère feutrée, couleurs douces et mobilier en bois clair.

Cygne sans rest, 6 r. Cygne ✆ 02 47 66 66 41, *hotelcygne.tours@sfpc.net, Fax 02 47 66 05 13* – TV. AE GB CY a
fermé Noël au Jour de l'An – 6 – **18 ch** 37/54.
◆ Cette bâtisse ancienne serait l'un des plus vieux hôtels de Tours. Choisir les chambres refaites. En hiver, la cheminée du 16e s. réchauffe le salon. Ambiance familiale.

Châteaux de la Loire sans rest, 12 r. Gambetta ✆ 02 47 05 10 05, *hoteldeschateaux.tours@wanadoo.fr, Fax 02 47 20 20 14* – TV P. AE GB JCB BZ x
10 mars-20 nov. – 6,10 – **30 ch** 36,50/48.
◆ Nuits paisibles dans cet établissement régulièrement rénové bordant une rue calme au coeur du vieux Tours. Intime et confortable salon-bar.

Mirabeau sans rest, 89 bis bd Heurteloup ✆ 02 47 05 24 60, *Fax 02 47 05 31 09* – TV. AE GB JCB DZ e
fermé 24 déc. au 2 janv. – 5,64 – **25 ch** 38,11/50,30.
◆ Bâtisse centenaire dont les chambres, régulièrement revues, renferment un mobilier ancien. L'été, petit-déjeuner dans un agréable jardinet.

D. C'est de quel siècle? Indiquez à quel siècle chaque monument parisien a été construit selon les dates données.

Modèle: la tour Eiffel / 1889
La tour Eiffel date du dix-neuvième siècle.

1. la Sainte-Chapelle / 1248
2. Notre-Dame de Paris / 1245
3. le Centre Beaubourg / 1976
4. le Palais-Royal / 1633
5. le Sacré-Cœur / 1910
6. le Panthéon / 1812
7. l'arc de Triomphe / 1836
8. l'église Saint-Germain-des-Prés / 1163

Le savez-vous?
In France, what percentage of all households include pets?
a. 55%
b. 36%
c. 63%
d. 10%

E. Répondez négativement aux questions suivantes en utilisant l'opposé du verbe et de la préposition employés dans la question.

Modèle: —Il *entre dans* la banque?
*—Non, il **sort de** la banque.*

Réponse ▼▼▼ a

1. Elle *arrive de* Rome?

2. Il *sort de* la bibliothèque?

3. Ils *rentrent* à deux heures?

4. Il *part de* Tokyo?

5. Il *entre dans* l'école?

6. Elles *arrivent à* Paris?

7. Elle *sort de* l'épicerie?

8. Il *arrive de* Montréal?

Structure

L'imparfait et le passé composé

Autrefois, **j'allais** en France tous les ans.

In the past, *I used to go* to France every year.

Mais l'année dernière **je suis allé** au Japon et en Chine.

But last year *I went* to Japan and China.

In previous chapters you learned two past tenses, the **passé composé** and the imperfect. Each is used in different situations.

Both verb tenses describe actions in the past, but there are key distinctions:

1. If a past action is habitual, repeated an unspecified number of times, or performed in an indefinite time period, the verb will be in the imperfect.

2. If the action occurs only once, is repeated a specific number of times, or is performed in a definite time period with its beginning and end indicated, the verb will be in the **passé composé.**

Imperfect	Passé composé
Quand **j'étais** jeune, **j'allais** chez mon grand-père tous les week-ends. *(habitual occurrence)*	La semaine dernière, **je suis allé** chez mon grand-père. *(single ocurrence)*
Nous allions au cinéma ensemble. *(unspecified number of times)*	Samedi et dimanche **nous sommes allés** au cinéma ensemble. *(specified number of times)*
Mon grand-père passait beaucoup de temps en Italie. *(indefinite time period)*	**Mon grand-père a passé** trois ans en Italie. *(definite time period)*

Application

G. Tu l'as fait? *(Did you do it?)* Chaque fois que votre ami(e) vous demande si vous avez fait quelque chose, vous répondez «Non, pas encore». Ensuite indiquez ce que vous faisiez pour donner votre excuse.

Modèle: —Tu as fait la vaisselle? (être au téléphone)
—*Non, pas encore. Je n'ai pas fait la vaisselle parce que j'étais au téléphone.*

1. Tu as acheté du pain? (faire mes devoirs)
2. Tu as parlé à ton père? (être chez des amis)
3. Tu as mangé? (ne pas avoir le temps)
4. Tu as rangé *(picked up)* la salle de séjour? (être au téléphone)
5. Tu as fait les courses? (faire la vaisselle)
6. Tu as fait tes devoirs? (ne pas vouloir les faire)
7. Tu as accompagné Florence au centre commercial? (ne pas vouloir y aller)

F. Mise en train: Remplacez les mots en italique et faites tous les changements nécessaires.

1. Qu'est-ce que *vous* avez fait hier? (tu / elle / ils / nous / elles)
2. *Je* faisais du ski tous les jours. (elle / nous / ils / tu / elles)
3. Est-ce qu'*elle* est allée en France? (vous / elles / tu / il)
4. *Nous* travaillions à Boston. (elle / je / ils / vous / il)

Note grammaticale

L'imparfait et le passé composé—des actions interrompues

Il travaillait en France quand **son fils est né.**

He was working in France when *his son was born.*

Il était au bureau quand **sa femme a téléphoné.**

He was in the office when *his wife called.*

Il parlait avec ses collègues quand **il a eu** la nouvelle.

He was talking with his colleagues when *he got* the news.

Each model sentence contains one verb in the imperfect and another in the **passé composé**. The imperfect describes what was going on when something else happened. The **passé composé** is used to interrupt an action already in progress. Note that the imperfect in French often corresponds to the progressive *was doing* or *were doing* in English:

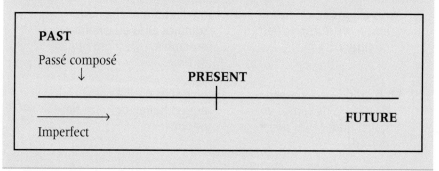

H. Des interruptions. Les personnes suivantes n'ont rien accompli parce qu'il y avait toujours des interruptions. Décrivez les événements en mettant chaque phrase au passé.

> **Modèle:** Je fais mes devoirs quand le téléphone sonne.
> *Je faisais mes devoirs quand le téléphone a sonné.*

1. Ma mère prend le petit déjeuner quand elle tombe malade.
2. Nous nous promenons en voiture quand nous avons un accident.
3. Je débarrasse *(clear)* la table quand Jean arrive.
4. Pauline et Marc jouent au volley-ball quand il commence à pleuvoir.
5. Serge prépare le dîner quand Paul téléphone.
6. Nous regardons la télévision quand ils arrivent.
7. Je fais les courses quand je rencontre des amis.
8. Mes parents sont au théâtre quand ils apprennent la nouvelle.

I. Nos vacances. Utilisez les éléments donnés pour parler de ce que vous avez fait pendant vos vacances. Faites attention à l'emploi de l'imparfait et du passé composé.

> **Modèle:** autrefois / nous / passer nos vacances en Bretagne
> *Autrefois nous passions nos vacances en Bretagne.*

1. nous / s'amuser beaucoup
2. moi, je / aller à la plage / tous les jours
3. mes frères / jouer dans les champs *(fields)*

4. mais une année / mon père / décider d'aller à Cannes
5. mon père / réserver des chambres d'hôtel
6. le 5 mai / nous / arriver à l'hôtel
7. nous / passer quinze jours à Cannes
8. le matin / je / se lever / très tard
9. je / faire des promenades / tous les jours
10. mes frères / aller souvent à la plage
11. un jour / mes parents / aller au Festival de Cannes
12. nous / s'amuser beaucoup / pendant ces quinze jours

■ Tuyau-prononciation
Le e caduc (suite)

Text Audio CD Track 2-14

At this stage in learning French, you should not be overly concerned with the problem of the **e caduc.** Although awareness of the tendency to drop the unaccented **e** whenever possible will help you understand spoken French, in your own speaking, you need only try to drop the **e** in frequently used expressions. The following exercise reviews some examples of the **e caduc** that you've learned.

J. Repeat the following sentences carefully, dropping the **e** caduc when necessary.

1. Tu désires quelque chose?
2. Moi, je voudrais un citron pressé.
3. Est-ce qu'il y a un bureau de tabac près d'ici?
4. Le bureau de poste est en face de l'hôtel Univers.
5. Mais je ne sais pas où il se trouve.
6. Est-ce que tu veux aller en ville?

Échange
Voilà votre chambre!

Text Audio CD Track 2-15

Après son arrivée chez les Baptizet, Peter Robidoux monte au premier étage où Mme Baptizet lui montre sa chambre.

MME BAPTIZET:	Voilà votre chambre, Peter.
PETER:	Merci bien, Madame. Elle est très belle.
MME BAPTIZET:	Oui, elle est confortable. Vous avez un grand lit, un **fauteuil,** ce petit **bureau** avec une lampe et des **étagères** pour vos livres.
PETER:	Où est-ce que je peux **mettre** mes **affaires?**
MME BAPTIZET:	Vous avez une **armoire** ici à gauche et voilà une **commode** avec quatre **tiroirs.**
PETER:	Et où sont les toilettes et la salle de bains?
MME BAPTIZET:	Il y a un cabinet de toilette au rez-de-chaussée et la salle de bains est ici, à droite, dans le **couloir.** Il y a des **serviettes,** des **gants de toilette** et du **savon.** Vous pouvez aussi y laisser votre **linge sale.** Je **fais la lessive** le samedi.
PETER:	Merci bien, Madame. Si vous voulez, je peux faire la lessive aussi.
MME BAPTIZET:	Merci, mais **ce n'est pas la peine.** Ça ne me prend pas beaucoup de temps.

armchair

desk / bookcases (shelves)

put / things

closet / dresser

drawers

hallway / towels
washcloths / soap
dirty laundry / do the laundry

don't bother

À vous! *(Exercices de vocabulaire)*

K. Qu'est-ce qu'il y a dans la chambre de Peter? Décrivez la chambre de Peter selon ce que vous voyez dans le dessin.

L. Voilà ta chambre. Un(e) ami(e) vient passer la semaine chez vous. Montrez-lui sa chambre et décrivez ce qu'il y a. N'oubliez pas d'indiquer où se trouve la salle de bains. Votre camarade de classe va jouer le rôle de l'ami(e) et va vous poser des questions supplémentaires. Commencez par la phrase «Voilà ta chambre».

Structure

L'imparfait et le passé composé—des descriptions

*Hier, **j'ai fait** un tour en ville. **J'ai rencontré** Jacques et **nous sommes allés** au café de la Gare. **Nous avons passé** trois heures à parler ensemble. **Nous étions** contents d'être ensemble. **Je portais** une robe* (dress) *légère et des sandales et **Jacques portait** une très belle chemise* (shirt). ***Nous étions** tous les deux très chic.*

Note that the preceding paragraph contains verbs in both the **passé composé** and the imperfect. The first four verbs are in the **passé composé** because they express actions that occurred at a very specific time in the past (yesterday). The remaining verbs are in the imperfect because they describe conditions in the past.

The imperfect is generally used in four types of descriptions:

1. Physical   **Il avait** les cheveux blonds.
2. Feelings   **Nous étions** contents. **Elle était** triste.
3. Attitudes and beliefs   **Je pensais** qu'**il avait raison.**
4. State of health   **J'avais mal à la tête.**

The weather may be described using either the imperfect or the **passé composé.** If the description covers an indefinite period of time, use the imperfect:

Quand j'allais chez mon grand-père, **il faisait toujours très beau.**

If the description covers a definite period of time, use the **passé composé:**

Hier il a fait très beau.

Application

M. Des témoins. *(Witnesses.)* Vous et vos camarades de classe êtes témoins d'un crime. Maintenant on vous demande de décrire ce que vous avez vu. Changez les phrases à l'imparfait.

> **Modèle:** Il y a deux hommes et une femme.
> *Il y avait deux hommes et une femme.*

1. Un des hommes est très grand; il a les cheveux noirs; il a une barbe; il porte une chemise verte; il est mince; il parle fort; il a l'air content; il a un pistolet.
2. Le deuxième homme est assez grand; il est gros; il a une moustache; il porte un tee-shirt; il ne parle pas; il a les cheveux roux; il a un sac à dos; il marche très vite.
3. La femme est grande; elle est mince; elle a les cheveux blonds; elle a le visage ovale; elle porte un blue-jean et un tee-shirt; elle porte aussi des sandales; elle a un sac blanc; elle est le chauffeur de la voiture.
4. La voiture est une Citroën; elle est grise; elle est assez neuve.
5. Nous sommes très nerveux; nous avons peur.
6. Les employés de la banque sont très courageux; ils sont calmes.

N. Une fête. Le dessin ci-dessous montre une fête vue par quelqu'un qui ne connaît personne. Utilisez l'imparfait pour décrire les personnes qui étaient à la fête.

> **Modèle:** *Le garçon avait les cheveux blonds, il était mince et il portait un tee-shirt.*

Note grammaticale

L'imparfait et le passé composé—résumé

The following table summarizes the uses of the **passé composé** and the imperfect. As you study it, keep in mind the following basic principles:

1. Both the **passé composé** and the imperfect are past tenses.
2. Most French verbs may be put into either tense, depending on the context in which they appear.
3. As a general rule, the **passé composé** moves a story's action forward in time:

   Je me suis levée, j'ai pris une tasse de café et j'ai quitté la maison.

4. As a general rule, the imperfect tends to be more descriptive and static:

   Il faisait beau, les enfants jouaient dans le parc pendant que je faisais tranquillement du tricot sur un banc.

Imperfect	Passé composé
Description **Elle était** très fatiguée.	
Habitual action **Ils parlaient** français tous les jours.	*Single occurrence* Ce matin **je me suis préparé** un bon petit déjeuner.
Indefinite period of time Quand **j'étais** jeune, **j'avais** un chien. **Il faisait** très beau.	*Definite period of time* En 1990, **j'ai passé** deux mois au Portugal. Hier, **il a fait** très beau.
Action repeated an unspecified number of times **Nous allions** souvent au parc.	*Action repeated a specified number of times* **Nous sommes allés** au parc trois fois le mois dernier.

O. Une mauvaise journée. Utilisez les dessins et les indications données pour décrire la journée de Catherine. Choisissez l'imparfait ou le passé composé selon le contexte.

se réveiller

Modèle: se réveiller
Catherine s'est réveillée à 7h...

se lever
être fatiguée
s'habiller
ne pas aller bien ensemble

quitter la maison
pleuvoir
se dépêcher pour aller en classe

attendre   to wait for
monter dans le bus
ne pas y avoir de place

entrer dans la classe
être en retard
attendre
recevoir une mauvaise note
être malheureuse

retourner chez elle
se coucher

P. Hier... Maintenant parlez de votre journée d'hier. Choisissez des verbes de la liste et d'autres verbes que vous avez appris. Utilisez l'imparfait ou le passé composé selon le contexte.

se réveiller	être content(e)	être en retard
se lever	être malheureux(-se)	être fatigué(e)
avoir faim	se disputer	avoir beaucoup de travail
préparer	sortir	manger
arriver	rencontrer	faire du sport
aller	avoir soif	se coucher
faire beau/mauvais	être en avance	parler avec
s'habiller	être à l'heure	se promener

Débrouillons-nous!

Q. Un voyage. Racontez à vos camarades un voyage que vous avez fait. Où est-ce que vous êtes allé(e)? Combien de temps est-ce que vous avez passé dans cet endroit? Qu'est-ce que vous avez vu? Qu'est-ce que vous avez fait? Qu'est-ce que vous avez acheté? Quel temps a-t-il fait? Utilisez le passé composé ou l'imparfait selon le contexte.

R. Ma chambre (Ma maison, Mon appartement). Votre camarade de classe veut avoir quelques détails sur votre logement. Faites une description de votre chambre (maison, appartement). Votre camarade peut vous poser des questions supplémentaires.

À faire chez vous:
CAHIER, Chapitre 9, 3ᵉ étape

Student Audio CD Track 4-2–4-7
Now that you've completed the first three **étapes** of **Chapitre 9,** do Segment 2 of the STUDENT CD. See **CAHIER, Chapitre 9, *Écoutons!,*** for exercises that accompany this segment.

Point d'arrivée

Activités orales

Exprimons-nous!

One of the most important things to learn in a language is to say thank you and to respond appropriately when other people say thank you. The following expressions show your appreciation and say that you were happy to have done something for someone else. Caution: In France, people don't use expressions of thanks when someone pays them a compliment. Rather, they tend to downplay what they have or what they did ("That's a very nice dress!" "This old thing? I've had it for years!" "It was very nice of you to help him out." "It was nothing."). Younger people sometimes acknowledge a compliment that relates to appearance.

Pour remercier quelqu'un

Merci bien (beaucoup), Monsieur (Madame, Mademoiselle, Philippe).
Je te (vous) remercie beaucoup.
Oh, merci! Tu es (Vous êtes) très gentil(le)!
Merci mille fois.
Merci infiniment.
Je ne sais comment vous remercier. *(I don't know how to thank you.)*

Pour répondre à un remerciement (How to say you're welcome)

De rien.
Il n'y a pas de quoi.
Ce n'est rien.
C'est tout à fait normal.
Je vous en prie.

A. Trouvons un hôtel! A friend has given you the name of a hotel in Paris. Go to the hotel and make reservations. Get as much information as possible about the cost, breakfast, etc.

1. You're traveling alone. You're in Paris for two nights. You don't have a lot of money.
2. You're traveling with a friend. You'll be in Paris for a week. You want a room with a bath.
3. You're staying with friends in Paris. However, your family (mother, father, two sisters) is coming to visit and you need two rooms for them. They plan to spend four days in Paris.

B. Au revoir... À bientôt. You've been staying with some French friends and are about to return home. Thank your friends for everything they did for you, ask them to visit you in the United States, tell them that you intend to return to Paris next summer, and say good-bye.

À faire chez vous:

Student Audio CD Tracks 4-8–4-10
CAHIER, Chapitre 9, *Rédigeons!*
Travail de fin de chapitre (including STUDENT CD, **Chapitre 9**, Segment 3)

C. Visitons Paris! You and two friends are visiting Paris. Each of you has done something different for the day and you now meet at a café to talk about your activities. Tell each other what you did, how you felt, what happened, etc., using the imperfect and the **passé composé**.

D. Une aventure. Tell others in your group about an interesting, strange, funny, or terrible experience you had in the past.

E. Parlons de notre jeunesse. Tell the others in your group what you used to do when you were a child. Then find experiences that you all have in common and report them to the rest of the class.

Reprise: troisième étape

F. Échange. Posez des questions à votre camarade de classe à propos de sa maison ou de son appartement. S'il (Si elle) habite dans une chambre à la résidence universitaire, il (elle) peut décrire la maison ou l'appartement d'un(e) ami(e) ou d'un membre de sa famille.

1. location
2. how to get there
3. number of bedrooms
4. number of bathrooms
5. size of kitchen (large or small)
6. yard (yes or no)
7. garage (yes or no)
8. basement (yes or no)
9. other rooms in the house
10. what there is in the bedrooms

G. Le week-end dernier. Décrivez vos activités du week-end passé à vos camarades de classe. Expliquez ce que vous avez fait, quel temps il faisait, comment vous vous sentiez. Utilisez l'imparfait ou le passé composé selon le contexte. Vos camarades vont vous poser des questions et ils vont aussi parler de leur week-end.

Modèle: *Le week-end dernier, je n'ai pas fait grand-chose. J'étais assez fatigué(e) et je suis resté(e) au lit jusqu'à dix heures samedi matin. Ensuite...*

Activité écrite

H. Des cartes postales. Évaluez les cartes postales que votre camarade de classe a écrites dans le *Cahier de travaux pratiques* (**«Rédigeons»**) selon les critères suivants.

1. **Contenu:** Est-ce que les trois cartes contiennent les renseignements demandés?
2. **Langue et grammaire:** Vérifiez bien tous les éléments de vocabulaire et de grammaire. Faites surtout attention aux temps des verbes (présent, passé composé, imparfait). Est-ce que les salutations sont appropriées selon la personne adressée (familier? plus formel?).
3. **Résultat final:** Est-ce que ces cartes postales sont vraisemblables *(realistic)*? Sinon, pourquoi pas? Comment est-ce qu'elles devraient être modifiées pour être plus réalistes?

Lecture

Le Québec: Pour votre français!

Avant la lecture: Can you identify some francophone areas or countries where one might go to study French? In which region/country would you like to have a study abroad experience? Why are you particularly interested in that region/country?

Reminder, Lecture: It's not important for you to recognize every word in this brochure. Simply try to understand as many of the details as you can by guessing unknown words from context.

LE QUÉBEC : POUR VOTRE FRANÇAIS !

L'Association québécoise des écoles de français vous invite à choisir le Québec pour améliorer votre français.

Le Québec, là où la vie se déroule tout en français dans un cadre, un environnement et une culture à saveur nord-américaine.

L'Association présente ici ses membres et leurs programmes en français langue seconde.

COLLÈGE DE TROIS-RIVIÈRES

Adresse : 3500, rue de Courval, Trois-Rivières (Québec) Canada G9A 5E6
Téléphone: (819) 378-4911
Télécopieur: (819) 376-1026

Le collège d'enseignement général et professionnel de Trois-Rivières, fondé en 1968, offre des programmes variés permettant à l'étudiant d'accéder soit à des études universitaires, soit au marché du travail.

Niveaux : débutant, intermédiaire et avancé
Clientèle : 16 ans et plus
Sessions : été
Durée : 6 semaines
Approche : communicative
Logement : résidences sur le campus
Installations / services : centre sportif, bibliothèque, cafétéria, laboratoire de langues
Observations / particularités : cours non crédités

COLLÈGE SAINT-CHARLES-GARNIER

Adresse, 1150, boulevard St-Cyrille Ouest, Québec (Québec) Canada G1S 1V7
Téléphone: (418) 681-0107

Le Collège Saint-Charles-Garnier, situé à Québec, offre depuis presque 20 ans des programmes d'été d'immersion en français à des groupes de jeunes de 15 à 18 ans. Pendant l'année scolaire, des sessions de français semestrielles sont offertes aux personnes âgées de 18 ans et plus.

Niveaux : élémentaire, intermédiaire, avancé
Clientèle : été : jeunes de 11 à 18 ans
  année : 18 ans et plus
Sessions : été : 3, 4 et 6 semaines
  automne et hiver: 15 semaines
Durée : 3, 4 et 6 semaines
Approche : méthodes modernes élaborées tenant compte de l'approche communicative; emphase sur la compréhension auditive et l'expression orale
Logement : été : résidences et familles
  année : familles
Installations / services : résidence, gymnase, piscine
Observations / particularités : situé au centreville de Québec; le plus ancien collège français d'Amérique fondé par les jésuites, en 1635

ÉCOLE DE FRANÇAIS / UNIVERSITÉ DE MONTRÉAL

Adresse : C.P. 6128, succursale A, Montréal (Québec) Canada H3C 3J7
Téléphone: (514) 343-6990
Télécopieur: (514) 343-2275

L'Université de Montréal, fondée en 1878, est la plus grande université française en Amérique du Nord. Depuis plus de 40 ans, l'École de français offre des cours de français à une clientèle internationale intéressée au Québec par ses caractéristiques socio-culturelles.

Niveaux : débutant (I et II) intermédiaire (III et IV) avancé (V et VI)
Clientèle : programme ouvert à tous, âge minimum 18 ans
Sessions : hiver, printemps, été et automne
Durée : 3, 6 ou 14 semaines
Approche : communicative
Logement : résidences universitaires disponibles (été seulement), hors campus (appartements ou familles francophones)
Installations / services : centre sportif, cafétéria, résidences, logements hors campus, bibliothèques, laboratoire de langues
Observations / particularités: test de classement, cours crédités, relevé de notes officiel

ÉCOLE DES LANGUES VIVANTES / UNIVERSITÉ LAVAL

Adresse: Pavillon Charles de Koninck (3272), Cité universitaire, Ste-Foy (Québec) Canada G1K 7P4
Téléphone: (418) 656-2321
Télécopieur: (418) 656-2019

L'Université Laval est l'université d'expression française la plus ancienne en Amérique. Située dans une ville à caractère essentiellement français, elle s'est donné comme mission de diffuser en Amérique les richesses de son héritage culturel.

Niveaux : débutant, intermédiaire, avancé
Clientèle : programme ouvert à tous âge minimum: 18 ans
Sessions : automne, hiver, été
Durée : automne et hiver : 15 semaines
  été : 6 semaines
Approche : communicative; accent mis sur l'aspect oral
Logement : résidences (été seulement), logement hors campus (avec des francophones ou appartement)
Installations / services : bibliothèques, laboratoires de langues, cafétéria, centre sportif
Observations / particularités : cours crédités

À vous! *(Exercices de compréhension)*

I. Quels renseignements? You've just seen the brochure on places to study French in Quebec and are telling your classmate about it. Without going into specific details, tell him/her about the kinds of information provided in the brochure. For example, in general, what does the brochure say about the kinds of lodging that are available?

J. Les détails. You've now brought the brochure to class and are giving details about each program mentioned. What do the descriptions say about geographic location, level of students, age of students, length of programs, teaching methodologies, facilities, and unusual features of the schools or programs?

> **Modèle:** *At the Université Laval, they have programs for beginning-, intermediate-, and advanced-level speakers of French. You have to be at least 18 years old to participate.* Etc.

Activité d'écoute

Text Audio CD Track 2-16

K. Portrait de Peter Robidoux. Écoutez le monologue de Peter et répondez aux questions.

1. Dans quelle ville est né Peter?
2. Où se trouve cette ville?
3. Où habite sa famille maintenant?
4. Quelles influences de France est-ce qu'on trouve en Louisiane?
5. À part le français, quelle autre langue est-ce qu'on entend en Louisiane?
6. Pourquoi est-ce que Peter a décidé de poursuivre des études de français?
7. Qu'est-ce qu'il veut faire un jour? Pourquoi?

Branchés sur...

La Louisiane

Peter Robidoux

La Louisiane est un état américain, mais dans le passé, c'était un territoire français: son nom vient du roi Louis XIV. Napoléon, qui avait besoin d'argent et qui pensait que ce territoire ne valait rien *(was worthless)*, a vendu la Louisiane aux Américains pour très peu d'argent. Le territoire est devenu américain, mais les Français sont restés et leurs descendants gardent encore beaucoup de leurs traditions. Et bien sûr, le français, ou plutôt le créole, s'entend encore aujourd'hui dans beaucoup de communautés louisianaises.

Je suis acadien: ma famille est d'origine française, comme le révèle mon nom... Nous en sommes très fiers, même si maintenant on parle plutôt anglais entre nous. Suis-je le descendant d'un aventurier ou d'un bandit français venu au 17ᵉ siècle? Ou bien le descendant d'un Canadien français chassé du Canada en 1763? Je ne sais pas. Mais un jour je vais essayer de retrouver mes ancêtres et de recréer mon arbre généalogique.

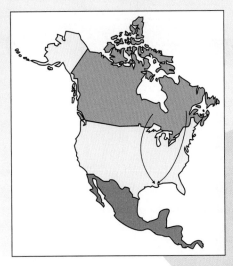

Proverbes cajuns

C'est un défonceur *(someone who breaks down)* de portes ouvertes.
(C'est quelqu'un qui parle beaucoup mais qui ne fait pas grand'chose.)

C'est lui qui a gratté *(scratched)* la lune pour faire les étoiles.
(C'est quelqu'un qui est toujours content de lui.)

Il reste debout comme un poteau fanal *(street lamp)*.
(C'est quelqu'un qui manque d'énergie.)

Il vide la mer avec un béril défoncé *(leaky bucket)*.
(C'est quelqu'un qui a toujours des projets grandioses et impossibles.)

Il n'a pas pendu la lune *(hang the moon)*.
(C'est quelqu'un qui n'est pas très intelligent.)

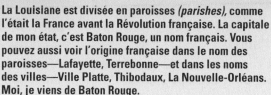

La Louisiane est divisée en paroisses *(parishes),* comme l'était la France avant la Révolution française. La capitale de mon état, c'est Baton Rouge, un nom français. Vous pouvez aussi voir l'origine française dans le nom des paroisses—Lafayette, Terrebonne—et dans les noms des villes—Ville Platte, Thibodaux, La Nouvelle-Orléans. Moi, je viens de Baton Rouge.

Certains Cajuns (comme on appelle les descendants des Français qui parlent créole) habitent au bord des marécages *(swamps)* et des bayous. La Louisiane a un environnement de plantes et d'animaux exceptionnel! Ça vaut bien une visite!

Voici le centre-ville de Baton Rouge. On se sent dans une ambiance différente de celle du reste des États-Unis, je vous l'assure!

Qu'est-ce que vous en pensez?

The United States is made up of a variety of peoples and cultures. Besides Louisiana, what other parts of the country have been strongly influenced by other cultures?

Lexique

Pour se débrouiller

Pour demander une chambre d'hôtel

Est-ce que vous avez une chambre pour deux personnes avec... ? Do you have a double room with . . . ?
Je voudrais une chambre... I would like a room . . .
Je cherche une chambre... I'm looking for a room . . .
J'ai réservé une chambre... I reserved a room . . .
Il me faut une chambre... I need a room . . .
Une chambre pour deux personnes, avec... A double room, with . . .

Pour demander le prix d'une chambre

C'est combien, la chambre? How much is the room?
Quel est le prix de la chambre? How much does the room cost?

Pour remercier quelqu'un

Merci bien (beaucoup), Monsieur (Madame, Mademoiselle, Philippe). Thank you (very much) Sir (Ma'am, Miss, Philip).
Je te (vous) remercie beaucoup. Thank you very much.
Oh, merci! Tu es (Vous êtes) vraiment gentil(le)! Thanks a lot. You're very nice.
Merci mille fois. Thanks a lot.
Merci infiniment. Thank you very much. (more polite)
Je ne sais comment vous remercier. I don't know how to thank you.

Pour répondre à un remerciement

De rien. You're welcome.
Il n'y a pas de quoi. You're welcome. (more informal)
Ce n'est rien. It's nothing.
C'est tout à fait normal. It's perfectly ok.
Je vous en prie. Don't worry about it. (Don't give it another thought.)

Pour exprimer le superlatif

le (la, les) moins... de the least . . . of/among
le (la, les) plus... de the most . . . of/among
le mieux de the best . . . of/among
le (la, les) meilleur(e)(s)... de the best . . . of/among

Thèmes et contextes

L'hôtel

un ascenseur elevator
une cabine téléphonique phone booth
une chambre room
compris included
un étage floor
un lavabo bathroom sink
privé private
la réception reception desk
le rez-de-chaussée first floor
une salle de bains bathroom
le service tip
un supplément extra
des W.-C. (*m.pl.*) ladies' or men's room

Les pièces de la maison

un cabinet de toilette half bath
une cave (à vin) wine cellar
une chambre à coucher bedroom
un couloir hallway
une cuisine kitchen
un salon living room
une salle à manger dining room
une salle de bains bathroom
une salle de séjour family room / den
le sous-sol basement

Les meubles

une armoire free-standing closet
un bureau desk
une commode chest of drawers
une étagère shelf
un fauteuil armchair
une lampe lamp
un lit bed
un tiroir drawer

Vocabulaire général

Verbes

attendre   to wait for
laisser   to leave (something)

partir   to leave (from a place)
quitter   to leave
  (a place or a person)

sortir   to go out
  (of a place or socially)

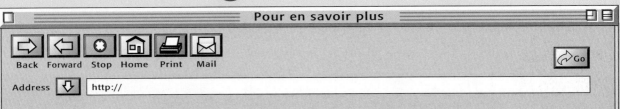
Pour en savoir plus

Pour en savoir plus

To learn/explore more about the cultural topics covered in Chapter 9 you can use the following key words in combination with geographical areas to search Internet resources. For example, if you want to know more about the use of creole in Louisiana, you can search under *Louisiana creole.* If you want to know more about study abroad programs in a francophone country or region (e.g., *Cameroun*), search under *Cameroun study abroad.* And if you'd simply like to learn more about a place (e.g., *Baton Rouge, New Orleans*), find the web sites for that place.

Geographical Areas

France

French regions

French cities (Paris, Strasbourg)

Francophone countries and regions (e.g., Niger, Louisiana)

Francophone cities (e.g., New Orleans, Niamey, Montreal)

Key Words

study abroad	lodging
creole	living standards
hotels	crime
Air France	cajun
Guide Michelin	

chapitre 10

Installons-nous!

Anne et Yves Coron, Caen (Normandie), France
28 ans / 29 ans • architecte / employé de banque • famille: mari, femme, un bébé à venir

- *Première étape* On cherche un appartement

  - describing a house or apartment
  - reading classified ads and brochures about lodging

- *Deuxième étape* On s'installe

  - getting information about people and things
  - talking about finding and moving into a house or apartment

- *Troisième étape* On invite des amis

  - talking about organizing a party
  - getting others to do something
  - expressing actions in the recent past

- *Point d'arrivée*

Point de départ

On cherche un appartement

Les Coron cherchent un appartement plus grand.

Un immeuble traditionnel

Un immeuble moderne

Une vieille maison de campagne

Un pavillon de banlieue

Petites Annonces du Mardi

MAISONS

BENOUVILLE living 50 m² sur jardin, 4 chambres, 2 salles de bains, garage double, 2 pièces indépendantes, vaste jardin. Cabinet Bertaud, 02.40.73.30.78.

AUDRIEU maison, séjour-salon, cuisine aménagée, 5 chambres, garage, jardin 500 m². Prix 97 720 euros. Cabinet Marmin, 02.40.47.94.45.

BEUVRON EN ARDENNE maison ancienne rénovée. Séjour 45 m², cheminée, 3 chambres, 2 salles de bains, grenier aménageable, garage, dépendances, jardin 600 m² clos. 67 000 euros. Agence Juno, 02.40.54.04.00.

APPARTEMENTS

BAYEUX rez-de-chaussée sur jardin, très calme, entrée, séjour, cuisine, 2 chambres, parking et cave. 46 000 euros. Tél. 02.40.20.09.12.

ARROMANCHES 3ème étage, appartement 150 m², salon-séjour 45 m², 3 chambres, cuisine aménagée, confort, parking double couvert. Mᵉˢ Brégeon et Brepson, notaires, Tél. 02.40.48.11.91.

LOUVIGNY le Clos-Royal, appartement 5 pièces, 125 m², séjour-salon 38 m², cuisine aménagée, 3 chambres. 147 750 euros. Baget-Gueffier 02.40.69.24.57.

LOCATIONS MAISONS

FLEURY SUR ORNE belles maisons individuelles neuves de qualité avec 1 ou 2 salles de bains, 6 pièces avec salon-séjour, 4 chambres, garage (850 euros). Disponible en juin. La Location Nouvelle. Tél. 02.40.89.76.36.

SAINT-NICOLAS récente, séjour-salon, 3 chambres, garage, jardinet, 470 euros. Honoraires locataire 315 euros. Étude Léonard, 02.40.83.04.61.

FALAISE maison traditionnelle, salon séjour cheminée, trois chambres, salle de bains, garage, jardin clos, parfait état. 700 euros. Piron Vigneux, 02.40.63.27.83.

LOCATIONS APPARTEMENTS

RUE DU HAVRE studio, cuisine équipée, bains, libre, 225 euros charges comprises. Ste Thérèse Immobilier, 02.40.76.07.68.

RÉPUBLIQUE salon-séjour, 2 chambres, cuisine aménagée, salle de bains aménagée, balcon (295 euros). Cabinet Yannick Durand, 02 40.20.17.40.

CAEN RÉSIDENTIEL Terrasses de Monselet, loue appartement 2 pièces, garage, cave, tennis. Tél. 02.40.76.03.91.

LEXIQUE DES ABRÉVIATONS			

LEXIQUE DES ABRÉVIATONS

arrdt arrondissement	ch. **chauffage**	RdC. rez-de-chaussée	heating
asc. ascenseur	cuis. cuisine	rés. résidence	
appt appartement	dche douche	s. de bns salle	
balc. balcon	équip. équipé(e)	de bains	
banl. **banlieue**	ét. étage	s. à manger salle	suburbs
cab. toil. cabinet	gar. garage	à manger	
de toilette	gd(e) grand(e)	séj. salle de séjour	
cft confort	imm. immeuble	tél. téléphone	
chbre chambre	jard. jardin	tt(e) **tout(e)**	completely
ch. comp. **charges**	park. parking		utilities included
comprises	P. **pièce**		room

À vous! *(Exercices de compréhension)*

A. Les petites annonces. Make use of the various reading strategies you've learned to answer the following questions.

1. The real estate section of the classifieds is divided into four parts: **Maisons, Appartements, Locations maisons, Locations appartements.**
   Since the English word *location* doesn't make a lot of sense in this context, **locations** must be a false cognate. Compare the ads under **Maisons** and **Locations maisons** or those under **Appartements** and **Locations appartements** in order to determine the meaning of **location** in French.
2. Look closely at several of the classified entries and then list the types of information usually included in each entry.
3. Which houses or apartments might you recommend to each of the following people:
   a. An older couple wishing to retire in this region.
   b. A foreign student looking for a small, inexpensive place to stay for the school year.
   c. An American businessperson and his/her family planning to spend a year or two in the area.
   d. A young couple **(les Coron)** looking for a larger apartment.

B. Je ne comprends pas! Vous aidez quelques amis qui viennent de déménager à Paris. Comme ils ne comprennent pas très bien le français, ils ne savent pas lire les abréviations dans les petites annonces. Décrivez les appartements à louer.

Reminder, Ex. B: You may expand on your answer by adding expressions like **Bon, alors..., Euh..., Voyons..., Eh, bien...**

Modèle: banl. / 3 P. / tt cft / séj. av. balc.
C'est un appartment en banlieue. Il y a trois pièces, tout confort et une salle de séjour avec balcon.

1. 16ᵉ arrdt / 5 P. / gde cuis. / jard. / interphone
2. banl. / 2 P. / coin cuis. / séj. av. balc. / tt cft
3. centre-ville / 4 P. / 6ᵉ ét. / asc. / 3 chbres / gd séj.
4. 6ᵉ arrdt / 3 P. / 1 chbre / séj. / s. à manger / rés. moderne
5. banl. / 2 P. / RdC. / cab. toil. / s. de bns / jard.

Vidéo : Questions de fond

1. Combien de petits garçons préfèrent une maison et combien un appartement? Quelles raisons donnent-ils?
2. Que préférez-vous—une maison ou un appartement?

*I*n France, it's much more common to buy rather than rent an apartment. Most apartments are unfurnished **(non meublés),** although small studios and individual rooms may come furnished. University students often rent a room with a family, or they may find a small studio apartment. They also live in university dorms **(les résidences).** Because there are often serious housing shortages in urban areas, it's not always easy to find rooms and apartments for rent. Students may therefore also live in boarding houses **(pensions),** where one or two meals are sometimes included in the price of the room.

Qu'est-ce que vous en pensez?

What are the main differences between student lodging in France and student lodging in the United States?

---

offres locations non meublées

conveniences (stores)
cellar (wine) / including

closets

intercom

1.
AV. DE VERDUN, dans très bel imm. ancien, 7ᵉ ét., asc. 3P., tt cft, parfait état. 590€ + ch. Tél. le matin 03.60.54.33.12

2.
RÉGION PARISIENNE, dans une très agréable rés., à prox. gare, cft moderne, 3 P., 4ᵉ ét., asc., **interphone**, balc., gar., sous-sol. 500€ + ch. Tél 05.59.28.76.14

3.
LUXEMBOURG, Studio tt cft, 2ᵉ ét., asc., imm. pierre, salle dche, kitchenette, cab. toil., **cave**, piscine, park. 420€+ ch. Tél. 04.67.89.15.75

4.
7ᵉ ARRDT, 2 P., séj + chbre, cuis. équip., RdC., petite rés., ch. comp. 300€. Tél. 05.65.31.74.49

5.
BANLIEUE PARISIENNE, 4 P. dans rés. calme, près tts **commodités,** clair ensoleillé, **comprenant:** entrée, gde cuis., séjour av. balc., 3 chbres, w.-c., s. de bns, nombreux **placards,** park, jard., sous-sol. 800€. Tél. 03.22.46.81.39

C. Quel appartement louer? *(Which appartement should we rent?)* Vos amis ne savent pas quel appartement louer. Selon ce qu'ils disent, décidez quel appartement dans les petites annonces du **Point de départ** leur convient.

> **Modèle:** Je veux plus de quatre pièces et une salle de séjour avec balcon.
> *L'appartement numéro 5.*

1. Je n'aime pas le centre-ville, mais je veux être près d'une gare.
2. Tout ce que je veux, c'est quelque chose de très petit qui ne coûte pas trop cher. J'aime bien être au rez-de-chaussée et je ne veux pas être dans un grand immeuble.

3. Je voudrais habiter dans une résidence moderne, je préfère être au 4ᵉ ou au 5ᵉ étage et il me faut absolument un interphone.
4. Je cherche quelque chose de très modeste, pas trop grand, mais il me faut absolument une piscine. J'adore nager.
5. Personnellement, je préfère les vieux immeubles. Ils ont beaucoup de charme et les appartements sont en général très confortables. S'il y a un ascenseur, je veux bien habiter à l'étage.

Structure

Le verbe irrégulier *connaître*

—**Tu connais** le frère de Marie?　—*Do you know* Marie's brother?
—Non, mais **je connais** sa sœur.　—*No, but I know* her sister.
—**Vous vous connaissez** bien?　—*Do you know each other* well?
—Pas vraiment. **Je l'ai connue**　—Not really. *I met* her a week
　il y a huit jours à Amiens.　　ago in Amiens.
—**Tu connais** Amiens?　—*Are you familiar with* Amiens?
—Oui, c'est une très jolie ville.　—Yes, it's a lovely city.

In French, there are two equivalents of the English verb *to know*. As you have already learned, **savoir** is used when talking about facts or information and when saying that one knows how to do something. The verb **connaître** is used when referring to people or places. It has the following forms:

connaître *(to know)*	
je **connais**	nous **connaissons**
tu **connais**	vous **connaissez**
il, elle, on **connaît**	ils, elles **connaissent**
PAST PARTICIPLE: **connu** (avoir)	IMPERFECT STEM: **connaiss-**

Structure: Note that **connaître** is used as a reflexive verb in the example **Vous vous connaissez bien?** Also note that **connaître** in the passé composé means *to meet*: **J'ai connu Jean à Paris.** *I met John in Paris.*

Structure: Note that the present tense of the verb **connaître** only has two basic forms: the forms without the [s] sound (**je, tu, il, elle, on**) and the forms with the [s] sound (**nous, vous, ils, elles**).

Application

E. Non, mais... Vous demandez à un(e) camarade de classe si les personnes indiquées connaissent certaines personnes ou certains endroits. Votre camarade répond que non et substitue la personne ou l'endroit entre parenthèses.

Modèle: Est-ce que ton père connaît Berlin? (Munich)
Non, mais il connaît très bien Munich.

1. Est-ce que tu connais Madrid? (Barcelone)
2. Est-ce que tes parents connaissent Stockholm? (Oslo)
3. Est-ce que vous connaissez Caen? (Rennes)
4. Est-ce que tu connais Yves Coron? (sa femme)
5. Est-ce que ta mère connaît Madame Thibaudet? (son mari)
6. Est-ce que ton père connaît Michel et sa sœur Sophie? (leurs parents)

D. Mise en train: Remplacez les mots en italique et faites les changements nécessaires.

1. *Je* connais très bien New York. (elle / tu / ils / vous / nous)
2. *Elle* ne connaît pas Marianne. (je / il / elles / nous / on)
3. *Nous* nous connaissons bien. (vous / elles / on)
4. *Il* connaît ce quartier? (vous / elles / tu / ils)

Reminder, Ex. F: You may use other expressions to react to the introductions, such as **Heureux(-se) de faire ta connaissance / Enchanté(e) / Salut.**

F. Vous vous connaissez? Votre professeur va donner à chaque étudiant(e) un badge avec une nouvelle identité. Circulez dans la classe avec un(e) partenaire. Demandez aux autres étudiants s'ils connaissent votre partenaire. S'ils ne se connaissent pas, faites les présentations.

Modèle: —*Jacques! Mireille! Vous vous connaissez?*
—*Non, nous ne nous connaissons pas.*
—*Eh bien, Mireille Seurat, Jacques Dalbert.*
—*Bonjour, Mireille.*
—*Enchantée, Jacques.*

Text Audio CD Track 2-18

▮ T u y a u - p r o n o n c i a t i o n
Le groupement de mots

In English, there tends to be a slight pause between words. As a result, native English speakers can readily distinguish, for example, between *ice cream* and *I scream*. The French, however, do not often pause between words. Consequently, the word **élégant** and the phrase **et les gants** sound exactly the same. The absence of clear-cut breaks between words means that the basic element of spoken French is the phrase, or group of related words.

You've probably already noticed the numerous phrases and clauses you've been asked to learn: for example, **au revoir, n'est-ce pas, un sandwich au fromage, quelle heure est-il,** etc. Usually the word groups are logically organized according to the grammatical structure. Here are some frequent word groupings:

1. SUBJECT AND VERB: **je parle, nous sommes, elles ont**
2. SUBJECT, VERB, AND MODIFIERS OR PRONOUNS: **je ne travaille pas, il se couche, je les connais**
3. ARTICLE, NOUN, AND ADJECTIVE or ARTICLE, ADJECTIVE, and NOUN: **un restaurant français, des livres intéressants, un grand homme, une petite ville**
4. A PREPOSITION AND ITS COMPLEMENT: **au cinéma, dans la chambre, avec mes amis**

It's important, both when listening and when speaking, to focus on word groups rather than on individual words.

Ex. G: Note that you never make a liaison into or out of the conjunction **et: vous / et / elle.**

G. Lisez les groupes de mots à haute voix. Évitez de faire des pauses entre les mots.

je ne vais pas / nous avons fait / ils n'ont pas peur / un grand repas / un match épatant / ne vous disputez pas / au café / c'est dommage / pas du tout / j'ai mal au cœur / ma petite amie / je le sais / vous et elle / en face du cinéma / elle les veut

Échange

Nous cherchons un appartement

Text Audio CD Track 2-19

Anne et Yves Coron regardent les petites annonces pour trouver un appartement. Ils cherchent un plus grand logement parce qu'Anne est **enceinte** et qu'ils vont avoir besoin d'une deuxième chambre à coucher pour le bébé.

pregnant

ANNE: Voilà! J'ai trouvé! Un appartement avec trois pièces et une cuisine équipée.

YVES: Et il se trouve où, cet appartement?

ANNE: Près de mon bureau, rue St. Pierre.

YVES: Oui, mais qu'est-ce que ça veut dire exactement «trois pièces»?

ANNE: Il y a une salle de séjour et deux chambres. C'est au rez-de-chaussée et le **loyer** de 450 euros est raisonnable.

rent

YVES: Oui, ça a l'air bien. Tu veux aller le **voir**?

see

ANNE: Oui, pourquoi pas? Je vais téléphoner à l'**agence immobilière.**

real estate agency

À vous! *(Exercices de vocabulaire)*

H. Cherchons un appartement.

Votre camarade de classe et vous venez d'arriver à Grenoble où vous allez faire des études. Vous cherchez un appartement et vous regardez les petites annonces dans le journal. Lisez les annonces et faites les choses suivantes: (1) décrivez l'appartement selon les abréviations, (2) décidez quels appartements sont trop chers et (3) décidez quel appartement vous allez louer. Consultez *le Lexique des abréviations* à la page 397 si vous en avez besoin.

---

appartements meublés

1. CENTRE-VILLE, studio dans très bel imm. 3ᵉ ét., tt cft, kitchenette, ch. comp. 270€.
Tél. 04 76 62 44 67

2. BANL., Studio tt cft, 6ᵉ ét., asc. salle dche, coin cuis., cab. toil. 335 euros + ch.
Tél. 04 76 91 24 56

3. CÔTÉ UNIVERSITÉ, 2 P., séj. av. balc., chbre, cuis., équip., RdC., petite rés., ch. comp. 315€.
Tél. 04 76 94 37 62

4. BANL., 3P. dans rés. calme, gd séj., gde cuis. tte équip., 2 chbres, s. de bns, jard., gar. 520€.
Tél. 04 76 79 12 46

Le savez-vous?

In France,

a. 36% of the French live in houses and 64% live in apartments
b. 73% live in houses and 27% in apartments
c. 25% live in houses and 75% in apartments
d. 56% live in houses and 44% in apartments

Réponse ▼ ▼ ▼ d

Note grammaticale

Le verbe irrégulier *mettre*

Structure: Note that the present tense of the verb **mettre** has only two basic forms: the one without the [t] sound (**je, tu, elle, on**) and the one with the [t] sound (**nous, vous, ils, elles**).

Enfin, nous sommes dans notre nouvel appartement.

Mets le canapé ici dans la salle de séjour.	*Put* the couch here in the living room.
Elle met l'ordinateur dans la chambre?	*Is she putting* the computer in the bedroom?
Où est-ce que **nous mettons** ce tableau?	Where *are we putting* this painting?
J'ai mis la table.	*I set* the table.

The irregular verb **mettre** has several meanings. It may mean *to put* or *place* something somewhere. It may also be used with clothing to mean *to put on* **(Mets ton pull-over).** The idiomatic expressions **mettre la table** and **mettre le couvert** mean *to set the table.*

mettre *(to put, to place, to put on)*	
je **mets**	nous **mettons**
tu **mets**	vous **mettez**
il, elle, on **met**	ils, elles **mettent**
PAST PARTICIPLE: **mis** (avoir)	IMPERFECT STEM: **mett-**

Application

I. **Mise en train:** Remplacez les mots en italique et faites les changements nécessaires.

1. *Je* mets la table? (nous / elle / ils / tu / vous / elles / il)
2. *Il* a mis un pull-over. (nous / elle / ils / je / elles)
3. Où est-ce que *tu* mets la lampe? (elle / ils / je / nous / vous / elles)
4. *Elle* a mis la chaise dans le couloir. (je / nous / elles / il)

J. Il met 7,60 euros à la banque. Indiquez combien d'argent chaque personne met à la banque.

Modèle: Jean / 20 euros
—*Il met vingt euros à la banque.*

1. ma femme / 304 euros
2. mes cousines / 228 euros
3. je / 53 euros
4. mon père / 244 euros
5. mes amis / 11 euros
6. ma tante / 1 522 euros
7. mon mari / 82 euros
8. mes sœurs / 91 euros

K. La météo. Selon les indications météorologiques données, dites les vête-ments qu'il faut porter. Choisissez parmi les vêtements suivants: **un tee-shirt, un short, un pull-over, un manteau** *(coat),* **des gants** *(gloves),* **un anorak** *(ski jacket).*

> **Modèle:** Qu'est-ce que je mets aujourd'hui? (Il fait très froid.)
> *Tu mets un manteau et des gants.*

1. Qu'est-ce que tu mets aujourd'hui? (Il fait frais.)
2. Et les enfants, qu'est-ce qu'ils mettent? (Il fait chaud.)
3. Qu'est-ce qu'elle va mettre? (Il neige.)
4. Qu'est-ce que vous avez mis hier? (Il a fait chaud.)
5. Qu'est-ce que nous mettons? (Il fait froid.)
6. Qu'est-ce que je mets? (Il fait très froid.)

Débrouillons-nous!

L. Échange. Posez les questions suivantes à un(e) camarade de classe. Quand vous aurez terminé, votre camarade va vous demander les mêmes ren-seignements.

1. Est-ce que tu connais une personne célèbre? Qui?
2. Quand et où est-ce que tu as connu ton (ta) meilleur(e) ami(e)?
3. Quelles villes des États-Unis est-ce que tu connais bien?
4. Quels vêtements est-ce que tu mets quand tu vas au centre commercial?
5. Qui met la table chez toi?
6. Qu'est-ce que tu mets dans ton sac (à dos) pour aller en classe?

M. Ma maison (Mon appartement, Ma chambre). Describe your house (apartment, room) to one of your classmates. Where is it located? How do you get there from the university? How many rooms does it have? Name the rooms. How big are the rooms? On what floors are the rooms located? Is there a yard? Do you have a garage? Is there an elevator? Your classmate will ask you ques-tions to get more information.

Reminder, Ex. L: Depending on your partner's answers, you may want to ask follow-up questions to get clarification or more information.

À faire chez vous:
CAHIER, Chapitre 10, 1ère étape

Deuxième étape

Point de départ
On s'installe

Les Coron ont trouvé un
joli nouvel appartement.

LA SALLE DE SÉJOUR

un fauteuil

des rideaux

une peinture

une lampe

un canapé
(un sofa)

un tapis

LA CUISINE

Culture: In traditional French homes, the kitchen is the main room of the house; French kitchens therefore tend to be somewhat larger than American ones. In newer apartments, a **coin-cuisine,** or kitchenette, may replace the traditionally large kitchen. Besides the main bathroom, most French homes have a half bath that includes only a toilet and sink **(le cabinet de toilettes).**

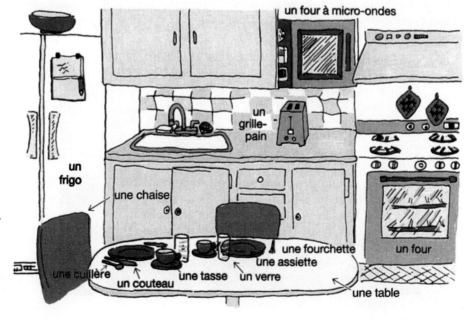

un four à micro-ondes

un grille-pain

un frigo

une chaise

une cuillère

un couteau

une tasse

un verre

une fourchette

une assiette

un four

une table

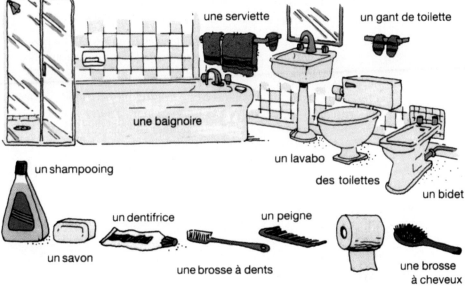

 LA SALLE DE BAINS

une douche

une serviette

un gant de toilette

une baignoire

un shampooing

un lavabo

des toilettes

un bidet

un dentifrice

un peigne

un savon

une brosse à dents

une brosse à cheveux

du papier hygiénique

À vous! *(Exercices de vocabulaire)*

A. Un nouvel appartement. Vous vous installez dans un nouvel apparte-ment. Imaginez comment vous arrangez vos meubles et vos affaires en utilisant le verbe **mettre**.

> **Modèle:** la chambre à coucher
>> *Dans la chambre à coucher, je mets un lit, une télévision, une lampe*, etc.

1. la cuisine
2. la chambre à coucher
3. la salle de bains
4. le bureau
5. la salle de séjour

B. Là où j'habite. Expliquez ce qu'il y a dans chaque pièce de la maison ou de l'appartement où vous habitez. Si vous voulez, vous pouvez décrire la mai-son de quelqu'un que vous connaissez.

Supplementary vocabulary, Ex. B: une piscine, un court de tennis, la pelouse/ le gazon *(lawn)*, **un arbre** *(tree)*, **un buisson** *(bush)*, **le chauffage central, la climatisation** *(air conditioning)*.

▰ R e p r i s e : première étape

C. La maison de mes rêves. *(The house of my dreams.)* Décrivez la maison de vos rêves à vos camarades de classe. Indiquez où se trouve cette maison, comment elle est, combien de pièces elle a, les meubles, etc. Utilisez des phrases comme **Ma maison se trouve..., Ma maison a dix pièces...** et **Dans ma maison, il y a...**

D. Ils connaissent bien les États-Unis. Véronique Béziers et sa famille ont fait plusieurs voyages aux États-Unis. Utilisez les éléments donnés et le verbe **connaître** pour indiquer quelles parties du pays la famille de Véronique connaît particulièrement bien et donnez aussi la raison.

> Modèle: nous / l'Est / faire plusieurs voyages à New York et à Boston
> *Nous connaissons bien l'Est. Nous avons fait plusieurs voyages à New York et à Boston.*

1. mon oncle Didier / le Middle West / visiter plusieurs fois Chicago
2. mes parents / l'Ouest / passer trois semaines à San Francisco
3. ma sœur Danielle / le Texas / faire deux voyages à Dallas
4. je / le Sud / visiter Atlanta et Miami
5. nous / la capitale / passer quinze jours à Washington

Structure

Les pronoms interrogatifs (personnes)

—**Qui** a téléphoné?　　　　　　—*Who* called?
—Georges et Marianne.　　　　　—George and Marianne.

—**Qui** cherchez-vous?　　　　　—*Who* are you looking for?
—Nous cherchons M. Rance.　　—We're looking for Mr. Rance.

—**À qui** parlais-tu?　　　　　　—*To whom* were you speaking?
　　　　　　　　　　　　　　　　　　(*Who* were you speaking *to?*)
—À Jean-Jacques.　　　　　　　—(To) Jean-Jacques.

To ask a question about the identity of a person, French uses a form of the pronoun **qui.** The exact form of **qui** depends on how it is used in the sentence:

1. **Question word = subject of the sentence** (that is, the question word is followed by a verb without a specified subject):

   Qui est à la porte?
   Qui est-ce qui est à la porte?

2. **Question word = object of a verb** (that is, the question word is followed by both a subject and a verb):

   Qui cherche-t-elle? *(inversion)*
   Qui est-ce qu'elle cherche?

3. **Question word = object of a preposition** (that is, the question word is followed by a subject and a verb that requires a preposition. Note that the preposition is placed before the question word.):

   À qui a-t-elle téléphoné? *(inversion)*
   À qui est-ce qu'elle a téléphoné?

Application

E. À la gare. Voici des questions qu'on pourrait entendre à la gare. Complétez-les en utilisant les mots suggérés.

> **Modèle:** Vous cherchez quelqu'un? (qui)
> *Qui cherchez-vous?*

1. Vous cherchez quelqu'un? (qui est-ce que)
2. Quelqu'un va prendre le train de 12h15? (qui)
3. Vous voulez téléphoner à quelqu'un avant de partir? (à qui est-ce que)
4. Tu voyages avec quelqu'un? (avec qui)
5. Quelqu'un a fait les réservations? (qui)
6. Tu regardes quelqu'un? (qui est-ce que)
7. Ce monsieur regarde quelqu'un? (qui est-ce que)
8. Quelqu'un va composter *(validate)* les billets? (qui)
9. Tu vas donner ta place à quelqu'un? (à qui est-ce que)
10. Tu vas aider quelqu'un à monter dans le train? (qui est-ce que)

F. Au Foyer international. Vos amis et vous visitez la France pendant les vacances de Pâques. On vous héberge *(lodge)* dans une résidence pour étrangers *(foreigners)* à Paris. Voici des phrases ou des questions que vous entendez au Foyer. Utilisez les mots donnés pour prolonger la conversation en posant une question. Employez une forme appropriée de **qui.**

> **Modèle:** La porte de la salle de bains est fermée à clé. (être dans la salle de bains)
> *Qui est dans la salle de bains?*

1. Je voudrais prendre une douche, mais il n'y a pas de savon. (prendre le savon)
2. Bonjour, Madame. Oui, c'est ici le Foyer international. (vous / chercher)
3. Allô. Allô. Ici le Foyer international. (vous / vouloir parler à)
4. Ah, Marilyn n'est pas là. (elle / sortir avec)
5. Nous allons passer huit jours dans le Midi. (nous / descendre chez)
6. Je n'ai pas d'argent! (je / pouvoir demander de l'argent à)
7. Tu as deux billets pour le concert? (tu / aller inviter)
8. Moi, j'ai deux billets pour le théâtre. (vouloir y aller avec moi)

G. Pour te connaître un peu mieux. Vous voulez connaître un peu mieux un(e) de vos camarades de classe. Vous lui posez des questions en utilisant les expressions suivantes et une forme appropriée de **qui.**

> **Modèle:** faire la vaisselle *(dishes)*
> —*Qui fait la vaisselle chez toi?*
> —*Ma mère fait (mon mari et ma femme, etc. font) la vaisselle.*
>
> admirer beaucoup
> —*Qui est-ce que tu admires beaucoup?*
> —*J'admire beaucoup mes parents (mon prof, etc.).*

1. habiter avec
2. préparer les repas
3. faire la lessive *(laundry)*
4. faire la vaisselle
5. aimer parler à
6. sortir le plus souvent avec
7. aimer le plus
8. aimer le moins
9. se disputer avec
10. s'amuser avec

Le savez-vous?
The **bidet,** usually found in French bathrooms, is where you
a. wash your private parts
b. wash out your socks and underwear
c. cool bottles of wine
d. wash your feet

Réponse ▼ ▼ ▼ a

Tuyau-prononciation
L'accent

Stress **(L'accent)** makes a word or syllable stand out from the sounds or words surrounding it. In English, a stressed syllable is louder and more intense than an unstressed one. Moreover, the stress may fall at the beginning (UNder), in the middle (inTERpret), or at the end (acCEPT) of an English word. In a sentence, there may be one or more stressed syllables in a variety of places: You WEREn't supPOSed to KNOW that; DON'T do that aGAIN.

In French, stress is indicated by length; a stressed syllable has a longer vowel than the syllables surrounding it. The accent, or stress, always falls in the same place—at the end of a word or phrase. In a single word, the accent falls on the final syllable (bonJOUR). In a phrase consisting of several words, there is only one accent, which falls on the final syllable of the group (à la maiSON; je me suis couCHÉ).

H. Lisez chaque mot et phrase à haute voix. Mettez l'accent sur la syllabe appropriée.

1. Au revoir. Au revoir, Madame. Au revoir, Madame Dupont.
2. Françoise! Françoise, tu veux sortir? Françoise, tu veux sortir avec moi?
3. Je suis allé chez moi. Je suis allé chez moi et j'ai mangé. Je suis allé chez moi, j'ai mangé et je me suis couché.

Échange

Installons-nous!

Would you
you could

If you have time

Anne et Yves Coron sont en train de s'installer dans leur nouvel appartement. Ils décident où ils vont mettre leurs meubles.

ANNE: **Tu veux bien** mettre cette lampe dans la salle de séjour?

YVES: Oui. Et toi, **tu pourrais** arranger un peu la chambre du bébé. Voilà le carton avec les jouets que ta mère a achetés.

ANNE: C'est pas très important, ça. Je peux le faire plus tard. Je préfère arranger notre chambre. **Si tu as le temps**, tu peux mettre la commode contre le mur à droite.

YVES: Bon. Et ensuite je vais arranger la cuisine. J'ai faim, moi. Qu'est-ce qu'on va faire pour le déjeuner?

ANNE: On peut faire une petite omelette avec une salade. Toi, tu vas à l'épicerie chercher les œufs; moi, je commence la salade.

YVES: D'accord. Mais d'abord je vais arranger les meubles dans la salle de séjour.

À vous! *(Exercices de vocabulaire)*

I. Installons-nous! Create a floor plan for the new apartment you've just moved into. With several classmates, decide how you're going to arrange your furniture. Use the present tense of the verb **mettre** to tell where you're going to place the furniture (**Je mets deux lits dans la chambre de gauche...**). When you're done, describe to the rest of the class what you did. (Nous avons mis deux lits dans la chambre de gauche...).

Structure

Le verbe irrégulier *venir*

—Pourquoi **tu** ne **viens** pas chez moi ce week-end?

—Je ne peux pas. Je reste à la maison avec mon petit frère. Pourquoi **tu** ne **viens** pas chez moi?

—Why *aren't you coming* to my house this weekend?

—I can't. I'm staying home with my little brother. Why don't *you come* to my house?

The irregular verb **venir** means *to come*. Its forms are as follows:

venir *(to come)*	
je **viens**	nous **venons**
tu **viens**	vous **venez**
il, elle, on **vient**	ils, elles **viennent**
PAST PARTICIPLE: **venu** (être)	IMPERFECT STEM: **ven-**

The verbs **devenir** *(to become)*, **revenir** *(to come back, to return)*, and **se souvenir de** *(to remember)* are conjugated like **venir**.

Application

K. D'où venez-vous? Utilisez le verbe **venir** et les éléments entre parenthèses pour répondre aux questions.

Modèle: Elle est française? (Paris)
Oui, elle vient de Paris.

1. Ils sont canadiens? (Montréal)
2. Vous êtes suisses? (Zurich)
3. Elle est belge? (Bruxelles)
4. Tu es sénégalais? (Dakar)
5. Elles sont marocaines? (Rabat)
6. Vous êtes français? (Caen)

J. Mise en train: Remplacez les mots en italique et faites les changements nécessaires.

1. *Tu* viens quand?
   (vous / elles / il / ils / nous)
2. *Il* revient demain.
   (je / nous / elles / on / tu / vous)
3. *Je* me souviens de Rennes.
   (elle / nous / tu / ils / on)
4. *Elle* est devenue architecte?
   (tu / vous / elles / il)
5. *Tu* reviens à la maison?
   (elle / il / vous / nous)
6. *Vous* vous souvenez de mon frère?
   (ils / elle / tu / il)

L. Une réunion de famille.
Quand votre famille se réunit, vos parents (relatives) veulent toujours savoir ce que tout le monde fait. Utilisez les éléments donnés pour poser des questions et donner des réponses. Un(e) de vos camarades de classe va jouer le rôle de la personne qui pose les questions.

Modèle: tu / revenir à la maison avant minuit
—*Est-ce que tu reviens à la maison avant minuit?*
—*Oui, je reviens toujours avant minuit.*

1. vous / se souvenir de votre cousin
2. qu'est-ce que / tu / vouloir devenir un jour
3. il / venir chez nous à Noël
4. quand / elles / revenir de France
5. elle / se souvenir de cet accident
6. vous / devenir moins paresseux
7. ils / devenir plus indépendants

Débrouillons-nous!

M. Échange.
Posez des questions à votre camarade sur les sujets suivants. Votre but (*goal*) est de découvrir quelles sont les personnes qui font partie de la vie de votre camarade. Utilisez des pronoms interrogatifs pour poser vos questions (qui, qui est-ce que, avec [pour, à, chez] qui, etc.).

Modèle: travailler
—*Pour qui est-ce que tu travailles?*
—*Avec qui est-ce que tu travailles?*
—*Qui travaille avec toi?* Etc.

1. étudier
2. faire du sport
3. voyager
4. habiter
5. travailler
6. passer le week-end

N. Ils déménagent.
You've just arrived at a party, but your friend was unable to come with you. Explain to your friends that . . .

1. your friend and his family are moving
2. they are unpacking (**déballer**) their things (**affaires**)
3. they have to buy a lot of furniture: beds, tables, chairs, and a dresser
4. they moved into a nice house with five bedrooms, a large living room with a balcony, and a big kitchen
5. they're going to have a party when they're settled (**installés**)

À faire chez vous:
CAHIER, Chapitre 10, 2e étape

Point de départ

On invite des amis

Le téléphone

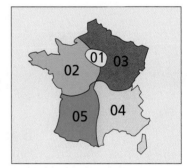

En France, pour utiliser un téléphone public, on a besoin de pièces de monnaie ou d'une télécarte. On peut acheter des télécartes dans les bureaux de poste, dans les gares et dans les bureaux de tabac.

Un numéro de téléphone a dix chiffres. Les deux premiers chiffres représentent la région et les deux suivants représentent la ville ou le département.

Les numéros importants

- le 12: les renseignements *(information)*
- le 15: le Samu (les secours médicaux) *(ambulance)*
- le 17: la police
- le 18: les pompiers *(fire department)*

INDICATIFS DE QUELQUES PAYS			
Allemagne	49	Japon	81
Belgique	32	Maroc	212
Canada	1	Mexique	52
Espagne	34	Royaume-Uni	44
États-Unis	1	Russie	7
Israël	972	Suisse	41
Italie	39		

INDICATIFS DE QUELQUES VILLES			
Avignon	90	Rennes	99
Bordeaux	56	Rouen	35
Dijon	80	Strasbourg	88
Grenoble	76	Tours	47
Lille	20		
Marseille	91		
Nice	93		

Pour téléphoner

En France, composer le numéro à dix chiffres de votre correspondant

> par exemple: 03 89 36 40 85

De la France vers l'étranger, composer 00 suivi de l'indicatif du pays et du numéro de votre correspondant

> par exemple: 00 81...

De la France vers les DOM (Départements d'outre-mer) ou les TOM (Territoires d'outre-mer), composer l'indicatif à 3 chiffres du DOM ou du TOM suivi du numéro à 6 chiffres de votre correspondant

Indicatifs des DOM: Guadeloupe 590; Guyane 594; Martinique 596; Réunion 262; St-Pierre-et-Miquelon 505; Mayotte 269.

Indicatifs des TOM: Nouvelle-Calédonie 687; Polynésie Française 689; Wallis-et-Futuna 681.

> par exemple: 590...

De l'étranger vers la France ou vers les DOM ou les TOM, composer le 33 (indicatif de la France), puis les 9 derniers chiffres du numéro de votre correspondant

> par exemple: 33 299 68 52 55

À vous! (Exercices de compréhension)

A. C'est où? Les deux premiers chiffres d'un numéro de téléphone en France représentent la région et les deux suivants représentent la ville ou le département. Indiquez dans quelle ville se trouvent les numéros de téléphone suivants.

> **Modèle:** 04 76 32 17 83
> *Le zéro quatre soizante-seize, trente-deux, dix-sept, quatre-vingt-trois, c'est un numéro à Grenoble. Soixante-seize, c'est l'indicatif de Grenoble.*

1. 04 90 22 62 31
2. 03 80 08 52 30
3. 03 88 36 28 16
4. 05 56 48 03 79
5. 04 91 78 25 06
6. 03 20 49 02 58
7. 02 35 71 57 69
8. 01 99 74 39 76

B. Qu'est-ce que je fais pour téléphoner... ? Quelques membres de votre famille vont aller en France. Ils vous demandent de leur expliquer comment téléphoner.

> **Modèle:** —When we're in Paris, how do we call your brother and sister-in-law in Tokyo?
> —*You dial 00, then the area code for Japan (81), then their number.*

1. When we're in France, how do we call home to the United States?
2. When we're in France, how do we call your brother who's studying in Germany?
3. When we're in France, how de we call our friends in London?
4. When we're in France, how de we call your uncle and aunt, who are going to be at the "Pierre et Vacances" resort in Martinique?
5. When we get back to the United States, how do we call our hotel in France if we have left something there?

C. Nos meubles. Une famille vient de s'installer dans l'appartement que vous voyez ci-dessous. Expliquez comment ils ont arrangé leurs meubles. Utilisez le verbe mettre et une variété de pronoms **(je, tu il, elle, nous, vous, ils, elles)** dans votre description.

D. Qui a téléphoné? Pendant que vous étiez en ville, une amie a téléphoné. Quelqu'un chez vous lui a parlé et veut vous donner son message, mais il y a trop de bruit dans la maison et vous avez des difficultés à l'entendre. Faites répéter la personne en utilisant une forme convenable de **qui.** Un(e) camarade de classe va jouer le rôle de la personne.

> **Modèle:** Juliette a téléphoné.
> —*Qui a téléphoné?*
> —*Juliette.*

1. Elle a rencontré Jean-Jacques ce matin.
2. Son cousin Georges va venir la semaine prochaine.
3. Il veut aller au théâtre avec Juliette et toi.
4. Il a aussi envie de voir ton amie Martine.
5. Georges et Jean-Jacques ont des billets pour un concert.
6. Ils vous invitent, Juliette et toi.
7. Ils n'ont pas de billet pour Martine.
8. Tu peux téléphoner à Juliette chez son oncle.

E. Vous connaissez... ? Répondez à chacune des questions avec deux phrases. Dans la première phrase, utilisez **se souvenir de;** dans la seconde, utilisez **devenir** avec l'élément entre parenthèses.

Modèle: Vous connaissez Jean? (architecte)
—*Oui, je me souviens de Jean. Il est devenu architecte.*

1. Vous connaissez Yvonne Boucher? (médecin)
2. Tu connais mon frère? (professeur)
3. Elle connaît Robert? (ingénieur)
4. Ils connaissent Annie? (secrétaire)
5. Vous connaissez ma tante? (dentiste)
6. Tu connais Philippe? (pharmacien)

Structure: The interrogative adjective **quel (quelle, quels, quelles)** also means *what?*

Structure

Les pronoms interrogatifs (choses)

—**Qu'est-ce qui** se passe?   —*What's* going on?
—Éric et Marie se plaignent.   —Eric and Marie are complaining.
—**Que** veulent-ils?   —*What* do they want?
—Éric veut sortir ce soir.   —Eric wants to go out tonight.
—Et Marie, **de quoi** a-t-elle besoin?   —And Marie, *what* does she need?
—Elle a besoin d'une voiture.   —She needs a car.

To ask a question whose answer identifies a thing, French uses three different pronouns—**qu'est-ce qui?, que?,** and **quoi?** All three are equivalent to the English word *what*. The exact form of the pronoun depends on how it is used in the sentence:

1. **Question word = subject** (that is, the question word is followed by a verb without a specific subject):

   Qu'est-ce qui fait ce bruit?

2. **Question word = object of a verb** (that is, the question word is followed by both a subject and a verb):

   Que cherche-t-il? *(inversion)*
   Qu'est-ce que Mme Rainier a trouvé?

3. **Question word = object of a preposition** (that is, the question word is followed by a subject and a verb that requires a preposition. The preposition is placed before the question word):

   À quoi s'intéresse-t-elle? *(inversion)*
   De quoi est-ce que tes amis ont besoin?

Application

G. À la gare.
Voici quelques questions qu'on pourrait entendre à la gare. Utilisez les mots suggérés pour les compléter.

Modèle: Vous désirez quelque chose? (qu'est-ce que)
    —*Qu'est-ce que vous désirez?*

1. Vous voulez quelque chose? (qu'est-ce que)
2. Il y a quelque chose qui ne va pas? (qu'est-ce qui)
3. On vous a donné quelque chose? (qu'est-ce que)
4. Vous avez besoin de quelque chose? (de quoi)
5. Il y a quelque chose sur notre siège *(seat)*? (qu'est-ce que)
6. Quelque chose indique le numéro de la voiture? (qu'est-ce qui)
7. Il faut signer quelque chose? (qu'est-ce que)
8. Vous avez laissé votre valise sur quelque chose? (sur quoi est-ce que)

H. À l'aéroport.
Vous êtes à l'aéroport et vous attendez l'arrivée de quelques amis. En attendant (while waiting), vous entendez des phrases et des questions. Imaginez la suite (continuation) des conversations en utilisant les éléments donnés et un pronom interrogatif approprié—**qu'est-ce qui, que, qu'est-ce que, ... quoi, ... quoi est-ce que...**

Modèle: Vous avez soif? (vous / vouloir boire)
    —*Qu'est-ce que vous voulez boire?*

1. Ah, vous allez à Rome? (vous / faire)
2. Il vous faut quelque chose? (vous / avoir besoin de)
3. Tiens! Il y a beaucoup de monde *(people)* à l'aéroport ce matin. (se passer)
4. Ce pauvre garçon est tout pâle et il tremble. (il / avoir peur de)
5. Tu vas à la boutique hors-taxe *(duty-free shop)*? (tu / aller acheter)
6. Elle n'a pas bonne mine, ta tante. (ne pas aller)
7. Tu as faim? (tu / vouloir manger)
8. Je m'excuse, Madame. Je n'ai pas bien compris. (vous / chercher)

I. Pour te connaître un peu mieux (suite).
Vous continuez de poser des questions à un(e) camarade de classe. Cette fois vous utilisez les expressions suggérées et la forme convenable d'un pronom interrogatif qui exige une réponse contenant une chose **(que, qu'est-ce qui, ... quoi).**

Modèle: prendre pour le petit déjeuner
    —*Que prends-tu pour le petit déjeuner?* ou *Qu'est-ce que tu prends pour le petit déjeuner?*
    —*Je prends du jus de fruit et des céréales.*

    avoir besoin de / pour aller en classe
    —*De quoi as-tu besoin pour aller en classe?* ou *De quoi est-ce que tu as besoin pour aller en classe?*
    —*J'ai besoin de mes livres et de mes cahiers.*

1. manger au déjeuner d'habitude
2. mettre tes livres dans / pour aller en classe
3. aimer comme films
4. se passer chez toi le dimanche soir
5. t'intéresser davantage *(more)*—la musique ou les sports
6. acheter récemment
7. avoir peur de
8. regarder le plus souvent à la télé

F. Mise en train: Remplacez les mots en italique.

1. Qu'est-ce qui *se passe?* (est sur la table / t'intéresse / ne va pas / fait ce bruit / s'est passé)
2. Que *cherches-tu?* (veut-il / regardes-tu / font-ils / voulez-vous)
3. Qu'est-ce que *tu penses?* (vous voulez / Marc aime faire / tu as acheté / vos parents vont regarder / tu cherches)
4. De quoi *avez-vous besoin?* (avec... écrivez-vous / à... vous intéressez-vous / de... ont-ils peur / de... a-t-elle envie)
5. *Sur* quoi est-ce qu'on met la *bouteille?* (de... vous avez besoin / à... ils s'intéressent / de... tu as peur / avec... vous allez travailler)

Le savez-vous?
A large proportion of French city dwellers own

a. an apartment on the beach
b. a cabin in the mountains
c. a country home
d. only one home

Réponse ▼ ▼ ▼ c

Tuyau-prononciation
L'intonation

Intonation refers to pitch, the rising and falling of the voice. French intonation patterns are determined both by word groups and by the type of utterance. In some cases, intonation is the key to meaning (it may indicate a question, for example). The basic intonation patterns are:

1. **Yes/No questions—rising intonation:**

   Tu comprends?   Est-ce qu'elle va sortir?

2. **Information questions—falling intonation:**

   Quelle heure est-il?   Où est-ce que tu habites?

3. **Commands—falling intonation:**

   Tournez à gauche!   Lève-toi!

4. **Short declarative phrases and sentences—falling intonation:**

   Merci beaucoup.   Bonjour, Madame.   Je ne sais pas.

5. **Longer declarative sentences—a combination of rising and falling intonation.** Rising intonation at the end of a word group indicates that the sentence will continue. Falling intonation marks the end of a sentence:

   Je me lève, je m'habille et je prends le petit déjeuner.

Helpful hint: When reading French aloud, remember that a comma usually marks rising intonation and that a period marks falling intonation.

J. Lisez chaque phrase à haute voix en faisant attention à l'intonation.

1. Qu'est-ce qui ne va pas?
2. Est-il toujours malade?
3. Quand je suis enrhumé, je rentre chez moi, je prends du thé et je me couche.
4. Tiens, voilà le médecin.
5. Ne mangez pas trop!
6. Où est la pharmacie? Je ne sais pas.
7. Est-ce que tu préfères le thé ou le jus de fruit?
8. Moi, j'aime le thé mais j'aime mieux le jus de fruit.
9. Prenez des aspirines et restez au lit.
10. En hiver, j'ai souvent mal à la gorge et je tousse beaucoup.

Échange

Une invitation à dîner

Text Audio CD Track 2-23

Anne Coron téléphone à ses amis, Jocelyne et René Bistodaux, pour les inviter à venir chez eux samedi soir. C'est le fils des Bistodaux, Jean-Louis, qui répond au téléphone.

JEAN-LOUIS: Allô.

ANNE: Allô. Jean-Louis? C'est Anne Coron à l'appareil. Est-ce que je pourrais parler à ta mère?

JEAN-LOUIS: Ah, bonjour, Madame. Oui, bien sûr. Je vous la passe... Maman, Maman. Le téléphone, c'est pour toi. C'est Mme Coron.

JOCELYNE: J'arrive... Ah, bonjour, Anne. Comment ça va? Et le nouvel appartement, vous en êtes contents?

ANNE: Ah, oui. C'est vraiment très bien. Beaucoup mieux que l'ancien. On a travaillé comme des fous et on est bien installés maintenant.

JOCELYNE: C'est formidable, ça.

ANNE: Justement, Yves et moi, nous voulions vous inviter à venir chez nous samedi soir. Nous invitons des amis pour leur montrer l'appartement. Vous êtes libres samedi soir, toi et René?

JOCELYNE: Mais oui. C'est très sympa. On voudrait bien.

ANNE: Bon. On vous verra samedi vers 9h.

JOCELYNE: D'accord. Et merci bien. À samedi soir.

ANNE: Allez, au revoir. À samedi soir.

Exprimons-nous!

Pour téléphoner à un(e) ami(e)

Allô.
Qui est-ce?
Ici (nom).
Je te le (la) passe.

Pour téléphoner à quelqu'un que vous connaissez très peu

Allô.
C'est de la part de qui? *(May I ask who's calling?)*
Ne quittez pas. *(Hold on, please.)*
Je vous le (la) passe.

Pour inviter un(e) ami(e) à dîner

Tu es libre... ?
Tu veux dîner... ?
Je t'invite à dîner...

Pour inviter quelqu'un que vous connaissez moins bien

Vous seriez libre... ?
Vous pourriez dîner... ?
Je voudrais vous inviter à dîner...

Pour accepter une invitation (familier)

Oui, je veux bien.
C'est sympa.
Chouette!
Pourquoi pas?

Pour accepter une invitation (moins familier)

Je voudrais bien.
Oh, c'est gentil. J'accepte.
Avec plaisir.

Pour refuser une invitation (familier)

Oh, je regrette. Je ne peux pas.
Je voudrais bien, mais je ne suis pas libre.
Merci, mais j'ai déjà fait des projets.

Pour refuser une invitation (moins familier)

C'est dommage, mais ce n'est pas possible.
Je suis désolé(e), mais je ne suis pas libre.

À vous! *(Exercices de vocabulaire)*

K. Allô... Allô... Téléphonez aux personnes dont les noms sont entre parenthèses en imitant les modèles.

Modèle: Véronique Poupard (sa cousine)
—*Allô. Ici (nom). C'est toi, Véronique?*
—*Non, c'est sa cousine.*
—*Oh, je m'excuse. Est-ce que Véronique est là?*
—*Oui, je te la passe.*

1. Marcelle Fleury (sa sœur)
2. Jean Mettetal (son cousin)

Modèle: Lucien Péras / 01 40 22 61 03
—*Allô, allô. C'est bien le 01 40 22 61 03?*
—*Oui, Monsieur (Madame).*
—*Je voudrais parler à Lucien Péras, s'il vous plaît.*
—*C'est de la part de qui?*
—*C'est (nom) à l'appareil.*
—*Ne quittez pas. Je vais voir s'il est là... Je suis désolé(e). Il est sorti.*
—*Voulez-vous bien lui dire que (nom) a téléphoné?*
—*Certainement, Monsieur (Madame).*
—*Merci, Monsieur (Madame). Au revoir.*

3. Michel Roux / 05 61 32 73 22
4. Anne Brisset / 01 47 42 65 39

L. Vous invitez des gens à dîner. Donnez un coup de téléphone pour
passer les invitations indiquées. Un(e) camarade de classe jouera le rôle du (de
la) correspondant(e).

1. Vous invitez un(e) ami(e) à dîner chez vous.
2. Vous invitez un(e) ami(e) à dîner au restaurant avec vous et votre famille.
3. Vous invitez deux ami(e)s à déjeuner chez vous.
4. Vous invitez vos parents français à aller au restaurant.
5. Vous invitez les parents de votre ami(e) à aller au restaurant avec vous,
votre ami(e) et votre famille.
6. Vous invitez votre professeur à dîner chez vous.

Structure

L'expression *venir de*

—Pourquoi est-ce que tu as l'air
si fatigué?
—**Je viens de me réveiller.**

—Why do you look so tired?

—*I just woke up.*

> **Venir de** followed by an infinitive is used to express the recent past—something that happened only a short time ago. When used in the present tense, **venir de** means *to have just* done something.
>
> **Venir de** may also be used in the imperfect tense to indicate that something *had just happened* before another action took place. In that case, the second action will be expressed in the **passé composé**:
>
> **Vous veniez de partir** quand   *You had just left* when Simone
> Simone **est arrivée.**   *arrived.*

Application

N. Utilisez l'expression **venir de** pour exprimer les rapports suivants. Suivez le modèle.

Modèle: Il est maintenant 7h. Je me suis levé à 6h45.
Je viens de me lever.

1. Il est maintenant 17h30. La banque a fermé à 17h.
2. Il est maintenant 9h. Je me suis levé à 8h55.
3. Il est maintenant midi. Il a commencé à pleuvoir il y a dix minutes.
4. Il est maintenant 10h du soir. Ils sont partis à 9h45.
5. Il est maintenant 11h du soir. Je me suis lavé la tête à 10h30.

Modèle: René s'est couché à 10h30. Marceline a téléphoné à 10h40.
René venait de se coucher quand Marceline a téléphoné.

6. Le train pour Marseille est parti à 23h05. Nous sommes arrivés à la gare à 23h10.
7. Claire a terminé ses études fin juin. Elle a trouvé un job le 2 juillet.
8. Je me suis levée à 6h. Le taxi est arrivé à 6h10.
9. Nous sommes arrivés à Dakar le 9 mai. Le 10 nous avons trouvé un appartement.
10. Je me suis couché à 11h. Le téléphone a sonné à 11h05.

Débrouillons-nous!

O. Qu'est-ce que vous avez fait? You're back in your French class after a vacation and you have lots of questions for your classmates. Use the interrogative pronouns you've learned and other question words to get information from the members of your group. Find out, for example, where they went, with whom, what they did, what they bought, what happened, etc.

P. Un coup de fil. *(A phone call.)* You and your family have just arrived in Paris. You call your French friend Mireille Loiseau. She's away on vacation for several days, but a family member answers the phone. Identify yourself as Mireille's American friend, find out when she'll be back, and decide whether to call again **(rappeler)** or to leave a message **(laisser un message).** A classmate will play the role of the family member.

M. Mise en train: Remplacez les mots en italique et faites les changements nécessaires.

1. *Je* viens de vous téléphoner.
   (elle / nous / ils / on)
2. *Ils* viennent de manger.
   (je / nous / elle / vous / tu / on / elles)
3. *Elle* vient de rentrer?
   (tu / vous / ils)
4. *Vous* veniez de sortir quand Marie est arrivée.
   (ils / tu / je / on)
5. *Je* venais d'acheter les billets quand les prix ont changé.
   (nous / elle / tu / vous / ils / on)

À faire chez vous:
CAHIER, Chapitre 10, 3ᵉ étape

Student Audio CD Tracks 4-11–4-15
Now that you've completed the first three **étapes** of **Chapitre 10,** do Segment 2 of the STUDENT CD. See **CAHIER, Chapitre 10, *Écoutons!,*** for exercises that accompany this segment.

Point d'arrivée

Exprimons-nous!

When you're trying to get someone to do something, you may use a variety of expressions. Some are more formal and polite, others are more direct and should be reserved for people you know very well.

Pour faire agir les autres

Tu veux bien... ? (Vous voulez bien... ?)
Tu pourrais... ? (Vous pourriez... ?)
Tu as le temps de... ? (Vous avez le temps de... ?)
Si tu veux, tu... (Si vous voulez, vous...)
N'oublie pas de... (N'oubliez pas de...)
Pourquoi pas... ?

With people you know well, use the imperative with **s'il te plaît:**

S'il te plaît, va à l'épicerie pour moi.

Activités orales

**Student Audio CD Tracks 4-16–4-19
CAHIER, Chapitre 10, *Rédigeons! /
Travail de fin de chapitre* (including
STUDENT CD, Tracks 4-16–4-19)**

A. Je cherche un appartement. You're in an apartment-rental office. Explain to the person that . . .

1. you want to rent an apartment with two bedrooms and a living room.
2. you would also like a small dining room.
3. you need a kitchen that is fully equipped with a stove, refrigerator, etc.
4. you want to live in a building that has an elevator.
5. you prefer to live in the suburbs.

B. Trouvons un appartement. You and your friend are looking for an apartment. Decide together what kind of apartment you want; then consult the ads at the beginning of this chapter. Decide which apartment best fits what you had in mind.

C. Une interview. You're going to sublet your apartment and are very particular about who's going to live in it. Interview several of your classmates to find the most acceptable person. Ask the candidates about their activities, how many rooms they'll need, what kind of apartment they're looking for, what furniture they have, etc. When you're done with the interviews, tell the interviewees who is going to get the apartment and why.

D. Quand j'étais jeune... You and your classmate are talking about the house (apartment) you lived in when you were children. As you describe the house (apartment) in detail, your partner will ask questions for clarification and additional information.

E. Est-ce que tu pourrais m'aider? You've just moved into a new apartment and need some help getting settled. Call a friend and ask him/her to help you with one or two tasks. Suggestions: arrange the furniture, unpack boxes **(déballer les cartons),** go to the store to buy food, clean **(nettoyer),** etc.

F. Au dîner. Vous dînez avec la famille française chez qui vous passez l'année scolaire. En utilisant les expressions données, formez les questions que posent les différents membres de la famille.

> **Modèle:** Le téléphone sonne. Mme Cathelat va répondre. Un peu plus tard elle revient pour annoncer que c'était sa mère.
> (M. Cathelat: ta mère / vouloir)
> —*Qu'est-ce que ta mère voulait?* ou *Qu'est-ce qu'elle voulait, ta mère?*

1. Mme Cathelat dit que son frère a eu un accident. (Jacques: se passer)
2. M. Cathelat dit qu'il a reçu une lettre de sa sœur. (Mme Cathelat: ta sœur / avoir besoin de)
3. Jacques dit qu'il va sortir ce soir. (M. Cathelat: tu / faire)
4. Chantal dit qu'elle va passer les vacances au Maroc. (Jacques: on / pouvoir se voir au Maroc)
5. Jacques dit qu'il va passer la nuit à la plage samedi soir avec ses copains. (Mme Cathelat: vous / dormir sur)
6. Mme Cathelat dit qu'elle a dépensé beaucoup d'argent au centre commercial. (Chantal: tu / acheter)
7. M. Cathelat dit qu'il n'est pas content de son travail. (Mme Cathelat: ne pas aller)
8. Chantal dit qu'elle n'aime pas les langues, qu'elle n'aime pas les sciences, qu'elle n'aime pas les beaux-arts. (Jacques: tu / s'intéresser à)

G. À table. Quand vous êtes à table chez vous, chaque fois qu'on annonce une nouvelle, il y a toujours plusieurs personnes qui posent des questions. Utilisez les éléments donnés pour poser ces questions. Distinguez entre les questions qui vont avoir pour réponse **une personne** et les questions qui vont avoir pour réponse **une chose.**

> **Modèle:** Je suis allé dans un grand magasin. (t'accompagner / acheter)
> —*Qui t'a accompagné?*
> —*Qu'est-ce que tu as acheté?*

1. Pépé et Mémé ont téléphoné. (parler / vouloir)
2. Je vais aller en ville demain. (avoir besoin / faire)
3. Je vais organiser une boum. (inviter / servir comme boisson)
4. Il y a eu un accident. (se passer / être dans la voiture)
5. Nous avons dîné dans un restaurant algérien. (aller / manger)
6. Nous sommes invités à passer le week-end à la campagne. (il faut apporter / dormir chez)
7. Jeanne veut aller en Afrique. (l'accompagner / voir)
8. Cécile est allée en ville ce matin. (faire / rencontrer)

H. Un coup de fil. When you phone a friend to invite him/her to dinner at your house, his/her brother answers. Along with two other students, play out the conversations, using the following suggestions.

1. You call and ask for your friend.
2. Your friend's brother/sister answers, says that your friend is not at home, and explains where he/she is.
3. You tell the brother/sister that you will call back **(rappeler)** later on.
4. You call back. Again your friend's brother/sister answers; this time your friend is home.

Activité écrite

I. Maison à vendre. You and your partner have created brochures to advertise houses you're trying to sell (Workbook, page 296). Exchange brochures and read your partner's in light of the following questions.

1. Is the brochure complete? (Does it include the following information: number and function of rooms, location, price and what's included in that price, phone number for getting information?)

2. Does the brochure make sense? (Is it clear to whom the brochure is addressed [large family, young married couple, retirees, etc.]? Would the features mentioned appeal to these people?)

3. Does the brochure imitate the style of writing used in this kind of text (for example, nouns and adjectives rather than verbs)?

4. Do all adjectives agree with the nouns they modify?

Avant la lecture: What features would you like to have in a house you were going to buy?

Lecture

Maison à vendre

LES MAISONS QUÉBÉCOISES

Rez-de-chaussée 74,88 m² (832 pi²)

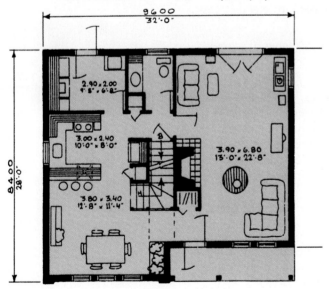

Étage 73,44 m² (816 pi²)

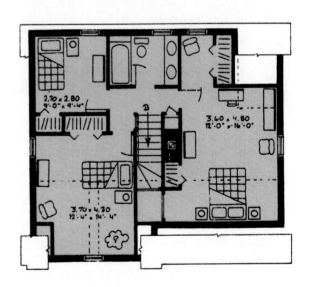

Modèle L1721

Type: Maison d'inspiration anglaise
Programme: Rez-de-chaussée; cuisine/dînette, salle à manger, vivoir, buanderie, toilettes.
Étage: 3 chambres, salle de bains. Sous-sol aménageable.
Plan: Semi-ouvert.
Surface habitable: 148,32 m² (1648 pi²)
Revêtements extérieurs: Brique, revêtement à la verticale (à l'arrière), bardeau d'asphalte.
Eléments utilitaires: Balcon à l'avant abritant la porte d'entrée principale. Foyer avec possibilité d'une sortie au sous-sol ou à l'étage. Lucarne en chiensis à l'arrière pour plus d'espace.
Particularités: Portes françaises à l'arrière donnant dans le vaste vivoir. Buanderie indépendante avec porte de service. Construction intéressante reflétant bien son époque.

À vous! *(Exercices de compréhension)*

J. Les maisons québécoises. Lisez la publicité de la maison Modèle L1721 et répondez aux questions suivantes.

1. Quel est le style de la maison?
2. Quel est le mot français pour «vivoir»?
3. Qu'est-ce qu'il y a au rez-de-chaussée?
4. Combien de chambres à coucher est-ce qu'il y a?
5. Combien de salles de bains est-ce qu'il y a?
6. Est-ce qu'on peut entrer dans le vivoir de l'extérieur de la maison?
7. Combien d'étages est-ce qu'il y a?
8. Selon la publicité, quels sont les aspects pratiques de la maison?

K. Le modèle L1721. Vous avez décidé de faire construire votre maison selon le plan du Modèle L1721. La maison est maintenant finie et vous allez bientôt emménager *(move in)*. Décidez comment vous allez aménager *(fix up)* la maison: Quels meubles vous faut-il pour chaque pièce? Comment est-ce que vous allez les arranger? Lisez la description de l'intérieur et regardez bien le plan de chaque étage.

Modèle: *Nous avons un sous-sol aménageable. Nous allons y mettre un canapé, un fauteuil, une petite table et une télévision. Il faut aussi un tapis et des lampes. Mettons le canapé contre le mur, avec la télévision en face. Etc.*

Activité d'écoute

L. Portrait d'Anne et d'Yves Coron. Écoutez parler Anne et Yves, puis répondez aux questions.

Text Audio CD Track 2-24

1. Pourquoi les Coron sont-ils contents d'avoir déménagé?
2. Quand est-ce que le bébé doit arriver?
3. Est-ce qu'Anne va quitter son travail après la naissance du bébé? Pourquoi (pas)?
4. Est-ce qu'ils voudraient avoir un garçon ou une fille? Expliquez.
5. Quels préparatifs ont-ils déjà faits?
6. Quel(s) nom(s) vont-ils donner à leur enfant?

Branchés sur...

la Normandie

Anne et Yves Coron

Yves et moi, nous sommes normands—c'est-à-dire que nous sommes nés en Normandie.

La famille d'Yves est de Honfleur, un petit port de pêche en face du Havre à l'endroit où la Seine se jette dans la Manche *(English Channel)*.

Ma famille est du Mont-Saint-Michel. Mes parents ont toujours un restaurant dans la rue principale de ce site touristique si célèbre. C'est une petite île sur laquelle on a construit une abbaye et une église au Moyen Âge. L'île est reliée à la côte par une digue *(dike)*, qui est entièrement recouverte d'eau à marée haute *(high tide)*.

La Normandie est une région agricole très importante connue pour son blé *(wheat)*, son lait et son beurre, ses fruits (surtout les pommes) et son fromage. C'est pour ça que samedi soir nous allons servir à nos amis une tarte aux pommes normande accompagnée de crème fraîche.

La ville où nous habitons, Caen, est près des célèbres plages du débarquement. C'est là, en juin 1944, que les soldats alliés ont débarqué et ont commencé la campagne qui a mené à la fin de la Seconde Guerre mondiale.

GRATIN DE POMMES À LA NORMANDE

1/2 tasse de raisins secs / 1/4 tasse de rhum / 100 g. de beurre / 1 tasse de sucre / 1 kg de pommes / 3 œufs / 1/4 tasse de farine / 1/2 tasse de crème / cannelle en poudre

Faire tremper les raisins secs dans le rhum. Foncer une tourtière *(pie pan)* beurrée; saupoudrer *(sprinkle)* d'une demi-tasse de sucre; couper les pommes en quartiers, en enlever le trognon *(core)*, couper en tranches et les disposer dans la tourtière; saupoudrer du sucre qui reste et y ajouter le beurre qui reste. Faire cuire à 375° pendant 25 minutes. Lorsque les pommes sont cuites, on les recouvre d'un mélange d'œufs battus, de farine, de crème, de rhum et de cannelle. On fait cuire encore 25 minutes à 375°. À servir chaud avec de la crème fraîche.

La cuisine normande est caractérisée par l'emploi des pommes (la région est connue pour son cidre) et de la crème (on y élève beaucoup de vaches). Voici une recette pour un dessert normand.

Quand nous visitons Rouen, nous dînons souvent dans un restaurant près de la place du Vieux Marché. C'est là que les Anglais ont brûlé vive Jeanne d'Arc en 1431.

Qu'est-ce que vous en pensez?

The province of Normandy attracts many tourists for the role it played during the Second World War. If you wanted French tourists to know about a particular period or event in American history, what places would you suggest they visit? In your opinion, why is the history of a country important to the way its people define themselves?

Lexique

Pour se débrouiller

Pour louer ou acheter un appartement *(To rent or buy an apartment)*

J'ai besoin d'un appartement qui... I need an apartment that . . .

Je cherche un appartement qui... I'm looking for an apartment that . . .

Il me faut un appartement qui... I need an apartment that . . .

Pour parler des actions récentes *(To talk about recent actions)*

Je viens de louer un appartement. I just rented an apartment.

Je viens juste de parler à ma mère. I just spoke to my mother.

Il est sorti il y a cinq minutes. He went out five minutes ago.

Pour téléphoner *(To call on the phone)*

Allô. Hello.

Ici (Jeanne-Marie). It's (Jeanne-Marie).

Qui est-ce? Who is it?

Qui est à l'appareil? Who is it (on the phone)?

Ne quittez pas. Don't hang up.

Je vous (te) le (la) passe. I'll get him (her) for you.

C'est de la part de qui? Who is calling?

Pour inviter *(To invite)*

Est-ce que vous pourriez... ? Could you . . . ?

Je t'invite à... I invite you to . . .

Je voudrais vous inviter à... I'd like to invite you to . . .

Tu es libre... ? Are you free . . . ?

Vous (Tu) voudriez (veux)... ? Would you like (Do you want) . . . ?

Pour accepter une invitation

Avec plaisir. With pleasure.

Chouette. Neat, great.

Oui, je voudrais (veux) bien. Yes, I'd like (love) to.

Pourquoi pas? Why not?

Pour refuser une invitation *(To refuse an invitation)*

C'est dommage, mais je ne peux pas... It's too bad, but I can't . . .

Je regrette (Je suis désolé[e]), mais ce n'est pas possible. I'm sorry, but it's not possible.

Je voudrais bien, mais je ne suis pas libre. I'd like to, but I'm not free.

Thèmes et contextes

La maison et l'appartement

un ascenseur elevator
un balcon balcony
la banlieue suburbs
un cabinet de toilette half-bath
une cave cellar
le centre-ville downtown
une chambre (à coucher) bedroom
le chauffage heating
un coin-cuisine kitchenette

une cuisine kitchen
un garage garage
un immeuble apartment building
un jardin garden
un parking parking lot
une pension boarding house, bed and breakfast
une pièce room
une résidence dormitory
une salle à manger dining room

une salle de bains bathroom
une salle de séjour living room

Les meubles de la salle de séjour

un canapé couch
un fauteuil armchair
une lampe lamp
des rideaux *(m.)* curtains
un sofa sofa
un tapis rug

La cuisine

une assiette plate
un couteau knife
une cuillère spoon
un four oven
un four à micro-ondes
  microwave oven
une fourchette fork
un frigo refrigerator
un grille-pain toaster

une tasse cup
la vaisselle dishes
un verre glass

La salle de bains

une baignoire bathtub
un bidet bidet
une brosse brush
une brosse à dents toothbrush
le dentifrice toothpaste

une douche shower
un gant de toilette washcloth
un lavabo sink
le papier hygiénique toilet paper
un peigne comb
le savon soap
une serviette towel
le shampooing shampoo
des toilettes (des W.C., un cabinet de toilette) toilet

Vocabulaire général

Verbes

connaître to know
déballer to unpack
déménager to move
devenir to become

s'installer to get moved in
louer to rent
mettre to put
mettre la table (le couvert)
  to set the table

revenir to come back
se souvenir de to remember
venir to come
venir de to have just

Dossier–Découvertes

Le Québec

Une province

*Le Québec (on utilise l'article **le** pour désigner la province, le mot Québec tout seul pour parler de la ville) est la plus grande province canadienne. «Découvert» (les Amérindiens et **les Inuits** y habitaient déjà depuis longtemps) au 16ᵉ siècle par des explorateurs français, qui lui ont donné le nom de Nouvelle-France, il est passé sous la domination britannique au 18ᵉ siècle. Pourtant, les habitants français ont réussi à garder leur langue: des 7 millions de Québécois aujourd'hui, environ 5,7 millions parlent français comme première langue.*

*L'automne, par contre, peut être très beau. L'immensité du territoire et la population relativement **restreinte** font qu'**en dehors** des grandes villes les gens vivent souvent assez isolés. La partie nord de la province (appelée le Nouveau-Québec) est **faiblement** peuplée—**quelque** 13 000 Amérindiens et Inuits.*

*Selon le chanteur-poète québécois Gilles Vigneault «Mon pays ce n'est pas un pays, c'est l'hiver», les **gelées** commencent en septembre ou en octobre, la neige arrive en novembre ou décembre et **ne disparaît qu'**en avril. Il tombe plus de 3 mètres de neige par an sur Québec. La température au nord de la province peut descendre jusqu'à moins 60° C ou moins 70° C.*

DICO

les Inuits: Eskimos	**restreinte:** limited
gelées: freezes	**en dehors:** outside
ne disparaît que: doesn't disappear until	**faiblement:** sparsely
	quelque: some, about

Le Québec, hier et demain

Un avenir incertain

*Depuis 1867, le Québec fait partie de la Confédération canadienne. Le gouvernement fédéral (qui siège à Ottawa en Ontario) exerce sa compétence dans les domaines des affaires **étrangères**, du commerce, des transports, de la monnaie et du **droit pénal;** les questions intérieures et locales, la santé et l'éducation sont la responsabilité du gouvernement provincial.*

*Récemment, une partie de la population québécoise **a exprimé** son **souhait** de faire du Québec un **État** indépendant.*

Quelques points de repère

1534	—premier voyage de Cartier
1608	—fondation de Québec par Champlain
1634	—fondation de Trois-Rivières
1642	—fondation de Montréal
1756–63	—Guerre de Sept-Ans
1763	—Traité de Paris
1791	—Acte Constitutionnel
1837–38	—révolte des Patriotes

Le drapeau québécois a des fleurs-de-lis, symbole de l'ancienne monarchie française, et la devise provinciale «Je me souviens».

Qu'est-ce que vous en pensez?

Are there parts of the United States that seem "different" from the rest of the country? In what way(s)? Can you imagine a separatist party developing there? Why (not)?

DICO

étrangères: foreign	**a exprimé:**
droit pénal:	has expressed
criminal law	**souhait:** wish
	État: State, country

Québec

Capitale de la province, Québec est la seule ville fortifiée d'Amérique du Nord. Elle se perche sur un haut **promontoire** qui **domine** le Saint-Laurent. Beaucoup plus petite que Montréal (sa population est de 645 500 habitants), elle **demeure** une ville presque exclusivement francophone.

La ville haute

La ville basse

Sur le promontoire, à la place d'Armes, se dresse le Château Frontenac, un grand hôtel construit en 1892 pour la compagnie de chemin de fer du Canadien Pacifique. Son architecture de **tours** et de **tourelles** fait de ce «château» le monument touristique le plus connu de la ville.

Près du château commence la Terrasse Dufferin, une élégante promenade longue de 671 mètres, qui donne une belle vue sur le Saint-Laurent et sur la ville basse.

DICO

promontoire: headland   tours: towers
domine: overlooks   tourelles: turrets
demeure: remains

Le quartier Petit-Champlain, qui entoure la place Royale, est la partie la plus ancienne de la ville. C'est là que Samuel de Champlain s'est installé en 1608. Aujourd'hui on y trouve des maisons de pierres qui reproduisent l'architecture du 17ᵉ et du 18ᵉ siècles.

Montréal, deux Villes

Montréal est située sur une grande île (50 km de long, 15 km de large) dans le Saint-Laurent. Ville cosmopolite de plus de 3 millions d'habitants, elle a vraiment une **ambiance** internationale. Francophone à l'est, anglophone à l'ouest, la ville comprend aussi des quartiers chinois, italiens, haïtiens, grecs et portugais.

Devenue centre économique et financier, Montréal **se distingue** aujourd'hui par les nombreux gratte-ciel qui dominent son paysage. À cause du climat, on a construit une seconde ville («une ville parallèle») **sous terre**. Ce complexe souterrain comprend 3 millions de mètres carrés où se regroupent boutiques et restaurants, hôtels et piscines, banques et bureaux, grands magasins et petites boutiques.

Il subsiste pourtant des traces du Vieux Montréal. Autour de la statue de Maisonneuve (fondateur de la ville) sur la place d'Armes on peut **revivre** plusieurs siècles d'histoire **tout en** admirant les vieux bâtiments restaurés et en écoutant les **chansonniers** et les musiciens de rues.

Tous les ans au début de juillet, le Festival international de jazz de Montréal **attire** plus de 1 000 musiciens et 400 000 amateurs de jazz. Ville artistique et sportive, Montréal offre aux habitants et aux visiteurs des spectacles théâtraux et des expositions de peinture ainsi que des matchs de base-ball (au Parc olympique) et de hockey sur glace (au célèbre Forum).

DICO

ambiance: atmosphere
se distingue: is recognized
sous terre: underground
revivre: to relive
tout en: all the while

chansonniers: singers (specializing in satirical songs)
attire: attracts

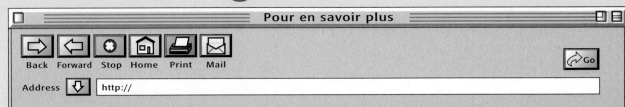

Pour en savoir plus

Pour en savoir plus

To learn/explore more about the cultural topics covered in Chapter 10 and the *Dossier-Découvertes,* you can use the following key words in combination with geographical areas to search Internet resources. For example, if you want to know more about housing available in France, you can search under *France housing (rentals).* If you want to know more about the history of Quebec, search under *Quebec history.* And if you'd simply like to learn more about a place (e.g., *Quebec, Montreal*) find the web sites for that place.

Geographical Areas

France

French regions (e.g., Normandy)

French cities (e.g., Caen, Honfleur)

Francophone countries and regions
    (e.g., Quebec)

Francophone cities
(e.g., Quebec, Montreal)

Key Words

housing	Camembert
secondary residences	cuisine
furniture stores	history:
house floor plans	Quebec (province)
Mont-Saint-Michel	Inuits
Normandy beaches (Allied landings during World War II)	Quebec (city)
	Montreal
	Jacques Cartier
	Samuel de Champlain
Calvados	separatist party

chapitre *11*
Cherchons du travail!

François Maillet
35 ans • Toulouse (Midi-Pyrénées)
ingénieur • famille: femme (Delphine), deux enfants

- *Première étape*   Les petites annonces
  - talking about employment opportunities
  - expressing emotion, necessity, and wishes

- *Deuxiéme étape*   J'ai besoin d'un costume
  - naming and describing clothing
  - making purchases in clothing stores

- *Troisième étape*   Une interview
  - participating in a job interview
  - understanding conversations about work
  - reading documents about the business world

- *Point d'arrivée*

Point de départ

Les petites annonces

Il est ouvrier à la chaîne.

Il est employé à la poste.

EMPLOIS JEUNES À LA POSTE: POURQUOI PAS VOUS?

Vous devez remplir les conditions suivantes:

- être à la recherche d'un emploi
- avoir entre 18 ans et 26 ans à la date de signature du contrat (ou moins de 30 ans et n'avoir jamais perçu d'allocation chômage au titre d'une activité antérieure)
- avoir un niveau équivalent au bac/bac+2.

Vous êtes attiré(e) par un métier en contact avec le public

La Poste vous propose:

- Un emploi d'agent de contact
- Dans la salle du public d'un bureau de Poste, vous aurez à accueillir, informer, orienter, conseiller et ainsi participer activement à la réduction de l'attente au guichet. Vous prendrez en charge la personnalisation de la relation avec le public, l'orientation des personnes en fonction de leur besoin, la réponse aux demandes d'information.

Vous souhaitez déposer votre candidature?

Votre dossier de candidature doit comprendre:

- **Une lettre de motivation** (1 page) expliquant les raisons de votre candidature pour ce type d'emploi à La Poste
- **Un curriculum vitae** indiquant au minimum votre date et lieu de naissance, votre adresse, votre situation de famille, vos diplômes et formations, la ou les langues étrangères parlées, votre expérience professionnelle, vos centres d'intérêt et le cas échéant votre situation vis-à-vis du service national.
- Toutes les candidatures sont à adresser à l'adresse postale ci-dessous:

    ANPE/LA POSTE/CEJ
    75314 PARIS CEDEX 09

LA POSTE ➤
On a tous à y gagner

C'est un serveur diplômé.

Elle est chimiste en
recherche-développement.

Il est cadre; son poste est
assistant chef de produit.

N° 1 MONDIAL DU PNEUMATIQUE

NOUS RECHERCHONS
BAC +2 A BAC +4
Jeunes diplômés

RECHERCHE ET DÉVELOPPEMENT

DUT Chimie, Mesure Physique + Spéciale/ LICENCE/MAÎTRISE : Physique, Chimie, Maths Appliquées, Informatique Scientifique.

Au sein de notre Centre de Recherche et de Calcul, intégrez une équipe pluridisciplinaire dans laquelle, en rapport avec votre formation, vous serez chargé d'études sur les matériaux ou sur les produits finis.

Vous disposerez d'importants moyens informatiques et d'outils de mesure parmi les plus performants pour mener à bien modélisations et expérimentations.

Votre objectif :
"Battre demain le pneu d'aujourd'hui".

ORGANISATION INDUSTRIELLE

DUT/BTS : GMP, GEII, MP, OGP, MAI...
Vous aimez rechercher des solutions nouvelles, faisant appel à vos qualités de communication, à votre esprit d'analyse et de synthèse.

Votre mission :
Concevoir, rationaliser, optimiser des structures, des systèmes, des procédures et des activités dans tous les domaines de la Société.

Votre objectif :
Rechercher en permanence des axes de progrès à moyen et long terme permettant d'améliorer la productivité et les coûts.

Une **formation initiale rémunérée** de 6 mois vous apportera les outils nécessaires à la réussite de vos actions.

L'ouverture internationale, la diversité des produits et des métiers, une gestion du personnel individualisée s'appuyant sur d'importants moyens de formation vous ouvrent de réelles perspectives de carrière.

Merci d'adresser votre candidature à : MICHELIN Guy ROCHE - Service du Personnel - Réf. TE71 63040 CLERMONT FERRAND CEDEX 1.

MICHELIN®
Les moyens de se passionner

Envie de nouveauté ?

Avec un chiffre d'affaires de 1,7 milliard et 780 collaborateurs répartis sur 4 sites, William Saurin est le N° 1 sur le marché des plats cuisinés appertisés.
Dans le cadre de notre développement et afin de renforcer notre force de vente, nous recherchons un

Chef de secteur confirmé

Région Ile-de-France :
Hauts-de-seine (92), Seine-St-Denis (93)
et Val d'Oise (95) en partie

Ambassadeur de nos marques sur le secteur qui vous est confié, vous contribuez au développement des volumes et du chiffre d'affaires.

De formation commerciale bac + 2, vous justifiez d'une expérience réussie de 2 ans minimum de la vente vers la grande distribution. Motivé par l'univers des produits fortement marketés, vous souhaitez exercer des responsabilités commerciales, intégrer une structure dotée des meilleurs outils de vente et bénéficier de perspectives d'évolution attractives. Votre autonomie, votre dynamisme et votre sens relationnel sont les atouts de votre réussite à ce poste.

Si comme nous, vous avez l'ambition de réussir, merci d'adresser lettre de motivation, CV et prétentions, en précisant la référence CS/IDF, à Sandrine Mouret, William Saurin, Service DRH, 81 à 89 avenue du Général-Leclerc, 77407 Lagny Cedex.

William **SAURIN**

PANZANI — Petitjean — Garbit

Le bonheur par le travail

Pour 27% des Français, le travail est une composante essentielle du bonheur. Ce sont les personnes qui ont les rémunérations les plus faibles, les conditions de travail les plus pénibles et les risques de chômage les plus élevés qui sont les plus attachées à cette idée du bonheur: 43% des ouvriers, 43% des travailleurs temporaires, contre 27% des chefs d'entreprise, cadres et professions libérales. Pour les personnes modestes, le fait d'avoir un travail est déjà une condition pour espérer être heureux.

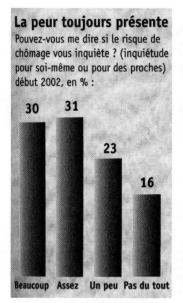

La peur toujours présente

Pouvez-vous me dire si le risque de chômage vous inquiète ? (inquiétude pour soi-même ou pour des proches) début 2002, en % :

- Beaucoup : 30
- Assez : 31
- Un peu : 23
- Pas du tout : 16

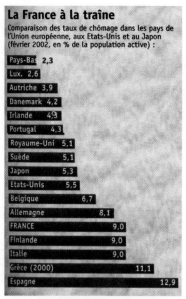

La France à la traîne

Comparaison des taux de chômage dans les pays de l'Union européenne, aux Etats-Unis et au Japon (février 2002, en % de la population active) :

- Pays-Bas 2,3
- Lux. 2,6
- Autriche 3,9
- Danemark 4,2
- Irlande 4,3
- Portugal 4,3
- Royaume-Uni 5,1
- Suède 5,1
- Japon 5,3
- Etats-Unis 5,5
- Belgique 6,7
- Allemagne 8,1
- FRANCE 9,0
- Finlande 9,0
- Italie 9,0
- Grèce (2000) 11,1
- Espagne 12,9

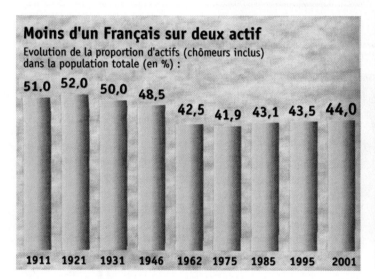

Moins d'un Français sur deux actif

Evolution de la proportion d'actifs (chômeurs inclus) dans la population totale (en %) :

- 1911 : 51.0
- 1921 : 52.0
- 1931 : 50,0
- 1946 : 48,5
- 1962 : 42,5
- 1975 : 41,9
- 1985 : 43,1
- 1995 : 43,5
- 2001 : 44,0

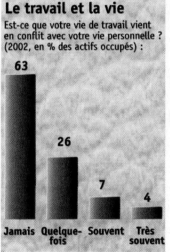

Le travail et la vie

Est-ce que votre vie de travail vient en conflit avec votre vie personnelle ? (2002, en % des actifs occupés) :

- Jamais : 63
- Quelquefois : 26
- Souvent : 7
- Très souvent : 4

Demain, le télétravail

Les développements de la télématique permettent de «délocaliser» un certain nombre de tâches. Ils devraient favoriser le télétravail, qui commence à se développer dans certains secteurs (informatique, assurances, banque...) ou fonctions (gestion, vente, traduction, dactylographie...). Il est expérimenté en France par des entreprises comme France Télécom, Axa, IBM, Hewlett-Packard, Bull, Intel, etc.

S'il n'est pratiqué en 1997 que par 30 000 salariés environ, le télétravail devrait concerner environ 500 000 personnes à l'horizon 2005. Il devrait se répandre en priorité parmi les travailleurs indépendants.

D'une manière générale, la frontière entre travail et temps libre devrait s'estomper. La possibilité de travailler au moins partiellement chez soi est en phase avec la volonté de beaucoup de citadins d'habiter à la campagne et de se rapprocher de la nature.

Age, sexe, profession et chômage			
Taux de chômage selon la catégorie socioprofessionnelle, le sexe et l'âge (2001, en % de la population active) :	Hommes	Femmes	Ensemble
AGE			
- 15 à 24 ans	16,2	21,8	18,7
- 25 à 49 ans	6,6	10,5	8,4
- 50 ans et plus	5,1	7,2	6,1
CATEGORIE SOCIOPROFESSIONNELLE			
- Agriculteurs exploitants	0,3	1,5	0,7
- Artisans, commerçants, chefs d'entreprise	3,2	4,1	3,5
- Cadres et professions intellectuelles supérieures, dont :	3,0	3,4	1,5
. professions libérales	1,4	1,6	3,4
. cadres d'entreprise	3,1	4,2	4,7
- Professions intermédiaires	4,0	5,5	4,7
- Employés	9,1	11,7	11,0
- Ouvriers, dont :	9,4	16,5	10,9
. ouvriers qualifiés	6,4	14,0	7,3
. ouvriers non qualifiés	16,8	17,6	17,1
. ouvriers agricoles	12,4	20,2	14,6
TOTAL	7,1	10,7	8,8

À vous! *(Exercices de compréhension)*

A. Les petites annonces. Lisez les offres d'emploi de ce chapitre et indiquez les caractéristiques d'information que l'on y trouve.

1. **La Poste**
   a. What type of job does La Poste advertise for?
   b. Which academic and personal qualifications are required?
   c. What are the other advantages the job offers?
   d. If you want to apply, what do you need to do?

2. **Michelin**
   a. Which degrees and which majors does Michelin recruit?
   b. What will a person working in «recherche et développement» do?
   c. What should be the mission and the objectives of a person working in «organisation industrielle?»
   d. Name three advantages of working for Michelin.

3. **William Saurin**
   a. What types of products does William Saurin sell?
   b. What job is it offering?
   c. What qualifications are job candidates expected to have?

B. Je cherche un poste. Travaillez deux par deux en refaisant le dialogue pour chaque annonce présentée dans le **Point de départ.** Vous devez être une fois l'interviewé(e), une fois l'interviewer.

—Je cherche un poste de _____ .
—Est-ce que vous avez déjà travaillé dans _____ ?
—Oui, pour mon emploi précédent, je _____ .
—Quelles qualités pouvez-vous indiquer sur votre CV?
—_____.
—Quelles qualifications professionnelles sont nécessaires pour ce poste?
—Il faut _____ .
—Quelles langues doit-on parler?
—Il est nécessaire de parler _____ .
—Est-ce qu'il y a d'autres obligations pour le recrutement?
—_____ .

C. L'emploi en France. D'abord, répondez aux questions dans **Avant la lecture.** Ensuite, lisez les informations sur l'emploi en France. Ensuite, faites le projet demandé dans **Après la lecture** à la page 439.

Avant la lecture

1. Quel est le taux de chômage *(unemployment rate)* dans votre région? Et pour les jeunes?
2. Quelles sont les catégories générales d'emploi qu'on identifie aux États-Unis?
3. À votre avis, quels sont les métiers prestigieux et les métiers peu prestigieux? Qu'est-ce qui les rend prestigieux ou pas?
4. Est-ce que les définitions des métiers et les niveaux des salaires créent des inégalités sociales? Pourquoi (pas)?

ZOOM!

Pour trouver du travail en France

E n France, on peut trouver des offres d'emploi dans les petites annonces de magazines comme *L'Express* ou *Le Nouvel Observateur* (des magazines équivalents à *Time* et *Newsweek* aux États-Unis). On en trouve aussi dans les journaux nationaux comme *Le Monde, Le Figaro* ou *Libération.* Le magazine *Rebondir* est un magazine uniquement consacré aux gens qui cherchent des emplois. On peut trouver des stages dans le magazine l'*Étudiant.* Enfin, il reste l'ANPE (Agence Nationale Pour l'Emploi) où s'inscrivent les chômeurs.

Qu'est-ce que vous en pensez?

Quelles sont les différences entre les petites annonces françaises et américaines? Qu'est-ce qu'il faut faire pour trouver un emploi en France? Est-ce identique ou différent d'une recherche d'emploi aux États-Unis?

Lecture

En France, on trouve 25 582 000 actifs:

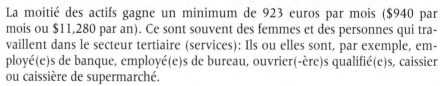

- 22 430 000 personnes exercent une activité professionnelle (1 700 000 d'entre eux sont en situation précaire, sans emploi stable).
- 3 151 000 sont chômeurs—ils ne trouvent pas d'emploi. Le taux de chômage est proche de 13%.
- 12 000 000 sont retraités (ils ne travaillent plus) et gagnent entre 877 euros ($870) et 1 496 euros ($1,465) par mois en moyenne.

La moitié des actifs gagne un minimum de 923 euros par mois ($940 par mois ou $11,280 par an). Ce sont souvent des femmes et des personnes qui travaillent dans le secteur tertiaire (services): Ils ou elles sont, par exemple, employé(e)s de banque, employé(e)s de bureau, ouvrier(-ère)s qualifié(e)s, caissier ou caissière de supermarché.

Lorsque des personnes gagnent 1 530 à 2 600 euros ($1,500 à $2,500) par mois, on considère qu'elles font partie des classes assez aisées. Ce sont par exemple les enseignants, le personnel médical (infirmier, psychologue, kinésithérapeute, etc.), les responsables du personnel des usines, les techniciens.

Lorsqu'une personne a un diplôme élevé (une maîtrise ou plus), elle appartient à la catégorie des cadres. Ce sont par exemple les pharmaciens, les professeurs, les ingénieurs, les commerciaux. Ces personnes gagnent souvent plus de 3 000 euros par mois. Les intellectuels, les artistes, les journalistes et les écrivains ont un grand prestige même s'ils ne gagnent pas beaucoup d'argent. On les inclut donc dans cette catégorie.

Il y a aussi des emplois précaires qui concernent environ 8 à 10% des personnes. Ce sont des «petits boulots» comme surveillant de collège, employé(e) de maison, etc. Ces petits boulots sont souvent payés à l'heure, au salaire minimum (SMIC) qui est à environ 6 à 7 euros de l'heure ($5.88–$6.86).

Presqu'un quart (24%) des jeunes entre 18–25 ans ne trouve aucun travail. De 15 à 19 ans, seulement 13,7% travaillent. De 20 à 24 ans, 54,3% des hommes ont un emploi, contre 44,9% des femmes. Le taux de chômage est d'environ 85% pour les jeunes qui n'ont aucun diplôme et de 13,2% pour les jeunes qui ont fait des études supérieures après la licence.

Huit sur dix femmes travaillent (contre 1 sur 2 il y a trente ans). Elle ont plus souvent des emplois précaires ou des emplois à temps partiel (1 sur 4). Les femmes sont deux fois plus touchées que les hommes par le chômage. Leur semaine de travail est en moyenne de 39 heures (celle des hommes, de 43 heures en moyenne). À leur semaine de travail vient s'ajouter le travail domestique et la charge des enfants (entre 4 heures et 7 heures par jour selon les heures de travail en dehors de la maison).

Après la lecture: Présentez la situation des actifs en France à l'aide d'un graphique, d'une pyramide ou d'un camembert *(pie chart)*. Distinguez les actifs, les chômeurs et les retraités. Distinguez aussi, à l'intérieur des actifs, les différentes catégories (hommes, femmes, jeunes). Essayez d'être créatifs dans votre présentation!

Structure

L'emploi de l'infinitif et du subjonctif pour exprimer la nécessité

Expression de nécessité + infinitif

Qu'est-ce qu'**il faut faire** pour obtenir un emploi?

What do you *have to do* to get a job?

D'abord, **il faut faire** des études.

First, you *have to go* to college.

Ensuite, **il est essentiel d'avoir son diplôme**!

Second, *it's essential to graduate*!

Enfin, **il vaut mieux faire** un ou deux stages.

Finally, *it's better to do* one or two internships.

If there's no confusion about who's going to carry out the action, you can use an expression of necessity with an infinitive to say what has to be done. To figure out that there's no subject confusion, make sure that the subject (stated or implied) is the same for both the main clause and the subordinate clause. In the preceding series of examples, the question **Qu'est-ce qu'il faut faire pour avoir un emploi?** establishes that the generic *you* is the subject of all of the things that have to be done.

Expressions de nécessité utilisées avec l'infinitif:

il faut + infinitive
il vaut mieux + infinitive
il est important de + infinitive
il est nécessaire de + infinitive
il est préférable de + infinitive
il est essentiel de + infinitive

For a negative sentence, put **ne pas** in front of the infinitive:

Il vaut mieux **ne pas** oublier l'entretien *(the interview)*.
Il est préférable de **ne pas** arriver en retard.

The negative of the expression **il faut** is an exception to this rule; **ne** is placed before **faut** and **pas** right after it.

Il **ne** faut **pas** mentir sur son CV!

You must not lie on our CV!

Expression de nécessité + subjonctif

Il vaut mieux que tu lises les petites annonces.

You should read the job ads.

Il faut que tu achètes un costume.

You have to buy a suit.

Le patron veut que vous restiez ici après l'entretien.

The boss wants you to stay here after the interview.

When the subject of the main clause is not the same as the subject of the subordinate clause, (i.e., you imply "*I* believe it's better that *you* . . ."), you use the expressions of necessity with **que** followed by the subjunctive.

Note that **il faut** means *it's necessary*. **Il ne faut pas** means *You must not*. To say that "it's not necessary," use **il n'est pas nécessaire**.

Expressions de nécessité utilisées avec le subjonctif:

il faut que	conjugation of **vouloir que**
il est nécessaire que	conjugation of **exiger que** *(to demand that)*
il vaut mieux que	

Pour conjuguer au subjonctif:

To conjugate a verb in the subjunctive, you first find the stem of the verb. Use the **nous** form of the present tense, drop the **-ons,** and you have the stem. Then add the following endings: **-e, -es, -e, -ions, -iez, -ent.** These endings are used with all verbs except **avoir** and **être.**

Le subjonctif

INFINITIVE STEM	parler nous parl~~ons~~	réussir nous réussiss~~ons~~
(que [qu'])	je parl**e**	je réussiss**e**
	tu parl**es**	tu réussiss**es**
	il, elle, on parl**e**	il, elle, on réussiss**e**
	nous parl**ions**	nous réussiss**ions**
	vous parl**iez**	vous réussiss**iez**
	ils, elles parl**ent**	ils, elles réussiss**ent**

Application

E. Qu'est-ce qu'il faut faire? Vous et vos amis, vous voulez préparer un bon dîner. Utilisez les éléments donnés pour expliquer ce qu'il faut faire. Utilisez des expressions de nécessité avec l'infinitif.

Modèle: faire les courses
Il faut faire les courses.

1. acheter de la viande et des légumes
2. choisir les boissons
3. nettoyer *(to clean)* la maison
4. faire la cuisine
5. mettre la table
6. se changer *(to change clothes)*

F. Des préparatifs. Décidez de ce qu'il faut faire pour vous préparer pour chacune des activités suivantes. Utilisez des expressions de nécessité avec un infinitif.

Modèle: un voyage
Il faut acheter les billets. Il est nécessaire de réserver les chambres d'hôtel. Il faut faire les valises (to pack). Il est important de faire nos adieux à nos amis. Etc.

1. un voyage
2. un dîner important
3. un week-end à la plage
4. une fête *(party)*
5. un examen
6. l'anniversaire d'un(e) ami(e)

D. Mise en train: Remplacez les mots en italique par les mots entre parenthèses et faites les changements nécessaires.

1. Il faut que *je* révise mon français avant l'entretien. (vous / elle / tu / nous / ils)
2. *Il est nécessaire d'*étudier à l'université. (il faut que tu / il est important de / vous devez)
3. *Il est essentiel de* se renseigner sur la compagnie. (il vaut mieux / il faut que vous / il est préférable de)
4. *Il vaut mieux qu'*elle arrive à l'heure. (il est important de / il faut qu'ils / elles doivent)
5. *Il est préférable de* bien s'habiller. (il est important que tu / il est essentiel qu'ils / il est nécessaire de)
6. *Il faut* laisser un numéro de téléphone. (il vaut mieux que nous / il est nécessaire qu'elle / il est essentiel que vous)

G. Pour trouver un travail, il faut... Utilisez les éléments donnés pour expliquer ce que demandent les compagnies dans leurs annonces d'emploi.

> **Modèle:** aimer voyager (il faut / il faut que vous)
> *Il faut aimer voyager.*
> *Il faut que vous aimiez voyager.*

1. travailler en équipe (il faut / la compagnie demande que vous / nous voulons que le candidat)
2. montrer des capacités créatives (il est nécessaire de / il faut que vous / notre entreprise veut que les candidats)
3. parler couramment l'anglais et l'arabe (il faut que le candidat / il est essentiel de / il vaut mieux)
4. chercher un emploi de contact (il faut / il vaut mieux que le candidat / il est important de)
5. posséder un diplôme universitaire (il est nécessaire de / il est préférable que vous / il faut que les candidats)

Note grammaticale

Les verbes irréguliers au présent du subjonctif

The present subjunctive forms of **avoir** and **être** are irregular:

	avoir	être
(que [qu'])	j'**aie**	je **sois**
	tu **aies**	tu **sois**
	il, elle, on **ait**	il, elle, on **soit**
	nous **ayons**	nous **soyons**
	vous **ayez**	vous **soyez**
	ils, elles **aient**	ils, elles **soient**

Both **aller** and **prendre** have a second stem for the first- and second-person plural forms (**nous** and **vous**):

	aller	prendre
(que [qu'])	j'**aille**	je **prenne**
	tu **ailles**	tu **prennes**
	il, elle, on **aille**	il, elle, on **prenne**
	nous **allions**	nous **prenions**
	vous **alliez**	vous **preniez**
	ils, elles **aillent**	ils, elles **prennent**

The following are the present subjunctive stems for the verbs **faire, pouvoir,** and **savoir:**

faire	fass-	Il faut que **tu fasses** tes devoirs.
pouvoir	puiss-	Il faut qu'**il puisse** donner son avis.
savoir	sach-	Il faut que **nous sachions** la vérité.

I. D'abord...

I. D'abord... Kévin veut aller au centre commercial pour acheter des vêtements, mais sa mère veut qu'il fasse d'abord autre chose. Jouez le rôle de Kévin et de sa mère. Utilisez une variété d'expressions de nécessité.

Modèle: m'aider avec la vaisselle
—*Je veux aller au centre commercial.*
—*D'abord il faut que tu m'aides avec la vaisselle.*
—*D'accord. Je vais t'aider avec la vaisselle.*

1. ranger ta chambre
2. aller à la boulangerie
3. aller trouver ta sœur
4. parler à ton père
5. aider ton frère avec son français
6. manger quelque chose
7. prendre une douche
8. finir tes devoirs de français

J. À mon avis...

J. À mon avis... Utilisez une des expressions que vous venez d'apprendre (**il vaut mieux que, il faut que,** etc.) pour encourager les actions de vos amis.

Modèle: Je ne veux pas aller en classe; je vais regarder la télévision.
—*À mon avis, il vaut mieux que tu ailles en classe.*

1. Je ne veux pas étudier; je vais jouer au football.
2. Nous n'allons pas prendre le métro; nous allons prendre un taxi.
3. Nous ne voulons pas apprendre une langue; nous allons étudier l'informatique.
4. Je ne vais pas téléphoner à mes parents; je vais téléphoner à un ami.
5. Je ne veux pas manger de fruit; je vais manger un gâteau.
6. Nous ne sommes jamais à l'heure; nous sommes toujours en retard.
7. Je ne veux pas parler français; je vais parler anglais.
8. Je ne vais pas aller à la bibliothèque; je vais aller au cinéma.

K. J'ai des ennuis.

K. J'ai des ennuis. *(I have problems.)* Vos amis ont besoin de conseils *(advice)* parce qu'ils ont des petits problèmes. Employez des expressions de nécessité et le subjonctif pour les aider.

Modèle: ne pas réussir aux examens de français
—*Je ne réussis pas aux examens de français.*
—*Il faut que tu étudies.*
—*Il faut que tu parles au professeur.*
—*Il faut que tu demandes de l'aide à tes camarades de classe.*
—*Je pense qu'il vaut mieux parler au prof.*

1. aller à une fête et ne pas avoir de vêtements
2. avoir des difficultés en maths
3. ne pas avoir assez d'argent pour acheter une voiture
4. ne pas être en bonne santé et maigrir
5. aller à Vail et ne pas savoir faire du ski
6. ne pas trouver de travail

H. Mise en train: Remplacez les mots en italique par les mots donnés entre parenthèses et faites les changements nécessaires.

1. Il est important qu'*elle* fasse attention aux ventes. (je / vous / il / nous / tu)
2. Il faut qu'*ils* sachent analyser les besoins des clients. (l'employé / les responsables / vous / nous)
3. Il est essentiel que *tu* puisses aller à la banque. (vous / elle / je / nous)
4. Il est préférable que *le candidat* ait le baccalauréat. (ils / tu / vous / elle / nous)

Vocabulary, Ex. J: For variety, replace the expression **à mon avis...** *(in my opinion . . .)* with any of the following expressions that mean *I think that . . .*: **je pense que... , je trouve que... , je crois que... .**

■ Tuyau-prononciation
Les liaisons obligatoires

In Chapter 1, you learned to make **liaisons**—for example, **nous_habitons**. Liaison is the linking of sounds that occurs when a final consonant that is normally silent is pronounced before a word beginning with a vowel or a vowel sound. In French, liaison is accomplished by "adding" this final consonant to the following word. Therefore, **vous_avez** is not pronounced [vuz ave] but rather [vu zave].

French speakers tend to use liaison more in formal speech than in informal conversation. However, certain liaisons are required (**obligatoires**) in all situations. The following are mandatory:

1. article + noun beginning with a vowel sound:

   un_ami, les_enfants, des_hôtels, ces_arbres

2. subject + verb beginning with a vowel sound:

   vous_êtes, nous_arrivons, ils_habitent, elles_aiment

3. adjective + noun beginning with a vowel sound:

   un petit_hôtel, des grands_arbres, vos_amis

4. one-syllable preposition + word beginning with a vowel sound:

   dans_un musée, chez_elle, en_hiver

5. after **est**:

   elle est_absente, c'est_une bonne idée, il est_à Paris

L. Lisez les phrases à haute voix. Faites attention aux liaisons.

1. Les étudiants sont allés chez elle.
2. Les asperges sont excellentes cet été.
3. Mes amis vont aller en Égypte en hiver.
4. Nous nous occupons des enfants d'un ami.
5. Elles ont l'air très heureuses.
6. Ils espèrent passer trois ans en Espagne.

Audio CD Track 2-27

Échange
Je cherche du travail

Reconnu pour son sérieux, sa fiabilité et sa haute technicité, TOSHIBA est l'un des leaders mondiaux dans les secteurs de l'électronique et du numérique. Ainsi quand Toshiba développe une gamme de produits multifunctions numériques (copieurs, fax, imprimantes) on peut s'attendre à vendre ce qu'il y a de mieux sur le marché.

*la nouvelle génération est très numérique, très impliquée, très gagnante, et vous ?

Cette nouvelle génération, vous allez la vendre en bénéficiant de tous les moyens et supports nécessaires à une démarche de qualité: banque de données clients prospects parfaitement ciblée et qualifiée, formation de pointe, management soupie, petites équipes proches. Vous avez une première expérience de la vente de biens d'équipement et avez la certitude que le métier de Marketing est fait pour vous.

Vous voulez maintenant aller plus loin et réaliser vos ambitions, alors venez vendre notre nouvelle génération de produits et vous serez new generation*!

• Rémunération: fixe + commissions non plafonnées + frais

• **Postes à pourvoir sur toute la France. Les entretiens auront lieu localement.**

Merci d'adresser votre candidature sous réf. EX/2199, Toshiba Systèmes (France) S.A. 7, rue Ampère, BP 131, 92804 Puteaux Cedex. www.toshiba.fr

Assistant Marketing êtes-vous

new generation* ? TOSHIBA

ELECTRONIC IMAGING DIVISION

Delphine et François consultent les offres d'emploi.

FRANÇOIS: Il faut que je trouve un nouvel emploi. Je cherche un poste depuis un mois et je n'ai toujours rien.

DELPHINE: Il est essentiel de lire les petites annonces régulièrement. Regarde, cette entreprise veut **embaucher** un assistant en marketing.

    hire

FRANÇOIS: Mais ils exigent que le candidat ait un diplôme d'une école supérieure de commerce et qu'il **se déplace** beaucoup.

    travel

DELPHINE: Il faut avoir un diplôme de **gestion.** C'est tout. Tu as cette **formation** et il est important que tu le **soulignes** dans ton CV. Et puis il vaut mieux avoir un emploi et se déplacer que rester à la maison. Pour le moment, on est chômeur, tu sais.

    management / education
    highlight

FRANÇOIS: T'as raison! Ce poste a l'air intéressant. Donc, il va y avoir beaucoup de candidats. Je ne sais pas...

DELPHINE: Arrête avec tes doutes. D'abord, il est essentiel que tu t'achètes un nouveau **costume,** que tu choisisses une belle **cravate,** que tu nettoies ton attaché-case... et que tu refasses ton CV.

    suit / tie
    advantage

FRANÇOIS: C'est vrai. Il faut que je travaille mon CV et mon apparence. Toshiba, c'est une multinationale. Il est préférable de parler plusieurs langues et moi je connais bien l'anglais, l'italien et l'allemand. C'est un **atout,** non?

    write legibly
    advantage

DELPHINE: Oui, tout à fait. Et quand tu fais ton CV et ta lettre de candidature... il vaut mieux que tu **soignes ton écriture!**

    pay attention to your handwriting

Exprimons-nous!

Voici les mots qui vous seront utiles quand vous parlerez du travail.

les achats	purchasing
le cadre	executive
le cadre supérieur	high-level executive
le chômage (être au chômage)	unemployment (to be unemployed)
le commerce	business, trade, commerce
le commercial	traveling salesperson
les conditions *(f.pl.)* **de travail**	work conditions
le congé (le congé payé)	time off (paid vacation)
les effectifs *(m.pl.)*, **le personnel**	personnel
l'entreprise *(f.)*	company, business
la fabrication	manufacture
la filiale	subsidiary
le (la) fonctionnaire	civil servant
le (la) gérant(e)	manager
gérer	to manage
la gestion, le management	management
l'industrie *(f.)*	industry
le métier	profession, trade, occupation
l'offre *(f.)* **d'emploi**	job offer
le (la) patron(ne)	boss
le poste, le job	job
rentable	profitable
les responsabilités *(f.pl.)*	responsibilities, duties
le salaire	salary
le (la) salarié(e)	(salaried) employee
les services *(m.pl.)*	service industry
la société	company
la succursale	branch office
le travail à mi-temps	part-time work (job)
le travail à plein temps	full-time work (job)
les ventes *(f.pl.)*	sales

À vous! *(Exercices de vocabulaire)*

M. Le travail qui m'intéresse. Regardez les offres d'emploi dans cette étape et discutez avec votre partenaire du genre de travail qui vous intéresse. Utilisez le vocabulaire présenté dans **Exprimons-nous!** pour parler de vos intérêts.

> **Modèle:** —*Moi, je m'intéresse surtout aux ventes. J'aimerais bien travailler pour une société de technologie.*
> —*Alors, regarde cette annonce de Toshiba. Ça a l'air intéressant. Ils cherchent...*
> Etc.
> —*Moi, je voudrais être gérant d'une boutique ou d'un petit magasin. Etc.*

FRANCE-SOIR PETITES ANNONCES

CARRIÈRES COMMERCIALES

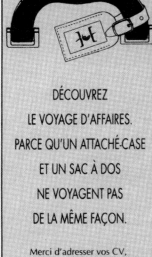

BAC, BAC +2 Tourisme, Commerce

DÉCOUVREZ

LE VOYAGE D'AFFAIRES.

PARCE QU'UN ATTACHÉ-CASE

ET UN SAC À DOS

NE VOYAGENT PAS

DE LA MÊME FAÇON.

Merci d'adresser vos CV, lettre manuscrite et photo, sous réf. 29419/FS à :

HAVAS TOURISME
DRH - 3/5 rue Danton
92300 LEVALLOIS-PERRET.

HAVAS VOYAGES
Le numéro 1

Havas Voyages, le numéro 1 du Voyage, vous propose une formation spécifique de 6 mois au Voyage d'Affaires, sous contrat de qualification, afin d'accéder à un poste dans l'une de ses agences ou antennes (Service Affaires).

Vous serez chargé d'organiser les voyages professionnels d'une clientèle d'hommes d'affaires qui exigera rigueur d'organisation, souplesse d'intervention et rapidité d'exécution.

Vous faites preuve d'une grande ouverture d'esprit et d'une bonne culture générale. Votre aisance relationnelle et votre motivation garantiront le succès de votre candidature.

URGENT
Recrutons vendeurs M/F pour décembre dans les FNAC Paris et RP pour le rayon logiciels de jeux micro-informatique. Contacter Patrick au 01.39.47.29.29.

VOUS CHERCHEZ UN EMPLOI STABLE DANS LA VENTE SANS FAIRE DE PORTE A PORTE

Possibilités de postes d'encadrement pour Professionnels de la Vente.
Adresser CV + photo + lettre de motivations s/ réf. 88185 à LTA St Lazare 4 rue Fbg Poissonnière 75010 PARIS qui transmettra.

Prêt-à-porter masculin

PATRONS DE MAGASIN HF

Région Parisienne

Notre groupe a créé un concept de prêt-à-porter masculin qui répond exactement aux attentes d'un public qui entend rester à la mode en ne sacrifiant ni à la qualité ni au coût. Nos 70 magasins, à l'architecture originale et chaleureuse, commercialisent une gamme complète de modèles exclusifs qui constitue un style aujourd'hui reconnu.

Âgé de 32 ans environ, vous disposez d'une expérience de la vente de prêt-à-porter acquise dans un contexte très qualitatif.

Doté d'un fort tempérament commercial, vous aimez votre produit et savez intégrer les goûts d'une clientèle exigeante.

De plus, si vous savez gérer, et êtes prêt à vous retrousser les manches, vous serez chez nous - en toute autonomie - un véritable patron et nous pourrons vous offrir d'intéressantes perspectives.

Merci d'adresser lettre de candidature, CV complet, photo et rémunération actuelle sous la référence FS 5/4340 A à :

EGOR PROVENCE COTE D'AZUR
6, place Jeanne d'Arc
13100 AIX EN PROVENCE

EGOR

PARIS AIX-EN-PROVENCE BORDEAUX LILLE LYON NANTES STRASBOURG TOULOUSE
BENELUX DANMARK DEUTSCHLAND ESPANA ITALIA PORTUGAL SWEDEN UNITED KINGDOM

Reminder: Since you already know how to form the subjunctive, you now need only learn which expressions require the subjunctive. All the other rules for the subjunctive apply here.

L'emploi de l'infinitif et du subjonctif pour exprimer l'émotion et la volonté

Je suis contente de travailler pour Xerox.	*I'm happy to be working* for Xerox.
Je suis surpris qu'il y **ait** si peu de postes.	*I'm surprised that* there *are* so few jobs.
Elle veut trouver du travail.	*She wants to find* work.
Elle insiste pour que tu trouves un job.	*She insists that you get* a job.

You already learned how to use the infinitive and the subjunctive after verbs of necessity. The same structures can be used after expressions of emotion and verbs of wishing/willing.

If the subject of the first clause is the same as the subject in the second clause, use **de** and the infinitive.

Il est ravi de faire un stage dans votre entreprise.	*He's thrilled to have* an internship in your company.

To express the negative, place **ne pas** directly in front of the infinitive.

Elle regrette de ne pas faire un stage dans votre entreprise.	*She's sorry not to have* an internship in your company.

If there is a change in subject in the two clauses, you have to use the subjunctive.

Nous sommes heureux que vous fassiez un stage chez nous.	*We're happy that you're doing* an internship with us.
Je préfère que tu fasses un stage au Québec.	*I prefer that you do* an internship in Quebec.

Common expressions of emotion

Regret
être désolé(e) que (de)
il est dommage que (de)
être navré(e) que (de)
regretter que (de)
être triste que (de)

Happiness
être content(e) que (de)
être heureux(-se) que (de)
être ravi(e) que (de)
c'est bien que (de)

Surprise
être étonné(e) que (de)
être surpris(e) que (de)

Anger
être fâché(e) que (de)
être furieux(-se) que (de)

Relief
être soulagé(e) que (de)

Common verbs of wishing or willing

aimer mieux (que)	**exiger (que)**	**préférer (que)**
désirer (que)	**insister pour (que)**	**vouloir (que)**

Application

N. Les vacances de printemps. Michèle, Roger et Christiane parlent de leurs vacances. Refaites les phrases en exprimant les sentiments indiqués entre parenthèses. Utilisez le subjonctif.

D'abord, c'est Michèle qui parle **(je).**

> **Modèle:** Nous allons à la montagne. (bonheur *[happiness]*)
> —*Je suis ravie (contente / heureuse) que nous allions à la montagne.*

1. Vous n'avez pas le temps de venir avec nous. (regret)
2. Roger ne fait pas de ski. (surprise)
3. Nous sommes en vacances. (bonheur)
4. Les prix sont si élevés *(high)*. (colère *[anger]*)

Maintenant, ce sont Roger et Christiane qui parlent **(nous).**

5. Nos parents vont à Rome avec nous. (bonheur)
6. Tu ne peux pas nous accompagner. (regret)
7. Il n'y a plus de couchettes dans le train. (colère)
8. Vous n'allez pas à Chamonix. (surprise)
9. Nous laissons les enfants à la maison. (soulagement *[relief]*)

O. Je suis Napoléon Bonaparte! Napoléon Ier, empereur des Français au 19e siècle, avait des manières tyranniques. Imaginez que vous êtes Napoléon. Complétez chaque phrase à l'aide d'une des expressions suivantes et faites les changements nécessaires: **je veux, je désire, je préfère, j'aime mieux, j'exige, j'insiste pour.**

> **Modèle:** Vous obéissez.
> *Je veux que vous obéissiez.* ou *J'exige que vous obéissiez.*

1. Nous allons en Russie.
2. Tu descends en Espagne.
3. Elle rencontre le général anglais.
4. Vous servez un repas somptueux.
5. Nous finissons la guerre.
6. Tu punis les traîtres.
7. Ils vont en Italie.
8. Vous partez en Égypte.

P. Réagissons! Chaque fois qu'on entend quelque chose, on réagit de façon négative ou positive. Utilisez les expressions que vous avez apprises et employez le subjonctif ou l'infinitif selon le cas.

> **Modèles:** C'est presque le week-end. (je)
> *Je suis content(e) que ce soit presque le week-end.*
>
> Nous n'allons pas sortir ce week-end. (nous)
> *Nous sommes désolés de ne pas sortir ce week-end.*

1. Je vais aller au centre commercial. (ils)
2. Mes amis vont jouer au football. (je)
3. Ma mère et moi, nous devons nettoyer la maison. (nous)
4. Je ne vais pas sortir. (je)
5. Mon frère va faire du ski. (il)
6. Notre prof va corriger nos devoirs. (nous)
7. Je vais faire tous mes devoirs de français. (mon prof)
8. Je vais ranger ma chambre. (ma mère)
9. Mes sœurs vont faire les courses. (elles)
10. Je vais me reposer. (je)

Suggestion, Ex. Q: If the family members mentioned in this exercise do not apply to you, substitute members of your own family (grandparents, stepfather, stepmother, etc.).

Q. Des différends. *(Disagreements.)* Vraiment, vous aimez votre travail, mais il y a des différences entre vos goûts et vos objectifs et ceux des autres (votre patron, vos amis, votre famille). Utilisez les expressions données pour parler des différends entre vous.

> **Modèle:** J'aime _____ , mais ma mère préfère que _____ .
> *J'aime rentrer tard le soir, mais ma mère préfère que je rentre vers 10h.*

1. J'aime _____ , mais mon patron préfère que _____ .
2. Ma mère veut que _____ , mais j'aime mieux _____ .
3. Mon mari insiste pour que _____ . Moi, je veux _____ .
4. Mes parents exigent que _____ , mais moi, je préfère _____ .
5. Mon fils (Ma fille) aime _____ , mais moi, je voudrais que _____ .
6. Nos enfants ne veulent pas _____ . Nous aimerions qu'ils _____ .
7. Ma femme insiste pour que _____ . Mes enfants veulent _____ . Moi, je préfère que _____ .
8. Mes copains préfèrent que je _____ , mais ma sœur est contente que je _____ .
9. Je voudrais que mes amis _____ , mais eux, ils sont contents de _____ .
10. Le patron exige que tous les stagiaires _____ .

R. Ton stage en entreprise. Réagissez de façon positive ou négative à ces commentaires d'un stagiaire.

> **Modèle:** Je travaille dix heures par jour.
> —*Je suis désolé(e) que tu travailles dix heures par jour.*

1. Le matin, je commence vers 7h30.
2. Le patron arrive au bureau seulement l'après-midi.
3. Je fais du jogging pendant mon heure de déjeuner.
4. Je ne peux jamais sortir avec mes amis.
5. Ma famille prépare mes repas.
6. Mes amis gagnent beaucoup plus d'argent que moi.
7. Mais j'aime mon travail.
8. J'ai beaucoup d'indépendance.
9. J'ai beaucoup de contact avec les clients.
10. Quelquefois des clients m'invitent à déjeuner.

Débrouillons-nous!

S. SOS problèmes. Vous travaillez pour un service d'aide psychologique téléphonique. Quand vos camarades de classe vous présentent leurs problèmes, vous leur donnez des conseils. Utilisez des expressions de nécessité, d'émotion et de volonté avec le subjonctif.

1. J'ai de mauvaises notes en physique.
2. Moi et mon copain, nous nous sommes disputés. Maintenant il ne me parle plus.
3. Mon camarade de chambre fait marcher sa chaîne stéréo à minuit.
4. Je voudrais aller étudier en Afrique, mais mes parents préfèrent que j'aille en France.

5. J'ai très peu d'argent et je ne peux donc jamais sortir avec mes amis.
6. Mon mari ne fait rien à la maison.
7. Ma femme est toujours au travail et je ne la vois presque jamais.
8. Mon camarade de chambre a un chat, mais moi j'y suis allergique.
9. Je veux faire partie de la même sororité que ma mère mais mes notes ne sont pas assez bonnes.
10. Mon père veut que je sois docteur; moi, j'aime les arts.
11. Mes enfants ne comprennent pas pourquoi j'ai repris mes études. Ils préfèrent que je reste à la maison.

T. Qu'est-ce qu'ils offrent? Regardez les offres d'emploi ci-dessous et discutez-en avec votre camarade de classe. Mentionnez les qualifications nécessaires, les responsabilités des postes, ses avantages, leurs inconvénients et d'autres renseignements indiqués dans les annonces.

Moulinex®

Votre talent : vendre le nôtre.

3 COMMERCIAUX

Nous avons du succès. Vous avez du talent. Il ne tient qu'à vous de partager notre réussite. CA 89 : 90 millions / CA 90 : 1 milliards / Ojectifs 91 : plus de 1,2 milliards.

Votre plan de carrière suivra la courbe ascendante d'un groupe international.

Vous avez une formation Bac + 2 et/ou une expérience commerciale en Grande Distribution ou Grandes Surfaces Spécialisées. Vous êtes organisé et persuasif, vous avez des qualités relationnelles et d'écoute. Responsable de Secteur, vous toucherez une rémunération annuelle de 25 000 € (dont 20% de prime individuelle). Salaire évolutif, voiture de fonction, frais de vie. Vous bénéficierez d'un complément de formation dans notre école de vente spécialisée.

<u>3 Responsables de secteur pour les départements</u>

– 44-85-16-17-79-86 basé à Niort, Poitiers : réf CG 57
– 05-04-06-83-13 basé à Nice, Toulon, Marseille : réf CG 59
– 33-24-47-40-64 basé à Bordeaux : réf CG 60.

Vous avez l'étoffe d'un manager, nous avons l'ambition d'engager aujourd'hui nos cadres de demain.

Merci d'adresser votre dossier de candidature : lettre manuscrite + CV + photo en précisant la référence du poste choisi, à MOULINEX - DRH - BP 45 93171 BAGNOLET Cedex.

SOURCES

PERRIER-JOUËT
BARTON & GUESTIER

Filiale d'un des leaders mondiaux des spiritueux. Marques de renom (Ballantine's, Sandeman, Courvoisier, Four Roses, Grands vins de Bordeaux...) renforce sa structure terrain et recrute

**REPRESENTANTS
et JEUNES PROMOTEURS
Département Restauration**

Basés en Région Parisienne

Les représentants exclusifs, rattachés au Chef des Ventes, prospecteront et développeront une clientèle de restaurants, hôtels, cavistes et revendeurs. Professionnels du terrain, ils seront familiers des produits haut de gamme et si possible du secteur HBR. (Réf. RE).

Les promoteurs, niveau BAC, débutants ou première expérience commerciale, mais **attirés par la vente**, se formeront d'abord aux produits et marchés du groupe avec la perspective de se voir confier ensuite un secteur de vente en fonction des besoins. Mobilité indispensable. (Réf. JP).

Discrétion absolue. Merci d'adresser votre dossier de candidature (lettre manuscrite, CV, photo et rémunération) sous réf. 9337 RE ou JP à notre Conseil.

SC sélection conseil
16 RUE MEDERIC, 75017 PARIS

À faire chez vous:
CAHIER, Chapitre 11, 1ère étape

Deuxième étape

Point de départ
J'ai besoin d'un costume

Les hommes s'intéressent à leurs vêtements.
Gibraltar

L'Atlantique à la mode.
Publicis / Grand angle

Souvent on trouve des vêtements de bonne qualité ou des styles particuliers
dans les magasins de quartier. Il y en a pour tous les goûts.

On trouve des vêtements dans les grandes surfaces et les
supermarchés: des **chaussettes** *(socks)*, des tee-shirts,
des **chemises** *(shirts)* ou des pyjamas… Ils ne sont
pas chers mais la qualité n'est pas très bonne.

On peut aussi aller dans un grand magasin comme Le Printemps ou les Galeries Lafayette (des magasins comme Macy's ou JC Penney aux États-Unis). On y achète des **vêtements de marque** *(brand name clothes)*. Les marques préférées des jeunes Français sont les jeans Levi's et les **tenues** *(outfits)* Naf Naf, Chevignon et Kookaï.

Bien sûr, les différentes cultures de la France se retrouvent dans les habits: les hommes et les femmes du Maghreb portent des robes longues **brodées** *(embroidered)*, les *djellabahs*. Parfois, les femmes portent un **voile** *(veil)* appelé le *hijeb*.

En général, les jeunes s'habillent moins traditionnellement que les adultes. Ils portent souvent des shorts, des **casquettes** *(baseball caps)*, des **salopettes** *(overalls)*, des **robes à bretelles** *(sleeveless dresses)* ou des **débardeurs** *(tank tops)*.

En janvier et en juillet, il y a les soldes: les vêtements sont vendus moins chers. Beaucoup de gens veulent en profiter et se pressent aux étalages!

On est à la mode!

La collection jeunes

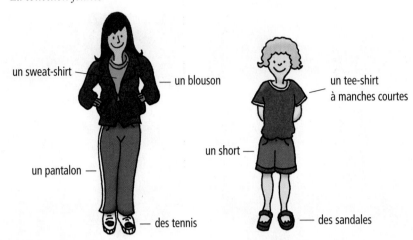

un sweat-shirt

un blouson

un tee-shirt à manches courtes

un pantalon

un short

des tennis

des sandales

un maillot une-pièce

un bikini

un maillot de bain

un caleçon de bain

une casquette

un sweat

un anorak (une doudoune)

un pantalon de jogging

des baskets

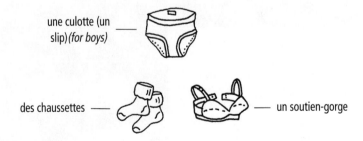

une culotte (un slip) *(for boys)*

des chaussettes

un soutien-gorge

une robe

La collection dames et messieurs

un chemisier — un cardigan
un pantalon — des chaussettes
des mocassins

une cravate — une chemise
un pardessus — un costume (un complet)
des chaussures de ville

un pull (un chandail) — un manteau
une jupe — des bas (des collants)
des bottes

Les tissus

en laine *(wool)*	Il a acheté un pantalon **en laine.**
en maille jersey	C'est un chemisier **en maille jersey.**
en coton	Je vais mettre une robe **en coton.**
en acrylique	Elle n'aime pas les vêtements **en acrylique.**
en polyester	Les pantalons **en polyester** se lavent bien.
en soie *(silk)*	Je viens d'acheter une robe **en soie.**
en toile *(canvas, (sailcloth)*	Est-ce que tu as une veste **en toile?**
à rayures, rayé *(striped)*	J'aime les chemises **à rayures (rayées).**
imprimé *(print)*	Il veut un bermuda **imprimé.**
à fond *(background)*	Elle a acheté une robe **à fond** blanc et
à pois *(polka dots)*	**à pois** bleus.
uni *(solid color)*	Elle préfère les vêtements **unis.**

Les accessoires

un béret *(beret hat)*	
un bonnet *(winter hat)*	Il porte toujours un **bonnet** en laine en hiver.
une ceinture *(belt)*	Elle a acheté une belle **ceinture** en cuir.
une cravate *(tie)*	Il a porté sa nouvelle **cravate** en soie pour
une écharpe *(scarf)*	son entretien.
un foulard *(decorative scarf)*	
des gants *(m.pl.)* *(gloves)*	
des lunettes de soleil *(f.pl.)* *(sunglasses)*	

À vous! *(Exercices de vocabulaire)*

A. Que portent-ils? Identifiez les vêtements que porte chaque personne.

Modèle: Mireille porte...
Mireille porte un short et un chemisier.

1. Michel porte...

2. Monique porte...

3. M. Maillet porte...

4. Mireille porte...

5. M. Bergerac porte...

6. Martine porte...

7. Annick porte...

8. Et vous? Que portez-vous aujourd'hui?

B. Comment s'habiller? D'abord, choisissez des vêtements appropriés selon le temps qu'il fait.

Modèle: Il fait très chaud.
Je vais mettre un tee-shirt, un short et des sandales.

1. Il pleut et il fait 15 degrés C.
2. Il gèle et il a neigé pendant la nuit.
3. Il fait très chaud à la plage.
4. Il fait beau mais il fait du vent.
5. Il fait du soleil mais il fait un peu frais.

Maintenant, choisissez des vêtements appropriés selon l'activité que vous allez faire.

Modèle: Je vais faire du ski au Colorado.
Je vais apporter un pantalon de ski, des bottes, un bonnet, des gants,...

6. Je vais en vacances à Hawaii.
7. Je vais repeindre *(repaint)* ma maison.
8. Je vais jouer au basket avec des copains.
9. Je vais à une interview.
10. Je vais en classe.
11. Je vais faire des courses.

Les Français et les vêtements

Si vous allez en France, vous remarquerez que les Français soignent *(are careful about)* leur apparence. Les vêtements sont très importants dans la société française, particulièrement quand on passe l'âge de 16–18 ans. Les gens jugent vos vêtements en vous regardant quand vous marchez dans la rue et ils jugent votre bon (ou mauvais) goût. Il n'existe pas de règle d'habillement au bureau, mais, par exemple, on considère que c'est de très mauvais goût de porter des chaussures de sport avec une jupe, une robe ou un pantalon. De même, les couleurs trop vives ne sont pas appréciées. On porte des vêtements sport (le jogging, les baskets, le sweat) pour faire du sport et des vêtements de ville pour faire les courses ou pour aller au travail.

Qu'est-ce que vous en pensez?

Que représentent les vêtements pour la société américaine? Par exemple, comment s'habille-t-on pour aller en classe? Pour une interview? Pour aller faire les courses? En quoi est-ce similaire ou différent de la situation en France?

C. Styliste de mode.
Votre camarade dessine le vêtement que vous lui décrivez. Ensuite, il ou elle vous dit comment l'améliorer!

Modèle:

—*C'est une robe à bretelles orange à rayures vertes, avec un chemisier à manches courtes vert à pois jaunes.*

—*Tu devrais changer les couleurs. Les pois et les rayures ne vont pas ensemble (don't go together). J'aime mieux une robe bleue à bretelles, sans rayures, avec un chemisier rouge à pois jaunes.*

D. Qu'est-ce qu'il faut mettre? Employez les éléments donnés pour expliquer quels vêtements il faut mettre et quels vêtements il vaut mieux ne pas mettre dans les situations suivantes.

> **Modèle:** à une soirée élégante
>
> *Pour les femmes, il faut mettre une robe. Pour les hommes, il faut mettre un costume avec une chemise et une cravate. Il vaut mieux ne pas mettre de jean, de sandales...*

1. à un pique-nique
2. au théâtre
3. à une cérémonie religieuse
4. à la plage

▄ Reprise: première étape

E. Le job qui m'intéresse le plus. Choisissez une des offres d'emploi de la **Première étape** et expliquez à vos camarades pourquoi vous vous intéressez à ce poste.

F. Des projets pour le week-end. Vous faites vos projets pour le week-end avec un(e) ami(e). Chaque fois que deux possibilités se présentent, indiquez votre préférence. Utilisez une expression de nécessité avec un infinitif ou le subjonctif.

> **Modèle:** faire un pique-nique / aller à la plage
>
> —*Tu veux faire un pique-nique ou aller à la plage?*
> —*Il vaut mieux* ou *Je préfère qu'on aille à la plage.*

1. aller au cinéma / aller à la médiathèque
2. manger au Quick / manger au MacDo
3. aller à La Samaritaine / aller au Printemps
4. prendre le bus / y aller en métro
5. sortir en groupe / sortir à deux
6. aller à pied / aller en vélo
7. faire des courses au supermarché / faire des courses dans les magasins du quartier
8. acheter des vêtements / acheter des CD
9. faire du jogging / faire de la natation
10. aller au concert / aller au théâtre

G. Mes sentiments et mes pensées. Vous avez la possibilité de parler à des personnes qui comptent ou qui ont beaucoup compté dans votre vie. Complétez les phrases avec ce que vous voulez leur dire.

À votre meilleur(e) ami(e)

1. Je suis heureux(-se) que tu...
2. Je suis surpris(e) que tu...
3. Je regrette que tu...
4. Je suis content(e) que tu...

Aux membres de votre famille

    5. Je suis content(e) que nous...

    6. Je suis étonné(e) que vous...

    7. Je suis soulagé(e) que nous...

À l'avenir

    8. Je voudrais...

    9. Mes parents veulent...

  10. J'aimerais...

  11. Je préfère...

  12. Il vaut mieux...

Le savez-vous?

The word **denim** (jean material) stems from

  a. a fabric from the city of Nîmes (de Nîmes) in southern France

  b. a fabric from the mountains of Nimba in West Africa (de Nimba)

  c. an abbreviation of the expression **de n'importe quoi,** meaning *made of anything*

  d. none of the above

Structure

Les pronoms d'objet direct et indirect *me, te, nous, vous*

—Tu **me** comprends?

—Non, je ne **te** comprends pas.

—Do you understand *me*?

—No, I don't understand *you*.

—Ils **vous** parlez de leur voyage?

—Are they talking *to you* about their trip?

—Oui, ils **nous** parlent de leur voyage.

—Yes, they're talking *to us* about their trip.

Me, te, nous, and **vous** are the first- and second-person object pronouns. They replace *both* direct- and indirect-object nouns *(me, to me; you, to you; us, to us)*. All the rules for direct-object pronouns that you learned earlier apply to **me, te, nous,** and **vous.** Remember that in the present tense, object pronouns come *before* the verb.

Helpful hint: In spoken French, certain patterns help you determine the appropriate subject and object pronouns to use. This is particularly true in question-answer situations. Two of the most common patterns are shown in the following table. If you become accustomed to these patterns, your response will be more natural and automatic when someone addresses you directly:

Question	Answer
1. **vous / me (m')** **Vous me** cherchez?	**je / vous** Oui, **je vous** cherche.
2. **tu / me (m')** **Tu m'**invites?	**je / te (t')** Oui, **je t'**invite.

ɐ ▼ ▼ ▼ ǝsuodǝ̀ꓤ

Application

H. Entre amis. Utilisez les éléments donnés pour répondre aux questions de vos amis. D'abord, c'est votre ami Marcel qui vous pose des questions.

> **Modèle:** Tu me téléphones? (oui / dans une heure)
> —*Oui, je te téléphone dans une heure.*

1. Tu me cherches depuis longtemps? (oui / une demi-heure)
2. Tu m'aimes bien? (oui)
3. Tu m'écoutes? (oui / toujours)
4. Tu me comprends? (non)
5. Tu m'invites? (oui / demain soir)
6. Tu m'accompagnes? (non)

Maintenant ce sont vos amis Claire et Henri qui vous adressent la parole.

> **Modèle:** Tu nous cherches depuis longtemps? (oui / des heures)
> —*Oui, je vous cherche depuis des heures.*

7. Tu nous invites? (oui / pour samedi soir)
8. Tu nous comprends? (non)
9. Tu nous téléphones? (oui / demain)
10. Tu nous accompagnes? (oui / jusqu'à la boulangerie)
11. Tu nous aimes bien? (oui)
12. Tu nous cherches? (non)

Note grammaticale

Les pronoms d'objet utilisés avec le passé composé et le futur immédiat

Le passé composé

—Elle **t**'a raconté une histoire?
—Oui, elle **m**'a raconté une histoire très drôle.

—Ils **vous** ont accompagné**s**?
—Non, ils ne **nous** ont pas accompagné**s**.

—Did she tell *you* a story?
—Yes, she told *me* a very funny story.

—Did they go with *you?*
—No, they didn't go with *us.*

When using the pronouns **me, te, nous,** and **vous** with the **passé composé,** it's important to remember the following:

1. The pronoun goes before the helping verb.
2. If the pronoun replaces a direct object, the past participle of the verb must agree in gender and number with the pronoun.

Le futur immédiat

—Tu vas **me** téléphoner?
—Oui, je vais **te** téléphoner.

—Ils vont **nous** accompagner?
—Non, ils ne vont pas **vous** accompagner.

—Are you going to call *me?*
—Yes, I'm going to call *you.*

—Are they going to go with *us?*
—No, they're not going to go with *you.*

When **me, te, nous,** and **vous** are used with the immediate future, they are placed before the main verb.

I. Encore des questions!

I. Encore des questions! Vos amis continuent à vous poser des questions. Répondez en utilisant les éléments donnés, le pronom convenable et le passé composé.

Modèle: Tu m'as vu(e)? *(Did you see me?)* (oui / au centre commercial)
—*Oui, je t'ai vu(e) au centre commercial*

1. Tu m'as cherché(e)? (non)
2. Tu m'as téléphoné? (non)
3. Tu m'as donné la clé? (oui / hier)
4. Tu m'as préparé un bon dîner? (oui)
5. Tu m'as acheté quelque chose? (oui / une belle chemise)
6. Tu m'as compris(e)? (oui)
7. Tu m'as vu(e)? (oui / à la station de métro)

Modèle: Tu nous as cherchés? (oui / pendant une demi-heure)
—*Oui, je vous ai cherchés pendant une demi-heure.*

8. Tu nous as acheté quelque chose? (oui / un livre sur la Guadeloupe)
9. Tu nous as vus? (oui / devant la bibliothèque)
10. Tu nous as compris? (non)
11. Tu nous as laissé les valises? (oui / dans la chambre)
12. Tu nous as fait un sandwich? (oui / un sandwich au jambon)
13. Tu nous as apporté du pain? (oui / un pain de campagne)
14. Tu nous as parlé de ça? (non)

J. Qu'est-ce que vous allez faire?

J. Qu'est-ce que vous allez faire? Utilisez les éléments donnés pour indiquer ce que vous allez faire.

Modèle: je / te / accompagner
Je vais t'accompagner.

1. ils / vous / téléphoner
2. nous / te / acheter un cadeau
3. elle / vous / apporter des bonbons
4. je / vous / amener au parc
5. elles / te / parler
6. nous / vous / aider
7. il / te / écouter

Note grammaticale

Les pronoms d'objet utilisés avec l'impératif

Donne-**moi** ton adresse!   Give *me* your address!
Ne **nous** parlez pas!   Don't talk *to us*!

When **me, te, nous,** and **vous** are used in commands, they are placed after the verb in the affirmative (connected with a hyphen) and before the verb in the negative. Note that in an affirmative command **me** becomes **moi.**

K. On change d'avis. *(We change our minds.)* Vos amis annoncent qu'ils vont faire quelque chose pour vous. D'abord vous acceptez, ensuite vous changez d'avis.

Modèle: Je vais te téléphoner.
　　　　—Oui, téléphone-moi! Non, ne me téléphone pas!

1. Je vais t'acheter un cadeau.
2. Je vais t'aider.
3. Je vais t'accompagner
　　à la gare.
4. Je vais te prêter la voiture.
5. Je vais te faire un gâteau
　　d'anniversaire.

Modèle: Je vais vous acheter un pull-over.
　　　　—Oui, achète-nous un pull-over. Non, ne nous achète pas de pull-over.

6. Je vais vous apporter
　　du chocolat.
7. Je vais vous téléphoner.
8. Je vais vous aider.
9. Je vais vous donner les clés.
10. Je vais vous accompagner.

Student Audio CD Track 2-28

Tuyau-prononciation
Les liaisons interdites

While some liaisons are required (see **Première étape**), other liaisons are forbidden **(interdites).** Liaison never occurs in the following situations:

1. A proper name + a word beginning with a vowel sound

　　Jean / est là　　　　Robert / a faim　　　　Georges / et Marie

2. A plural noun + a verb beginning with a vowel sound:

　　Les garçons / ont vu le film.
　　Les autres / habitent à Londres.
　　Mes parents / aiment danser.

3. **Et** + a word beginning with a vowel sound:

　　Paul et / Annick　　　　un thé et / un café

4. **On, ils, elles** (inversion) + a past participle or an infinitive beginning with a vowel sound:

　　A-t-on / entendu?
　　Sont-ils / arrivés?
　　Vont-elles / avoir le temps?

L. Lisez chaque phrase et faites attention d'éviter les liaisons.

1. Le médecin a prescrit un médicament et un arrêt de travail.
2. Ont-ils envie de sortir?
3. Vont-elles à la pharmacie?
4. Richard a soif et il a faim aussi.
5. Marie et Yves habitent à Paris.

Échange

Il me faut...

Audio CD Track 2-29

*François va acheter son costume avec Delphine. Ils vont à C&A, un grand magasin de vête-
ments pour hommes et femmes.*

LE VENDEUR: Bonjour, Monsieur. Qu'est-ce que je peux faire pour vous?

FRANÇOIS: Eh bien, il me faut un costume pour un **entretien d'embauche.** *job interview*

LE VENDEUR: Très bien. Quelle est votre **taille**? *size*

FRANÇOIS: 46, enfin, je pense.

LE VENDEUR: Et quelle couleur préférez-vous?

FRANÇOIS: Euh... je ne sais pas...

DELPHINE: Je pense qu'un costume gris serait un bon choix. Quelque chose
de chic, mais **pas trop.** Et qui ne **se froisse** pas facilement! *not too (stylish) / wrinkles*
Qu'en pensez-vous?

LE VENDEUR: Pour un entretien, c'est bien, le gris. Ça fait sérieux, mais pas
aussi sombre que le noir. Et quelle matière préférez-vous?

FRANÇOIS: J'aime les tissus naturels. La laine, la flannelle, le coton... et puis,
j'ai **un budget à ne pas dépasser.** Disons que je préférerais ne *a limited budget*
pas **dépenser** plus de 120 à 175 euros. *spend*

DELPHINE: Une matière **aérée,** qui ne donne pas chaud et qui **a un bon** *airy, light / falls (hangs) well*
tombé. Vous avez quelque chose dans ce genre?

LE VENDEUR: Oui, je vois. Nous avons trois modèles assez chics, mais que l'on peut
porter dans différentes situations, pour un entretien d'embauche, mais
aussi pour des cérémonies et des occasions un peu **habillées.** *dressy*

*François va essayer les costumes dans les cabines d'essayage. Pour chaque costume, il sort
consulter Delphine.*

FRANÇOIS: Alors, franchement, dis-moi: comment **il me va,** ce costume? *does it fit me*

DELPHINE: Bien, bien. Mais l'autre t'allait mieux, je pense. **Celui-ci** est un *This one*
peu **juste.** Est-ce que tu préférerais essayer la taille au-dessus? *tight*
Je peux aller la chercher si tu veux.

FRANÇOIS: Non, non, **c'est pas la peine.** En fait, j'aime mieux le costume *It's not worth it (Don't bother)*
précédent.

DELPHINE: Alors, tu le prends?

FRANÇOIS: Oui, je pense. Je me change et on se retrouve à la caisse.
D'accord?

DELPHINE: D'accord. Et ensuite, on doit te trouver une chemise blanche, une
belle cravate, des chaussettes de soie noire, des mocassins...

FRANÇOIS: Oh, là, là. **Le plus dur** d'un entretien, c'est de s'habiller! *The hardest thing*

À vous! *(Exercices de compréhension)*

M. Vous avez compris? Répondez aux questions suivantes selon ce que
vous avez compris dans les conversations.

1. Quel type de vêtement est-ce que François veut acheter?
2. De quoi est-il incertain?
3. Qui suggère la couleur?
4. Après le costume, qu'est-ce qu'il faut encore acheter?
5. Pourquoi est-ce que François pense que les entretiens d'embauche
sont difficiles?

N. Aux Galeries Lafayette. François va aux Galeries Lafayette avec Delphine. Pour chacun des vêtements qu'ils vont acheter, imaginez la conversation avec le vendeur/la vendeuse. Parlez des couleurs, de la taille, du tissu et du prix.

Modèle: un blouson / 73 euros
   —*J'ai besoin d'un blouson. (Il me faut un blouson).*
   —*De quelle couleur?*
   —*Bleu marine.*
   —*Quelle est votre taille?*
   —*46, je pense.*
   —*En toile? En coton?*
   —*En toile, avec une capuche* (hood).
   —*Ce modèle correspond à ce que vous cherchez.*
   —*Oui, tout à fait. C'est combien?*
   —*C'est 73 euros, Monsieur.*
   —*Bon, je le prends.*

Pour François:

1. un veston / 98 euros
2. un pantalon / 58 euros
3. une cravate / 21 euros
4. des chaussettes / 8 euros
5. une chemise / 38 euros
6. un imperméable / 70 euros

Pour Delphine:

une jupe / 53 euros
un chemisier / 37 euros
des collants / 4 euros
un cardigan / 50 euros
un jogging / 43 euros
un manteau / 150 euros

ZOOM!

Clothing sizes in France are not the same as in the United States. In order to know your French size, you have to do a little math:

• For women, add 30 to your American size. For example, if you're a size 10, your French size is 40.
• For men, add 10 or 12 to your coat or sweater size.

Most young people's clothes have a similar size system as in the United States: XS, S, M, L, XL, 2XL. Children's sizes are calculated in centimeters—how tall the child is in order to fit the article of clothing.

American style clothes are very popular among French young people: they often copy styles they see in American TV programs and they particularly like American labels like Levi, Lee, Nike. They also like clothes with English slogans and names, particularly baseball caps, American university sweatshirts, and t-shirts. Generally speaking, the French wear their clothes tighter and never "oversized." Shoes are tied (even sneakers), pants are worn with belts, white socks are to be worn only with athletic shoes. Black remains one of the most popular colors. All of this means that French young people have a look that is quite different from their American counterparts.

Qu'est-ce que vous en pensez?

Looking at all the photos and drawings in this *étape,* do you think that French clothes have become "Americanized" or not? Justify your opinion.

O. Est-ce que je peux essayer... ? Vous êtes dans un magasin de vêtements avec un(e) ami(e). Vous choisissez dans la liste suivante ce que vous voulez essayer et votre ami(e) vous donne son opinion (**c'est trop grand, c'est trop étroit, c'est trop long, ça te va très bien, ça te va à merveille**) avec des expressions d'hésitation (**euh... , voyons... , ben...**).

> Modèle: robe
> —*Mademoiselle, est-ce que je peux essayer cette robe?*
> —*Bien sûr, Mademoiselle. Le salon d'essayage est par là.*
>
> Quelques minutes après...
> —*Qu'est-ce que tu en penses?*
> —*Euh... voyons... c'est un peu trop grand.*

un jean	un short	une veste	un gilet
un sweat	un maillot de bain	un chemisier	une jupe
une robe	un pull-over	un jogging	un pantalon
un manteau	un blouson	un anorak	

Le savez-vous?
When clothing designers talk about the **griffe** on their clothes, they're referring to:
a. the buttons and other accessories
b. a particular fashion style
c. their personalized label
d. none of the above

Structure

Les pronoms d'objet direct (*le, la, l', les*) et les pronoms d'objet indirect (*lui, leur*)

Les pronoms d'objet direct **le, la, l', les**

—Elle veut **mon stylo?**
—Oui, elle **le** veut.

—Où est **la librairie?**
—**La** voilà, en face du bureau de poste.

—Tu aimes **la musique moderne?**
—Non, je ne **l'**aime pas beaucoup.

—Il comprend **les explications?**
—Oui, il **les** comprend.

A direct object is the person or thing directly affected by the verb; it tells *who* or *what* is acted upon. Thus, in the first sequence of each pair, the noun phrases **mon stylo, la librairie, la musique moderne,** and **les explications** are all used as direct objects. Whenever possible, speakers try to avoid repeating nouns (in general) and direct objects (in particular) by using pronouns. In English, you may say *him, her,* or *them* to refer to people and *it* or *them* to refer to things. In French, no distinction is made between people and things. Here are the French direct-object pronouns:

Réponse ▲ ▲ ▲ c

MASCULINE SINGULAR	**le**	Elle veut **mon cahier.**	→ Elle **le** veut.
FEMININE SINGULAR	**la**	Voilà **ma tante.**	→ **La** voilà.
MASCULINE OR FEMININE SINGULAR BEFORE A VOWEL OR VOWEL SOUND	**l'**	J'aime bien **ton frère.**	→ Je **l'**aime bien.
MASCULINE OR FEMININE PLURAL	**les**	Il a **les billets.**	→ Il **les** a.

In the present tense, the direct-object pronoun always precedes the verb:

AFFIRMATIVE STATEMENT:	Oui, je **l'**aime.
NEGATIVE STATEMENT:	Non, nous ne **les** avons pas.
QUESTION:	Est-ce que tu **la** veux?
SPECIAL EXPRESSIONS:	**Le** voilà. **Les** voici.

Les pronoms indirect **lui** *et* **leur**

Lui et **leur** are third-person, indirect-object pronouns that replace nouns used as indirect objects. In French, a noun used as an indirect object is introduced by the preposition **à.** The indirect-object therefore replaces **à** + person.

Lui replaces **à** + a feminine or masculine singular noun. Only the context makes it clear whether **lui** represents a male or female.

Leur replaces **à** + a masculine or feminine plural noun. Again, only the context tells whether **leur** represents males or females (it may also represent a group of both males and females).

Note that **lui** and **leur** are used only with people, not with things. These pronouns take the following positions in sentences:

PRESENT TENSE: **lui** or **leur** + conjugated verb:

Elle ne **lui** parle pas.
Il **leur** raconte une histoire.

IMPERATIVE: affirmative command form + **lui** or **leur:**

Donnez-**lui** ce CD!
Montre-**leur** les photos!

PASSÉ COMPOSÉ: **lui** or **leur** + helping verb:

Je **lui** ai acheté un disque compact.
Nous ne **leur** avons pas prêté la vidéo.

Reminder, *Lui* **et** *leur:* Note that **lui** and **leur** take the same positions in sentences as the direct-object pronouns **le, la, l', les,** which you've already learned.

CONJUGATED VERB + INFINITIVE: **lui** or **leur** + infinitive:

> On va **lui** apporter des fleurs.
> Ils n'aiment pas **leur** prêter des livres.

These verbs take an indirect object (noun or pronoun):

acheter	**expliquer**	**parler**
apporter	**montrer**	**prêter**
apprendre	**obéir**	**raconter**
donner	**offrir**	**téléphoner**

Application

P. La voilà. Vous êtes le guide de vos amis dans le petit village de Saint-Jean-de-Luz, près de Biarritz. Utilisez des pronoms d'objet direct pour répondre à leurs questions.

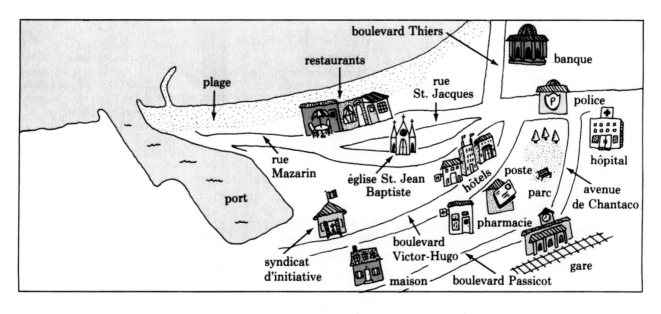

> **Modèle:** Où est le bureau de poste?
> *Le voilà, à côté de la pharmacie.* ou *Le voilà, sur le boulevard Victor-Hugo.*

1. Où est la banque?
2. Où est le commissariat de police?
3. Où sont les hôtels?
4. Où est ta maison?
5. Où est la gare?
6. Où est l'hôtel?
7. Où sont les restaurants?
8. Où est l'église Saint-Jean Baptiste?

Q. Tu aimes les haricots verts? Vous avez invité un(e) ami(e) à dîner chez vous. Vous lui demandez s'il (si elle) aime ce que vous avez préparé à manger. Votre ami(e) répond selon ses préférences.

> Modèle: des haricots verts
>> —*On va servir des haricots verts. Tu aimes les haricots verts?*
>> —*Oui, je les aime beaucoup.* ou *Non, je ne les aime pas.*

1. de la salade	**4.** du poisson	**7.** du bœuf
2. du jambon	**5.** de la charcuterie	**8.** des épinards
3. des carottes	**6.** des tomates	

R. Rarement, souvent ou jamais? Répondez aux questions en indiquant si vous faites les choses suivantes **rarement, souvent, jamais, quelquefois ou de temps en temps.** Utilisez lui ou leur dans vos réponses.

> Modèle: Est-ce que vous parlez à vos grands-parents?
>> *Oui, je leur parle souvent (quelquefois, de temps en temps).* ou
>> *Non, je leur parle rarement.* ou *Non, je ne leur parle jamais.*

1. Est-ce que vous téléphonez à vos amis?
2. Est-ce que vous obéissez à vos profs?
3. Est-ce que vous parlez à votre prof de français?
4. Est-ce que vous racontez des histoires à vos amis?
5. Est-ce que vous prêtez de l'argent à vos amis?
6. Est-ce que vous offrez des cadeaux à votre ami(e)?
7. Est-ce que vous montrez vos devoirs à vos camarades de classe?
8. Est-ce que vous apportez une pomme à votre professeur?

S. Moi et ma famille. Vous discutez avec vos camarades de classe des rapports que vous avez avec les membres de votre famille. Chacun(e) d'entre vous contribue au moins une phrase avec les éléments donnés. Utilisez **lui** ou **leur** dans les phrases.

> Modèle: (parents) parler / problèmes
>> —*Moi, je leur parle souvent de mes problèmes.*
>> —*Ça dépend. Quelquefois je leur parle de mes problèmes.*
>> —*Moi, je ne leur parle jamais de mes problèmes.*

1. (parents) montrer / résultats des examens	**5.** (professeur) obéir
2. (parents) montrer / notes	**6.** (parents) obéir
3. (mari ou femme) prêter / voiture	**7.** (parents) présenter / amis
4. (frère ou sœur) donner / conseils	**8.** (membres de la famille) acheter / cadeaux

Note grammaticale

Les pronoms d'objet direct et indirect utilisés avec le futur immédiat et le passé composé

When used with the immediate future, direct and indirect object pronouns precede the infinitive. This pattern occurs whenever there is a conjugated verb followed by an infinitive:

—Nous allons acheter **cette voiture.**
—Nous allons l'acheter.

—Tu vas parler **à Jean**?
—Oui, je vais **lui** parler.

In the **passé composé,** the object pronouns are placed directly in front of the auxiliary verb **(avoir** or **être).** The past participle agrees in gender and number with a preceding direct object. There is no past participle agreement with preceding indirect objects.

—Tu as trouvé **la clé**?
—Oui, je **l'**ai trouvé**e.**

—Vous avez acheté **les pommes**?
—Non, nous ne **les** avons pas acheté**es.**

—Ils ont téléphoné **à Marie**?
—Oui, ils **lui** ont téléphoné.

—Elle a parlé **à ses parents**?
—Non, elle ne **leur** a pas parlé.

T. Une famille impossible! Votre famille vous demande constamment de faire des choses. Répondez en utilisant le passé composé, le futur immédiat ou **Je ne veux pas....**

Modèle: Fais la lessive!
Je l'ai déjà faite. ou
Je vais la faire plus tard. ou
Je ne veux pas la faire.

1. Achète du pain!
2. Étudie tes maths!
3. Prépare le dîner!
4. Mange tes petits pois!
5. Prépare la soupe!
6. Mets la table!
7. Fais la vaisselle!
8. Finis tes devoirs!
9. Cherche mes clés!
10. Nettoie la cuisine!
11. Lave la casserole!
12. Baisse ta musique!
13. Lave la baignoire!
14. Brosse-toi les dents!
15. Mets tes chaussures!
16. Éteins *(Turn off)* la télé!
17. Fais ton lit!
18. Range ta chambre!
19. Sors la poubelle!
20. Prends des gants!

U. Histoire d'un crime. Quelqu'un vient de cambrioler *(rob)* un magasin. Vous êtes le témoin *(witness)* et vous répondez aux questions de la police. Utilisez **lui** ou **leur** dans vos réponses.

Modèle: Est-ce que vous avez parlé aux cambrioleurs? (oui)
Oui, je leur ai parlé.

1. Qu'est-ce que vous avez dit aux cambrioleurs? (de sortir)
2. Qu'est-ce que vous avez encore dit aux cambrioleurs? (que nous n'avons pas beaucoup d'argent dans la caisse)
3. Qu'est-ce que vous avez donné au jeune homme? (tout notre argent)
4. Est-ce que vous avez obéi aux cambrioleurs? (oui, bien sûr)
5. Qu'est-ce que vous avez montré à la jeune femme? (les bijoux)
6. Quand est-ce que vous avez téléphoné aux agents de police? (tout de suite)
7. Qu'est-ce que vous avez raconté à l'agent de police? (toute l'histoire)

Débrouillons-nous!

V. J'ai besoin de vêtements. Vous êtes dans un grand magasin pour acheter des vêtements. Indiquez au vendeur (à la vendeuse) ce que vous cherchez, donnez votre taille, votre couleur préférée, demandez le prix des habits proposés. Expliquez si vous voulez acheter les vêtements ou pas (par exemple: **Je vais le prendre. Non, c'est trop cher.** etc.). N'oubliez pas d'être poli, de saluer en arrivant et en repartant.

W. Échange. Posez les questions suivantes à un(e) camarade de classe, qui va vous répondre. Utilisez des pronoms dans vos réponses.

1. Est-ce que tu m'écoutes?
2. Qu'est-ce qui te fait peur?
3. Qu'est-ce que tes amis t'offrent pour ton anniversaire?
4. Qu'est-ce que tu m'offres pour mon anniversaire?
5. Qu'est-ce que ta famille t'achète au début de l'année scolaire?
6. Est-ce que quelqu'un t'aide avec tes devoirs de français?
7. Qui prépare le dîner chez toi?
8. Qui débarrasse la table? Qui fait la vaisselle?
9. Est-ce que tu fais tes devoirs avant ou après le dîner?
10. Est-ce que tu regardes la télévision quelquefois? Qu'est-ce que tu regardes?

X. Une interview. Vous cherchez un job dans une colonie de vacances. Votre camarade de classe est le directeur (la directrice) de cette colonie et vous pose des questions. Dans vos réponses, utilisez les pronoms d'objet indirect **lui** et **leur** quand c'est possible.

Modèle: Est-ce que vous avez parlé de ce job à vos amis?
Oui, je leur ai parlé de ce job.

1. Est-ce que vous avez parlé de ce job à vos profs?
2. Est-ce que vous pouvez apprendre quelque chose aux enfants?
3. Est-ce que vous avez montré notre brochure à votre père?
4. Est-ce que vous avez expliqué les responsabilités du job à votre mère?
5. Est-ce que vous aimez raconter des histoires aux enfants?
6. Est-ce que vous savez parler aux enfants?
7. Pendant les jeux, est-ce que vous allez distribuer des prix aux enfants?
8. Est-ce que vous allez prêter vos affaires aux enfants?
9. Est-ce que vous savez donner des responsabilités aux enfants?
10. Est-ce que vous allez souvent téléphoner à votre petit(e) ami(e)?

À faire chez vous:
CAHIER, Chapitre 11, 2ᵉ étape

Point de départ

Une interview

François Maillet
5, boulevard Raymond IV
31000 Toulouse

Kodak Pathé
Ressources Humaines
26, rue Villiot
75594 Paris

Madame,

Suite à votre annonce parue dans l'Express du 21 mars, je me permets de solliciter le poste d'ingénieur commercial actuellement vacant dans votre filiale de Toulouse.

J'ai 35 ans. Je suis marié et père de deux enfants. J'ai trois ans d'expérience dans les ventes. Je parle couramment l'anglais et l'allemand. Après l'obtention de ma licence, j'ai passé une année aux U.S.A. à Pennsylvania State University où j'ai suivi des cours de gestion, de comptabilité et de marketing. Avec mon diplôme en marketing, je crois avoir toutes les qualifications souhaitées.

Je serais à votre disposition sans délai après réception de votre lettre d'engagement. J'ai quitté mon dernier poste parce qu'il manquait de possibilités d'avancement et ne me donnait aucune occasion d'utiliser mon anglais ni de travailler à l'étranger. Les occasions de voyages offertes par la firme Kodak me paraissent très attrayantes.

Ci-joint vous trouverez mon curriculum vitae mentionnant les études que j'ai effectuées et les postes que j'ai occupés. Pour d'autres renseignements à mon sujet, je vous serais très obligé de bien vouloir vous adresser aux trois personnes dont j'ai donné les adresses dans mon curriculum vitae.

Dans l'espoir que ma candidature soit susceptible de retenir votre attention, je vous prie d'agréer, Madame la Directrice, l'expression de mes sentiments distingués.

François Maillet

P. J. 1 curriculum vitae.

FRANÇOIS MAILLET
5, boulevard Raymond IV
31000 Toulouse
Tél: 04.61.48.02.09
Adresse électronique: frmaillet@wanadoo.fr
Né le 17 juillet 1975
Libéré des Obligations Militaires

FORMATION

MBA, option Marketing
The Pennsylvania State University, 1999

Licence de Sciences Économiques, option Gestion
Université Paris I (1996)

DUT option Gestion des entreprises et des administrations
IUT de Sceaux (1995)

Diplôme de Langue Avancée: Langues des affaires
Université de Marburg, Allemagne (1994)

Baccalauréat ES, mention AB
Lycée Paul Valéry, Paris (1993)

EXPÉRIENCE

1999–	Analyste financier—AGF Assurances (Toulouse)
1997–1999	Analyste financier—MBNA (State College, PA, USA)
1996–1997	Gérant des stocks—24ème Division Portée (Toulouse)
1994–1996	Commercial—Philon Pharmaceutique (Vincennes)
1993–1994	Chef de rayon—Auchan Couronne (Saint-Denis)
1992–1993	Stage, service des ventes—Auchan Couronne (Saint-Denis)

DIVERS

Langues:	Anglais (lu, parlé, écrit—courant et affaires)
	Allemand (lu, parlé, écrit—courant et affaires)
	Italien (lu, parlé—courant)
Sports:	Football, division honneur
	Compétition interuniversitaire: capitaine de l'équipe de l'IUT
	Section Sports-Études Football, 1987–1992
Informatique:	Maîtrise de MSWord, Lotus Notes, Excel, Works, MSAccess, Powerpoint

RÉFÉRENCES

Professeur Michaud, Département d'économie, Université Paris-I
Professeur Bayard, Département de droit, Université Paris-I
Professeur Mark, Département de Finance, Pennsylvania State University
Madame Fabréguette, Chef des ventes, Auchan Couronne
Monsieur Sachs, Service commercial, Philon Pharmaceutique
Major Quilhan, 24ème Division, Toulouse

À vous! *(Exercices de compréhension)*

A. J'ai compris. Répondez aux questions selon ce que vous avez appris dans le CV de François.

1. Quels diplômes a François? Quels sujets a-t-il étudiés?
2. Quels emplois est-ce qu'il a eus jusqu'à présent?
3. Quel type de qualification tombe sous la catégorie «divers»?
4. Quels sont les métiers des références de François?
5. Selon son curriculum vitae, pour quels postes François est-il qualifié?

B. Ça se dit comment? Trouvez les équivalents en français des formules utilisées dans une lettre de candidature et dans un CV.

1. Dear Madam,
2. I am applying for the job
3. B.A. / B.S. in . . .
4. I am 28 years old
5. Miscellaneous
6. Enclosed you will find
7. Education
8. Sincerely yours,
9. I believe I have all the necessary qualifications
10. I will be available

C. Un curriculum vitae. Discutez en français ou en anglais.

1. Quelles sont les différences entre un CV français et un CV américain?
2. Si vous faites votre CV pour un stage en France, qu'est-ce que vous y mettez?

Reprise: deuxième étape

D. La mode. Faites des descriptions.

1. D'abord, décrivez ces photos de magazines de mode.

2. Maintenant, décrivez ce que porte votre voisin(e) de table ou l'un(e) de vos camarades de classe.

E. Des petites conversations. Utilisez les éléments donnés pour créer des phrases logiques. Utilisez les pronoms **me, te, nous** et **vous.**

> **Modèle:** je / connaître / rencontrer à la soirée chez les Lascaux / montrer une photo de votre maison en Corse
> —*Je vous connais, n'est-ce pas? Je vous ai rencontré(e) à la soirée chez les Lascaux? Vous m'avez montré une photo de votre maison en Corse.*

1. je / connaître / voir chez les Gillot / parler de vos vacances en Égypte
2. je / voir pour la première fois au mois de novembre / inviter à sortir trois semaines après / demander de m'épouser
3. elle / téléphoner ce soir / voir demain matin / quitter à midi
4. je / reconnaître / voir à l'université / être dans ma classe de chimie
5. nous / chercher depuis trois jours / vouloir inviter à une surprise-partie / espérer voir samedi soir

F. Échange. Avec un(e) camarade, comparez vos réponses aux questions suivantes. Utilisez les pronoms d'objet direct et indirect dans vos réponses, puis demandez **Et toi?**

1. Est-ce que tu vois souvent tes parents (tes grands-parents)?
2. Est-ce que tu as vu le film *Titanic*? Est-ce que tu as vu *Le Prince d'Égypte*?
3. Est-ce que tu as regardé les nouvelles à la télé hier soir?
4. Est-ce que tu prêtes souvent de l'argent à tes amis?
5. Est-ce que tu demandes souvent de l'argent à tes amis?
6. Est-ce que ton patron t'a donné une augmentation de salaire?
7. Est-ce que tu donnes de ton temps à une association caritative *(charitable)* ou humanitaire?
8. Est-ce que tu as gardé les notes du cours de maths?
9. Est-ce que tes camarades de classe te prêtent leurs notes?
10. Est-ce que tu téléphones à ton professeur si tu es malade?
11. Est-ce que tu rends visite à tes amis quand ils sont malades?
12. Est-ce que tu as lu la leçon de français?

Structure

Les expressions négatives *ne... rien, ne... personne, ne... plus, ne... pas encore, ne... jamais*

You've already learned to use the negative expressions **ne... pas, ne... jamais** *(never)*. In general, all other negative expressions in French follow the same pattern.

ne... rien *(nothing)*
and **ne ... personne** *(nobody, no one)*

There are a few special rules to remember about **ne... rien** and **ne... personne:**

1. In the **passé composé, ne... rien** surrounds the helping verb:

Je **n'**ai **rien** trouvé.

However, **personne** follows the past participle:

Je **n'**ai vu **personne.**

2. Regardless of the tense, if the verb is followed by a preposition, **rien** and **personne** come after this preposition;

Je **n'**ai besoin **de rien.**
Nous **n'**avons parlé **à personne.**

3. **Ne... personne** and **ne... rien** may also be used as subjects of a sentence. In this case, the word order is reversed and both parts of the negative come before the verb:

Rien ne m'intéresse.
Personne n'a téléphoné.

4. **Rien** and **personne** may be used without verbs as answers to questions. In such cases, **ne** is dropped:

—Qui est là?   —Qu'est-ce que tu fais?
—**Personne.**   —**Rien.**

Ne... plus (*no longer*)
ne... pas encore (*not yet*), **ne... jamais** (*not ever*)

All of these expressions are used in the same way as **ne... pas** in that **ne** is placed before the conjugated verb and the rest of the expression is placed after the conjugated verb:

Elle **n'**est **plus** ici.
Nous **n'**avons **pas encore** fini nos devoirs.
Tu **ne** vas **jamais** comprendre cette situation!

The expressions **pas encore** and **jamais** may also be used alone as answers to questions:

—Ils sont partis?   —Vous buvez du Coca?
—**Pas encore.**   —**Jamais.**

Application

G. Il a le cafard. (*He's very depressed.*) Vous avez un ami qui a le cafard. Sa famille s'inquiète et vous pose des questions. Vous dites la vérité, c'est-à-dire que vous répondez toujours négativement. Utilisez les expressions négatives que vous avez apprises.

Modèle: Avec qui est-ce qu'il sort?
Il ne sort avec personne.

1. Mais il voit toujours sa petite amie Nicole, n'est-ce pas?
2. Mais il va souvent au cinéma, n'est-ce pas?
3. Alors, qu'est-ce qu'il fait le week-end?
4. À qui est-ce qu'il parle?
5. À quoi est-ce qu'il s'intéresse?
6. Qui lui téléphone?
7. À qui est-ce qu'il téléphone?
8. Mais il fait toujours ses devoirs, non?
9. Il a déjà parlé à son professeur?

H. Au bureau de poste. La scène: un bureau de poste en province. Les personnages: le postier, une dame bien habillée. La situation: la femme est assise sur un banc à l'intérieur du bureau de poste depuis trois heures. Le postier commence à soupçonner *(to suspect)* quelque chose. Jouez le rôle de la dame en répondant négativement à toutes les questions du postier.

> **Modèle:** Pardon, Madame. Vous désirez quelque chose?
> *Non, Monsieur. Je ne désire rien.*

1. Vous attendez quelqu'un?
2. Vous avez besoin de quelque chose?
3. Vous voulez acheter quelque chose?
4. Vous avez déjà acheté des timbres *(stamps)*?
5. Vous voulez téléphoner à quelqu'un?
6. Quelqu'un va vous téléphoner?
7. Vous avez quelque chose à envoyer?
8. On vous a envoyé quelque chose?
9. Vous passez souvent l'après-midi dans les bureaux de poste?

I. Une semaine désastreuse. Vous avez eu une semaine particulièrement mauvaise et vous n'êtes pas de bonne humeur. Quand vos amis vous interrogent, vous répondez toujours négativement. Utilisez les expressions négatives que vous avez apprises.

> **Modèle:** Est-ce que tu as déjà fini tes devoirs de français?
> *Non, je n'ai pas encore fini mes devoirs de français!*

1. Est-ce que quelqu'un t'a téléphoné?
2. Est-ce que le mécanicien a déjà réparé ta voiture?
3. Est-ce que tes enfants sont sortis cette semaine?
4. Est-ce que tu es toujours premier(-ère) en cours de français?
5. Est-ce que tu as fait beaucoup de choses cette semaine?
6. Est-ce que tu as vu tes amis?
7. Est-ce que tu as parlé à ton professeur?
8. Est-ce que tu vas faire quelque chose ce week-end?
9. Est-ce que quelque chose t'intéresse?
10. Est-ce que tu as parlé à ta mère?

Student Audio CD Track 2-30

▓ Tuyau-prononciation
La liaison et la consonne *h*

Even though the letter **h** is never pronounced in French, it behaves in two different ways with regard to liaison. In most words that begin with **h,** the **h** is mute. In the singular, words with mute **h** take the definite article **l':** **l'hôtel.** In the plural, liaison is obligatory: **les‿hôtels.** Other words, however, begin with what is called an aspirated **h (h aspiré).** Such words are treated as if the **h** were pronounced (although it is actually silent). As a result, in the singular, the definite article **le** or **la** is used: **le hall, la Hollandaise.** In the plural, liaison is forbidden: **les / halls, les / Hollandaises.** Dictionaries usually indicate an aspirated **h** with a special symbol (an asterisk or an apostrophe).

J. Lisez chaque groupe de mots à haute voix, avec ou sans liaison.

Vocabulary, Ex. J: sans haine = *without hate;* **un hasard** = *chance;* **en haut** = *upstairs, above.*

cet_hôpital	il est dix_heures	sans / haine
un_hôtel	en_hiver	un / hasard
je suis_heureux	un grand_homme	des / hors-d'œuvre
je me suis_habillé	elles_habitent	dans / huit jours
des_histoires	des_habitudes	en / haut

Échange
Un entretien d'embauche

Audio CD Track 2-31

François a son entretien d'embauche avec Madame Sarcelles, Bureau de recrutement et service du personnel pour la filière Kodak de Toulouse.

MME SARCELLES: J'ai remarqué dans votre curriculum vitae un petit détail et je regrette que personne ne vous en ait parlé. Je vois que vous étiez capitaine de l'équipe de football de votre IUT.

FRANÇOIS: Oui, **effectivement,** je l'étais. Cela m'a appris le travail en équipe et le goût de l'effort. Deux qualités qu'il vaut mieux posséder pour réussir en entreprise!
that's true

MME SARCELLES: Continuez-vous à pratiquer un sport?

FRANÇOIS: Je ne fais plus de compétition mais je continue à jouer au football avec des gens de mon quartier. J'ai commencé le tennis, mais je ne le pratique pas beaucoup. Je n'ai jamais le temps.

MME SARCELLES: Avez-vous d'autres activités **en dehors du** football?
outside of (besides)

FRANÇOIS: Eh bien, oui. Je suis **entraîneur** pour l'équipe des enfants du quartier le Mirail. Je leur apprends les techniques de jeu et je les prépare à la compétition avec d'autres équipes de
trainer, coach

Toulouse. Rien ne me semble aussi utile que de les aider et de leur faire découvrir ce qui était une passion dans ma jeunesse. Le foot les intéresse, surtout depuis que la France a gagné la coupe du monde. Mais il faut qu'ils s'entraînent et qu'ils soient à l'heure aux matches. Le foot leur apprend beaucoup sur la discipline. Personne ne s'occupe d'eux et je ne regrette jamais de passer mes dimanches matins avec eux.

MME SARCELLES: Je suis contente que vous travailliez pour une bonne cause. Mais revenons-en à votre emploi. Pourquoi voulez-vous quitter votre poste **actuel**?

current, present

FRANÇOIS: Eh bien, je l'aime beaucoup, mon poste, mais ma femme a repris ses études et travaille tard le soir. Avec mon travail actuel, moi aussi. Il faut aussi que je travaille sans horaires précis; il faut que j'aille à **l'usine** quand on a besoin de moi, même si c'est la nuit. Moi, **ça ne me gêne pas,** mais c'est un problème pour mon fils. Personne n'est à la maison pour s'occuper de lui. Donc j'ai décidé de trouver un emploi plus proche de notre maison pour pouvoir l'aider dans ses devoirs, lui parler de sa journée, lui préparer à dîner, le mettre au lit, lui lire des histoires. De plus, j'aimerais avoir des horaires plus fixes et pouvoir travailler plus en contact avec les clients. Voilà pourquoi votre offre d'emploi m'intéresse. Je vois beaucoup de possibilités de développement et en plus cela correspond à mes **souhaits** d'emploi du temps.

factory
that doesn't bother me

wishes, desires

MME SARCELLES: Mais vous savez que ce poste, pour Kodak, est très **exigeant**? Il vaut mieux que vous le sachiez tout de suite. Il faut travailler très **dur** et souvent il faut venir au bureau le samedi matin. Je préfère que vous soyez honnête avec moi sur ce sujet: nous ne cherchons personne à mi-temps.

demanding

hard

FRANÇOIS: Oui, je comprends. Mais j'ai aussi vu dans l'annonce qu'il fallait posséder un ordinateur **afin de** travailler **chez soi**: ce serait idéal pour moi. Je possède un **ordinateur portable** et je l'utilise fréquemment sur mon **lieu de travail.** Mais pourquoi pas chez soi? **Rien ne m'empêche de** travailler **à domicile.** De plus, ma femme ne travaille jamais le week-end et mon fils a classe le samedi matin. Donc ce n'est pas un problème.

in order to / at home
laptop
work place
Nothing prevents (stops) me from
at home

MME SARCELLES: Très bien. En fait, notre **maison-mère** nous encourage à développer ce genre de solutions et je suis soulagée que vous compreniez **ce que cela suppose d'organisation.** Mais pour ce poste il faut que vous puissiez voyager souvent.

headquarters

what that entails from an organization point of view

FRANÇOIS: Oui, et cela **me convient** tout à fait. Je peux m'arranger pour partir pendant les vacances universitaires et pendant l'été, entre mai et octobre. Puisque je maîtrise l'anglais, l'allemand et l'italien, je serais ravi de pouvoir les utiliser avec des clients.

suits me

MME SARCELLES: Justement, Kodak est une société américaine et nous avons donc beaucoup de contacts aux États-Unis. Les connaissez-vous bien?

FRANÇOIS:	Oui, je connais bien la culture américaine et la **façon de penser** des Américains, particulièrement dans le **monde des affaires.** De nos jours, tout le monde parle anglais et une autre langue étrangère, mais il faut aussi connaître la culture des gens avec qui l'on parle! Moi, **je me sens** très à l'aise aux États-Unis.	way of thinking business world I feel
MME SARCELLES:	Écoutez, **nous vous reverrons** bientôt pour un test de langue et de connaissances culturelles. Nous **souhaitons** que vous travailliez avec les États-Unis. Vos qualifications en marketing et en gestion, ainsi que vos qualités personnelles nous intéressent. Je suis heureuse de vous annoncer que nous souhaiterions vous offrir ce poste, si vous réussissez les tests d'anglais.	we'll see you again hope
FRANÇOIS:	**Je vous remercie.** Je vais prendre rendez-vous avec votre secrétaire pour les tests. Je suis très heureux d'avoir fait votre connaissance. Au revoir, Madame et à bientôt, j'espère.	Thank you.

À vous!

K. Vous êtes François. En vous basant sur les renseignements donnés dans l'entretien, répondez comme François. Est-ce que vous vous intéressez aux sujets suivants?

> **Modèle:** les finances
> *Oui, je m'intéresse aux finances.*

1. le football
2. les langues étrangères
3. le monde des affaires
4. les enfants des quartiers difficiles
5. le marketing
6. le tennis
7. l'informatique
8. la gestion
9. les clients étrangers
10. les voyages
11. les États-Unis
12. le travail sans horaires précis
13. le travail à domicile
14. les possibilités de développement

L. Une interview. Vous êtes la patronne ou le patron d'une grande entreprise. Interviewez un(e) candidat(e) pour un poste décrit dans les annonces **(Première étape).** Découvrez s'il ou si elle a les diplômes, les qualifications professionnelles et les qualités personnelles requises pour le poste.

Reminder, Ex. K: Note that you are asked to respond as François would (that is, you're playing the role of François). Refer to the information he gives (or doesn't give) in his interview.

Structure

Les verbes réguliers en -re

—Tu sais ce que **j'ai entendu dire?**
—Non. Quoi?
—**Paul vend** sa voiture!
—Je sais. Sa famille déménage
  au Sénégal. **Ils vendent**
  toutes leurs affaires.
—**Nous perdons** un très bon ami.
—Oui, il va nous manquer.

—Do you know what *I heard?*
—No. What?
—*Paul is selling* his car!
—I know. His family is moving
  to Senegal. *They're selling* all
  their things.
—*We're losing* a very good friend.
—Yes, we'll miss him.

The third group of regular verbs in French ends in **-re.** To conjugate these verbs in the present tense, drop the **-re** from the infinitive and add the endings **-s, -s, —, -ons, -ez, -ent.**

vendre *(to sell)*	
je **vends**	nous **vendons**
tu **vends**	vous **vendez**
il, elle, on **vend**	ils, elles **vendent**

PAST PARTICIPLE:	**vendu** (avoir)
IMPERFECT STEM:	**vend-**
SUBJUNCTIVE STEM:	**vend-**

Some other regular **-re** verbs are:

attendre   to wait for
descendre (être)   to go down (downstairs); to stay (at a hotel);
                        to get off at (bus or metro station)
entendre   to hear
entendre dire   to hear secondhand
entendre parler de   to hear about
perdre   to lose
rendre   to return (something)
rendre visite à   to visit (a person)
répondre à   to answer

M. Mise en train: Remplacez les mots en italique par les mots entre parenthèses et faites les changements nécessaires.

1. *Elle* vend sa maison.
   (nous / tu / ils / je / elles / vous)
2. *J'*entends de la musique.
   (tu / elle / nous / vous / ils)
3. *Nous* attendons le bus.
   (je / elle / ils / vous / il)
4. *Ils* ont perdu les billets?
   (vous / elle / tu / elles / on)
5. Il faut que *tu* vendes ton auto.
   (elle / nous / ils / vous / je)
6. Autrefois, *il* descendait toujours au Sheraton. (nous / je / elles / on)

Application

N. Des conseils. Comparez les phrases avec les verbes entre parenthèses pour donner des conseils à vos camarades de classe. Attention! Il faut employer le présent du subjonctif.

1. (descendre) Pour aller au centre commercial? Il faut que tu _____ à la station Montparnasse.
2. (attendre) D'accord, à 13h alors. Mais il faut que vous _____ quelques minutes. Jean doit arriver à 13h15.

3. (répondre) Ton professeur n'est pas content de toi? Il est essentiel que tu _____ toujours à ses questions.
4. (rendre) Vos parents sont fâchés? Il vaut mieux que vous _____ l'argent que vous avez emprunté.
5. (attendre) Jean-Michel veut une voiture? Il vaut mieux qu'il _____ encore un an.
6. (descendre) Suzanne et Simone vont au musée? Il faut qu'elles _____ de l'autobus au Quartier latin.
7. (rendre visite) Tu es libre samedi? Il faut que tu _____ à ton grand-père.

O. **Questions.** Posez quatre questions **(tu, vous, il/elle, ils/elles)** aux autres membres du groupe.

1. pourquoi / vendre—passé composé (voiture, livres, etc.)
2. qu'est-ce que / perdre—passé composé
3. qu'est-ce que / entendre dire de—passé composé (film, etc.)
4. est-ce que / entendre parler de—passé composé (livre, film, vidéo, etc.)
5. qu'est-ce que / répondre à—futur immédiat (parents, prof, amis, etc.)

Débrouillons-nous!

P. **Une personne célèbre.** Vous êtes journaliste et vous allez interviewer une personne célèbre, ancien(ne) étudiant(e) *(alumna or alumnus)* de votre université. Posez-lui des questions sur sa vie à votre université quand il ou elle était étudiant(e), sur sa formation professionnelle et sur sa vie actuelle. Il ou elle vous parlera de sa formation, de ses expériences et des qualités nécessaires pour faire le même métier que lui (ou elle).

Q. **Un sondage.** Interview one of your classmates. S/he can answer with **oui** or with a negative expression **(ne... pas, rien ne... , personne ne... , ne... jamais, ne... pas encore, ne... plus, ne... personne).** Take notes and then report to the class. Someone should compile the results of the survey for the class.

Voyages
Ask your classmate if s/he
1. has ever visited Guadeloupe.
2. has already been to Toulouse.
3. likes to go to the beach for vacations.
4. has ever visited an African country.
5. has ever been to Eurodisney in Paris.

Vêtements
Ask your classmate if s/he
6. wears bell bottoms **(des pantalons à pattes d'éléphant)**.
7. always dresses fashionably **(à la mode)**.
8. reads fashion magazines.
9. has a lot of clothes.

Études
Ask your classmate if s/he
10. has ever taken a management course.
11. has already bought next semester's books.
12. knows what courses s/he is taking next semester.
13. knows anyone who got an A on the last French test.

À faire chez vous:
CAHIER, Chapitre 11, 3ᵉ étape

Student Audio CD Tracks 5-2–5-10
Now that you've completed the first three **étapes** of **Chapitre 11**, do Segment 1 of the STUDENT AUDIO CD. See **CAHIER, Chapitre 11,** *Écoutons!,* for exercises that accompany this segment.

Point d'arrivée

À faire chez vous:

Student Audio CD Tracks 5-11–5-12

CAHIER, Chapitre 11, *Rédigeons! / Travail de fin de chapitre* (including STUDENT AUDIO CD, **Chapitre 11,** Tracks 5-11–5-12)

Activités orales

Exprimons-nous!

In French, as in English, a number of expressions are used to ask someone else's opinion and to state your own opinion. These expressions are important because they signal that a point of view is being expressed rather than a fact.

Pour demander l'avis des autres

Qu'est-ce que tu penses (vous pensez) de... ?
Qu'est-ce que tu en penses (vous en pensez)?
À ton (votre) avis,... ?
Es-tu (Êtes-vous) d'accord avec... ?

Pour donner son avis

À mon avis...
Il me semble que...   *It seems to me that . . .*
Je pense que... ⎫
Je trouve que... ⎬ *I think that . . .*
Je crois que... ⎭
J'ai l'impression que...

Pour exprimer son enthousiasme

C'est vachement bien!   *That's great!* (informal)
Quelle chance!   *What luck!*
Chouette!   *Great! Fantastic! Terrific!*
Super!
Cool!
Je suis heureux(-se) pour toi (vous)!   *I'm happy for you!*
C'est formidable!   *That's great!*
C'est (très) bien!   *That's great!*

Pour exprimer la déception

Je suis vraiment déçu(e).   *I'm really disappointed.*
J'ai été déçu(e).
Ça m'a beaucoup déçu(e).
C'est vraiment décevant.
C'est vraiment dommage.

A. Dans un grand magasin. Go to a department store, choose an outfit for a particular occasion, and discuss size, color, and price with the salesperson.

B. Des conseils. One of your classmates explains that he/she has one of the following problems. First, express your disappointment. Then use expressions of necessity and the subjunctive to give some advice for solving the problems.

> **1.** I can't find a job.
> **2.** I'm bored. Every day I do the same things. My life isn't interesting.
> **3.** I can't decide what I want to do when I get out of school. I don't know what profession to choose. I like management, but I really prefer French.
> **4.** I'm always tired, but when I go to bed I can't fall asleep.

C. Aux enchères. *(At an auction.)* Make an inventory (in French) of some of the clothes worn by your classmates. Then hold an auction and try to sell the clothes to someone else. Before proposing a starting price, give a detailed description of the article of clothing.

Modèle: —*Cindy porte une jolie jupe bleue imprimée. La jupe est en coton.*
Elle est longue. Qui va lui donner 32 euros pour la jupe?
—*Je lui donne 10 euros.*
—*10 euros n'est pas assez. C'est une jupe Dior.*
—*Je lui donne 13 euros.*
—*15 euros.*
—*19 euros.*
—*19 euros, une fois, deux fois, trois fois, adjugé (vendu)!*

D. Cherchons un poste. In this two-day project, you will consult the job ads in this chapter, write a letter of application and a CV, and have an interview with a prospective employer.

1. Look at the job ads in this chapter or create an ad for a job you'd like.
2. As homework, write a letter of application and a CV. Follow the model letter and CV in the **Troisième étape.**
3. Show your letter and CV to a classmate, who will interview you for the job and will decide if you're hired.

E. Quelles questions est-ce que nous allons poser? You and the members of your group are a human resources team that has to hire someone for one of the following jobs. First, pick the job from the list that you'll be interviewing for. Then develop a list of interview questions. Then interview two job applicants. Finally, select and announce the more qualified candidate. The applicant who gets the job should express enthusiasm while the other candidate expresses disappointment.

LIST OF JOBS: **professeur de français, mannequin** *(model),* **secrétaire, gérant(e), commercial, chef de rayon de supermarché, programmeur(-se), agent immobilier** *(real estate agent),* **chef de publicité, instituteur (institutrice) niveau école primaire, vendeur(-se) de grand magasin, employé(e) de bureau de poste**

F. Mon portrait. Tell your classmate what kind of person you are (personality traits), what interests you, and what activities you like. Your classmate will then suggest what kind of job would suit you and explain why. When you're done, reverse roles.

Madame, Monsieur, avez-vous le
PROFIL TRAINING MANAGER ?

Qui êtes-vous ?
de niveau universitaire ou équivalent, vous avez plusieurs années d'expérience en MANAGEMENT et/ou en VENTE. Vous pratiquez et vous aimez la COMMUNICATION, le contact à haut niveau et pour vous : CARRIERE = CHALLENGE.

Qui sommes-nous ?
depuis 20 années, des SPECIALISTES de la COMMUNICATION de QUALITE en Europe et aux Etats-Unis. Formateurs et conseillers, nos TRAINING MANAGERS sont chargés de vendre et d'animer nos interventions dans les plus importantes entreprises mondiales.

Pourquoi nous rencontrer ?
Pour réaliser au TOP-NIVEAU nos plans de développement futur à court, moyen et long terme. Une formation de haute performance, une rémunération motivante et surtout, un DEFI et des OPPORTUNITES à la hauteur de VOS et de NOS ambitions.

Postes à pourvoir à **• PARIS • LYON • AIX-EN-PROVENCE**
• LILLE • STRASBOURG

Envoyez-nous votre lettre manuscrite avec curriculum vitae et photo.
Discrétion assurée. **KRAUTHAMMER INTERNATIONAL**
39/43, rue Anatole France 94300 VINCENNES

Krauthammer
INTERNATIONAL
GENÈVE · ZURICH · PARIS · LYON · AIX-EN-PROVENCE
LILLE · BRUXELLES · AMSTERDAM · LONDRES · NEW-YORK
COLOGNE · MUNICH · MADRID · MILAN · CASABLANCA

G. Échange. Posez les questions à un(e) camarade de classe, qui va vous répondre.

1. Est-ce que tu attends souvent tes amis quand tu as rendez-vous avec eux? C'est-à-dire, est-ce que tes amis sont souvent en retard?
2. Est-ce que tu prends l'autobus quelquefois? Où est-ce que tu montes et où est-ce que tu descends?
3. Est-ce que tu as tendance à perdre tes affaires? Est-ce que tu as perdu quelque chose récemment?
4. Quand tes amis empruntent *(borrow)* des choses, est-ce qu'ils les rendent tout de suite?

H. Un crime. L'inspecteur de police interroge des personnes au sujet d'un crime. Chaque personne dit le contraire de ce que dit l'inspecteur. Utilisez des expressions négatives.

Modèle: Vous arrivez toujours de bonne heure?
Non, je n'arrive jamais de bonne heure.

1. Vous avez vu quelqu'un à l'extérieur?
2. Vous avez entendu quelque chose?
3. On a pris de l'argent?
4. Quelqu'un est entré dans la boutique pendant que vous y étiez?
5. Vous avez parlé à quelqu'un?
6. Il y a encore du sang *(blood)* sur le plancher *(floor)*?
7. Vous avez quelque chose à ajouter?
8. Votre patron est déjà parti?
9. Est-ce que quelque chose d'autre est arrivé?
10. Est-ce que vous pouvez donner une description des criminels?

Activité écrite

I. Mes qualifications. Évaluez l'auto-portrait que votre camarade de classe a écrit dans le Cahier des travaux pratiques («Rédigeons!») selon les critères suivants.

1. **Contenu:** Est-ce que l'auto-portrait comprend *(includes)* les sujets suivants: la famille, les qualités personnelles, la formation, l'expérience professionnelle, les loisirs, le type de job qui intéresse le/la candidat(e)? S'il y a des sujets qui manquent, signalez-les dans les marges.

2. **Langue et grammaire:** Vérifiez bien tous les éléments de vocabulaire et de grammaire. Faites surtout attention à l'accord et à la place des adjectifs, aux temps des verbes, à la conjugaison des verbes et aux pronoms d'objets directs et indirects.

3. **Résultat final:** Décidez maintenant si l'auto-portrait donne assez de renseignements pour le job que recherche le/la candidat(e). Par exemple, si votre camarade de classe cherche un job comme programmeur(-euse), est-ce que ses études et son expérience le/la qualifient pour ce type de job? Si oui, dites-le à votre camarade. Si non, discutez avec lui/elle comment l'auto-portrait peut être modifié.

Lecture

Quel métier vous fait rêver?

Avant la lecture: Quelle est (va être) votre spécialisation à l'université? Quel métier vous intéresse le plus? Pourquoi?

Dans les magazines français destinés aux jeunes, les lecteurs posent souvent des questions qui provoquent des débats et des réactions. Voici la question sur le choix d'un métier et les réponses de cinq personnes.

«J'aimerais poser une question aux lecteurs: quel métier **vous fait rêver?**[1] Pourquoi? Hésitez-vous entre **plusieurs**[2] métiers? Ou ne savez-vous pas encore, comme moi, quel métier choisir pour demain?»

Edmée, Saint-Germain-en-Laye

«Je veux sauver la forêt»

«J'aimerais être pilote de Canadair **(hydravion**[3] qui **aspire**[4] de l'eau dans la mer et la **déverse**[5] sur un **incendie de forêt**[6]**).** En Corse et dans le sud de la France, des milliers d'**hectares**[7] de forêt sont brûlés tous les ans. Et des milliers d'espèces animales sont **tuées;**[8] tout ça à cause des **pyromanes**[9] et des **imprudents.**[10]

C'est un métier très dangereux, car on doit déverser l'eau à une vitesse de 175 kilomètres à l'heure et à une altitude de 45 mètres environ! Bref, je veux sauver la forêt!»

Kevin, Lille

«Cool, on verra bien!»

«Ta question me vient souvent à l'esprit. Personnellement, quand j'y pense, je me dis: *"Cool, on verra bien..."*

Mais c'est quand même mieux d'avoir une petite idée, et j'ai la **mienne.**[11] J'aimerais être psychiatre. C'est un métier difficile, mais qui me fascine. Il est si intéressant et **enrichissant**[12] de découvrir des gens différents, avec leurs problèmes intérieurs, durs, profonds, de les aider, les pénétrer, les comprendre et **les soigner.**[13] Ce n'est qu'un projet, mais en persévérant, pourquoi ne pas y arriver?

Si tu n'as aucune idée de ton futur métier, essaie d'analyser tes passions et ce que tu recherches dans la vie. Fixe-toi toujours un **but,**[14] qu'il soit plutôt vague ou bien déterminé.

Bon, maintenant, je te laisse en te disant salut et *"carpe diem"*.»[15]

Christine, Deuil-la-Barre

«Un métier où il faut savoir prendre des risques...»

«Tu sais, moi, le métier qui me fait rêver et que j'aimerais à tout prix exercer, c'est le journalisme.

C'est tellement **passionnant,**[16] tous les reportages que l'on peut faire dans ce métier, la joie, et parfois la **tristesse,**[17] de faire **partager**[18] l'information aux autres. Pour moi, le journalisme, c'est une vraie passion.

Quand j'ai décidé que je voulais être journaliste, c'était comme une révélation. Je ne changerai jamais d'avis.

Le journalisme est aussi un métier où, parfois, il faut savoir prendre des risques, ce qui le rend encore plus **attrayant.**[19]

Si tu ne sais pas encore quel métier choisir, c'est que peut-être tu n'as pas encore eu cette «révélation»! Mais dans ton université, tu peux en discuter avec un **conseiller,**[20] avec tes profs ou avec tes amis...»

Adeline, Toulon

«J'aimerais être **chirurgien**»[21]

«J'aimerais me lancer dans la médecine et si possible devenir chirurgien: pour le prestige d'abord, mais surtout parce que c'est une science qui me fait rêver.

J'aimerais tant opérer des gens, faire des **greffes,**[22] réparer les **os cassés,**[23] etc. Mais si je fais cela, je vais devoir passer beaucoup d'années à étudier. C'est pour cela que j'hésite encore un peu.»

James, Lyon

«Tout me fait rêver!»

«Le métier qui me fait rêver est l'exploration, car j'aime l'aventure. Découvrir des grottes avec des stalactites et des stalagmites. L'archéologie aussi me fait rêver. J'aimerais découvrir des squelettes de dinosaures inconnus. Même chose pour l'aviation. Voler dans les nuages en compagnie d'un **Concorde**...[24]

Bref, tout me fait rêver. Mais ce que j'aimerais franchement faire, c'est être astronaute. Découvrir des planètes et, qui sait, peut-être des extra-terrestres.»

Julien, Metz

---

1. makes you dream   2. several   3. hydroplane   4. aspirates   5. discharges, empties   6. forest fire
7. 1 hectare = 2.47 acres   8. killed   9. arsonists   10. careless people   11. mine   12. enriching
13. cure them   14. goal   15. Latin expression meaning "Seize the day"   16. exciting   17. sadness
18. to share   19. attractive   20. advisor   21. surgeon   22. transplants   23. broken bones   24. super-
sonic plane

À vous! *(Exercices de compréhension)*

J. Qui dit quoi? Identifiez les personnes qui expriment les idées suivantes.

Modèle: Je ne sais pas encore quel métier choisir.
C'est Edmée qui parle.

1. Ce qui est important pour moi, c'est l'environnement.
2. Il faut toujours avoir un but.
3. Pour moi, le prestige compte pour beaucoup.
4. Moi, je veux un métier qui me permette de m'occuper des problèmes des autres.
5. Ce qui m'intéresse surtout, c'est l'inconnu et l'aventure.
6. Je ne suis pas sûr de poursuivre le métier de mes rêves; les études durent très longtemps.
7. Si l'on n'est pas sûr du métier qu'on va poursuivre, on peut consulter un conseiller (une conseillère), un prof ou des amis.
8. Le métier qui m'intéresse le plus est assez dangereux.

K. Et vous? Quel métier vous fait rêver? Expliquez à vos camarades ce que vous aimeriez faire et pourquoi. Décrivez aussi un peu le métier et les études qu'il faut faire pour y parvenir. Est-ce qu'il y a une différence entre le métier qui vous «fait rêver» et le métier que vous allez choisir pour des raisons pratiques?

Activité d'écoute

Audio CD Track 2-32

L. Portrait de François Maillet. Écoutez le monologue de François Maillet et répondez aux questions.

1. Depuis combien de temps est-ce que François travaille maintenant pour Kodak?
2. Quelles sont trois raisons pour lesquelles il est content de son nouveau job?
3. Quelles langues est-ce qu'il parle?
4. Selon François, pourquoi est-ce qu'il est important de parler des langues étrangères, surtout si on est dans les affaires?
5. Quelle est la profession de sa femme Delphine?
6. Qu'est-ce qu'elle est en train de faire?
7. Pourquoi est-ce qu'elle finit son doctorat?
8. Qu'est-ce que François et Delphine ont fait l'été dernier?

V i d é o : Vocabulaire

Scène 1: CHERCHER UN TRAVAIL
une petite annonce *a want ad*
un stage *an internship, training*
la boîte *office* (familier)
licencié *laid off*
Papy *Grandpa*
les ventes *sales*
la gestion *management*

un entretien *an interview*
de bouche à oreille
  word of mouth
C'est bien tourné. *It's well put.*

Scène 2: UNE INTERVIEW
le mobilier *the furniture*
la disponibilité *the availability*

Branchés sur...

François Maillet

○ Paris

● Toulouse

Toulouse

Toulouse est situé dans la région Midi-Pyrénées, dans le département de la Haute-Garonne. Toulouse est la capitale de la Haute-Garonne.

Toulouse est la 6e ville française (après Paris, Lyon, Marseille–Aix-en-Provence, Lille, Bordeaux) avec 761 000 habitants dans l'agglomération (398 500 habitants en ville). Souvent appelée «la ville rose» à cause de la couleur des maisons en briques sous le soleil, Toulouse est une ville qui joue un rôle important dans la vie économique de la France.

Situation: dans la région Midi-Pyrénées, dans le département de la Haute Garonne (à 150 km de la Méditerranée, 110 km des stations de ski des Pyrénées)

Population ville: 398 500 habitants (6ᵉ ville de France après Paris, Marseille, Lyon)

Agglomération: 761 100 habitants

Importance économique:

- numéro 1 en Europe dans les activités aéronautiques (numéro 2 dans le monde)
- numéro 1 en Europe dans les activités spatiales (dans la Cité de l'espace, il y a des expositions, un planétarium, un parc, la fusée Ariane 5 et sa salle d'exposition)
- numéro 1 en France dans l'électronique
- 100 000 étudiants (2e ville universitaire de France)
- 10 500 personnes travaillent dans la recherche

Du point de vue économique, Toulouse est une des villes les plus importantes de France. Le complexe aérospatial, à lui seul, emploie environ 22 000 personnes.

Timeline

Toulouse est la capitale française de l'aéronautique (base de la première ligne aérienne en France).

25 déc. 1918: premier vol entre Toulouse et Barcelone

1ᵉʳ sept. 1919: première liaison postale aérienne entre la France et le Maroc

1ᵉʳ juin 1925: premier vol Toulouse–Dakar

12 mai 1930: premier vol commercial entre la France et l'Amérique du Sud

1ᵉʳ mai 1959: premier vol de Caravelle Paris–Athènes–Istanbul

après 1960: création de Concorde et d'Airbus

Qu'est-ce que vous en pensez?

Toulouse est bien connu pour ses contributions au programme aérospatial français et européen (par exemple, la navette spatiale Ariane a été presque entièrement construite à Toulouse). Quelles régions ou villes des États-Unis ressemblent à Toulouse du point de vue économique? Quelles sortes de postes peut-on trouver dans ces régions?

Lexique

Pour se débrouiller

Pour exprimer la nécessité

il est essentiel de (que)
it's essential to (that)
il est important de (que)
it's important to (that)
il est nécessaire de (que)
it's necessary to (that)
il est préférable de (que)
it's preferable to (that)
il faut (que)
it's necessary to (that)
il vaut mieux (que)
it's better to (that)

Pour demander l'avis des autres

Qu'est-ce que tu penses (vous pensez) de... ?
What do you think about . . . ?
Qu'est-ce que tu en penses (vous en pensez)?
What do you think about it?
À ton (votre) avis,... ?
In your opinion, . . . ?
Es-tu (Êtes-vous) d'accord avec... ?
Do you agree with . . . ?

Pour donner son avis

À mon avis... In my opinion . . .
Il me semble que...
It seems to me . . .
Je pense que... I think that . . .
Je trouve que... I think that . . .
Je crois que...
I think (believe) that . . .
J'ai l'impression que...
I have the impression that . . .

Pour demander et donner la taille des vêtements

Quelle est votre taille? / Vous faites quelle taille? / Votre taille? What's your size?

J'ai besoin d'un 40 / Il me faut un 40. I need (am) a 40.

Pour exprimer son enthousiasme

C'est vachement bien!
That's terrific!
Quelle chance! What luck!
Chouette! Great!
Je suis heureux(-se) pour toi (vous)! I'm happy for you!
C'est formidable! That's great!
C'est (très) bien! That's great!

Pour exprimer sa déception

Je suis vraiment déçu(e).
I'm really disappointed.
J'ai été déçu(e). I was disappointed.
Ça m'a beaucoup déçu(e).
That really disappointed me.
C'est (vraiment) décevant.
That's (really) disappointing.
C'est (vraiment) dommage.
That's (really) too bad.

Pour exprimer des idées négatives

ne... jamais never
ne... pas not
ne... pas encore not yet
ne... personne no one
ne... plus no longer
ne... rien nothing
personne... ne no one
rien... ne nothing

Pour exprimer l'émotion et la volonté

Regret
être désolé(e) que (de)
to be sorry that (to)
il est dommage que (de)
it's too bad that (to)

être navré(e) que (de)
to be devastated that (to)
être triste que (de)
to be sorry that (to)
regretter que (de)
to regret that (to)

Bonheur
être content(e) que (de)
to be happy that (to)
être heureux(-se) que (de)
to be happy that (to)
être ravi(e) que (de)
to be thrilled that (to)

Surprise
être étonné(e) que (de)
to be surprised that (to)
être surpris(e) que (de)
to be surprised that (to)

Colère
être fâché(e) que (de)
to be angry that (to)
être furieux(-se) que (de)
to be furious that (to)

Soulagement
être soulagé(e) que (de)
to be relieved that (to)

Volonté
aimer mieux (que)
to prefer (that)
désirer (que)
to want (that)
exiger (que)
to demand (that)
insister pour (que)
to insist (that)
préférer (que)
to prefer (that)
vouloir (que)
to want (that)

Les tissus (m.pl.)

en acrylique acrylic
en coton cotton
en laine wool
en maille jersey jersey
en polyester polyester
en soie silk
en toile canvas
à fond (+ *color*) (color) background
à pois polka-dotted
à rayures striped
clair(e) light
foncé(e) dark
imprimé(e) print
rayé(e) striped
uni(e) solid colored

Les vêtements (m.pl.)

un anorak ski jacket
un béret beret hat
un bermuda bermuda shorts
un bikini bikini
un blouson windbreaker, light jacket
un bonnet winter hat
des bottes (f.pl.) boots
un bustier tank top
une ceinture belt
une chaussette sock
une chaussure shoe
une chemisette shirt blouse
un chemisier blouse
une cravate tie
un débardeur tank top
une écharpe scarf
un foulard decorative scarf
des gants (m.pl.) gloves
un gilet sweater
un jean (un blue-jean) jeans

un jogging sweat suit
une jupe skirt
des lunettes (de soleil) (f.pl.) (sun) glasses
un maillot de surf (de bain) swim (bathing) suit
une manche sleeve
un manteau coat
une marinière striped sailor-type sweater
des mocassins (m.pl.) loafers
un pantalon pants
un pardessus overcoat
un pull-over sweater, pullover
une robe dress
un short shorts
un sweat(shirt) sweatshirt
un tailleur woman's suit
un tee-shirt t-shirt
une veste jacket

Le monde des affaires (business world)

les achats (m.pl.) purchases
l'avancement (m.) promotion
le cadre (supérieur) (high-level) executive
le (la) candidat(e) candidate
le chômage (être au chômage) unemployment (to be unemployed)
le (la) commerçant(e) shopkeeper
le commerce business, commerce
les conditions (f.pl.) **de travail** work conditions
le congé (le congé payé) time off (paid vacation)

les effectifs (m.pl.), **le personnel** personnel, human resources
l'emploi (m.) job
l'entreprise (f.) company, business
la fabrication manufacture
la facturation billing
la filiale subsidiary
le (la) fonctionnaire civil servant
la formation education
le (la) gérant(e) manager
gérer to manage
la gestion management
l'industrie (f.) industry
la lettre de candidature application letter
le métier profession, trade, occupation
l'offre (f.) **d'emploi** job offer
le (la) patron(ne) boss
le poste, le job job
la publicité advertisement, advertising
rentable profitable
les responsabilités (f.pl.) responsibilities, duties
le salaire salary
le (la) salarié(e) (salaried) employee
les services (m.pl.) service industry
la société company
la succursale branch office
le travail à mi-temps part-time work (job)
le travail à plein temps full-time work (job)
les ventes (f.pl.) sales

Verbes

attendre to wait for
descendre to go down, to get off (bus, train)
entendre to hear

entendre dire to hear say
entendre parler de to hear about
perdre to lose
rendre to return

rendre visite à to visit (a person)
répondre to answer
vendre to sell
voir to see

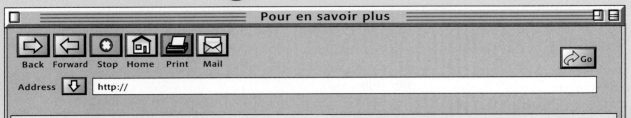
Pour en savoir plus

To learn/explore more about the cultural topics covered in Chapter 11, you can use the following key words in combination with geographical areas to search Internet resources. For example, if you want to know more job ads in France, you can search under *France jobs*. If you want to know more about clothing styles in Francophone regions, start your search with the name of the region and the words *clothing* or *fashion*. And if you'd simply like to know more about a place (e.g. *Toulouse*), find the web sites for that place.

Geographical Areas	Key Words	
France	jobs, employment	newspapers
French regions (e.g., midi-Pyrénées)	job ads	*Le Monde*
	employment statistics	*Le Figaro*
French cities (Paris, Toulouse)		*Libération*
	magazines	unemployment
Francophone countries and regions	*L'Express*	companies, industry
	le Nouvel Observateur	aerospace industry
Francophone cities	*Rebondir*	clothing
	L'Étudiant	high fashion
	Phosphore	clothing labels
		clothing stores

Plus qu'une mode, un mode de vie.

Armor·lux

LE FIGARO 1€

VOUS CHERCHEZ UN EMPLOI STABLE DANS LA VENTE SANS FAIRE DE PORTE A PORTE
Possibilités de postes d'encadrement pour Professionnels de la Vente.
Adresser CV + photo + lettre de motivations s/ réf. 88185 à LTA St Lazare 4 rue Fbg Poissonnière 75010 PARIS qui transmettra.

Le Point de PARIS et sa région

C'est pas le moment d'hiberner.

PSG : les sifflets de la colère

le Parisien Édition de Paris

chapitre 12
Voyageons!

Isabelle et Martine Moix
sœurs (29 ans / 26 ans) • professeur / photographe • Lausanne (Suisse)

■ *Première étape* On prend le train

- making arrangements to travel by train
- talking about geographic locations
- describing people and things

■ *Deuxième étape* Sur les routes et les autoroutes

- making arrangements to travel by car
- talking about the future
- understanding conversations about travel

■ *Troisième étape* Allons au restaurant!

- ordering a meal in a restaurant
- making hypothetical statements
- reading travel documents and menus

■ *Point d'arrivée*

Point de départ

On prend le train

TGV au départ ou à destination de	1ère classe	2nde classe		J30	J8
Paris					
Aix-les-Bains	94,8 €	73,2 €	56,9 €	38,0 €	51,0 €
Albertville	105,4 €	79,2 €	62,6 €		
Annecy	97,2 €	74,9 €	59,6 €	38,0 €	53,0 €
Annemasse	100,5 €	71,3 €	59,9 €		
Beaune	67,4 €	48,1 €	39,2 €	27,0 €	35,0 €
Bellegarde	96,9 €	68,9 €	57,5 €	40,0 €	53,0 €
Besançon	73,3 €	52,0 €	43,4 €	28,0 €	38,0 €
Bourg-en-Bresse	83,9 €	58,4 €	49,1 €	32,0 €	42,0 €
Bourg-St-Maurice	112,3 €	83,9 €	67,7 €		
Châlon-sur-Saône	71,3 €	51,1 €	41,9 €	28,0 €	37,0 €
Chambéry	94,8 €	73,2 €	56,9 €	38,0 €	51,0 €
Dijon	62,3 €	44,9 €	36,3 €	25,0 €	33,0 €
Dole	68,6 €	48,4 €	40,1 €	27,0 €	36,0 €
Evian	103,5 €	73,8 €	62,3 €		
Frasne	76,3 €	54,6 €	45,4 €	29,0 €	40,0 €
Grenoble	99,4 €	76,2 €	60,9 €	40,0 €	55,0 €
Le Creusot-TGV	79,5 €	57,2 €	43,4 €	30,0 €	40,0 €
Lyon	92,7 €	65,9 €	52,1 €	33,0 €	47,0 €
Lyon-St-Exupéry-TGV	92,7 €	65,9 €	52,1 €	33,0 €	47,0 €
Mâcon-TGV	82,8 €	57,6 €	46,4 €	32,0 €	42,0 €
Modane	108,4 €	82,2 €	65,3 €		
Montbard	52,6 €	38,9 €	30,6 €		
Mouchard	72,2 €	51,7 €	42,5 €		
Pontarlier	78,1 €	55,8 €	47,0 €	29,0 €	41,0 €
Saint-Etienne	97,8 €	69,9 €	55,7 €	35,0 €	50,0 €
Saint-Gervais	110,1 €	81,2 €	64,2 €		
Thonon-les-Bains	103,5 €	73,8 €	62,3 €		
Marne-la-Vallée-Chessy					
Lyon	92,7 €	65,9 €	52,1 €	33,0 €	47,0 €
Aéroport-Charles-de-Gaulle-TGV					
Lyon	96,0 €	69,2 €	55,4 €	35,0 €	50,0 €
Massy-TGV					
Lyon	91,9 €	65,9 €	52,1 €	33,0 €	47,0 €

Les prix en 1ère et 2nde classe au 15 décembre 2002

Plein tarif

Découverte*

Pour tous : Réservation plus de 8 ou 30 jours à l'avance

Depuis 1981, la SNCF (Société Nationale des Chemins de Fer) modernise le réseau ferroviaire en mettant en service des lignes régulières de turbo-trains. Le TGV, qui représente en 1999 20% de la totalité du trafic ferroviaire national, offre au voyageur la possibilité de voyages rapides et très confortables.

Paris ▶ Dijon ▶ Lausanne / Bern et Zurich

pour connaître les prix, reportez-vous aux pages 52 à 55

numéro du TGV particularités		9261	9261 ①	9281	9265 ②	9269/9267 ③	9271	9273	9273 ④	9273	9285	9277	9297 ⑤
services		🍴🍽	🍴	🍴		🍴	🍴	🍴	🍴	🍴	🍴	🍴	🍴
PARIS-GARE-DE-LYON	Départ	**7.44**	**7.44**	**7.44**	8.07	13.04	14.54	16.44	16.44	16.44	16.44	18.04	18.04
Dijon	Arrivée	9.21	9.21	9.21	9.44	14.41	16.31	18.21	18.21	18.21	18.21	19.41	19.41
Dole	Arrivée	9.49	9.49	9.49	10.08								
Mouchard	Arrivée	10.11	10.11	10.11								20.28	20.28
Frasne	Arrivée	10.46	10.46	10.46	11.05	16.01	17.51	19.48	19.48	19.48	19.48	21.03	21.03
Vallorbe	Arrivée	11.03	11.03		11.27	16.17	18.10	20.05	20.05	20.05		21.20	
LAUSANNE	**Arrivée**	**11.37**	**11.37**		**12.01**	**16.52**	**18.44**	**20.44**	**20.44**	**20.44**		**21.54**	
Montreux	Arrivée		12.04				17.24		21.12	21.12			
Aigle	Arrivée		12.16				17.38		21.24	21.24			
Bex	Arrivée								21.44	21.44			
Martigny	Arrivée		12.36						21.59	21.59			
Sion	Arrivée		12.52						22.16	22.16			
Sierre	Arrivée		13.05						22.30	22.30			
Viège	Arrivée		13.24							22.53			
Brigue	Arrivée		13.32							23.02			
Pontarlier	Arrivée	a11.20	a11.20	11.04		a16.21	a18.20				20.05	a21.40	21.20
Neuchâtel	Arrivée			11.49				b21.52	b21.52	b21.52	20.49		22.04
BERN	**Arrivée**	b13.13	b13.13	12.29		b18.13	b20.17	b22.17	b22.17	b22.17	21.24	b23.21	22.47
Olten	Arrivée										22.07		
Aarau	Arrivée										22.17		
ZURICH	**Arrivée**			13.46							22.42		

CIRCULATIONS ET TARIFS

du 15 décembre 2002
au 14 juin 2003

Lundi
Mardi
Mercredi
Jeudi
Vendredi
Samedi
Dimanche

🍴 Bar, certains jours.　　🍽 Service restauration à la place en 1ère classe en réservation, certains jours.

Légende

▬▬ TGV circulant en période normale　　— ne circule pas ce jour
▬▬ TGV circulant en période de pointe
Les prix varient selon les périodes (normale ou de pointe). Reportez-vous aux pages de prix ou renseignez-vous.

Zurich et Bern / Lausanne ▸ Dijon ▸ Paris

pour connaître les prix, reportez-vous aux pages 52 à 55

numéro du TGV particularités		9260	9280 ①	9264	9264 ②	9264	9284	9268	9270 ③	9272	9288	9274 ④	9274 ⑤
services		⚑🍽	⚑🍽	⚑	⚑	⚑	⚑🍽	⚑🍽	⚑🍽	⚑🍽	⚑🍽	⚑🍽	⚑🍽
ZURICH	Départ						7.13				15.44		
Aarau	Départ						7.38						
Olten	Départ						7.49						
BERN	Départ	b5.42	5.47	b7.47	b7.47	b7.47	8.32	b11.47	b15.47	b16.22	17.01	b17.47	b17.47
Neuchâtel	Départ						9.16				17.37		
Pontarlier	Départ	a7.49	a7.49				10.00	a13.45	a17.30	a18.20	18.22	a19.42	a19.42
Brigue	Départ			6.58								16.52	
Viège	Départ			7.06								16.59	
Sierre	Départ			7.28	7.28							17.24	
Sion	Départ			7.43	7.43							17.41	
Martigny	Départ			8.01	8.01							18.01	
Bex	Départ			8.27	8.27								
Aigle	Départ			8.35	8.35							18.40	18.40
Montreux	Départ			8.47	8.47							18.54	18.54
Fribourg	Départ		6.13										
LAUSANNE	Départ	7.14	7.14	9.23	9.23	9.23		13.14	17.23	17.44		19.33	19.33
Vallorbe	Départ	7.48	7.48	9.57	9.57	9.57		13.51	17.57	18.19		20.08	20.08
Frasne	Départ	8.06	8.06	10.20	10.20	10.20	10.20	14.11	18.19	18.42	18.42	20.26	20.26
Mouchard	Départ	8.37	8.37							19.14	19.14	21.04	21.04
Dole	Départ								19.19	19.38	19.38	21.23	21.23
Dijon	Départ	9.21	9.21	11.43	11.43	11.43	11.43	15.24	19.54	20.10	20.10	21.51	21.51
PARIS-GARE-DE-LYON	Arrivée	11.01	11.01	13.21	13.21	13.21	13.21	17.01	21.31	21.47	21.47	23.29	23.29

CIRCULATIONS ET TARIFS

du 15 décembre 2002 au 14 juin 2003

Lundi
Mardi
Mercredi
Jeudi
Vendredi
Samedi
Dimanche

⚑ Bar, certains jours.

🍽 Service restauration à la place en 1ère classe en réservation, certains jours.

Légende

▬ TGV circulant en période normale   — ne circule pas ce jour
▬ TGV circulant en période de pointe

Les prix varient selon les périodes (normale ou de pointe). Reportez-vous aux pages de prix ou renseignez-vous.

La SNCF publie un **Guide pratique du voyageur** pour aider les voyageurs à réussir leurs voyages. En voici un extrait.

METTEZ-VOUS EN TRAIN

1 VOUS AVEZ DÉCIDÉ DE PRENDRE LE TRAIN. CHOISISSEZ VOTRE HORAIRE EN PÉRIODE BLEUE OU BLANCHE. VOUS VOYAGEREZ PLUS CONFORTABLEMENT...

2 ...ET VOUS DISPOSEREZ DE RÉDUCTIONS PLUS NOMBREUSES.

3 LORSQUE VOUS ACHETEZ VOTRE BILLET PRENEZ UNE RÉSERVATION ! VOUS SEREZ SÛR D'ÊTRE ASSIS

4 VOUS PARTEZ ? ARRIVEZ QUELQUES MINUTES EN AVANCE POUR PRENDRE TRANQUILLEMENT VOTRE TRAIN.

5 LE TABLEAU GÉNÉRAL DES TRAINS AU DÉPART INDIQUE LE NUMÉRO DE VOTRE QUAI.

6 COMPOSTEZ VOTRE BILLET, POUR LE VALIDER.

7 VOUS RETROUVEREZ LE NUMÉRO DE VOTRE VOITURE (INDIQUÉ SUR LA RÉSERVATION) SUR LE TABLEAU DE COMPOSITION DES TRAINS OU A L'EXTÉRIEUR DES VOITURES.

8 ET VOTRE PLACE SERA INDIQUÉE A L'INTÉRIEUR DES COMPARTIMENTS SUR LE HAUT DES FAUTEUILS. BON VOYAGE !

À vous! (Exercices de compréhension)

A. Comment bien voyager. Your aunt and uncle are planning to travel through France by train next summer. From the pages of the *Guide pratique du voyageur* (above), select at least five things they should know about taking the train in France.

B. Mireille a pris le train. Mireille Loiseau est allée à Strasbourg rendre visite à sa cousine, Claire Maurant. Voici ce que Mireille a fait pour se préparer à voyager par le train. Utilisez les suggestions proposées par le *Guide pratique du voyageur* ci-dessus pour rétablir la chronologie de ses activités.

1. Elle a regardé le tableau général des trains et elle a vu que son train allait partir de la voie G.
2. Elle a fait une réservation pour le 22 septembre.
3. Elle a trouvé sa place.
4. Elle a consulté un horaire.
5. Elle a composté son billet.
6. Elle est montée dans le train.
7. Elle a pris un taxi pour arriver à la gare une demi-heure avant le départ de son train.
8. Elle a acheté son billet.
9. Quand le train est entré en gare, elle a cherché sa voiture.

C. Consultons l'horaire. *(Let's look at the timetable.)* Votre amie Michèle, qui habite Paris, veut prendre le TGV pour aller à Lausanne samedi, 6 juin. Regardez l'horaire du TGV reproduit aux pages 495–496 et répondez aux questions suivantes.

1. Michèle veut partir le plus tôt possible samedi matin. Quel train peut-elle prendre? Est-ce qu'on sert des repas dans ce train? À quelle heure va-t-elle arriver à Lausanne?
2. Michèle veut rentrer le plus tard possible dimanche, 7 juin. Quel train peut-elle prendre? Est-ce qu'on sert des repas dans ce train?
3. Au mois de juin, combien de trains TGV desservent Lausanne–Paris *tous les jours* de la semaine? Combien de trains TGV desservent Lausanne–Paris le lundi et le samedi seulement?

Structure

Les noms géographiques et les prépositions

You've already learned that most city names in French appear without an article. Most other geographical names are preceded by a definite article:

continents	**l'Europe, l'Asie, l'Afrique**
countries	**la France, l'Italie, les États-Unis**
French provinces	**la Normandie, la Provence, la Bretagne**
rivers	**la Seine, le Mississippi, le Rhône**
mountains	**les Alpes, les Pyrénées, le Jura**

However, when you wish to express the idea of being *in* or *at* a place or of going *to* or coming *from* somewhere, the definite article either disappears **(en France, d'Alsace)** or is combined with the preposition **à** or **de (aux États-Unis, du Maroc).**

	to, in, at	from
Feminine country or masculine country beginning with vowel	**en**	**de (d')**
	Je vais **en France.**	Elle vient **de Chine.** Ils sont **d'Italie.**
Masculine country beginning with consonant	**au**	**du**
	Il habite **au Sénégal.**	Elle revient **du Japon.**
Plural country	**aux**	**des**
	J'habite **aux États-Unis.**	Je suis **des États-Unis.**

1. The great majority of geographical names ending in **-e** are feminine: **la France, la Bretagne, la Russie, la Belgique. Le Mexique** is an exception.
2. Geographical names ending in a letter other than **-e** are usually masculine: **le Canada, le Japon, le Danemark, Israël** (no article used), **les États-Unis.** Remember, however, that masculine names beginning with a vowel or a vowel sound use **en** and **de (d')** to allow for liaison and elision: **en Iran, d'Irak.**

LES PAYS DU MONDE

L'Europe (f.)

l'Allemagne (f.)
l'Angleterre (f.)
la Belgique*
le Danemark
l'Espagne (f.)
la France*
la Grèce
l'Italie (f.)
les Pays-Bas (m.pl.)
le Portugal
la Russie
la Suède
la Suisse*

L'Asie (f.)

la Chine
l'Inde (f.)
le Japon
le Viêt-nam

L'Amérique du Nord (f.)

le Canada*
les États-Unis (m.pl.)
le Mexique

l'Amérique du Sud

l'Argentine (f.)
le Brésil
la Colombie
le Pérou
le Venezuela

L'Afrique (f.)

l'Afrique du Sud
l'Algérie* (f.)
le Cameroun*
la Côte d'Ivoire* (f.)
la Libye
le Maroc*
le Sénégal*
la Tunisie*
la République démocratique du Congo*

*Pays francophone

Le Proche-Orient

l'Égypte (f.)
l'Irak (m.)
l'Iran (m.)
Israël (m.)
la Syrie

L'Océanie (f.)

l'Australie (f.)
la Nouvelle-Zélande
les Philippines (f.pl.)

Supplementary vocabulary:

Feminine countries:
l'Arabie Saoudite, l'Autriche (Austria), **la Bolivie, la Bulgarie, la Finlande, la Hollande, l'Indonésie, la Jordanie, la Norvège, la Pologne, la Roumanie, la Thaïlande, la Turquie.**

Masculine countries:
le Chili, le Guatemala, le Kenya, le Liban (Lebanon), **le Nicaragua, le Nigeria, le Pakistan, le Panama, le Soudan.**

Application

D. Où est-ce qu'on parle... ?

En employant les pays entre parenthèses, indiquez où on parle les langues suivantes. Utilisez la dernière lettre du nom de ces pays pour deviner leur genre, mais attention aux exceptions!

Modèle: —Où est-ce qu'on parle allemand? (Allemagne / Suisse)
—*On parle allemand en Allemagne et en Suisse.*

1. Où est-ce qu'on parle français? (France / Tunisie / Canada / Maroc)
2. Où est-ce qu'on parle anglais? (Angleterre / Australie)
3. Où est-ce qu'on parle chinois? (Chine)
4. Où est-ce qu'on parle espagnol? (Espagne / Pérou / Argentine / Mexique)
5. Où est-ce qu'on parle japonais? (Japon)
6. Où est-ce qu'on parle suédois? (Suède)
7. Où est-ce qu'on parle portugais? (Portugal / Brésil)
8. Où est-ce qu'on parle russe? (Russie)

E. Où se trouve... ?

Indiquez dans quel pays se trouvent les villes suivantes.

Modèle: Paris   —*Paris se trouve en France.*

1. Madrid	8. Moscou	15. Copenhague
2. Montréal	9. Lisbonne	16. Buenos Aires
3. Rome	10. Bruxelles	17. Manille
4. Berlin	11. Mexico	18. Calcutta
5. Tokyo	12. Jérusalem	19. Genève
6. Londres	13. Beijing	20. le Caire
7. la Nouvelle-Orléans	14. Dakar	

F. Un congrès mondial.

(An international meeting.) Voici la liste des délégués à un congrès international de jeunes. Précisez le nombre de délégués qui viennent des pays suivants.

Modèle: la France (12)   —*Il y a douze délégués de France.*

1. l'Algérie (3)	8. les États-Unis (8)
2. l'Allemagne (10)	9. l'Iran (4)
3. la Belgique (5)	10. Israël (7)
4. le Canada (10)	11. l'Italie (6)
5. le Cameroun (2)	12. le Mexique (5)
6. la Côte d'Ivoire (6)	13. la Suisse (7)
7. le Danemark (2)	14. les Philippines (1)

G. Est-ce que tu as déjà visité... ?

Quand on vous demande si vous avez déjà visité les pays suivants, répondez selon votre situation personnelle.

Modèle: la Suisse

Est-ce que tu as déjà visité la Suisse?
Oui, je suis allé(e) en Suisse avec ma famille (des amis, un groupe de _____). ou *Non, je n'ai jamais visité la Suisse, mais je voudrais bien aller en Suisse un jour.* ou *Non, et je n'ai vraiment pas envie d'aller en Suisse.*

1. la France	4. le Mexique	7. la Côte d'Ivoire
2. l'Angleterre	5. la Chine	8. le Canada
3. le Japon	6. Israël	9. ???

H. D'où vient ta famille? Demandez à deux camarades de classe d'où viennent la famille de leur père et de leur mère. Ensuite, expliquez à un(e) autre étudiant(e) ce que vous avez appris.

Modèle: —*D'où vient ta famille?*
—*La famille de mon père vient d'Angleterre et la famille de ma mère vient de Grèce.*
—*Ah, Heather est d'origine anglaise et grecque.*

Échange

Notre itinéraire

Text Audio CD Track 2-27

Martine Moix, qui est photographe professionnelle, va dans le Midi de la France, à Nîmes, pour prendre des photos. Elle invite sa sœur Isabelle à l'accompagner. Isabelle accepte tout de suite et lui pose des questions sur leur itinéraire.

ISABELLE: Alors, quand est-ce qu'on part?
MARTINE: Le matin du 17.
ISABELLE: On prend l'avion?
MARTINE: Mais non. On prend le TGV jusqu'à Marseille. Là on loue une voiture. Nîmes n'est pas loin de Marseille. On y sera pour dîner.
ISABELLE: Combien de temps est-ce que nous serons à Nîmes?
MARTINE: Trois jours. Pendant que je photographie les ruines, toi, tu peux visiter la région si tu veux.
ISABELLE: J'aimerais bien ça. Et on repart le 21?
MARTINE: Oui, c'est ça. On quitte Nîmes le matin, on dépose la voiture à Marseille et toi, tu reprends le train pour Genève.
ISABELLE: Tu ne viens pas avec moi?
MARTINE: Non, il faut que j'aille en Espagne. Je vais rentrer le 26 ou le 27.

Martine va donc à la gare de Lausanne pour acheter les billets de train et pour réserver les places.

MARTINE: Deux billets, deuxième classe, pour Marseille, s'il vous plaît. Aller-retour.

L'EMPLOYÉ: Vous voulez réserver?

MARTINE: Oui, départ le matin du 17 juin. Non-fumeurs.

L'EMPLOYÉ: Bon. Si vous quittez Lausanne à 7h15 pour Genève, vous pourrez prendre le TGV Genève–Mâcon–Marseille et vous arriverez à Marseille à 17h50. Ça vous va?

MARTINE: Oui, parfaitement.

L'EMPLOYÉ: Et le retour?

MARTINE: Ça, c'est plus compliqué. Ma sœur revient le 21; moi, j'attends le 27 pour rentrer.

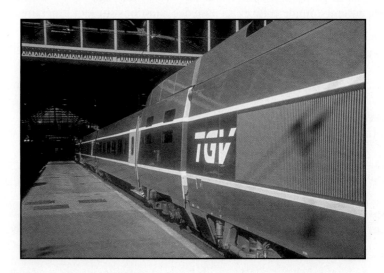

Exprimons-nous!

Voici des verbes qu'on emploie en parlant d'un itinéraire:

partir	**On part** le matin du 4.
prendre	**On prend** le train jusqu'à Toulouse.
coucher	**On couche** la première nuit à Toulouse.
repartir	**On repart** le lendemain matin *(the next morning)*.
passer	**On passe** deux jours à Carcassonne.
reprendre	**On reprend** le train à Montpellier.
rentrer	**On rentre** à Paris le soir du 8.

Voici des expressions pour faire une réservation:

(Je voudrais acheter) deux billets pour Lausanne.
   aller simple / aller retour
   première classe / deuxième classe
Je voudrais réserver (j'ai besoin de) trois places pour Lille.
   fumeurs / non-fumeurs
Est-il possible d'avoir une place dans le train de 14h35?

À vous!

I. Non. Moi, je voudrais... Vous organisez un voyage avec un(e) camarade. Chaque fois que vous proposez quelque chose, votre ami(e) a une autre
idée. Vous n'êtes pas difficile; vous acceptez la suggestion de votre camarade.

> **Modèle:** passer deux jours à Colmar / trois
> —*On peut passer deux jours à Colmar.*
> —*Non. Moi, je voudrais passer trois jours à Colmar.*
> —*Bon, d'accord. On va passer trois jours à Colmar.*

1. partir le 5 juillet / le 3
2. prendre le train jusqu'à Nancy / jusqu'à Strasbourg
3. louer des vélos à la gare de Strasbourg / emporter *(to bring)* nos vélos
   dans le train
4. coucher la première nuit à Strasbourg / à Obernai
5. repartir le lendemain matin / le lendemain après-midi
6. passer deux jours au Haut-Koenigsbourg / un jour
7. visiter d'abord Colmar et ensuite Ribeauville / d'abord Ribeauville et
   ensuite Colmar
8. rester en France / aller en Suisse
9. reprendre le train à Mulhouse / à Bâle
10. rentrer le 10 juillet / le 11

J. Une semaine dans le sud-ouest de la France. Peter Robidoux et son
«frère» français Alain parlent d'un voyage qu'ils vont faire. Consultez le plan,
puis complétez leur dialogue. On vous donne les premières questions.

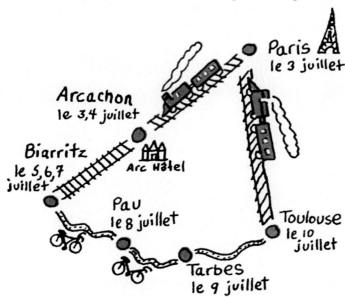

PETER: Quel jour est-ce qu'on part?

ALAIN: _____

PETER: Jusqu'où est-ce qu'on prend le train?

ALAIN: _____

PETER: J'emporte mon vélo?

ALAIN: _____

K. Au guichet. Achetez des billets de train en employant les renseignements donnés. Un(e) de vos camarades va jouer le rôle de l'employé(e).

> **Modèle:** 4 / Genève / aller-retour / 2ᵉ
> —*Je voudrais (j'ai besoin de) quatre billets pour Genève.*
> —*Aller simple ou aller-retour?*
> —*Aller-retour.*
> —*Première ou deuxième classe?*
> —*Deuxième, s'il vous plaît.*

1. 1 / Rouen / simple / 1ère   **3.** 2 / Bordeaux / aller-retour / 2ᵉ
2. 3 / Lille / aller-retour / 2ᵉ   **4.** 4 / Cannes / simple / 2ᵉ

L. Réservons nos places! Vous voulez réserver des places. Faites des réservations en utilisant les renseignements donnés. Un(e) de vos camarades va jouer le rôle de l'employé(e).

> **Modèle:** 3 / départ (18 sept., 13h25) / non-fumeurs / retour (30 sept., 9h)
> —*Je voudrais réserver trois places, s'il vous plaît.*
> —*Quand est-ce que vous voulez partir?*
> —*Le 18 septembre. Est-il possible d'avoir des places dans le train de 13h25?*
> —*Voyons... oui. Fumeurs ou non-fumeurs?*
> —*Non-fumeurs.*
> —*Et pour le retour?*
> —*Retour le 30 septembre, le train de 9h, si c'est possible.*

1. 2 / départ (18 août, 8h45) / non-fumeurs / retour (4 sept., 10h15)
2. 4 / départ (12 juin, 11h25) / non-fumeurs / retour (19 juin, 15h30)
3. 1 / départ (3 juillet, 22h) / fumeurs / retour (31 juillet, 21h)
4. 3 / départ (25 mai, 12h05) / non-fumeurs / retour (10 juin, 18h30)

Structure

Les pronoms *y* et *en*

Like the other pronouns you've learned, **y** and **en** are used to avoid repeating a word or phrase already mentioned.

The object pronoun **y** refers only to things, not to people. It is most frequently used in the following situations:

1. To complete the verb **aller** (in this case, it often has no equivalent in English):

Allons-**y!**	Let's go!
Tu **y** vas à pied?	Are you going to walk?

2. To replace a prepositional phrase of location (in this case, the English equivalent is often *there*):

—Mes gants de travail sont **sur la table?**	—Are my work gloves *on the table?*
—Non, ils n'**y** sont pas, Maman.	—No, they aren't *there*, Mom.

—Ta mère travaille **chez Peugeot?**	—Your mother works *for Peugeot?*
—Oui, elle **y** travaille depuis des années.	—Yes, she's been working *there* for years.
—Elle prend l'autobus pour aller **à son travail?**	—Does she take the bus to go *to work?*
—Non, elle **y** va à vélomoteur.	—No, she goes *(there)* by scooter.

The object pronoun **en** replaces nouns introduced by the preposition **de**. It usually refers to things rather than people. This substitution occurs most frequently in the following situations:

1. To replace a noun preceded by a partitive **(du, de la, de l', des).** In this case, the English equivalent is *some* or *any.*

| —Qui veut **de la glace?** | —Who wants *some ice cream*? |
| —Moi, j'**en** veux. | —I want *some.* |

2. To replace a noun used with an expression of quantity **(beaucoup de, assez de, trop de,** etc.). In this case, it often has no equivalent in English:

| —Elle a **beaucoup d'argent?** | —Does she have *a lot of money?* |
| —Non, elle n'**en** a pas beaucoup. | —No, she doesn't have a lot. |

3. To replace a noun used with a verbal expression that requires **de** (for example, **avoir peur de, parler de, s'occuper de, avoir besoin de, être content de).** In this case, the English equivalent is often *of it* or *of them:*

| —Qui va **s'occuper des chiens?** | —Who's going *to take care of the dogs?* |
| —Gérard va s'**en** occuper. | —Gérard is going to take care *of them.* |

4. To replace a noun preceded by a number. In this case, it often has no English equivalent:

| —Vous avez **des frères?** | —Do you have *(any)* brothers? |
| —Moi, j'**en** ai **deux**, mais lui, il n'**en** a pas. | —I have *two,* but he doesn't have *any.* |

In a sentence, **y** and **en** take the same position as the direct- and indirect-object pronouns:

1. Before the verb in simple tenses, compound tenses, and negative commands:

J'**y** vais tous les jours.	J'**en** ai besoin.
Elle **y** est allée.	Nous **en** avons pris une douzaine.
N'**y** allez pas!	N'**en** achetez pas!

2. Before the infinitive when used with a conjugated verb + infinitive:

| On peut **y** visiter le château. | Nous pouvons **en** parler si vous voulez. |

3. After the verb in affirmative commands:

| Allons-**y!** | Achètes-**en!** |

Grammar: In the affirmative imperative, the familiar forms of **-er** verbs (including **aller**) add an **s** before **y** and **en** for liaison: **Vas-y! Achètes-en!**

Application

M. On y va?
Quand un(e) camarade vous propose de faire quelque chose, répondez-lui en utilisant une des expressions suivantes: **Oui. Allons-y!** / **Non, je ne veux pas y aller.** / **Non, je ne peux pas y aller.** Utilisez le pronom **y.**

> **Modèle:** J'ai très faim. On va au Quick?
> —*Oui. Allons-y!* ou *Non. Je ne veux (peux) pas y aller.*

1. J'ai très soif. On va au café?
2. Il est midi. On va manger quelque chose à la cafétéria?
3. Moi, je voudrais aller voir un film. On va au cinéma ce soir?
4. Je dois chercher un livre à la bibliothèque. Tu viens avec moi?
5. Il fait très chaud. Je voudrais bien aller nager à la piscine.
6. J'ai des courses à faire en ville. Tu veux m'accompagner?

N. La famille de Véronique Béziers.
Vous interrogez Véronique Béziers au sujet de sa famille. D'abord, vous voulez savoir si ça fait longtemps que les personnes dont *(about whom)* elle parle habitent, travaillent, sont ou vont à l'endroit *(place)* qu'elle mentionne.

> **Modèle:** Mon oncle Didier habite à Grenoble. (dix ans)
> —*Il y habite depuis longtemps?*
> —*Ça fait dix ans qu'il y habite.*

1. Mes grands-parents maternels habitent à Poitiers. (soixante ans)
2. Ma sœur Danielle habite à Arles. (six mois)
3. Mon père travaille dans une banque. (cinq ans)
4. Ma mère travaille au château. (sept ans)
5. Mon petit cousin est à l'école maternelle *(nursery school).* (trois semaines)
6. Mes cousines vont au lycée à Beaucaire. (trois ans)

Les membres de la famille de Véronique sont en vacances dans des endroits différents. Vous voulez savoir **comment ils y sont allés** et **combien de temps ils vont y passer.**

> **Modèle:** Ma tante Hélène est à Nice. (en voiture / huit jours)
> —*Comment est-ce qu'elle y est allée?*
> —*Elle y est allée en voiture.*
> —*Combien de temps est-ce qu'elle va y passer?*
> —*Elle va y être pendant huit jours.*

7. Mes grands-parents sont en Italie. (en avion / quinze jours)
8. Ma sœur Danielle est en Bretagne. (par le train / deux mois)
9. Mon oncle Didier est en Espagne. (en voiture / trois semaines)
10. Mes parents sont en Grèce. (en bateau / un mois)

O. Échange. Posez les questions suivantes à un(e) camarade, qui va vous répondre en utilisant le pronom **en.**

1. Combien de frères as-tu?
2. Et des sœurs?
3. As-tu des oncles et des tantes qui habitent dans la même *(same)* ville que vous?
4. Combien de films as-tu vus le mois dernier?
5. Et des matchs sportifs?
6. Est-ce que ta famille mange des œufs? Combien de douzaines par mois?
7. Est-ce que tu manges du chocolat? Combien de fois par semaine?
8. Est-ce que tu as des disques compacts? Combien?

P. En écoutant... *(While listening . . .)* Voici des conversations que vous avez entendues dans des contextes variés. Complétez-les en utilisant les expressions suggérées et le pronom **en** ou un pronom d'objet direct **(le, la ,l', les).**

À table

Modèle: —Tu veux de la salade? (non)
—*Merci, non. Je n'en veux pas.*
—Tu n'aimes pas la salade? (non / ne jamais manger)
—*Non, je n'en mange jamais.*

1. Tu veux du fromage? (non) Tu n'aimes pas le fromage? (non / manger très peu)
2. Tu veux des oignons? (non) Tu n'aimes pas les oignons? (non / ne jamais manger)
3. Tu veux du pain? (oui) Ah, tu aimes le pain? (oui / manger à tous les repas)

À l'épicerie

Modèle: —Tu aimes les pommes? (beaucoup)
—*Oui, je les aime beaucoup.*
—Tu vas acheter des pommes? (un kilo)
—*Oui, je vais en acheter un kilo.*

4. Tu aimes les poires? (oui / beaucoup) Combien de poires vas-tu acheter? (une livre)
5. Tu acheté du cidre? (trois bouteilles) Tu vas servir du cidre avant le dîner? (non / avec le dîner)
6. Tu aimes les épinards? (non / détester) Tu ne veux pas acheter d'épinards? Ils sont très bons. (non, merci)

Dans un grand magasin

Modèle: —Moi, je cherche des jeans. (il y a / au 3ᵉ étage)
—*Oh, il y en a au troisième étage.*
—Est-ce qu'ils sont en solde? (oui / acheter trois / hier)
—*Oui, j'en ai acheté trois hier.*

7. Moi, je cherche des chaussures. (il y a / au sous-sol) Est-ce qu'elles sont en solde? (oui / acheter deux paires / la semaine dernière)
8. Tu devrais acheter des gants. (non / ne pas avoir besoin) Mais ils sont en solde. (avoir cinq paires / à la maison)
9. Je cherche des lunettes de soleil. (avoir besoin?) Où est-ce qu'on peut en acheter? (trouver / au rayon femmes / la dernière fois)

ZOOM!

L a SNCF (Société Nationale des Chemins de Fer Français) gère *(runs)* le système ferroviaire français. Son centre géographique et administratif est à Paris. La capitale a six gares, chacune desservant une région délimitée du pays et de l'Europe. Par conséquent, quand vous voulez prendre le train à Paris, il faut savoir non seulement votre destination mais aussi la gare d'où partent les trains pour cette région.

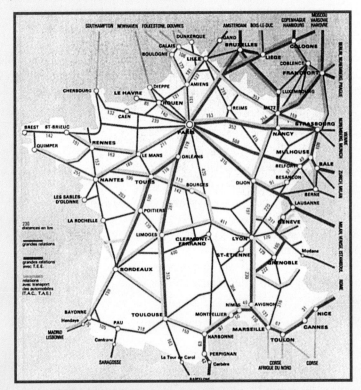

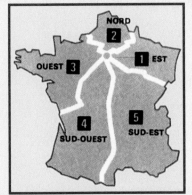

Gare du Nord: région nord (Lille, la Belgique, l'Angleterre; le TGV Nord Europe, l'Eurostar)

Gare de l'Est: région est (Strasbourg, la Suisse, l'Allemagne)

Gare de Lyon: région sud-est (Lyon, Grenoble, Marseille, la Côte d'Azur, l'Italie; le TGV Midi-Méditerranée)

Gare d'Austerlitz: région sud-ouest (Orléans, Tours, Toulouse, Bordeaux, l'Espagne)

Gare Saint-Lazare: région ouest (la Normandie—Rouen, le Havre)

Gare Montparnasse: région ouest (Nantes; la Bretagne—Saint-Malo, Rennes, Brest; le TGV Atlantique sud-ouest; le TGV Atlantique ouest)

Qu'est-ce que vous en pensez?
Do you or members of your family ever travel by train? Why (not)? What region(s) of the United States has (have) the most train travel? Why?

Débrouillons-nous!

Q. Organisons un voyage! You and two classmates are planning a short vacation trip starting in Paris. To begin, each of you proposes one of the places listed below. When someone objects to each suggestion, you agree on a fourth destination (also chosen from the list). Then decide when you'll leave, which station your train will leave from, how long you'll spend, and when you'll return to Paris.

POSSIBLE DESTINATIONS: **Madrid** / **Rome** / **Munich** / **Nice** / **Zurich** / **Strasbourg** / **Londres** / **Lisbonne**

R. Faisons nos réservations! Imagine that you and several friends (or family members) wish to take the train from Paris to Bordeaux, Brest, Lille, Grenoble, Rome, Munich, Amsterdam, or London. Go to the appropriate Paris train station (see map p. 508). Buy tickets and make reservations for the trip. Another student will play the role of the employee.

S. Oui, Maman... Non, Maman... François(e) passe le mois de juillet chez ses grands-parents à la campagne. Une fois par semaine, sa mère lui téléphone et elle lui pose toujours beaucoup de questions. Jouez le rôle de François(e) et répondez aux questions de sa mère en utilisant des pronoms d'objet direct (**le, la, l', les**) ou indirect (**lui, leur, y, en**).

> **Modèle:** —Tu as reçu *(received)* ma lettre? (ce matin)
> —*Oui, Maman. Je l'ai reçue ce matin.*
>
> —Tu as parlé à ta sœur? (pas récemment)
> —*Non, Maman. Je ne lui ai pas parlé récemment.*
>
> —Tu prends tes vitamines? (deux / tous les matins)
> —*Oui, Maman. J'en prends deux tous les matins.*

1. Tu as des shorts? (assez)
2. Tu as des chaussettes? (cinq ou six paires)
3. Tu as téléphoné à tes amis? (la semaine dernière)
4. Tu as reçu la lettre de Papa? (il y a trois jours)
5. Tu manges des légumes? (deux ou trois sortes à chaque repas)
6. Tu as envoyé quelque chose à ta sœur pour son anniversaire? (une carte)
7. Tu aides ta grand-mère? (tous les jours)
8. Tu fais tes exercices de maths? (tous les soirs)
9. Tu as des amis? (beaucoup)
10. Tu vas à la piscine? (presque tous les jours)
11. Tu as assez d'argent? (non)

À faire chez vous:
CAHIER, Chapitre 12, 1ère étape

Deuxième étape

Point de départ

Sur les routes et les autoroutes

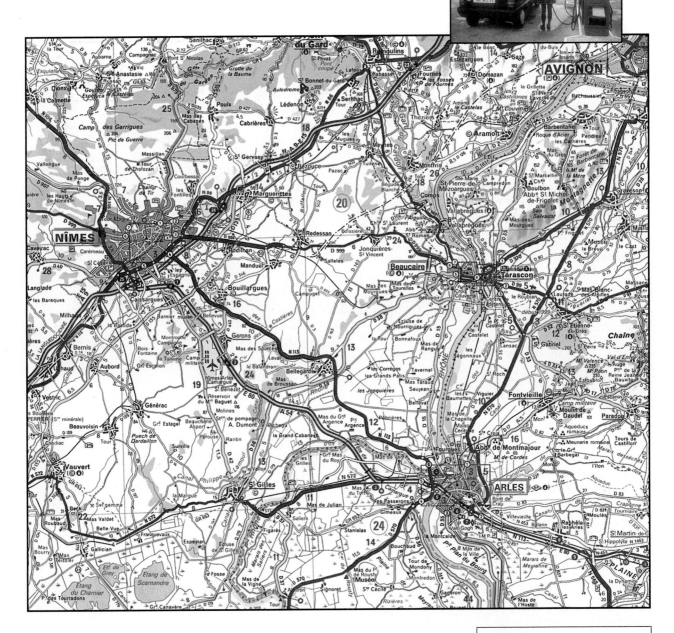

1/200 000–1 cm:2 km

L a France possède le réseau routier *(road system)* le plus dense du monde. En particulier, plus de 700 000 km de chemins ruraux donnent accès à un nombre impressionnant de petits villages et de régions agricoles. Pourtant, ce n'est qu'à partir de 1958 que la France a commencé à faire construire des autoroutes qui facilitent les déplacements sur de grandes distances. Il y a actuellement environ 8 000 km d'**autoroutes à péage** *(four-lane, divided tollways)* dans le pays. On y trouve des **aires de repos** *(rest stops)* et des stations-service tous les 10 à 15 km. La vitesse y est limitée à 130 km *(80 miles)* à l'heure.

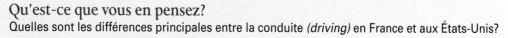

Puisque les autoroutes ne représentent qu'un pourcentage assez petit du réseau routier, on voyage la plupart du temps sur des **routes nationales** (dont un grand nombre sont à quatre voies *[four lanes]*) et sur des **routes départementales**. La vitesse maximale sur une route à quatre voies (non-autoroute) est de 110 km *(70 miles)* à l'heure. Sur les autres routes, la vitesse maximale est de 90 km *(55 miles)* à l'heure. Les Français ont tendance à conduire assez vite. Dans le but de réduire le nombre de fatalités dues aux accidents de la route, on a rendu obligatoire l'emploi d'une ceinture de sécurité pour les sièges avant *(front seats)*. En plus, les enfants âgés de moins de dix ans doivent voyager dans les sièges arrière.

Qu'est-ce que vous en pensez?

Quelles sont les différences principales entre la conduite *(driving)* en France et aux États-Unis?

À vous! *(Exercices de compréhension)*

A. Regardons la carte! You're traveling with your family in southern France. You've picked up a rental car in **Nîmes** and are heading northeast on the A9 in the direction of **Avignon.** Because you speak and read French, you are the navigator. Based on the map in the **Point de départ,** answer your family's questions.

1. You are near the **Nîmes** interchange on the A9. Your father asks, "How far is it to **Avignon** on the **autoroute?"**

2. On the **autoroute** your father is driving about 80 miles an hour. Do you need to tell him to slow down? Why (not)?

3. Your mother says, "I'd like to go to **Arles.** How far is it from here? What roads do we need to take to get there?"

4. Your sister says, "We studied Roman ruins in school. I'd like to see the old aqueduct called the **Pont du Gard.** Is that anywhere around here? How could we get there?"

5. Your grandmother, who is reading a guidebook of the region adds, "It says here that there is a wonderful medieval city, built on top of a pile of rocks, and it's not too far from **Arles.** Can we get to **les Baux** from here?"

6. You remember reading in Chapter 3 about the festival at Tarascon. Tell your family where Tarascon is located in relation to Arles and Nîmes.

7. You're on the D27 going from **Arles** to **Les Baux.** What's the speed limit?

B. La signalisation routière. A friend of yours is about to leave for France, where she'll rent a car. Since she's not familiar with European road signs, you tell her, in English, what the following signs mean.

1. 2. 3. 4. 5.

6. 7. 8. 9. 10.

11. 12. 13. 14.

Reprise: première étape

C. Un itinéraire. Vous faites des projets pour visiter les châteaux de la Loire avec deux camarades. Vous allez passer une semaine dans le Val de Loire.

En vous inspirant de la carte de cette région, décidez...

1. le jour de votre départ de Paris.
2. votre première destination.
3. si vous allez emporter vos vélos ou si vous allez en louer.
4. les châteaux que vous voulez visiter et dans quel ordre.
5. les villes où vous allez coucher.
6. le jour de votre retour à Paris.

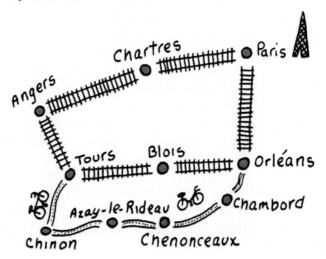

D. Prenons les billets! Jouez le rôle des personnes mentionnées ci-dessous. Allez à la gare, achetez les billets et faites les réservations. Votre camarade, qui joue le rôle de l'employé(e), peut consulter l'horaire des trains (pages 495 et 496) pour vous aider.

1. François (frère de Martine et d'Isabelle Moix): Paris–Lausanne départ: 10 mai / retour: 17 mai (avant 6h du soir)
2. M. Moix (père d'Isabelle et de Martine) Lausanne–Paris départ: 12 juin (arrivée le matin) / retour: 12 juin (fin de l'après-midi)
3. Mme Moix (mère d'Isabelle et de Martine) Dijon–Martigny départ le 14 mai (arrivée dans l'après-midi) / Martigny–Bern le 18 mai / retour Bern–Dijon le 21 mai pour arriver tard dans la soirée.

E. Les villes d'Europe. Pour chaque ville indiquée sur la carte ci-dessous, précisez le pays où se trouve cette ville et la langue qu'on y parle.

Modèle: *Paris se trouve en France.*
À Paris on parle français.

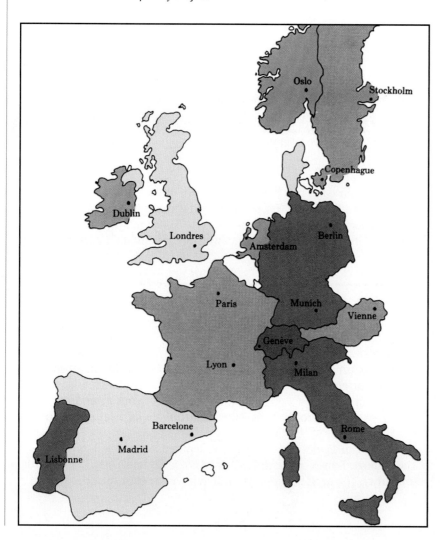

F. En ville. Vous vous promenez en ville avec un(e) ami(e). Chaque fois que vous voyez quelqu'un ou quelque chose d'intéressant, vous en parlez à votre ami(e) et vous lui posez des questions. Utilisez des pronoms d'objet direct **(le, la, l', les)** ou d'objet indirect **(lui, leur, y, en)**.

> Modèle: Voilà mon cousin. (avoir / cinq / voir souvent / non, rarement)
> —*Voilà mon cousin. Tu as des cousins?*
> —*Oui, j'en ai cinq.*
> —*Tu les vois souvent?*
> —*Non, je les vois rarement.*

1. Voilà ma sœur. (avoir / une / parler souvent / oui)
2. Regarde ces chiens. (aimer / non / avoir peur de / oui)
3. Voilà une librairie. (voir / oui / aller souvent / de temps en temps)
4. Regarde ces chaussures. (avoir besoin de / oui / vouloir acheter / oui)
5. Voilà un restaurant. (dîner / oui, la semaine dernière / recommander / non)
6. Regarde ces vieux messieurs là-bas. (connaître / non / vouloir demander leur âge / non, pas vraiment)

Grammar: The future forms of orthographically changing verbs such as **se lever** and **acheter** have a grave accent on all persons: **elle se lèvera, nous achèterons.**

Structure

Le futur

The future tense in French is the equivalent of the English *will (shall)* + verb. To form the future tense, simply add the endings **-ai, -as, -a, -ons, -ez, -ont** to the infinitive form of the verb. Notice that the final **-e** of a verb ending in **-re** is dropped before the future-tense ending is added:

Le futur		
arriver	**partir**	**attendre**
arriver-	**partir-**	**attendr-**
j'arriver**ai**	je partir**ai**	j'attendr**ai**
tu arriver**as**	tu partir**as**	tu attendr**as**
il, elle, on arriver**a**	il, elle, on partir**a**	il, elle, on attendr**a**
nous arriver**ons**	nous partir**ons**	nous attendr**ons**
vous arriver**ez**	vous partir**ez**	vous attendr**ez**
ils, elles, arriver**ont**	ils, elles partir**ont**	ils, elles attendr**ont**

Many of the irregular verbs that you've learned have irregular future stems. The endings, however, are the same as for regular verbs **(-ai, -as, -a, -ons, -ez, -ont)**. The most common verbs that have irregular future stems are:

aller	ir-	j'**irai**	pouvoir	**pourr-**	nous **pourrons**
avoir	aur-	tu **auras**	savoir	**saur-**	elles **sauront**
envoyer	enverr-	il **enverra**	venir	**viendr-**	elles **viendront**
être	ser-	elle **sera**	voir	**verr-**	ils **verront**
faire	fer-	on **fera**	vouloir	**voudr-**	elles **voudront**
falloir	**faudr-**	il **faudra**			

The future tense is used with a **si** clause and the present tense to indicate that an event will occur *if* a certain condition is true:

Si les routes sont bonnes, **nous prendrons** la voiture.
Je te **téléphonerai** demain soir **si j'ai** le temps.

Application

G. Projets de vacances. Indiquez ce que feront les personnes suivantes pendant leurs vacances. Mettez les phrases au futur.

> **Modèle:** Maurice est à Paris. Il visite le Louvre. Il va à Beaubourg.
> —*Maurice sera à Paris. Il visitera le Louvre. Il ira à Beaubourg.*

1. Janine a 18 ans. Elle va à la campagne avec ses parents. Ils font du camping.
2. Nous sommes à la plage. Nous pouvons nous bronzer au soleil. Nous voulons apprendre à faire de la planche à voile.
3. Georges et son cousin prennent le TGV pour aller à Marseille. Ils descendent chez leurs grands-parents. Ils mangent de la bouillabaisse.
4. Je vais en Angleterre. Je fais du tourisme. Je t'envoie une carte postale.
5. Tu es chez toi. Il faut que tu t'occupes de ton petit frère. Tu reçois des lettres de tes amis.
6. Pascale travaille pour son père. Elle a l'air triste. Elle ne sait pas quoi faire le soir.

Grammar: The subjunctive has no future form. Consequently, **tu t'occupes** in Item 5 of Ex. G does not change.

H. Bon, d'accord. Dites ce que les personnes suivantes vont faire demain. Suivez le modèle.

> **Modèle:** Il faut que tu ailles à la banque.
> —*Bon, d'accord. J'irai à la banque demain.*

1. Il faut que ta sœur parle à Jean.
2. Il est indispensable que vous étudiiez votre français.
3. Il est nécessaire que Chantal fasse un effort pour voir le professeur.
4. Il faut que nous téléphonions à nos amis.
5. Il est nécessaire que vous preniez le nouveau métro.
6. Il est important que tu ailles en ville.
7. Il faut qu'on soit à l'heure.
8. Il faut que ton frère voie ce film.
9. Il faut que vous envoyiez cette lettre.
10. Il est important que tu te couches de bonne heure.

I. Échange. Employez les éléments donnés pour poser des questions à un(e) camarade de classe, qui va vous répondre. Employez le futur ou bien un verbe ou une expression qui indique le futur.

Modèle: faire / après ce cours
—*Qu'est-ce que tu feras (vas faire) après le cours?*
—*J'irai (je vais aller, je pense aller) en ville.*

1. faire / après ce cours
2. faire / cet après-midi avant de rentrer chez toi
3. faire / ce soir
4. faire / s'il fait beau ce week-end
5. faire / s'il fait mauvais ce week-end
6. voir / la prochaine fois que tu iras au cinéma
7. acheter / la prochaine fois que tu iras au centre commercial
8. manger / la prochaine fois que tu iras au restaurant
9. aller / quand tu auras des vacances
10. faire / l'année prochaine

Text Audio CD Track 2-38

Une panne de voiture:
A (car) breakdown

had to / (car) rental agency

Échange

Une panne de voiture

Isabelle et Martine ont fait le voyage de Genève à Marseille. Leur train a été à l'heure mais elles **ont dû** attendre longtemps à l'**agence de location.** Elles ont fini par avoir leur voiture et ont quitté Marseille en direction de Nîmes.

ISABELLE: On met combien de temps pour aller de Marseille à Nîmes en voiture?
MARTINE: Oh, c'est pas loin. Il faut compter une heure et quart, une heure et demie au maximum.
ISABELLE: C'est bien. On y sera pour dîner.
MARTINE: Oui, bien sûr. Nous y serons avant 8h.

Quelques minutes plus tard.

noise / are slowing down
gas
filled up the tank
tire / flat

If not / road service

ISABELLE: Martine! Quel est ce **bruit?** Pourquoi est-ce qu'on **ralentit?** On a oublié de mettre de l'**essence?**
MARTINE: Mais non. On nous **a fait le plein** avant de partir.
ISABELLE: C'est donc un **pneu?** Nous avons un pneu **crevé?**
MARTINE: Non, non. Ne t'inquiète pas. Voilà une aire de repos. Il doit y avoir un mécanicien. **Sinon,** on peut appeler le **service de dépannage.**
ISABELLE: D'accord. Mais dépêche-toi! Je commence à avoir faim.

À vous!

J. Paris–Brest, c'est un long voyage? Vous écoutez des amis français qui parlent des vacances. Ils vont tous partir en voiture. Vous ne connaissez pas très bien la géographie de la France et vous voulez savoir si leur voyage sera long.

> **Modèle:** Paris–Nantes (400 km / 4, 4½ heures)
> —*Paris–Nantes, c'est un long voyage?*
> —*Non, pas très long. Nantes est à 400 km de Paris.*
> —*Combien de temps faut-il pour aller de Paris à Nantes en voiture?* ou
> —*Combien de temps met-on pour faire Paris–Nantes en voiture?*
> —*Oh, il faut compter quatre heures, quatre heures et demie.* ou *On met quatre heures, quatre heures et demie à faire le voyage en voiture.*

1. Paris–Marseille (780 km / 8 heures)
2. Paris–Strasbourg (460 km / 5 heures)
3. Lyon–Grenoble (310 km / 3½, 4 heures)
4. Nantes–Bordeaux (330 km / 4, 4½ heures)
5. Dunkerque–Montpellier (1100 km / 13 heures)
6. Marseille–Toulouse (410 km / 4½, 5 heures)

K. Des voitures en panne.
Vous voyagez en voiture avec votre famille française. Chaque fois que la voiture croise un automobiliste en difficulté, quelqu'un fait une remarque. Indiquez l'image qui correspond à ce qu'on dit.

1.

2.

3.

4.

1. Tiens! Regarde! Ils ont une panne d'essence. Ils n'ont pas fait le plein avant de partir.
2. Oh là là! Une panne de moteur. Ils ont besoin d'un mécanicien.
3. Regarde ce pauvre monsieur! Il a un pneu crevé. Il faut qu'il change la roue.
4. Ces gens-là ne sont pas tombés en panne. Ils se sont trompés de route.

Structure

Le verbe irrégulier *voir*

—**Tu vas voir** Mireille aujourd'hui?

—Non, pas aujourd'hui. **Je l'ai vue** hier.

—Bon. Mais si **tu** la **vois,** dis-lui que je la cherche.

—D'accord. Dis, tu vas chez Paul ce soir?

—Je ne sais pas. **On verra.**

—*Are you going to see* Mireille today?

—No, not today. *I saw* her yesterday.

—OK. But if *you see* her, tell her that I'm looking for her.

—OK. So, are you going to Paul's house tonight?

—I don't know. *We'll see.*

The irregular verb **voir** is conjugated in the following way:

voir *(to see)*	
je **vois**	nous **voyons**
tu **vois**	vous **voyez**
il, elle, on **voit**	ils, elles **voient**

PAST PARTICIPLE:	**vu** (avoir)
IMPERFECT STEM:	**voy-**
SUBJUNCTIVE STEMS:	**voi-, voy-**

Remember that **voir** means *to see,* while **regarder** means *to look at, to watch.* Also note that saying **On verra** is a good way to avoid giving a definite answer if someone asks you to do something. **Voyons...** is useful when you're trying to give yourself time to think about what to say next:

—Vous désirez, Madame?

—**Voyons...** Je vais prendre un Perrier et un sandwich.

—What would you like?

—*Let's see* . . . I'll have a Perrier and a sandwich.

M. Paris. Utilisez les dessins pour expliquer ce que les personnes ont vu.

Modèle: hier / nous
Hier, nous avons vu l'obélisque de Louksor.

L. Mise en train: Remplacez les mots en italique par les mots entre parenthèses et faites les changements nécessaires.

1. Qu'est-ce que *tu* vois?
   (vous / il / elle / nous)
2. *J'*ai vu Monique au cinéma.
   (nous / elle / ils / on / vous / tu)
3. Autrefois, *je* les voyais souvent.
   (elle / nous / ils / on / tu)
4. *On* le voit demain?
   (nous / tu / elle / ils / vous / je)
5. Il faut que *tu* voies ce film!
   (vous / elles / il / on / nous)

Hier...

1. je

2. elles

3. il

Maintenant nous sommes à la tour Eiffel...

4. nous

5. vous

6. on

Demain...

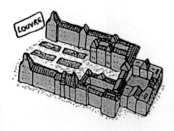

7. nous

8. je

9. ils

N. Questionnaire. In French, find out the following information from a classmate. Write down his/her answers and then tell the whole class what you discovered. Ask . . .

1. if he/she has seen a film recently. Which film?
2. if he/she often sees his/her grandparents. When?
3. if he/she often sees his/her friends. When?
4. if he/she took a trip recently. What did he/she see?

Débrouillons-nous!

O. Tu veux y aller avec nous? Invite a foreign student from France to make a car trip with you and your friends. A classmate will play the role of the exchange student and ask questions about where you're going, the distance, the time the trip takes, and the route. After hearing your answers, he/she will decide whether to accept your invitation.

P. Quand tu seras riche... Votre camarade est très optimiste: il (elle) est certain(e) d'être riche un jour. Utilisez les éléments donnés pour poser des questions au sujet de ce qu'il (elle) fera quand il (elle) aura beaucoup d'argent. Mettez les verbes au futur.

Modèle: où / habiter
—*Où est-ce que tu habiteras?*
—*J'habiterai en Floride (à New York, en Europe, etc.).*

1. où / habiter
2. que / porter
3. qu'est-ce que / manger
4. avec qui / sortir
5. où / faire un voyage
6. quelle voiture / acheter
7. combien d'argent / avoir
8. comment / passer le temps (*réponse:* passer le temps à + infinitif)
9. qui / aider
10. être heureux(-se)

Troisième étape

Point de départ

Allons au restaurant!

TROISIÈME ÉTAPE • cinq cent vingt et un **521**

La Méditerranée

LES HORS-D'ŒUVRE

Assiette de crudités

Pâté maison

Terrine de crabe

○

LES SOUPES

Soupe du jour

Soupe au pistou

○

LE PLAT PRINCIPAL

Bouillabaisse

Aïoli (avec morue séchée et légumes)

Escalope de veau au citron

Daurade provençale

○

LES DESSERTS

Fruits confits

Nougat glacé au miel

Fraises au vin

ZOOM!

À première vue, une carte d'un restaurant français peut sembler assez mystérieuse. Pourtant, il est possible d'apprendre à lire une carte si on se souvient de certaines conventions. Le nom d'un plat cuisiné est souvent divisé en deux parties:

1. Le type de plat + matière première:

   une tarte aux fraises

2. Une matière première + autre matière:

   canard à l'orange

3. Matière première + mode de préparation:

   poulet rôti

4. Matière première + région de la spécialité:

   tomates provençales

Qu'est-ce que vous en pensez?

Est-ce qu'il y a des restaurants dans votre ville qui servent de la cuisine française? Comment décrivent-ils leurs spécialités?

À vous! *(Exercices de compréhension)*

A. Qu'est-ce qu'on peut manger? Consultez la carte du restaurant *La Méditerranée* et répondez aux questions.

1. J'aime les légumes. Qu'est-ce que je peux manger comme hors-d'œuvre?
2. J'aime la viande. Qu'est-ce que je peux manger comme hors-d'œuvre?
3. J'adore les fruits de mer *(seafood)*. Qu'est-ce que je peux choisir pour commencer le repas? Et comme plat principal?
4. Je n'aime pas le poisson. Quels plats est-ce qu'il faut éviter *(avoid)?*
5. Quelles sortes de viande est-ce qu'on sert?

B. Qu'est-ce que vous recommandez? Faites votre choix d'après la carte du restaurant *La Méditerranée* et commandez un repas—hors-d'œuvre, plat principal, dessert—pour chacune des personnes suivantes.

1. une personne qui aime beaucoup les poissons et les fruits de mer
2. une personne qui ne mange que *(only)* des légumes et des fruits
3. un gourmand (une personne qui mange beaucoup)
4. un gourmet (une personne qui mange bien)
5. une personne qui aime la cuisine américaine traditionnelle—du bœuf, des pommes de terre, etc.

C. Ne t'inquiète pas!
Utilisez les expressions données pour rassurer vos amis. Mettez les verbes au futur.

> **Modèle:** Mon petit chien a disparu. (revenir)
> —*Ne t'inquiète pas! Il reviendra.*

1. J'ai perdu mon portefeuille. (trouver)
2. On ne peut pas aller au cinéma ce soir. (voir le film une autre fois)
3. Mes meilleurs amis sont partis pour le week-end sans moi. (être de retour la semaine prochaine)
4. Qu'est-ce que je vais faire? Ma voiture ne marche pas. (prendre l'autobus)
5. Ma sœur ne se sent pas bien du tout. Elle est vraiment malade. (aller mieux dans quelques jours)
6. Le professeur est très occupé. Il ne peut pas me voir. (avoir plus de temps la semaine prochaine)
7. Nous avons oublié l'anniversaire de Grand-mère. (lui envoyer un cadeau pour Noël)
8. Je n'ai pas acheté le livre pour le cours d'histoire. (pouvoir l'acheter ce week-end)

D. Un voyage en voiture.
Delphine et François Maillet sont allés de Toulouse (dans le sud de la France) à Caen (en Normandie) en voiture. De retour à Toulouse, leurs enfants leur posent des questions au sujet du voyage. Jouez le rôle de Delphine ou de François et répondez aux questions d'après le diagramme ci-dessous.

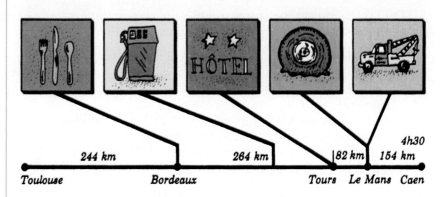

1. Caen est loin de Toulouse? (Donnez une réponse exacte.)
2. Combien de jours est-ce que vous avez mis à faire le voyage?
3. Combien de kilomètres avez-vous faits le premier jour?
4. Combien de fois est-ce que vous vous êtes arrêtés le premier jour?
5. Où est-ce que vous avez couché?
6. Et le second jour, vous êtes tombés en panne, n'est-ce pas? Où?
7. Quel était le problème?
8. Qui a changé la roue?
9. À quelle heure est-ce que vous êtes enfin arrivés à Caen?

Structure

Le conditionnel

The conditional tense in French is the equivalent of the English structure *would* + verb. You've already learned to use the conditional in many polite expressions: **je voudrais, tu pourrais, j'aimerais.** To form the conditional tense, simply add the imperfect endings (**-ais, -ais, -ait, -ions, -iez, -aient**) to the infinitive of the verb. Notice that the final **-e** of a verb ending in **-re** is dropped before the conditional-tense ending is added:

Le conditionnel		
arriver	**partir**	**attendre**
arriver-	**partir-**	**attendr-**
j'arriver**ais**	je partir**ais**	j'attendr**ais**
tu arriver**ais**	tu partir**ais**	tu attendr**ais**
il, elle, on arriver**ait**	il, elle, on partir**ait**	il, elle, on attendr**ait**
nous arriver**ions**	nous partir**ions**	nous attendr**ions**
vous arriver**iez**	vous partir**iez**	vous attendr**iez**
ils, elles arriver**aient**	ils, elles partir**aient**	ils, elles attendr**aient**

Many irregular verbs have irregular stems. You learned these stems when studying the future tense:

aller	**ir-**	j'**irais**
avoir	**aur-**	tu **aurais**
envoyer	**enverr-**	il **enverrait**
être	**ser-**	elle **serait**
faire	**fer-**	nous **ferions**
falloir	**faudr-**	il **faudrait**
pouvoir	**pourr-**	vous **pourriez**
savoir	**saur-**	ils **sauraient**
venir	**viendr-**	ils **viendraient**
voir	**verr-**	tu **verrais**
vouloir	**voudr-**	nous **voudrions**

In addition to expressing politeness, the conditional is used:

1. To give advice:

   À ta place, **je trouverais** le temps d'y aller
   À sa place, **je resterais** à la maison.

2. To indicate that a certain event may not occur:

Si j'avais le temps, **je parlerais** à mes cousins.	If I had the time, *I would talk* to my cousins (but I don't have the time).
Si nous avions plus d'argent, **nous ferions un voyage.**	If we had more money, *we would take a trip* (but we don't have more money).

Le savez-vous?

When you are invited to someone's home for dinner in France, which of the following would *not* be an appropriate hostess gift?
a. bouquet of flowers
b. an arrangement of chrysanthemums
c. a bottle of wine
d. a box of candy

Réponse ▼ ▲ ▲ b

E. **Mise en train:** Remplacez les mots en italique et faites les changements nécessaires.

1. Pourriez-*vous* m'aider?
(tu / elle / vous / ils)
2. *Elle* voudrait dîner en ville.
(je / nous / ils / elle)
3. Si *j'*avais le temps, *j'*irais au match de foot. (elle / nous / ils / on)
4. *Tu* n'aimerais pas ce restaurant.
(je / nous / ils / vous / elle)

Application

F. Soyez plus polis! Vos «parents» français vous corrigent quand vous utilisez des expressions qui ne conviennent pas à la situation. Ils vous indiquent une façon plus polie de vous exprimer en utilisant le conditionnel.

> **Modèle:** Je veux vous parler.
> —*Il vaut mieux dire «Je voudrais vous parler». C'est plus poli.*

1. Je veux parler à M. Imbert.
2. Pouvez-vous m'indiquer son adresse?
3. Savez-vous où il se trouve?
4. Nous voulons vous demander un service.
5. Avez-vous le temps de me parler?
6. Je suis content(e) de lui téléphoner.
7. Peux-tu dîner avec nous ce soir?
8. François et moi, nous voulons bien y aller avec vous.

G. Quels conseils donneriez-vous? Vos amis vous parlent de leurs problèmes ou des problèmes des gens qu'ils connaissent. Employez les éléments entre parenthèses pour indiquer ce que vous feriez à leur place.

> **Modèles:** Je suis toujours très fatigué. (se coucher plus tôt)
> —*À ta place, je me coucherais plus tôt.*
>
> Mon frère s'ennuie à son travail. (chercher un autre travail)
> —*À sa place, je chercherais un autre travail.*

1. Depuis quelques semaines je grossis énormément. (ne pas manger de frites)
2. Mes parents n'aiment pas l'appartement où nous habitons. (acheter une maison)
3. Je n'ai jamais assez d'argent. (ne pas aller dans les grands magasins)
4. La femme d'Hervé Villot ne sait pas parler français. (apprendre le français)
5. J'ai une grippe depuis cinq jours. (consulter un médecin)
6. Nous n'avons pas envie de faire la cuisine ce soir. (dîner au restaurant)
7. Mon frère a des difficultés en cours de chimie. (aller voir le prof)
8. J'ai mal à la tête. (prendre des cachets d'aspirine)
9. Nous ne savons pas qui inviter. (inviter mes meilleurs amis)
10. Ma sœur a besoin d'argent encore une fois. (ne pas lui donner d'argent)

H. Si vous pouviez choisir... Indiquez le choix que vous feriez dans les situations suivantes.

> **Modèle:** Si vous pouviez choisir, est-ce que vous dîneriez au Macdo ou dans un restaurant français?
> —*Bien sûr, je dînerais dans un restaurant français.*

1. Si vous payiez le repas, est-ce que vous choisiriez le menu à 15 euros ou le menu à 21 euros?
2. Et si vos parents vous invitaient à dîner?

3. Si vous vouliez maigrir, qu'est-ce que vous prendriez comme hors-d'œuvre—l'assiette de crudités ou les œufs mayonnaise?
4. Si vous n'aimiez pas le poisson, est-ce que vous commanderiez le filet de sole ou l'entrecôte?
5. Si vous aviez très faim, est-ce que vous mangeriez une salade ou du rôti de bœuf?
6. Si vous vouliez grossir, qu'est-ce que vous choisiriez comme dessert—une glace ou un fruit?
7. Si vous aviez le choix, qu'est-ce que vous prendriez comme boisson?
8. Si le service n'était pas compris, combien est-ce que vous laisseriez de pourboire—10 pour cent ou 15 pour cent?

Échange

Commandons!

Text Audio CD Track 2-39

Commandons! Let's order!

Le Colibri

Menu à 15€	**Menu à 21€**
Salade de tomates	Melon au porto
ou	ou
Consommé aux vermicelles	Soupe de poisson
••••	••••
Poulet sauté provençale	Daurade grillée
ou	ou
Côtelette de porc à la sauge	Entrecôte sauce béarnaise
	ou
	Lapin à la provençale
••••	••••
Fromage ou Crème caramel	Tarte aux fraises ou
ou Fruit de saison	Pêche Melba

(Boisson non comprise)

Heureusement Isabelle et Martine **ont pu** faire réparer leur voiture, mais il est déjà 9h30 quand elles arrivent à Nice. Au lieu d'aller directement à leur hôtel, elles cherchent un restaurant. C'est la **patronne** du Colibri qui les **accueille** et prend leur **commande**.

were able

owner (female) / greets
order

LA PATRONNE: Bonsoir, Mesdemoiselles. Une table pour deux?
ISABELLE: Oui, s'il vous plaît.
LA PATRONNE: Si vous voulez bien me suivre? Voilà. Je vous donne un moment pour regarder la carte.

Vocabulary: When ordering beef, the French distinguish between **bleu** *(rare—actually very rare)*, **saignant** *(medium rare)*, and **à point** *(medium)*. They prefer their meat on the rare side and rarely eat it **bien cuit** *(well done)*.

sea bream (type of fish found in southern France) / steak

small bottle (1/4 litre)
half-pitcher

each

Quelques moments après...

LA PATRONNE: Vous avez choisi?
ISABELLE: Oui, deux menus à 21€.
LA PATRONNE: Très bien. Qu'est-ce que vous prenez pour commencer?
ISABELLE: Pour moi, le melon au porto.
MARTINE: Moi, je voudrais la soupe de poisson.
LA PATRONNE: D'accord. Et ensuite?
ISABELLE: Je voudrais la **daurade.**
MARTINE: Et pour moi, une **entrecôte** sauce béarnaise... saignante.
LA PATRONNE: Vous désirez une boisson?
ISABELLE: Oui, un **quart** d'eau minérale... du Perrier.
MARTINE: Et une **demi-carafe** de rouge, s'il vous plaît.
LA PATRONNE: Merci, Mesdames. Je vous apporte du pain tout de suite.

La patronne leur apporte le melon, la soupe et les boissons. Puis elle sert le plat principal.

LA PATRONNE: Voilà. Attention, les plats sont chauds. Bon appétit.
ISABELLE ET
MARTINE: Merci, Madame.

Après avoir mangé le poisson et le bœuf, elles prennent **chacune** une salade. Plus tard, la patronne revient voir si elles voudraient un dessert.

LA PATRONNE: Vous désirez autre chose? Une tarte? Une glace?
ISABELLE: Oui, une tarte aux fraises.
MARTINE: Oui, moi aussi.

Après le dessert, la patronne leur sert deux petits cafés. Puis, les cafés terminés, Isabelle et Martine se préparent à partir pour gagner leur hôtel.

ISABELLE: S'il vous plaît, Madame, l'addition? ... Le service est compris, n'est-ce pas?
LA PATRONNE: Bien sûr, Madame... Merci beaucoup. Au revoir, Mesdames.
ISABELLE ET
MARTINE: Au revoir, Madame.

*E*n France, tous les restaurants affichent leur menu à l'extérieur. Les clients ont ainsi la possibilité de voir les plats et les prix avant de décider où ils vont déjeuner ou dîner.

En général, on peut choisir entre un ou deux **menus à prix fixe** (les choix sont limités, mais le prix inclut le repas entier) et des **repas à la carte** (les choix sont plus nombreux, mais on paie chaque plat séparément).

Un repas au restaurant comprend normalement un hors-d'œuvre ou une soupe (une entrée), un plat principal **garni** (c'est-à-dire servi avec des pommes de terre ou un légume), une salade, un fromage ou un dessert. Les boissons (vin, eau minérale, café, thé) ne sont généralement pas comprises, mais les 15 pour cent pour le service le sont. On peut aussi donner un pourboire *(tip)* supplémentaire, si on veut.

Qu'est-ce que vous en pensez?

Quelles différences remarquez-vous entre les restaurants français et américains? Y a-t-il des ressemblances?

Exprimons-nous!

Pour demander une table dans un restaurant

Une table pour _____ personnes, s'il vous plaît.

Pour demander ce qu'on veut manger

Qu'est ce que vous (tu) { **voudriez (voudrais)** **prenez (prends) comme** **désirez (désires)** } { **hors-d'œuvre?** **plat principal?** **dessert?** **boisson?** }

Pour commander

Je voudrais...
Je vais prendre...

Pour demander l'addition

L'addition, s'il vous plaît.
Est-ce que vous pourriez nous apporter l'addition, s'il vous plaît?

À vous!

I. S'il vous plaît, Monsieur (Madame). An older member of your family will be in France on a business trip. He/She would like to invite his/her French associate and spouse out to dinner. Answer your relative's questions about what to say in a restaurant.

1. How do I ask for a table?
2. If I choose the fixed-price meal, how do I ask if a beverage is included?
3. How do I ask my guests what they would like to start with?
4. How do I order a main course?
5. How do I ask my guests what they would like to drink with their meals?
6. When we finish the main course, how do I find out if my guests would like something more to eat?
7. How do I get the check?

J. Commandons! Choisissez sur la carte du restaurant *Le Colibri* à la page 527 le repas que vous voulez commander. Le professeur ou un(e) autre étudiant(e) jouera le rôle du garçon ou de la serveuse.

Grammar: In English, a relative pronoun used as a direct object may be omitted: *The people (whom) we met . . . / The books (that) we read . . .* In French, the relative pronoun **que** must always be used: **les gens que nous avons rencontrés... / Les livres que nous avons lus...** Notice that if the subordinate clause contains a verb in the **passé composé**, the past participle agrees in gender and number with the word to which **que** refers.

Structure

Les pronoms relatifs *qui* et *que*

You've already learned to use adjectives to describe a person or a thing. You may also use clauses introduced by relative pronouns as a way of describing people and things. A relative pronoun connects two clauses (or a word and a clause) into a single statement. The relative pronoun introduces the second clause while referring to a word already mentioned.

The relative pronoun **qui** *(who, which, that)* may refer either to persons or to things and acts as the subject of the subordinate clause. In this case, it is followed directly by a verb without a subject:

Les gens **qui viennent d'arriver** s'appellent Brunet.

The people *who just arrived* are named Brunet.

The relative pronoun **qui** may also be the *object of a preposition* when it refers to a person. The most common prepositions used with **qui** are **à, chez, avec,** and **pour.** In this case, it is followed by a subject and a verb:

Les amis **chez qui ils descendent** sont des amis de M. Loiret.

The friends *with whom they are staying* are friends of M. Loiret.

The relative pronoun **que** *(whom, which, that)* is used as a *direct object* and may stand for either persons or things. It is always followed by a subject and a verb. **Que** becomes **qu'** before a vowel or a silent **h:**

Les fleurs **qu'ils ont apportées** sont très jolies.

The flowers *(that) they brought* are very pretty.

Application

K. Les gens que nous connaissons. Vous indiquez à votre camarade que vous connaissez des gens qui viennent de pays francophones; vous utilisez le pronom relatif **qui** et le premier pays indiqué. Votre camarade indique à son tour qu'il (elle) a rencontré des gens de pays francophones aussi. Il (Elle) utilise le pronom relatif **que** et le second pays indiqué.

Modèle: connaître des gens / Mali (rencontrer / Côte d'Ivoire)
—*Je connais des gens qui viennent du Mali.*
—*Ah, oui? Les gens que j'ai rencontrés viennent de Côte d'Ivoire.*

1. connaître des gens / Niger (rencontrer / Sénégal)
2. avoir des amis / Maroc (voir / Tunisie)
3. connaître un professeur / Suisse (aimer bien / Belgique)
4. connaître des gens / Niger (rencontrer / Congo)
5. avoir une amie / Canada (avoir / Cameroun)
6. connaître un poète / Côte d'Ivoire (aimer beaucoup / Algérie)

L. Donne-moi! Montre-moi! Employez les éléments donnés pour demander quelque chose à votre camarade. Suivez les modèles.

Modèle: le livre / sur la table
   —Donne-moi le livre!
   —Quel livre?
   —Le livre qui est sur la table.

1. le CD / sous la chaise
2. la lampe de poche / dans le tiroir
3. les magazines / à côté de toi
4. la tasse / dans l'évier

Modèle: J'ai acheté un portefeuille au Cameroun.
   —Montre-moi le portefeuille que tu as acheté au Cameroun.

5. J'ai acheté des bijoux au Sénégal.
6. Mon frère a acheté une carte de l'Afrique francophone.
7. Janine a apporté un livre sur la Martinique.
8. Jean-Michel a envoyé des cartes postales du Québec.

M. Des renseignements. Répondez aux questions suivantes en utilisant l'expression **je ne sais pas le nom de,** le nom entre parenthèses et le pronom relatif qui.

Modèle: À qui parle-t-elle? (monsieur)
   —Je ne sais pas le nom du monsieur à qui elle parle.

1. À qui parle-t-elle? (garçon)
2. Chez qui habite-t-elle? (famille)
3. Pour qui travaillent-ils? (homme)
4. Avec qui sont-elles allées au cinéma? (amis)
5. Chez qui allez-vous passer la soirée? (gens)
6. À qui a-t-elle prêté sa calculatrice? (étudiante)
7. Avec qui sort-elle? (jeunes gens)
8. À qui a-t-il envoyé la lettre? (monsieur)

N. Précisions! Utilisez les pronoms relatifs **qui** et **que** et les mots entre parenthèses pour donner des précisions. Attention aux temps des verbes!

Modèles: Quelle auto faut-il acheter? (ton père / recommander)
   —L'auto que ton père a recommandée.

   Quel magazine veux-tu? (être sur le bureau)
   —Le magazine qui est sur le bureau.

1. Quel train va-t-elle prendre? (arriver à Lyon à 17h)
2. Quelle vidéo va-t-on montrer? (Jean / apporter)
3. Quelles oranges faut-il acheter? (venir du Maroc)
4. À quelle station faut-il descendre? (être juste après Concorde)
5. Quelle jupe vas-tu acheter? (je / voir hier aux Galeries Lafayette)
6. Quelles places peut-on prendre? (être marquées non-réservées)
7. Quels pays vont-elles visiter? (nous / recommander)
8. Quelle lettre cherches-tu? (mes parents / envoyer)

Débrouillons-nous!

O. Au restaurant. You go to a restaurant with a friend. You get a table, discuss the menu, and order your meal. One of your classmates will play the role of the waiter.

P. Si tu étais riche... Utilisez les éléments donnés pour poser des questions à un(e) camarade de classe au sujet de ce qu'il (elle) ferait s'il (si elle) était riche. Mettez les verbes au conditionnel.

> **Modèle:** où / habiter
> —*Où est-ce que tu habiterais si tu étais riche?*
> —*J'habiterais en Floride (à New York, en France,* etc.)

1. où / habiter
2. que / porter
3. qu'est-ce que / manger
4. avec qui / sortir
5. où / faire un voyage
6. quelle voiture / acheter
7. combien d'argent / avoir
8. comment / passer le temps (*réponse:* passer le temps à [+ infinitif])

Q. Quand j'étais petit(e)... Comparez vos souvenirs d'enfance aux souvenirs d'enfance d'un(e) camarade de classe. Suivez le modèle.

> **Modèle:** J'avais un ami qui...
> —*J'avais un ami qui n'aimait pas aller à l'école.*
> —*Moi, j'avais une amie qui refusait de faire ses devoirs.*

1. J'avais une amie qui...
2. Ma famille et moi, nous habitions dans une maison (un appartement) qui...
3. Je me souviens bien de..., chez qui...
4. Un jour j'ai perdu... que...
5. J'avais un ami qui...

À faire chez vous:
CAHIER, Chapitre 12, 3ᵉ étape

Point d'arrivée

Activités orales

Exprimons-nous!

Voici quelques expressions pour exprimer l'accord ou le désaccord:

Accord	*Désaccord*
Bon, d'accord.	**Mais non.**
Vous avez (tu as) raison.	**Au contraire.**
Je suis d'accord avec (toi).	**Pas du tout.**
	Je ne suis pas d'accord avec (toi).

Voici des expressions qu'on utilise:

Au moment de commencer un repas	*Au moment de commencer à boire*
Bon appétit!	**À votre (ta) santé!**
	À la vôtre! (À la tienne!)

À faire chez vous:

**Student Audio CD Tracks 5-27–5-29
CAHIER, Chapitre 12, *Rédigeons!* /
*Travail de fin de chapitre*** (including
STUDENT AUDIO CD, Chapitre 12,
Tracks 5-27–5-29)

A. Encore des projets de voyage. You and a friend have been studying in Lausanne. Between semesters you decide to travel in Europe. First, plan the trip: where you will go, how long you will stay in each place, how you will travel, what you will do, etc. Then, imagine that you actually carry out your plans. Recount to some friends the details of the trip you took.

B. Découvrons les États-Unis! Tell the rest of the class about one or two states that you've visited and know fairly well. Give your reactions to this (these) state(s). As each student talks about a state, you should ask questions and share your ideas with others. Suggestion: Give the geographical location of the state, tell when and how you visited it, mention some things you saw or did.

C. Leçon de géographie. Consult a map of the United States and find cities that have French names. Besides towns named after such famous French personalities as Lafayette, you'll find geographical names that contain other words of French origin. For example, the town of Bellefonte in Pennsylvania contains the French word **belle** and the name comes from **Belle Fontaine.** Find other cases of French influence on American place names and share your findings with the rest of the class.

D. Au restaurant. You and your friends go to a restaurant chosen by your instructor. Ask for a table, discuss what you're going to eat, order dinner, and pay the check.

E. Mes rêves. Most of us have dreams and fantasies. Discuss with a group of classmates what you would do if circumstances were different. Use the following phrases as possible points of departure: **Si j'avais le temps... / Si j'avais les moyens** *(money)***... / Si j'étais plus (moins) âgé(e)... / Si j'étais un homme (une femme)... / Si j'habitais...,** etc.

F. Pourquoi pas dîner à *L'Omelette?* Vous allez avec deux amis au restaurant L'Omelette à Québec. Trouvez une table, étudiez la carte et commandez votre repas. Un(e) camarade de classe jouera le rôle du garçon (de la serveuse).

L'OMELETTE

HORS-D'OEUVRE
ENTRÉE

Fondue Parmesan
Cheese croquette

Quiche Lorraine
Quiche Lorraine

Escargots de bourgogne
Snails in garlic butter

Pâté maison
Home Pâté

SOUPES

Soupe du jour
Soup of the day

Soupe aux pois
Canadian pea soup

Soupe à l'oignon gratinée
Baked french onion soup

SANDWICHS

Sandwich au poulet
Chicken sandwich

Sandwich au jambon et fromage
Ham and cheese sandwich

Sandwich, bacon, tomate et laitue
Bacon, tomato and lettuce sandwich

Club Sandwich

SOUS-MARINS
CHAUDS OU FROIDS
HOT OR COLD SUBMARINES

Sous-marin maison garni
House submarine garnished

Sous-marin jambon et fromage garni
Cheese and ham submarine garnished

SALADES

Salade maison
House salad

Salade César
Ceasar salad

Salade jambon et fromage
Ham and cheese salade

Salade de Poulet
Chicken salad

SPÉCIAL
AVEC SOUPE ET CAFÉ
SPECIAL WITH SOUP AND COFFEE

Brochette de Poulet
Chicken shish kebab

Demi-poulet rôti au jus
Half roasted chicken

Foie de veau au bacon
Calf's liver with bacon

Filet de sole, Meunière ou Amandine
Sole meunière or with almonds

Crevettes Provençale
Shrimps with garlic and tomatoes

Crêpes de Fruits de Mer
Seafood crêpe

Gratin de Fruits de Mer
Baked sea food dish

Saumon grillé
Broiled salmon steak

Côtelettes de Porc aux pommes
Pork chops with apples

Escalope de veau, sauce aux champignons
Veal scaloppine with mushrooms sauce

Brochette de filet mignon
Tenderloin shish kebab

Toutes nos assiettes sont garnies
All our dishes are garnished

PÂTES

Spaghetti à la viande
Spaghetti with meat sauce

Spaghetti Napolitain
Spaghetti with tomato sauce

Lasagne au four
Baked lasagna

DIVERS

Hot chicken (sandwich)

Croque-monsieur
Grilled bread with ham and cheese

Hambourgeois garni deluxe
Hamburger deluxe garnished

Steak haché lyonnaise
Hamburger steak with onions

Fish'n chip

PIZZAS

Napolitaine
Cheese and tomato sauce

Garnie
Mushrooms, cheese, green peppers, pepperoni and tomato sauce

OMELETTES

Omelette aux champignons et fromage
Omelette with mushrooms and cheese

Omelette Niçoise
tomates pelées et fond d'artichauds en dés
Omelette with tomatoes and artichoke hearts

Omelette Western
Jambon, pommes de terre et oignons
Omelette with ham, potatoes and onions

CRÊPES FRANÇAISES À LA POÊLE

Fraises et crème glacée
Strawberries and ice cream

Pêches et crème glacée
Peaches and ice cream

Bleuets et crème glacée
Blueberries and ice cream

DESSERTS

Tarte au sucre
Sugar pie

Tarte aux pommes
Apple pie

Mousse au chocolat
Chocolate mousse

Shortcake aux fraises
Strawberry shortcake

Gâteau Forêt noire
Black Forest cake

Gâteau au fromage
Cheese cake

Salade de fruits
Fruits salad

Fraises au vin
Strawberries with wine

Cassata Maison
House Italian ice cream

CAFÉS

Café, thé, lait   **Café au lait**
Espresso   **Liqueurs douces**
Cappuccino

Tous nos Sandwichs et Omelettes sont servis avec frites / All our Sandwichs and Omelettes are served with french fries

VILLE DE québec

G. Que feriez-vous?

Indiquez ce que vous feriez dans les situations suivantes. Mettez les verbes au conditionnel.

1. Matthieu dîne dans un restaurant avec son amie Marie-Jo. Ils commandent tous les deux le menu à 13,70 euros. Puis Matthieu se rappelle qu'il n'a que 23 euros dans son portefeuille. Marie-Jo a laissé son sac à la maison. Que feriez-vous à la place de Matthieu?

   a. vous excuser, aller aux toilettes et vous sauver *(run away)*
   b. vous excuser, aller aux toilettes et téléphoner à un(e) ami(e)
   c. demander à Marie-Jo d'aller chercher son sac chez elle
   d. appeler le garçon et commander le menu à 9 euros

2. Demain, Annick doit passer un examen de mathématiques, son cours le plus difficile. Son petit ami Roger, qu'elle n'a pas vu depuis deux mois, téléphone pour dire qu'il passera ce soir mais qu'il sera obligé de repartir le lendemain. Que feriez-vous à la place d'Annick?

   a. demander à un(e) ami(e) de passer la soirée avec Roger et étudier jusqu'à 10h
   b. demander à Roger de ne pas venir
   c. passer la soirée avec Roger et tenter votre chance *(to trust your luck)*
   d. sortir avec Roger et inventer une excuse pour votre professeur

3. François a invité ses amis Martin et Chantal à dîner chez lui. Il n'a pas fait attention et il a fait brûler *(to burn)* la viande; elle est immangeable. Ses amis vont arriver dans quelques minutes. Que feriez-vous à sa place?

   a. quitter votre appartement et aller au cinéma
   b. attendre vos amis à l'extérieur et proposer qu'on dîne au restaurant
   c. leur servir des pizzas congelées *(frozen)*
   d. préparer une sauce à mettre sur la viande

4. Anne-Marie vient de se fiancer avec Hervé. Les parents d'Hervé, qui habitent en Afrique, lui rendent visite. Ils partent demain matin et ils veulent faire la connaissance de la fiancée de leur fils. Ils ont donc invité Anne-Marie à dîner au restaurant le plus élégant de la ville. Hélas, Anne-Marie tombe malade; ella a de la fièvre et des frissons. Que feriez-vous à sa place?

   a. prendre deux cachets d'aspirine et aller au restaurant
   b. aller au restaurant, mais ne rien manger
   c. téléphoner aux parents d'Hervé pour faire vos excuses
   d. aller chez le médecin et lui demander de vous faire une piqûre *(shot)*

H. Lequel?

Répondez aux questions qu'on vous pose à propos des dessins en utilisant les pronoms relatifs **qui** et **que.**

Modèle: Mme Dufour a deux robes de soirée. L'une coûte 100€; elle a acheté l'autre en solde. Laquelle de ses robes préférez-vous ou aimez-vous le plus? *La robe **qui** coûte 100€.* ou *La robe **qu'**elle a achetée en solde.*

Salle à manger

Chambre

1. Les Aubusson ont acheté deux tableaux. Ils ont mis un tableau dans leur chambre; l'autre, dans la salle à manger. Lequel préférez-vous?

2. Monique a deux amies. L'une est élève en Californie; Monique va à l'école avec l'autre. Laquelle voit-elle le plus souvent?

Lyon　　Marseille　　Paris

3. Robert a trois frères. Il dîne souvent chez le premier; il joue au rugby avec le deuxième; il voit rarement l'autre. Lequel de ses frères habite à Lyon? À Marseille? À Paris?

4. Il y a deux trains partant de Paris pour Genève. Le train de Marie-Claude part à 9h; le train de Louis part à 11h. Si vous vouliez être à Genève au début de l'après-midi, quel train prendriez-vous?

Jean　　François　　Yves

5. Il y a trois étudiants au café. L'un lit un roman; le garçon sert un Coca au deuxième; une amie appelle le troisième. Lequel de ces étudiants s'appelle Yves? François? Jean?

Activité écrite

I. Un voyage ou un dîner inoubliable. You and your partner have written a short essay recounting an unforgettable trip or meal (Workbook, Ex. A, page 359). Exchange essays and read your partner's in light of the following questions.

1. Is the essay complete? (Does it indicate when, where, and with whom he/she traveled or dined? Does it mention several events during the trip or the different parts of the meal? Does your partner give and support an opinion about the trip or meal?)
2. Does the conversation make sense? (Are the places visited or the food eaten appropriate to the place[s] visited or the type of restaurant where he/she ate?)
3. Does the essay make appropriate use of the **passé composé** and the imperfect?

Lecture

Il faut manger pour vivre, et non pas vivre pour manger

Voici une scène de la célèbre pièce de Molière, *L'Avare*. Harpagon, riche bourgeois avare, est obsédé par son argent. Valère, qui est amoureux de la fille d'Harpagon, s'est introduit dans la maison en obtenant l'emploi d'intendant (personne chargée d'administrer la maison et les affaires d'une riche personne). Maître Jacques est le serviteur principal de la maison d'Harpagon.

HARPAGON:	Maître Jacques, approchez-vous; je vous ai gardé pour le dernier.
MAÎTRE JACQUES:	Est-ce à votre cocher,[1] monsieur, ou bien à votre cuisinier que vous voulez parler? Car je suis l'un et l'autre.
HARPAGON:	C'est à tous les deux.
MAÎTRE JACQUES:	Mais à qui des deux le premier?
HARPAGON:	Au cuisinier.
MAÎTRE JACQUES:	Attendez donc, s'il vous plaît. (Il enlève sa casaque[2] de cocher et paraît vêtu en cuisinier.)
HARPAGON:	Quelle diantre de cérémonie[3] est-ce là?
MAÎTRE JACQUES:	Vous n'avez qu'à parler.
HARPAGON:	Je me suis engagé, maître Jacques, à donner ce soir à souper.[4]
MAÎTRE JACQUES:	Grand merveille!
HARPAGON:	Dis-moi un peu, nous feras-tu bonne chère?[5]
MAÎTRE JACQUES:	Oui, si vous me donnez bien de l'argent.
HARPAGON:	Que diable! Toujours de l'argent! Il semble qu'ils n'aient autre chose à dire: de l'argent, de l'argent, de l'argent! Ah, ils n'ont que ce mot à la bouche, de l'argent! Toujours parler de l'argent!

---

1. coachman 2. coat 3. what devilish formality 4. to have people to supper 5. put on a good meal

VALÈRE: Je n'ai jamais vu de réponse plus impertinente que celle-là.[6] Voilà une belle merveille que de faire bonne chère avec bien de l'argent! C'est une chose la plus aisée[7] du monde, et il n'y a pauvre esprit qui n'en fît bien autant;[8] mais, pour agir en habile homme,[9] il faut parler de faire bonne chère avec peu d'argent.

MAÎTRE JACQUES: Bonne chère avec peu d'argent?

VALÈRE: Oui.

MAÎTRE JACQUES: Par ma foi, monsieur l'intendant, vous nous obligerez de nous faire voir ce secret, et de prendre mon office de cuisinier.

HARPAGON: Taisez-vous![10] Qu'est-ce qu'il nous faudra?

MAÎTRE JACQUES: Voilà monsieur votre intendant qui vous fera bonne chère pour peu d'argent.

HARPAGON: Haye! Je veux que tu me répondes.

MAÎTRE JACQUES: Combien serez-vous de gens à table?

HARPAGON: Nous serons huit ou dix: mais il ne faut prendre que huit. Quand il y a à manger pour huit, il y en a bien pour dix.

VALÈRE: Cela s'entend.[11]

MAÎTRE JACQUES: Eh, bien, il faudra quatre grands potages et cinq assiettes.[12] Potages... Entrées...

HARPAGON: Que diable! Voilà pour traiter[13] toute une ville entière!

MAÎTRE JACQUES: Rôt...

HARPAGON: *en lui mettant la main sur la bouche:* Ah, traître, tu manges tout mon bien.[14]

MAÎTRE JACQUES: Entremets...[15]

HARPAGON: Encore?

VALÈRE: Est-ce que vous avez envie de faire crever[16] tout le monde? Et monsieur a-t-il invité des gens pour les assassiner à force de mangeaille?[17] Allez-vous-en lire un peu les préceptes de la santé et demander aux médecins s'il y a rien de plus préjudiciable[18] à l'homme que de manger avec excès.

HARPAGON: Il a raison.

VALÈRE: Apprenez, maître Jacques, vous et vos pareils, que pour bien se montrer ami de ceux que l'on invite, il faut que la frugalité règne dans les repas qu'on donne, et que, suivant le dire d'un ancien, *il faut manger pour vivre,*[19] *et non pas vivre pour manger.*

HARPAGON: Ah! Que cela est bien dit! Approche, que je t'embrasse pour ce mot. Voilà la plus belle sentence[20] que j'aie entendue de ma vie. *Il faut vivre pour manger, et non pas manger pour vi...* non, ce n'est pas cela. Comment est-ce que tu dis?

VALÈRE: Qu'il faut manger pour vivre, et non pas vivre pour manger.

---

6. that one (by Maître Jacques)   7. easy (effortless)   8. any poor fool could do as much   9. act as a clever man   10. Be quiet!   11. That's understood.   12. main dishes   13. enough to feed (cater for)   14. wealth   15. sweet or vegetable course between main dishes   16. to make croak (die)   17. (over)feeding   18. harmful   19. to live   20. saying

HARPAGON:	Souviens-toi de m'écrire ces mots. Je les veux faire graver[21] en lettres d'or sur la cheminée de ma salle.
VALÈRE:	Je n'y manquerai pas.[22] Et pour votre souper, vous n'avez qu'à me laisser faire. Je réglerai[23] tout cela comme il faut.
HARPAGON:	Fais donc.
MAÎTRE JACQUES:	Tant mieux, j'en aurai moins de peine.[24]
HARPAGON:	Il faudra de ces choses dont on ne mange guère,[25] et qui rassasient[26] d'abord: quelque bon haricot bien gras,[27] avec quelque pâté en pot bien garni de marrons.
VALÈRE:	Reposez-vous sur moi.

---

21. have engraved   22. I won't fail (to do so)   23. I'll arrange   24. that will be less work for me   25. hardly (scarcely)   26. fill up   27. thick lamb stew with beans.

J. Harpagon et son souper. Answer the following questions about the scene you've just read.

1. Find as many examples as you can of Harpagon's miserliness.
2. What seems to be Valère's strategy to get Harpagon's permission to marry his daughter? Find examples of his use of this strategy.
3. Does Maître Jacques treat Harpagon as a servant is supposed to treat his master? Justify your answer.
4. *L'Avare* is a comedy. What are the comic aspects of this scene?

Activité d'écoute

Text Audio CD Track 2-40

K. Portrait de Martine et Isabelle Moix. Écoutez parler Martine et Isabelle Moix, puis répondez aux questions.

1. Martine a des projets pour un autre voyage. Où va-t-elle aller? Quand?
2. Qu'est-ce qu'elle va y faire?
3. Combien de temps est-ce qu'elle y passera?
4. Est-ce que sa sœur va l'accompagner? Pourquoi (pas)?
5. Isabelle est professeur d'histoire. En quel siècle se spécialise-t-elle?

Branchés sur...

la Suisse

Martine et Isabelle Moix

Notre pays est très montagneux; les Alpes occupent 60% du territoire. Berne est la capitale. La plus grande ville, c'est Zurich suivie de Bâle et de Genève.

La ville principale de la Suisse française, c'est Genève, à l'extrémité sud-ouest du lac Léman. C'est là que Martine et moi, nous avons fait nos études universitaires.

La fondue suisse
(pour 6 personnes)

750 g de fromage (gruyère, emmental)
1 grosse noix de beurre
1 gousse d'ail *(garlic)*
½ litre de vin blanc
sel, poivre, muscade *(nutmeg)*
1 verre de kirsch *(cherry liqueur)*
1 kg de pain rassis *(stale)* coupé
  en dés *(cubes)*

Frottez une casserole avec la gousse
  d'ail.

Placez-y le fromage coupé en très fines
  lamelles, le beurre, puis le vin blanc.

Faites chauffer doucement en remuant
  avec une cuillère de bois.

Poivrez, salez, ajoutez une pointe
  de muscade et le kirsch.

Chaque personne y trempe à tour
  de rôle un morceau de pain en
  le tournant dans la fondue, puis
  elle en mange.

La Suisse a un réseau ferroviaire *(railroad network)* très développé. Les trains sont spécialement adaptés aux terrains montagneux du pays.

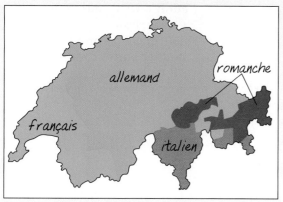

Nous ne sommes que 6 500 000 d'habitants—pourtant, nous sommes très divers. La Suisse comprend 23 cantons indépendants (chacun a sa propre constitution) formant ensemble un état fédératif (la Confédération Helvétique)— c'est pour ça qu'on voit CH sur les voitures suisses. Et nous avons quatre langues nationales—l'allemand (parlé par 65% des habitants), le français (18%), l'italien (10%) et le romanche (moins de 1%).

Qu'est-ce que vous en pensez?

Quelle image les films et les livres pour enfants donnent-ils de la Suisse? Dans quelle mesure croyez-vous que cette image corresponde à la réalité?

Lexique

Pour parler d'un voyage
To talk about a trip

arriver à (de)   to arrive at, in (from)

partir pour (de)   to leave for (from)

passer par   to go through, by way of

Pour préparer un itinéraire
To prepare an itinerary

coucher à   to sleep, spend the night in

emporter son vélo   to bring one's bike

louer un vélo   to rent a bike

passer... jours à   to spend . . . days in

rentrer (à)   to go home, back (to)

repartir (pour)   to leave again (for)

reprendre le train (pour) to take the train again (for)

visiter   to visit (a place)

Pour acheter un billet de train   *To buy a train ticket*

un aller simple   one-way ticket

un aller-retour   round-trip ticket

première classe / deuxième classe   first class / second class

Pour faire une réservation
To make a reservation

Est-il possible d'avoir une place... ?   Is it possible to reserve a seat . . . ?

fumeurs / non-fumeurs   smoking / non-smoking

J'ai besoin d'une place...   I need a seat . . .

Je voudrais réserver une place...   I'd like to reserve a seat . . .

Pour voyager en voiture
To travel by car

... est à... kilomètres de...   . . . is . . . kilometers from . . .

Il faut combien de temps pour aller de... à... ?   How long does it take to go from . . . to . . . ?

Il faut (compter)... heures pour...   It takes . . . hours to . . .

On met combien de temps à faire... ?   How long does it take to do . . . ?

On met... heures pour...   It takes . . . hours to . . .

Pour demander une table au restaurant
To ask for a table in a restaurant

Une table pour... (personnes), s'il vous plaît.   A table for . . . , please.

Pour parler de ce qu'on veut manger
To talk about what you want to eat

Qu'est-ce que vous (tu) désirez (désires)?   What do you want?; **~ vous (tu) prenez (prends)?** What are you having?; **~ vous (tu) voulez (veux)?** What do you want?

comme boisson?   to drink?

comme dessert?   for dessert?

comme hors-d'œuvre (pour commencer)?   as an appetizer?

comme plat principal?   for the main course?

Pour commander   *To order*

Je voudrais...   I'd like . . .

Je vais prendre...   I'm going to have . . .

Pour moi...   For me . . .

Pour demander l'addition (f.)
To ask for the check

L'addition, s'il vous plaît.   Check, please.

Est-ce que vous pourriez nous apporter l'addition, s'il vous plaît?   Could you bring us the check, please.

Thèmes et contextes

Les trains

un arrêt stop
le calendrier des trains
  train calendar
l'horaire *(m.)* **des trains**
  train schedule
le TGV super-fast train
une voiture car (of a train)

Les voyages en voiture

l'autoroute *(f.)* **à péage** toll road
la carte routière map
faire le plein (d'essence)
  to fill up (with gas)
une panne d'essence (de moteur)
  out of gas (engine problem)
un pneu (crevé) (flat) tire
le service de dépannage
  road service

une station-service gas station
tomber en panne to have car
  trouble

Le restaurant

la carte menu
le menu fixed-price menu
le (la) patron(ne) restaurant
  owner

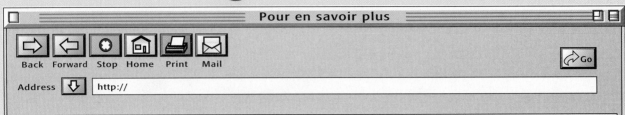
Pour en savoir plus

Pour en savoir plus

To learn/explore more about the cultural topics covered in Chapter 12, you can use the following key words in combination with geographical areas to search Internet resources. For example, if you want to know more about high-speed trains in France, you can search under *France TGV*. If you want to know more about restaurants in Switzerland, search under *Switzerland restaurants*. And if you'd simply like to know more about a place (e.g., *Lausanne*), find the web sites for that place.

Geographical Areas

France

French regions

French cities (e.g., Paris, Dijon, Nîmes)

Francophone countries and regions
   (e.g., Switzerland, Quebec)

Francophone cities (e.g., Lausanne)

Key Words

trains, train travel	transportation
train schedules	roads
SNCF	bridges
TGV	road signs
Paris train stations	geography
Gare du Nord	Europe
Gare de l'Est	restaurants
Gare de Lyon	gastronomy
Gare d'Austerlitz	food
Gare Saint-Lazare	regional
Gare	specialties
Montparnasse	

Appendice

Conjugaison des verbes réguliers et irréguliers

		INDICATIF		
PRÉSENT	PASSÉ COMPOSÉ	IMPARFAIT	PLUS-QUE-PARFAIT	FUTUR

REGULAR VERBS in -er, -ir, -re

donner

je donne	j'ai donné	je donnais	j'avais donné	je donnerai
tu donnes	tu as donné	tu donnais	tu avais donné	tu donneras
il donne	il a donné	il donnait	il avait donné	il donnera
nous donnons	nous avons donné	nous donnions	nous avions donné	nous donnerons
vous donnez	vous avez donné	vous donniez	vous aviez donné	vous donnerez
ils donnent	ils ont donné	ils donnaient	ils avaient donné	ils donneront

finir

je finis	j'ai fini	je finissais	j'avais fini	je finirai
tu finis	tu as fini	tu finissais	tu avais fini	tu finiras
il finit	il a fini	il finissait	il avait fini	il finira
nous finissons	nous avons fini	nous finissions	nous avions fini	nous finirons
vous finissez	vous avez fini	vous finissiez	vous aviez fini	vous finirez
ils finissent	ils ont fini	ils finissaient	ils avaient fini	ils finiront

attendre

j'attends	j'ai attendu	j'attendais	j'avais attendu	j'attendrai
tu attends	tu as attendu	tu attendais	tu avais attendu	tu attendras
il attend	il a attendu	il attendait	il avait attendu	il attendra
nous attendons	nous avons attendu	nous attendions	nous avions attendu	nous attendrons
vous attendez	vous avez attendu	vous attendiez	vous aviez attendu	vous attendrez
ils attendent	ils ont attendu	ils attendaient	ils avaient attendu	ils attendront

IRREGULAR VERBS avoir and être (helping verbs)

avoir

j'ai	j'ai eu	j'avais	j'avais eu	j'aurai
tu as	tu as eu	tu avais	tu avais eu	tu auras
il a	il a eu	il avait	il avait eu	il aura
nous avons	nous avons eu	nous avions	nous avions eu	nous aurons
vous avez	vous avez eu	vous aviez	vous aviez eu	vous aurez
ils ont	ils ont eu	ils avaient	ils avaient eu	ils auront

être

je suis	j'ai été	j'étais	j'avais été	je serai
tu es	tu as été	tu étais	tu avais été	tu seras
il est	il a été	il était	il avait été	il sera
nous sommes	nous avons été	nous étions	nous avions été	nous serons
vous êtes	vous avez été	vous étiez	vous aviez été	vous serez
ils sont	ils ont été	ils étaient	ils avaient été	ils seront

IRREGULAR VERBS in -er

aller

je vais	je suis allé(e)	j'allais	j'étais allé(e)	j'irai
tu vas	tu es allé(e)	tu allais	tu étais allé(e)	tu iras
il va	il est allé	il allait	il était allé	il ira
nous allons	nous sommes allé(e)s	nous allions	nous étions allé(e)s	nous irons
vous allez	vous êtes allé(e)(s)	vous alliez	vous étiez allés(e)(s)	vous irez
ils vont	ils sont allés	ils allaient	ils étaient allés	ils iront

CONDITIONNEL		IMPÉRATIF	PARTICIPE	SUBJONCTIF	
PRÉSENT	PASSÉ		PRÉSENT	PRÉSENT	PASSÉ

je donnerais	j'aurais donné		donnant	que je donne	que j'aie donné
tu donnerais	tu aurais donné	donne		que tu donnes	que tu aies donné
il donnerait	il aurait donné			qu'il donne	qu'il ait donné
nous donnerions	nous aurions donné	donnons		que nous donnions	que nous ayons donné
vous donneriez	vous auriez donné	donnez		que vous donniez	que vous ayez donné
ils donneraient	ils auraient donné			qu'ils donnent	qu'ils aient donné
je finirais	j'aurais fini		finissant	que je finisse	que j'aie fini
tu finirais	tu aurais fini	finis		que tu finisses	que tu aies fini
il finirait	il aurait fini			qu'il finisse	qu'il ait fini
nous finirions	nous aurions fini	finissons		que nous finissions	que nous ayons fini
vous finiriez	vous auriez fini	finissez		que vous finissiez	que vous ayez fini
ils finiraient	ils auraient fini			qu'ils finissent	qu'ils aient fini
j'attendrais	j'aurais attendu		attendant	que j'attende	que j'aie attendu
tu attendrais	tu aurais attendu	attends		que tu attendes	que tu aies attendu
il attendrait	il aurait attendu			qu'il attende	qu'il ait attendu
nous attendrions	nous aurions attendu	attendons		que nous attendions	que nous ayons attendu
vous attendriez	vous auriez attendu	attendez		que vous attendiez	que vous ayez attendu
ils attendraient	ils auraient attendu			qu'ils attendent	qu'ils aient attendu

j'aurais	j'aurais eu		ayant	que j'aie	que j'aie eu
tu aurais	tu aurais eu	aie		que tu aies	que tu aies eu
il aurait	il aurait eu			qu'il ait	qu'il ait eu
nous aurions	nous aurions eu	ayons		que nous ayons	que nous ayons eu
vous auriez	vous auriez eu	ayez		que vous ayez	que vous ayez eu
ils auraient	ils auraient eu			qu'ils aient	qu'ils aient eu
je serais	j'aurais été		étant	que je sois	que j'aie été
tu serais	tu aurais été	sois		que tu sois	que tu aies été
il serait	il aurait été			qu'il soit	qu'il ait été
nous serions	nous aurions été	soyons		que nous soyons	que nous ayons été
vous seriez	vous auriez été	soyez		que vous soyez	que vous ayez été
ils seraient	ils auraient été			qu'ils soient	qu'ils aient été

j'irais	je serais allé(e)		allant	que j'aille	que je sois allé(e)
tu irais	tu serais allé(e)	va		que tu ailles	que tu sois allé(e)
il irait	il serait allé			qu'il aille	qu'il soit allé
nous irions	nous serions allé(e)s	allons		que nous allions	que nous soyons allé(e)s
vous iriez	vous seriez allé(e)(s)	allez		que vous alliez	que vous soyez allé(e)(s)
ils iraient	ils seraient allés			qu'ils aillent	qu'ils soient allés

INDICATIF				
PRÉSENT	PASSÉ COMPOSÉ	IMPARFAIT	PLUS-QUE-PARFAIT	FUTUR

envoyer

j'envoie	j'ai envoyé	j'envoyais	j'avais envoyé	j'enverrai
tu envoies	tu as envoyé	tu envoyais	tu avais envoyé	tu enverras
il envoie	il a envoyé	il envoyait	il avait envoyé	il enverra
nous envoyons	nous avons envoyé	nous envoyions	nous avions envoyé	nous enverrons
vous envoyez	vous avez envoyé	vous envoyiez	vous aviez envoyé	vous enverrez
ils envoient	ils ont envoyé	ils envoyaient	ils avaient envoyé	ils enverront

IRREGULAR VERBS in -ir

dormir

je dors	j'ai dormi	je dormais	j'avais dormi	je dormirai
tu dors	tu as dormi	tu dormais	tu avais dormi	tu dormiras
il dort	il a dormi	il dormait	il avait dormi	il dormira
nous dormons	nous avons dormi	nous dormions	nous avions dormi	nous dormirons
vous dormez	vous avez dormi	vous dormiez	vous aviez dormi	vous dormirez
ils dorment	ils ont dormi	ils dormaient	ils avaient dormi	ils dormiront

Also: **endormir, s'endormir, partir, servir, sentir, sortir**

ouvrir

j'ouvre	j'ai ouvert	j'ouvrais	j'avais ouvert	j'ouvrirai
tu ouvres	tu as ouvert	tu ouvrais	tu avais ouvert	tu ouvriras
il ouvre	il a ouvert	il ouvrait	il avait ouvert	il ouvrira
nous ouvrons	nous avons ouvert	nous ouvrions	nous avions ouvert	nous ouvrirons
vous ouvrez	vous avez ouvert	vous ouvriez	vous aviez ouvert	vous ouvrirez
ils ouvrent	ils ont ouvert	ils ouvraient	ils avaient ouvert	ils ouvriront

Also: **couvrir, offrir, souffrir**

venir

je viens	je suis venu(e)	je venais	j'étais venu(e)	je viendrai
tu viens	tu es venu(e)	tu venais	tu étais venu(e)	tu viendras
il vient	il est venu	il venait	il était venu	il viendra
nous venons	nous sommes venu(e)s	nous venions	nous étions venu(e)s	nous viendrons
vous venez	vous êtes venu(e)(s)	vous veniez	vous étiez venu(e)(s)	vous viendrez
ils viennent	ils sont venus	ils venaient	ils étaient venus	ils viendront

Also: **devenir, revenir, tenir, obtenir, retenir**

IRREGULAR VERBS in -re

boire

je bois	j'ai bu	je buvais	j'avais bu	je boirai
tu bois	tu as bu	tu buvais	tu avais bu	tu boiras
il boit	il a bu	il buvait	il avait bu	il boira
nous buvons	nous avons bu	nous buvions	nous avions bu	nous boirons
vous buvez	vous avez bu	vous buviez	vous aviez bu	vous boirez
ils boivent	ils ont bu	ils buvaient	ils avaient bu	ils boiront

connaître

je connais	j'ai connu	je connaissais	j'avais connu	je connaîtrai
tu connais	tu as connu	tu connaissais	tu avais connu	tu connaîtras
il connaît	il a connu	il connaissait	il avait connu	il connaîtra
nous connaissons	nous avons connu	nous connaissions	nous avions connu	nous connaîtrons
vous connaissez	vous avez connu	vous connaissiez	vous aviez connu	vous connaîtrez
ils connaissent	ils ont connu	ils connaissaient	ils avaient connu	ils connaîtront

CONDITIONNEL		IMPÉRATIF	PARTICIPE	SUBJONCTIF	
PRÉSENT	PASSÉ		PRÉSENT	PRÉSENT	PASSÉ
j'enverrais	j'aurais envoyé		envoyant	que j'envoie	que j'aie envoyé
tu enverrais	tu aurais envoyé	envoie		que tu envoies	que tu aies envoyé
il enverrait	il aurait envoyé			qu'il envoie	qu'il ait envoyé
nous enverrions	nous aurions envoyé	envoyons		que nous envoyions	que nous ayons envoyé
vous enverriez	vous auriez envoyé	envoyez		que vous envoyiez	que vous ayez envoyé
ils enverraient	ils auraient envoyé			qu'ils envoient	qu'ils aient envoyé
je dormirais	j'aurais dormi	dors	dormant	que je dorme	que j'aie dormi
tu dormirais	tu aurais dormi			que tu dormes	que tu aies dormi
il dormirait	il aurait dormi			qu'il dorme	qu'il ait dormi
nous dormirions	nous aurions dormi	dormons		que nous dormions	que nous ayons dormi
vous dormiriez	vous auriez dormi	dormez		que vous dormiez	que vous ayez dormi
ils dormiraient	ils auraient dormi			qu'ils dorment	qu'ils aient dormi
j'ouvrirais	j'aurais ouvert	ouvre	ouvrant	que j'ouvre	que j'aie ouvert
tu ouvrirais	tu aurais ouvert			que tu ouvres	que tu aies ouvert
il ouvrirait	il aurait ouvert			qu'il ouvre	qu'il ait ouvert
nous ouvririons	nous aurions ouvert	ouvrons		que nous ouvrions	que nous ayons ouvert
vous ouvririez	vous auriez ouvert	ouvrez		que vous ouvriez	que vous ayez ouvert
ils ouvriraient	ils auraient ouvert			qu'ils ouvrent	qu'ils aient ouvert
je viendrais	je serais venu(e)	viens	venant	que je vienne	que je sois venu(e)
tu viendrais	tu serais venu(e)			que tu viennes	que tu sois venu(e)
il viendrait	il serait venu			qu'il vienne	qu'il soit venu
nous viendrions	nous serions venu(e)s	venons		que nous venions	que nous soyons venu(e)s
vous viendriez	vous seriez venu(e)(s)	venez		que vous veniez	que vous soyez venu(e)(s)
ils viendraient	ils seraient venus			qu'ils viennent	qu'ils soient venus
je boirais	j'aurais bu	bois	buvant	que je boive	que j'aie bu
tu boirais	tu aurais bu			que tu boives	que tu aies bu
il boirait	il aurait bu			qu'il boive	qu'il ait bu
nous boirions	nous aurions bu	buvons		que nous buvions	que nous ayons bu
vous boiriez	vous auriez bu	buvez		que vous buviez	que vous ayez bu
ils boiraient	ils auraient bu			qu'ils boivent	qu'ils aient bu
je connaîtrais	j'aurais connu	connais	connaissant	que je connaisse	que j'aie connu
tu connaîtrais	tu aurais connu			que tu connaisses	que tu aies connu
il connaîtrait	il aurait connu			qu'il connaisse	qu'il ait connu
nous connaîtrions	nous aurions connu	connaissons		que nous connaissions	que nous ayons connu
vous connaîtriez	vous auriez connu	connaissez		que vous connaissiez	que vous ayez connu
ils connaîtraient	ils auraient connu			qu'ils connaissent	qu'ils aient connu

		INDICATIF		
PRÉSENT	PASSÉ COMPOSÉ	IMPARFAIT	PLUS-QUE-PARFAIT	FUTUR

croire

je crois	j'ai cru	je croyais	j'avais cru	je croirai
tu crois	tu as cru	tu croyais	tu avais cru	tu croiras
il croit	il a cru	il croyait	il avait cru	il croira
nous croyons	nous avons cru	nous croyions	nous avions cru	nous croirons
vous croyez	vous avez cru	vous croyiez	vous aviez cru	vous croirez
ils croient	ils ont cru	ils croyaient	ils avaient cru	ils croiront

dire

je dis	j'ai dit	je disais	j'avais dit	je dirai
tu dis	tu as dit	tu disais	tu avais dit	tu diras
il dit	il a dit	il disait	il avait dit	il dira
nous disons	nous avons dit	nous disions	nous avions dit	nous dirons
vous dites	vous avez dit	vous disiez	vous aviez dit	vous direz
ils disent	ils ont dit	ils disaient	ils avaient dit	ils diront

écrire

j'écris	j'ai écrit	j'écrivais	j'avais écrit	j'écrirai
tu écris	tu as écrit	tu écrivais	tu avais écrit	tu écriras
il écrit	il a écrit	il écrivait	il avait écrit	il écrira
nous écrivons	nous avons écrit	nous écrivions	nous avions écrit	nous écrirons
vous écrivez	vous avez écrit	vous écriviez	vous aviez écrit	vous écrirez
ils écrivent	ils ont écrit	ils écrivaient	ils avaient écrit	ils écriront

Also: **décrire**

faire

je fais	j'ai fait	je faisais	j'avais fait	je ferai
tu fais	tu as fait	tu faisais	tu avais fait	tu feras
il fait	il a fait	il faisait	il avait fait	il fera
nous faisons	nous avons fait	nous faisions	nous avions fait	nous ferons
vous faites	vous avez fait	vous faisiez	vous aviez fait	vous ferez
ils font	ils ont fait	ils faisaient	ils avaient fait	ils feront

lire

je lis	j'ai lu	je lisais	j'avais lu	je lirai
tu lis	tu as lu	tu lisais	tu avais lu	tu liras
il lit	il a lu	il lisait	il avait lu	il lira
nous lisons	nous avons lu	nous lisions	nous avions lu	nous lirons
vous lisez	vous avez lu	vous lisiez	vous aviez lu	vous lirez
ils lisent	ils ont lu	ils lisaient	ils avaient lu	ils liront

mettre

je mets	j'ai mis	je mettais	j'avais mis	je mettrai
tu mets	tu as mis	tu mettais	tu avais mis	tu mettras
il met	il a mis	il mettait	il avait mis	il mettra
nous mettons	nous avons mis	nous mettions	nous avions mis	nous mettrons
vous mettez	vous avez mis	vous mettiez	vous aviez mis	vous mettrez
ils mettent	ils ont mis	ils mettaient	ils avaient mis	ils mettront

Also: **permettre, promettre**

		IMPÉRATIF	PARTICIPE	SUBJONCTIF	
CONDITIONNEL					
PRÉSENT	PASSÉ		PRÉSENT	PRÉSENT	PASSÉ

CONDITIONNEL PRÉSENT	CONDITIONNEL PASSÉ	IMPÉRATIF	PARTICIPE PRÉSENT	SUBJONCTIF PRÉSENT	SUBJONCTIF PASSÉ
je croirais	j'aurais cru		croyant	que je croie	que j'aie cru
tu croirais	tu aurais cru	crois		que tu croies	que tu aies cru
il croirait	il aurait cru			qu'il croie	qu'il ait cru
nous croirions	nous aurions cru	croyons		que nous croyions	que nous ayons cru
vous croiriez	vous auriez cru	croyez		que vous croyiez	que vous ayez cru
ils croiraient	ils auraient cru			qu'ils croient	qu'ils aient cru
je dirais	j'aurais dit		disant	que je dise	que j'aie dit
tu dirais	tu aurais dit	dis		que tu dises	que tu aies dit
il dirait	il aurait dit			qu'il dise	qu'il ait dit
nous dirions	nous aurions dit	disons		que nous disions	que nous ayons dit
vous diriez	vous auriez dit	dites		que vous disiez	que vous ayez dit
ils diraient	ils auraient dit			qu'ils disent	qu'ils aient dit
j'écrirais	j'aurais écrit		écrivant	que j'écrive	que j'aie écrit
tu écrirais	tu aurais écrit	écris		que tu écrives	que tu aies écrit
il écrirait	il aurait écrit			qu'il écrive	qu'il ait écrit
nous écririons	nous aurions écrit	écrivons		que nous écrivions	que nous ayons écrit
vous écririez	vous auriez écrit	écrivez		que vous écriviez	que vous ayez écrit
ils écriraient	ils auraient écrit			qu'ils écrivent	qu'ils aient écrit
je ferais	j'aurais fait		faisant	que je fasse	que j'aie fait
tu ferais	tu aurais fait	fais		que tu fasses	que tu aies fait
il ferait	il aurait fait			qu'il fasse	qu'il ait fait
nous ferions	nous aurions fait	faisons		que nous fassions	que nous ayons fait
vous feriez	vous auriez fait	faites		que vous fassiez	que vous ayez fait
ils feraient	ils auraient fait			qu'ils fassent	qu'ils aient fait
je lirais	j'aurais lu		lisant	que je lise	que j'aie lu
tu lirais	tu aurais lu	lis		que tu lises	que tu aies lu
il lirait	il aurait lu			qu'il lise	qu'il ait lu
nous lirions	nous aurions lu	lisons		que nous lisions	que nous ayons lu
vous liriez	vous auriez lu	lisez		que vous lisiez	que vous ayez lu
ils liraient	ils auraient lu			qu'ils lisent	qu'ils aient lu
je mettrais	j'aurais mis		mettant	que je mette	que j'aie mis
tu mettrais	tu aurais mis	mets		que tu mettes	que tu aies mis
il mettrait	il aurait mis			qu'il mette	qu'il ait mis
nous mettrions	nous aurions mis	mettons		que nous mettions	que nous ayons mis
vous mettriez	vous auriez mis	mettez		que vous mettiez	que vous ayez mis
ils mettraient	ils auraient mis			qu'ils mettent	qu'ils aient mis

		INDICATIF		
PRÉSENT	PASSÉ COMPOSÉ	IMPARFAIT	PLUS-QUE-PARFAIT	FUTUR
prendre				
je prends	j'ai pris	je prenais	j'avais pris	je prendrai
tu prends	tu as pris	tu prenais	tu avais pris	tu prendras
il prend	il a pris	il prenait	il avait pris	il prendra
nous prenons	nous avons pris	nous prenions	nous avions prls	nous prendrons
vous prenez	vous avez pris	vous preniez	vous aviez pris	vous prendrez
ils prennent	ils ont pris	ils prenaient	ils avaient pris	ils prendront
Also: **apprendre, comprendre**				
rire				
je ris	j'ai ri	je riais	j'avais ri	je rirai
tu ris	tu as ri	tu riais	tu avais ri	tu riras
il rit	il a ri	il riait	il avait ri	il rira
nous rions	nous avons ri	nous riions	nous avions ri	nous rirons
vous riez	vous avez ri	vous riiez	vous aviez ri	vous rirez
ils rient	ils ont ri	ils riaient	ils avaient ri	ils riront
suivre				
je suis	j'ai suivi	je suivais	j'avais suivi	je suivrai
tu suis	tu as suivi	tu suivais	tu avais suivi	tu suivras
il suit	il a suivi	il suivait	il avait suivi	il suivra
nous suivons	nous avons suivi	nous suivions	nous avions suivi	nous suivrons
vous suivez	vous avez suivi	vous suiviez	vous aviez suivi	vous suivrez
ils suivent	ils ont suivi	ils suivaient	ils avaient suivi	ils suivront

IRREGULAR VERBS in -oir

devoir				
je dois	j'ai dû	je devais	j'avais dû	je devrai
tu dois	tu as dû	tu devais	tu avais dû	tu devras
il doit	il a dû	il devait	il avait dû	il devra
nous devons	nous avons dû	nous devions	nous avions dû	nous devrons
vous devez	vous avez dû	vous deviez	vous aviez dû	vous devrez
ils doivent	ils ont dû	ils devaient	ils avaient dû	ils devront
pleuvoir				
il pleut	il a plu	il pleuvait	il avait plu	il pleuvra
pouvoir				
je peux	j'ai pu	je pouvais	j'avais pu	je pourrai
tu peux	tu as pu	tu pouvais	tu avais pu	tu pourras
il peut	il a pu	il pouvait	il avait pu	il pourra
nous pouvons	nous avons pu	nous pouvions	nous avions pu	nous pourrons
vous pouvez	vous avez pu	vous pouviez	vous aviez pu	vous pourrez
ils peuvent	ils ont pu	ils pouvaient	ils avaient pu	ils pourront

| CONDITIONNEL | | IMPÉRATIF | PARTICIPE | SUBJONCTIF | |
PRÉSENT	PASSÉ		PRÉSENT	PRÉSENT	PASSÉ
je prendrais	j'aurais pris		prenant	que je prenne	que j'aie pris
tu prendrais	tu aurais pris	prends		que tu prennes	que tu aies pris
il prendrait	il aurait pris			qu'il prenne	qu'il ait pris
nous prendrions	nous aurions pris	prenons		que nous prenions	que nous ayons pris
vous prendriez	vous auriez pris	prenez		que vous preniez	que vous ayez pris
ils prendraient	ils auraient pris			qu'ils prennent	qu'ils aient pris
je rirais	j'aurais ri		riant	que je rie	que j'aie ri
tu rirais	tu aurais ri	ris		que tu ries	que tu aies ri
il rirait	il aurait ri			qu'il rie	qu'il ait ri
nous ririons	nous aurions ri	rions		que nous riions	que nous ayons ri
vous ririez	vous auriez ri	riez		que vous riiez	que vous ayez ri
ils riraient	ils auraient ri			qu'ils rient	qu'ils aient ri
je suivrais	j'aurais suivi		suivant	que je suive	que j'aie suivi
tu suivrais	tu aurais suivi	suis		que tu suives	que tu aies suivi
il suivrait	il aurait suivi			qu'il suive	qu'il ait suivi
nous suivrions	nous aurions suivi	suivons		que nous suivions	que nous ayons suivi
vous suivriez	vous auriez suivi	suivez		que vous suiviez	que vous ayez suivi
ils suivraient	ils auraient suivi			qu'ils suivent	qu'ils aient suivi
je devrais	j'aurais dû		devant	que je doive	que j'aie dû
tu devrais	tu aurais dû	dois		que tu doives	que tu aies dû
il devrait	il aurait dû			qu'il doive	qu'il ait dû
nous devrions	nous aurions dû	devons		que nous devions	que nous ayons dû
vous devriez	vous auriez dû	devez		que vous deviez	que vous ayez dû
ils devraient	ils auraient dû			qu'ils doivent	qu'ils aient dû
il pleuvrait	il aurait plu		pleuvant	qu'il pleuve	qu'il ait plu
je pourrais	j'aurais pu		pouvant	que je puisse	que j'aie pu
tu pourrais	tu aurais pu			que tu puisses	que tu aies pu
il pourrait	il aurait pu			qu'il puisse	qu'il ait pu
nous pourrions	nous aurions pu			que nous puissions	que nous ayons pu
vous pourriez	vous auriez pu			que vous puissiez	que vous ayez pu
ils pourraient	ils auraient pu			qu'ils puissent	qu'ils aient pu

		INDICATIF		
PRÉSENT	PASSÉ COMPOSÉ	IMPARFAIT	PLUS-QUE-PARFAIT	FUTUR

vouloir

PRÉSENT	PASSÉ COMPOSÉ	IMPARFAIT	PLUS-QUE-PARFAIT	FUTUR
je veux	j'ai voulu	je voulais	j'avais voulu	je voudrai
tu veux	tu as voulu	tu voulais	tu avais voulu	tu voudras
il veut	il a voulu	il voulait	il avait voulu	il voudra
nous voulons	nous avons voulu	nous voulions	nous avions voulu	nous voudrons
vous voulez	vous avez voulu	vous vouliez	vous aviez voulu	vous voudrez
ils veulent	ils ont voulu	ils voulaient	ils avaient voulu	ils voudront

recevoir

PRÉSENT	PASSÉ COMPOSÉ	IMPARFAIT	PLUS-QUE-PARFAIT	FUTUR
je reçois	j'ai reçu	je recevais	j'avais reçu	je recevrai
tu reçois	tu as reçu	tu recevais	tu avais reçu	tu recevras
il reçoit	il a reçu	il recevait	il avait reçu	il recevra
nous recevons	nous avons reçu	nous recevions	nous avions reçu	nous recevrons
vous recevez	vous avez reçu	vous receviez	vous aviez reçu	vous recevrez
ils reçoivent	ils ont reçu	ils recevaient	ils avaient reçu	ils recevront

savoir

PRÉSENT	PASSÉ COMPOSÉ	IMPARFAIT	PLUS-QUE-PARFAIT	FUTUR
je sais	j'ai su	je savais	j'avais su	je saurai
tu sais	tu as su	tu savais	tu avais su	tu sauras
il sait	il a su	il savait	il avait su	il saura
nous savons	nous avons su	nous savions	nous avions su	nous saurons
vous savez	vous avez su	vous saviez	vous aviez su	vous saurez
ils savent	ils ont su	ils savaient	ils avaient su	ils sauront

voir

PRÉSENT	PASSÉ COMPOSÉ	IMPARFAIT	PLUS-QUE-PARFAIT	FUTUR
je vois	j'ai vu	je voyais	j'avais vu	je verrai
tu vois	tu as vu	tu voyais	tu avais vu	tu verras
il voit	il a vu	il voyait	il avait vu	il verra
nous voyons	nous avons vu	nous voyions	nous avions vu	nous verrons
vous voyez	vous avez vu	vous voyiez	vous aviez vu	vous verrez
ils voient	ils ont vu	ils voyaient	ils avaient vu	ils verront

STEM-CHANGING VERBS

acheter

PRÉSENT	PASSÉ COMPOSÉ	IMPARFAIT	PLUS-QUE-PARFAIT	FUTUR
j'achète	j'ai acheté	j'achetais	j'avais acheté	j'achèterai
tu achètes	tu as acheté	tu achetais	tu avais acheté	tu achèteras
il achète	il a acheté	il achetait	il avait acheté	il achètera
nous achetons	nous avons acheté	nous achetions	nous avions acheté	nous achèterons
vous achetez	vous avez acheté	vous achetiez	vous aviez acheté	vous achèterez
ils achètent	ils ont acheté	ils achetaient	ils avaient acheté	ils achèteront

appeler

PRÉSENT	PASSÉ COMPOSÉ	IMPARFAIT	PLUS-QUE-PARFAIT	FUTUR
j'appelle	j' ai appelé	j'appelais	j'avais appelé	j'appellerai
tu appelles	tu as appelé	tu appelais	tu avais appelé	tu appelleras
il appelle	il a appelé	il appelait	il avait appelé	il appellera
nous appelons	nous avons appelé	nous appelions	nous avions appelé	nous appellerons
vous appelez	vous avez appelé	vous appeliez	vous aviez appelé	vous appellerez
ils appellent	ils ont appelé	ils appelaient	ils avaient appelé	ils appelleront

CONDITIONNEL		IMPÉRATIF	PARTICIPE	SUBJONCTIF	
PRÉSENT / PASSÉ		PRÉSENT	PRÉSENT	PRÉSENT	PASSÉ
je voudrais	j'aurais voulu		voulant	que je veuille	que j'aie voulu
tu voudrais	tu aurais voulu	veuille		que tu veuilles	que tu aies voulu
il voudrait	il aurait voulu			qu'il veuille	qu'il ait voulu
nous voudrions	nous aurions voulu	voulons		que nous voulions	que nous ayons voulu
vous voudriez	vous auriez voulu	veuillez		que vous vouliez	que vous ayez voulu
ils voudraient	ils auraient voulu			qu'ils veuillent	qu'ils aient voulu
je recevrais	j'aurais reçu		recevant	que je reçoive	que j'aie reçu
tu recevrais	tu aurais reçu	reçois		que tu reçoives	que tu aies reçu
il recevrait	il aurait reçu			qu'il reçoive	qu'il ait reçu
nous recevrions	nous aurions reçu	recevons		que nous recevions	que nous ayons reçu
vous recevriez	vous auriez reçu	recevez		que vous receviez	que vous ayez reçu
ils recevraient	ils auraient reçu			qu'ils reçoivent	qu'ils aient reçu
je saurais	j'aurais su		sachant	que je sache	que j'aie su
tu saurais	tu aurais su	sache		que tu saches	que tu aies su
il saurait	il aurait su			qu'il sache	qu'il ait su
nous saurions	nous aurions su	sachons		que nous sachions	que nous ayons su
vous sauriez	vous auriez su	sachez		que vous sachiez	que vous ayez su
ils sauraient	ils auraient su			qu'ils sachent	qu'ils aient su
je verrais	j'aurais vu		voyant	que je voie	que j'aie vu
tu verrais	tu aurais vu	vois		que tu voies	que tu aies vu
il verrait	il aurait vu			qu'il voie	qu'il ait vu
nous verrions	nous aurions vu	voyons		que nous voyions	que nous ayons vu
vous verriez	vous auriez vu	voyez		que vous voyiez	que vous ayez vu
ils verraient	ils auraient vu			qu'ils voient	qu'ils aient vu
j'achèterais	j'aurais acheté		achetant	que j'achète	que j'ai acheté
tu achèterais	tu aurais acheté	achète		que tu achètes	que tu aies acheté
il achèterait	il aurait acheté			qu'il achète	qu'il ait acheté
nous achèterions	nous aurions acheté	achetons		que nous achetions	que nous ayons acheté
vous achèteriez	vous auriez acheté	achetez		que vous achetiez	que vous ayez acheté
ils achèteraient	ils auraient acheté			qu'ils achètent	qu'ils aient acheté
j'appellerais	j'aurais appelé		appelant	que j'appelle	que j'aie appelé
tu appellerais	tu aurais appelé	appelle		que tu appelles	que tu aies appelé
il appellerait	il aurait appelé			qu'il appelle	qu'il ait appelé
nous appellerions	nous aurions appelé	appelons		que nous appelions	que nous ayons appelé
vous appelleriez	vous auriez appelé	appelez		que vous appeliez	que vous ayez appelé
ils appelleraient	ils auraient appelé			qu'ils appellent	qu'ils aient appelé

		INDICATIF		
PRÉSENT	PASSÉ COMPOSÉ	IMPARFAIT	PLUS-QUE-PARFAIT	FUTUR

commencer

je commence	j'ai commencé	je commençais	j'avais commencé	je commencerai
tu commences	tu as commencé	tu commençais	tu avais commencé	tu commenceras
il commence	il a commencé	il commençait	il avait commencé	il commencera
nous commençons	nous avons commencé	nous commencions	nous avions commencé	nous commencerons
vous commencez	vous avez commencé	vous commenciez	vous aviez commencé	vous commencerez
ils commencent	ils ont commencé	ils commençaient	ils avaient commencé	ils commenceront

espérer

j'espère	j'ai espéré	j'espérais	j'avais espéré	j'espérerai
tu espères	tu as espéré	tu espérais	tu avais espéré	tu espéreras
il espère	il a espéré	il espérait	il avait espéré	il espérera
nous espérons	nous avons espéré	nous espérions	nous avions espéré	nous espérerons
vous espérez	vous avez espéré	vous espériez	vous aviez espéré	vous espérerez
ils espèrent	ils ont espéré	ils espéraient	ils avaient espéré	ils espéreront

essayer

j'essaie	j'ai essayé	j'essayais	j'avais essayé	j'essaierai
tu essaies	tu as essayé	tu essayais	tu avais essayé	tu essaieras
il essaie	il a essayé	il essayait	il avait essayé	il essaiera
nous essayons	nous avons essayé	nous essayions	nous avions essayé	nous essaierons
vous essayez	vous avez essayé	vous essayiez	vous aviez essayé	vous essaierez
ils essaient	ils ont essayé	ils essayaient	ils avaient essayé	ils essaieront

jeter

je jette	j'ai jeté	je jetais	j'avais jeté	je jetterai
tu jettes	tu as jeté	tu jetais	tu avais jeté	tu jetteras
il jette	il a jeté	il jetait	il avait jeté	il jettera
nous jetons	nous avons jeté	nous jetions	nous avions jeté	nous jetterons
vous jetez	vous avez jeté	vous jetiez	vous aviez jeté	vous jetterez
ils jettent	ils ont jeté	ils jetaient	ils avaient jeté	ils jetteront

lever

je lève	j'ai levé	je levais	j'avais levé	je lèverai
tu lèves	tu as levé	tu levais	tu avais levé	tu lèveras
il lève	il a levé	il levait	il avait levé	il lèvera
nous levons	nous avons levé	nous levions	nous avions levé	nous lèverons
vous levez	vous avez levé	vous leviez	vous aviez levé	vous lèverez
ils lèvent	ils ont levé	ils levaient	ils avaient levé	ils lèveront

manger

je mange	j'ai mangé	je mangeais	j'avais mangé	je mangerai
tu manges	tu as mangé	tu mangeais	tu avais mangé	tu mangeras
il mange	il a mangé	il mangeait	il avait mangé	il mangera
nous mangeons	nous avons mangé	nous mangions	nous avions mangé	nous mangerons
vous mangez	vous avez mangé	vous mangiez	vous aviez mangé	vous mangerez
ils mangent	ils ont mangé	ils mangeaient	ils avaient mangé	ils mangeront

| | CONDITIONNEL | | IMPÉRATIF | PARTICIPE | SUBJONCTIF | |
PRÉSENT		PASSÉ		PRÉSENT	PRÉSENT	PASSÉ
je commencerais	j'aurais commencé			commençant	que je commence	que j'aie commencé
tu commencerais	tu aurais commencé		commence		que tu commences	que tu aies commencé
il commencerait	il aurait commencé				qu'il commence	qu'il ait commencé
ns commencerions	ns aurions commencé		commençons		que ns commencions	que ns ayons commencé
vs commenceriez	vs auriez commencé		commencez		que vs commenciez	que vs ayez commencé
ils commenceraient	ils auraient commencé				qu'ils commencent	qu'ils aient commencé
j'espérerais	j'aurais espéré			espérant	que j'espère	que j'aie espéré
tu espérerais	tu aurais espéré		espère		que tu espères	que tu aies espéré
il espérerait	il aurait espéré				qu'il espère	qu'il ait espéré
nous espérerions	nous aurions espéré		espérons		que nous espérions	que nous ayons espéré
vous espéreriez	vous auriez espéré		espérez		que vous espériez	que vous ayez espéré
ils espéreraient	ils auraient espéré				qu'ils espèrent	qu'ils aient espéré
j'essaierais	j'aurais essayé			essayant	que j'essaie	que j'aie essayé
tu essaierais	tu aurais essayé		essaie		que tu essaies	que tu aies essayé
il essaierait	il aurait essayé				qu'il essaie	qu'il ait essayé
nous essaierions	nous aurions essayé		essayons		que nous essayions	que nous ayons essayé
vous essaieriez	vous auriez essayé		essayez		que vous essayiez	que vous ayez essayé
ils essaieraient	ils auraient essayé				qu'ils essaient	qu'ils aient essayé
je jetterais	j'aurais jeté			jetant	que je jette	que j'aie jeté
tu jetterais	tu aurais jeté		jette		que tu jettes	que tu aies jeté
il jetterait	il aurait jeté				qu'il jette	qu'il ait jeté
nous jetterions	nous aurions jeté		jetons		que nous jetions	que nous ayons jeté
vous jetteriez	vous auriez jeté		jetez		que vous jetiez	que vous ayez jeté
ils jetteraient	ils auraient jeté				qu'ils jettent	qu'ils aient jeté
je lèverais	j'aurais levé			levant	que je lève	que j'aie levé
tu lèverais	tu aurais levé		lève		que tu lèves	que tu aies levé
il lèverait	il aurait levé				qu'il lève	qu'il ait levé
nous lèverions	nous aurions levé		levons		que nous levions	que nous ayons levé
vous lèveriez	vous auriez levé		levez		que vous leviez	que vous ayez levé
ils lèveraient	ils auraient levé				qu'ils lèvent	qu'ils aient levé
je mangerais	j'aurais mangé			mangeant	que je mange	que j'aie mangé
tu mangerais	tu aurais mangé		mange		que tu manges	que tu aies mangé
il mangerait	il aurait mangé				qu'il mange	qu'il ait mangé
nous mangerions	nous aurions mangé		mangeons		que nous mangions	que nous ayons mangé
vous mangeriez	vous auriez mangé		mangez		que vous mangiez	que vous ayez mangé
ils mangeraient	ils auraient mangé				qu'ils mangent	qu'ils aient mangé

Lexiques
Français-anglais
Anglais-francais

A

à in; at; to; **- toi** yours; **- qui** to whom; **- la télévision** on television

abandonner to abandon

abbaye *(f)* abbey

abondant(e) abundant

abonnement *(m)* subscription; season ticket

aborder to approach (a person)

abréviation *(f)* abbreviation

abricot *(m)* apricot

abriter to shelter

absent(e) absent

absolument absolutely

abstrait(e) abstract

accent *(m)* accent; stress

accepter to accept

accès *(m)* access

accident *(m)* accident

accompagner to accompany

accomplir to accomplish

accomplissement *(m)* accomplishment

accord *(m)* agreement; **d'-** okay; **être d'-** to agree

accueillir to greet; to welcome

achat *(m)* purchase; **les -s** purchasing (department); **faire des -s** to shop; to go shopping

acheter to buy

acier *(m)* steel

acquérir (acquis) to acquire

acrylique *(f)* acrylic

acteur(-trice) *(m, f)* actor

actif(-ve) active; employed

actifs *(m pl)* workers

activité *(f)* activity

actuel(le) current

actuellement currently

addition *(f)* check (restaurant)

adieux: faire ses - to say goodbye

administrer to manage; to run

adorer to adore; to love

adresse *(f)* address

adresser: s'- à to speak to

aérobic *(m)* aerobics

aéroport *(m)* airport

affaires *(f pl)* belongings, business; **homme (femme) d'-** businessman (-woman)

affiche *(f)* poster

afficher to post

affreux(-euse) horrible

afin de in order to

Afrique *(f)* Africa; **- du Sud** South Africa

âge *(m)* age; **Quel - as-tu?** How old are you?; **d'un certain -** middle-aged

âgé(e) old

agence *(f)* agency; **- de location** rental agency; **- immobilière** real estate agency

agent(e) *(m, f)* agent; employée

agir to act; **Dans cet article il s'agit de...** This article is about. . .

agréable pleasant

agricole agricultural

agriculteur(-trice) *(m, f)* farmer

aide *(f)* help

aider to help

ail *(m)* garlic

aile *(f)* wing

aimer to like; to love; **- le mieux** to like the best; **-mieux** to like better; to prefer

ainsi thus; **- que** as well as

air: avoir l'- to seem; to look

aire *(f)* **de repos** rest area

aise: se mettre à l'- to get comfortable

aîné(e) eldest

aisé(e) easy

ajouter to add

album *(m)* album

alcoolisé(e) alcoholic (beverages)

Algérie *(f)* Algeria

algérien(ne) Algerian

alimentaire pertaining to food

alimentation *(f)* food; **l'- générale** grocery store

aliments *(m pl)* food

Allemagne *(f)* Germany

allemand(e) German

aller to go; **Allez, au revoir.** So long.; **Je vais bien.** I'm fine.; **Ça te va bien.** That looks good on you.; **Qu'est-ce qui ne va pas?** What's wrong?

aller: - simple (-retour) *(m)* one-way (round-trip) ticket

allergie *(f)* allergy

allée *(f)* path

alliés *(m pl)* allies

allô hello (on the telephone)

allumer to light

alors so; then

amande *(f)* almond

amateur(-trice) de *(m, f)* lover of

ambassade *(f)* embassy

ambigu(-üe) ambiguous

ambitieux(-euse) ambitious

améliorer to improve

aménageable: sous-sol - basement that can be finished

aménager: - une maison to set up a house

aménagé(e) set-up; designed

amener to bring; to take

américain(e) American

Amérique *(f)* America

ameublement *(m)* furnishings; furniture

ami(e) *(m, f)* friend; **petit(e) -(e)** boy(girl)friend

amidon *(m)* starch

amour *(m)* love; **«mon -»** "my pet"

amoureux *(m pl)* lovers

amoureux(-euse) de in love with

amphi = amphithéâtre *(m)* amphitheater

amusant(e) fun; amusing

amuse-gueule *(m)* snack

amuser: s'- to have fun

an *(m)* year; **depuis 6 -s** for 6 years; **J'ai 19 -s.** I'm 19 (years old).; **le Nouvel -** New Year's

analyser to analyze

ancêtres *(m pl)* ancestors

ancien(ne) old; ancient; former

anglais(e) English

Angleterre *(f)* England

animateur(-trice) *(m, f)* **de radio** radio talk show host

année *(f)* year; **d'- en -** from year to year; **les -s 70** the 70s

anniversaire *(m)* birthday

annonce: les petites -s classified ads

annoncer to announce

annuaire *(m)* phone book

annuler to cancel

anonyme anonymous

anorak *(m)* ski jacket

anthropologie *(f)* anthropology

antihistaminique *(m)* antihistamine

apéritif *(m)* before-dinner drink

appareil *(m)* apparatus; **- de gymnastique** workout machine; **- photo** camera; **C'est qui à l'-?** Who's calling) (on the telephone)

apparence *(f)* appearance

appartement *(m)* apartment

appartenir à to belong to

appel *(m)* call; roll call

appeler to call; **Je m'appelle...** My name is. . .

appetit *(m)* appetite; **Bon -!** Enjoy your meal!

apporter to bring

apprécier to appreciate; to like

apprendre *(appris)* to learn

approcher: s'- de to approach

approprié(e) appropriate

après after; afterwards; **- avoir fini** after having finished

après-midi *(m)* afternoon

arabe *(m)* Arabic

arbre *(m)* tree

architecte *(m, f)* architect

architecture *(f)* architecture

arène *(f)* arena

argent *(m)* money

argentin(e) Argentinian

Argentine *(f)* Argentina

armoire *(f)* dresser

aromatisé(e) flavored

arranger to arrange; **s'-** to work itself out

arrêt *(m)* stop; **sans -** non-stop; **- de bus** bus stop; **- de travail** medical excuse for not being able to work

arrêter: s'- to stop

arrière: à l'- in back

arriver to arrive; to happen

arrivée *(f)* arrival

arrondissement *(m)* administrative division of Paris

arroser to baste

art *(m)* art; **beaux -s** fine arts

artichaut *(m)* artichoke

artisanat *(m)* arts and crafts

ascenseur *(m)* elevator

Asie *(f)* Asia

asperges *(f pl)* asparagus

aspirine *(f)* aspirin

asseoir: s'- to sit; **Assieds-toi! (Asseyez-vous!)** Sit down!

assez rather; **- de** enough

assiette *(f)* plate

assis(e) seated

assistant(e) *(m, f)* teaching assistant

assister à to attend

associer: s'- à to be associated with

astronaute *(m, f)* astronaut

astronomie *(f)* astronomy

atelier *(m)* studio; workshop; **l'- Michelin** the Michelin plant (factory)

athlétisme *(m)* track and field

atteindre *(atteint)* to reach

attendre to wait (for)

attention: faire - à to be careful of; to pay attention to

attirer to attract

aube *(f)* dawn

auberge *(f)* inn

aucun(e) not a one; **ne...-** none whatsoever

augmenter to increase

aujourd'hui today

auquel to which

aussi also; **-...que** as . . . as

Australie *(f)* Australia

australien(ne) Australian

autant que as much as; **- de... que** as much . . . as; **pour -** in as much as

auto *(f)* car

autobus *(m)* bus

automatiquement automatically

automne *(f)* autumn

autonome autonomous

autoroute *(f)* highway

autre other

autrefois in the past

autrichien(ne) Austrian

avaler to swallow

avance: à l'- in advance; **en -** early

avancé(e) advanced

avancement *(m)* promotion

avant before; **- d'entrer** before entering; **- Jesus-Christ** B.C.

avant-hier the day before yesterday

avantage *(m)* advantage

avare *(m)* miser

avare miserly

avec with; **l'un - l'autre** with each other

avenir *(m)* future; **à l'-** in the future

aventure *(f)* adventure

averse *(f)* shower (rain)

avion *(m)* airplane

avis *(m)* opinion; **à mon -** in my opinion; **changer d'-** to change one's mind

avisé(e) informed

avocat(e) *(m, f)* lawyer

avoir *(eu)* to have; **Qu'est-ce que tu as?** What's the matter (with you)?

ayant: - décidé de having decided to

B

bac = baccalauréat

baccalauréat *(m)* exam taken at the end of secondary school studies

badge *(m)* badge

baguette *(f)* long loaf of French bread

baie *(f)* bay

baigner: se - to go swimming

baignoire *(f)* bathtub

baisser to lower

bal *(m)* dance

balader: se - to take a stroll

baladeur *(m)* portable stereo (Walkman)

balcon *(m)* balcony

balle *(f)* ball

ballon *(m)* ball; balloon

banane *(f)* banana

banc *(m)* bench

banlieue *(f)* suburbs

banque *(f)* bank

barbant: C'est -. It's boring.

barbe *(f)* beard

barrage *(m)* dam

bas *(m)* bottom

base *(f)* **de données** data bank

bas(se) low

base-ball *(m)* baseball

baser: en vous basant sur based on

basket *(m)* basketball; **-s** sneakers

basse-cour *(f)* barnyard animals

bataille *(f)* battle

bateau *(m)* boat; **- à voile** sailboat

bâtiment *(m)* building

batterie *(f)* drums

beau/bel (belle) beautiful; **II fait beau.** It's beautiful weather.

beaucoup a lot

beau-frère *(m)* brother-in-law

beau-père *(m)* stepfather; father-in-law

bébé *(m)* baby

belge Belgian

Belgique *(f)* Belgium

belle-mère *(f)* stepmother; mother-in-law

belle-sœur *(f)* sister-in-law

bon = bien

béret *(m)* beret

bermuda *(m)* (pair of) shorts

besoin *(m)* need; **avoir - de** to need

beurre *(m)* butter

bibliothèque *(f)* library

bicyclette *(f)* bicycle

bidet *(m)* low sink used for personal hygiene

bien well; **- entendu** of course; **Ça a l'air -.** That seems nice (okay).

bientôt soon; **À -.** See you soon.

bienvenue à welcome to

bière *(f)* beer

bifteck *(m)* steak

bijou *(m)* (piece of) jewelry

bijouterie *(f)* jewelry store

bikini *(m)* bikini

billes *(f pl)* marbles

billet *(m)* ticket; bill (money)

biographie *(f)* biography

biologie *(f)* biology

biscuit *(m)* cookie

bisque *(m)* **de homard** creamy lobster soup

blanc(he) white
blessé(e): être - à to be injured in
blessure *(f)* injury; wound
blé *(m)* wheat
bleu(e) blue
bloc-notes *(m)* notepad
blond(e) blond
blouson *(m)* jacket
blue-jean *(m)* (a pair of) bluejeans
bœuf *(m)* beef; steer
bohème bohemian
boire *(bu)* to drink
boisson *(f)* drink; **- gazeuse** carbonated beverage
boîte *(f)* box; can
boîte: - de nuit nightclub
bol *(m)* bowl
bon *(m)* coupon
bon(ne) good; **Il fait bon.** The weather's nice.
bonbon *(m)* (piece of) candy
bonheur *(m)* happiness
bonjour hi
bonnet *(m)* cap, hat
bord *(m)* edge; **au - de** along; **- de la mer** seashore
bordeaux burgundy (color)
botanique *(f)* botany
botte de *(f)* a bunch of (flowers)
bottes *(fpl)* boots
bouche *(f)* mouth; **- de métro** entrance to subway station
boucher(-ère) *(m, f)* butcher
boucles *(f pl)* **d'oreille** earrings
bouillabaisse *(f)* fish soup
bouillir to boil
boulanger(-ère) *(m, f)* baker
boulangerie *(f)* bakery
boum *(f)* young people's party
bourgeois(e) *(m, f)* middle-class person
bourse *(f)* scholarship
bout *(m)* end; piece
bouteille *(f)* bottle
boutique *(f)* shop (small)
boxe *(f)* boxing
branché(e) connected; "in"; "with it"
bras *(m)* arm
bref (brève) brief
Brésil *(m)* Brazil
brésilien(ne) Brazilian
Bretagne *(f)* Brittany
brie *(m)* type of French cheese
brique *(f)* brick
brochure *(f)* brochure
brodé(e) embroidered
bronzer: se faire - to get a suntan
brosse *(f)* brush; **- à dents** toothbrush
brosser: se - les dents to brush one's teeth

brouillard *(m)* fog; **Il fait du -.** It's foggy.
bruit *(m)* noise
brûler to burn
brûlure *(f)* burn
brume *(f)* mist
brun(e) brown; brunette
buanderie *(f)* laundry room
bulletin *(m)* **d'inscription** registration form
bureau *(m)* desk; office; **- de poste** post office; **- de tabac** tobacconist's shop
bustier *(m)* halter-type top
but *(m)* goal

C

Ça that; **- va?** How's it going?; **- ira.** It will be okay.; **- va.** That's okay.; **- vous va?** Is that okay with you?; **C'est pour - que...** That's why. . .; **C'est -.** That's it.; **- fait un an que...** It has been a year since. . .
cabine *(f)* **téléphonique** phone booth
cabinet *(m)* **de toilette** half-bath
cachet *(m)* tablet; pill
cadeau *(m)* gift
cadran *(m)* dial
cadre *(m)* setting; executive; **- supérieur** high-level executive
cafard: avoir le- to be depressed
café *(m)* café; coffee; **- crème** coffee with cream; **- au lait** coffee with hot milk
cafétéria *(f)* cafeteria
cahier *(m)* notebook
Caïre *(m)* Cairo
caisse *(f)* cash register
calculatrice *(f)* calculator
calculer to calculate
calendrier *(m)* calendar
calme calm
calmer: se - to calm down
calvados *(m)* brandy made from apples
camarade *(m, f)* **de classe** classmate; **- de chambre** roommate
cambrioler to rob
cambrioleur *(m)* robber
camembert *(m)* type of French cheese
caméra *(f)* movie camera; camcorder
caméscope *(m)* camcorder
Cameroun *(m)* Cameroon
camion *(m)* truck
campagne *(f)* country; **à la -** in the country

camping *(m)* camping
campus *(m)* campus
Canada *(m)* Canada
canadien(ne) Canadian
canapé *(m)* couch
canard *(m)* duck
candidat(e) *(m, f)* candidate
candidature: lettre de - application letter; **poser sa -** to apply for a job
canoë: faire du - to go canoeing
canton *(m)* canton; district
caoutchouc *(m)* rubber
capitale *(f)* capital
capteur *(m)* **solaire** solar panel
capuche *(f)* hood
capuchon *(m)* hood on a coat
car *(m)* bus
car because
caractérisé(e) characterized
carafe *(f)* carafe
carnet *(m)* note pad; book of tickets
carotte *(f)* carrot
carrefour *(m)* intersection; crossroads
carrière *(f)* career
carte *(f)* card; map; menu; **- de crédit** credit card; **- de visite** business card; **- postale** postcard
carte bleue *(f)* debit card
carte routière *(f)* road map
carton *(m)* box
cas *(m)* case; **dans ce - -là** in that case
casque *(m)* hat
casquette *(f)* cap
casser to break; **Je me suis cassé le bras.** I broke my arm.
casserole *(f)* cooking pan
cassette *(f)* cassette tape; **- vierge** blank tape
catégorie *(f)* category
cathédrale *(f)* cathedral
caution *(f)* deposit
cave *(m)* wine cellar
ce/cet (cette) this; that
ce que what; that which
ceinture *(f)* belt; **- de securité** seatbelt
cela that
célébrer to celebrate
celèbre famous
célibataire single (not married)
celui (celle)-là that one
cendres *(f pl)* ashes
cendrier *(m)* ashtray
cent hundred; **trente pour -** thirty percent
centaine: une - de about a hundred
centime *(m)* centime

centimètre *(m)* centimeter
centre *(m)* center; **- commercial** shopping mall; **le - ville** downtown
céréales *(f pl)* cereal
cerfeuil *(m)* chervil
cerise *(f)* cherry
certain(e) certain
certainement certainly
certitude *(f)* certainty
ces these; those
cesser to stop doing
chacun(e) each one
chaîne *(f)* chain; assembly line; **- stéréo** stereo
chaise *(f)* chair
chaleur *(f)* heat
chambre *(f)* room; **- à coucher** bedroom
champ *(m)* field
champagne *(m)* champagne
champignon *(m)* mushroom
chance: avoir de la - to be lucky
chandail *(m)* sweater
change: bureau de - foreign currency exchange
changement *(m)* change
changer (de) to change
chanson *(f)* song
chanter to sing
chanteur(-euse) *(m, f)* singer
chapeau *(m)* hat
chapelure *(f)* bread crumbs
chapitre *(m)* chapter
chaque each
charcuterie *(f)* pork butcher's shop, delicatessen; cooked meat products that can be bought there
charcutier(-ère) *(m, f)* pork butcher
charge: -s comprises utilities included
chargé(e) full; **- de** in charge of
chariot *(m)* shopping cart
charme *(m)* charm
chat *(m)* cat
châtain light brown
château *(m)* castle; **- fort** fortified castle
chaud(e) hot; warm; **Il fait -.** It is warm (hot).
chauffage *(m)* heat; heating
chauffer to heat
chauffeur *(m)* driver
chausser: Je chausse du 42. I wear a size 42 (shoe).
chaussette *(f)* sock
chaussure *(f)* shoe
chauve bald

chef *(m)* leader; **- d'entreprise** company president (CEO); **- d'œuvre** masterpiece
chemin *(m)* road
cheminée *(f)* chimney
chemise *(f)* shirt
chemisette *(f)* short-sleeved shirt
chemisier *(m)* blouse
chèque *(m)* check
cher (chère) dear; expensive
chercher to look for; **- à** to try to; **aller -** to go and get
cheveux *(m pl)* hair
cheville *(f)* ankle
chèvre *(m)* goat
chez at the home (place) of; **- le dentiste** (at, to) the dentist's office; **- vous** at your house; in your area; **travailler - Kodak** to work for Kodak
chic stylish
chien *(m)* dog
chiffre *(m)* number; digit
chimie *(f)* chemistry
chimique pertaining to chemicals
Chine *(f)* China
chinois(e) Chinese
chocolat *(m)* chocolat; **un -** hot chocolate
choisir to choose
choix *(m)* choice
chômage *(m)* unemployment; **être au -** to be unemployed
chose *(f)* thing; **quelque -** something; **autre -** something else; **quelque - à boire** something to drink; **quelque - de petit** something small
chou *(m)* cabbage
choucroute *(f)* sauerkraut
chouette great; neat
chou-fleur *(m)* cauliflower
chrétien(ne) Christian
-ci: ce jambon - this ham
cidre *(m)* cider
ciel *(m)* sky
cinéaste *(m, f)* filmmaker
cinéma *(m)* cinema; movie theater
ciné-club *(m)* film club
circonstance *(f)* circumstance
circuler to circulate
ciseaux *(m pl)* scissors
cité *(f)* **universitaire** dormitory complex
citron *(m)* lemon; **un - pressé** lemonade; **un diabolo -** lemonade mixed with lemon-flavored syrup
clarinette *(f)* clarinet
clair(e) clear; **bleu -** light blue

classe *(f)* class; **première (deuxième) -** first (second) class
classé: site - historical site
classement *(m)* ranking
classer to rank
classique classic; classical
clé *(f)* key
client(e) *(m, f)* customer
climat *(m)* climate
clinique *(f)* hospital
clip *(m)* music video
Coca *(m)* Coca-Cola
cocher *(m)* coachman
cochon *(m)* pig
code confidentiel *(m)* PIN
cœur *(m)* heart; **avoir mal au -** to feel nauseated
coiffer: se - to fix one's hair
coiffeur(-euse) *(m, f)* hairdresser
coiffure *(f)* hairstyle
coin *(m)* corner; **- cuisine** kitchenette
col *(m)* collar
colère *(f)* anger
collège *(m)* intermediate or middle school
collègue *(m, f)* colleague
Colombie *(f)* Colombia
colonie *(f)* colony; **- de vacances** children's camp
coloré(e) colored
combien (de) how much; how many
combinaison *(f)* combination
comédie *(f)* comedy
commande *(f)* order
commander to order
comme as
commencer to begin
comment how; **- allez-vous?** How are you?; **- ça va?** How're you doing?; **Comment?** What did you say?; **- est ton frère?** What does your brother look like?
commentaire *(m)* comment
commerçant(e) *(m, f)* small business owner
commerce *(m)* business
commercial *(m)* traveling salesperson
commercial(e) commercial
commissariat *(m)* **de police** police station
commode *(f)* dresser
commodité *(f)* convenience
commune *(f)* municipality
compagnon *(m)* companion
comparer to compare
complet *(m)* suit
compléter to complete

complètement completely; entirely

compliqué(e) complicated

comportement *(m)* behavior

composé(e) de made of

composer to dial

composter to validate (ticket)

comprendre (compris) to understand; to be comprised of

comprimé *(m)* capsule

compris(e) included

comptabilité *(f)* accounting

comptable *(m, f)* accountant

compte: se rendre - de to realize; **tenir - de** to take into account

compter to count

concentrer to concentrate; **se - sur** to concentrate on

concerner: en ce qui concerne regarding; concerning

concert *(m)* concert

concombre *(m)* cucumber

concours *(m)* competitive exam

concurrent(e) *(m, f)* competitor

condition *(f)* condition

conduire (conduit) to drive

conduite *(f)* driving

conférence *(f)* conference; lecture

confiture *(f)* jam

confluent *(m)* confluence

confort *(m)* comfort

confortable comfortable

congé *(m)* time off; **-s payés** paid vacation; **prendre -** to say good-bye

congrès *(m)* convention

connaissance *(f)* acquaintance; **faire la - de** to meet

connaître (connu) to know; **Je l'ai connu a Paris.** I met him in Paris.; **Je m'y connais.** I know what I'm doing.

connu(e) known

conquis(e) conquered

conseil *(m)* (piece of) advice

conseiller to advise, to suggest

conserves *(f pl)* canned foods

conséquent: par - consequently

consister en to consist of

consommateur(-trice) *(m, f)* consumer

consommé *(m)* consomme

consonne *(f)* consonant

constamment constantly

constipé(e) constipated

construire (construit) to build

consulter to consult

contenir (contenu) to contain

content(e) happy; pleased

continuer to continue

contradictoire contradictory

contrainte *(f)* constraint

contraire *(m)* opposite

contre against; **par -** on the other hand

contribuer to contribute

contrôle *(m)* **des passeports** passport control desk

contrôleur *(m)* conductor

convenable appropriate

convenir à to suit; to be appropriate for

convenu: C'est -? Agreed?

copain (copine) *(m, f)* friend

copieur *(m)* photocopier

coquilles *(f)* **St. Jacques** scallops

corps *(m)* body

correspondant(e) *(m, f)* person to whom one is speaking (writing)

correspondre à to correspond to

corriger to correct

costaud(e) strong; heavy-set

Côte d'Ivoire *(f)* Ivory Coast

côte *(f)* coast; rib

côté *(m)* side; **d'un -...d'un autre -** on the one hand. . . on the other hand; **à- de** next to; **le café à -** the café next door

coton *(m)* cotton

cou *(m)* neck

coude *(m)* elbow

coucher to sleep; **se -** to go to bed

couchette *(f)* sleeping berth

coudre (cousu) to sew

couleur *(f)* color; **De quelle - est (sont)...** What color is (are) . . .; **téléviseur -** color television

couloir *(m)* hallway

coup: prendre un - de soleil to get sunburned; **- de téléphone (de fil)** phone call; **donner un - de main à quelqu'un** to give somebody a hand

coupe *(f)* haircut

couper to cut; **se faire - les cheveux** to get a haircut

courageux(-euse) courageous

couramment: parler - le français to speak French fluently

courbature: avoir des -s to be aching

courgette *(f)* zucchini

couronné(e) crowned

cours *(m)* course; class; **J'ai - dans 5 minutes.** I have class in 5 minutes.; **au - de** during

course *(f)* errand; **faire les -s** to do the shopping; to run errands

court(e) short

courtoisie *(f)* courtesy

cousin(e) *(m, f)* cousin

coussin *(m)* cushion

coût *(m)* cost

couteau *(m)* knife

coûter to cost; **- cher** to be expensive

coûteux(-euse) costly

coutume *(f)* custom; **les us et -s** habits and customs

couture: la haute - high fashion

couturière *(f)* seamstress

couvent *(m)* convent

couvercle *(m)* lid

couvert(e) covered; **Le ciel est -.** It's cloudy.

cravate *(f)* tie

crayon *(m)* pencil

créer to create

crème *(f)* cream

crêpe *(f)* crepe

crevé: pneu - flat tire

crever to die

crevette *(f)* shrimp

crime *(m)* crime

crise *(f)* crisis

critiquer to criticize

croire (cru) to believe; to think

croiser to cross; to pass

croissance *(f)* growth

croque-monsieur (madame) *(m)* open-faced grilled ham and cheese (with poached egg on top)

crudités *(f pl)* raw vegetables

cruel(le) cruel

cuillère *(f)* spoon

cuillerée *(f)* **à café** teaspoonful; **- à soupe** tablespoonful

cuire: faire - to cook

cuisine *(f)* kitchen; cuisine; **faire la-** to cook

cuisiner to cook

cuisiné: un plat - a prepared dish

cuisinier(-ère) *(m, f)* cook; chef

cuisson *(f)* cooking time

cuit(e) cooked

curriculum vitae (CV) *(m)* resume

cycliste *(m, f)* cyclist

cyclone *(m)* hurricane

D

d'abord first

d'accord okay; **être - avec** to agree with

dame *(f)* woman

Danemark *(m)* Denmark

dangereux(-euse) dangerous

danois(e) Danish

dans in; **- la rue Balzac** on Balzac Street

danse *(f)* dance

danseur(-euse) *(m, f)* dancer

dater de to date from

daube *(f)* stew

daurade *(f)* gilt-head (fish)

davantage more

de from; of

déballer to unwrap; to unpack

débardeur *(m)* tank top

débarquement *(m)* landing

débarrasser: - la table to clear the table

débrouiller: se - to manage (to do something)

début *(m)* beginning; **le - de juin (- juin)** the beginning of June

débutant(e) beginner

décevant(e) disappointing

décider (de) to decide; **se -** to make up one's mind; **C'est décidé!** That's settled!

décision *(f)* decision; **prendre une -** to make a decision

déclarer to declare; to say

décontracté(e) relaxed

découper to cut

décourager to discourage; **se laisser -** to become discouraged

découvrir (découvert) to discover

décrire (décrit) to describe

décrocher to unhook; to pick up (phone)

déçu(e) disappointed

défendre to defend

défi *(m)* challenge

défilé *(m)* parade

degré *(m)* degree

dégustation *(f)* tasting

déguster to taste; to eat

dehors outside; **en - de** outside of

déjà already

déjeuner *(m)* lunch; **le petit -** breakfast

déjeuner to have lunch

délai *(m)* delay

délégué(e) *(m, f)* delegate

délicieux(-euse) delicious

défier: se - to become untied

délimité: une région -e a defined area

demain tomorrow

demander to ask (for)

déménager to move

demeurer to remain; to stay

demi *(m)* (a glass of) draft beer

demi(e) half; **onze heures et -e** 11:30; **un - -kilo** half a kilogram; **une - e-heure** a half hour

démission *(f)* resignation

demi-frère (sœur) stepbrother (sister); halfbrother (sister)

démissionner to resign

dense dense

dent *(f)* tooth

dentifrice *(m)* toothpaste

dentiste *(m, f)* dentist

dépannage: service de - towing service

départ *(m)* departure

dépasser to pass

dépendre: Ca dépend de... That depends on. . .

dépenser to spend (money)

dépêcher: se - to hurry; **Dépêchez-vous!** Hurry up!

déplacement *(m)* movement; trip

déposer to drop off

déprimant(e) depressing

depuis since; for; **- quand** since when; **- combien de temps** for how long; **- des heures** for hours

dernier(-ère) last; latest; **le mois -** last month

dérouler: se - to take place

derrière behind

des some

dès from; **-que** as soon as

désastreux(-euse) disastrous

descendre to go down; to get off (train, bus, etc.); **- à un hôtel** to stay at a hotel

désert(e) deserted

désigner to designate

désir *(m)* desire; wish

désirer to want

désolé(e) sorry

dessert *(m)* dessert

desservir to serve (an area)

dessin *(m)* drawing; **- animé** cartoon

dessiner to draw

dessous: ci- - below

dessus: ci- - above

détail *(m)* detail

détaillé(e) detailed

détester to dislike

devant in front of

développement *(m)* development

devenir (devenu) to become

deviner to guess

devoir (dû) to have to; to owe; **Elle devait...** She was supposed to. . .; **Tu devrais acheter...** You should buy. . .

d'habitude normally; usually

diable *(m)* devil

dialogue *(m)* dialogue

différend *(m)* disagreement

différer de to differ from

difficile difficult

difficulté difficulty; **avoir des -s à faire** to have trouble doing; **en -** in trouble

diminuer to diminish

dinde *(f)* turkey

dîner *(m)* dinner

dîner to have dinner

diplôme *(m)* diploma, degree

diplomatie *(f)* diplomacy

dire (dit) to say; **C'est-à--...** That is. . . (That is to say. . .); **Ça veut -...** That means. . .; **Dis...** Say. . .

direct(e) direct

directement directly

directeur(-trice) *(m, f)* director

direction *(f)* direction; management

discipliné(e) disciplined

discothèque *(f)* discotheque

discret(-ète) discreet

discuter (de) to discuss

disponible available

disposer de to have at one's disposal

disputer: se - to have a fight (an argument)

disque *(m)* record

disque compact *(m)* CD

distinctif(-ive) distinctive

distinguer to distinguish

distribuer to distribute

distributeur *(m)* **automatique de billets** automatic teller machine

divers miscellaneous

diviser to divide

divorcer to (get a) divorce

doctorat *(m)* doctoral degree

doigt *(m)* finger, **- de pied** toe

dommage: C'est -. It's a shame.; **Il est - que...** It is unfortunate that. . .

donc therefore; **Mais dis donc...** Look. . .

donner to give

dont about whom; of which; whose

dorer to brown

dormir to sleep

dos *(m)* back

dose *(f)* dose

douane *(f)* customs

double double

doublé(e) lined

douche *(f)* shower

doué(e) pour talented in

doubt *(m)* doubt; **sans -** probably

doubter to doubt

doux (douce) soft; mild (climate)

douzaine *(f)* dozen

dramatique dramatic

drame *(m)* drama; - **psychologique** psychological drama
droit *(m)* law
droit: tout - straight ahead
droite *(f)* right
drôle funny
dû (due) à due to
dur(e) hard
durant during
durée *(f)* length
durer to last
dynamique dynamic

E

eau *(f)* water; **-minérale** mineral water
échalote *(f)* shallot
échange *(m)* exchange
échanger to exchange
échappée *(f)* escape
écharpe *(f)* scarf
échecs *(m pl)* chess
échelle *(f)* ladder
échouer à to fail (a test)
éclair *(m)* eclair
école *(f)* school; **-maternelle** nursery school
économie *(f)* economy; **faire des -s** to save money
écossais(e) Scottish
écouter to listen (to)
écran *(m)* screen
écrire (écrit) to write
écrivain *(m)* writer
effectifs *(m pl)* personnel
effectivement actually
effectué(e) completed
effet *(m)* effect; **En -** True. . . (That's true. . .)
efficace efficient
égal: Ça m'est -. It doesn't matter to me.
également equally
église *(f)* church
égoïste selfish
Égypte *(f)* Egypt
égyptien(ne) Egyptian
élastique *(m)* rubber band
électrique electric
élevé(e) high
élégant(e) elegant
élément *(m)* element
élève *(m, f)* high school student
éloigner to move away
embauche *(f)* hiring
embrasser to kiss
émincer to slice
émission *(f)* broadcast
émouvant(e) moving; touching

emploi *(m)* employment; job; use; **- du temps** schedule
employer to use
employé(e) *(m, f)* employee
emporter to take; to bring
emprunter to borrow
en in; at; to; **- écoutant** while (by) listening to; **sl vous - avez besoin** if you need it (some); **voyager - groupe** to travel in a group; **- avion** by plane
enceinte pregnant
enchanté(e) delighted
enchères: vente aux - auction
encore still; **- de** more; **pas -** not yet; **travailler - plus** to work even more; **- un an** another year; **- une fois** once again
encourager to encourage
endommagé(e) damaged
endroit *(m)* place
enduire to coat
énergique energetic
énerver: s'- to get upset
énervé(e) upset
enfance *(f)* childhood
enfant *(m)* child
enfin finally
engagement *(m)* hiring
engager: s'- à to take upon oneself (to do something)
enlever to take off; to remove
ennui *(m)* problem
ennuyer: s'- to be bored
ennuyeux(-euse) boring
énormément de a lot of
enquête *(f)* survey
enregistrer to register; to record
enrhumé(e): être - to have a cold
enrobé(e) coated
enseignement *(m)* teaching
enseigner to teach
ensemble together
ensoleillé(e) sunny
ensuite then; next
entendre (entendu) to hear; **J'ai entendu dire que...** I heard that. . .; **- parler de** to hear about; **s'- avec** to get along with; **Ça s'entend.** That's understood.
enthousiasme *(m)* enthusiasm
enthousiaste enthusiastic
entier(-ère) entire; whole
entourer to surround
entraînement *(m)* training
entraîner: s'- à la musculation to work out with weights
entre between
entrecôte *(f)* rib steak
entrée *(f)* entrance; first course (of a meal)

entrejambes *(m)* inseam
entreprise *(f)* company; business
entrer (dans) to enter
entre between; **--temps** in the meantime
entretien *(m)* interview
envie: avoir - de to want
environ about; around
environnement *(m)* environment
environs *(m pl)* surrounding area
envoyer to send
épater to impress
épatant(e) great
épaule *(f)* shoulder
épée *(f)* sword
épicerie *(f)* grocery store
épicier(-ère) *(m, f)* grocer
épinards *(m pl)* spinach
éplucher to peel
époque: à cette - la at that time; **à l'- de** at the time of
épouser to marry
épouvante: un film d'- horror movie
éprouver to feel
équilibré(e) balanced
équipe *(f)* team
équipé(e) equipped
équitation *(f)* horseback riding
érotisme *(m)* eroticism
escalier *(m)* stairs; **- roulant** escalator
escalope *(f)* cutlet
escargot *(m)* snail
escarpins *(m pl)* pumps
espace *(m)* space; **- vert** green area
espadrilles *(f pl)* espadrilles
Espagne *(f)* Spain
espagnol(e) Spanish
espèce *(f)* kind; sort
espèces: payer en - to pay cash
espérer to hope
espionnage *(m)* espionnage
essayer to try; to try on (clothing)
essence *(f)* gasoline
essentiel: Il est - que... It is essential that. . .
essentiellement essentially
est *(m)* east
estomac *(m)* stomach
estrade *(f)* platform
et and
établir to establish
étage *(m)* floor; **habiter à l'-** to live upstairs; **le premier -** the second floor
étagères *(f pl)* shelves
étalage *(m)* display
étape *(f)* stage or leg of a journey
état *(m)* state; **les États-Unis** *(m pl)* the United States
été *(m)* summer

éternuer to sneeze
étiquette (f) label; tag
étoffe (f) fabric
étoile (f) star
étonné(e) surprised
étranger: à l'- abroad
étranger(-ère) (m, f) foreigner
étranger(-ère) foreign
être (été) to be; **Comment sont-ils?** What are they like?; **Nous étions trois.** There were three of us.
étroit(e) narrow; tight (clothing)
étude (f) study
étudiant(e) (m, f) college student
étudier to study
étui (m) case; holder
euh... uh. . .
euro (m) euro
européen(ne) European
eux them
évasé(e) flared
événement (m) event
évident(e) obvious
évier (m) sink
éviter to avoid
évoluer to evolve
exact(e) right; true
exactement exactly
exagération (f) exaggeration
exagérer to exaggerate
examen (m) exam; **- de fin de semestre** final exam
exception: à l'- de with the exception of
exceptionnel(le) exceptional
exclusivement exclusively
excursion: faire une - to take a trip
excuse (f) excuse
excuser: Je m'excuse. I'm sorry.; Pardon me.; Excuse me.
exemple (m) example; **par -** for example
exercise (m) exercise
exigeant(e) demanding
exiger to demand
explication (f) explanation
expliquer to explain
exploiter to operate (a business)
exploser to explode
express (m) espresso
exprimer to express
extérieur (m) exterior; outside
extra: C'est -! That's great!
extrait (m) excerpt
extraordinaire extraordinary
extrême (m) extreme
extrémité (f) extremity

F

fabrication (f) manufacture
fabriquer to make; to manufacture
fac = faculté
face: en - de across from
fâché(e) angry
facile easy
facilement easily
faciliter to facilitate
façon: de toute - in any event; **de - différente** in a different way
facturation (f) billing
faculté (f) division of a French university
faible weak
faiblesse (f) weakness
faïence (f) earthenware
faillite (f) bankruptcy
faim (f) hunger; **avoir (grand) -** to be (very) hungry
faire (fait) to do; to make; **- un mètre 70** to be 1m70 tall; **- construire** to have built
fait: en - in fact
familial(e) pertaining to the family
famille (f) family
fantastique fantastic; **film -** fantasy film
farine (f) flour
fascinant(e) fascinating
fast-food (m) fast food; **un -** a fast-food restaurant
fatigué(e) tired
faut: il me - I need; **Il - combien de temps pour aller...** How long will it take to go. . .; **Il - ...** It is necessary. . .
fauteuil (m) armchair
faux (fausse) false
faux-pas (m) foolish mistake
faux: chanter - to sing off-key
femme (f) woman; wife
fente (f) slot
fer (m) iron
ferme (f) farm
fermé(e): - à clé locked
fermer to close
ferroviaire pertaining to railroads
fesse (f) buttock
festival (m) festival
fête: jour de - holiday
fêter to celebrate
feux (m pl) **d'artifice** fireworks
fiancé(e) (m, f) fiance
fiancer: se - (avec) to get engaged (to)
ficelle (f) string
fier (fière) proud
fièvre (f) fever
figé(e) fixed

figure (f) face
fil (m) thread
file (f) line
filet (m) mesh bag for carrying groceries
filiale (f) subsidiary
fille (f) girl; daughter; **petite -** granddaughter
film (m) movie
fils (m) son; **petit -** grandson
fin (f) end
fin(e) thin, fine
finalement finally
financier(-ère) financial
finir to finish; **Elle a fini par avoir sa voiture.** She finally got her car.
firme (f) firm; company
fixer to set (a date)
fleur (f) flower
fleuve (m) river
flipper (m) pinball
flûte (f) flute
foi (f) faith
fois (f) time; **une - par an** once a year; **des -** at times
foisonner to abound
follement madly, wildly
foncé: bleu - dark blue
fonctionnaire (m, f) civil servant
fond (m) background
fondé(e) founded
fondre: faire - to melt
foot = football
football (m) soccer; **- américain** football
force (f) strength
forcé(e) forced
forêt (f) forest
formation (f) education; **- permanente** continuing education
forme: être en - to be in shape; **sous - de** in the form of
former to form
formidable great; tremendous
fort(e) strong
fort: parler - to talk loudly
fou/fol (folle) crazy; **un argent -** a ridiculous amount of money
foulard (m) scarf
fouler: se - to sprain
four (m) oven; **- à micro-ondes** microwave oven
fourchette (f) fork
fournir to furnish
fournitures scolaires (f pl) school supplies
foyer (m) hearth, home
frais (fraîche) fresh; **Il fait -.** It's cool.
fraise (f) strawberry; **- à l'eau** water with strawberry-flavored

syrup; **un diabolo - limonade** mixed with strawberry-flavored syrup; **un lait -** milk with strawberry syrup

framboise *(f)* raspberry
franc *(m)* franc
français(e) French
francophone French-speaking
frapper to knock
fréquemment frequently
frère *(m)* brother
friand *(m)* pastry filled with meat or vegetables
frigo *(m)* refrigerator
fringues *(f pl)* clothing (slang)
frisé(e) curly
frissons *(m pl)* chills
frites *(f pl)* French fries
frivole frivolous
froid *(m)* cold
froid(e) cold; **Il fait -.** It is cold.
fromage *(m)* cheese
fruit *(m)* fruit; **-s de mer** seafood
fumée *(f)* smoke
fumer to smoke
fumeur (non-fumeur) smoking (non-smoking)
funk *(m)* funk music
furieux(-euse) furious
fusée *(f)* rocket
futur *(m)* future

G

gagner to win; to earn
gameboy *(f)* Game Boy
gamme *(f)* line (of products); **haut de -** top of the line
gant *(m)* glove; **- de toilette** wash cloth
garage *(m)* garage
garçon *(m)* boy; waiter
garder to keep; **- sa ligne** to keep one's figure
gare *(f)* train station
garni(e) garnished
gastronomique gastronomical
gâte-sauce *(m)* kitchen boy
gâté(e) spoiled
gâteau *(m)* cake
gauche *(f)* left
Gaule *(f)* Gaul
géant(e) giant
gélule *(f)* capsule
gênant(e) bothersome
général(e) general; **en -** in general
généralement generally
généreux(-euse) generous
génie *(m)* genius
genou *(m)* knee
genre *(m)* kind; type; gender

gens *(m, f pl)* people
gentil(le) kind; nice
géologie *(f)* geology
gérant(e) *(m, f)* manager
gérer to manage
geste *(m)* gesture
gestion *(f)* management
gigot *(m)* **d'agneau** leg of lamb
gilet *(m)* vest; sweater
glace *(f)* ice cream; ice
golf *(m)* golf
golfe *(m)* gulf
gorge *(f)* throat
gothique Gothic
goût *(m)* taste
goutte *(f)* drop
gouvernement *(m)* government
gradins *(m pl)* tiered seats; bleachers
grammaire *(f)* grammar
gramme *(m)* gram
grand(e) big; large; tall; great
grande chose: pas - not much
grand-mère *(f)* grandmother
grand-père *(m)* grandfather
Grande-Bretagne *(f)* Great Britain
grandir to grow
gras(se) fat
gratiné(e) with melted cheese
gratuit(e) free
grave serious
graver to engrave
grec(que) Greek
Grèce *(f)* Greece
griffe *(f)* label (clothes)
grillé(e) grilled
grille-pain *(m)* toaster
grippe *(f)* flu
gris(e) gray
gros(se) big; fat
grossir to gain weight
groupe *(m)* group
groupement *(m)* grouping
gruyère *(m)* type of French cheese
guère: ne... - hardly
guérir to cure; to heal
guerre *(f)* war; **la Seconde - mondiale** World War II
guichet *(m)* window (bank; train station; etc.)
guide *(m)* guide
guitare *(f)* guitar
gym: faire de la - to work out; to exercise
gymnase *(m)* gymnasium

H

habile clever
habillement *(m)* clothing

habiller: s'- to dress; to get dressed
habitant(e) *(m, f)* inhabitant
habiter to live
habité(e) inhabited
habituer: s'- à to get used to
haricot *(m)* bean
hausse: en - increasing
hébergement *(m)* lodging
héberger to lodge
hein? huh?
hélas alas
henné *(m)* henna
hésiter à to hesitate
heure *(f)* hour; **à 10 -s** at ten o'clock; **Quelle - est-il?** What time is it?; **À tout à l'-.** See you in a while.; **l'- du déjeuner** lunch time; **à quelle -...** (at) what time. . .; **de (très) bonne -** (very) early; **les -s de pointe** rush hour; **24 -s sur 24** 24 hours a day; **130 km à l'-** 130 km per hour; **à l'-** on time
heureusement fortunately
heureux(-euse) happy
hier yesterday
hiérarchie *(f)* hierarchy
histoire *(f)* history; story
historique historic
hiver *(m)* winter
homard *(m)* lobster
homme *(m)* man
honnête honest
honneur: invité d'- guest of honor
hôpital *(m)* hospital
horaire *(m)* timetable; schedule
horreur: avoir - de to hate; **film d'-** horror movie
hors-d'œuvre *(m)* appetizer
hors: - campus off-campus
hôtel *(m)* hotel; **- de ville** city hall
hôtelier(-ère) *(m, f)* hotel owner
hôtesse *(f)* hostess
huile *(f)* oil
humain(e) human
humoriste *(m, f)* humorist

I

idéaliste idealistic
idée *(f)* idea
identifier to identify
île *(f)* island
illustré(e) illustrated
image *(f)* image; picture
imaginaire imaginary

imaginer to imagine
imiter to imitate
immangeable inedible
immeuble *(m)* apartment building
impatient(e) impatient
importance *(f)* importance
important(e) important; **L'-, c'est que...** The important thing is that. . .
imposé(e) imposed
impôts *(m pl)* taxes
impression: avoir l'- to have the impression
impressionnant(e) impressive
impressionner to impress
imprimé(e) print (material)
inaugurer to inaugurate
incendie *(m)* fire
incertitude *(f)* uncertainty
inclure (inclus) to include
Inde *(f)* India
indépendance *(f)* independence
indépendant(e) independent
indicatif *(m)* area code; indicative
indien(ne) Indian
indigestion *(f)* indigestion
indiquer to indicate; to show; to point out
indiscret(-ète) indiscreet
indispensable essential
industrie *(f)* industry
inévitable inevitable
infiniment infinitely
infirmier(-ère) *(m, f)* nurse
influencer to influence
informatique *(f)* computer science
ingénieur *(m)* engineer
inondé(e) flooded
inoubliable unforgettable
inquiéter: s'- to worry
inscrire: s'- to enroll
insister (pour que) to insist (that)
inspirer: s'- de to get inspiration from
installer: s'- to move; to get settled
instant *(m)* moment
institut *(m)* institute
instituteur(-trice) *(m, f)* grade school teacher
intellectuel(le) intellectual
intelligent(e) bright
intention: avoir l'- de to intend
interdit(e) forbidden
intéressant(e) interesting
intéresser: s'- à to be interested in
intérêt *(m)* interest
intérieur: à l'- de inside
interphone *(m)* intercom
intérroger to question
interrompu(e) interrupted

interview *(f)* interview
interviewer to interview
introduire: s'- dans to enter
introverti(e) introverted
inventer to invent
investissement *(m)* investment
invité(e) *(m, f)* guest
Irak *(m)* Iraq
Iran *(m)* Iran
iranien(ne) Iranian
Israël *(m)* Israel
israélien(ne) Israeli
italien(ne) Italian
itinéraire *(m)* itinerary

J

jamais ever; **ne... -** never
jambe *(f)* leg
jambon *(m)* ham
Japon *(m)* Japan
japonais(e) Japanese
jardin *(m)* garden
jaune yellow
jazz *(m)* jazz
jean = bluejean
jeu *(m)* game; **- vidéo** video game; **- de société** board game
jeune young
jeunesse *(f)* youth; childhood
job *(m)* job
jogging *(m)* sweatsuit; jogging; **faire du -** to go jogging
joie *(f)* joy
joli(e) pretty
jouer to play; **- à** to play (a sport); **- de** to play (a musical instrument); **- un tour à** to play a trick on
jouet *(m)* toy
jour *(m)* day; **de nos -s** nowadays; **Quel - sommes-nous?** What day is it?; **un -** some day; **huit -s** a week; **quinze -s** two weeks
journal *(m)* newspaper
journalisme *(m)* journalism
journaliste *(m, f)* journalist
journée *(f)* day
jovial(e) jovial; jolly
judo *(m)* judo
juger to judge
jupe *(f)* skirt
jus *(m)* juice; **- d'orange** orange juice
jusqu'à to; until
justement exactly; precisely

K

karaté *(m)* karate
ketchup *(m)* ketchup

kilo *(m)* kilo
kir *(m)* white wine with black currant liqueur

L

laboratoire *(m)* laboratory
lacer to tie (shoes)
laid(e) ugly
laine *(f)* wool
laisser to leave; **- un mot** to leave a message
lait *(m)* milk
laitier: produits -s dairy products
laitue *(f)* lettuce
lampe *(f)* lamp
là there; **ce jour -** that day; **-bas** over there
langoustine *(f)* prawn
langue *(f)* language; tongue; **tirer la -** to stick out one's tongue
lapin *(m)* rabbit
large wide; **pantalon -** baggy pants
lavabo *(m)* sink (bathroom)
laver to wash
lèche-vitrines: faire du - to window-shop
leçon *(f)* lesson
lecteur de CD/DVD *(m)* CD/DVD player
lecture *(f)* reading
légende *(f)* legend
léger(-ère) light
légèrement lightly; slightly
légume *(m)* vegetable
lendemain *(m)* the following day; **le - matin** the next morning
lequel (laquelle) which one
lesquel(le)s which ones
lessive: faire la - to do the laundry
lettre *(f)* letter; **les -s** liberal arts
lever: se - to get up
lèvre *(f)* lip
libanais(e) Lebanese
liberté *(f)* freedom
librairie *(f)* bookstore
libre free
libre-service *(m)* self-service store
Libye *(f)* Libya
licence *(f)* bachelor's degree
lien *(m)* bond; link
lieu *(m)* place; **- de rencontre** meeting place; **avoir -** to take place
ligne *(f)* line
limité(e) limited
limonade *(f)* lemon-flavored soft drink
linge *(m)* laundry
linguistique *(f)* linguistics

lire (lu) to read
liste *(f)* list
lit *(m)* bed; **au -** in bed
litre *(m)* liter
littérature *(f)* literature
livraison *(f)* **des bagages** baggage claim area
livre *(f)* pound
livre *(m)* book
location *(f)* rental
loden *(m)* a kind of coat fabric
logement *(m)* dwelling; housing
logiciel *(m)* software
loin de far from
lointain(e) faraway
long(ue) long; **le - de** along
longtemps a long time
lorsque when
louer to rent
lourd(e) heavy
loyer *(m)* rent
lucarne *(f)* dormer window; skylight
luge: faire de la - to go bobsledding
lunettes *(f pl)* eyeglasses; **- de soleil** sunglasses
luxe *(m)* luxury; **hôtel de -** luxury hotel
luxueux(-euse) luxurious
lycée *(m)* high school
lycéen(ne) *(m, f)* high school student

M

machine *(f)* machine; **- à laver** washing machine; **- à ecrire** typewriter
Madame Ma'am, Mrs.
Mademoiselle Miss; young lady
magasin *(m)* store; **grand -** department store; **- de sport** sporting goods store
magazine *(m)* magazine
magnétoscope *(m)* videocassette recorder (VCR)
maigrir to lose weight
maille jersey *(f)* knitted fabric
maillot *(m):* **- de bain (de surf)** bathing suit; **- de corps** body suit; undershirt
main *(f)* hand
maintenant now
mais but
maïs *(m)* corn
maison *(f)* house; **à la -** at home
maître *(m)* master
maîtrise *(f)* master's degree
majestueux(-euse) majestic
majorité *(f)* majority
mal *(m)* illness; pain; **- de mer** seasickness; **- de l'air** airsickness;

avoir - to hurt; to ache; **avoir - à la tête** to have a headache; **Elle s'est fait - à la jambe.** She hurt her leg., **avoir du - à** to have trouble
mal poorly; **Pas -.** Not bad.; **pas - de** quite a bit (lot) of
malade sick; ill
malgré in spite of, despite
malheureux: C'est -. It's unfortunate.
malhonnête dishonest
manche *(f)* sleeve; **la Manche** the English Channel
manger to eat
manières *(f pl)* manners
manifestation *(f)* demonstration
mannequin *(m)* fashion model
manque *(m)* lack
manquer to miss; to be lacking; **Elle me manque.** I miss her.; **Je n'y manquerai pas.** I won't forget.
manteau *(m)* coat
manuel *(m)* textbook
manuscrit(e) handwritten
marché *(m)* market; **- en plein air** open-air market; **- aux puces** flea market; **Marché Commun** Common Market
marché: bon - inexpensive
marcher to walk, to work
mari *(m)* husband
marié(e) married
marine: bleu - navy blue
marinière *(f)* striped top
marketing *(m)* marketing
Maroc *(m)* Morocco
marocain(e) Moroccan
marque *(f)* brand
marquer to show (one's reaction)
marqué(e) marked; **un nom - dessus** a name marked on it
marrant: C'est pas -. It's not funny.
marre: en avoir - de to be fed up with
marron brown
marron *(m)* chestnut
massé(e)s amassed
match *(m)* game
mathématiques *(f pl)* math
maths = mathématiques
matière *(f)* material; **-s** school subjects; **- première** main ingredient; **- grasse** fat
matin *(m)* morning
mauvais(e) bad; **Il fait -.** The weather is bad.
mayonnaise *(f)* mayonnaise
mécanicien(ne) *(m, f)* mechanic

médecin *(m)* doctor
médecine *(f)* medicine; **faire -** to study medicine
médical(e) medical
médicament *(m)* medicine; medication
Méditerranée: Mer - Mediterranean Sea
meilleur(e) best; **- que** better than
mélange *(m)* mix
mélanger to mix
melon *(m)* melon
membre *(m)* member
même even; same; **lui- -** himself; **quand -** anyway
mémé *(f)* grandmother
mener to lead
menthe *(f)* mint; **- à l'eau** water with mint-flavored syrup; **un diabolo - limonade** mixed with mint-flavored syrup
mentionner to mention
menu *(m)* menu; **- à prix fixe** set menu
mer *(f)* sea; **la - des Caraïbes** the Caribbean Sea
mère *(f)* mother
merci thank you
merveille *(f)* marvel
merveille: à - beautifully
message *(m)* message
mesure: dans quelle - in what way; to what extent
mesurer to measure
météo *(f)* weather forecast
métier *(m)* profession
mètre *(m)* meter
métrique metric
métro *(m)* subway
mettre (mis) to put; **- une heure pour aller** to take an hour to go; **- en service** to place into service; **- la table (le couvert)** to set the table
meublé(e) furnished
meubles *(m pl)* furniture
mexicain(e) Mexican
Mexique *(m)* Mexico
mi-: cheveux --longs mid-length hair
midi *(m)* noon; **le 0Midi** the southern part of France
miel *(m)* honey
mieux better; **- que** better than; **faire de son - pour** to do one's best to; **Je vais -.** I'm feeling better.; **Tant -.** So much the better.
migraine *(f)* migraine headache
mijoter to simmer
milieu *(m)* middle; **au - de** in the middle of

milk-shake *(m)* milkshake
mille thousand
mille-feuille *(m)* napoleon (pastry)
milliard *(m)* billion
milliardaire *(m)* billionaire
millier: des -s de thousands of
million *(m)* million
minable pathetic
mince thin
mine: avoir bonne (mauvaise) -
 to look good (bad)
minuit *(m)* midnight
minute *(f)* minute
miroir *(m)* mirror
mis(e) à jour updated; **mise** *(f)*
 en scène staging; production
 (play or movie)
mocassins *(m pl)* loafers
moche ugly
mode *(f)* fashion; **à la -** in fashion
mode *(m)* method
modèle *(m)* model
moderne modern
moderniser to modernize
moindre least
moins (de) less; **- que** less than;
 - de...que less. . .than; **neuf**
 heures - le quart 8:45; **au -** at
 least; **le (la) -** the least
mois *(m)* month; **au - de juin** in
 June
moitié *(f)* half
moment *(m)* moment; **au - où**
 when; at the time when; **à tout -**
 at any time; **en ce -** now
monarchie *(f)* monarchy
monde *(m)* world; people; **tout le -**
 everybody
mondial(e) international
monnaie *(f)* change (money);
 pièce de - coin
monsieur *(m)* gentleman; Mr.;
 Merci, -. Thank you, Sir.
monstre *(m)* monster
montagne *(f)* mountain
montagneux(-euse) mountainous
montant: baskets -s high-top
 sneakers
monter to go up; **- dans le train**
 to get on the train
montrer to show
moquer: se - de to make fun of
morceau *(m)* piece
mort *(f)* death
mosquée *(f)* mosque
mot *(m)* word
motiver to motivate
moto = motocyclette
motocyclette *(f)* motorcycle
moule *(f)* mussel
mourir (mort) to die

moustache *(f)* moustache
mousse *(f)* mousse
moutarde *(f)* mustard
mouton *(m)* sheep; mutton
moyen *(m)* means
moyen(ne) average
mur *(m)* wall
musclé(e) muscular
musculation *(f)* weightlifting
musée *(m)* museum
musical(e) musical
musicien(ne) *(m, f)* musician
musique *(f)* music; **- classique**
 classical music; **- populaire**
 popular music
musulman(e) Moslem
mystérieux(-euse) mysterious

N

nager to swim
naïf (naïve) naive
naissance *(f)* birth
naître (né) to be born
natal(e) of birth
nationalité *(f)* nationality
nature *(f)* nature
naturel(le) natural
navré(e) very sorry
né(e): Je suis - I was born
néanmoins nevertheless
nécessaire necessary
négliger to neglect
neige *(f)* snow
neiger: Il neige. It is snowing.
nerveux(-euse) nervous
nettoyer to clean
neuf (neuve) new
neutralité *(f)* neutrality
nez *(m)* nose; **avoir le - qui coule**
 to have a runny nose; **avoir**
 le - pris (bouché) to be stuffed
 up
ni: ne...- ...- neither. . .nor
niveau *(m)* level
Noël *(m)* Christmas
noir(e) black
noix *(f)* nut
nom *(m)* name; noun; **- de famille**
 last name
nombre *(m)* number; **le plus grand -**
 (de) the most
nombreux(-euse) numerous;
 une famille - a large family
nommer to name
nommé(e) called; **- d'après**
 named after
non no
nord *(m)* north
normal(e) normal
normalement normally; usually

norvégien(ne) Norwegian
note *(f)* grade
nouer: des liens se nouent bonds
 are formed
nourrir: se - bien to eat well
nourriture *(f)* food
nouveau/nouvel (nouvelle) new
nouvelle *(f)* (piece of) news; **les -s**
 news
nouvellement newly
Nouvelle-Orléans, la *(f)* New
 Orleans
Nouvelle-Zélande *(f)* New Zealand
nôtres: être des- to join us
nuage *(m)* cloud
nuageux(-euse) cloudy
numéro *(m)* number; **- de télé-**
 phone telephone number

O

obéir à to obey
obélisque *(m)* obelisk
objet *(m)* object
obligatoire mandatory; obligatory
obligé(e) de obliged to
obliger to oblige
obsédé(e) par obsessed with
obtenir (obtenu) to get; to obtain
obtention *(f)* obtaining
occasion *(f)* chance; opportunity;
 avoir l'- de to have the opportunity to; **d'-** used
occidental(e) western
occupé(e) busy
occuper to occupy; **s'- de** to take
 care of
œil *(m)* *(pl: yeux)* eye
œuf *(m)* egg
officiel(le) official
offre *(f)* offer; **les - d'emploi** want
 ads
offrir (offert) to offer; to give as
 a gift
oignon *(m)* onion
omelette *(f)* omelet; **- aux fines**
 herbes mixed herb omelet
omnibus *(m)* local train
on one; you; we; they; people
oncle *(m)* uncle
ONU (Organisation des Nations
 Unies) *(f)* United Nations
opinion *(f)* opinion
optimiste optimistic
or *(m)* gold
orage *(m)* storm
orange orange
Orangina *(m)* carbonated orange
 flavored soft drink
ordinateur *(m)* computer
ordre *(m)* order

oreille *(f)* ear
organe *(m)* organ (body)
organisateur(-trice) *(m, f)* organizer
organiser to organize; **s'-** to get organized
organisme *(m)* organization
orgue *(m)* organ (music)
original(e) original
origine *(f)* origin
ou or
où where; **le jour -** the day when. . .
oublier to forget
ouest *(m)* west
oui yes
ours *(m)* bear
ouvert(e) open
ouvrage *(m)* work
ouvrier(-ère) *(m, f)* factory or manual worker

P

P.J. (pièce jointe) Enclosure (in a letter)
page *(f)* page; **à la - 3** on page 3
pain *(m)* bread; **un petit -** roll; **- de mie** American type bread; **- grillé** toast
paire *(f)* pair
palais *(m)* palace; **- de justice** courthouse
pâle pale
palper to feel
pamplemousse *(m)* grapefruit
paner to bread
panier *(m)* basket
panne: avoir une - d'essence to run out of gas; **tomber en -** to break down; **- de voiture (de moteur)** automobile breakdown
pansement *(m)* bandage
pantalon *(m)* (pair of) pants
Pâques *(f pl)* Easter
papeterie *(f)* stationery store
papier *(m)* paper; **- toilette (hygiénique)** toilet paper
paquet *(m)* package
par by; per; **- ici (là)** this (that) way
paragraphe *(m)* paragraph
paraître (paru) to appear
parc *(m)* park
parce que because
pardessus *(m)* overcoat
pardon... excuse me. . .
pareil(le)s *(m, f pl)* peers; equal
parenthèses *(f pl)* parentheses
parents *(m pl)* parents; relatives
paresseux(-euse) lazy
parfait(e) perfect

parfaitement perfectly
parfois sometimes
parfum *(m)* perfume
parisien(ne) Parisian
parking *(m)* parking lot
parler to speak
parmi among
parole *(f)* word; **adresser la - à quelqu'un** to speak to someone
part *(f)* piece; **C'est de la - de qui?** Who's calling? (on the phone); **nulle -** no where; **quelque -** somewhere
partager to share
partenaire *(m, f)* partner
parti *(m)* political party
participer à to take part in
particulier: en - in particular
particulièrement particularly
partie *(f)* part; **en -** in part; **faire une - de tennis** to play a game of tennis; **faire - de** to be a part of
partir (parti) to leave; to go away; **à - de** beginning (with, in)
partout everywhere
paru(e) appeared
pas: ne - not; **N'est-ce -?** Right? Isn't that so?
passager(-ère) *(m, f)* passenger
passant(e) *(m, f)* passerby
passé *(m)* past
passé(e): le mois - last month
passeport *(m)* passport
passer to be playing (movie); to spend (time); to stop by; to go by (time); **se -** to happen; **- par** to go through; **- avant** to be more important than; **- un examen** to take a test
passionnant(e) exciting
pastille *(f)* lozenge
pâté *(m)* pâté (meat spread)
pâtes *(f pl)* pasta
pâtisserie *(f)* pastry shop; pastry
pâtissier(-ère) *(m, f)* pastry chef
patiemment patiently
patience *(f)* patience
patient(e) patient
patinage: faire du - to go skating
patron *(m)* pattern (sewing)
patron(ne) *(m, f)* boss
pauvre poor
pavé *(m)* rectangular piece of ice cream
payant(e) which must be paid for
payer to pay (for)
pays *(m)* country; **- voisins** neighboring countries
Pays-bas *(m pl)* Netherlands
péage: autoroute à - toll road

peau *(f)* skin
pêche *(f)* peach
pêche: aller à la - to go fishing
pêcher to fish
peigne *(m)* comb
peine *(f)* trouble; **Ce n'est pas la -.** Don't bother.
peinture *(f)* painting
pendant during; **- une heure** for an hour; **- que** while
pendre (pendu) to hang; **- la cremaillère** to have a house-warming party
pendulette *(f)* small clock
penser to think; **- à** to think about; **Qu'est-ce que tu en penses?** What do you think about it?
pension *(f)* boarding house; inn
pépé *(m)* grandfather
percé(e) pierced
perdre (perdu) to lose; **- du temps** to waste time
père *(m)* father
perfectionner to perfect
période *(f)* period
perle *(f)* pearl
permettre (permis) to permit
Pérou *(m)* Peru
Perrier *(m)* carbonated mineral water
persil *(m)* parsley
personnage *(m)* character
personnalité *(f)* personality
personne *(f)* person; **3 -s** 3 people; **ne...-** nobody
personnel *(m)* personnel
personnel(le) personal
personnellement personally
peser to weigh
pessimiste pessimistic
petit(e) small; short
peu: à - près nearly; **si - de** so little (few); **un -** a little
peur: avoir - (de) to be afraid (of); **faire -** to frighten
peut-être perhaps; **- que oui, - que non** maybe, maybe not
pharmaceutique pharmaceutical
pharmacie *(f)* drug store
pharmacien(ne) *(m, f)* pharmacist
Philippines *(f pl)* Philippines
philosophie *(f)* philosophy
photo *(f)* photograph
photographe *(m, f)* photographer
photographier to photograph
photo-reportage *(m)* photo essay
phrase *(f)* sentence
physique *(f)* physics
physique physical
piano *(f)* piano
pièce *(f)* room; **- de théatre** play; **- de monnaie** coin

pied *(m)* foot; **à -** on (by) foot
pique-nique *(m)* picnic
piqûre *(f)* shot
piscine *(f)* swimming pool
pistolet *(m)* gun
pittoresque picturesque
pizza *(f)* pizza
placard *(m)* closet
place *(f)* seat; place; central square
plage *(f)* beach
plaie *(f)* wound
plaindre: se - to complain; **Je vous plains.** I feel sorry for you.
plainte *(f)* complaint
plaît: s'il vous (te) - please
plaisir *(m)* pleasure
plan *(m)* map; floor plan
planche: faire de la - à voile to windsurf
planche à roulettes *(f)* skateboard
plancher *(m)* floor
plante *(f)* plant
plat *(m)* dish
plein: faire le - to get a full tank of gas
pleurer to cry
pleuvoir: Il pleut. It is raining.
plongée sous-marine: faire de la - to go skin-diving
pluie *(f)* rain
plupart: la - de most; the majority of
plus more; **- que** more than; **- de... que** more. . .than; **- tard** later; **non -** neither; **25 euros de -** 25 euros more; **de (en) -** in addition; **ne -** no longer; not anymore
plusieurs several
plutôt rather
pneu *(m)* tire
poche *(f)* pocket
pochette *(f)* wallet
poêle *(f)* frying pan
poète *(m)* poet
poignet *(m)* wrist
pointure *(f)* shoe size
poire *(f)* pear
poireau *(m)* leek
pois *(m pl)* polka dots; **des petits -** peas
poisson *(m)* fish
poitrine *(f)* chest
poivre *(m)* pepper
poivrer to pepper
poli(e) polite
policier: un film - detective movie
politique *(f)* politics
politique political
polo jersey *(m)* polo shirt
polonais(e) Polish

polyester *(m)* polyester
pomme *(f)* apple; **- de terre** potato; **-s frites** French fries
pont *(m)* bridge
porc *(m)* pork
porte *(f)* door; gate (airport)
porté(e): être - sur les arts to be fond of the arts
porte-clés *(m)* keychain
portefeuille *(m)* wallet
porter to wear; **- sur** to be about
portugais(e) Portuguese
Portugal *(m)* Portugal
poser to place; to pose; **- une question** to ask a question
posséder to possess
possession *(f)* possession
poste *(m)* job
poster *(m)* poster
postier(-ère) *(m, f)* postal worker
potage *(m)* soup
poulet *(m)* chicken
poupée *(f)* doll
pour for; in order to
pourboire *(m)* tip
pourcentage *(m)* percentage
pourquoi why
poursuivre (poursuivi) to pursue; to undertake; to continue
pourtant yet; nevertheless
pouvoir (pu) to be able; **Ça se peut bien.** That's possible.; **Il se peut que...** It is possible that. . .
pratique practical
précaire precarious
préciser to give details
prédécesseur *(m)* predecessor
préférable: Il est - que... It is preferable that. . .
préféré(e) favorite
préférence: de - preferably
préférer to prefer
premier(-ère) first
premièrement first of all
prendre (pris) to take; **- quelque chose** to have something to eat; to buy (a ticket); **- une correspondance** to change trains (subway); **s'y -** to go about (doing something)
prénom *(m)* first name
préoccuper: se - de to worry about
préparatifs: faire des - to make plans
préparer to prepare; **se - à** to get ready to; **se - pour** to get ready for; **- un examen** to study for a test
près de close to

prescrire (prescrit) to prescribe
présentation *(f)* introduction
présenter to present, to introduce
président(e) *(m, f)* president
presque almost
pressé(e) in a hurry
pression *(f)* pressure
prêt(e) ready
prêter to lend; **- à la confusion** to lead to confusion
prévenir (prévenu) to warn
prévoir (prévu) to predict
prier: Je vous (t') en prie. You're welcome.
primaire primary
principal(e) main
printemps *(m)* spring
privé(e) private
privilégié(e) privileged
prix *(m)* price; prize
probable: Il est peu - que... It is unlikely that. . .
probablement probably
problème *(m)* problem
prochain(e) next
proche close to; nearby
procurer: se - to get
produire: se - to occur
produit *(m)* product
prof = professeur
professeur *(m)* teacher
professionnel(le) professional
programme *(m)* program
programmeur(-euse) *(m, f)* computer programmer
progrès: faire des - to make progress
projets *(m pl)* plans
promenade: faire une - to take a walk (ride)
promener to walk; **se -** to go for a walk
promesse *(f)* promise
pronom *(m)* pronoun
propos: à - de about
proposer to propose
propre own
prospère prosperous
protéger to protect
protéine *(f)* protein
provenance: en - de coming from
province *(f)* province
prudence *(f)* prudence, care
psychiatrie *(f)* psychiatry
psychologie *(f)* psychology
public (publique) public
publicité *(f)* advertising; advertisement
publier to publish
puis then; next
pull-over *(m)* sweater
punir to punish

Q

quai *(m)* platform (train station)
qualifié(e) qualified
qualité *(f)* quality
quand when
quart *(m)* quarter-liter bottle
quart: midi et - 12:15; **midi moins le -** 11:45
quartier *(m)* neighborhood
que what; whom; which; that; **ne... -** only
quel(le) what; which; **- que soit le niveau** whatever the level
quelquefois sometimes
quelques a few
quelqu'un someone
quelques-un(e)s (de) some (of)
qu'est-ce que: - c'est? What is it?; **-'il est fort!** How strong he is!; **-'il y a?** What's the matter?
question *(f)* question
qui who; which, that, whom; **à -** to whom; **- est-ce?** Who is it?
quitter to leave; **Ne quittez pas.** Don't hang up. (telephone)
quoi what; **Il n'y a pas de -.** You're welcome.; **Quoi?** What'd you say?; **- d'autre?** What else?

R

raccrocher to hang up (phone)
raconter to tell (a story)
radiocassette *(f)* radio/tape player
radioréveil *(m)* clock radio
radis *(m)* radish
raffinement *(m)* **de pétrole** oil refining
raide straight (hair)
raison *(f)* reason; **la - pour laquelle** the reason why; **avoir -** to be right
raisonnable reasonable
ramener to bring back
randonnée: faire une - to go for a hike
rang *(m)* rank
ranger to put in order; to clean up
râpé(e) grated; worn
rapidement quickly
rappeler to call again; to remind; **se -** to remember
rapport *(m)* relationship
raquette *(f)* racket
rarement rarely
rasant: C'est -. It's boring.
rassasier to satisfy
rassurer to reassure
rater to fail (a test)
ravi(e) delighted

ravin *(m)* ravine
rayé(e) striped
rayon *(m)* department (of a store)
rayure: à -s striped
réaction *(f)* reaction
réagir to react
réaliste realistic
réalité *(f)* reality
rébus *(m)* puzzle
récemment recently
recenser to make an inventory of
réception *(f)* reception; front desk (hotel)
recette *(f)* recipe
recevoir (reçu) to receive
réchauffer to heat
recherche *(f)* research; search; **faire des -s** to do research
recommander to recommend
reconnaître (reconnu) to recognize
reconstruire (reconstruit) to reconstruct
recruter to recruit
récupérer to recover
recyclage: cours de - refresher course
réduire (réduit) to reduce
redoubler: - un cours to take a course again
refaire (refait) to do (make) again
réfléchir à to think over; to reflect (about something)
refléter to reflect
refuser to refuse; to turn down
regard *(m)* look
regarder to watch; to look at
régime: être au - to be on a diet
règle *(f)* rule
régler to arrange; to pay
régner to reign
regret *(m)* regret
regretter to be sorry
regulièrement regularly
rein *(m)* kidney
rejoindre (rejoint) to join
réjouir: se - (de) to be delighted (about)
relax relaxed
relevé *(m)* **de notes** transcript
relevé(e) recorded
relier to connect
religieuse *(f)* creampuff
religieux(-euse) religious
remarque *(f)* remark
remarquer to notice
remerciement *(m)* thanks; acknowledgment
remercier to thank
remonter: - aux source to go back to the source
remplacer to replace

remplir to fill out (a form)
remuer to stir
rémunération *(f)* salary
rencontrer to meet
rendez-vous *(m)* meeting; appointment
rendre (rendu) to return (something); **- visite à** to visit (a person); **- facile** to make easy
renommée *(f)* renown
renoncer à to give up
renseignements *(m pl)* information
renseigner: se - (sur) to get information (about)
rentable profitable
rentrer to go home; to go back; to go back to school
rentrée *(f)* beginning of the school year
renverse: tomber à la - to fall over backwards
repartir to leave again
repas *(m)* meal
répéter to repeat
répondre à (répondu) to answer
réponse *(f)* answer
repos *(m)* rest
reposer: se - to rest
reprendre: - le train to get back on the train
représenter to represent
reproche: faire un - à quelqu'un to blame someone
reproduire (reproduit) to reproduce
réseau *(m)* network
réserver to reserve; to put aside
résidence *(f)* **universitaire** dormitory
respirer to breathe
responsabilité *(f)* responsibility
responsable responsible
ressortissant(e) *(m, f):* **- d'un pays** national
ressources *(f pl)* resources
restaurant *(m)* restaurant
rester to stay; **Il n'en reste plus.** There aren't anymore (left).; **l'argent qui me reste** the money I have left
résultats *(m pl)* results
résumé *(m)* summary
retard: être en - to be late
rétablir to reestablish
retour *(m)* return trip; **être de -** to be back; **Te voilà de -!** You're back!
retourner to go back
retrait *(m)* withdrawal
retraite *(f)* retirement; **être à la -** to be retired

retrouver to meet

réunir to bring together; **se -** to meet; to get together

réussi(e): Les escalopes étaient -es. The cutlets turned out well.

réussir à to succeed; to pass (a test); **- un voyage** to have a successful trip

réussite *(f)* success

réveil-matin *(m)* alarm clock

réveiller: se - to wake up

revenir (revenu) to come back; **faire -** to soften up

rêver to dream

revère *(m)* reverse side; **au - du col** inside the collar

révision *(f)* review

revoir: au - good-bye

revue *(f)* magazine

rez-de-chaussée *(m)* ground floor

rhume *(m)* cold; **- des foins** hay fever

riche rich

richesse *(f)* wealth

rideau *(m)* curtain

rien: ne - nothing **Ça ne fait -.** It doesn't matter.; **De -.** You're welcome.

rigueur: à la - if need be

rissoler to brown

rive *(f)* bank (of a river)

riz *(m)* rice

robe *(f)* dress

robot *(m)* robot

rock *(m)* rock music

roi *(m)* king

rôle *(m)* role

rollers *(m pl)* in-line skates

roman *(m)* novel

roman(e) Romanesque

ronde *(f)* round

rosbif *(m)* roast beef

rose pink

rôti *(m)* roast

roue *(f)* wheel

rouge red

route *(f)* road; **en - pour** on the way to

routier(-ère) pertaining to roads

roux: avoir les cheveux - to have red hair

Royaume-Uni *(m)* United Kingdom

rude harsh

rue *(f)* street

ruines *(f pl)* ruins

rural(e) rural

russe Russian

S

sac *(m)* bag; **- à main** purse, handbag; **- à dos** backpack; **- de voyage** travel bag

sage: Sois -. Be good.

saignant(e) rare (meat)

saison *(f)* season

salade *(f)* salad; head of lettuce

salaire *(m)* salary

salarié(e) *(m, f)* salaried worker

sale dirty

saler to salt

salle *(f)* room; **- de bains** bathroom; **- de classe** classroom; **- à manger** dining room; **- de séjour** living room; **- de remise en forme** exercise room

salon *(m)* **d'essayage** fitting room; **- du cheval** horse show

salopette *(f)* overalls

saluer to greet

salut hello; good-bye

salutation *(f)* greeting

sandales *(f pl)* sandals

sandwich *(m)* sandwich

sang *(m)* blood

sans without; **- faire** without doing

santé *(f)* health; **en bonne -** in good health

satisfait(e) (de) satisfied (with)

sauce *(f)* sauce

saucisse *(f)* sausage

saucisson *(m)* salami

sauf except

saut à l'élastique *(m)* bungee jumping

sauver: se - to run away; to escape

saveur *(f)* flavor

savoir (su) to know

savon *(m)* soap

savoureux(-euse) savory; flavorful

saxophone *(m)* saxophone

scène *(f)* scene

science *(f)* science; **- politique** political science; **-s économiques** economics; **- fiction** science fiction; **-s exactes** hard sciences; **-s humaines** social sciences

scolaire pertaining to school

sculpture *(f)* sculpture

séance *(f)* showing (of a film)

sec (sèche) dry

sécher: - un cours to skip a class

séchoir *(m)* dryer

second(e) second; **un billet de seconde** a second-class ticket

secondaire secondary

secours *(m)* help

secret(-ète) secret

secrétaire *(m, f)* secretary

séjour *(m)* stay

sel *(m)* salt

sélectionner to select

selon according to

semaine *(f)* week; **en -** during the week

sembler to seem

semelle *(f)* sole

Sénégal *(m)* Senegal

sénégalais(e) Senegalese

sens *(m)* direction; sense; **bon -** common sense

sensass = sensationnel

sensationnel(le) sensational

sensible noticeable

sentir: se - to feel; se - bien (mal) to feel well (poorly)

séparément separately

série *(f)* series

sérieusement seriously

sérieux(-euse) serious

serveur(-euse) *(m, f)* waiter (waitress)

service *(m)* service; **- compris** tip included; **- de table** dinner service; **demander un -** to ask for a favor; **les -s** service industry

serviette *(f)* towel; briefcase

servir (servi) to serve

serviteur *(m)* servant

seul(e) alone; **un - ticket** a single ticket

seulement only

shampooing *(m)* shampoo

shopping: faire du - to shop

short *(m)* (pair of) shorts

si if; **- grand** so big; **- longtemps** such a long time

siècle *(m)* century

siège *(m)* seat; **- avant (arrière)** front (back) seat

signaler to point out

signalisation *(f)* **routière** road signs

signe *(m)* sign; symbol

signer to sign

signifier to signify; to mean

silencieux(-euse) silent

simple: hamburger - single hamburger

simplement simply

sincère sincere

sirop *(m)* syrup

situation *(f)* situation; location

situé(e) located

ski: faire du - (de piste/de fond/ nautique) to go (downhill/cross country/water) skiing
SNCF *(f)* French national railroad company
société *(f)* company
sociologie *(f)* sociology
sœur *(f)* sister
sofa *(m)* sofa
soi-même oneself
soie *(f)* silk
soif *(f)* thirst; **avoir -** to be thirsty
soigner to care for; **se -** to take care of oneself
soigneusement carefully
soir *(m)* evening
soirée *(f)* party
soit...soit either or
solde: en - on sale
soldes *(f pl)* sale items
sole *(f)* sole (fish)
soleil *(m)* sun; **Il fait du -.** It is sunny.
solliciter to solicit; **Je me permets de - le poste.** I would like to apply for the job.
solution *(f)* solution
somptueux(-euse) sumptuous
sondage *(m)* survey
sonner to ring
sorbet *(m)* Italian ice
sorte *(f)* kind; type
sortie *(f)* exit; outing
sortir (sorti) to leave; to go out
soudain suddenly
souffrant(e): être - to be feeling poorly
souffrir (souffert) to suffer
souhaiter to wish; **- la bienvenue** to welcome
souhaité(e) desired
soulagement *(m)* relief
soulagé(e) relieved
soulever to lift
soulier *(m)* shoe
soupçonner to suspect
soupe *(f)* soup
souper *(m)* dinner; supper (evening meal)
souper to have supper (dinner)
soupirer to sigh
soul-sol *(m)* basement
sous under; **- la pluie** in the rain
soutenir to support
souvenir *(m)* souvenir; memory
souvenir: se - de to remember
souvent often
spacieux(-euse) spacious

spectacle *(m)* show; **- son et lumière** light and sound show
spécial(e) special
spécialisation *(f)* major (in college)
spécialiser: se - en français to major in French
spécialité *(f)* specialty
spiritueux *(m pl)* spirits
sport *(m)* sport; **faire du -** to participate in sports
sportif(-ive) sports-minded
stade *(m)* stadium
stage *(m)* practicum; internship
standard *(m)* switchboard
station *(f)* station; **- service** service station; **- balnéaire** seaside resort; **- de métro** subway station; **- de ski** ski resort
stationnement *(m)* parking
stationner to park
statue *(f)* statue
statut *(m)* status
stress *(m)* stress
studieux(-euse) studious
style *(m)* style
stylo *(m)* pen
substituer to substitute
succès *(m)* success
succursale *(f)* branch office
sucre *(m)* sugar
sucreries *(f pl)* sweets
sud *(m)* south; **au - (de)** to the south (of)
suédois(e) Swedish
suffire to be enough
suggérer to suggest
Suisse *(f)* Switzerland
suisse Swiss
suite *(f)* continuation; **par la -** in the end
suivant(e) following; **suivi(e) de** followed by
suivre (suivi) to follow; **- un cours** to take a class
sujet *(m)* subject; **au - de** about
super: C'est -! That's great!
superficie *(f)* area
supérieur(e) superior; **l'enseignement -** higher education
supermarché *(m)* supermarket
supplément: payer un - to pay extra
supplémentaire extra
supporter to bear; to stand; to put up with
suppositoire *(m)* suppository
sur on; about; **un - trois** one out of three

sûr(e) sure; **bien -** of course
surf *(m)* surfing
surf de neige (snowboarding) *(m)* snowboarding
surgelé(e) frozen
surprenant(e) surprising
surpris(e) surprised
surprise-partie *(f)* party
surtout especially
svelte thin
sweat = sweatshirt
sweatshirt *(m)* sweatshirt
syllabe *(f)* syllable
sympa = sympathique
sympathique nice
symptôme *(m)* symptom
synagogue *(f)* synagogue
syndicat *(m)* **d'initiative** tourist bureau
Syrie *(f)* Syria
système *(m)* system

T

t'as = tu as
t'es = tu es
T-shirt *(m)* t-shirt
tabac *(m)* tobacco
tableau *(m)* chart; table; chalkboard; painting
taille *(f)* size
tailleur *(m)* suit *(women)*
taire: se - (tu) to be quiet
talon *(m)* heel
tante *(f)* aunt
tant...que as much. . .as
taper to type
tapis *(m)* rug
tard late
tardif(-ve) late
tarte *(f)* pie
tartelette *(f)* tart
tartine *(f)* slice of bread with butter and jam
tasse *(f)* cup
taureau *(m)* bull
taux *(m)* rate
taxi *(m)* taxi
technologie *(f)* technology
tel(le) que such as
télécarte *(f)* debit card for making phone calls
télécopieur *(m)* fax machine
téléphone *(m)* telephone
téléphoner à to call
téléviseur *(m)* television; **- couleur** color television
télévisé(e) televised
télévision *(f)* television

tellement so; really; **-de** so much (so many)

témoin *(m)* witness

tempéré(e) temperate

temps *(m)* time; weather; tense (verb); **Quel - fait-il?** What's the weather like?; **avoir le - de** to have the time to; **de - en -** from time to time; **en même -** at the same time; **les - à venir** the future

tendance: avoir - à to tend to

tendre à to tend to

tendu(e) tense

tenir: - une promesse to keep a promise; **Tiens!** Hey!

tennis *(m)* tennis; **faire du -** to play tennis

tenter: - sa chance to try one's luck

tenu(e) par owned by

tenue *(f)* outfit

terminer to finish; **se -** to end

terrasse *(f)* terrace; sidewalk in front of a café

terrine *(f)* pâté

tête *(f)* head

TGV (Train à Grande Vitesse) *(m)* French high-speed train

thé *(m)* tea; **- nature** plain tea; **- citron** tea with lemon; **- au lait** tea with milk

théâtre *(m)* theater

thon *(m)* tuna

timbre *(m)* postage stamp

timide shy

tiroir *(m)* drawer

tissu *(m)* material; fabric

toast *(m)* toast

toile *(f)* linen; canvas; sailcloth

toilettes *(f pl)* bathroom; restrooms

toit *(m)* roof

tomate *(f)* tomato

tomber: - malade to become sick

ton *(m)* tone

tonalité *(f)* dial tone

totalité *(f)* entirety

toucher: tout ce qui touche à la vente all that concerns selling

toujours always; still

tour *(f)* tower

tour: faire un - (à velo/en voiture/à moto) to take a ride (on a bike/in a car/on a motorcycle); **faire un - à pied** to go for a walk; **à son -** in turn; **à - de rôle** in turn; **le - de taille** waist size; **le - de poitrine** chest size; **le - de hanches (bassin)** hip size

tourisme: faire du - to go sightseeing

touriste *(m, f)* tourist

tourner to turn; **- à droite** to turn right

tousser to cough

tout(e) all; **toute une boite** a whole box

tout: pas du - not at all; **tous les ans** every year; **tous les deux** both; **- à fait** exactly; **- de suite** right away; immediately; **- naturellement** quite naturally; **- près** very close

toux *(f)* cough

traditionnel(le) traditional; conservative

traduction *(f)* translation

traduire (traduit) to translate

trafic *(m)* traffic

train *(m)* train

train: en - de in the process of

traîner to lie around; to drag

trait *(m)* **de caractère** character trait; **- physique** physical trait

traitement *(m)* treatment

traître *(m)* traitor

tranche *(f)* slice

transistor *(m)* transistor radio

transport *(m)* transportation

travail *(m)* work; job; **- (à mi temps/à plein temps)** (part-time/full-time) work; **des travaux pratiques** lab work

travailler to work

travailleur(-euse) *(m, f)* worker

travailleur(-euse) hard-working

travaux dirigés (TD) *(m pl)* discussion section (university)

travers: à - across; over

traverser to cross

trembler to tremble

très very

tricoter to knit

trimestre *(m)* trimester

triomphe *(m)* triumph

triste sad

trombone *(m)* trombone; paper clip

tromper: se - to be mistaken; **se - de route** to take the wrong road

trompette *(f)* trumpet

trop (de) too much; too many

troquer to trade

trouver to find; to think; **se -** to be located

truite *(f)* trout

tube *(m)* tube

Tunisie *(f)* Tunisia

tunisien(ne) Tunisian

turc (turque) Turkish

typiquement typically

U

uni(e) one color

université *(f)* university

urgence: en cas d'- in case of emergency

usagé(e) used; worn

utile useful

utiliser to use

V

vacances *(f pl)* vacation

vacanciers *(m pl)* vacationers

vache *(f)* cow

vachement = très

vague *(f)* wave

vaisselle: faire la - to do the dishes

val: le - de Loire the Loire Valley

vallée *(f)* valley

valise *(f)* suitcase; **faire les -s** to pack

valoir to be worth; **Il vaut mieux (que)...** It is better to (that)...

vanille *(f)* vanilla

varier to vary

varié(e)s various

variété *(f)* variety

veau *(m)* calf; veal

vélo *(m)* bicycle

vélomoteur *(m)* moped

vendeur(-euse) *(m, f)* salesperson

vendre (vendu) to sell; **à -** for sale

Vénézuéla *(m)* Venezuela

vénézuélien(ne) Venezuelan

venir (venu) to come; **- de** to have just

ventes *(f pl)* sales

ventre *(m)* stomach

verglas *(m)* ice on the road

véritable real

vérité *(f)* truth

verre *(m)* glass

vers toward; **- 10h** around 10:00

verser to pour

vert(e) green

vertige: avoir le - to be dizzy

veste *(f)* sport jacket

vêtement *(m)* article of clothing; **-s** clothes

vêtu(e) dressed

viande *(f)* meat

vidéo *(f)* videotape

vidéo-clip *(m)* music video

vie *(f)* life

vieillir to grow old

Viêt-Nam *(m)* Viet Nam

vietnamien(ne) Vietnamese

vieux/vieil (vieille) old

vigne *(f)* vine

vignoble *(m)* vineyard
village *(m)* village
ville *(f)* city; **en -** to (in) town
vin *(m)* wine
vinaigre *(m)* vinegar
violet(te) purple
violon *(m)* violin
visa *(m)* visa
visage *(m)* face
visite: être en - to be visiting;
  rendre - à to visit (a person)
visiter to visit (a place)
vitamines *(f pl)* vitamins
vite quickly
vitesse *(f)* speed; **- maximale**
  maximum speed
vitrine *(f)* window
Vittel *(m)* non-carbonated mineral
  water
vivant(e) alive; living
vivre (vécu) to live
vocabulaire *(m)* vocabulary
voici here's; **Le -.** Here it
  (he) is.

voie *(f)* track; lane
voilà there's
voile: faire de la - to go sailing
voir (vu) to see; **faire -** to show;
  Voyons... Let's see. . .; **On verra.**
  We'll see.
voire or even
voisin(e) *(m, f)* neighbor
voiture *(f)* car; **- de fonction**
  company car
voix *(f)* voice; **à haute -** aloud
vol *(m)* flight
voler to steal
volet *(m)* shutter
volley *(m)* volleyball
volonté *(f)* will; **bonne -**
  willingness
volontiers gladly; willingly
vomir to vomit
vouloir (voulu) to want; to wish;
  Je voudrais... I would like. . .;
  Je veux bien. Gladly. (With
  pleasure.)
voyage: faire un - to take a trip

voyager to travel
voyageur(-euse) *(m, f)* traveler
voyelle *(f)* vowel
vrai(e) true; **à - dire** to tell the truth;
  C'est vrai. That's right
vraiment really
VTT *(m)* **Vélo Tout Terrain** mountain bike
vu(e) seen; **bien -** highly regarded
vue *(f)* sight; **à première -** at first
  sight

W-Z

Walkman *(m)* Walkman
W.C. *(m pl)* toilet
wagon *(m)* car (of a train)
week-end *(m)* weekend
western *(m)* western (film)
y there; **il - a** there is; there are;
  Allons -! Let's go!; **il - a 3 jours**
  3 days ago
yaourt *(m)* yogurt
Zut! Darn!

A

a un (une)
to abandon abandonner
abbey abbaye (f)
abbreviation abréviation (f)
able: to be - pouvoir (pu)
about à propos de; environ; sur; au
    sujet de; - whom (which) dont;
    - a hundred une centaine de;
    to be - porter sur
above ci-dessus
abroad à l'étranger
absent absent(e)
absolutely absolument
abstract abstrait(e)
abundant abondant(e)
accent accent (m)
to accept accepter
access accès (m)
accident accident (m)
to accompany accompagner
to accomplish accomplir
accomplishment accomplissement
    (m)
according to selon
accountant comptable (m, f)
accounting comptabilité (f)
accusation reproche (m)
ache: to be aching avoir des
    courbatures
acquaintance connaissance (f)
to acquire acquérir (acquis)
across à travers; - from en face de
acrylic acrylique (f)
to act agir
active actif(-ve)
activity activité (f)
actor acteur(-trice) (m, f)
actually effectivement
to add ajouter
addition: in - de plus
address adresse (f)
advance: in - à l'avance
advanced avancé(e)
advantage avantage (m)
adventure aventure (f)
advertisement publicité (f)
advertising publicité (f)
advice conseil (m)
to advise conseiller
aerobics: to do - faire de l'aérobic
afraid: to be - (of) avoir peur (de)
Africa Afrique (f); South - Afrique
    du Sud
after après; - having finished
    après avoir fini
afternoon après-midi (m)

afterwards après
again: once - encore une fois
against contre
age âge (m)
agent agent(e) (m, f)
to agree être d'accord; agreed?
    C'est convenu?
agricultural agricole
ailment mal (m)
airplane avion (m)
airport aéroport (m)
airsickness mal (m) de l'air
alarm clock réveil-matin (m)
alas hélas
album album (m)
alcoholic (beverage) alcoolisé(e)
Algeria Algérie (f)
Algerian algérien(ne)
alive vivant(e)
all tout(e); - the better. Tant mieux.;
    - day toute la journée;
    - red tout(e) rouge; at - du tout
allergy allergie (f)
allies alliés (m pl)
almond amande (f)
almost presque
alone seul(e)
along le long de; au bord de;
    to get - with s'entendre avec
aloud à haute voix
already déjà
also aussi
always toujours
ambiguous ambigu(-üe)
ambitious ambitieux(-euse)
America Amérique (f)
American américain(e)
among parmi
amphitheater amphithéâtre (m)
ancestors ancêtres (m pl)
and et
anger colère (f)
angry fâché(e)
ankle cheville (f)
to announce annoncer
anonymous anonyme
another un(une) autre; - year
    encore un an
to answer répondre (à)
answer réponse (f)
anthropology anthropologie (f)
antihistamine anti-histaminique (m)
anymore: not - ne...plus
anyway quand même
apartment appartement (m);
    - building immeuble (m)
to appear paraître (paru)
appearance apparence (f)

appetite appétit (m)
appetizer hors-d'œuvre (m)
apple pomme (f)
apply: to - for a job poser sa
    candidature
appointment rendez-vous (m)
to appreciate apprécier
to approach (a person) aborder
appropriate approprié(e);
    convenable
apricot abricot (m)
Arabic arabe
architect architecte (m, f)
architecture architecture (f)
area superficie (f)
area code indicatif (m)
arena arène (f)
Argentina Argentine (f)
Argentinian argentin(e)
to argue se disputer
arm bras (m)
armchair fauteuil (m)
to arrange arranger; régler
arrival arrivée (f)
to arrive arriver
around: - 10:00 vers 10h
art art (m)
artichoke artichaut (m)
as comme; - old - aussi vieux que
ashes cendres (f pl)
ashtray cendrier (m)
Asia Asie (f)
to ask (for) demander; - a
    question poser une question;
    - for a favor demander un service
asparagus asperges (f pl)
aspirin aspirine (f)
assembly line chaîne (f)
associated: to be - with s'associer à
astronaut astronaute (m, f)
astronomy astronomie (f)
at à; en; to work - Kodak
    travailler chez Kodak
to attend assister à
to attract attirer
auction vente (f) aux enchères
aunt tante (f)
Australia Australie (f)
Australian australien(ne)
Austrian autrichien(ne)
automatic teller machine distri-
    buteur (m) automatique de billets
automatically automatiquement
autonomous autonome
autumn automne (m)
available disponible
average moyen(ne)
to avoid éviter

B

B.C. avant Jésus-Christ
baby bébé *(m)*
bachelor's degree licence *(f)*
back dos *(m)*; **in -** à l'arrière; **to get - on the train** reprendre le train; **to be -** être de retour; **You're back!** Te voilà de retour!
background fond *(m)*
backpack sac *(m)* à dos
backwards à la renverse
bacon bacon *(m)*
bad mauvais(e); **The weather is -.** Il fait mauvais.
badge badge *(m)*
bag sac *(m)*
baggage claim livraison *(f)* des bagages
baker boulanger(-ère) *(m, f)*
bakery boulangerie *(f)*
balanced équilibré(e)
balcony balcon *(m)*
bald chauve
ball belle *(f)*; ballon *(m)*
banana banane *(f)*
bandage pansement *(m)*
bank banque *(f)*; **(of a river)** rive *(f)*; **data-** base *(f)* de données
bankruptcy faillite *(f)*
baseball base-ball *(m)*
basement sous-sol *(m)*
basket panier *(m)*
basketball basket *(m)*
bathing suit maillot *(m)* de bain (de surf)
bathroom salle *(f)* de bains; cabinet *(m)* de toilette; toilettes *(f pl)*
bathtub baignoire *(f)*
battle bataille *(f)*
bay baie *(f)*
to be être (été)
beach plage *(f)*
bean haricot *(m)*
bear ours *(m)*
to bear supporter
beard barbe *(f)*
beautiful beau/bel (belle); **It's - weather.** Il fait beau.
beautifully à merveille
because parce que; car
to become devenir (devenu); **-sick** tomber malade
bed lit *(m)*; **in -** au lit; **to go to -** se coucher
bedroom chambre *(f)* à coucher
beef bœuf *(m)*
beer bière *(f)*; **glass of draft -** demi *(m)*
before avant; **- entering** avant d'entrer

before-dinner drink apéritif *(m)*
to begin commencer
beginner débutant(e)
beginning début *(m)*; **- with (in)** à partir de; **- of the school year** rentrée *(f)*
behavior comportement *(m)*
behind derrière
Belgian belge
Belgium Belgique *(f)*
to believe croire (cru)
belongings affaires *(f pl)*
below ci-dessous
belt ceinture *(f)*
bench banc *(m)*
beret béret *(m)*
berth couchette *(f)*
best meilleur(e); mieux; **to do one's -** faire de son mieux pour
better: - than meilleur(e) que; mieux que; **It is - to. . .** Il vaut mieux...; **It would be - that. . .** Il vaut mieux que...; **All the -.** Tant mieux.
between entre
bicycle bicyclette *(f)*; vélo *(m)*; **mountain bike** VTT *(m)* (Vélo Tout Terrain)
big grand(e); gros(se)
bikini bikini *(m)*
bill (money) billet *(m)*
billing facturation *(f)*
billion milliard *(m)*
billionaire milliardaire *(m)*
biography biographie *(f)*
biology biologie *(f)*
birth naissance *(f)*; **of -** natal(e)
birthday anniversaire *(m)*
black noir(e)
blank: - tape cassette vierge
blond blond(e)
blood sang *(m)*
blouse chemisier *(m)*
blue bleu(e); **- jeans** blue-jean *(m)*; jean *(m)*
boarding house pension *(f)*
boat bateau *(m)*
bobsled luge *(f)*; **to go bobsledding** faire de la luge
body corps *(m)*; **- suit** maillot *(m)* de corps
bohemian bohème
bond lien *(m)*
book livre *(m)*; **- of tickets** carnet *(m)*
bookstore librairie *(f)*
boots bottes *(f pl)*
bored: to be - s'ennuyer
boring ennuyeux(-euse); barbant(e); rasant(e)
born: I was - Je suis né(e)
to borrow emprunter

boss patron(ne) *(m, f)*
botany botanique *(f)*
both tous (toutes) les deux
bother: Don't -. Ce n'est pas la peine.
bothersome gênant(e)
bottle bouteille *(f)*
bowl bol *(m)*
box boîte *(f)*; carton *(m)*
boxing boxe *(f)*
boy garçon *(m)*; **-friend** petit ami
branch office succursale *(f)*
brand marque *(f)*
Brazil Brésil *(m)*
Brazilian brésilien(ne)
bread pain *(m)*
to break down (car) avoir une panne (de moteur)
breakdown panne *(f)* de voiture (de moteur)
breakfast petit déjeuner *(m)*
brick brique *(f)*
bridge pont *(m)*
brief bref (brève)
briefcase serviette *(f)*
bright: - colors couleurs vives
to bring amener; apporter; **- back** ramener; **- together** réunir
Brittany Bretagne *(f)*
broadcast émission *(f)*
brochure brochure *(f)*
brother frère *(m)*; **-in-law** beau-frère
brown marron; brun(e)
brunette brun(e)
brush brosse *(f)*
to build construire (construit)
building bâtiment *(m)*
bull taureau *(m)*
bunch (radishes, etc.) botte *(f)*
bungee jumping saut à l'élastique *(m)*
burgundy (color) bordeaux
burn brûlure *(f)*
to burn brûler
bus autobus *(m)*; car *(m)*
business affaires *(f pl)*; commerce *(m)*; **- card** carte *(f)* de visite; **-man (-woman)** homme (femme) d'affaires
but mais
butcher boucher(-ère) *(m, f)*
butter beurre *(m)*
buttock fesse *(f)*
to buy acheter; **- a ticket** prendre un billet
by par; **- plane** en avion; **- using** en utilisant

C

cabbage chou *(m)*
cafeteria cafétéria *(f)*

café café *(m)*
Cairo Le Caire *(m)*
cake gâteau *(m)*
to calculate calculer
calculator calculatrice *(f)*
calendar calendrier *(m)*
calf veau *(m)*
call appel *(m)*
to call téléphoner à; appeler;
    - again rappeler
called nommé(e)
calm calme
camcorder caméscope *(m)*
camera *(f)* appareil photo *(m)*
Cameroon Cameroun *(m)*
camp colonie *(f)* de vacances
camping camping *(m)*
campus campus *(m)*
can boîte *(f)*
Canada Canada *(m)*
Canadian canadien(ne)
to cancel annuler
candy bonbon *(m)*
canned foods conserves *(f pl)*
canoe: to go canoeing faire
    du canoë
canvas toile *(f)*
capital capitale *(f)*
cap bonnet *(m)*; casquette *(f)*
capsule gélule *(f)*
car auto *(f)*; voiture *(f)*; **- of a train**
    wagon *(m)*
carbonated gazeux(-euse)
card carte *(f)*; **credit -** carte de
    crédit; **debit -** carte bleue
care: to take - of s'occuper de;
    to take - of oneself se soigner
career carrière *(f)*
careful: to be - (of) faire attention
    (à)
carefully soigneusement
carrot carotte *(f)*
cartoon dessin *(m)* animé
case cas *(m)*
cash register caisse *(f)*
cassette tape cassette *(f)*
castle château *(m)*
cat chat *(m)*
category catégorie *(f)*
cathedral cathédrale *(f)*
cauliflower chou-fleur *(m)*
CD compact disque *(m)*; **- player**
    lecteur de CD *(m)*
to celebrate célébrer; fêter
center centre *(m)*
centimeter centimètre *(m)*
century siècle *(m)*
cereal céréales *(f pl)*
certain certain(e)
certainly certainement
certainty certitude *(f)*

chain chaîne *(f)*
chair chaise *(f)*
chalk board tableau *(m)*
challenge défi *(m)*
champagne champagne *(m)*
chance (opportunity) occasion *(f)*;
    to have the - to avoir
    l'occasion de
change changement *(m)*
change (money) monnaie *(f)*
to change changer; **- one's
    mind** changer d'avis; **- trains
    (subway)** prendre une
    correspondance
chapter chapitre *(m)*
character personnage *(m)*; **- trait**
    trait *(m)* de caractère
characterized caracterisé(e)
charge: in - of chargé(e) de
charm charme *(m)*
chart tableau *(m)*, diagramme *(m)*
cheap bon marché
check chèque *(m)*; **(in a
    restaurant)** addition *(f)*
cheese fromage *(m)*
chef cuisinier(-ère) *(m, f)*
chemistry chimie *(f)*
cherry cerise *(f)*
chess échecs *(m pl)*
chest poitrine *(f)*
chestnut marron *(m)*
chicken poulet *(m)*
child enfant *(m)*
childhood enfance *(f)*; jeunesse *(f)*
chills frissons *(m pl)*
chimney cheminée *(f)*
China Chine *(f)*
Chinese chinois(e)
chocolat chocolat *(m)*
choice choix *(m)*
to choose choisir
Christian chrétien(ne)
Christmas Noël *(m)*
church église *(f)*
cider cidre *(m)*
to circulate circuler
circumstance circonstance *(f)*
city ville *(f)*; **- hall** hôtel *(m)* de ville
civil servant fonctionnaire *(m, f)*
clarinet clarinette *(f)*
class classe *(f)*; cours *(m)*; **first,
    second -** première (deuxième)
    classe; **in -** en classe; **I have
    - in 5 minutes.** J'ai cours dans
    5 minutes.
classic, classical classique
classified ads petites annonces *(f pl)*
classmate camarade *(m, f)*
    de classe
to clean nettoyer
clear clair(e)

to clear the table débarrasser la
    table
clever habile; intelligent
climate climat *(m)*
clock radio radioréveil *(m)*
to close fermer
close to près de; proche
closet placard *(m)*
clothes vêtements *(m pl)*; (slang)
    fringues *(f pl)*
clothing habillement *(m)*
cloud nuage *(m)*; **It's cloudy.**
    Le ciel est nuageux (couvert).
coast côte *(f)*
coat manteau *(m)*
coated enrobé(e)
Coca-Cola Coca *(m)*
coffee café *(m)*
coin pièce *(f)* de monnaie
cold froid(e); froid *(m)*; **to have a -**
    avoir un rhume; **It is -.**
    Il fait froid.
collar col *(m)*
colleague collègue *(m, f)*
Colombia Colombie *(f)*
colony colonie *(f)*
color couleur *(f)*
colored coloré(e)
comb peigne *(m)*
combination combinaison *(f)*
to come venir (venu); **- back**
    revenir; **to - across** rencontrer
comedy comédie *(f)*
comfort confort *(m)*
comfortable confortable; **to get -**
    se mettre à l'aise
coming from en provenance de
comment commentaire *(m)*
commercial commercial(e)
companion compagnon *(m)*
company entreprise *(f)*; société *(f)*;
    firme *(f)*
to compare comparer
competitor concurrent(e) *(m, f)*
to complain se plaindre
complaint plainte *(f)*
completely tout(e); complètement
complicated compliqué(e)
comprised: to be - of comprendre
computer ordinateur *(m)*; **- pro-
    grammer** programmeur(-euse)
    (m, f);**- science** informatique *(f)*
to concentrate concentrer;
    - on se concentrer sur
concerning en ce qui concerne
concert concert *(m)*
conference conférence *(f)*
confluence confluent *(m)*
to connect relier
conquered conquis(e)
consequently par conséquent

conservative traditionnel(le)
to consist of consister en
consonant consonne *(f)*
constantly constamment
constipated constipé(e)
constraint contrainte *(f)*
to consult consulter
consumer consommateur(-trice)
   (m, f)
to contain contenir
continuation suite *(f)*
to continue continuer; poursuivre;
   to be continued à suivre
contradictory contradictoire
to contribute contribuer
convent couvent *(m)*
convention congrès *(m)*
cook cuisinier(-ère) *(m, f)*
cooked cuit(e)
cookie biscuit *(m)*
cool: It's -. Il fait frais.
corn maïs *(m)*
corner coin *(m)*
to correct corriger
cost coût *(m)*
to cost coûter
costly coûteux(-euse)
cotton coton *(m)*
couch canapé *(m)*
cough toux *(f)*; **to -** tousser
to count compter
country pays *(m)*; campagne *(f)*;
   in the country à la campagne
courageous courageux(-euse)
course cours *(m)*; **first - (of a meal)**
   entrée *(f)*
course: of - bien sûr; bien entendu
courtesy courtoisie *(f)*
cousin cousin(e) *(m, f)*
covered couvert(e)
cow vache *(f)*
crazy fou/fol (folle)
cream crème *(f)*; **whipped -**
   crème fouettée
to create créer
crepe crêpe *(f)*
crime crime *(m)*
crisis crise *(f)*
to criticize critiquer
to cross traverser
to cry pleurer
cucumber concombre *(f)*
cuisine cuisine *(f)*
cup tasse *(f)*
current actuel(le)
currently actuellement
curtain rideau *(m)*
cushion coussin *(m)*
custom coutume *(f)*
customer client(e) *(m, f)*
customs douane *(f)*

to cut couper
cutlet escalope *(f)*
cyclist cycliste *(m, f)*

D

dairy products produits *(m pl)* laitiers
damaged endommagé(e)
dance danse *(f)*
dancer danseur(-euse) *(m, f)*
dangerous dangereux(-euse)
Danish danois(e)
danse bal *(m)*
dark: - blue bleu foncé
Darn! Zut!
to date from dater de
daughter fille *(f)*
dawn aube *(f)*
day jour *(m)*; journée *(f)*; **What
   - is it?** Quel jour sommes-nous?;
   the following - le lendemain
dear cher (chère)
death mort *(f)*
to decide décider (de)
decision décision *(f)*; **to make a -**
   prendre une décision
to declare déclarer
degree diplôme *(m)*
delay délai *(m)*
delegate délégué(e) *(m, f)*
delicious délicieux(-euse)
delighted ravi(e); enchanté(e);
   to be - se réjouir
to demand exiger
demanding exigeant(e)
demonstration manifestation *(f)*
Denmark Danemark *(m)*
dense dense
dentist dentiste *(m, f)*
department (of a store) rayon *(m)*
departure départ *(m)*
to depend: That depends on. . .
   Ça dépend de...
depressed: to be - avoir le cafard *(fam)*
depressing déprimant(e)
to describe décrire (décrit)
deserted désert(e)
to designate désigner
desire désir *(m)*
desired souhaité(e)
desk bureau *(m)*; **front - (hotel)**
   réception *(f)*
despite malgré
dessert dessert *(m)*
detail détail *(m)*; **to give -s** préciser
detailed détaillé(e)
detective movie film *(m)* policier
development développement *(m)*
devil diable *(m)*
dial cadran *(m)*; **to -** composer;
   - tone tonalité *(f)*

dialogue dialogue *(m)*
to die mourir (mort); crever
diet: to be on a - être au régime
to differ from différer de
difficult difficile
digit chiffre *(m)*
to diminish diminuer
dining room salle *(f)* à manger
dinner dîner *(m)*; **to have -** dîner
diploma diplôme *(m)*
diplomacy diplomatie *(f)*
direct direct(e)
direction direction *(f)*; sens *(m)*; **(of a
   movie, play)** mise en scène *(f)*
directly directement
director directeur(-trice) *(m, f)*
dirty sale
disagreement différend *(m)*
disappointed déçu(e)
disappointing décevant(e)
disastrous désastreux(-euse)
disciplined discipliné(e)
discotheque discothèque *(f)*
to discourage décourager
to discover découvrir (découvert)
discreet discret(-ète)
to discuss discuter (de)
dish plat *(m)*
dishonest malhonnête
to dislike détester
display étalage *(m)*
distinctive distinctif(-ive)
to distinguish distinguer
to distribute distribuer
to divide diviser
divorce: to (get a) - divorcer
to do faire (fait)
doctor médecin *(m)*
doctoral degree doctorat *(m)*
dog chien *(m)*
doll poupée *(f)*
door porte *(f)*
dormitory résidence *(f)* universitaire;
   - complex cité *(f)* universitaire
dose dose *(f)*
doubt doute *(m)*
to doubt douter
down: to go - descendre
downtown centre-ville *(m)*
dozen douzaine *(f)*
drama drame *(m)*
dramatic dramatique
to draw dessiner
drawer tiroir *(m)*
drawing dessin *(m)*
to dream rêver
dress robe *(f)*
dressed habillé(e); vêtu(e);
   to get - s'habiller
dresser commode *(f)*
drink boisson *(f)*; **to -** boire (bu)

to drive conduire
driver chauffeur *(m)*
driving conduite *(f)*
drop goutte *(f)*
to drop off déposer
drug store pharmacie *(f)*
drums batterie *(f)*
dry sec (sèche)
dryer séchoir *(m)*
duck canard *(m)*
due to dû (due) à
during durant, au cours de;
  - the week en semaine
duty-free hors taxes
DVD DVD *(m)*; **-player** lecteur
  de DVD *(m)*
dwelling logement *(m)*
dynamic dynamique

E

each chaque; **- one** chacun(e);
  with - other l'un(e) avec l'autre
ear oreille *(f)*
early de bonne heure; en avance
to earn gagner
earrings boucles *(f pl)* d'oreille
easily facilement
east est *(m)*
Easter Pâques *(f pl)*
easy facile; aisé(e)
to eat manger
eclair éclair *(m)*
economics sciences *(f pl)* économiques
economy économie *(f)*
edge bord *(m)*
education formation *(f)*; **continu-**
  ing - formation permanente;
  higher - enseignement supérieur
effect effet *(m)*
efficient efficace
egg œuf *(m)*
Egypt Égypte *(f)*
Egyptian égyptien(ne)
either. . .or soit...soit
elbow coude *(m)*
eldest aîné(e)
electric électrique
elegant élégant(e)
element élément *(m)*
elevator ascenseur *(m)*
embassy ambassade *(f)*
embroidered brodé(e)
emergency: in case of -
  en cas d'urgence
employee employé(e) *(m, f)*;
  agent(e) *(m, f)*
employment emploi *(m)*
enclosure (in a letter) P.J.
  (pièce jointe)
to encourage encourager

end fin *(f)*; bout *(m)* **in the -**
  pour finir; par la suite
to end (se) terminer
energetic énergique
engaged: to get - (to)
  se fiancer (avec)
engineer ingénieur *(m)*
England Angleterre *(f)*
English anglais(e)
English Channel Manche *(f)*
to engrave graver
enjoy: - your meal! Bon appétit!
enough assez (de); **to be -** suffir
to enroll s'inscrire
to enter entrer dans; s'introduire
  dans
enthusiasm enthousiasme *(m)*
enthusiastic enthousiaste
entire entier(-ère)
entirely complètement
entirety totalité *(f)*
entrance entrée *(f)*
environment environnement *(m)*
equally également
equipped équipé(e)
errand course *(f)*; **to run -s** faire
  des courses
escalator escalier *(m)* roulant
to escape se sauver
espadrilles espadrilles *(f pl)*
especially surtout
espionage espionnage *(m)*
espresso express *(m)*
essential indispensable;
  It is - that. . .
  Il est essentiel que...
essentially essentiellement
to establish établir
euro euro *(m)*
European européen(ne)
even même; **or -** voire
evening soir *(m)*
event événement *(m)*; **in any -**
  de toute façon
ever jamais
every: - week toutes les semaines;
  - year tous les ans; **-body** tout
  le monde; **-where** partout
to evolve évoluer
exact exact(e)
exactly exactement; justement;
  tout à fait
exaggeration exagération *(f)*
exam examen *(m)*; **competitive -**
  concours *(m)*; **final -** examen
  de fin de semestre
example exemple *(m)*; **for -**
  par exemple
except sauf
exception: with the - of à
  l'exception de

exceptional exceptionnel(le)
excerpt extrait *(m)*
exchange échange *(f)*; **foreign**
  currency - bureau *(m)* de change;
  to - échanger
exciting passionnant(e)
exclusively exclusivement
excuse excuse *(f)*; **- me. . .**
  Pardon...
executive cadre *(m)*; **high-level -**
  cadre supérieur
exercise exercice *(m)*
exit sortie *(f)*
expensive cher (chère);
  to be - coûter cher
to explain expliquer
explanation explication *(f)*
to express exprimer
exterior extérieur *(m)*
extra supplémentaire
extraordinary extraordinaire
extreme extrême *(m)*
extremity extrémité *(f)*
eye œil *(pl yeux) (m)*
eyeglasses lunettes *(f pl)*

F

fabric tissu *(m)*
face figure *(f)*; visage *(m)*
to facilitate faciliter
fact: in - en fait
to fail (a test) rater; échouer à
faith foi *(f)*
false faux (fausse)
family famille *(f)*; **pertaining**
  to the - familial(e)
famous célèbre
fantastic fantastique
fantasy: - movie film *(m)*
  fantastique
far (from) loin (de)
faraway lointain(e)
farm ferme *(f)*
farmer agriculteur(-trice) *(m, f)*
fascinating fascinant(e)
fashion mode *(f)*; **high-** haute
  couture *(f)*; **in -** à la mode
fast food fast-food *(m)*; **a -**
  restaurant un fast-food
fat gros(se); gras(se)
fatality fatalité *(f)*
father père *(m)*; **--in-law, step-**
  father beau-père
favorite préféré(e)
fax machine télécopieur *(m)*
fed: to be - up with en avoir
  marre de
to feel se sentir; **I'm feeling**
  better. Je vais mieux.
festival festival *(m)*

fever fièvre *(f)*; **hay -** rhume *(m)* des foins
few: **a -** quelques; **so -** si peu de
fiance fiancé(e) *(m, f)*
field champ *(m)*
to fill out (a form) remplir
filled chargé(e); rempli(e)
filmmaker cinéaste *(m f)*
finally finalement; enfin; **She - got her car.** Elle a fini par avoir sa voiture.
financial financier(-ère)
to find trouver
fine: **I am -.** Je vais bien.
finger doigt *(m)*
to finish finir; terminer
fire incendie *(m)*
fireworks feux *(m pl)* d'artifice
first premier(-ère); **- of all** d'abord; premièrement
fish poisson *(m)*; **- soup** bouillabaisse *(f)*
fishing pêche *(f)*; **to go -** aller à la pêche
fitting room salon *(m)* d'essayage
to fix one's hair se coiffer
fixed figé(e); décidé(e)
flavor saveur *(f)*
flight vol *(m)*
flooded inondé(e)
floor plancher *(m)*; étage *(m)*; **-plan** plan *(m)*; **ground -** rez-de-chaussée *(m)*
flour farine *(f)*
flower fleur *(f)*
flu grippe *(f)*
fluently: **to speak French -** parler couramment le français
flute flûte *(f)*
fog brouillard *(m)*
foggy: **It's -.** Il fait du brouillard.
to follow suivre (suivi); **followed by** suivi(e) de; **following** suivant(e)
food alimentation *(f)*; nourriture *(f)*; aliments *(m pl)*
foot pied *(m)*
football football *(m)* américain
for pour; **- an hour** pendant une heure; **- hours** depuis des heures
forbidden interdit(e)
forced forcé(e)
foreign étranger(-ère)
foreigner étranger(-ère) *(m, f)*
forest forêt *(f)*
to forget oublier
fork fourchette *(f)*
form: **in the - of** sous forme de; **to -** former
former ancien(ne)
fortunately heureusement

founded fondé(e)
free gratuit(e); libre
freedom liberté *(f)*
French français(e)
French fries (pommes) frites *(f pl)*
French-speaking francophone
frequently fréquemment
fresh frais (fraîche)
friend ami(e) *(m, f)*; copain (copine) *(m, f)*
to frighten faire peur (à)
frivolous frivole
from de; **- the beginning** dès le début
front: **in - of** devant
frozen surgelé(e)
fruit fruit *(m)*
frying pan poêle *(f)*
fun: **to have -** s'amuser; **to make - of** se moquer de
funny drôle; amusant(e); **It's not -.** C'est pas marrant.
furious furieux(-euse)
to furnish fournir; **- a house** aménager une maison
furnished meublé(e)
furnishings ameublement *(m)*
furniture meubles *(m pl)*
future futur *(m)*; avenir *(m)*

G

to gain weight grossir
game jeu *(m)*; match *(m)*; **to play a - of tennis** faire une partie de tennis; **board -** jeu de société *(m)*
garage garage *(m)*
garden jardin *(m)*
garlic ail *(m)*
garnished garni(e)
gasoline essence *(f)*; **to get a full tank of -** faire le plein
gastronomical gastronomique
gate (airport) porte *(f)*
gender genre *(m)*
general général(e); **in -** en général
generally généralement
generous généreux(-euse)
genius génie *(m)*
gentleman monsieur *(m)*
geology géologie *(f)*
German allemand(e)
Germany Allemagne *(f)*
gesture geste *(m)*
to get obtenir (obtenu); **- in (car, bus, etc.)** monter dans; **- off** descendre de; **- back** récupérer; **- settled** s'installer; **- up** se lever; **upset** s'énerver; **- used to** s'habituer à
giant géant(e)

gift cadeau *(m)*
girl fille *(f)*; **-friend** petite amie
to give donner
gladly volontiers; Je veux bien.
glass verre *(m)*
glove gant *(m)*
to go aller; **Let's -!** Allons-y!; **- and get** aller chercher; **- back** rentrer, retourner; **- by (time)** passer; **- about (doing something)** s'y prendre
goal but *(m)*
goat chèvre *(f)*
gold or *(m)*
golf golf *(m)*
good bon(ne); **Be -.** Sois sage.
good-bye au revoir; salut; **to say -** prendre congé
government gouvernement *(m)*
grade note *(f)*
gram gramme *(m)*
grammar grammaire *(f)*
grand: **-daughter** petite fille; **-son** petit fils; **-father** grand-père; **-mother** grand-mère
grapefruit pamplemousse *(m)*
grated râpé(e)
gray gris(e)
Great Britain Grande-Bretagne *(f)*
great grand(e); **That's -!** C'est extra (épatant, chouette)!
Greece Grèce *(f)*
Greek grec(que)
green vert(e)
to greet saluer; accueillir
greeting salutation *(f)*
grilled grillé(e)
grocer épicier(-ère) *(m, f)*
grocery store alimentation *(f)* générale; épicerie *(f)*
ground floor rez-de-chaussée *(m)*
group groupe *(m)*
growth croissance *(f)*
to guess deviner
guest invité(e) *(m, f)*
guide guide *(m)*
guitar guitare *(f)*
gulf golfe *(m)*
gun pistolet *(m)*
gymnasium gymnase *(m)*

H

hair cheveux *(m pl)*; **-cut** coupe *(f)*; **-dresser** coiffeur(-euse) *(m, f)*; **-style** coiffure *(f)*
half moitié *(f)*; demi(e)
hallway couloir *(m)*
ham jambon *(m)*
hand main *(f)*; **on one -... on the other** d'un côté...de l'autre;

to give somebody a - donner un coup de main à quelqu'un

handwritten manuscrit(e)

to hang pendre (pendu); **- up (phone)** raccrocher

to happen se passer

happiness bonheur *(m)*

happy heureux(-euse); content(e)

hard dur(e); **-working** travailleur (-euse)

hardly ne...guère

harsh rude

hat chapeau *(m)*; **(winter)** bonnet *(m)*

to hate avoir horreur de

to have avoir (eu); **- (something to eat)** prendre (pris); **- to** devoir (dû); **- one's hair cut** se faire couper les cheveux; **having decided to** ayant décidé de

head tête *(f)*

health santé *(f)*, **in good -** en bonne santé; **Your good health!** Santé!

to hear entendre (entendu); **- about** entendre parler de; **- that** entendre dire que

heart cœur *(m)*

heat chaleur *(f)*

heating chauffage *(m)*

heavy lourd(e); **-set** costaud(e)

heel talon *(m)*

hello salut; bonjour; allô

help aide *(f)*, secours *(m)*

to help aider

henna henné *(m)*

here ici; **Here's. . .** Voici...

to hesitate hésiter

Hey! Tiens!

hierarchy hiérarchie *(f)*

high élevé(e)

highway autoroute *(f)*

hike: to go for a - faire une randonnée

to hire embaucher

historic historique

history histoire *(f)*

holiday jour *(m)* de fête

home: at the - of chez; **at -** à la maison; **to go -** rentrer

honest honnête

honey miel *(m)*

hood capuche *(f)*; capuchon *(m)*

to hope espérer

horrible affreux(-euse)

horror movie film *(m)* d'épouvante

horseback riding équitation *(f)*

hospital hopital *(m)*; clinique *(f)*

hostel: youth - auberge *(f)* de jeunesse

hostess hôtesse *(f)*

hot chaud(e)

hotel hôtel *(m)*; **- owner** hôtelier (-ère) *(m, f)*

hour heure *(f)*; **24 -s a day** 24 heures sur 24; **130 km per -** 130 km à l'heure; **rush-** heures de pointe

house maison *(f)*

housing logement *(m)*

how comment; **- much (- many)** combien (de); **- are you?** Comment allez-vous? (Comment ça va?); **- strong he is!** Qu'est-ce qu'il est fort!; **- long will it take to go. . .** Il faut combien de temps pour aller...

huh? hein?

human humain(e)

hunger faim *(f)*

hungry: to be (very) - avoir (grand) faim

to hurry se dépêcher; **in a hurry -** pressé(e)

husband mari *(m)*

I

ice cream glace *(f)*

idea idée *(f)*

idealistic idéaliste

to identify identifier

if si

illness mal *(m)*

illustrated illustré(e)

image image *(f)*

imaginary imaginaire

to imagine imaginer

immediately tout de suite

impatient impatient(e)

importance importance *(f)*

important important(e)

imposed imposé(e)

to impress impressionner; épater

impression: to have the - (of, that) avoir l'impression (de, que)

impressive impressionnant(e)

to improve améliorer

to inaugurate inaugurer

to include inclure (inclus)

included compris(e)

to increase augmenter

increasing en hausse

independence indépendance *(f)*

independent indépendant(e)

India Inde *(f)*

Indian indien(ne)

to indicate indiquer

indigestion indigestion *(f)*

indiscreet indiscret(-ète)

industry industrie *(f)*

inedible immangeable

inevitable inévitable

to influence influencer

information renseignements *(m pl)*; **to get - (about)** se renseigner (sur)

informed avisé(e)

inhabitant habitant(e) *(m, f)*

inhabited habité(e)

injury blessure *(f)*

inn pension *(f)*; auberge *(f)*

inseam entrejambes *(m)*

inside à l'intérieur de

to insist (that) insister (pour que)

institute institut *(m)*

intellectual intellectuel(le)

to intend to avoir l'intention (de)

intercom interphone *(m)*

interest intérêt *(m)*

interested: to be - in s'intéresser à

interesting intéressant(e)

international international(e); mondial(e)

to interrogate interroger

interrupted interrompu(e)

intersection carrefour *(m)*

interview interview *(f)*; entretien *(m)*; **to -** interviewer

to introduce présenter

introduction présentation *(f)*

introverted introverti(e)

to invent inventer

investment investissement *(m)*

Iran Iran *(m)*

Iranian iranien(ne)

Iraq Irak *(m)*

iron fer *(m)*

island île *(f)*

Israel Israël *(m)*

Israeli israélien (ne)

Italian italien(ne)

itinerary itinéraire *(m)*

Ivory Coast Côte d'Ivoire *(f)*

J

jam confiture *(f)*

Japan Japon *(m)*

Japanese japonais(e)

jazz jazz *(m)*

jewelry bijoux *(m pl)*

jewelry store bijouterie *(f)*

job job *(m)*; poste *(m)*; travail *(m)*; emploi *(m)*

to jog faire du jogging

to join rejoindre (rejoint); **- us** être des nôtres

jolly jovial(e)

journalism journalisme *(m)*

journalist journaliste *(m, f)*

joy joie *(f)*

to judge juger
judo judo (m)
juice jus (m); **fruit -** jus (m) de fruit
just: I have - arrived. Je viens d'arriver.

K

karate karaté (m)
to keep garder; **to - a promise** tenir une promesse
ketchup ketchup (m)
key clé (f)
keychain porte-clé (m)
kidney rein (m)
kilogram kilo (m)
kind (nice) gentil(le)
kind (type) genre (m); sorte (f)
king roi (m)
to kiss embrasser
kitchen cuisine (f)
knee genou (m)
knife couteau (m)
to knit tricoter
to knock frapper
to know connaître (connu); savoir (su); **I know what I'm doing.** Je m'y connais
known connu(e)

L

label étiquette (f); griffe(f)
laboratory laboratoire (m)
lack manque (m)
ladder échelle (f)
lamp lampe (f)
landing débarquement (m)
lane voie (f)
language langue (f)
large grand(e); **- family** famille nombreuse
last dernier(-ère); passé(e)
to last durer
late tard; en retard; tardif(-ve)
later plus tard
latest dernier(-ère)
laundry linge (m); **to do the -** faire la lessive; **- room** buanderie (f)
law droit (m)
lawyer avocat(e) (m, f)
lazy paresseux(-euse)
to lead mener
leader chef (m)
to learn apprendre (appris)
least moindre; **the -** le (la) moins; **at -** au moins
to leave quitter; sortir (sorti); partir (parti); **- again** repartir; **to take -** prendre congé

Lebanese libanais(e)
lecture conférence (f)
leek poireau (m)
left gauche (f)
left: the money I have - l'argent qui me reste
leg jambe (f)
legend légende (f)
lemon citron (m)
lemonade citron (m) pressé
to lend prêter
length durée (f)
less moins; **- than** moins de / que
lesson leçon (f)
letter lettre (f); **application -** lettre de candidature
lettuce salade (f); laitue (f)
level niveau (m)
liberal arts lettres (f pl)
library bibliothèque (f)
Libya Libye (f)
life vie (f)
to light allumer
light: - blue bleu clair
light léger(-ère)
lightly légèrement
to like aimer; aimer bien; **- better** aimer mieux; **- the best** aimer le mieux; **I would like. . .** Je voudrais
limited limité(e)
line ligne (f); file (f)
lined doublé(e)
linguistics linguistique (f)
lip lèvre (f)
list liste (f)
to listen (to) écouter
liter litre (m)
literature littérature (f)
little un peu; **so -** si peu (de)
to live vivre (vécu); habiter
living room salle (f) de séjour
loafers mocassins (m pl)
lobster homard (m)
located situé(e); **to be -** se trouver
location situation (f)
locked fermé(e) à clé
to lodge héberger
lodging hébergement (m)
long long(ue)
look regard (m); **to - (seem)** avoir l'air; **to - at** regarder; **to - for** chercher; **That looks good on you.** Ça te va très bien.
to lose perdre; **- weight** maigrir
lot: a - (of) beaucoup (de); énormément (de)
loudly: to talk - parler fort
love amour (m); **to -** aimer; adorer; **to be in - with** être amoureux (-euse) de

lover: - of amateur(-trice) de (m, f); **-s** amoureux (m pl)
low bas(se)
lozenge pastille (f)
lucky: to be - avoir de la chance
lunch déjeuner (m); **to have -** déjeuner; **- time** l'heure du déjeuner
luxurious luxueux(-euse)
luxury luxe (m)

M

made of composé(e) de
magazine magazine (m); revue (f)
main principal(e)
major (in college) spécialisation (f); **to - in French** se spécialiser en français
majority majorité (f)
to make faire (fait); fabriquer; **- beautiful** rendre beau
man homme (m)
to manage gérer; **- to do something** se debrouiller
management gestion (f)
manager gérant(e) (m, f)
mandatory obligatoire
manners manières (f pl)
manufacture fabrication (f)
to manufacture fabriquer
many beaucoup; **so -** tellement (de); **as - as** tant que; autant que; **as -. . . as** autant de...que
map carte (f); plan (m); **road-** carte routière (f)
marbles billes (f pl)
marked marqué(e)
market marché (m); **flea -** marché aux puces; **Common -** Marché Commun
marketing marketing (m)
married marié(e); **to get -** se marier
to marry épouser
marvel merveille (f)
master maître (m); **-'s degree** maîtrise (f)
masterpiece chef-d'œuvre (m)
material matière (f)
math mathématiques (f pl)
matter: It doesn't -. Ça m'est égal.; Ça ne fait rien.; **What's the -?** Qu'est-ce que tu as?; Qu'est-ce qu'il y a?
maybe peut-être
mayonnaise mayonnaise (f)
meal repas (m)
to mean signifier; **That means. . .** Ça veut dire...
means moyen (m)

meantime: in the - entre-temps; en attendant
to measure mesurer
meat viande *(f)*
mechanic mécanicien(ne) *(m, f)*
medical médical(e)
medicine médecine *(f)*; **to study -** faire médecine
medication médicament *(m)*
Mediterranean Sea Mer Méditerranée
to meet faire la connaissance de; rencontrer, retrouver; se retrouver; se réunir; **I met him in Paris.** Je l'ai connu à Paris.
meeting rendez-vous *(m)*; congrès *(m)*, réunion *(f)*
melon melon *(m)*
member membre *(m)*
memory souvenir *(m)*
menu carte *(f)*; menu *(m)*
message message *(m)*; **to leave a -** laisser un mot
meter mètre *(m)*
method mode *(m)*; méthode *(f)*
metric métrique
Mexican mexicain(e)
Mexico Mexique *(m)*
middle milieu *(m)*; **--aged** d'un certain âge; **--class** bourgeois(e)
midnight minuit *(m)*
migraine headache migraine *(f)*
mild (climate) doux (douce)
milk lait *(m)*; **-shake** milkshake *(m)*
million million *(m)*
mint menthe *(f)*
minute minute *(f)*
mirror miroir *(m)*
miser avare *(m)*
miserly avare
to miss: I miss her Elle me manque.
mistake: to make a - se tromper
mix mélange *(m)*
to mix mélanger
model modèle *(m)*; **fashion -** mannequin *(m)*
modern moderne
to modernize moderniser
moment instant *(m)*; moment *(m)*
monarchy monarchie *(f)*
money argent *(m)*
monster monstre *(m)*
month mois *(m)*
mood: in a good (bad) - de bonne (mauvaise) humeur
moped vélomoteur *(m)*
more davantage; encore de; **- than** plus que; **- . . . than** plus de...que; **25 euros -** 25 euros de plus; **no -** ne...plus
morning matin *(m)*

Moroccan marocain(e)
Morocco Maroc *(m)*
Moslem musulman(e)
mosque mosquée *(f)*
most la plupart de; **the -** le plus (de)
mother mère *(f)*; **--in-law, step--** belle-mère
to motivate motiver
motorcycle moto *(f)*; motocyclette *(f)*
mountain montagne *(f)*
mountainous montagneux(-euse)
mousse mousse *(f)*
moustache moustache *(f)*
mouth bouche *(f)*
movement mouvement *(m)*; déplacement *(m)*
movie film *(m)*; **-s, - theater** cinéma *(m)*; **- camera** caméra *(f)*
moving émouvant(e)
much: so - tellement (de); **as - as** tant que; autant que; **as - . . . as** autant de...que
muscular musclé(e)
museum musée *(m)*
mushroom champignon *(m)*
music musique *(f)*; **classical -** la musique classique; **popular -** la musique populaire; **- video** (vidéo-)clip *(m)*
musical musical(e)
musician musicien(ne) *(m, f)*
mussel moule *(f)*
mustard moutarde *(f)*
mutton mouton *(m)*
my mon; ma; mes
mysterious mystérieux(-euse)

N

naive naïf (naïve)
to name nommer
name nom *(m)*; **first -** prénom *(m)*; **last -** nom de famille; **My - is. . .** Je m'appelle...
nationality nationalité *(f)*
natural naturel(le)
nature nature *(f)*
nauseated: to feel - avoir mal au cœur
navy: - blue bleu marine
near proche; près (de)
nearly à peu près; presque
neat chouette
necessary nécessaire; **It is - (that). . .** Il faut (que)...
neck cou *(m)*
need besoin *(m)*; **to -** avoir besoin de; **I -. . .** Il me faut...; **if - be** à la rigueur
to neglect négliger
neighbor voisin(e) *(m, f)*

neighborhood quartier *(m)*
neither non plus; **-. . . nor** ne...ni...ni
nervous nerveux(-euse)
Netherlands Pays-Bas *(m pl)*
network réseau *(m)*
neutrality neutralité *(f)*
never ne...jamais
nevertheless néanmoins
new nouveau/nouvel (nouvelle); neuf (neuve)
New Orleans La Nouvelle-Orléans *(f)*
newly nouvellement
news nouvelles *(f pl)*
newspaper journal *(m)*
New Year's le Nouvel An
New Zealand Nouvelle-Zélande *(f)*
next prochain(e); **- to** à côté de; **the café - door** le café à côté; **the - morning** le lendemain matin
nice sympathique; **It's - (weather).** Il fait bon.
nightclub boîte *(f)* de nuit
no non
nobody ne...personne
noise bruit *(m)*
none whatsoever ne...aucun(e)
noon midi *(m)*
normal normal(e)
normally normalement; d'habitude
north nord *(m)*
Norwegian norvégien(ne)
nose nez *(m)*; **to have a runny -** avoir le nez qui coule
not: - bad pas mal; **- at all** pas du tout; **- much** pas grand-chose; **- yet** pas encore
note pad carnet *(m)*; bloc-notes *(m)*
notebook cahier *(m)*
to notice s'apercevoir de; remarquer
noticeable sensible; remarquable
noun nom *(m)*
novel roman *(m)*
now maintenant; en ce moment
nowadays de nos jours
nowhere nulle part
number numéro *(m)*; nombre *(m)*
numerous nombreux(-euses)
nurse infirmier(-ère) *(m, f)*
nut noix *(f)*

O

obey obéir à
object objet *(m)*
to oblige obliger
obsessed with obsédé(e) par
obvious évident(e)
occupation métier *(m)*
occupied occupé(e)

to occupy occuper
o'clock: 10 - 10 heures
of de
off-campus hors campus
offer offre *(f)*
to offer offrir (offert)
office bureau *(m)*
official officiel(le)
often souvent
oil huile *(f)*
okay d'accord; **Is that -?** Ça vous va?; **It will be -.** Ça ira.
old vieux/vieil (vieille); ancien(ne); âgé(e); **How - are you?** Quel âge as-tu?; **to grow -** vieillir
omelet omelette *(f)*
on sur; **- Balzac Street** dans la rue Balzac; **- Mondays** le lundi; **- page 3** à la page 3; **- sale** en solde; **- television** à la télévision; **- the other hand** par contre; **- the phone** au téléphone; **- the way to** en route pour; **- time** à l'heure
one-way (ticket) aller-simple *(m)*; **(street)** à sens unique
oneself soi-même
onion oignon *(m)*
only ne...que; seulement
open ouvrir (ouvert)
opinion opinion *(f)*; **in my -** à mon avis
opportunity occasion *(f)*
opposite contraire *(m)*
optimistic optimiste
orange orange *(f)*
order commande *(f)*; ordre *(m)*; **in - to** afin de; pour
to order commander
organ (music) orgue *(f)*; **(body)** organe *(m)*
organization organisme *(m)*; organisation *(f)*
to organize organiser
organized: to get - s'organiser
organizer organisateur(-trice) *(m, f)*
origin origine *(f)*
original original(e)
other autre
out: to go - sortir (sorti); **one - of three** un sur trois
outfit tenue *(f)*
outing sortie *(f)*
outside (of) à l'extérieur (de); en dehors (de)
oven four *(m)*; **microwave -** four à micro-ondes
over sur; dessus; par-dessus
overalls salopette *(f)*
overcoat manteau *(m)*; pardessus *(m)*

to owe devoir (dû)
own propre

P

to pack faire les valises
package paquet *(m)*
painting peinture *(f)*; tableau *(m)*
pair paire *(f)*
palace palais *(m)*
pale pâle
pan casserole *(f)*
pants pantalon *(m)*
paper clip trombone *(m)*
parade défilé *(m)*
paragraph paragraphe *(m)*
parentheses parenthèses *(f pl)*
parents parents *(m pl)*
Parisian parisien(ne)
park parc *(m)*
to park stationner
parking stationnement *(m)*; **- lot** parking *(m)*
part partie *(f)*; **in -** en partie; **to be a - of** faire partie de
particular: in - en particulier
particularly particulièrement
partner partenaire *(m, f)*
party boum *(f)*; soirée *(f)*; surprise-partie *(f)*
to pass dépasser; **- a test** réussir à un examen
passenger passager(-ère) *(m, f)*
passerby passant(e) *(m, f)*
passport passeport *(m)*
past passé *(m)*; **in the -** autrefois
pasta pâtes *(f pl)*
pastry, pastry shop pâtisserie *(f)*; **- chef** pâtissier(-ère) *(m, f)*
path allée *(f)*; chemin *(m)*
patience patience *(f)*
patient patient(e)
patiently patiemment
pattern (sewing) patron *(m)*
to pay (for) payer, régler; **- attention** faire attention; **- cash** payer en espèces; **- extra** payer un supplément
peach pêche *(f)*
pear poire *(f)*
pearl perle *(f)*
peas petits pois *(m pl)*
to peel éplucher
pen stylo *(m)*
pencil crayon *(m)*
people gens *(m/f pl)*; peuple *(m)*
pepper poivre *(m)*
per par
percent: thirty - trente pour cent
percentage pourcentage *(m)*
perfect parfait(e)

to perfect perfectionner
perfectly parfaitement
perfume parfum *(m)*
perhaps peut-être
period période *(f)*
to permit permettre (permis)
person personne *(f)*
personal personnel(le)
personality personnalité *(f)*
personally personnellement
personnel personnel *(m)*; effectifs *(m pl)*
to persuade persuader
Peru Pérou *(m)*
pessimistic pessimiste
pharmaceutical pharmaceutique
pharmacist pharmacien(ne) *(m, f)*
Philippines Philippines *(f pl)*
philosophy philosophie *(f)*
photocopier photocopieuse *(f)*
photograph photo *(f)*
to photograph photographier
photographer photographe *(m, f)*
physics physique *(f)*
physical physique
piano piano *(m)*
pick: to - up (phone) décrocher
picnic pique-nique *(m)*
picturesque pittoresque
pie tarte *(f)*
piece bout *(m)*; morceau *(m)*; part *(f)*
pierced percé(e)
pig cochon *(m)*
PIN code confidentiel *(m)*
pinball flipper *(m)*
pink rose
pity: It's a -. C'est dommage.
pizza pizza *(f)*
place endroit *(m)*; lieu *(m)*; **meeting -** lieu de rencontre
plans préparatifs *(m pl)*; **projets** *(m pl)*
plant plante *(f)*
plate assiette *(f)*
platform (train station) quai *(m)*
play pièce *(f)* de théâtre
to play jouer; **(sport)** jouer à; **(musical instrument)** jouer de; **- tennis** faire du tennis
playing: to be - (movie) passer
pleasant agréable
pleased content(e)
please s'il vous (te) plaît
pleasure plaisir *(m)*
pocket poche *(f)*
poet poète *(m)*
to point out signaler
police station commissariat *(m)* de police
Polish polonais(e)
polite poli(e)

political politique; **- party** parti (m); **- science** science (f) politique
politics politique (f)
polka dots pois (m pl)
polo shirt polo jersey (m)
polyester polyester (m)
poor pauvre
poorly mal
pork porc (m)
Portugal Portugal (m)
Portuguese portugais(e)
position situation (f); poste (m)
to possess posséder
possession possession (f)
possible: It is - that. . . Il se peut que...; **That's -.** Ça se peut bien.
to post afficher
post office bureau (m) de poste
postage stamp timbre (m)
postal worker postier(-ère) (m, f)
postcard carte (f) postale
poster affiche (f); poster (m)
pound livre (f)
to pour verser
practical pratique
practicum stage (m)
prawn langoustine (f)
precarious précaire
predecessor prédécesseur (m)
to predict prévoir (prévu)
to prefer préférer; aimer mieux
preferable: It is - that. . . Il est préférable que...
preferably de préférence
pregnant enceinte
preparations préparatifs (m pl)
to prepare préparer
to prescribe prescrire (prescrit)
to present présenter
president président(e) (m, f)
pressure pression (f)
pretty joli(e)
price prix (m)
primary primaire
private privé(e)
privileged privilégié(e)
prize prix (m)
probably probablement; sans doute
problem problème (m); ennui (m)
process: in the - of en train de
product produit (m)
profession métier (m); profession (f)
professional professionnel(le)
profitable rentable
program programme (m)
progress: to make - faire des progrès
promise promesse (f)
promotion avancement (m)
pronoun pronom (m)
to propose proposer
prosperous prospère

to protect protéger
protein protéine (f)
proud fier (fière)
province province (f)
psychiatry psychiatrie (f)
psychology psychologie (f)
public public (publique)
to publish publier
pumps escarpins (m pl)
to punish punir
purchase achat (m); **to -** acheter
purchasing (department) achats (m pl)
purple violet(te)
purse sac (m) à main
to pursue poursuivre (poursuivi)
to put mettre (mis); **- up with** supporter
puzzle rébus (m); énigme (f)

Q

qualified qualifié(e)
quality qualité (f)
question question (f)
quickly rapidement; vite
quiet: to be - se taire
quite: - a bit of pas mal de; **- naturally** tout naturellement

R

R&B music funk (m)
rabbit lapin (m)
racket raquette (f)
rain pluie (f); **in the -** sous la pluie
to rain pleuvoir (plu); **It's raining.** Il pleut.
to rank classer
ranking classement (m)
rare rare; **- (meat)** saignant(e)
rarely rarement
rate taux (m)
rather plutôt; assez
ravine ravin (m)
to reach atteindre (atteint)
to react réagir
reaction réaction (f)
to read lire (lu)
reading lecture (f)
ready prêt(e); **to get - (to)** se préparer (pour)
real véritable
real estate agency agence (f) immobilière
realistic réaliste
reality réalité (f)
to realize se rendre compte de
really vraiment
reason raison (f); **the - why** la raison pour laquelle

reasonable raisonnable
to reassure rassurer
to receive recevoir (reçu)
recently récemment
reception réception (f)
recipe recette (f)
to recognize reconnaître (reconnu)
to recommend recommander
to reconstruct reconstruire (reconstruit)
record disque (m)
to recruit recruter
red rouge; **to have - hair** avoir les cheveux roux
to reduce réduire (réduit)
to reestablish rétablir
to reflect refléter
refresher course cours (m) de recyclage
refrigerator frigo (m)
to refuse refuser
regarding en ce qui concerne
to register enregistrer
registration form bulletin (m) d'inscription
regularly régulièrement
to reign régner
relationship rapport (m)
relatives parents (m pl)
relaxed décontracté(e); relax
relief soulagement (m)
relieved soulagé(e)
religious religieux(-euse)
to remain demeurer
remark remarque (f)
to remember se rappeler; se souvenir (de)
to remind rappeler
renowned renommé(e)
rent loyer (m)
to rent louer
rental location (f); **- agency** agence (f) de location
to repeat répéter
to replace remplacer
to represent représenter
to reproduce reproduire (reproduit)
research recherche (f); **to do -** faire des recherches
to reserve réserver
to resign démissionner
resignation démission (f)
resources ressources (f pl)
responsibility responsabilité (f)
responsible responsable
rest repos (m); **to -** se reposer; **- area** aire (f) de repos
restaurant restaurant (m)
results résultats (m pl)
retired: to be - être à la retraite
to return (give back) rendre (rendu)

return trip retour (m)
review révision (f)
résumé curriculum vitae (CV) (m)
rib côte (f)
rice riz (m)
rich riche
right droite (f)
right (correct) vrai; exact; **to be -**
   avoir raison
to ring sonner
river fleuve (m)
road chemin (m); route (f); **-signs**
   signalisation (f) routière;
   pertaining to -s routier(-ière)
to rob cambrioler
robber cambrioleur (m)
rock music rock (m)
rocket fusée (f)
role rôle (m)
roof toit (m)
room chambre (f); pièce (f); salle (f);
   -mate camarade (m, f) de chambre;
   bath- salle de bains; **class-** salle
   de classe (cours)
round-trip (ticket) aller-retour (m)
rubber caoutchouc (m); **-band**
   élastique (m)
rug tapis (m)
ruins ruines (f pl)
rule règle (f)
to run (business) exploiter; **manage**
   gérer; **- away** se sauver; **- out of**
   gas avoir une panne d'essence
rural rural(e)
Russian russe

S

sad triste
sail: -boat bateau (m) à voile;
   to go sailing faire de la voile
salad salade (f)
salary salaire (m)
sale: for - à vendre
sales ventes (f pl); soldes (f pl)
salesperson vendeur(-euse) (m, f)
same même
sandals sandales (f pl)
sandwich sandwich (m)
satisfied (with) satisfait(e) (de)
to satisfy rassasier
to save (money) faire des
   économies
savory savoureux(-euse)
saxophone saxophone (m)
to say dire (dit); déclarer;
   - goodbye faire ses adieux; **Say**. . .
   Dis (Dites)...
scallops coquilles (f) Saint-Jacques
scarf écharpe (f); foulard (m)
scene scène (f)

schedule emploi (m) du temps;
   horaire (m)
scholarship bourse (f)
school école (f); **high -** lycée (m); **in-**
   termediate (middle) - collège
   (m); **nursery -** école maternelle;
   pertaining to - scolaire; **- sup-**
   plies fournitures scolaires (f pl)
science science (f); **- fiction** science
   fiction (f); **social -s** sciences
   humaines (f pl); **hard -** sciences
   exactes (f pl)
scissors ciseaux (m pl)
Scottish écossais(e)
screen écran (m)
sculpture sculpture (f)
sea mer (f); **-food** fruits (m pl) de mer
seamstress couturière (f)
search recherche (f)
seashore bord (m) de la mer
seasickness mal (m) de mer
seaside resort station (f) balnéaire
season saison (f)
seat place (f); **front (back)-** siège (m)
   avant (arrière)
seatbelt ceinture (f) de sécurité
seated assis(e)
second deuxième; second(e);
   - class ticket billet (m) de seconde;
   - floor premier étage
secondary secondaire
secret secret(-ète)
secretary secrétaire (m, f)
to see voir (vu); **See you in a while.**
   À tout à l'heure.; **See you soon.**
   À bientôt.; **Let's see**. . . Voyons...;
   We'll see. . . On verra...
to seem sembler; avoir l'air
to select sélectionner
selfish égoïste
to sell vendre (vendu)
to send envoyer
Senegal Sénégal (m)
Senegalese sénégalais(e)
sensational sensationnel(le)
sense sens (m); **common -** bon sens
sentence phrase (f)
separately séparément
series série (f)
serious grave; sérieux(-euse)
seriously sérieusement
servant serviteur (m)
to serve servir; desservir
service service (m); **- station**
   station-service (f)
to set (a date) fixer; **- the table**
   mettre la table (le couvert)
setting cadre (m)
several plusieurs
to sew coudre (cousu)
shame: It's a -. C'est dommage.

shampoo shampooing (m)
to share partager
to shelter abriter
shelves étagères (f pl)
shirt chemise (f); **short-sleeved -**
   chemisette (f)
shoe chaussure (f); soulier (m);
   - size pointure (f)
to shop (go shopping) faire des
   achats; faire du shopping; faire les
   courses
shopping mall centre (m)
   commercial
short court(e); petit(e)
shorts short (m); bermuda (m)
shot piqûre (f)
should: you - buy tu devrais
   acheter
shoulder épaule (f)
show spectacle (m)
to show montrer; faire voir; indiquer;
   - one's reaction
   marquer sa réaction
shower douche (f)
showing (of a film) séance (f)
shrimp crevette (f)
shutter volet (m)
shy timide
sick malade
side côté (m)
sidewalk (of a café) terrasse (f)
to sigh soupirer
sight vue (f); **at first -** à première
   vue
sightseeing: to go - faire du
   tourisme
sign signe (m)
to sign signer
to signify signifier
silent silencieux(-euse)
silk soie (f)
simply simplement
since depuis; **- when** depuis quand;
   It has been a year -. . . Ça fait un
   an que...
sincere sincère
to sing chanter; **- off-key** chanter
   faux
singer chanteur(-euse) (m, f)
single (not married) célibataire
sink évier (m); lavabo (m)
sister sœur (f); **--in-law**, belle-sœur;
   step- demi-sœur
to sit s'asseoir; **Sit down!**
   Assieds-toi! (Asseyez-vous!)
situation situation (f)
size taille (f); **I take a - 42 (shoe).**
   Je chausse du 42.
skateboard planche à roulettes (f)
skating: to go - faire du patinage;
   in-line skates rollers (m pl)

ski: to go (downhill/cross-country/water) skiing faire du ski (de piste/de fond/nautique); **- jacket** anorak *(m)*; **- resort** station *(f)* de ski

skin peau *(f)*

skindiving: to go - faire de la plongée sous-marine

to skip a class sécher un cours

skirt jupe *(f)*

sky ciel *(m)*

to sleep dormir; coucher

sleeve manche *(f)*

slightly légèrement

slot fente *(f)*

small petit(e)

smoke fumée *(f)*

to smoke fumer

smoking (non-smoking) fumeur (non-fumeur)

snack amuse-gueule *(m)*

snail escargot *(m)*

sneakers baskets *(m pl)*; tennis *(m pl)*; **high-top -** baskets montants

to sneeze éternuer

snowboarding surf de neige (snowboarding) *(m)*

so alors; **- big** si grand

soap savon *(m)*

soccer football *(m)*

sociology sociologie *(f)*

sock chaussette *(f)*

sofa sofa *(m)*

soft doux (douce)

software logiciel *(m)*

sole semelle *(f)*

to solicit solliciter

solution solution *(f)*

some des; **-day** un jour; **- (of)** quelques-un(e)s (de)

someone quelqu'un

something quelque chose; **- else** autre chose; **- small** quelque chose de petit; **- to drink** quelque chose à boire

sometimes parfois; quelquefois

somewhere quelque part

son fils *(m)*

soon bientôt

sorrow chagrin *(m)*; tristesse *(f)*; **to my -** à mon (grand) regret

sorry désolé(e); navré(e); **to be -** regretter; **I feel - for you.** Je vous plains.; **I'm -.** Je m'excuse.

soup soupe *(f)*; potage *(m)*

south sud *(m)*

souvenir souvenir *(m)*

space espace *(m)*

spacious spacieux(-euse)

Spain Espagne *(f)*

Spanish espagnol(e)

to speak parler; **- to someone** s'adresser à quelqu'un, adresser la parole à quelqu'un

special spécial(e)

specialty spécialité *(f)*

speed vitesse *(f)*

to spend (money) dépenser; **(time)** passer le temps

spinach épinards *(m pl)*

spite: in - of malgré

spoiled gâté(e)

spoon cuiller (cuillère) *(f)*

sport: to participate in -s faire du sport; **- jacket** veste *(f)*; **-s-minded** sportif(-ive); **-ing goods store** magasin *(m)* de sport

to sprain se fouler

spring printemps *(m)*

square: (in a town) place *(f)*

stadium stade *(m)*

stairs escalier *(m)*

to stand (put up with) supporter

star étoile *(f)*

state état *(m)*

statue statue *(f)*

status statut *(m)*

stay séjour *(m)*

to stay rester; **- at a hotel** descendre à un hôtel

to steal voler

steel acier *(m)*

steer bœuf *(m)*

step: --brother demi-frère; **--father** beau-père; **--mother** belle-mère; **--sister** demi-sœur

stereo chaîne *(f)* stéréo

still encore; toujours

stomach ventre *(m)*; estomac *(m)*

stop arrêt *(m)*; **bus -** arrêt d'autobus; **non-** sans arrêt; **to -** s'arrêter; cesser; **to - by** passer

store magasin *(m)*

storm orage *(m)*

story histoire *(f)*

straight: - hair cheveux raides; **- ahead** tout droit

strawberry fraise *(f)*

street rue *(f)*

strength force *(f)*; **regain one's strength** regagner ses forces

stress stress *(m)*

string ficelle *(f)*

striped rayé(e); à rayures

strong fort(e)

student (high school) élève *(m, f)*; lycéen(ne) *(m, f)*; **(college)** étudiant(e) *(m, f)*

studious studieux(-euse)

study étude *(f)*; **to -** étudier; **to - for a test** préparer un examen

stuffed: to be - up avoir le nez pris (bouché)

style style *(m)*

stylish chic

subject sujet *(m)*; **school -s** matières *(f pl)*

subscription abonnement *(m)*

subsidiary filiale *(f)*

to substitute substituer

suburbs banlieue *(f)*

subway métro *(m)*; **- station** station *(f)* de métro

to succeed réussir

success succès *(m)*; réussite *(f)*

such: - as tel(le) que; **- a long time** si longtemps

suddenly soudain

to suffer souffrir (souffert)

sugar sucre *(m)*

to suggest suggérer; conseiller

suit (men's) complet *(m)*; **(women's)** tailleur *(m)*

to suit (be appropriate for) convenir à

suitcase valise *(f)*

summary résumé *(m)*

summer été *(m)*

sumptuous somptueux(-euse)

sun soleil *(m)*; **-burn** coup *(m)* de soleil; **-glasses** lunettes *(f)* de soleil; **to get a -tan** se faire bronzer

sunny ensoleillé(e); **It's -.** Il fait du soleil.

superior supérieur(e)

to support soutenir (soutenu)

suppose: She was supposed to. . . Elle devait...

suppository suppositoire *(m)*

sure sûr(e)

surfing surf *(m)*

surprised étonné(e); surpris(e)

surprising surprenant(e)

to surround entourer

surrounding area environs *(m pl)*

survey enquête *(f)*; sondage *(m)*

to suspect soupçonner

to swallow avaler

to sweat transpirer

sweater pull-over *(m)*; chandail *(m)*; gilet *(m)*

sweat-suit jogging *(m)*

sweatshirt sweat(shirt) *(m)*

Swedish suédois(e)

sweets sucreries *(f pl)*

to swim nager; se baigner

swimming pool piscine *(f)*

Swiss suisse

switchboard standard *(m)*

Switzerland Suisse *(f)*

sword épée *(f)*

syllable syllabe *(f)*

symptom symptôme *(m)*
synagogue synagogue *(f)*
Syria Syrie *(f)*
syrup syrop *(m)*
system système *(m)*

T

t-shirt T-shirt *(m)*
table table *(f)*
tablet (pill) cachet *(m)*; comprimé *(m)*
to take prendre (pris); **- (a person)** amener; **- a class** suivre un cours; **- a class over** redoubler un cours; **- a ride (on a bike/in a car/on a motorcycle)** faire un tour (à vélo/en voiture/à moto); **- a stroll** se balader; **- a test** passer un examen; **- a trip** faire un voyage; **- a walk (ride) in town** faire un tour en ville; **- a walk** faire une promenade; **- an hour to go** mettre une heure pour aller; **- care of** s'occuper de; **- it easy** se calmer; **- leave** prendre congé; **- off** enlever; **- part in** participer à; **- place** se dérouler; avoir lieu; **- the wrong road** se tromper de route
talented in doué(e) pour
tall grand(e)
to tan se faire bronzer; **tanned** bronzé(e)
tank top débardeur *(m)*
tart tartelette *(f)*
taste goût *(m)*; **to -** déguster
taxes impôts *(m pl)*
taxi taxi *(m)*
tea thé *(m)*
to teach enseigner
teacher professeur *(m)*; **grade school -** instituteur(-trice) *(m, f)*
teaching enseignement *(m)*; **- assistant** assistant(e) *(m, f)*
team équipe *(f)*
technology technologie *(f)*
telephone téléphone *(m)*; **- number** numéro *(m)* de téléphone; **- booth** cabine *(f)* téléphonique; **- call** coup *(m)* de téléphone (fil); **- book** annuaire *(m)*
televised télévisé(e)
television téléviseur *(m)*; télévision *(f)*
tell raconter
temperate tempéré(e)
tend avoir tendance à; tendre à
tennis tennis *(m)*; **- shoes** tennis *(m pl)*
tense tendu(e)
terrace terrasse *(f)*

terrible affreux(-euse)
textbook manuel *(m)*
to thank remercier; **thank you** merci; **thanks** remerciements *(m pl)*
that cela; ça; **- day** ce jour-là; **- is (- is to say)** c'est-à-dire; **- one** celui (celle)-là; **- way** par là; **-'s it**. C'est ça.; **-'s okay.** Ça va.
theater théâtre *(m)*
then puis, ensuite; alors
there y; là; là-bas; **- is (are)** il y a; **-'s. . .** voilà...
therefore donc
these (those) ces
thin mince; svelte; fin(e)
thing chose *(f)*
to think penser; croire (cru); **- about** penser à, réfléchir à
thirst soif *(f)*; **to be thirsty** avoir soif
this (that) ce/cet (cette)
thousand mille; **-s of** des milliers de
thread fil *(m)*
throat gorge *(f)*
through: to go - passer par
thus ainsi
ticket billet *(m)*
to tie (shoes) lacer
tie cravate *(f)*
tight (clothing) étroit(e)
time temps *(m)*; **a long -** longtemps; **at that -** à cette époque-là; **three -s** trois fois; **at the same -** en même temps; **at the - of** à l'époque de; **at any -** à tout moment; **at what -** à quelle heure; **from - to -** de temps en temps; **to have the - to** avoir le temps de; **How many -s?** Combien de fois; **What - is it?** Quelle heure est-il?
timetable horaire *(m)*
tip pourboire *(m)*
tire pneu *(m)*; **flat -** pneu crevé
tired fatigué(e)
to à; en; jusqu'à
toast toast *(m)*; pain *(m)* grillé
toaster grille-pain *(m)*
tobacco tabac *(m)*; **- store** bureau *(m)* de tabac
today aujourd'hui
toe doigt *(m)* de pied
together ensemble
toilet toilettes *(f pl)*; W.C. *(m)*; **- paper** papier *(m)* toilette (hygiénique)
toll road autoroute *(f)* à péage
tomato tomate *(f)*
tomorrow demain
tone ton *(m)*
tongue langue *(f)*

too trop; **- much (many)** trop de
tooth dent *(f)*; **-brush** brosse *(f)* à dents; **-paste** dentifrice *(m)*
tourist touriste *(m, f)*; **- bureau** syndicat *(m)* d'initiative; office *(m)* de tourisme
toward vers
towel serviette *(f)*
tower tour *(f)*
towing service service *(m)* de dépannage
town ville *(f)*; **in (to) -** en ville
toy jouet *(m)*
track voie *(f)*
track and field athlétisme *(m)*
trade (profession) métier *(m)*; **(business)** commerce *(m)*
traditional traditionnel(le)
traffic trafic *(m)*
train train *(m)*; **- station** gare *(f)*
training entraînement *(m)*
traitor traître *(m)*
transistor radio transistor *(m)*
to translate traduire (traduit)
translation traduction *(f)*
transportation transport *(m)*
to travel voyager; **travel bag** sac *(m)* de voyage
traveler voyageur(-euse) *(m, f)*
treatment traitement *(m)*
tree arbre *(m)*
to tremble trembler
trimester trimestre *(m)*
trip: to take a - faire une excursion (un voyage)
triumph triomphe *(m)*
trombone trombone *(m)*
trouble peine *(f)*; **in -** en difficulté; **to have - doing** avoir des difficultés à faire
trout truite *(f)*
truck camion *(m)*
true vrai(e); **That's -.** C'est vrai.; En effet.
trumpet trompette *(f)*
truth vérité *(f)*
to try, to try on (clothing) essayer; **- to** chercher à; **- one's luck** tenter sa chance
tube tube *(m)*
tuna thon *(m)*
Tunisia Tunisie *(f)*
Tunisian tunisien(ne)
turkey dinde *(f)*
Turkish turc (turque)
turn: in - à tour de rôle; à son tour; tour à tour
to turn tourner
to type taper
typewriter machine *(f)* à écrire
typically typiquement

U

U.S.S.R. (former) U.R.S.S. *(f)*
ugly laid(e); moche
uh . . . euh...
uncertainty incertitude *(f)*
uncle oncle *(m)*
to understand comprendre (compris)
understood: That's -. Ça s'entend.
unemployed: to be - être au chômage
unemployment chômage *(m)*
unforgettable inoubliable
unfortunate: That's -. C'est malheureux.; **It is - that. . .** C'est dommage que...
United Kingdom Royaume-Uni *(m)*
United Nations ONU *(f)* (Organisation des Nations Unies)
university université *(f)*
unlikely: It is - that. . . Il est peu probable que...
until jusqu'à
up: to go - monter
updated mis(e) à jour
upset énervé(e)
upstairs à l'étage
use emploi *(m)*; **to -** employer; utiliser
used d'occasion; usagé(e)
used to habitué(e) à
useful utile
usually d'habitude; normalement
utilities charges *(f pl)*

V

vacation vacances *(f pl)*; **paid -** congés *(m)* payés
vacationers vacanciers *(m pl)*
to validate (ticket) composter
vanilla vanille *(f)*
variety variété *(f)*
various varié(e)s
to vary varier
veal veau *(m)*
vegetable légume *(m)*; **raw -s** crudités *(f pl)*
Venezuela Vénézuéla *(m)*
Venezuelan vénézuélien(ne)
verb verbe *(m)*
very très; **- close** tout près
vest gilet *(m)*
video game jeu *(m)* vidéo
videocassette vidéo *(f)*; **- recorder (VCR)** magnétoscope *(m)*
Viet Nam Viêt-Nam *(m)*
Vietnamese vietnamien(ne)
village village *(m)*
vine vigne *(f)*

vinegar vinaigre *(m)*
vineyard vignoble *(m)*
violin violon *(m)*
visa visa *(m)*
to visit (a place) visiter; **(a person)** rendre visite à
vitamins vitamines *(f pl)*
vocabulary vocabulaire *(m)*
voice voix *(f)*
volleyball volley *(m)*
to vomit vomir
vowel voyelle *(f)*

W

to wait (for) attendre (attendu)
waiter garçon *(m)* de café; serveur *(m)*
waitress serveuse *(f)*
to wake up se réveiller
to walk marcher; promener; **to go for a walk** se promener
Walkman Walkman *(m)*; baladeur *(m)*
wall mur *(m)*
wallet portefeuille *(m)*
to want vouloir (voulu); désirer; avoir envie de; **want ads** offres *(f pl)* d'emploi
war guerre *(f)*; **World - II** la Seconde Guerre mondiale
warm chaud(e); **It is - (hot).** Il fait chaud.
to warn prévenir (prévenu)
to wash laver
washing machine machine *(f)* à laver
waste: to - time perdre du temps
to watch regarder
water eau *(f)*; **mineral -** eau minérale
wave vague *(f)*
way: in a different - de façon différente; **in what -** de quelle façon
weak faible
weakness faiblesse *(f)*
wealth richesse *(f)*
to wear porter
weather temps *(m)*; **What's the - like?;** Quel temps fait-il?; **- report** météo *(f)*
week semaine *(f)*; **-end** week-end *(m)*
to weigh peser
weightlifting musculation *(f)*
welcome: - to bienvenue à; **to -** accueillir; souhaiter la bienvenue; **You're -.** Je vous (t')en prie./De rien./Il n'y a pas de quoi.
well bien; **as - as** ainsi que; aussi bien que

west ouest *(m)*
western (film) western *(m)*
western occïdental(e)
what que; quel(le); ce qui; ce que; **- is it?** Qu'est-ce que c'est?; **- did you say?** Comment? Quoi? Vous dites?; **- else?** Quoi d'autre?; **- are they like?** Comment sont-ils?; **- do you think about it?** Qu'est-ce que tu en penses?; **- does your brother look like?** Comment est ton frère?
whatever: - the level quel que soit le niveau
wheat blé *(m)*
wheel roue *(f)*
when quand; lorsque; **the day -. . .** le jour où...; **at the time -** au moment où
where où
which quel(le); **- one** lequel (laquelle); **- ones** lesquel(le)s; **that -** ce que; **to -** auquel (à laquelle); **of -** dont
while pendant que; **- waiting** en attendant
white blanc(he)
who qui; **-'s calling?** C'est de la part de qui?; C'est qui à l'appareil?; **- is it?** Qui est-ce?
whole entier(-ère)
whom: to - à qui
whose dont
why pourquoi; **That's why. . .** C'est pour ça que...
wide large
wife femme *(f)*
willingly volontiers
willingness volonté *(f)*
to win gagner
wind vent *(m)*; **It's windy.** Il fait du vent.
window (of a house) fenêtre *(f)*; **(of a shop)** vitrine *(f)*; **(of a bank, etc.)** guichet *(m)*; **to - shop** faire du lèche-vitrines
to windsurf faire de la planche à voile
wine vin *(m)*; **-cellar** cave *(f)*
wing aile *(f)*
winter hiver *(m)*
to wish souhaiter
with avec
withdrawal retrait *(m)*
without sans; **- doing anything** sans rien faire
witness témoin *(m)*
woman femme *(f)*; dame *(f)*
wool laine *(f)*
word mot *(m)*; parole *(f)*

work travail *(m)*, **(part-time/
full-time) -** travail (à mi-temps/
à plein temps); **to -** travailler;
(of a machine) marcher; **to - hard**
travailler dur; **to - itself out**
s'arranger; **to - out (exercise)**
s'entraîner
worker travailleur(-euse) *(m, f)*;
factory - ouvrier(-ère) *(m, f)*
workout machine appareil *(m)*
de gymnastique
world monde *(m)*
worn râpé(e), usagé(e)
to worry (about) s'inquiéter (de);
s'en faire au sujet de

wound plaie *(f)*; blessure *(f)*
wrist poignet *(m)*
to write écrire (écrit)
writer écrivain *(m)*
wrong: to take the - train se
tromper de train; **What's -?**
Qu'est-ce qui ne va pas?

XYZ

year an *(m)*; année *(f)*; **from - to -**
d'année en année
yellow jaune
yes oui

yesterday hier; **the day before -**
avant-hier
yet pourtant
yogurt yaourt *(m)*
young jeune; **- people** les jeunes
yourself vous-même (toi-même)
youth jeunesse *(f)*
zucchini courgette *(f)*

Index

■Index

■Photo Credits

All photographs not otherwise credited are owned by Heinle. We have made every effort to trace the ownership of all material and to secure permissions from the copyright holders. In the event of any question arising regarding the use of any material, we will be pleased to make the necessary corrections for future printings.

Chapter préliminaire
1: Stuart Cohen
9: l: Bob Burch/Index Stock Imagery; right: Peter Scholey/Index Stock Imagery
Chapitre 1
11: Stuart Cohen
42: tl: Stuart Cohen; bl: Michael Howell/Index Stock Imagery; tr: Horst Von Irmer/Index Stock; br: Peter Turnley/CORBIS
43: Thomas Craig/Index Stock Imagery
Chapitre 2
47: Stuart Cohen
48: Stuart Cohen
49: bl: Corbis RF; 2nd from bl: Getty RF; br: David Young-Wolff/Photo Edit
54: Stuart Cohen
59: br: Stuart Cohen
78–79: Stuart Cohen
82: bl: Robert Estall/CORBIS; br: David Ball/Index Stock Imagery
83: tr: Charles & Josette Lenars/CORBIS
90: tl: Walter Bibikow/Index Stock Imagery; bl: John Dominis/Index Stock Imagery
91: both: © Erich Lessing/Art Resource, NY
92: bl: Gianni Dagli/CORBIS
Chapitre 3
93: Stuart Cohen
94: clockwise: 3rd: Corbis; 7th: Esther Marshall
126: tr: Dave Jacobs/Index Stock Imagery; br: Rick Strange/Index Stock Imagery
127: tl: Premium Stock/CORBIS; lc: Digital Vision/GETTY; br: Rufus Folkks/CORBIS; bl: © FoodPix
130: tl: AP Photo/HO; tr: © FoodPix; br: Sylvain Grandadam/GETTY
Chapitre 4
131: Stuart Cohen
137: Esther Marshall
142: 147: Stuart Cohen

166: tl: Stuart Cohen; tr: Owen Franken/CORBIS; bl: Corbis; br: Elizabeth DeLaney/Index Stock Imagery
167: bl: Nik Wheeler/CORBIS; tr: CORBIS
170: l: Ewing Galloway/Index Stock Imagery; c: John Coletti/Index Stock Imagery; r: Tibor Bognar/CORBIS
171: l: Archivo Iconografico, S.A./CORBIS; c:Stock Montage/Index Stock Imagery; r: Bettmann/CORBIS
172: CORBIS
173: clockwise: 2nd from left: Stuart Cohen; CORBIS; Stuart Cohen
176: tr: Bettmann/CORBIS
Chapitre 5
177: Stuart Cohen
197: Jonathan Stark
201: Robert Fried/Stock Boston
209: r: CORBIS
210: l & tr: CORBIS
212: tr: Amos Zezmer
213: c: © Benjamin Fink/FoodPix; bl: Zefa Visual Media-Germany/Index Stock Imagery
216: tl: Mike Powell/Getty Images
Chapitre 6
217: Stuart Cohen
218: t: © David R. Frazier
219: © David R. Frazier
227: CORBIS
239: Stuart Cohen
242: CORBIS
252: t: Stuart Cohen
253: cl: Robert Harding; bl, tr: CORBIS
257–259: Stuart Cohen
260: c: Michele Burgess/Index Stock Imagery; b: Jeffrey Blackman/Index Stock Imagery
Chapitre 7
261: Stuart Cohen
262: CORBIS, 263 tl, tr: CORBIS
265: Stuart Cohen
274: Alan Schein Photography/CORBIS

279: l: Zefa Visual Media/Index Stock Imagery; r: Rick Strange/Index Stock Imagery
280: lc: Kindra Clineff/Index Stock Imagery; br: Sandra Baker/Index Stock Imagery
289: Greg Meadors/Stock Boston
300: tl: Stuart Cohen; bl: Martial Colomb/GETTY RF; r: Greg Meadors/Stock Boston
301: l: George Haling/GETTY; tr: Greg Meadors/Stock Boston; bl: CORBIS
304: l: Phil Martin/Index Stock Imagery; r: Thomas Craig/Index Stock Imagery

Chapitre 8
305: Stuart Cohen
339: l: C Lipnitski, Viollet; r: Collection Viollet
342: t: Stuart Cohen; l: Rick Strange/Index Stock Imagery
350: tl: Bettmann/CORBIS

Chapitre 9
351: Stuart Cohen
373: Stuart Cohen
390: tl: Stuart Cohen; r: James Lemass/Index Stock Imagery
391: l: James Lemass/Index Stock Imagery; r: Ben Mangor/SuperStock
394: tr: Jeff Greenberg/Index Stock Imagery; bl: John Coletti/Index Stock Imagery; br: Great American Stock/Index Stock Imagery

Chapitre 10
395: Stuart Cohen
396: Stuart Cohen
424: bl: Peter Adams/Index Stock Imagery
425: tl: Bill Bachman/Index Stock Imagery; bl: Bettmann/ CORBIS
428: t & b: CORBIS
431: CORBIS
432: tr: Steve Dunwell/Index Stock Imagery; cr: Yvette Cardozo/Index Stock Imagery; br: Greig Cranna/Index Stock Imagery; bl: Canstock Images/Index Stock Imagery

Chapitre 11
433: Stuart Cohen
438: c: Stuart Cohen
439: tl: Stuart Cohen; tr: Ed Lallo; br: Stuart Cohen
444: Stuart Cohen
453: tl: CORBIS
471, 477: Stuart Cohen

Chapitre 12
493, 516, 523, 539: Stuart Cohen
540: tl: Stuart Cohen; tr: Benelux Press/Index Stock Imagery
541: t: © Brian Leatart/FoodPix; br: Todd Powell/Index Stock Imagery
544: PhotoDisc/GETTY

■Text/Realia Credits

86, 87, Histoire: Paris à travers les âges, Hachette; **112,** Office de tourisme, Château de Tarascon; **114,** Office de tourisme, Arles; **123-124,** Office de tourisme, Fougères; **141,** Régie autonome des transports parisiens, 2003; **164-66,** map and text, Le grand livre de la France, Casterman, 1996; **172-175,** Le Grand Livre de la France, Casterman, 1996; **181,** Météo Nationale; **187,** Jacques Prévert, "Déjeuner du matin", Éditions Gallimard, 1949; **208-209,** adapted from Bonjour, mai **94,** sep. **97,** nov. 97; **238,** FNAC; 247, "Des expressions qui ont du goût" from Rendez-vous; **248-250,** Jeunes, nov. 97; **256** map of La Franche-Comté: Quid, Robert Laffont, 1999; **256, 257,** "Des randonnées en Franch-Comté," Guide de la France des Enfants, Rouge et Or, 1995; **259,** Office de tourisme de la Haute-Saône; **297-299,** "Demain la faculté", Phosphore; **317,** Aspirine du Rhône, Rhinofluimcil. Laboratoire Zambon France, S.A.; **317,** Végétoserum, Laboratoire Phosma, S.A.; **348, 349,** "Les jeunes francophones," Bayard Presse, déc. 1995; **352-355,** "Programme d'études à Strasbourg," Université de Strasbourg; **362,** " Michelin from the Guide Rouge, France 2002; **387,** Associations Québécoises des écoles de français; **413,** Passy Kennedy; **434,** "Emploi de jeunes à la poste" LA POSTE, France; **435,** PNEU MICHELIN; **435,** William Saurin; **436,** texts and charts, Gérard Mermet, Francoscopie, Larousse 2002; **445,** Caray, Toshiba; **451,** Moulinex; **451,** Perrier-Jouët; **483,** Krauthammer International; **494, 495, 496, 497, 508,** Société Nationale des Chemins de Fer, France.